U0513250

“十三五”国家重点图书出版规划项目

 中国社会科学院创新工程学术出版资助项目

列国志

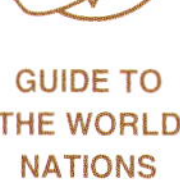

GUIDE TO THE WORLD NATIONS

新版

韩铁英 等 编著

JAPAN

日本

社会科学文献出版社
SOCIAL SCIENCES ACADEMIC PRESS (CHINA)

日本国旗

日本国徽

皇居

国会议事堂

东京大学安田讲堂

国立新美术馆

京都御所

银阁寺

伏见稻荷大社

东大寺

名古屋城（张晓莉　摄）

严岛神社的鸟居

东京市景

京都街景

大阪繁华商区心斋桥

函馆雪景

茶道

节日庆典（张晓莉 摄）

身着和服的艺伎

出版说明

《列国志》编撰出版工作自1999年正式启动，截至目前，已出版144卷，涵盖世界五大洲163个国家和国际组织，成为中国出版史上第一套百科全书式的大型国际知识参考书。该套丛书自出版以来，受到社会各界的广泛好评，被誉为“21世纪的《海国图志》”，中国人了解外部世界的全景式“窗口”。

这项凝聚着近千学人、出版人心血与期盼的工程，前后历时十多年，作为此项工作的组织实施者，我们为这皇皇144卷《列国志》的出版深感欣慰。与此同时，我们也深刻认识到当今国际形势风云变幻，国家发展日新月异，人们了解世界各国最新动态的需要也更为迫切。鉴于此，为使《列国志》丛书能够不断补充最新资料，更好地服务于社会各界，我们决定启动新版《列国志》编撰出版工作。

与已出版的144卷《列国志》相比，新版《列国志》无论是形式还是内容都有新的调整。国际组织卷次将单独作为一个系列编撰出版，原来合并出版的国家将独立成书，而之前尚未出版的国家都将增补齐全。新版《列国志》的封面设计、版面设计更加新颖，力求带给读者更好的阅读享受。内容上的调整主要体现在数据的更新、最新情况的增补以及章节设置的变化等方面，目的在于进一步加强该套丛书将基础研究和应用对策研究相结合，将基础研究成果应用于实践的特色。例如，增加了各国有关资源开发、环境治理的内容；特设“社会”一章，介绍各国的国民生活情况、社会管理经验以及存在的社会问题，等等；增设“大事纪年”，方便读者在短时间内熟悉各国的发展线索；增设“索引”，便于读者根据人名、地名、关键词查找所需相关信息。

顺应时代发展的要求，新版《列国志》将以纸质书为基础，全面整合国别国际问题研究资源，构建列国志数据库。这是《列国志》在新时期发展的一个重大突破，由此形成的国别国际问题研究与知识服务平台，必将更好地服务于中央和地方政府部门应对日益繁杂的国际事务的决策需要，促进国别国际问题研究领域的学术交流，拓宽中国民众的国际视野。

新版《列国志》的编撰出版工作得到了各方的支持：国家主管部门高度重视，将其列入“‘十二五’国家重点图书出版规划项目”；中国社会科学院将其列为创新工程学术出版资助项目，王伟光院长亲自担任编辑委员会主任，指导相关工作的开展；国内各高校和研究机构鼎力相助，国别国际问题研究领域的知名学者相继加入编辑委员会，提供优质的学术指导。相信在各方的通力合作之下，新版《列国志》必将更上一层楼，以崭新的面貌呈现给读者，在中国改革开放的新征程中更好地发挥其作为“知识向导”、“资政参考”和“文化桥梁”的作用！

新版《列国志》编辑委员会

2013 年 9 月

前　言

自1840年前后中国被迫开关、步入世界以来，对外国舆地政情的了解即应时而起。还在第一次鸦片战争期间，受林则徐之托，1842年魏源编辑刊刻了近代中国首部介绍当时世界主要国家舆地政情的大型志书《海国图志》。林、魏之目的是为长期生活在闭关锁国之中、对外部世界知之甚少的国人“睁眼看世界”，提供一部基本的参考资料，尤其是让当时中国的各级统治者知道“天朝上国”之外的天地，学习西方的科学技术，“师夷之长技以制夷”。这部著作，在当时乃至其后相当长一段时间内，产生过巨大影响，对国人了解外部世界起到了积极的作用。

自那时起中国认识世界、融入世界的步伐就再也没有停止过。中华人民共和国成立以后，尤其是1978年改革开放以来，中国更以主动的自信自强的积极姿态，加速融入世界的步伐。与之相适应，不同时期先后出版过相当数量的不同层次的有关国际问题、列国政情、异域风俗等方面的著作，数量之多，可谓汗牛充栋。它们对时人了解外部世界起到了积极的作用。

当今世界，资本与现代科技正以前所未有的速度与广度在国际流动和传播，“全球化”浪潮席卷世界各地，极大地影响着世界历史进程，对中国的发展也产生极其深刻的影响。面临不同以往的“大变局”，中国已经并将继续以更开放的姿态、更快的步伐全面步入世界，迎接时代的挑战。不同的是，我们所面临的已不是林则徐、魏源时代要不要“睁眼看世界”、要不要“开放”的问题，而是在新的历史条件下，在新的世界发展大势下，如何更好地步入世界，如何在融入世界的进程中更好地维护民族国家的主权与独立，积极参与国际事务，为维护世界和平，促进世界与人类共同发展做出贡献。这就要求我们对外部世界有比以往更深切、全面的了解，我们只有更全面、更深入地了解世界，才能在更高的层次上融入世界，也才能在融入世界的进程中不迷失方向，保持自我。

与此时代要求相比，已有的种种有关介绍、论述各国史地政情的著述，无论就规模还是内容来看，已远远不能适应我们了解外部世界的要求。人们期盼有更新、更系统、更权威的著作问世。

中国社会科学院作为国家哲学社会科学的最高研究机构和国际问题综合研究中心，有11个专门研究国际问题和外国问题的研究所，学科门类齐全，研究力量雄厚，有能力也有责任担当这一重任。早在20世纪90年代初，中国社会科学院的领导和中国社会科学出版社就提出编撰“简明国际百科全书”的设想。1993年3月11日，时任中国社会科学院院长的胡绳先生在科研局的一份报告上批示：“我想，国际片各所可考虑出一套列国志，体例类似几年前出的《简明中国百科全书》，以一国（美、日、英、法等）或几个国家（北欧各国、印支各国）为一册，请考虑可行否。”

中国社会科学院科研局根据胡绳院长的批示，在调查研究的基础上，于1994年2月28日发出《关于编纂〈简明国际百科全书〉和〈列国志〉立项的通报》。《列国志》和《简明国际百科全书》一起被列为中国社会科学院重点项目。按照当时的计划，首先编写《简明国际百科全书》，待这一项目完成后，再着手编写《列国志》。

1998年，率先完成《简明国际百科全书》有关卷编写任务的研究所开始了《列国志》的编写工作。随后，其他研究所也陆续启动这一项目。为了保证《列国志》这套大型丛书的高质量，科研局和社会科学文献出版社于1999年1月27日召开国际学科片各研究所及世界历史研究所负责人会议，讨论了这套大型丛书的编写大纲及基本要求。根据会议精神，科研局随后印发了《关于〈列国志〉编写工作有关事项的通知》，陆续为启动项目拨付研究经费。

为了加强对《列国志》项目编撰出版工作的组织协调，根据时任中国社会科学院院长的李铁映同志的提议，2002年8月，成立了由分管国际学科片的陈佳贵副院长为主任的《列国志》编辑委员会。编委会成员包括国际片各研究所、科研局、研究生院及社会科学文献出版社等部门的主要领导及有关同志。科研局和社会科学文献出版社组成《列国志》项目工作组，社会科学文献出版社成立了《列国志》工作室。同年，《列国志》项目被批准为中国社会科学院重大课题，新闻出版总署将《列国志》项目列入国家重点图书出版计划。

在《列国志》编辑委员会的领导下，《列国志》各承担单位尤其是各位学者加快了编撰进度。作为一项大型研究项目和大型丛书，编委会对《列国志》提出的基本要求是：资料翔实、准确、最新，文笔流畅，学术性和可读性兼备。《列国志》之所以强调学术性，是因为这套丛书不是一般的“手册”“概览”，而是在尽可能吸收前人成果的基础上，体现专家学者们的研究所得和个人见解。正因为如此，《列国志》在强调基本要求的同时，本着文责自负的原则，没有对各卷的具体内容及学术观点强行统一。应当指出，参加这一浩繁工程的，除了中国社会科学院的专业科研人员以外，还有院外的一些在该领域颇有研究的专家学者。

现在凝聚着数百位专家学者心血，共计141卷，涵盖了当今世界151个国家和地区以及数十个主要国际组织的《列国志》丛书，将陆续出版与广大读者见面。我们希望这样一套大型丛书，能为各级干部了解、认识当代世界各国及主要国际组织的情况，了解世界发展趋势，把握时代发展脉络，提供有益的帮助；希望它能成为我国外交外事工作者、国际经贸企业及日渐增多的广大出国公民和旅游者走向世界的忠实“向导”，引领其步入更广阔的世界；希望它在帮助中国人民认识世界的同时，也能够架起世界各国人民认识中国的一座“桥梁”，一座中国走向世界、世界走向中国的“桥梁”。

《列国志》编辑委员会

2003年6月

CONTENTS

目录

CONTENTS

目录

CONTENTS

目录

CONTENTS

目录

CONTENTS

目录

CONTENTS

目录

CONTENTS

目录

CONTENTS

目录

CONTENTS

目 录

导　言

对中国来说，日本无疑是一个十分重要的国家。静思其因，无非是因为日本这个国家“大”而“近”的缘故。

先说“大”。虽然中国古代曾有“日本蕞尔小国”之说，但若认真冷静观察，就会感到现在已不能简单地袭用这个说法了。从经济上看，尽管日本已不像20世纪80年代那样被称作“超级经济大国”，但目前日本的国内生产总值（GDP）仍名列世界第三，海外纯资产则名列世界第一，可以说日本还是“经济大国”。截至2015年，日本已有22人获得诺贝尔奖，名列亚洲第一、世界第六，在自然科学领域更名列世界第二。在军事实力上，有瑞士媒体评出日本名列世界第四，著名的英国军事杂志《简氏防务周刊》（HIS）2015年初认为日本海军实力名列世界第二。如此看来，可以说日本至少当入“不小”之列。日本在较短时期里迅速发展的经验和教训至今仍值得我们认真汲取。

至于“近”，大家都知道日本是与中国隔海相望的“一衣带水”的邻国。中国钓鱼岛与日本与那国岛仅相隔100多海里。坐飞机从中国首都北京到东京只需4个小时即可抵达，比去拉萨还要快。当然，“近邻”这一要素在两国关系上是一柄双刃剑，它既是一种便于双方进行各种交流的“正能量”，也很可能因处置不当而成为“负能量”，譬如一方的核事故、沙尘暴等环境污染会殃及对方，更容易因领土等问题产生纷争甚至开启战端。当“近邻”双方实力相近时，这种“双刃剑”效果更会被进一步放大。这一点已为近现代中日关系史所证明。

从历史上看，中日之间虽然也发生过几次战争，但大部分时间里还是和平共处甚至是友好相处的。在经历了70年前的那场惨祸之后，两国关系在20世纪八九十年代进入了“蜜月期”，那时日本是向中国提供政府开发援助最多的国家，两国人民之间的亲近感也达到了前所未有的高度。尽管近年来两国关系趋冷，但到2015年，中国仍是日本的最大贸易伙伴，日本仍是中国的第二大贸易对象国；东京是中国人的第三大出境旅游目的地，2015年有约500万中国人去日本旅游，而同年日本在中国设有2.3万家企业，有13万日本人生活在中国，中国是日本侨民第二多的国家。毋庸讳言，目前两国在历史认识和领土问题上还存在着一时难以解决的纷争。正因如此，如何与日本这个近邻更好地相处下去，实现“两国人民世世代代友好下去”这个美好愿望，的确是每个国人必须认真思考的大问题。为此，我们必须对日本的历史和现状有系统的了解和准确的把握。本书就是以此为目标进行编撰的。

当然，准确把握一个国家并非易事，当年学界老前辈夏衍曾把日本称作“难解之谜”。改革开放近四十年来，我国的日本研究已经取得了扎实的进展和不菲的成绩。本书的作用则是在学界既有的研究基础之上再谋新篇，力争客观、全面、准确地把日本的全貌介绍给读者。

本书是集体创作的成果。创作团队成员当中，既有享誉国内外的资深学者，又有活跃在科研第一线的中青年学术骨干。具体分工是：韩铁英主持编写和审改全书书稿，并撰写了导言、第一章和第三章，改编增补了大事纪年；北京大学教授王新生撰写了第二章；中国社会科学院荣誉学部委员冯昭奎撰写了第四章；中国社会科学院日本研究所卢昊博士撰写了第五章；同所副研究员张义素撰写了第六章和第七章；同所外交研究室主任吕耀东撰写了第八章。

本书的撰写吸收了学界同仁的研究成果，得到了社会科学文献出版社列国志出版中心张晓莉主任的热情帮助，在此谨表示诚挚的感谢！

第一章

概　览

第一节　国土与人口

一　国土

日本位于亚洲东北部，是太平洋中的一个岛国。它的北面是鄂霍茨克海，东面和南面是浩瀚的太平洋，西面是黄海、东海和日本海，与中国和朝鲜、韩国及俄罗斯隔海相望。其领土同中国大陆最近处仅相隔400余海里，同台湾岛更仅相隔100海里左右，因而被称作中国的“一衣带水”的邻国。

根据日本官方公布的统计资料，日本国的领土由北海道、本州、四国、九州4个大岛和6800余个小岛（其中面积在55平方千米以上的岛屿48个）组成。这些岛屿从东北向西南略呈弧形排列，其中轴线绵延长达3000余千米。国土总面积约为37.8万平方千米。如果仅就西方国家来看，其面积仅小于加拿大（约998万平方千米）、美国（约937万平方千米）和法国（约55万平方千米），比英国、德国、意大利等国都大。

二　地形与气候

（一）地形特点

从地理学的角度来看，日本的地形具有以下四个鲜明的特点。

1. 万岛之国

印度尼西亚因其拥有 3000 余个岛屿而被称作“千岛之国”。其实，日本的岛屿要比印度尼西亚多得多。根据日本海上保安厅 2013 年 10 月公布的调查结果，日本共有海岸线在 100 米以上的岛屿 6852 个，如果加上海岸线在 100 米以下的岛礁，日本大概真可以号称“万岛之国”了。

在这些岛屿当中，面积在 1 平方千米以上的岛屿共有 341 个，其中面积在 100 平方千米以上的岛屿有 29 个。日本最大的岛屿是本州岛（面积约为 23.1 万平方千米），约占全国陆地总面积的 60%，主要的大城市和工业区大多集中在这个岛上；然后依次是北海道岛（约 8.3 万平方千米）、九州岛（约 4.2 万平方千米）、四国岛（约 1.8 万平方千米），这四个岛一般被称作“日本四岛”。

2. 山多坡陡

也许是岛国的缘故，日本列岛上可谓群山连绵、层峦叠嶂，国土当中约有 61% 是海拔 300 米以上的山地，18% 是海拔 300 米以下的丘陵，二者相加约占国土的 80%。在日本，海拔 3000 米以上的山脉有 21 座（参见表 1－1）。其中，最高的是位于山梨、静冈县境内的富士山，它海拔 3776 米，山势巍峨挺拔，是日本人引为自豪的国家象征。

表 1－1　日本海拔 3000 米以上的山峰

山名	海拔高度(米)	所在地	山名	海拔高度(米)	所在地
富士山	3776	山梨、静冈	中岳	3084	长野、岐阜
北岳	3193	山梨	荒川岳	3084	静冈
奥穗高岳	3190	长野、岐阜	御岳山	3067	长野
间之岳	3190	山梨、静冈	农鸟岳	3051	山梨、静冈
枪岳	3180	长野	盐见岳	3047	长野、静冈
东岳	3141	静冈	仙丈岳	3033	山梨、长野
赤石岳	3121	长野、静冈	南岳	3033	长野、岐阜
涸泽岳	3110	长野、岐阜	乘鞍岳	3026	长野、岐阜
北穗高岳	3106	长野、岐阜	立山	3015	富山
大食岳	3101	长野、岐阜	圣岳	3013	长野、静冈
前穗高岳	3090	长野			

资料来源：総務省統計局『日本の統計』2015 年版、2 頁。

从表 1 - 1 可以看出，海拔 3000 米以上的 21 座山峰中有 14 座整体或部分位于长野县，该县因此被称作“日本的屋脊”。日本的山脉大多很陡峭，位于长野县境内的飞弹山脉、木曾山脉、赤石岳尤其以山势险峻巍峨著称，因而这 3 座山脉 1896 年被英国人惠斯登统称为“日本阿尔卑斯”，这一称呼已经为日本人所接受。与山势陡峭相对应，高原在日本则比较少见，偶有一块“高原”，便会被作为游览胜地而备受青睐。

3. 平原狭小

山地丘陵多意味着平原少。在日本 1982 年的国土统计中，“低地”约占 11.0%，“台地”约占 13.8%，以这两个名义统计的平原约占国土总面积的 24.8%。所谓“台地”，是指高于低地而低于高原的平地。日本的台地多是因地表隆起或海面下降而形成的洪积台地，多形成于第四纪。关东平原的主要部分就属于这种洪积台地。还有一些台地是由于火山作用形成的，如熔岩台地、火山灰质岩台地、石灰岩台地等。所谓“低地”，主要是在冲积世形成的扇状地（也叫冲积扇）和三角洲。冲积扇多位于河流的上游，有些还是几条河流共同造成的复合冲积扇，如富士平原。三角洲则多位于河流的下游，如新潟平原、浓尾平原等。

日本最大的平原是关东平原，面积约为 10000 平方千米，然后依次是石狩平原（4000 平方千米）、新潟平原（2070 平方千米）、浓尾平原（1800 平方千米）、大阪平原（1600 平方千米）。关东平原是日本社会、经济、文化最发达的地区，首都东京、全国第二大城市横滨和川崎等大城市都位于这个平原。全国第三大城市大阪和著名的阪神工业区位于大阪平原上，从而使这个平原成为全国最富庶的地区之一。全国第四大城市名古屋和四大工业区之一——中京工业区则位于浓尾平原。此外，本州的新潟平原、富士平原，北海道的石狩平原、十胜平原，北九州的筑紫平原也因其经济发达而比较著名。

4. “地灾”频生

日本是个自然灾害较多的国家。不仅台风等“天灾”频发，“地灾”即地震、火山喷发、山体滑坡、海啸等地质灾害也比较频繁。日本共有火山 270 余座，其中有 80 座左右是活火山。著名的富士山就是一座标准的圆锥形活火山，虽然已有近300年没有喷发，但山上仍每天冒着白色蒸汽。进入20世纪90年代以后，长崎附近的云仙、普贤岳和伊豆大岛曾出现大规模喷发，给当地人民的生活造成了不利影响。

与频繁的火山活动相关联，日本也是一个以地震频发著称的国家。据不完全统计，日本全国平均每天有4次地震，6级以上的地震每年会有1次。东京地区每年仅有感地震就有40~50次。发生于1923年的关东大地震，曾造成了99331人死亡、103773人伤、43476人失踪的惨剧。2011年3月11日发生于日本东北地区太平洋沿岸的“东日本大地震”，地震烈度高达9级，截至2015年7月10日，已判明这次地震造成的死亡和失踪者共18466人，毁坏建筑物399301栋。这次地震及其伴生的大海啸导致的福岛核电站事故更是造成了旷古未有的核灾难。

当然，日本的这种火山地震频发的地质特征也并非一无是处。比如，随之产生的大量温泉就给日本人民带来了很大便利。

（二）河流与湖泊

日本是个水资源比较丰富的国家。四面环海的地理位置、亚热带温带的气候，使它的降水量很大，因而河流和湖泊的数量众多。多山而且山势陡峭的地势使其河流湖泊具有了独具特色的景观。日本主要河流与湖泊的统计数据如表1－2、表1－3所示。

表1－2　日本的主要河流（2013年官方公布统计）

河流名	流域面积（平方千米）	干流长度（千米）	河流名	流域面积（平方千米）	干流长度（千米）
利根川	16842	322	高梁川	2670	111
石狩川	14330	268	斐伊川	2540	153
信浓川	11900	367	岩木川	2540	102
北上川	10150	249	钏路川	2510	154
木曾川	9100	229	新宫川	2360	183
十胜川	9010	156	渡川	2270	196
淀川	8240	75	大淀川	2230	107

续表

河流名	流域面积（平方千米）	干流长度（千米）	河流名	流域面积（平方千米）	干流长度（千米）
阿贺野川	7710	210	吉井川	2110	133
最上川	7040	229	马渊川	2050	142
天盐川	5590	256	常吕川	1930	120
阿武隈川	5400	239	由良川	1880	146
天龙川	5090	213	球磨川	1880	115
雄物川	4710	133	矢作川	1830	118
米代川	4100	136	五濑川	1820	106
富士川	3990	128	旭川	1810	142
江之川	3900	194	纪之川	1750	136
吉野川	3750	194	加古川	1730	96
那珂川	3270	150	太田川	1710	103
荒川	2940	173	相模川	1680	109
九头龙川	2930	116	尻别川	1640	126
筑后川	2863	143	川内川	1600	137
神通川	2720	120	仁淀川	1560	124

资料来源：総務省統計局『日本の統計』2015 年版、3 頁。

表 1－3 日本的主要湖泊（2013 年官方公布统计）

湖名	面积（平方千米）	所在地	湖名	面积（平方千米）	所在地
琵琶湖	670.3	滋贺县	小川原湖	62.2	青森县
霞浦	167.6	茨城县	十和田湖	61	青森县
猿澗湖	151.8	北海道	能取湖	58.4	秋田县
猪苗代湖	103.3	福岛县	风莲湖	57.7	北海道
中海	86.1	鸟取县、岛根县	北浦	35.2	北海道
屈斜路湖	79.6	北海道	网走湖	32.3	茨城县
宍道湖	79.1	岛根县	厚岸湖	32.3	北海道
支笏湖	78.4	北海道	八郎潟	27.7	北海道
洞爷湖	70.7	北海道	田泽湖	25.8	秋田县
浜名湖	65	静冈县			

资料来源：総務省統計局『日本の統計』2015 年版、2 頁。

1. 河流的特点及其人文价值

（1）流程短

日本最长的河流是信浓川，全长约367千米。其次是利根川，全长为322千米（参见表1-2）。全国共有干流流程100千米以上的河流40余条，其中干流流程200千米以上的河流仅有10条。

（2）流域面积小

据官方统计，日本共有流域面积在1000平方千米以上的河流64条，其中流域面积在1500平方千米以上的一级河流有44条。流域面积最大的河流是利根川（16842平方千米），然后依次是石狩川（14330平方千米）、信浓川（11900平方千米）、北上川（10150平方千米），余者皆不足10000平方千米（参见表1-2）。

（3）落差大

如前所述，日本地势多山且山势陡峭，山地与海岸之间的距离很短，河流从山地流出后很快流入海洋，加上日本雨量充沛，因而河流的落差很大，水流湍急，激流和瀑布众多。

（4）水流量因季节不同而有很大差别

日本各地四季分明，都有明显的旱季和雨季，季节之间降水量变化显著，因而河流的水流量的季节性变化很大，有些河流夏秋汛期常常泛滥成灾，而到冬季则往往干涸断流。

（5）河流的人文价值

在古代，许多较大的河流都曾被作为诸侯国之间的边界。汲取河水灌溉更是日本进入农耕时代以来各地通用的习俗。水流量充沛和落差大的河流便于发电，日本人民充分利用了这一特点：截至1993年，日本的水力开发率已达76%，即5156万千瓦水力蕴藏量中已有3911万千瓦用来发电（装机容量）。1960年，水力发电量曾占日本总发电量的50%以上。然而，日本的河流落差大、水流急，不利于船舶航行，因此日本几乎没有内河航运。

实践证明，是人文价值的大小而不是流程长短决定了河流在日本国民心目中的地位。日本素来就有“三大河流”之说，它们分别是：利根川（俗称“坂东太郎”，干流流程322千米）、筑后川（俗称“筑紫次郎”，干流流程 143 千米)、吉野川(俗称“四国三郎”,干流流程 194 千米)。干流流程最长的信浓川由于几乎全程都在山间盆地流过,反而未被列入其中。干流流程仅有 75 千米的淀川,却因其流域面积较大,以及它在关西地区的重要经济作用而被列为“第七大河”。

2. 湖泊

日本全国共有大小湖泊 600 余个,大部分分布在日本列岛的关东、东北和北海道地区。其中,水面面积在 100 平方千米以上的湖泊有四个,即琵琶湖(约 670 平方千米)、霞浦(约 168 平方千米)、猿涧湖(约 152 平方千米)、猪苗代湖(约 103 平方千米)(参见表 1-3)。

日本的湖泊多是火山湖,有的就是在火山的喷火口积水而成,因而具有小而深的特点。最深的田泽湖水深达 423 米。北海道的支笏湖和位于青森、秋田两县之间的十和田湖的深度也都超过了 300 米。

日本也有一些面积较大、经济价值颇高的湖泊,如琵琶湖的面积就与中国山东省的微山湖(约 660 平方千米)差不多。它不仅是滋贺县和大阪、京都两府的主要水源地,而且是全国最大的水产基地,其淡水鱼的产量占全国总产量的 50% 以上,淡水珍珠也在全国久负盛名。

(三)气候

气候与国土的地理位置密切相关。日本的国土中大部分属于温带,加之四面环海,因而基本上可以说日本属温带海洋性气候。本州、四国、九州等地区可以说是终年气候宜人、温暖湿润、冬无严寒、夏无酷暑。日本部分气象观测点测量的平均气温、降水量如表 1-4 所示。

表 1-4 日本部分气象观测点的平均气温、降水量

观测地点	1981~2010 年		2013 年	
	平均气温(℃)	平均降水量(mm)	平均气温(℃)	平均降水量(mm)
稚 内	6.8	1063	7.3	1046
旭 川	6.9	1042	7.2	1186
札 幌	8.9	1107	9.2	1347
根 室	6.3	1021	6.8	1183
函 馆	9.1	1152	9.4	1323

续表

观测地点	1981～2010 年		2013 年	
	平均气温(℃)	平均降水量(mm)	平均气温(℃)	平均降水量(mm)
青　森	10.4	1300	10.5	1664
秋　田	11.7	1686	11.9	2373
仙　台	12.4	1254	12.7	1112
新　潟	13.9	1821	13.8	2327
金　泽	14.6	2399	15	3318
松　本	11.8	1031	12.4	1046
水　户	13.6	1354	14.3	1338
东　京	16.3	1529	17.1	1614
八丈岛	17.8	3202	17.9	2191
静　冈	16.5	2325	17.2	1822
名古屋	15.8	1535	16.4	1464
大　阪	16.9	1279	17.1	1418
潮　岬	17.2	2519	17.5	2113
高　知	17	2548	17.3	2327
鸟　取	14.9	1914	15.5	2048
广　岛	16.3	1538	16.6	1821
福　冈	17	1612	17.7	1802
长　崎	17.2	1858	17.5	1684
宫　崎	17.4	2509	17.9	2080
鹿儿岛	18.6	2266	18.9	1778
那　霸	23.1	2041	23.3	2071

资料来源：総務省統計局『日本の統計』2015 年版、6～7 頁。

与中国等欧亚大陆国家相比，日本的气候具有以下基本特征。

1. 地区间差异明显

由于日本的国土所跨纬度较长，从南到北狭长排列，地跨亚寒带、温带和亚热带，而且各个大岛上山脉众多、地形复杂，加之经常受到季风和海流的影响，因而地区之间的气候差异十分明显。同一时间里，在日本既可以看到冰封雪飘的北国风光，又可以领略椰林婆娑婀娜的南洋景致。日本的气象学家一般把日本国土分为以下三大气候区：西部和西南部的季风型亚热带森林气候区、北部（北海道和本州北部）的季风型温带针叶林气候区、中部的季风型温带阔叶林气候区。即使在同一个本州岛上，面向太平洋的“表日本”和面向日本海的“里日本”之间在气候上也有较大差别：里日本冬天降水量大，多阴雪天气；表日本则往往冬日晴朗，但夏天降水量大。

2. 季节特征分明

同中国一样，日本至今仍使用二十四节气，并在历法上分别将立春、立夏、立秋、立冬作为春夏秋冬四个季节的开始。在天文学上，日本则将春分、夏至、秋分、冬至分别作为春夏秋冬四季的开端。在日常生活中，人们只是大体上把二月、三月、四月称作春季，把五月、六月、七月称作夏季，把八月、九月、十月称作秋季，把十一月、十二月、一月称作冬季。“季风”在日本是一个使用频率较高的词。这既说明了日本季节变化的明显，也说明了日本人对季节变化的敏感。每到春天，被从西伯利亚大陆刮来的季风吹了一个冬天的人们总是满怀喜悦地欢迎南风（春风）的到来，并且还会记住这个日子，亲昵地称它为“春一番”（即“第一次春风”），有的人甚至还把第二次南风称作“春二番”。日本春天的特点是阴晴变化频繁，夏季的特点则是高温多雨。来自太平洋亚热带地区的小笠原气团形成了东南季风，往往给日本列岛特别是“表日本”带来闷热多雨的天气。由鄂霍茨克海气团带来的梅雨不仅普降于整个日本列岛，而且持续时间长。因此，人们一提到夏季就会想到“梅雨”，“入梅”也几乎成了“入夏”的代名词。当人们提到秋季的时候则往往会想到“台风”和“晚霜”。频繁发生的台风会给人们的财产甚至生命造成损害。大雪是日本特别是北半部日本冬季的独特景观。一般来说，日本并不比位于同一纬度的大陆地区寒冷，气温甚至还要略高些，但由于日本四面环海，由西伯利亚气团造成的西北季风与日本海沿岸的对马暖流相遇，常常会使北海道和本州北部特别是“里日本”地区连降大雪，有时积雪竟达一米乃至几米之深。

3. 降水量大

如果把日本作为一个整体来与大陆国家相比，其平均气温显然较高，降水量也较大。日本的年平均降水量约在1800毫米，九州东南部、四国南部以及石川、福井等县的年降水量竟在3000毫米以上，而欧洲的年均降水量仅有560毫米左右，北美也仅有640毫米左右。秋田县与北京的纬度相同，但其降水量是北京的3倍。

三 行政区划

日本是实行地方自治制度的单一制国家。按照日本的《地方自治法》，地方自治制度的直接实施者为“地方公共团体”。其中，人们将一般所说的地方政府称作“普通地方公共团体”，而将那些不设民选的议会和行政首长、职能比较简单、单一的地方团体称作“特别地方公共团体”。在“普通地方公共团体”中，又分为“广域地方公共团体”（即都道府县）和“基础地方公共团体”（即市町村）两类。这些普通地方公共团体实际上构成了日本的行政区划，即日本的行政区划是由都道府县和市町村两个层次组成的。此外，日本还有一些政府色彩较为淡薄的地方组织。

（一）都道府县

所谓都道府县，实际是日本 47 个广域地方公共团体（相当于我国的省级单位）的统称，其中“都”指东京都，“道”指北海道，“府”指京都府、大阪府，“县”指余下的 43 个县。它们之间在法律地位、政治体制、行政权限上都没有多大区别，其名称上的差别基本是历史上的原因造成的。

东京都是日本第一大政区，是日本的政治中心、经济中心和文化中心。它的名字后面之所以缀上“都”字，显然是因为它是日本的首都。作为首都，它的行政体制比较特殊，即除了像道府县一样下设许多市町村以外，还在城市中心地带设立了 23 个“特别区”，并且在战前乃至战后相当长的一段时间里，“都”政府对特别区的控制程度要比对市町村高得多。

大阪府是日本的第二大政区，经济十分发达。京都府是日本的古都。这两个政区之所以在 1871 年日本“废藩置县”以后被称作“府”，主要是它们的大部分辖区曾是德川幕府的直辖领地，而不像许多“县”那样只是各个分封诸侯（日本叫“大名”）领有的“藩”。东京在 1943 年改为“都”之前也曾以同样原因被称作“东京府”。

北海道是日本成立最晚的省级政区，于 1886 年正式设立。历史上日本曾有东海道、西海道、南海道等七个“道”，作为政区，其他六个“道”都已分化为几个县，只有北海道还原封不动地维持着原来的疆界，其名称便也被保留下来。北海道的面积最大，约占全国总面积的五分之一，地广人稀，由此便产生了它的特殊之处：道政府在道内各地设立了13个分支机构——“支厅”。

日本各都道府县的人口、面积和政府驻地见表1－5。

表1－5 日本各都道府县的人口、面积和政府驻地

都道府县名称	人口（千人，2013年）	面积（平方千米，2013年10月）	政府驻地	都道府县名称	人口（千人，2013年）	面积（平方千米，2013年10月）	政府驻地
北海道	5431	83457	札幌市	滋贺县	1416	3767	大津市
青森县	1335	9645	青森市	京都府	2617	4613	京都市
岩手县	1295	15279	盛冈市	大阪府	8849	1901	大阪市
宫城县	2328	6862	仙台市	兵库县	5558	8396	神户市
秋田县	1050	11636	秋田市	奈良县	1383	3691	奈良市
山形县	1141	6652	山形市	和歌山县	979	4726	和歌山市
福岛县	1946	13783	福岛市	鸟取县	578	3507	鸟取市
茨城县	2931	6096	水户市	岛根县	702	6708	松江市
枥木县	1986	6408	宇都宫市	冈山县	1930	7010	冈山市
群马县	1984	6362	前桥市	广岛县	2840	8480	广岛市
埼玉县	7222	3768	埼玉市	山口县	1420	6114	山口市
千叶县	6192	5082	千叶市	德岛县	770	4147	德岛市
东京都	13300	2104	新宿区	香川县	985	1862	高松市
神奈川	9079	2416	横滨市	爱媛县	1405	5679	松山市
新潟县	2330	10364	新潟市	高知县	745	7105	高知市
富山县	1076	2046	富山市	福冈县	5090	4847	福冈市
石川县	1159	4186	金泽市	佐贺县	840	2440	佐贺市
福井县	795	4190	福井市	长崎县	1397	4106	长崎市
山梨县	847	4201	甲府市	熊本县	1801	7268	熊本市
长野县	2122	13105	长野市	大分县	1178	5100	大分市
岐阜县	2051	9768	岐阜市	宫崎县	1120	6795	宫崎市
静冈县	3723	7255	静冈市	鹿儿岛县	1680	9045	鹿儿岛市
爱知县	7443	5116	名古屋市	冲绳县	1415	2277	那霸市
三重县	1833	5762	津市				

资料来源：総務省統計局『日本の統計』2015年版、10頁。

近年来，日本政府一直在准备推行“道州制”改革，即把现有的47个都道府县合并为八至十个“道”或“州”，何时成功，尚难预料。

（二）市町村和特别区

在日本，“市”与中国同样是“城市”这一类地方政府的简称，而且在“市”这一类中也分成几个小类。“町”则相当于中国的“镇”。“村”的字义虽与中国差不多，但从体制、法律地位上看则与中国的“村”不同。日本的村与市、町和特别区一样同属“基础地方公共团体”，即每个村都是一个地方政府，其负责人和工作人员也都是地方公务员。而且，市、町、村和特别区四者之间地位相互平等，没有隶属和领导或“指导”关系。但如就规模来看则相差很大，如有的市人口达几百万（如大阪市、横滨市），有的村则只有几百人。

截至2015年4月5日，日本共有市790个，町745个，村183个，特别区23个，其中，“市”还可以进一步区分为普通市、政令指定市和核心市三种。下面逐类加以介绍。

1. 普通市

市的规模大小不一。按照《地方自治法》的规定，人口在5万以上并且市区户数和工商业人口均占60%以上的地区可以设“市”。实际上，战后日本政府为了推动市町村合并，曾两次制定了人口在3万人以上的地区也可设市的“特例”，因而现有的790个市中有不少是5万人以下的，而有些市的人口则多达几百万。后来，日本政府逐渐在“市”中划分出下述两类“不普通”的市，余者就是这里所说的“普通市”。

2. 政令指定市

政令指定市的性质类似于中国的“计划单列市”，即其虽然隶属于道府县，但在城市规划、居民福利、传染病预防等17项行政业务方面直接接受中央政府的指导而不受道府县节制。在行政机构方面，政令指定市的特殊之处是可以下设“区”，区下设事务所或派出所。这里所说的区与东京的特别区不同，它不是一级政府，而是市政府的派出机构，不设议会，区长由市长任命。

政令指定市是1956年根据修改后的《地方自治法》设立的。该法规定政令指定市的设立标准为人口50万以上，但日本政府实际上执掌的标准是100万人左右。日本现有的20个政令指定市的人口多已超过或接近100万人，它们是：大阪、名古屋、京都、横滨、神户、北九州、札幌、川崎、福冈、广岛、仙台、千叶、埼玉、静冈、新潟、相模原、浜松、冈山、堺、熊本。

3. 核心市

核心市在日语里写作“中核市”。1994年，日本修改了《地方自治法》，决定设立核心市。该法规定设立核心市的条件是：人口30万以上，面积100平方千米以上。核心市的职能权限小于政令指定市，即可行使原由道府县执掌的60项权限，如设立保健所、审批居民建房、城市规划、限制屋外广告等。根据该项法律，日本已分批设立了48个核心市，其中有些后来升格为政令指定市。至2015年初，日本共有45个核心市，其中有许多是县的首府，它们是：函馆、旭川、盘城、郡山、青森、盛冈、秋田、宇都宫、前桥、川越、越谷、船桥、八王子、柏、高崎、横须贺、富山、金泽、长野、岐阜、丰桥、丰田、冈崎、大津、高槻、枚方、东大阪、姬路、尼崎、西宫、奈良、丰中、和歌山、仓敷、福山、下关、高松、久留米、鹿儿岛、长崎、大分、高知、宫崎、松山、那霸。

4. 町与村

町相当于中国的镇。町的设置标准由各都道府县自行规定。一般以人口5000以上、工商业人口占60%以上为标准。町的数量原来很多，至20世纪末还有将近2000个。由于日本1999年开始推行大规模的“市町村合并”，町村的数量大幅减少。村的设置不受条件限制，但现有的村多不是原始的自然村落，而是行政村。

5. 特别区

特别区只设于东京都的中心区域，共有23个，如千代田区、中央区、文京区、新宿区、台东区、港区、涩谷区、世田谷区、品川区、杉并区等。特别区从1947年开始设立，是“特别地方公共团体”，不享有完全的自治权。尽管它们的人口多超过核心市，甚至已经接近政令指定市，但它们的行政首长即区长曾经长期（1952～1975年）由东京都知事任命，

1975年后改为由居民直接选举产生。近年来，要求进一步扩大特别区的自治权，甚至要求将其改为“普通地方公共团体”的呼声日益增高，但至今仍未实现。

四　人口

日本是个人口大国。按照日本政府公布的统计数据，2013年，日本共有人口约1.27298亿人，居世界第8位，仅少于中国、印度、美国、印度尼西亚、巴西、俄罗斯、巴基斯坦，是世界上10个人口超过1亿的国家之一。由于日本的国土面积相对较小，因而其人口密度平均每平方千米就有343.4人（2010年），如按照联合国1990年的统计（1987年数字）则为327人，亦居世界上180余个国家和地区中的第60位（从密度大的数起），在前述十大人口国和发达国家中则占第一位。可以说，日本是个人口密度较大的国家。

（一）人口数量的变化轨迹

古代特别是17世纪以前日本人口的准确数字无从查找。关于绳纹时代（公元前1万年至公元前3世纪）、弥生时代（公元前3世纪至公元3世纪）的人口数量，日本本国没有发现任何文字记载，人口的准确情况自然更无从谈起。有的日本学者基于考古资料推测，认为绳纹时代的人口不会超过150万人，弥生时代不会超过400万人。公元7世纪中叶大化改新时，当时的天皇曾于646年发布诏书，下令“按检户口，课殖农桑”。701年制定的《大宝律令》使日本的户籍走向制度化。遗憾的是，在此之后的相当长一段时间里，日本的人口统计资料仍没有完整地留存下来。好在这一时期的历史已有文字可考，一些日本学者据此推算，认为公元8世纪有人口450万～800万人，16世纪末期发展到1800万人。

直至1721年，日本始有正式的人口调查统计记录。那时，德川幕府的第八代将军德川吉宗锐意推行“享保改革”，其措施之一就是下令在全国进行户口调查，从而得知当时日本的人口为2606万人。纵观此后的人口统计资料，我们可以发现以下几个人口数量波动比较大的高峰或低谷（参见表1－6）。

表 1－6 日本人口数量的推移趋势

年度	人口（千人）	人口密度（人/平方千米）	5 年人口增加率（%）	年度人口增加率（%）
1721	26060			
1798	25470			
1828	27200			
1868	34550			
1893	40440			
1913	50930			
1920	55963	146.6		
1925	59737	156.5	6.7	1.46
1930	64450	168.6	7.9	1.56
1935	69254	181	7.5	1.38
1940	71933	188	3.9	0.78
1945	72147	195.8	1.1	－2.29
1950	83200	225.9	15.3	1.74
1955	89276	241.5	7.3	1.17
1960	93419	252.7	4.6	0.84
1965	98275	265.8	5.2	1.13
1970	103720	280.3	5.5	1.15
1975	111940	300.5	7.9	1.24
1980	117060	314.1	4.6	0.78
1985	121049	324.7	3.4	0.62
1990	123611	331.6	2.1	0.33
1995	125570	336.8	1.6	0.24
2000	126926	340.4		0.2
2005	127768	342.7		0.01
2008	128084	343.5		－0.04
2010	128057	343.4		0.02
2011	127799	342.7		－0.20
2012	127515	341.9		－0.22
2013	127298	341.3		－0.17

资料来源：総務省統計局『日本の統計』2015 年版、8 頁。

一是德川时代的人口增长低谷。德川幕府统治时期，人口增加缓慢，特别是在德川吉宗开始统计人口后的77年（1721～1798）里，人口不但未增加，反而减少了59万人，即从2606万人降至2547万人；107年（1721～1828年）中只增加了114万人，平均每年约增加0.04%。这一情况的出现，主要是因为当时经济不景气，人们养不起孩子，城镇里堕胎、农村里溺婴现象（当时日本人将此称作“间苗”）骤增，从而使人口增长率下降。

二是二战后初期的生育高峰。如表1－6所示，1945～1950年，日本的人口从7214.7万剧增至8320万，出现了一个人口高峰。这个高峰主要是新生儿的增加所致。因为战争结束后，人们的生活在历经战乱之后终于得到了安宁，开始大量生儿育女，于是便出现了所谓的战后第一次生育高峰。对此，日本政府采取了鼓励优生优育来诱导性地控制人口增长的对策，即于1948年制定《优生保护法》，使人工流产和绝育合法化，又与政府外围团体合作大力推广普及避孕节育知识，指导民众制订生育计划，从而在此后抑制了人口的过快增长。

三是第二次生育高峰。如表1－6所示，在第一次生育高峰过后，人口在15～20年里连续上升，20世纪70年代初期又出现了一个小高峰，人口从1970年的1.03亿增加到1975年的1.12亿，5年增长率从前几个5年的4%～5%增加到7.9%。不过，这次生育高峰只是第一次生育高峰之后的自然反应，即在第一次生育高峰中出生者这时开始生儿育女，而不是因为人们的生活意识或社会环境发生了变化。

四是20世纪90年代后期人口增长的新低谷。进入90年代，日本的人口增长率逐渐下降。1995年，人口的年增加率已低于0.3%，仅为0.24%，5年增加率也从1990年的2.1%降到了1.6%。据日本政府部门预测，从2009年开始，日本人口的绝对数转为下降，此后仍将呈直线下降趋势，至2100年，将降至6736.6万人。在此期间，日本人的平均寿命仍将不断延长。这说明，这次人口低潮主要是新生儿减少造成的，即育龄人口不愿意生孩子造成的。不过，这次生育低谷的根源与德川时代不同，主要是人们的思想意识发生了变化，即育龄人口重视追求个人的生活质量。

（二）人口地区分布上的特点

如前所述，日本是世界上人口密度较大的国家，但如就各个地区来看，则不尽如此，各都道府县之间的差别很大。据日本政府1995年举行的国情调查，北海道的人口密度仅为每平方千米73人，而东京都的人口密度则高达每平方千米5384人，可见日本的人口分布是很不均衡的。这种人口分布的不均衡现象虽然早就存在，但其作为一个突出的社会现象引人注目则主要是二战后特别是日本取得高速经济增长以后的事情。

在战后日本人口分布变化的各个时期，分别表现出了各不相同的几个特点。

1. 20世纪50～70年代：城市化

人口的城市化是战后日本人口发展的基本特点之一，这一特点在20世纪50～70年代表现得十分明显。如表1－7所示，自明治维新以来，日本的城市人口几乎一直呈增加趋势（只有1945年前后因战时疏散人口有所下降），特别是在日本实现高速经济增长的1950～1960年，其城市人口（各市和东京都特别区所属人口总和）在总人口中所占比率从37.5%增至63.5%，至1970年更增加到72.3%，即20年里增加了将近一倍。到高速经济增长期结束的1975年，日本的城市人口已达8496.7万，在总人口中占75.9%；农村人口（町村所属人口）为2697.2万人，约占24.1%。至1995年，城市人口更达9800.7万人，在总人口中占78.05%；而农村人口只占21.95%。考虑到日本与中国在城市概念上的差别（日本的町已经很有城市色彩，务农的人很少），这里所说的农村人口还要打个折扣，由此可见日本人口的城市化程度要比上述数字表示的还要大。

表1－7 20世纪20～90年代日本城市、农村人口所占比率

年 度	城市人口(%)	农村人口(%)
1920	18.1	81.9
1925	21.7	78.3
1930	24.1	75.9

续表

年　度	城市人口(%)	农村人口(%)
1935	32.9	67.1
1940	37.9	62.1
1945	27.8	72.2
1950	37.5	62.5
1955	56.3	43.7
1960	63.5	36.5
1965	68.1	31.9
1970	72.3	27.7
1975	75.9	24.1
1980	76.5	23.5
1985	76.7	23.3
1990	77.4	22.6
1995	78.1	21.9

资料来源：総理府統計局『日本の統計』1983 年版、20 頁、総務省統計局『日本の統計』2005 年版、18 頁。

同时，应该看到，正因为日本区分城市人口和农村人口的标准是人口所在地方政府的性质和规格，所以，城市人口的增加一方面与各个城市人口的增加密不可分，另一方面实行“市制”的城市数量的增加直接影响了城市人口的变化。在明治时代末期的 1908 年，日本只有 61 个“市”；到大正时代也仅有 94 个市，不过这时的市人口基本上在 10 万以上。日本到了昭和时代才出现 10 万人以下的市，特别是二战结束后的 1946 年至 1955 年的 10 年里，日本的市增加了 273 个，其中 10 万人以下的市 233 个。据 2015 年 4 月统计，日本的市达 790 个。由于在日本新设“市”必须满足人口总数和工商业人口所占比率等条件，战后日本政府推行的“町村合并”政策无疑对城市的增加起到了促进作用。同时，工业化、服务化的发展也使这些新设城市更加容易达到工商业人口所占比率标准。众所周知，战后日本的经济发展主要是从工业化开始的，其结果是第一产业的就业人口急剧减少，第二产业和第三产业的就业人口迅速增加。如第一产业的就业人口 1950 年为 48.3%，1960 年、1970 年、1980 年分别为 32.6%、19.4%、

10.9%，到1994年则降至5.8%。与此相应的是城市人口开始增加，农村人口逐渐减少，从而推动了日本人口的城市化。

2. 20世纪70~80年代前期：人口向三大城市圈聚集

二战结束以前，日本已经形成了工业比较集中的四大工业地带，即京滨（东京和横滨）工业地带、阪神（大阪和神户）工业地带、中京（名古屋）工业地带、北九州工业地带。50年代中期以后，随着日本经济的发展，人口亦明显地开始向东京、大阪、名古屋等大城市集中。对此，日本政府先后制订了《首都圈整备法》《近畿圈整备法》《中部圈整备法》及其配套法律和计划，期望以此减轻这些大城市的压力并带动周边地区发展，因而把“圈”画得比较大，如首都圈就包括了东京都、神奈川县、千叶县、埼玉县、茨城县、枥木县、群马县、山梨县；近畿圈包括了大阪府、京都府、兵库县、奈良县、和歌山县、福井县（部分）、三重县（部分）、滋贺县（部分）；中部圈以名古屋为中心，包括了爱知县、富山县、石川县、福井县（部分）、长野县、岐阜县、静冈县、三重县（部分）、滋贺县（部分）。

但实际上，社会经济发展的结果是人口密度高的地区仍局限在东京、大阪、名古屋等大城市附近的少部分县市，并且这一趋势一直延续下来（见表1-8）。于是，自70年代开始又产生了新的提法，即所谓“三大城市圈”——东京圈、大阪圈、名古屋圈。一般把东京都、千叶县、神奈川县和埼玉县等一都三县称作“东京圈”，把近畿圈里大阪府、京都府和神户市所在的兵库县等二府一县称作“大阪圈”，把爱知、静冈、岐阜、三重等四县称作“名古屋圈”。根据日本政府1985年进行的国情调查，在全国1.21亿人口当中，东京圈的人口为3027万，占总人口的25%；大阪圈为1653万，占全国的13.7%；名古屋圈为1381万，占11.4%，三者相加，已经超过了总人口的半数。

进入90年代以后，日本又出现了一种新的提法是“50千米圈”。至1995年3月末，东京50千米圈的人口为2957万人，大阪50千米圈达1604.7万人，名古屋50千米圈达852.7万人，三者相加达5414.4万人，约占总人口的43.4%。

表 1-8　日本各都道府县的人口密度（2010 年 10 月 1 日国情调查）

都道府县	人口密度(人/平方千米)	都道府县	人口密度(人/平方千米)
北海道	70.2	滋贺县	351.2
青森县	142.4	京都府	571.4
岩手县	87.1	大阪府	4669.7
宫城县	322.3	兵库县	665.6
秋田县	93.3	奈良县	379.5
山形县	125.4	和歌山县	212
福岛县	147.2	鸟取县	167.8
茨城县	487.2	岛根县	107
枥木县	313.3	冈山县	273.5
群马县	315.6	广岛县	337.4
埼玉县	1894.2	山口县	237.4
千叶县	1205.5	德岛县	189.4
东京都	6015.7	香川县	530.7
神奈川县	3745.4	爱媛县	252.1
新潟县	188.7	高知县	107.6
富山县	257.4	福冈县	1019
石川县	279.5	佐贺县	348.3
福井县	192.4	长崎县	347.5
山梨县	193.3	熊本县	245.4
长野县	158.7	大分县	188.7
岐阜县	195.9	宫崎县	146.7
静冈县	483.9	鹿儿岛县	185.7
爱知县	1434.8	冲绳县	611.9
三重县	321	全国	343.4

资料来源：総務省統計局『日本の統計』2015 年版、10 頁。

3. 20 世纪 80 年代后期至今：东京圈一极集中化

80 年代以后，随着日本经济的发展和国际地位的提高，国际化、信息化、贸易和金融自由化成为日本的重要课题，把东京建成“国际化大都市”和“世界金融中心”成为人们的共识，于是，各种信息、人力、机构都向东京及其周边地区集中。资本金在 10 亿日元以上的上市企业和法人有 60% 以上把总部设在了东京。1975 年，面积仅占全国 3.6% 的东京圈（一都三县）里已经集中了 24.1% 的人口，而 1995 年这一比率达到 25.9%。对此，日本政府采取了一系列措施，如 1987 年制订的“全国综合开发计划”，针对“东京圈一极集中”提出了“多极分散型”国土建设方针，以减轻东京的人口压力。1992 年，日本国会通过了关于转移国会等首都机能的法律，“迁都”也成了媒体热烈议论的话题。此外，由于东京的物价高、就业也比较困难，近年来东京都的人口已经停止增长甚至在减少，但其周边地区，特别是埼玉、千叶两县的人口增加率仍在全国高居榜首，因而可以说东京圈的一极集中问题仍未完全解决。

（三）年龄结构——老龄化、少子化

近年来，日本人口的年龄结构主要有两个特点，即老龄化和少子化。

20 世纪 80 年代中期，日本已经是世界上人均寿命最长的国家。1985 年，日本女性的人均寿命为 80.48 岁，开始在世界上独占鳌头。这一年，男性的平均寿命为 74.78 岁，但也从翌年即 1986 年开始占据了世界第一的位置。到 1998 年，日本男性的平均寿命已经达到 77.18 岁，女性更达到了 84.18 岁，均在世界上名列前茅。这一现象的出现，与战后以来日本国民经济和医疗卫生条件的改善有直接联系，与日本人的喜食清淡的饮食习惯和优越的气候环境条件密切相关。平均寿命的延长意味着死亡率的降低。1947 年，日本的年死亡率曾达 1.46%，到 1951 年就开始在 1.0% 以下，1966 年以后长期稳定在 0.7% 以下，1993 年以后因总人口数下降而逐渐有所上升，2013 年达 1.01%。人口死亡率降低必然会进一步加剧人口老龄化。

日本与世界上多数国家一样，将 65 岁以上人口在总人口中所占比率即老龄人口系数超过 7% 作为进入老龄化社会的标准。日本是从 1970 年开始进入老龄化社会的。1970 年，日本 65 岁以上人口达到了 739 万人，老龄人口系数为 7.1%。从表 1－9 可以看出，自 1980 年以来，65 岁以上的老龄人口一直呈增加趋势。1980 年，老龄人口系数达 9.1%，2013 年更达到 25.1%。日本的人口老龄化速度也在世界上名列前茅。

出生率的下降是加剧人口老龄化的另一个重要因素。在日本战后第一次生育高峰的 1947 年，日本的人口出生率曾达 3.43%，但几年后迅速下降，1955 年开始降至 2.0% 以下，1990 年开始降至 1.0% 以下。从表 1－9 也可以看出，1980 年以后，0～4 岁、5～9 岁的人口呈直线减少趋势，10～14 岁人口除了 1985 年（当时正值第二次生育高峰）略有增加外，亦呈直线下降。这种出生率的下降不仅加剧了老龄化，还催生了另一个人口现象——“少子化”。

表 1－9　1980～2013 年日本各年龄层的人口变动

单位：1000 人

年度	人口总数	0～4 岁	5～9 岁	10～14 岁	15～19 岁	20～24 岁	25～29 岁	30～34 岁	35～39 岁	40～44 岁
1980	117060	8515	10032	8960	8272	7841	9041	10772	9202	8338
1985	121049	7459	8532	10042	8980	8201	7823	9054	10738	9135
1990	123611	6493	7467	8527	10007	8800	8071	7788	9004	10658
1995	125570	5995	6541	7478	8558	9895	8788	8126	7822	9006
2000	126926	5904	6022	6547	7488	8421	9790	8777	8115	7800
2005	127768	5578	5928	6015	6568	7351	8280	9755	8736	8081
2010	128057	5297	5586	5921	6063	6426	7294	8341	9786	8742
2011	127799	5303	5490	5912	6075	6370	7219	8093	9712	9315
2012	127515	5273	5407	5868	6050	6272	7048	7833	9420	9469
2013	127298	5239	5361	5790	6047	6205	6869	7623	9060	9667

年度	45～49 岁	50～54 岁	55～59 岁	60～64 岁	65～69 岁	70～74 岁	75～79 岁	80～84 岁	85～89 岁	90 岁～
1980	8090	7200	5614	4465	3965	3023	2037	1094	410	119
1985	8237	7933	7000	5406	4193	3563	2493	1433	604	182
1990	9018	8088	7725	6745	5104	3818	3018	1833	833	289
1995	10618	8922	7953	7475	6396	4695	3289	2301	1137	443
2000	8916	10442	8734	7736	7106	5901	4151	2615	1532	701
2005	7726	8796	10255	8545	7433	6637	5263	3412	1849	1077
2010	8033	7644	8664	10037	8210	6963	5941	4336	2433	1362
2011	7966	7639	8320	10632	7861	7184	6143	4494	2625	1446
2012	8205	7678	7954	10246	8204	7396	6253	4631	2780	1528
2013	8406	7734	7731	9666	8699	7596	6302	4762	2926	1614

资料来源：総務省統計局『日本の統計』2015 年版、16 頁。

所谓“少子化”，指的是出生率下降造成的儿童数量减少的现象。日本政府1992年发表的《国民生活白皮书》第一次使用了这个词。当年日本的出生率为0.98%。用来表示“少子化”的另一个常用指标是“总合出生率”，它指的是一个妇女一生所生育的孩子数量。日本的这一指标也出现了明显下降，1996年为1.43，1998年下降到1.38，2005年更下降到1.26。这说明日本的年轻夫妇已经不愿意多要孩子，有的甚至根本不要孩子。对此，日本朝野上下颇感忧虑，采取了许多对策，已产生了一些效果。到2012年，日本的总合出生率恢复到1.41。

五 民族与语言

（一）民族

日本的民族构成比较单一，但不能简单地将其称作“单一民族国家”。之所以这样说，是因为日本列岛上除了人们熟知的“大和人”以外，还生存和繁衍着别具民族特征的阿依努人和琉球人。

1. 民族的起源

近几十年来，日本国内外学术界都十分重视对日本民族起源问题的研究。学者们从形质人类学、考古学、民族学、语言学、人口学、遗传学、宗教学等多种角度对此进行了广泛深入的研究，发表了不少研究成果。但是，由于这一课题难度较大，在许多问题上至今尚未形成一致意见。

日本的考古发掘证明，早在旧石器时代，日本列岛上就已经有人类生存。一般认为，在冰河时代，地球北半部的海水水面曾大幅度下降，日本列岛遂与亚洲大陆相连接。当时，生活在大陆的人类为追寻猎物来到日本列岛，并在那里滞留下来。到了新石器时代（约在公元前9000年至公元前300年，即所谓“绳纹时代”），生活在日本列岛上的人们已经会制作带有草绳样条纹的陶器，因而被称为“绳纹人”。有的日本学者将这些“绳纹人”和比其更早的原始日本人统称为“石器时代人”。在这些“石器时代人”来自大陆这一点上，日本学术界似无很大争议，但对于来自大陆哪一地区，则存在着两种互相对立的意见：一种意见认为来自中国长江以南的亚洲地区，主要根据是“石器时代

人”的身材和脸型等与该地区同一时代的人骨化石相似；另一种意见则以日语属于乌拉尔·阿尔泰语系等为根据，认为绳纹人来自欧亚大陆北部。有的日本学者还从检测丙种球蛋白遗传因子入手，明确指出日本人的祖先来自贝加尔湖畔。这两种意见分别被称作“南方说”和“北方说”。

关于日本民族起源的更大争论集中在绳纹人与“弥生人”的关系这一问题上。“弥生人”是弥生时代（约在公元前300年至公元300年）生存于日本列岛的人类，他们的身材比绳纹人高大，头型也与之有较大不同，而且同一时期在日本列岛上还出现了水稻种植业和铁制农具。许多日本学者据此认为：在弥生时代，有大批“渡来人”从亚洲大陆经朝鲜半岛来到日本西部，后来分散到其他地区，并与原住民混血融合，从而使日本人的形体发生了很大变化。有的学者还进一步明确地指出这些“渡来人”来自中国东北部和西伯利亚地区，平均每年来1000人左右。这一势头一直持续到古坟时代乃至奈良时代，遂使日本民族得以形成，这些学者认为日本民族的起源是多元的，弥生人是当代日本民族的祖先。与此相对应，另一部分学者虽然也承认弥生时代有“渡来人”来到日本，但认为其数量没有那么多，也不会因混血而使绳纹人的形体发生那么大的变化。弥生人与绳纹人在形体上的差别，是绳纹人随着生产力的发展不断进化的结果。换言之，这些学者认为日本民族的起源是一元的，日本民族在绳纹时代已经形成，绳纹人就是当代日本民族的祖先。

2. 民族现状

（1）大和人

大和人亦称“和人”，是日本民族的主体，约占总人口的98%以上。大和人属蒙古人种东亚类型，其体形特征是头较短，黄皮肤，黑头发，体毛和胡须较少，耳垢为干性，眼睑中有被称作“蒙古襞”的皱襞，血型以A型居多，其他依次为O型、B型、AB型。大和人原来身材较矮，我国历史书上将其称作“倭人”，据说就与此有关。近年来，大和人的平均身高已有明显增加。据统计其男人的平均身高已达170厘米左右，在世界上属于中上水平。

（2）阿依努人

阿依努人旧称“虾夷人”，属于千岛人种类型。在体形上，阿依努人具有蒙古人种的基本特征，略微兼有赤道人种的某些特征：肤色黑黄，体毛浓密，腿长腰阔，头大颧高。他们不仅拥有自己的语言——阿依努语，而且还依其使用范围区分为北海道方言、桦太方言和千岛方言三种方言。用于文学创作的“雅语”和日常生活中使用的口语在词汇和语法上有较大不同。他们还具有独特的文学——韵文“物语”（如“词曲”）和散文“物语”（如“酋长谈”），也有独特的音乐和舞蹈（如“踏舞”和“轮舞”等）。阿依努人信奉一种带有浓厚的萨满教色彩的宗教，经常举行“熊祭”“鲸祭”等宗教仪式——这与他们自古以来一直过着以渔猎、采集为主要生存手段的自给自足的生活有密切联系。到了现代，阿依努人的上述民族特征已经所剩无几，处于被和人逐渐同化的过程之中。

但是，同化现象的出现并不等于阿依努民族的消失。据北海道政府2006年调查统计，有23782名阿依努人集中地生活在北海道的胆振、日高等地。如加上散居于全国各地者，实际上具有阿依努血统者要大大超过这一数字，有的调查报告认为居住在日本全国的阿依努人多达20万人。他们仍然主张维护自己的民族权利，要求废止《北海道旧土人保护法》，消除实际上存在的民族歧视现象。对此，北海道地方政府及其外围团体已经做出积极反应，提出了废止《北海道旧土人保护法》、制定《关于阿依努民族的法律》的建议，在社会上引起了较大反响，并引起了有关部门的重视。但自民党所属的札幌市议员金子快之2014年对阿依努民族的真实存在及其所享受的优待政策提出异议。

（3）琉球人

琉球人约有120万人，绝大部分生活在日本冲绳县所在地——琉球群岛。琉球人虽然与大和人同属蒙古人种，但与大和人相比，他们的身材略矮，眉毛较浓，颧骨稍高。古代琉球人以部落为单位群居，14世纪时建立了三个小国，1429年由尚巴志统一为琉球王国，与中国结成朝贡册封关系。琉球王国17世纪初遭日本萨摩藩侵略并开始受其控制，但仍保持同中国的朝贡册封关系，奉中国正朔。1879年，琉球被正式并入日本版图。

琉球人有自己的语言——琉球语。琉球语虽然与日语属于同一语系，但语音、语法、语汇都与日语有很大不同。琉球人原本没有自己的文字。16世纪以后，一些上层人士开始用汉字和日语假名记事。下层民众中流行一种叫作“斯丘码”的象形文字，也有人靠结绳记事。琉球被并入日本以后，明治政府推行同化政策，强令琉球群岛上通用日语。现在，年轻的琉球人多已不会讲琉球语。

琉球人的文化受中国和日本本土的影响较大。从宗教上看，琉球人中既有信奉佛教和神道教的，也有不少道教的信徒。他们同中国汉民族一样有清明节扫墓的习俗。他们还喜欢在屋顶放置石狮像，在交通要道的路口放置一种叫作“石敢当”的石兽，这些也与中国南方某些地区的习俗相似。在饮食方面，琉球人喜欢喝一种名叫“泡盛”的白酒，吃油多的菜肴，还喜欢吃猪蹄、排骨等食物。这些有别于大和人的习俗至今仍然保留着。

（二）语言

在日本通用的语言是日本语，简称日语。虽然日本还有阿依努人、琉球人等少数民族存在，这些少数民族分别拥有自己的语言——阿依努语和琉球语，但现在使用的人很少，年轻的阿依努人和琉球人基本上都使用日本语，因而可以说日语是日本的国语。生活在日本的朝鲜人等外国人，移民到巴西、美国等国的日本人也使用日语。随着日本经济实力的增强和国际地位的提高，世界上在学校里开设日语课程的国家越来越多。

1. 日语的形成与发展

日语是大和人的固有语言，与朝鲜语、蒙古语等同属于阿尔泰语系。日语在生成和发展过程中受到了汉语和其他语言的较大影响。一些日本的语言学家认为，日语中一些固有常用词汇如“马”“梅”“米”等的发音与汉语非常相似，很可能是因为当时受到了中国人的影响，在文字的形成方面更是受到了中国汉语的巨大影响。

日本的有文字可考的历史比较短。现存最早的文字资料产生于公元5世纪，而且是用汉语记载的。这说明此前日本很可能没有文字。日本最早的史书之一《日本书纪》是用汉语写成的。公元3世纪到7世纪，由于当时的日本统治者热心于引进吸收中国文化，来自中国的佛学、儒学著作大量传入日本，许多日本人学会了汉文。公元478年，当时日本的统治者之一倭王武致中国南朝皇帝的国书也是用汉文写成的。公元8世纪以后，日本人创造了专门用来表音的汉字——“万叶假名”（因在古典文学名著《万叶集》中被大量使用而得此称）。后来（约在公元10世纪），日本人又利用汉字的草书创造了日本式字母——平假名（如：安——あ；以——い；宇——う；衣——え；於——お），利用汉字的偏旁创造了片假名（如：阿——ア；伊——イ；宇——ウ；江——エ；於——オ），从而逐渐形成了汉字与假名相结合的日语文字书写方式，一直沿用至今。

2. 日语的构成

在日语当中，除了汉字以外，还使用日语“字母”——“假名”和罗马字。汉字是日语的表意文字，假名是日语的表音文字。罗马字也叫拉丁字，主要用来表示欧美国家的地名、人名、商品名等固有名词和为假名注音。如前所述，历史上日本曾经有使用汉文的时期，现在有些日本人仍能写出很好的汉诗。因此，中国使用的繁体汉字在日本几乎都可以找到。诸桥辙次编撰的《大汉和辞典》中收入汉字5万余个，小林信明编撰的《汉和辞典》收入汉字11350个。二战结束以后，日本政府开始限制使用汉字。1946年，日本政府公布的《当用汉字表》只收入汉字1850个。1981年，日本政府根据使用情况略微扩大了使用数量，在新公布的《常用汉字表》中收入汉字1945个。如果加上法务省公布的166个“人名用汉字”，一共才有2111个。在这些汉字当中，绝大部分是从中国汉字中吸收的，仅有极少数是日本自己创造的“和字”。日语中实际上共有48个假名，但因为每个假名都有平假名和片假名两种写法，所以也可以说有96个假名。

表1-10 五十音图（平假名）

行＼段	あ段	い段	う段	え段	お段
あ行	あ	い	う	え	お
か行	か	き	く	け	こ
さ行	さ	し	す	せ	そ
た行	た	ち	つ	て	と

续表

行＼段	あ段	い段	う段	え段	お段
な行	な	に	ぬ	ね	の
は行	は	ひ	ふ	へ	ほ
ま行	ま	み	む	め	も
や行	や	い	ゆ	え	よ
ら行	ら	り	る	れ	ろ
わ行	わ	ゐ	う	ゑ	を
	ん				

表 1－11　五十音图（片假名）

行＼段	ア段	イ段	ウ段	エ段	オ段
ア行	ア	イ	ウ	エ	オ
カ行	カ	キ	ク	ケ	コ
サ行	サ	シ	ス	セ	ソ
タ行	タ	チ	ツ	テ	ト
ナ行	ナ	ニ	ヌ	ネ	ノ
ハ行	ハ	ヒ	フ	ヘ	ホ
マ行	マ	ミ	ム	メ	モ
ヤ行	ヤ	イ	ユ	エ	ヨ
ラ行	ラ	リ	ル	レ	ロ
ワ行	ワ	ヰ	ウ	ヱ	ヲ
	ン				

从语法的角度来看，日语属于黏着语，即主要依靠助词、助动词的黏着来表示单词在句子中的地位和时态、否定、推量、被动、可能等语法机能。它不像俄语等屈折语那样有性、数、格、时的变化。日语的语序是谓语在句子的最后，即在宾语和补语的后面而不是像汉语、英语那样在前面。

3. 日语的特色

第一，语音简单。其简单程度仅次于波利尼西亚语。元音的数量少。日语的音素中只有 a、i、u、e、o 五个元音（它们分别成为五十音图中第一行即あ行五个假名的读音），比英语少得多，也比汉语少。辅音的数量也不多，如没有 l、v 等辅音。日语语音的这一特点使日本人学习外语十分吃力，因为他们很难适应英语、汉语等语言的多元音发音方法。

第二，敬语复杂。日本人重视礼仪的特点在日语中表现得尤为充分，主要是体现在敬语的使用上。广义的敬语中又包括尊敬语、自谦语和敬体三类，三者各有其特有的机能。尊敬语专门用来表述以第二、第三人称为主体的行为；自谦语则专门用来表述以第一人称为主体的行为。换句话说，即使所要表达的语义完全相同（如同是表述“吃”“说”等行为），尊敬语与自谦语所使用的词也是完全不同的。“敬体”是与“简体”相对应的。敬体与简体二者的语义和词干都相同，只是词尾及其变化不同，使用敬体词尾“です”“ます”可以表示对受众的尊重。

第三，受外来语言影响较大。从日语与汉语的关系来看，日语在形成过程中所受到的汉语的影响已如前述。也许是由于日语与汉语的渊源太深，尽管日本历史上也曾出现过只用“假名”不用汉字的“日语假名化”（如 19 世纪末 20 世纪初曾出版过只用假名写成的小说）和只用罗马字写作的“拉丁化”的动向，但都未能形成气候。实际上，汉字早已被日本人看作“国字”，汉语字词也不被看作“外来语”。目前，在所谓“汉字文化圈”中，一些原来使用汉字的国家如越南、朝鲜等已经正式宣布不用汉字了，而日本却没有这种迹象。再从日语与其他语言的关系来看，从 16 世纪开始，葡萄牙语、荷兰语、德语、俄语、英语等欧洲语言相继传入日本，对日本文化产生了较大影响，也给日语带来了大量的外来语，丰富了日语的词汇和表现力。日本自 20 世纪初期就开始并相继有多家出版社编撰出版《外来语辞典》（三省堂 1915 年出版），到 70 年代中期均已经改版多次，所收词语也从当初的几千个增加到 2.5 万个左右，到 80 ~ 90 年代还出版了社会科学、自然科学中许多学科专用的《外来语辞典》，可见日语吸收外来语的速度是何等之快。这一现象的出现，固然与日本二战后曾被美国长期占领密切相关，与日本民族对于外来文化采取积极摄取的态度也不无关系。

第四，男女“有别”，即存在着专门供女性使用的“女性语”。如果说敬语产生于日本封建社会时代的天皇崇拜、等级意识的话，女性语也可以说是产生于封建社会的男女差别意识乃至“男尊女卑”意识。早在平安时代，日本就出现了由女作家创作的所谓“女流文学”（女性文学），其遣词造句乃至整个表述方式都更加含蓄、委婉、优雅，与一般通用语言有明显区别。随着时代的变迁和社会的发展，特别是二战以后，日本女性的社会地位有了明显提高（近年还制定了《男女同工同酬法》），“女性语”则随之走向衰落，但还没有退出历史舞台，女性在生活中使用的语言还是与男性有许多差别。

第五，方言较多。与世界上其他人口或面积与之近似的国家相比，日本无疑是方言较多的国家。日本全国共有 16 种方言，分别属于四大方言区，即：东部方言区、西部方言区、九州方言区、琉球方言区。

日本有这么多的方言，主要是多山、多岛屿、多河流等地理条件造成了古代乃至近代日本各个地区的封闭性，建立于这种地理条件之上的诸侯藩国实行封建割据又进一步加剧了这种封闭性，因而地区之间人际交流甚少。明治维新以后，废藩置县等政治改革以及社会经济的发展已使地区之间的交流往来日益密切，二战以后日本政府又大力推广以东京话（关东方言）为主体的“标准语”，大大降低了各方言区之间的语言交流困难程度。但是，消除千百年来逐渐形成的方言绝非易事，很多日本人至今仍在根据场合和谈话对象使用着各自的方言。

六　国旗、国歌、国徽、国鸟和国花

（一）国旗

日本国旗的正式名称为日章旗（日语：日章旗，Nisshōki），在日本国内的常用名称为“日之丸”（日语：日の丸，Hinomaru）。旗面上一轮红日居中，周围是白色的旗面。1854 年 7 月，德川幕府发布通告，在民用船只上使用日之丸旗，从 19 世纪中叶开始，日本船只都悬挂日之丸旗，日之丸旗逐渐成为代表日本的旗帜。1870 年，日本政府正式将日之丸旗定为日本海军旗帜。1945 年，日之丸旗成为日本代国旗。

1999 年 8 月，日本国会通过《国旗国歌法》，将“日之丸”和“君之代”分别定为日本的国旗和国歌。

（二）国歌

《君之代》是日本法律规定的国歌，原曲由宫内省式部察乐师奥好义谱写，后又经雅乐师林广守编曲。

歌词的大意为：我皇御统传千代，一直传到八千代，直到小石变巨岩，直到巨岩长青苔。

现在，在日本国家举行庆祝仪式和欢迎外国国宾的仪式上以及学校的开学、毕业典礼上都要求挂国旗和演奏国歌。此外，在相扑联赛的颁奖仪式等场合，通常也演奏国歌。

由于日本的国歌和国旗沿用了军国主义统治时期的歌曲和旗帜，很容易让人回想起战争时期日本犯下的罪行和带来的苦难，因此，日本教职员工会等进步组织对政府强制要求学校升国旗、唱国歌表示反对，各学校发生了多次拒唱国歌事件。

（三）国徽

日本没有法律规定的国徽，习惯上把日本皇室（天皇家）的家徽“十六瓣八重表菊纹”即菊花纹章作为日本代表性的国家徽章使用。不过，日本护照的封面上使用的是“十六瓣一重表菊纹”，花瓣数虽一样，但花的层数却少了一层，与皇室的菊花纹章并不完全相同。

（四）国鸟

日本的国鸟是雉，俗称野鸡。1947 年由日本鸟学会选定。

（五）国花

日本尚无成文规定的国花。樱花一般被看作象征国家的花，如被用在硬币和邮票的图案上。菊花则更多地具有象征皇室的含义。

第二节 宗教与民俗

一 宗教

日本是个多宗教国家，主要有神道教、佛教、基督教三个大的宗教和许多小宗教。据日本内阁下属的文化厅公布，截至2012年12月31日，日本共有神道教信徒约1亿人，佛教信徒8513.9万人，基督教信徒190.8万人，其他宗教信徒911.4万人，合计2亿人，是2012年日本总人口1.2亿人的近2倍，出现这种情况，是因为日本人可以同时信仰两种乃至多种宗教。考虑到世界历史上的十字军东征和当代世界上一些地区宗教徒之间互相敌视甚至互相仇杀的血腥现实，人们很可能会对日本的这一现象感到诧异，但这却是日本的真实写照，也是日本宗教的显著特征之一。

日本是个在法律上保护宗教自由的国家。1947年制定的《日本国宪法》第20条规定："对任何人的信教自由都给予保障。任何宗教团体都不得从国家接受特权和行使政治上的权利，对任何人都不得强制其参加宗教上的行为、庆祝典礼、仪式或活动，国家及其机关都不得进行宗教教育以及其他任何宗教活动"。1951年，日本国会又通过了《宗教法人法》，更加具体地规定了关于宗教法人的性质、活动范围、权利、义务等的制度。这些宗教法制的建立，不仅保障了日本国民的信教自由，对于日本确保政教分离、避免重蹈战前"政教合一"的军国主义覆辙也具有重要的意义。战后以来，日本的右翼势力一直企图把靖国神社交给国家经营管理，即向政教分离原则发起挑战，但至今未能得逞。

日本各宗教都有自己独特的发展史，有自己的组织机构和活动方针。下面，主要介绍神道教、佛教、基督教和所谓"新宗教"的基本情况。

（一）神道教

神道教是日本固有的民族宗教信仰，也是在日本历史比较长的宗教。与佛教、基督教、伊斯兰教等宗教不同，它没有类似于释迦牟尼、基督、安拉那样的教主或唯一神灵。它产生于日本传统文化的土壤之中，但又受到了外来文化的深刻影响，出现过各种类型的"神道"。目前，几乎全体国民都是它的信徒，是日本信徒最多的宗教。这些信徒分别与设在各地的神社或教会保持着某种松散或紧密的联系。一般根据这些神社等组织的性质将神道分为两类，即神社神道和教派神道，有人主张还应加上"民俗神道"，二战结束以前还存在"国家神道"。至2012年12月末，全国共有神道信徒1亿人，神道宗教团体88720个，神职人员8.5万人，神社81131家，其他宗教设施3956个。

1. 神道的产生

早在绳纹时代，日本民间就存在着对祖先和自然万物力量的崇拜和泛神信仰，并且盛行巫术和咒术。到了弥生时代，巫术在社会上仍很流行，并且成为统治者的正统性依据和执政工具。据中国史籍《三国志》中的《魏志·倭人传》记载，3世纪上半叶统治日本邪马台国的女王卑弥呼就“事鬼道，能惑众”。在这一时代，社会上已经出现了铁器和农耕，人们的生活区域也已相对固定下来，随之出现了祈求丰收的祈年祭，还出现了地域神、祖先神和共同体的氏神。原始的神道教正是在这些敬神活动的基础上形成的。公元720年完成的史书《日本书纪》在“用明天皇前纪”中记载着“天皇信佛法尊神道”，在“孝德天皇前纪”中记载着“（天皇）尊佛法轻神道”，说明当时人们已经把“神道”视为与佛教并列的宗教。进入古坟时代以后，神道的天神、地祇、人灵开始走向系列化，祭祀场所逐渐固定为神社、神宫等建筑物内，后来，人们一般将这种神道称作“神社神道”。大和政权建立以后，在神道当中形成了以天皇氏族为中心的神祇系列即“皇室神道”。公元701年和718年，在律令制天皇政权公布的《大宝令》和《养老令》中，都规定了在朝廷中设置“神祇官”，专门负责管理神祇、祭祀、神户名籍等，并且总揽神社行政事务。

2. 外来文化对神道的影响

神道在其发展过程中受到了外来文化特别是佛教和儒学的巨大影响。进入奈良时代以后，佛教大举进入日本，对神道产生了很大冲击，甚至出现了“神佛习合”（一体化）的主张。神道吸收了佛教学说，形成了自己的教义，从而产生了所谓“理论神道”。但是，神道对佛教的吸收也并非总是一帆风顺。针对平安时代有人提出的“佛主神从”，即主张神道之神祇原本是佛之化身的“本地垂迹说”，镰仓时代和室町时代分别出现了主张“神主佛从”的“伊势神道”和“反本地垂迹说”，两派之间进行了激烈的斗争，结果以后者的胜利告终。江户时代是日本封建社会的全盛期。当时，德川幕府的统治者实行“锁国”政策，却对来自中国的儒学尊崇有加，儒学成为占统治地位的意识形态。在此背景之下，神道自然也受到了儒学的深刻影响。

3. 国家神道及其恶劣影响

国家神道是一种旨在维护天皇制的宗教思想意识形态，存在于明治初年至二战结束这一时期。明治维新以后，天皇政府建立伊始就将神道作为恢复天皇权力和统合国家的工具，于1868年3月下令实行“神佛分离”，在全国掀起了“废佛毁释”运动，对佛教组织及其信徒加以迫害，并将佛教排除在神道和国家政治体系之外。同时，把神社神道与天皇信仰结合起来，并于1870年发布了《大教宣布之诏》，定神道为国教，将天皇作为现人神，从而正式建立了“国家神道”，并且确立了国家神道对其他宗教的统治地位。其重要措施之一是恢复了古代的“祭政一致”原则，在中央政府中设置了与相当于内阁的“太政官”并立的“神祇官”，后来改名神祇省和教部省，并由国家出钱建造了祭奠所谓“为国战死者”的靖国神社和祭奠前辈天皇的明治神宫、平安神宫等“国营神社”。1940年，日本军国主义政府又以所谓日本皇纪2600年为由设立了“神祇院”，再次确认了神道的国教地位，使国家神道成为统治国民和为侵略战争服务的工具。

4. 教派神道的形成及其现状

江户时代后期，由于德川幕府过于注意保护既有宗教，社会上出现了宗教的形式化，脱离了民众对宗教的精神需求。因此，在一些社会基层民众中间出现了要求对神道进行“维新”甚至创立新宗教的趋向。这些新宗教多有教祖，而且有创立、产生信仰的“体验”，许多教派还有教义，更加具有宗教色彩。由于这些新宗教没有师承、依据的经典，属于土生土长的宗教，因而也可以被称作广义的“神道”。明治维新以后，明治政府为了推行神道国教化，以神社神道为中心建立起超宗教性质的国家制度——国家神道，主张广大国民日常参拜神社的神道不是普通宗教，而只把这些宗教色彩浓烈的新宗教纳入与佛教、基督教并列的神道宗教体系加以规制，先后于1876年9月、1882年5月、1890年6月、1894年10月、1908年11月五次宣布批准这些新宗教和其他教派等13个教派为“教派神道”，俗称“神道十三派”。这 13 个教派是：神道本局（后改名为“神道大教”）、神理教、出云大社教、神道修成派、神道大成教、实行教、扶桑教、御岳教、神习教、禊教、黑住教、金光教、天理教。这些教派的名称中几乎都有一个“教”字，表明它们具有一定的独立性。二战结束以后，政府放松了对这些教派的限制，原 13 个派除了一些教派退出以外，余者组成了作为教团的教派神道联合会，后来又有一些新成立的教派加入这个联合会，从而使其组织规模迅速扩大。1964 年，教派神道联合会所属的分支教派已达 80 余个。至 2000 年 12 月末，教派神道共有信徒 361 万人，拥有教会等法人团体 5860 个。据 2013 年《宗教年鉴》公布，在教派神道下属的教派中，神道大教有信徒 25208 人，神职人员 548 人，教会 84 个；黑住教有信徒 297767 人，神职人员 1586 人、教会 316 个；出云大社教有信徒 1260623 人，神职人员 8139 人，教会 212 个；实行教有信徒 26360 人，神职人员 334 人，教会 96 个；神道大成教有信徒 21327 人，神职人员 185 人，教会 28 个；神习教有信徒 164909 人，神职人员 274 人，教会 108 个；御岳教有信徒 577000 人（2000 年统计），教会 372 个；神理教有信徒 243648 人，神职人员 1324 人，教会 129 个；金光教有信徒 430021 人，神职人员 3864 人，教会 1528 个；神道修成派有信徒 12591 人，神职人员 310 人，教会 69 个；扶桑教有信徒 35500 人，神职人员 407 人，教会 124 个；禊教有信徒 87311 人，神职人员 540 人，教会 24 个。教派神道的信徒数量虽然远不能与神社神道相比，但由于它们各个宗派几乎都有明确的教义和教规以及严密的组织，因而在日本社会仍然占有一定地位并具有相当大的影响力。

5. 神社神道与神社本厅

神社神道是神道的主体。所谓“神社神道”，是指以神社为中心的神道。换言之，是指没有宗教理论或宗教教派基础的、以族缘或地缘为基础、以神社为中心的崇敬祖先神、氏神、地域神的信仰。日本几乎每个聚落（人口聚集地）都至少有一个神社，全国约有 82000 家神社。这些神社有的祭祀祖先（氏神），有的祭祀地域神，有的祭祀专门保佑人们某一方面利益的神祇，如保佑农业丰收的稻荷神，保佑身体健康、生子繁衍后代的神等。日本自古有“八百万神”的说法，每个神社都祭祀着其中的一个或两个神。所谓天照大神，即天皇的祖神，只是这八百万神中的一个，因而祭祀天照大神的伊势神宫也是神社神道的一个神社。日本人有经常（特别是出生、出嫁后和过年时）参拜神社的习俗，因而几乎每个人都被视作某一神社的“氏子”。这就是本节开头所述文化厅统计的神道崇拜者几乎与人口总数相等的原因。在这个意义上，掌握了神社神道，就等于掌握了全体国民。正因如此，明治维新以后，天皇政府只将极少数另有教祖、教义等情况特殊的教派封为教派神道（仍限制于神道范围之内），而把其他绝大多数神社及其氏子纳入神社神道，并以神社神道为主体建立了国家神道，这样就以神道这个手段控制了绝大多数国民。二战结束以后，占领日本的盟军总部为了防止军国主义复活，于 1945 年 12 月向日本政府下达“神道指令”，废止国家神道，实行政教分离。鉴此，当时已是民间法人的神社神道团体——大日本神祇会、皇典研究所、神宫奉斋会于 1946 年 2 月 14 日经协商共同设立了非国营的宗教法人——神社本厅。它以奉天皇祖神天照大神为主神的伊势神宫为本宗，以“尊奉神祇恩德，谋求神社兴隆，宣扬神道，作兴道义”为宗旨，在全国各个都道府县都设有支部——神社厅。至 2000 年 12 月末，它已经下统分布于全国各地的近 79200 家神社或团体，约占全国神社总数的 98%，拥有神职人员 21600 人。它的法人代表叫“统理”，决策机构是由神职人员和“氏子”（崇拜者）中选出来的代表组成的“评议员会”，执行机构为理事会。

除了神社本厅外，神社神道中还包括了 16 个宗教团体，如以近畿地区为中心的神社本教，以广岛为中心的神社产土教，北海道神社协会等，其中势力较大的有木曾御岳本教和石鎚本教，它们的神职人员都超过了 2000 人，木曾御岳本教的神职人员数在 2000 年虽有所下降，但仍达 3430 人。

（二）佛教

佛教可以说是日本的外来宗教，但也有人认为佛教在日本已经实现了民族化，不应将其看作外来宗教。它的历史非常悠久，甚至比日本有文字可考的历史还要长。早在弥生时代，大批“渡来人”由亚洲大陆东渡到日本，同时也带来了大陆上正在流行的佛教。据史籍记载，公元552年，百济圣明王曾派使臣给日本天皇送去了释迦牟尼佛像和佛教经文，这可以看作佛教正式进入日本的标志。从此以后，佛教在日本封建社会的发展大体上经历了两个阶段：传统佛教盛行阶段和新佛教盛行阶段。

1. 传统佛教阶段

所谓传统佛教阶段，主要是指实行古代天皇制的奈良时代和平安时代。公元6世纪末7世纪初，力主革故鼎新、吸收亚洲大陆先进文化的圣德太子在推古朝实际上主持朝政。他对佛教十分推崇，曾下令在全国推广“佛法”，各地都因此而修建了许多寺院，著名的法隆寺就是这时修建的。在奈良时代，佛教在日本获得了进一步发展。天武年间（672～686年）开始把佛教作为国家宗教，至天平年间更是在上层社会出现了把日本建成“佛国土”的热潮，日本佛教进入了鼎盛期。当时佛教的传布者主张“护寺镇国”，朝廷也“欲赖三宝之威灵，乾坤相泰”，因而采取了允许佛教各宗派共存共荣、输入佛经、聘请外国高僧、铸造东大寺佛像、在全国各地建立国分寺等许多扶植佛教的措施。日本向中国派遣的遣隋使、遣唐使中有许多人是前去学习佛教经典的僧人。中国的鉴真和尚（688～763年）东渡日本，为佛教在日本的传播和发展做出了重要贡献。到了平安时代，日本高僧最澄（767～822年）与空海（774～835年）于804年随遣唐使一起到中国学习。最澄到天台山、越州等地学教，805年携佛经230部回国，807年奏请天皇同意，创立了天台宗。空海经福州到西安，在青龙寺师从惠果和尚学习真言宗秘法，回国后在日本创立了真言宗。在天皇朝廷的支持下，天台宗和真言宗成为平安时代佛教的主流。

2. 新佛教阶段

在镰仓时代，社会因连年战乱而动荡不安，民众普遍企求从宗教信仰中找到希望，于是，不需高深学问和严格长期修行便可在死后往生极乐净土的新宗教应运而生：12～13世纪，法然（1133～1212年）创立了只要专修念佛即可获救的净土宗，继承法然思想的亲鸾（1173～1262年）创立了净土真宗，荣西（1141～1215年）和道元（1200～1253年）分别从

中国传入了禅宗系列的临济宗和曹洞宗。到了镰仓时代中后期，又产生了由日莲（1222～1282年）创立的日莲宗和由一遍（1239～1289年）创立的时宗。这些新宗派都具有可以简化修行的特点，从而使佛教在日本日益普及开来，实现了佛教的日本民族化。进入室町时代以后，天台宗和真言宗等传统佛教已经由于朝廷势力的没落等原因走向衰微，而临济宗、曹洞宗、日莲宗等新佛教则因为得到武士、农民和工商业者的信仰而有了很大发展，取代传统佛教成为日本佛教的主流。

3. 日本佛教的低潮期

在江户时代，德川幕府加强了对宗教的控制和管理，在中央设置了“寺社奉行”专门管理宗教事务。尽管中国的隐元禅师于1654年应邀赴日，在京都创立了黄檗宗，并且使之成为与曹洞宗、临济宗并列的禅宗三大宗派之一，但从总体来看，佛教势力在这一时代并未取得多大发展。到了江户后期，由于儒学、国学和洋学的影响力日益强大，它们又都从各自角度对佛教进行了批判，加上佛教僧侣当中出现的堕落行为降低了佛教的威信，佛教的影响日渐式微。

明治维新以后，天皇政府大搞“王政复古”，于1868年发布了《神佛分离令》，将神道定为“国教”，在全国掀起了“废佛毁释”的浪潮，使佛教受到了很大打击。第二次世界大战期间，日本军国主义政府制定了《宗教团体法》，将佛教宗派由13宗56派合并为13宗28派，后来又令其加入了“大日本宗教报国会”，将其纳入了为军国主义战争服务的轨道。日本佛教随之进入了黑暗的年代。

4. 二战后的变革及其现状

第二次世界大战结束以后，日本进行了旨在铲除军国主义土壤的民主改革，于1945年废除了《宗教团体法》，1951年制定了《宗教法人法》，规定了信仰自由和政教分离的原则，佛教各宗派恢复活动并进行了分化改组，随之产生了一些新的教派和团体。至2000年12月31日，日本共有佛教信徒9409万人（其中天台宗系统348万人，真言宗系统1270万人，净土宗系统1950万人，禅宗系统335万人，日莲宗系统1700万人，奈良佛教系统76万人，未加入横向联合组织的所谓“单立宗教法人”中的佛教信徒（如创价学会等）3730 万人），共有寺院等设施 85745 处，神职人员 204380 人。据日本总务省公布，至 2012 年底，日本共有佛教信徒 8513.9 万人，神职人员 33.9 万人，寺院 75935 家，其他宗教设施 1465 处。

全日本佛教会是日本佛教界唯一的联合体组织，其前身是 1900 年建立的“佛教恳话会”，后曾改名为“大日本佛教会”和“日本佛教联合会”，1957 年改为现称。它以全国传统佛教中的 60 个宗派为主体，还包括了都道府县的佛教会等团体，因而下属团体达 100 余个。佛教分布于全国的 8 万多个寺院或布教所，分别属于各个宗派，其中有 90% 以上属于全日本佛教会及其下属的宗派、团体。全日本佛教会还代表日本佛教界参加了日本宗教联盟和总部设在泰国曼谷的世界佛教徒联盟，积极参加这些全国性组织和国际组织的活动。

（三）基督教

基督教这个外来宗教在日本的发展历程可谓一波三折。它既受到过残酷的镇压，也受到过有力的扶持。目前，日本国民对这个宗教似乎颇有亲近感，越来越多的青年人愿意在基督教的教堂举行婚礼就是明证。但是，正式接受洗礼加入基督教的信徒不仅不见增加，甚至有所下降，令人难解其中奥妙玄机。

耶稣会传教士方济各·沙勿略是把天主教带进日本的第一人。1549 年 8 月 15 日，他带着《圣经》从印度的果阿第一次来到了日本南部的鹿儿岛。此后，尽管当时的交通还很不便，耶稣会、方济各会等基督教教派的传教士还是源源不断地从菲律宾、印度等地来到日本，在各地设置了教堂、修道院、学校、医院等设施，热心传教，使基督教在日本取得了飞速发展。到 1614 年，日本已有基督教神职人员 150 人，信徒 65 万人，其中还有 2 位信徒是朝廷公卿、55 位是大名（诸侯）。有些传教士甚至得到了室町幕府末代将军足利义昭和曾经威震全国的大诸侯织田信长批准其传教的文书，可见当时日本的统治者并不反对基督教。

然而，当这些封建统治者感到基督教所宣传的新思想对其统治构成了威胁时，他们就不会再让它自由发展下去了。1587 年，当时执掌全国政

权的丰臣秀吉发布了著名的《禁教令》，禁止天主教在日本传播，并对天主教徒进行了残酷的镇压，仅1597年2月5日一次就在长崎杀害天主教信徒26人，还有许多信徒被判刑或流放。继之上台掌权的德川幕府对天主教采取了更加严厉的禁止政策，甚至不惜为此于1635年颁布《锁国令》关上国门。尽管许多天主教徒对此进行了激烈反抗，1637年还在九州肥前地区爆发了坚持数月之久的岛原起义，但最后还是被幕府镇压下去。鉴此，德川幕府于1639年又下达一道《锁国令》，禁止包括基督教在内的西方文化进入日本，从而使基督教在此后的200年间在日本列岛未见发展。

1857年，德川幕府解除了锁国令，天主教重新回到了扶桑之国，东正教也乘机从俄国传了进来。不久，新教也跟在培里舰队的后面进入了日本。明治维新后，《大日本帝国宪法》中规定了“宗教自由”，基督教各派都在日本得到了较大发展，出现了所谓“明治时代是基督教的春天”的说法。在此期间，日本的许多地区设立了基督教的教会、学校和医院，如同志社大学、立教大学、明治学院大学、青山学院大学、关西学院大学、东洋英和女学院等著名的私立大学的前身都是在19世纪后期建立的基督教系统的学校。到了20世纪30年代，一些天主教教会的主教开始由日本人担任。但是，由于当时的日本政府尊神道为“国教”，基督教各宗派只能对国家神道俯首听命，二战期间更被拉入为军国主义侵略战争服务的“翼赞”体制之内，成为军国主义的帮凶。

二战结束以后，美国占领当局大力扶植基督教，从而使基督教特别是新教在美军占领期间得到了快速发展，其信徒数量一度达到100万人。1960年起，罗马教皇开始任命日本人担任枢机大主教（亦称红衣大主教）。但是，由于基督教的理念与日本的传统文化存在着难以融合的矛盾，日本的基督教势力后来并没有取得大的发展。

根据日本1999年版《基督教年鉴》的统计，1998年，日本共有基督教徒1104167人，约占同年总人口的0.879%，其中，新教徒为602845人，天主教徒为457199人，东正教徒为25713人，神职人员为18410人。到2000年12月31日，在文化厅公布的统计中，基督教徒总数为90.8万人，但这个统计中另加上了属于基督教系统的单立宗教法人的信徒 83.7 万人，这样也可以说基督教徒总数为 174.5 万人。据日本总务省公布，至 2012 年末，日本共有基督教信徒 190.8 万人，神职人员 2.9 万人，宗教团体 9277 个。

日本基督教的全国性组织是日本基督教联合会和日本基督教协议会。日本基督教联合会的团体会员共有 60 个，其中最大的是天主教中央协议会，它负责实施天主教教区长会议的决议，对各个教区、教会等进行联络协调，对全国的传教活动进行指导等等。天主教在全国划分为 16 个教区，每个教区由一个日本人担任教区长，其中，东京、大阪、长崎是“教会管区”，其教区长由主都大主教出任。日本基督教协议会则主要是新教的全国性组织，拥有 33 个正式或准正式加入的团体会员，其中最大的是“日本基督教团”，2000 年末它拥有信徒 13.7 万人，其次是日本圣公会。从总体上看，日本基督教协议会比较重视贯彻和平主义精神，反对修改宪法，主张加强与亚洲国家的交流和团结。

（四）其他宗教

所谓其他宗教，是指除了前述神道、佛教、基督教以外的宗教。这些宗教有些已经有比较长的历史，但更多的是近代（幕末明治）以后特别是二战以后创立的，因而也有人将它们称作“新宗教”。1951 年 10 月 17 日，这些宗教团体联合成立了全国性组织——新日本宗教团体联合会，并于 1953 年 3 月 9 日被政府批准为财团法人。这个联合会（简称“新宗联”）代表“新宗教”与神社本厅、教派神道联合会、全日本佛教会、日本基督教联合会一起组成了日本宗教界的代表性组织——日本宗教联盟。“新宗联”的宗旨是“信教自由、宗教合作、政教分离、全民皆信仰”。新宗联共有 64 个团体会员，在全国各大区设有 11 个“总支部”，在各个都道府县和地区设有 56 个协议会。这些“新宗教”团体有些曾经隶属于前述三大宗教，如天理教曾经是教派神道中的一个教派，但后来与其脱离了关系；有些带有三大宗教中某一宗教的色彩或与其有某种渊源，如立正佼成会带有佛教色彩；有些则是自己创立的教派。世纪之交在东京、长野等地制造“沙林”杀人事件的、臭名昭著的奥姆真理教以及“法之华”

等邪教也曾被列为“新宗教”之一。

据日本总务省公布，至 2012 年末，“其他宗教”共有信徒 911.4 万人，神职人员 21.3 万人，宗教团体 36954 个，其中寺院和神社 103 家，教会等其他设施 14654 处。

据各教团自己公布的数据，至 2015 年 2 月，信徒数排在前 18 名的新兴宗教团体如下。

“幸福的科学”教，由商社职员大川隆法于 1986 年创立，1991 年后飞速发展，现有信徒 1100 万人，还创立了“幸福实现党”，总部设在东京都品川区。

创价学会，也被归类为佛教系统下的“单立宗教法人”。1930 年牧口常三郎创立了“创价教育学会”，1946 年由户田成圣改组为“创价学会”。池田大作继任会长后创立了“公明党”。现在，创价学会仍是公明党的最大的支持母体。现约有信徒 827 万户（该教是以家庭为单位整体参加的）。

立正佼成会，1938 年由庭野日敬和长沼妙佼创立，现有信徒 4089176 人。

灵友会，属于日莲宗系统，1925 年由久保角太郎和小谷喜美创立。现有信徒 1531932 人。

佛所护念会教团，属于法华宗，1950 年创立，现有信徒 146600 人。

显正会，属于日莲宗系统，1942 年创立。现有信徒 1307371 人。

天理教，创立于 1838 年，现有信徒 1195257 人。总部设在奈良县天理市。

PL 教团，属于神道系统，创立于 1946 年，现有信徒 981720 人。总部设在大阪府富田林市。

妙智会教团，属于法华经系统，现有信徒 893024 人。

真如苑，现有信徒 869780 人。

世界救世教，现有信徒 835756 人。

生长之家，现有信徒 741363 人。

天照皇大神宫教，现有信徒 471207 人。

圆应教，现有信徒462626人。

本门佛立宗，现有信徒417251人。

念法真教，现有信徒408003人。

阿含宗，现有信徒343966人。

本道，现有信徒318889人。

二 民俗

四面环海这一特殊的地理环境形成了日本独特的民俗。尽管日本民族在历史发展进程中非常注意吸收海外其他民族的长处，但也很注重保持本民族的传统和特色。因此，目前日本的民俗仍然是世界各国民俗学家们研究的重要对象。

（一）服饰

当代日本人的服装可以分为传统式服装（和服）和现代式服装两类。如按穿着场合来划分，又可以分为工作服、礼服和休闲服等类。现在，在日常生活中，除了某些专门从事茶道、花道的教师等特殊工作的人外，绝大多数日本人大部分时间都身着现代式服装，传统式和服礼服只在节日或举行某些仪式时才穿用。

日本人的现代式服装与欧美国家没有很大区别。西服既是一般日本人的礼服，也是在机关和学校等事业单位工作的白领阶层的工作服。特别郑重的场合以燕尾服为礼服。各个企业乃至农业协同组合都有各自的工作服。休闲服更是色彩斑斓，各种各样。

和服又叫作“着物”，原仿自中国唐代服装，其含义因定义的广狭有很大区别。狭义的“着物”只指“长着”（类似于我国的长袍），广义的则应包括“襦袢”（内衣）、“羽织”（短大衣外套）、裙裤、腰带等。男式和服的色彩比较庄重、单调，多在背后饰有“家纹”即家徽。女式和服比男式和服更为艳丽，腰带更宽，打结处做成小包袱形状，起装饰作用。女式和服花色繁多，高档礼服用丝绸做原料，饰以刺绣或手绘的图样，价格十分昂贵。这种和服是我们在影视音像媒介中经常可以看到的。其实，这种和服在古代也不是普通百姓日常穿着的衣服，而是城市中上层人士的服装，农村人和城市中下层人士日常身着工作服（与现在式样不同）或便服，而“着物”只是他们偶尔穿用的礼服。

（二）饮食

受地理、气候等客观环境的影响，日本人的饮食习惯曾与大陆地区的人们有很大不同。随着国际化、信息化的推进，日本人与外国人的接触和交往日益增多，其饮食习惯逐渐发生深刻的变化。

1. 主食

水稻并不是日本列岛的原生植物，而是约在弥生时代从中国传入的农作物，但大米作为日本人食用的主要粮食品种已具有约2000年的历史。只是到了二战结束以后，特别是战后初期，由于当时日本的粮食供应十分紧张，美国占领当局运来大批小麦救急，尤其是统一向中小学生供应的午餐几乎都改成面包等小麦制品，才使日本人养成了吃面粉的习惯。不过，至今还是有许多日本人把面粉称作“美国粉”。在日本人的粮食消费量中，大米约占三分之二，小麦约占三分之一，还有少许玉米、甘薯等。大米的用途主要是做成米饭和清酒等，也有个别地区有喝米粥的习惯。麦类的食用方法主要是做成面包、点心和面条。日本人吃面条的历史虽不很长，但其制作工艺却颇先进。他们不仅发明了独具日本特色的“拉面”，还发明了现已风靡全球的速食方便面。因篇幅有限，下面仅介绍几种最具日本特色的主食。

（1）红豆饭

加入红小豆做成的大米饭。日本人认为这种红色米饭象征吉祥，因而往往在节庆喜日食用，以志庆贺。

（2）荞麦面条

日本特色面食。除原料不同外，做法与中餐面条类似。夏天，多把煮好的面条放人冷水中冷却后捞出再蘸作料汁食用，俗称“笊篱荞麦面”。另一种做法类似中国的汤面。

（3）日式点心

在日本，蛋糕等西式点心的种类也有不少，但日式点心的种类和销量显然更多。其中，用糯米和红小豆做原料的点心占有较大比例，将紫菜等海藻加入面粉制成的“煎饼”也是日本人日常喜欢食用的佳品。

2. 副食

日本人的副食种类繁多。岛国环境使他们自古养成了喜食鱼虾和海藻类植物等水产品的习惯。日本人在开国以前是很少食用肉类的，甚至还有“日本人不吃四条腿的动物”之说。明治维新以后，牛肉、猪肉、鸡肉等肉类才逐渐端上了日本人的餐桌，蔬菜的品种也日益增多，逐渐走向“全球化”。与中餐相比，日本菜肴（日语为“日本料理”）的主要特点是口味清淡、讲究色形、重视保留自然风味、生食种类较多。最具日本特色的日本料理有以下几种。

（1）生鱼片

日语中写作“刺身”，系日本料理中的典型菜肴，材料为新鲜的鱼、虾、贝和章鱼等，远洋鱼类如金枪鱼等则用冷冻品，食用时将其切成块或薄片，佐以酱油和芥末，味道鲜美。

（2）天妇罗

与中餐的软炸菜品相似，主料多为鱼、虾、蔬菜、蘑菇等，将其裹上面糊炸熟后，蘸加入萝卜泥的酱油汁食用。

（3）鸡素烧

世界闻名的日本料理之上品。实际上可以将其理解为一种日本式火锅。所用炊具为平底浅帮铁锅，主料多为切成薄片的牛肉、鸡肉或鱼虾，加上葱、豆腐、魔芋豆腐、蔬菜、酱油等物边煮边吃，食用者一般还要在自己的小碗里放入作料汁和生鸡蛋蘸食。

（4）寿司

主副食合一的日本料理，种类繁多，最典型的做法是用紫菜将加有食醋的大米饭卷成条状，中间夹有生鱼片或蔬菜、炒鸡蛋等物，切成段后蘸酱油食用。

（5）酱汤

日本人自古以来几乎每天都要食用的一种汤菜。正式做法是用豆腐、裙带菜、葱、蔬菜等物煮汤，出锅前放入用大豆、面粉制作的日本酱和其他作料。简易做法是在日本酱中放些葱花冲入开水。

3. 饮料

在日本，人们自古以来习惯于喝生水，而这生水一般是可以免费享用的。如到饭馆用餐，顾客一落座，“跑堂”的侍应生就会端来一杯凉水。在公园、火车站台等公共场所，经常可以看到供人饮水的水龙头。在东京的一些地铁站台和图书馆等公共设施的走廊里还可以看到免费饮用冰水的饮水机。

同其他国家一样，在日本需要花钱享用的饮料也是分为含酒精饮料和软饮料两大类。软饮料与世界上其他国家大体相同，主要是碳酸类饮料、茶、咖啡和乳酸菌饮料等。酒精饮料主要有清酒、洋酒、啤酒三类。

（1）清酒

用大米发酵制作的酿造酒，此类酒在日本已有 1000 多年历史，具有独特风味，因而亦称“日本酒”。酒精含量较低，为 17 ~ 18 度。种类繁多，各个都道府县乃至一些城镇都有本地的名牌酒。一般分为几个等级。日本社会各阶层人士均喜饮用。

（2）洋酒

洋酒在日本主要是从战后特别是 70 年代以后开始流行起来的。销量最大的是威士忌。进口洋酒以苏格兰威士忌居多，日本产的三得利威士忌更因其物美价廉而受到日本人的偏爱。日本人饮用洋酒很少喝原汁，往往要掺入冰块或冰水。

（3）啤酒

日本人饮用啤酒是从明治维新以后开始的，二战以后消费量大大增加。麒麟、朝日、札幌是日本啤酒的三大品牌，啤酒不像清酒那样有许多地方性品牌，进口啤酒的销量极小。

（4）日本茶

日本人饮茶已有近千年的历史。日本最早的茶种是从中国引进的，其饮茶习惯的养成亦受到中国的很大影响。然而，当代日本人所饮用的茶叶却与中国的不完全一样，其分类更与中国大相径庭，即主要分为煎茶、抹茶和麴茶三种，但它们基本上都相当于中国的绿茶。鹿儿岛县还生产红茶。自 20 世纪 80 年代开始，日本就已经把茶水制成易拉罐和瓶装饮料出售。

（三）民居

日本的民居主要分为三种：一种是传统式住宅，即所谓“独门独院”型住宅，日语称作“一户建”型住宅；另一种是公寓式住宅，日语称作“共同住宅”；还有一种是旧式公寓式住宅，日语称作“长屋建”型住宅。据日本政府统计，至1998年，日本共有有人居住的住宅4389.2万套，其中，传统式住宅2527.8万套（其中一层型628.6万套）；公寓式住宅1645.8万套，“长屋建”型住宅194.8万套。“长屋建”型住宅外形狭长，多为木造一层或二层建筑，由房主建造后出租给他人居住，此类住宅近年来已逐渐减少。公寓式住宅近年来数量有较大增长，多为钢筋水凝土结构，其内部格局与我国的公寓式住宅大同小异。

下面，主要介绍传统式即和式“一户建”型住宅。

所谓“一户建”，即以一家一户为单位的独立家屋，每栋房子只住一个家庭，或大或小地都有一个庭院，与邻居的房子互不连接，其中又可分为一层型和二层型两类，近年新建的多为二层型。在大部分地区，房子的建筑材料主要是木材，不仅梁柱用木材，墙壁也用木材。在寒冷地区，则用泥土等把墙壁加厚。屋顶也有许多是用木料或树皮做成的。二战以前，用各种草做屋顶的更多些，用瓦的只是少数大户人家。现在，用草做屋顶的已越来越少，用瓦的则越来越多。房屋的内部结构多种多样，但一般都具有“土间”“居间”“寝间”“床间”“应接间”“浴室”等部分。“土间”是指不铺设地板、直接以土地做屋地的房间，过去无论城乡都大多把厨房设在这里，家务活一般也在这个房间里做。现在，城镇乃至大部分农村使用煤气灶、自来水，因而减小或干脆取消了“土间”。“居间”即起居间，是全家人吃饭、团聚和日常接待一般客人的地方。传统的“居间”都在中间位置设一个地炉（日语写作“围炉里”），一般在地炉里生火取暖，也有的人家用地炉烧水做饭。一家人以及客人围坐在地炉旁时，家长和客人乃至其他家庭成员的位置都是固定的。“应接间”是专门接待客人用的客厅。房间少的人家也有不设“应接间”的，或者虽设这一房间却经常改作他用，只在贵客光顾时才临时布置成客厅模样。“寝间”是卧室，如是二层型的房子多设在二层。对于上述四种房间，我们中国人都可以根据其所用日文汉字猜测出其大致用途，而对“床间”则不能这样望文生义——它不是放床的卧室，而是地板高出一截、墙挂画轴并摆设其他装饰品的壁龛，多在“应接间”或“居间”里或与之相连。除了“土间”以外，其他房间一般都铺有高出地面一截的地板（日语称作“床”），而且上面还多铺有日本式草席——“榻榻米”。近年来，许多日本家庭已把房间结构设计成“洋和结合式”——一部分房间如“应接间”改成“洋式”，即地板上不铺“榻榻米”而摆沙发茶几，其称呼也由“应接间”变成了“客厅”（Living room）；“寝间”也不铺“榻榻米”而摆上了席梦思床。总之，日本人的生活空间在逐渐发生深刻的变化。

（四）人生仪俗

按照传统，日本人一生中要经过许多仪式。这些仪式现在有些已经不受重视，特别是在大城市里更是如此。这里还是择其主要、典型者加以介绍。

1. 诞生

可以说，日本人一般从在娘肚子里形成生命体时，即确认其母妊娠时起就开始受到关注，亲属们要通过参拜神社、到有神灵的温泉洗浴等方式祈求神灵保佑。在妊娠5个月时（也有的地区是3个月或7个月），亲属们要团聚举行“腰带之贺”，即在当月的戌日给孕妇系上腰带，福岛县某地还习惯于把晒干的熊肠裹在腰带里。选择戌日是因为狗产仔多，分娩容易，腰裹熊肠也是取其分娩容易的吉祥之兆，在此前后还要举行多种活动。

孩子出生前夕，一般要把产妇移进特设的“产屋”，并要迎接“产神”。“产屋”有专用的，也可以用一般房间临时布置而成。孩子降生后，要给“产神”供上“产饭”。出生第三天要举行“垂发之礼”或给新生儿穿上“三日衣”，第七天给孩子命名并祝贺“七夜”，产妇的娘家及双方亲友在这一天前后携食物等礼品或礼金前来探望（日语写作“产见舞”）。产妇在“产屋”生活的时间长短不等，最长者可达75天，原来较多的为30天，但近来更多的人是仅在那里住7天，因为按照旧俗，男性是不能进入“产屋”的，而现在的人们多希望让孩子早些接触父母和外面的世界。

孩子从产屋出来以后，一般要由母亲或祖母抱着到神社去参拜，即进行所谓“初宫参拜”。参拜的日期男女有别，男孩一般是在出生第32天，而女孩是第33天。参拜时大人往往故意把孩子拧哭，目的是让他向神“报到”，让神收他为“氏子”，有的还让神职人员发给“氏子牌”。孩子出生百日时要举行“食初”仪式，即由产婆或孩子母亲喂孩子吃第一顿饭，尽管往往是仅喂进一粒饭。以后，在孩子迎来第一个男孩节或女孩节以及第一个生日时，全家人都要特别加以庆祝。

2. 厄年

过了一岁以后，日本人还要经历许多与年龄有关的庆贺习俗，如七五三、成人节（见下述节日部分）、厄年等。厄年是指容易遇到灾难或障碍的年龄。关于厄年的年龄因地而异，就大部分地区来说，一般是女子的19岁（虚岁，下同）和33岁、男子的25岁和42岁、男女的7岁和13岁，特别是男子42岁和女子33岁被称作“大厄之年”，尤其受到人们重视，其前一年和后一年分别被作为“前厄”和“后厄”而慎重对待。到了厄年，人们多要特别注意保持身心清洁，谨言慎行，多拜神敬佛。如在大阪某地，年龄为42岁者为了躲过灾祸，在过年那一天整天都不能同家人说一句话，天不亮就出门到处参拜神社寺庙，夜深之后才能回家。

3. 喜年

喜年是指家人为亲人郑重举行祝寿活动的特定年龄。喜年原与躲避厄年有一定关系，后独立出来专门取其祝贺寿诞之意。喜年主要用来给老人祝寿，如在全国各地普遍都有给虚岁61岁（日本称作“还历”，即取其天干地支走完一个轮回之意）、70岁（日语亦称“古稀”）、77岁（日本称作“喜寿”，因日语草书的“喜”字是由三个“七”组成的）、88岁（日本称作“米寿”，因“米”字是由互相颠倒的两个“八”和一个“十”组成的）的老人祝寿的习俗。一些地区还有在祝寿时向老人赠送红头巾或红坎肩的习俗。喜年并不只适用于老人，如宫城地区就给13岁的女孩和15岁的男孩祝寿。

（五）婚姻

日本人的婚姻习俗虽然也受到海外影响，但主要还是在本民族的传统习俗的基础之上逐渐发展起来的。随着时代的变迁，特别是近代以来的巨大社会变革，日本人的婚俗也发生了很大变化。

1. 前近代的婚俗

古代的日本是个交通不很发达、地区之间割据性较强的国家，包括婚俗在内的民间习俗因之千差万别，但我们还是可以从中归纳出古代日本婚俗的主要特征。

第一，“婿入婚”曾占重要地位。古代日本曾是母系社会。与此相关联，由男方嫁到女方家庭的所谓“婿入婚”曾在日本长期流行，至今仍可以在“养子”制度上看到其影响。“婿入婚”有几种方式，有的是男方正式住到女方家里，与其家人共同劳动，共同生活，这是典型的“婿入婚”；有的是临时性“婿入婚”，即事先约定男方在女方家里劳动、生活几年以后就把妻子领走单独生活，这又被称作“年期婿入婚”；有的是白天仍在本家劳动，只是晚上到妻子家里居住，当地将此称作“访妻婚”，实际上，这也是一种临时性“婿入婚”，男方一般在有了可以独立居住的房间之后也要把妻子接走独立组成小家庭生活。与此相对应，女方出嫁到男方家庭的“嫁入婚”在古代一般只存在于武士、贵族阶层或较富裕家庭，平民特别是较贫苦家庭的非长子几乎都是采用“婿入婚”。直到明治维新以后，“嫁入婚”才逐渐增加，至大正时代才在全国普及开来。

第二，古代的“婿入婚”在很大程度上可以说是基于当事人的意志结成的。在日本的许多地区都曾有过这样的习俗：男女青年在举行过“成人”仪式（古代日本的成人仪式早于现代，一般是男 16 岁、女 14 岁）之后，就从家里搬出来，住到村里的公共青年宿舍——“若者宿”集体居住，许多村子还专门设有女青年集体居住的“娘宿”。这种“集体宿舍”有的是专用房舍，有的则利用某家的一部分房屋。这些青年人晚上在一起或工作或游戏，如男女两人产生爱情，男子就可以到女方家里“访妻”，时间长了就可以正式举行“婿入”仪式，而家长一般是支持子女的选择的。

第三，以“村内婚”为主。村落是古代日本人的基本生活单位。村民们的婚姻问题也基本上是在本村解决的。这与前述“访妻”习俗有密切关系，可以说“访妻婚”是以“村内婚”为基础而产生的。一般说来，只有那些在村里地位门第较高者才会为了“门当户对”而到其他地方寻求配偶，即采用“村外婚”。

第四，对“近亲结婚”无严格限制。古代日本天皇家为了维系血统的纯正而大体只在近亲中寻找配偶，著名的圣德太子就是同父异母的兄妹生的孩子。这一传统习俗一直延续到近代。在平民当中，也没有中国古代那样的“同族、同姓者不能结婚”之类的习俗，叔侄结婚的现象屡见不鲜。明治维新以后，日本实行了“三亲等”之内不能结婚的规定，近亲结婚的现象才逐渐消失。

2. 当代婚俗

按照现行法律规定，日本人在男满 18 周岁、女满 16 周岁后即可结婚。实际上，当代日本社会正在流行晚婚。1990 年，男子平均初婚年龄为 28.6 岁，女子为 25.9 岁。当代日本人的婚俗基本上属于“嫁入婚”，即一般是女方出嫁到男方家庭，也有少数男子由于女方家庭无合适继承人等情况而入赘，即采用了“婿入婚”的形式。不过，现代日本人婚嫁的地域范围已扩大，“访妻婚”的习俗已大大减少。他们的婚姻方式大体可以分为“恋爱结婚”和“介绍结婚”两种。即使是恋爱结婚，一般也都要采用介绍结婚的形式，即都要有介绍人，其结婚程序也可以说是基本相同的，都要经过相亲、订婚、送彩礼、举行结婚仪式和婚宴等程序。

（1）介绍人

介绍人一般是两个人（多是分别代表男女双方），也可以是一个人，其中既有在婚姻中实际发挥介绍、斡旋作用的真正介绍人，也有形式上的介绍人。所谓形式上的介绍人可分为两种：一种是恋爱结婚者寻找或指定的介绍人；另一种是因为实际起介绍作用者社会地位低而另外请托的介绍人。形式上的介绍人多由新郎或新娘的上司、恩师等在社会上地位较高的人担任。因为这样不但可以使新郎新娘一家在婚礼上感到光彩，而且使这对新人与介绍人结成了永久性亲密关系，在其婚姻延续期间里长期得到该介绍人的关照。

（2）相亲

这是介绍结婚者必须履行的程序，一般由介绍人把男方带领到女方家里去相亲。实际上，在此之前双方大多已经通过各种途径了解了对方的大致情况，甚至已经见过面，因而在相亲时往往可以当场表态。在有的地区，女方可以用端出白开水的方式来表示允诺；男方则常常是留下随身携带物品来表达同意的意愿。

（3）订婚

这是女方家长表示同意婚事的仪式。如是介绍结婚，介绍人在订婚前往往要去女方家里斡旋多次——这在一定程度上是为了保全女方家长的面子。举行订婚仪式时，按照传统习惯，介绍人要带些酒或茶去与姑娘的双亲共饮，这种酒称作“定酒”。在这一天，一般还要确定送彩礼的日期。

（4）送彩礼

如果说订婚表明女方家长同意了亲事，送彩礼则是男方给这门亲事加上的保险锁，表明这门亲事的最终确定。彩礼一般由介绍人送到女方家里，在一些地区则是男方的父亲或本人一同前往。作为彩礼的传统物品是酒和菜肴，现已发展演变成衣服、生活用品或现金，但在礼单上一般还要写上酒和菜肴的名字。送彩礼时一般要商定举行结婚仪式的日期。

（5）结婚仪式

结婚仪式主要在神社或寺庙、教堂和饭店举行，近几年来，各地都建立了专用的“结婚仪式场”，在这种仪式场结婚的人日益增加。按照传统习俗，新娘出嫁前一天要在娘家宴请亲朋好友。出嫁当日离开娘家时要摔碎饭碗，以祈愿婚姻成功，不会因婚姻破裂被退回娘家。新娘到了婆家，要去参拜当地的神社、新郎家中的佛龛及祖先的灵牌，表示加入了该社区和家庭。在结婚仪式上，新郎新娘都身着盛装，新娘一般要换三次衣服，即和服、白色婚纱和西服。新人之间要行“三三九度”之礼，即用三套酒杯互敬九次酒，以此表示白头偕老的决心。同时举行称作“披露宴”的婚宴招待亲朋好友。随着生活水平的提高，婚宴越来越豪华，成为结婚仪式的中心内容。出席结婚仪式的人都要送上不菲的“红包”。结婚几天后，新郎新娘通常要到新娘的娘家去省亲，回娘家。近年来，许多新人在婚礼结束后立即到外地或国外去新婚旅行。

3. 离婚

在“访妻婚”时代，如两人感情破裂，男方不再去“访妻”，婚姻即告结束。这时男女双方的地位还比较平等。到了“嫁入婚”时代，男方逐渐占有优越地位，可以轻易地休掉妻子，而女方要离开男方家则很困难，一般都必须由男方出具休书（日语称作“离缘状”），离婚才算成立。如男方不同意，女方求告无门，有的只好跑到寺庙去当尼姑。有的寺庙以收留这些要求离婚的女性而著称，如镰仓的东庆寺。这些寺庙可以出面斡旋，要求男方出具“离缘状”。如男方仍不同意，女方在寺庙当满 3 年尼姑后，离婚也可成立。在现代日本，男女双方在离婚问题上的权利是平等的，可以双方协议离婚，也可以经过家庭法院的调解或裁决离婚，还可以起诉到法院，由法院判决离婚。二战以后，日本的离婚率逐渐增加。

（六）葬礼

简言之，当代日本人的葬礼大体上可以分为在寺院举行的佛教式、在神社举行的神道式、在教堂举行的基督教式、在葬礼仪式场举行的无宗教式四种。殡葬方式则可以分为土葬、火葬、风葬三种。风葬只存在于冲绳等西南海岛的一部分地区。但如从日本人办理丧事的全过程来看，可以发现许多颇有特色的习俗。

日本人把停放尸体、办理丧事的房间叫作“丧屋”。在丧屋的门前，一般都竖立一个旗杆状的标志。在死者临终时，家人要为其“呼魂”。这时还要在死者的耳边摇动装入米的竹筒，使其听到声音，有的地区则给死者喝一口水，叫作“末期水”（临终水）。确认死者咽气后，要马上制作一些米饭或糯米点心——“团子”供奉于灵前，这些米饭、点心称作“枕饭”“枕团子”。治丧期间死者的亲属要穿上白色或黑色的“丧服”，在发丧前的某一天要为死者守灵（日语叫作“通夜”），还要在发丧入殓前用温水为死者擦洗身体（日语叫作“汤灌”）。擦洗结束后要把尸体放入棺材，这个仪式叫作“纳棺”。这时一般给死者穿上出门旅行用的衣裳，棺材里放入一些食品、死者生前喜欢的物品、念珠、经文等陪葬品。

将装着死者的棺材送到墓地或火葬场的仪式叫作“出棺”，农村在“出棺”时要举行“送野边”（即送葬）的仪式，尽管现在棺材多用汽车运送，许多地区还是要组成送葬队伍，直系亲属捧灵牌、端食盒等都有固定分工。除了上述必须由死者亲属亲自参加的仪式之外，其他事情如布置“丧屋”、挖墓穴、报丧、迎送宾客、收受吊丧者的“香奠”（香火钱）等均由专门成立的非亲属组成的组织——“葬式组”操办。

现代日本人多用火葬，但火葬后还是要把骨灰埋入本家的墓地里。日本人的墓地多设在由地方政府或寺院等民间组织经营的公共墓地（称作“灵园”），一般是一家人的骨灰共居一穴，坟墓占地面积和装修豪华程度各不相同。

三　节日

日本的节日很多。既有全国性节日，又有地方性节日。在全国性节日当中，既有国家法定节日，也有民间风俗性节日。

（一）国家法定节日

国家规定的统一节日古已有之。明治维新以后又有“四大节”之说。二战结束以后，日本于1948年制定了《关于国民节日的法律》（以下简称《节日法》），后来又多次对此法律进行修改，增加了一些节日。目前，日本共有国家法定节日16个。法定节日亦即公休日，现将其按时间顺序介绍如下。

元旦（1月1日），日语中叫“元日”，亦即新年。明治维新以前，日本与我国一样过旧历新年，并且同我国的春节一样具有驱逐魔鬼、迎接神灵的含义，甚至许多过年风俗如除夕夜去庙宇敲钟、喝屠苏酒、拜年、给小孩压岁钱等也与我国相同。日本的春节还有许多风俗与我国不同，如：除夕之前在大门口搭建松枝门（日语为“门松”），有些地区特别是农村地区还在松枝门上悬挂用来辟邪的稻草绳（“注连绳”）；新年期间的食品也很有特色，如除夕夜吃荞麦面条，初一到初三吃事先做好的盒装冷餐（“御节料理”）和用年糕等做的“杂煮”；除夕夜和新年期间到寺庙或神社去参拜；等等。明治维新以后，新年和其他法定节日一样改为按公历庆祝，但过年的风俗却基本上保留下来，并且又增加了互相寄送贺年卡等新的内容。

成人节（1 月第二个星期一），庆祝年满 20 周岁的青年成为具有公民权的“大人”的节日。日本在平安时代就模仿中国开始为男孩举行“元服式”，16 世纪改为为青年举行“成年式”。1948 年，经《节日法》正式确定为成人节。每到这一天，基层地方政府一般都将从前一年的 4 月 2 日至当年 4 月 1 日期间满 20 岁的青年男女集合起来举行成人仪式，并向其赠送纪念品。

建国纪念日（2 月 11 日），传说中神武天皇即位的日子，明治维新后定为“纪元节”。二战结束后因其具有皇国史观色彩而被废止。1966 年，日本国会通过修改法律决定设立这一节日，后由内阁下达政令确定这一天为建国纪念日。

春分（春分日，3 月 21 日前后），日本把二十四节气中的春分、秋分两天称作“彼岸”，原意本指这一天昼夜时间相等。自平安时代以来，日本国民就有在这两天祭祖、扫墓和到寺院神社参拜的习俗。后来，又把这两天分别定为国家节日，即“春季皇灵祭”和“秋季皇灵祭”，在皇灵殿等处祭奠天皇祖先的神灵。1948 年制定《节日法》时仍被定为国家节日，但基于政教分离原则改为现称，其含义亦改为“赞美自然，爱惜生物”。

昭和节（4 月 29 日），昭和天皇裕仁的生日，其在位时定为国家法定节日，裕仁去世后曾改为“绿之日”，2007 年改为现称。

宪法纪念日（5 月 3 日），为纪念现行《日本国宪法》1947 年 5 月 3 日付诸实施而设立的节日。

绿节（5 月 4 日），2007 年设立，其宗旨是“亲近自然并感谢其带来的恩惠，培育丰美心灵”。

儿童节（5 月 5 日），原称“端午节”，这一名称显然是从我国传入的，在这一天吃粽子和柏饼（一种年糕），以及在屋顶插放菖蒲、艾蒿等习俗更明显是受到了我国民俗的影响。江户时代以后又称“男孩节”，这一称呼则带有武家遗风，其具体表现形式是在户外用高竿悬挂鲤鱼旗（武士所用旗帜的变种），并摆放武士人偶。1948 年改为现称，其含义亦改为“重视儿童人格，企求儿童幸福，感谢母亲”，但人们过节的习俗并未发生多大变化。

海之日（7 月第三个星期一），其宗旨是“感谢大海的恩惠，祈愿海洋国家日本的繁荣”。

山之日（8 月 11 日），2016 年开始设立，其宗旨是“获得亲近山脉的机会，感谢山脉带来的恩惠”。

敬老日（9 月第三个星期一），1966 年设立，其法定宗旨为“向多年为社会做出贡献的老年人表示敬意，祝老年人长寿”。

秋分（秋分日，9 月 23 日前后），亦称“彼岸”，原为“秋季皇灵祭”，1948 年改为现称，其法定含义为“缅怀祖先，悼念死者”。

体育节（10 月第二个星期一），1966 年设立，意在鼓励人们“喜欢体育，锻炼健康体魄”。

文化节（11 月 3 日），明治天皇睦仁的生日，1927 年被定为“明治节”。1946 年，宣布日本放弃战争权力的《日本国宪法》于这一天公布。1948 年制定《节日法》时，将这一节日定为现称，其宗旨是“热爱自由与和平，崇尚文化”。日本政府一般在这一天颁发“文化勋章”。艺术节、国民体育大会（全国体育运动会）也经常在这一天或其前后日举行。

勤劳感谢日（11 月 23 日），这一天原是举行“新尝祭”的日子，即天皇要在这一天举行将新收获的谷物奉献于诸神灵前的仪式。1948 年改为现称，其法定宗旨是“尊重勤劳，祝贺生产，国民互相感谢”。

天皇诞辰（12 月 23 日），现天皇明仁的生日，1988 年现天皇即位后被定为国家节日。在这一天，天皇、皇后、皇太子、皇太子妃等一般会在皇宫城楼上接见前去祝贺的国民。

国民假日，当两个法定节日中间只隔一天时将该日定为“国民假日”，从而形成“三连休”。例如，2015 年 9 月 22 日就因其位于敬老日与秋分节之间而成为一个国民假日。不过，这样的事情并不是每年都有的。

（二）非法定节日

女孩节（3 月 3 日），原是与男孩节相对应的节日，战后男孩节在法律上改为全体儿童的节日——儿童节以后，女孩节仍然是重要民间节日。

在这一天，父母往往都会给女孩穿上艳丽的和服，并在家里摆上女孩人偶，祝其健康、幸福地长大成人。

盂兰盆节（7 月 15 日），日本最重要的民俗节日之一。日本人用来祭奠祖先亡灵的节日，其活动持续多日。离开家乡在外工作的人多在此期间回乡省亲、扫墓，火车也往往因此而拥挤不堪。各地几乎都有在此期间跳“盆舞”这种群众性舞蹈的习俗。人们还习惯于在此期间互赠礼品，并将此礼品称作“中元礼物”，商家则借此机会展开大规模的销售战。

七五三（11 月 15 日），为年满 3 岁、5 岁、7 岁的男女儿童祝贺成长的民俗节日，但也有的地区将其对象定为 5 岁的男孩和 3 岁、7 岁的女孩，还有的地区定为 5 岁、3 岁的男孩和 7 岁、3 岁的女孩。在这一天，父母一般要给适龄儿童穿上和服，带他们去神社参拜。

圣诞节（12 月 25 日），第二次世界大战结束以后在日本逐渐流行起来的节日。

情人节（2 月 14 日），近年来，这个西方节日也在日本年轻人中间逐渐流行开来。

第三节 特色资源

一 名胜古迹

日本的名胜古迹数不胜数。截至 2015 年 7 月，仅被联合国教科文组织列入世界文化遗产的就有 15 处，另有 4 处被列为自然遗产。在世界各国影响较大且深受中国人欢迎的主要景点如下。

富士山 富士山是日本第一高峰，也是日本民族的象征，被日本人民誉为“圣岳”。富士山位于本州中南部，距东京 80 千米，面积 90.76 平方千米，海拔 3776 米，山峰高耸入云，冬季山巅白雪皑皑。山体呈圆锥状，似一把悬空倒挂的扇子，日本诗人曾写下“玉扇倒挂东海天”“富士白雪映朝阳”等诗句来赞美它。自日本有文字记载以来，富士山共喷发过 18 次，最后一次是在 1707 年，此后它变成了休眠火山。

东京塔 东京塔是位于东京市中心的一座铁塔，于 1958 年建成。它是模仿法国巴黎的埃菲尔铁塔建造的，高 333 米，是当时东京的最高点。塔身为棱锥体，有黄、白、红三种颜色，鲜艳夺目。塔内有水族馆、餐厅、商店、咖啡厅等设施，塔上还有两个分别高达 150 米和 250 米的瞭望台。站在这里，东京的景致尽收眼底。

东京晴空塔 东京晴空塔的日文为“スカイツリー”（sky tree），因此也有人译为“天空树”，正式命名前曾被称为新东京塔，是位于日本东京都墨田区的电波塔。东京晴空塔于 2012 年 2 月 29 日建成，同年 5 月 22 日正式对外开放。其高度为 634 米，于 2011 年 11 月 17 日被吉尼斯世界纪录认证为“世界第一高塔”，成为全世界最高的自立式电波塔。东京晴空塔是世界第二高的建筑物，仅次于迪拜的哈利法塔（828 米）。

东京晴空塔的 350 米处为第一展望台，里面有餐厅、咖啡厅及商店等，地板全是透明的，用每平方米耐重 800 公斤的强化玻璃制成，人进去以后仿佛凌空站在 350 米高空上俯瞰地面。450 米处为第二展望台——长达 110 米的“天望回廊”，供游客观赏东京夜景。

金阁寺 金阁寺的正式名称叫“鹿苑寺”，修建于 14 世纪，位于京都市西北部，原为镰仓时代公卿西园寺公经的别墅，后归幕府将军足利义满所有，并进行了大规模的翻修和扩建。它共有三层，第二和第三层的外墙用金箔贴成，远远望去，金光闪闪，所以被俗称为“金阁寺”。它的第一层为平安时代的贵族风格，第二层为室町时代的武士风格，第三层仿照我国唐朝的“究竟顶”。在它的塔顶尾部装饰着一只金铜合铸的凤凰，更为这座建筑平添了几分美丽。寺前是以镜湖池为中心的庭园，身影华丽的金阁倒映在镜湖池中，宁静优雅，别有一番景致，堪称京都的代表性景观。

银阁寺 银阁寺位于京都东山山麓，1482 年由室町幕府将军足利义满的孙子足利义政按金阁寺的造型修建。银阁寺以清净幽雅的独特风格与金阁寺的光彩夺目形成了鲜明的对比。它是一座精致的两层阁楼。第一层被称为心空殿，是出家人念佛修道的地方；第二层被称为潮音阁；第三层是禅宗佛堂。银阁寺是寺庙，也可以居住，这里环境优美，风景宜人。

奈良 奈良市位于日本中部，是日本历史名城和国际观光城市，也是奈良县政府所在地和奈良县最大的城市。公元八世纪日本首都平城京设在此地。首都迁至平安京（京都）以后，奈良被叫作南都，以日本佛教为中心发展起来。奈良市东部保存着平城京时期的许多文化遗产，仅1998年被联合国教科文组织列入世界文化遗产的历史遗迹就有东大寺、兴福寺、春日大社、春日山原始森林、元兴寺、药师寺、唐招提寺、平城宫遗址等。

镰仓 镰仓市位于神奈川县，它是仅次于京都、奈良的一座古都，是举世闻名的旅游胜地。12世纪末，源赖朝在此创建幕府，开了武士政权的先河，以后直到1333年，这里一直是幕府所在地，是日本的政治中心。当时，这里除了幕府的衙门和武士们的宅邸外，还建有不少神社和寺院，繁荣一时。镰仓幕府灭亡后，镰仓便随之衰落了，但到江户时代作为游览地又得到了复兴。

作为古都，镰仓至今还留存着具有浓郁镰仓时代风格的建筑。其中，鹤冈八幡宫的名气最大，它供奉着源氏家族的守护神，由源赖朝将军从其家乡迁来此地，是镰仓古都的象征性存在。此外，还有圆觉寺、妙本寺等古老寺院及镰仓大佛等著名的名胜古迹。

箱根 箱根是日本著名的观光疗养胜地，大体上位于神奈川县箱根町境内，是富士箱根伊豆国立公园的组成部分。境内有箱根火山（最高峰海拔1438米），还有许多温泉，芦湖、大涌谷、仙石原等自然风光景点也很有名。芦湖南岸的箱根关是古代战略要地。那里有山色湖光，妍丽明媚，许多国际会议在此召开。

以富士山为背景，箱根长期以来是大众休息和娱乐的场所。箱根的16个温泉分布在一个浅浅的峪谷里，早川和须云河在那里交汇。其中，宫下温泉是最古老、最兴盛的一个。强罗温泉有利用旧财阀的别墅建成的旅馆和各公司的疗养所等。小涌谷温泉有设施完备的温泉娱乐城，小涌园“悠内三”是其中最大的温泉娱乐场，在这里可身着游泳衣游玩。另外，还有纯日式风格的入浴设施“森林温泉”。

唐招提寺 唐招提寺是由中国唐代高僧鉴真及其弟子亲手兴建的，是日本佛教律宗的总寺院。它位于奈良市五条町，是一组具有中国盛唐建筑风格的建筑物，已被确定为日本国宝。唐代高僧鉴真（688～763年）东渡日本后，于公元759年开始建造，公元770年竣工。

寺院大门上红色横额“唐招提寺”是日本孝谦女皇仿王羲之、王献之的字体所书。寺内，松林苍翠，庭院幽静，殿宇重重，有天平时代的讲堂、戒坛，奈良时代（710～794年）后期的金堂，镰仓时代（1185～1333年）的鼓楼、礼堂及天平以后的佛像、法器和经卷。

横滨中华街 位于横滨市中区山下町，是山下公园西南的一条中国菜馆街，以前曾被称为“南京街”。中华街是全日本最大的唐人街，有十多个区域，共有五个古老的门，住户90%是华人。正门入口处矗立着15米高的牌楼，上面写着“中华街”三个大字，大街西侧排列着色彩缤纷的饭店，有百余家。菜馆分为广东、江苏、山东、四川四大菜系，各种中国菜都既保持着原有特征，又迎合了日本人的口味。

中华街中部有一座关帝庙。每年关帝诞辰都举行庆祝活动，如舞狮子、耍龙灯、踩高跷、放鞭炮等。2006年又建造了一座妈祖庙。

当附近横滨棒球场举行棒球比赛时，会有几万日本人光顾这里，绝大多数要在此用餐。许多人还要到这里的进口商品店看一看，那里主要卖从中国或亚洲其他地方进口的糖果。此外，中华街还有许多中药店和茶庄。

名古屋城 名古屋城位于名古屋市的中央，装饰在城堡瞭望楼——天守阁屋脊上的金色兽头瓦最为有名。1612年，当时的江户幕府将军德川家康修建了名古屋城，此后到幕府倒台为止，它一直都是德川三大家族之一的尾张德川家族的居城，极尽奢华。名古屋城在第二次世界大战中于1945年受空袭，大部分被烧毁，1959年重建天守阁，改为地下一层、地上七层的钢筋混凝土建筑。从那以后，天守阁的秀姿一直是名古屋的象征。

城堡内1～5层是展示室，对外开放，在这里可以亲眼看到与尾张德川家族有关的各种物品等反映名古屋城历史的资料。另外，在以名古屋城为中心开辟的名城公园中，一年四季，名花异草争奇斗艳，不少市民乐于在此散步休闲。除春天的樱花节之外，还有名古屋城夏日庙会、菊花人形展等各种活动，都值得一看。

名古屋城东侧是一片建于17世纪的住宅和外涂泥灰的仓库等建筑物，街景别有一番风情。城堡南侧则是连片的行政大楼区，古色古香的旧时屋宇和现代新颖建筑物协调地融合在一起所形成的市容是名古屋城周围一道独特的景观。

松岛 松岛位于宫城县，也可视之为仙台的周边城市，是个古迹处处、充满历史气息的地方。这里因昔日地壳变动而产生的260多座岛屿，不但山形壮丽，而且拥有天然温泉，成为温泉胜地之一。白天一座座岛屿躺卧在碧蓝港湾上，阳光挥洒，格外亮丽；到了黄昏，转瞬又变成如诗如画的风情。二月份的松岛有牡蛎祭，八月份有放灯笼焰火大会，十月份的园游茶会，更令松岛充满魅力。它与广岛的严岛、京都的天桥立并称日本三大名胜景观，一年到头国内外游客络绎不绝。乘坐游览船周游列岛令人心旷神怡。

松岛景区中最重要的一个岛叫仁王岛，位于松岛湾的中央，统领全湾的岛屿。这个岛经过大自然几千年海浪的浸蚀，上半及下半部是较硬的泥板岩，中间是普通岩块，由下而上逐步收窄而呈现出一个奇怪的模样，有眼有嘴，还有着尊贵的仁者风姿，顶上有如戴了一顶王冠，称其为仁王可谓贴切之极。

二 著名城市

如前所述，截至2015年7月，日本人口在50万以上的政令指定市有20个，它们可以说是日本等级最高的城市。然而，城市的规模或等级与其知名度并不一定成正比。这里仅介绍以下几个比较著名的城市。

东京 东京旧称江户。1457年建城。1868年改称现名，1869年成为首都。1923年遭关东大地震破坏，后经重建和扩大。1943年改称东京都。现在，它是日本全国的政治、经济、文化、交通中心。它位于本州岛东南部，临东京湾。作为首都，它下辖23个特别区、26个市、5个町（镇）和8个村（包括海上的伊豆诸岛和小笠原群岛）。截至2017年11月，东京面积2191平方千米，人口1350.7万。其中，23个特别区是中心市区，面积共有 591 平方千米，这些特别区实际上是作为“城市”的、狭义的“东京”。

东京城市中心的街巷布局、道路以及护城河，继承了江户时代的框架。1873 年开设铁路，1903 年开通了市内电车，1927 年上野至浅草间的地铁通车，推动了东京的发展。随着欧洲文化的传入，1873 年在银座建设了由砖瓦建筑组成的商店街，在丸之内出现了由红砖建筑组成的办公大楼街。1923 年建成的丸之内大楼，成了高层办公大楼的代表，古老的江户街道逐渐变成西洋式的东京街道。

由于东京 1964 年举办奥运会，于同年开通了新干线和高速公路，日本人口开始向东京集中。现在的东京高层建筑林立，而地下还分布有四通八达的由 15 条线路组成的地下铁路网。

东京是日本的政治中心。以皇宫为中心，霞关、永田町附近集中了国会、内阁及其下属行政机关、最高法院等司法机关的办公大楼。

东京还是日本的教育文化中心。这里设有东京大学、早稻田大学、中央大学等大约 70 个国立、私立大学，还有上野国立博物馆、科学博物馆、西洋美术馆等各种文化设施，图书馆也很多。在艺术方面，有传统的歌舞伎座、寄席（类似相声）剧场，影院、剧场甚多。在体育方面，有神宫外苑、驹泽奥运会公园的各种比赛设施，有举行剑道、柔道等比赛的武道馆、讲道馆，还有举行专业棒球比赛的带有开闭式屋顶的东京体育场、举行相扑比赛的国技馆、府中的赛马场等。

东京是日本最大的经济中心，日本 60% 的大公司和 1/3 的银行将其总部设在这里。东京还是全国最大的制造业中心，其印刷出版、电子、电机、运输机械、食品和精密机械均居全国首位。东京的第三产业占日本整个产业的 68%，海港进出口总值亦居全国前列。

在商业方面，银座、新宿、涩谷、浅草、上野、池袋、日本桥等繁华街上有许多家大型百货店，市内各地区都有大型超市，小型便利店、饮食店等更是星罗棋布。历史古迹有浅草寺、回向院、护国寺、泉岳寺、增上寺、筑地本愿寺、尼古来堂、明治神宫、靖国神社、汤岛圣堂等。市区主要公园有上野公园、清澄庭园、小石川后乐园、芝公园、自然教育园、新宿御苑、滨离宫、日比谷公园、六义园等。此外，在郊区还有秩父国立公园，伊豆诸岛也已成为富士箱根伊豆国立公园的一部分。都立公园有高尾山、秋川丘陵、泷山（瀑布山）、羽村草苑丘陵、狭山丘陵、多摩丘陵、江户川水乡、武藏等。在郊区有井之头公园、多摩湖、多摩动物园、神代植物园、深大寺、日原钟乳洞、御岳山、丰岛园等。

东京与北京于1979年结为友好城市。历史上，孙中山、宋庆龄夫妇，廖仲恺、何香凝夫妇以及周恩来、郭沫若等中国的著名人士，都曾长期在东京居住。

京都 京都市位于日本西部近畿地区、京都府南部，是一座内陆城市，总面积为827.90平方千米，占京都府总面积的17.9%，是京都府所属各市中土地面积最大的一座城市。京都市是京都府的首府，也是政令指定市之一，人口在全国居第八位。

从公元794年桓武天皇迁都平安京到公元1868年东京奠都，京都一直都是日本的首都。桓武天皇修建平安京时参考了风水思想，并且效仿了中国唐代的京师长安，因此平安京是一座传统的市坊制都市。平安京南北长约5.2千米，东西长约4.5千米，面积相当于中国唐代长安城的五分之一。天皇居住的大内里位于平安京的正北，以朱雀大路为中心，城市分为右京（又称“长安”）和左京（又称“洛阳”）两个对称的部分。平安京堪称一座规模宏大且规划严谨的东亚传统型城市。平安京的城市布局特征一直保留至今。长年的历史积淀使得京都市拥有相当丰富的历史遗迹，因此京都也是日本传统文化的重镇之一。京都市的部分历史建筑在公元1994年以“古都京都的文化财”的名义被列为世界文化遗产。京都也是日本重要的工业城市，其工业中又以传统产业和电子产业最为重要。

京都还是西日本的“学都”。在京阪神地区，更有“在京都上学、在大阪赚钱、在神户生活”这样的说法，可见京都教育的发达程度。2012年，京都市内共有123所幼儿园、187所小学、102所初中、53所高中和30所大学。2009年，在京都就读的大学生多达139237人，在日本所有城市中位列第二，学生占总人口的比例则高居首位。

京都的大学中，历史最悠久且学术地位最高的是京都大学。而在私立大学中，同志社大学和立命馆大学规模最大。除了这三所大学之外，京都市的主要大学还有京都产业大学、龙谷大学、佛教大学、京都女子大学、大谷大学、花园大学、京都造形艺术大学、京都精华大学、京都外国语大学、京都教育大学、京都府立大学、京都府立医科大学等。

1994 年，京都市成立了京都大学中心（现改名为京都大学联盟），其目的是促进各大学之间的合作，加盟大学的学生可旁听其他加盟大学的科目并取得学分。众多的大学使得京都的科研事业也颇为发达，京都大学的桂校区已成为京都市的一大科研中心。众多学会的总部设在京都，如日本人文地理学会等。京都的大学也颇为重视国际学术交流。

1974 年 5 月 10 日，京都市与西安市结为姊妹都市。

横滨 横滨市是仅次于东京的日本第二大城市，位于日本关东地区南部，东临东京湾，南与横须贺等城市毗连，北接川崎市。

最初，横滨只是东京湾畔的小渔村。1859 年，横滨成为自由贸易港。1873 年，横滨发展成日本最大的港口，1889 年建市。1923 年发生的关东大地震，使横滨遭受了巨大的损失。第二次世界大战中，横滨遭轰炸，战后得以重建。

横滨是国际港口都市，也是神奈川县政府所在地，为政令指定市之一。该市拥有日本国内仅次于东京都区部（23 区）的人口，也是人口最多的市级行政区。市内有位于东京湾西岸的横滨港，经常被视为东京的外港，沿岸设有大量的港埠设施与伴生的工业与仓储产业。横滨是日本与东西方交流的重要城市。

在经济方面，横滨地处全国四大工业区之一的京滨工业区的核心，工业发达，以钢铁、炼油、化工、造船业为主，全市有大小工厂 8300 多家，工业生产总值居全国第三位。横滨山下町的“中华街”是华侨聚居区，区内有大小 130 多家中式餐馆。横滨港是全国最大的港口，也是亚洲最大港口之一。横滨港有大码头 10 多个，全长 18 千米，可同时停泊上百艘大型货轮，总靠岸能力为 100 多万吨，年吞吐量为 1.1 亿~1.3 亿吨。

横滨的文化教育事业很发达，设有横滨国立大学、横滨市立大学、神奈川大学等多所高等院校和博物馆、图书馆等文化设施。横滨有各种各样的观光景点，主要有山下公园、港未来21地区、三溪园、横滨海洋塔、帆船日本丸和横滨港口博物馆、面包超人博物馆、新横滨拉面博物馆、八景岛海岛乐园、总持寺、弘明寺、伊势山皇大神宫、观港公园等。城市里有许多风格各异的西洋建筑。

大阪 大阪市位于本州西南部大阪湾东岸，是大阪府的首府、日本第三大城市。大阪市人口为266.8万（2014年）。大阪古称浪速、难波。大阪于1583年筑城，1868年开港，1889年设市后发展迅速，成为日本最大的商业城市。它是日本西部的水、陆、空交通枢纽，（大）阪神（户）工业带的核心。大阪的工业生产规模仅次于东京，以钢铁、电子、造船、石油、化工、机械为主。它还是世界大港之一。20世纪70年代以来，大阪工业布局以大阪湾为中心，不断向两侧与内陆扩展。大阪市周围有卫星城市尼崎、堺、东大阪、丰中、吹田等。大阪市有大阪大学等高等学校及大阪城旧址、四天王寺等名胜古迹。

大阪的市中心有南北之分，北指梅田、曾根崎附近，南指难波、心斋桥和道顿堀附近，连结南北的是御堂筋大街。堂岛的米市场、天满的蔬菜市场、杂喉场的鱼市场，都非常有名。市政府大楼位于夹在堂岛川与土佐堀川之间的中之岛上。北浜的证券街、本町和井池筋的纺织品商店、道顿堀附近的大众化的饮食街和剧场等都广为人知。剧场里不仅有传统的歌舞伎、木偶净琉璃戏，而且还有松竹座和吉本剧团演出的以平民生活为主题的戏剧、相声、小品等。大阪人喜欢的职业棒球队——阪神队一旦获得冠军，一定会有狂喜的球迷从心斋桥上往道顿堀河里跳，成为当地一景。

名古屋 名古屋市是爱知县的首府，日本第四大城市，位于本州岛中部，外临伊势湾，是日本东西交通的枢纽和重要港口。因介于东京和古都京都之间，亦称“中京”。

作为重要的港口城市，名古屋港是日本的五大国际贸易港之一。中国还在这里设有总领事馆。

名古屋是一个历史悠久的古都，日本历史上非常有名的三大豪杰——织田信长、丰臣秀吉、德川家康皆出生在名古屋或附近的城市。1610年，德川家康在此建立巨大城堡，使这里发展成为东海地区最大城市，至明治初年人口已达13万。1886~1900年，东海道干线、关西干线和中央干线等铁路相继通车。1889年建市，1907年开港通商，促进了现代工业的发展。第一次世界大战后建起重工业，第二次世界大战中成为日本飞机工业中心，1945年因空袭遭到破坏。名古屋市在二战后重建，沿海地区建起许多大工厂，工业化、城市化进程加快。名古屋大都市圈集聚了丰田汽车等大量的制造业企业和名古屋大学等著名高校，形成了日本国内工业产值居第二位的中京工业核心地带，名古屋市也因此成为日本中部地区的商业、工业、教育和交通中心。

名古屋的商业繁荣兴旺，是全国三大商业批发中心之一，聚集了许多大型商业企业。如爱知丰田汽车销售公司和松坂屋百货公司等，都是全国驰名的大商业企业。

传统家庭手工业生产的景泰蓝和濑户陶瓷驰名全国。市内有众多的娱乐中心、购物中心、博物馆和会议中心。

神户　神户市位于日本西部近畿地区，是兵库县政府所在地，也是政令指定市之一。它的存在已有千年历史，奈良时代就已成为贸易港口，1868年又成为日本在欧美的压力之下被迫打开的五个开放港口之一。经过战争的洗礼，二战后神户很快就走上了复兴之路。1960年，神户市开始挖掘丘陵，用于填海建设海上新都市。

近二三十年来，神户发展成为日本最美丽、最有异国风情的国际贸易港口城市。1981年世界第一座人工岛——港岛人工岛和后来的六甲人工岛的竣工，21世纪复合城市的创建，世界最长的吊桥——明石海峡大桥的开通，都展现了未来都市神户的风貌。

神户市在日本经济中拥有重要地位。2010年，神户市的国内生产总值约为62414亿日元，占日本经济总量的约1.3%。

神户市的农业属于都市近郊型农业，农业产值仅占神户市生产总值的约0.1%。神户农业生产规模较小且产品主要出售给神户市民。神户农产品中最为重要的是肉牛和乳牛，其次是蔬菜和大米。神户牛位列日本三大和牛，是高档牛肉的代名词。

战前神户的工业主要是造船业和化学产业，战后神户发展为日本屈指可数的重工业城市。食品饮料、交通运输机械、化学、钢铁等产业是神户工业的主干，服装、制鞋、珍珠加工等时尚产业也在神户工业中占有重要地位。总部设在神户的知名工业企业有川崎重工业、神户制钢所、UCC上岛咖啡等。

商业服务业是神户经济的重要产业。神户是日本两大零售业巨头大荣公司和 COOP 的发祥地。主要商业区位于三宫和元町之间。

自古以来神户就是日本的重要交通枢纽，现在公路、铁路及航空皆已现代化。有三条高速公路途经神户市。神户市还修建了众多自市中心出发至市域西北部新市镇的放射状道路。市内铁路网也很发达。神户港是日本最大的集装箱港口，也是世界十大集装箱港口之一。它是主要的国际贸易中心，现有 25 条定期航线，同世界上 130 多个国家和地区有贸易往来。

神户虽然是一座在近代兴起的大都市，但市内也有颇具历史价值的古建筑。神户市的传统寺院和神社建筑大多修筑于室町时代，其中如意寺和太山寺被指定为日本国宝和重要文物。生田神社、凑川神社和长田神社并列为神户三大神社，是神户最具代表性的神社建筑。然而，神户建筑中最引人注目的却是近代西洋式建筑，这与神户对外开放较早并以其优雅环境吸引了众多外国人在此居住有密切关系。这些西洋式建筑被统称为“异人馆”，如北野地区的风见鸡馆、旧汉森邸、鱼鳞之家、旧夏普住宅等。现在，神户市指定了 16 座建筑物为“景观形成重要建筑物”，对其进行特别保护。

此外，神户的中华街也很有名，日本人将其称为“南京町”，地处南京路的东侧。中华街入口处矗立着中国式的红色门楼，穿过门楼，是南京东路、西路、南路、北路等呈十字形的中心街，那里各个商店的招牌都用中文书写，随时可以听到人们讲中文。

1973 年 6 月 24 日，神户市与天津市结为友好城市。

仙台 仙台市位于本州岛的太平洋沿岸，距东京约 300 千米。仙台面积约为 800 平方千米，人口约 105 万，是宫城县的首府，也是东北地区的政治经济中心。

仙台市最早是由德川时代的仙台藩祖伊达政宗修建的，他奠定了现在仙台市的市街基础。明治维新后，1871 年成为县政府所在地。1889 年仙台建市后市区逐步扩大，1955 年被定为“综合开发特定地区”，1963 年又定为“仙台湾临海新产业城市”，与盐釜组成仙盐工业区。1971 年建设港口。工业生产以炼油、食品、钢铁、印刷、金属加工、电机为主，占工业产值的 85%。仙台新港北部为新建的临海工业区，有火电、炼油等大厂。东部平原为农业区，多水田。南部名取川、广濑川等地的蔬菜和花卉种植比较兴盛。西部青叶小丘陵地区环境幽美，为文教区，设有东北大学、宫城教育大学等院校和科研单位多所。1904 ~ 1906 年，鲁迅曾在此地的医学专科学校读书，在该校和仙台市博物馆的后花园里分别建有鲁迅纪念碑。

仙台市内既有古国分寺、国分尼寺遗址和大崎八幡神社（国宝）、青叶城遗址等古迹，又有流经市区中心部的广濑川和绿茵茵的榉树道等美丽景观，使仙台作为与大自然融合一体的现代化城市闻名日本。特别是市区中心部的林荫道、公园等处的绿色植被颇多，因此仙台又被人们爱称为“树林城”。

仙台市郊区以美丽的自然景色闻名全国，有日本三大温泉之一的秋保温泉、作并温泉等温泉度假村和日本三大景观之一的松岛、藏王国定公园、瑞严寺等全国闻名的旅游胜地。仙台还建有高尔夫球场和滑雪场等设施，一年四季都因前来进行体育活动和旅游的游客而门庭若市。

仙台市与长春市结为国际友好城市。

福冈　福冈市又称博多，位于日本九州的北部，是福冈县政府所在地，也是政令指定市之一。截至 2013 年 7 月，福冈市共有居民 1502788 人，面积 341.7 平方千米，是九州地区最大的都市，许多政府机关及公司分社设于此地，和周边的地区共同组成了福冈都市圈。

福冈市的地理位置比较特殊，它与日本主要都市（大阪、东京、札幌）以及东亚主要都市（釜山、首尔、上海、北京与台北）的距离都很近，可以说是个与亚洲各国交流最多的城市。现在，有三十多个国家和地区在此地设立了领事馆或名誉领事馆及贸易办事处。

福冈市是古时日本与中国往来最主要的港口。公元 57 年奴之国国王曾进贡给当时中国的汉朝，汉光武帝还曾赠予刻有“汉委奴国王”的金印，当时的奴之国即是在福冈这一带的小国。金印在 1784 年被志贺岛（位于福冈的东区）的日本人甚兵卫发现，现保存于福冈市博物馆内。

福冈市的产业结构以第三产业为中心，其中流通业、零售业、饮食与服务业占的比例最大。福冈整体来说是个以商业著称的地方，也是一个集中了许多政府机关与全国性企业的都市。

福冈市的文化教育事业很发达，仅设在市内的大学就有国立九州大学、县立福冈女子大学和私立的福冈大学、九州产业大学等 12 所。市区内外还有福冈城遗址、志贺岛等许多名胜古迹。

福冈市分别与广州市、青岛市结为姊妹城市和经济交流城市。

第二章

历　　史

第一节　贵族统治的古代（远古～公元 1192 年）

一　原始社会

（一）旧石器时代

从考古学上讲，旧石器时代是指石器时代的早期阶段，当时人类使用比较粗糙的打制石器，过着采集和渔猎的生活。从社会组织形态上看，这一时期尚处于从原始群向母系氏族公社过渡的阶段。自 20 世纪 40 年代末以来，大批旧石器遗址的发掘和一些古人类化石的发现，改变了日本列岛没有旧石器文化以及原始人类生存的传统观点。但由于日本列岛火山较多，地震频繁发生，地表变化较大，且土壤酸性较强，人骨等遗物容易被溶解，所以保存下来的旧石器时代遗址及遗物较少，距今时间亦较近。目前能够得到学术界公认的旧石器遗址或遗物大体在距今 3 万年到距今 1 万年期间，日本考古学界称之为“后期旧石器时代”。

1949 年，业余进行考古活动的商人相泽忠洋在群马县岩宿的土层中发现打制石器，经专家鉴定为距今 24000 年前之物。其后考古学家在该遗址又发现了敲打形、刮削形、尖状形、刀斧形等打制石器，并将其命名为“岩宿文化”。1950 年在栃木县安苏郡葛生町发现了 6 件古人类遗骨化石，取名为“葛生猿人”。1957 年在爱知县丰桥市的牛川町发现古人类的上腕骨、左侧大腿骨以及动物化石，取名为“牛川人”。1959 年在静冈县的三日市发现了古人类的头骨片等7件遗骨化石，取名为“三日人”。在20世纪60年代和70年代，又先后在静冈县的滨北市根坚的石灰岩洞、大分县的圣岳洞穴、大分县的岩户遗址等地发现了古人类遗骨。

旧石器时代遗址的发掘表明，该时期的原始日本人居住在天然洞穴里或岩石遮荫处，也在丘陵的斜坡、高地、湖沼周围等处建造住穴，过着“冬则宿穴，夏则住巢”的生活，食物主要是狩猎到的动物或采集到的野生植物及其果实。在同大自然的长期斗争中，原始日本人的智慧日益丰富，尤其是到旧石器时代的中后期，石器制作技术日趋成熟，火也被广泛使用。在静冈县的上野遗址，在距今2万年到1.5万年的赤土层中，日本人发现了炉火的痕迹。

（二）绳纹时代

从大约距今1万年前开始，日本进入新石器时代。这一时代持续到公元前3世纪，其最大的特征是人们已会制造和使用陶器。在这一时代的遗址中，曾发现许多手制的黑色陶器，因这种陶器的外部大多饰以绳纹，故称为“绳纹陶器”，以这种陶器为代表的文化被称为“绳纹文化”。正因如此，日本的新石器时代也被称为“绳纹时代”。

绳纹时代的日本处在母系氏族公社阶段，即以血缘为纽带的母系家庭为社会的基本单位，若干个相同血缘的家庭构成氏族公社。氏族成员共同居住、共同劳动和共同享受劳动成果。居住区大多是弧形或环形构筑的竖穴式建筑群，其中央辟有召开会议、举行集体活动和从事祭祀的场所。竖穴式房屋要从地面下挖50厘米左右，四周用若干根木柱支撑屋顶。房屋的平面形状多为圆角方形、方形、梯形、圆形、椭圆形等，房屋中部设有炉灶。

绳纹时代前期，人们主要的生产活动是狩猎、捕鱼和采集。生产工具仍然以石器为主，但这时的石器是经过充分加工的磨制石器。除磨制石器外，还有木制的弓箭、骨制的鱼钩及鱼叉等。在绳纹时代中后期，人们开始使用渔网并乘独木舟出海捕鱼。近些年来，在一些绳纹时代后期的遗址中，陆续发现碳化米、大麦粒和稻壳的压痕，并在北九州福冈市的板付遗址中，发现了水田遗址。水田遗址中有调节水量的堰水栅、水沟、田间小道。在陶器残片上，有稻壳的压痕和碳化稻米痕迹。

绳纹时代人们穿的衣服是用兽皮和植物纤维的编织物制成的，身上佩带的装饰品有手镯、项链、发饰、耳饰、腰饰等。手镯多用贝壳制成，也有木制品和土制品，项链是由贝、石、玉制品串起来的。当时人们有拔齿和研齿的习俗，拔齿即成年人拔掉犬牙或门牙，研齿是将门齿研磨成带沟的叉子形状。绳纹时代人们的墓葬大体相同，结构比较简单，随葬品不多且为装饰品，从一个侧面反映了当时人们过着平等的原始生活。

由于绳纹时代社会生产力低下，人们对自然灾害无能为力，对千变万化的自然现象迷惑不解，于是产生了依赖或崇拜自然的原始宗教，即相信万物有灵。人们制作人物、动物的土偶和各种精制石棒、石剑作为崇拜的对象或祭具，以求神灵的保佑。

（三）弥生时代

大约在公元前 3 世纪，日本历史进入一个新的发展时期。在这一时期的遗址中，人们发现了大量比绳纹时代的陶器更为进步、精致的陶器，其形制一致，纹样简单，外形美观。因这种陶器最早被发现于东京都弥生町，所以被命名为弥生式陶器，直到公元 2 世纪的这一时代也被称为弥生时代。弥生时代的特征主要是农耕技术的进步、金属工具的应用、父权制社会、阶级、早期国家，以及有明显外来文化的影响等。

在弥生时代，稻作农耕获得迅速发展。从中国传入的水稻栽培技术首先扎根于北九州地区，然后逐渐向本州岛传播。水稻的大量种植，使原始日本人从以采集、狩猎、捕捞为主的移居生活急速转变为以农耕为主的定居生活。在弥生时代初期，水稻种植较为粗放。中期以后，由于水利灌溉技术的进步，农耕地区不断扩展，人们不仅在有河流的冲积平原或低湿地带种植水稻，而且在中部的山岳地带也开辟了水田。特别是属于弥生时代后期的登吕遗址，展现了当时高水平的水田耕作技术。

弥生时代农耕技术的提高，与生产工具的进步有关。弥生时代中期以后，铁制器械从中国传入，与石器、木器、骨器等混合使用。铁制器械的出现，推动了冶炼技术的发展，主要体现在青铜器和铁器的制作上。弥生时代最初的青铜器也是从中国传入的，先是作为各种工具使用，但后来仅作为祭祀用品或人们喜爱的珍品，同时中国的铜镜也大量传入日本。铁器制作主要采用锻造法，材料是从中国输入的。

农业的发展，金属工具的应用，推动了社会的分工。劳动产品剩余促进了社会的分化，不仅当时的原始氏族公社从母权制逐渐向父权制转化，而且上下贵贱差别日益明显。从弥生时代的遗址发掘来看，墓地多以男性为中心，而且随葬品也多少不等。在公元元年前后，北九州和畿内等先进地区开始出现地域小国家群。

日本列岛上的地域小国家为增强自己的实力，开始有意识地与中国交往。据中国史书《后汉书》记载，公元 57 年，“倭奴国奉贡朝贺，使人自称大夫，倭国之极南界也。光武赐以印绶”。半个世纪后，“安帝永初元年，倭国王帅升等献生口百六十人，愿请见”。

二　古坟时代

（一）邪马台国

弥生时代后期，在公元 1 世纪末 2 世纪初，北九州地区出现了一个较大的国家，被称为“邪马台国”。从当时的中国文献资料可以看出，这是一个建立在农耕经济之上的地域国家。

邪马台国的经济以农业为主，种“禾稻、苎麻、蚕丝”等，农业生产水平日趋提高，酿酒业已相当普遍。“人性嗜酒”，说明当时有足够的粮食，除供人们吃饭外，还可满足喝酒的嗜好。手工业已同农业分离，有生产兵器、工具者，还有纺织手工业者，也出现了专门为贵族们制作赏玩、装饰等工艺品的部门和工匠。据中国史籍《三国志·魏志》记载，邪马台国第三代国王壹与曾向曹魏赠送“白珠”50 孔，“青大句珠”2 枚，“异文杂锦”20 匹。“白珠”即珍珠，是九州地区的传统产品；“青大句珠”是用玛瑙加工而成的；“异文杂锦”是精美的纺织品。

随着水稻及其他农作物耕作的普及，人们开始定居，出现了较大的村落或集市，人口逐渐增加。邪马台国有 7 万多户，其属国投马国有 5 万多户，奴国有 2 万多户，其他有数千户不等。邪马台国普遍使用铁制农具，进一步推动了冶炼技术的发展。

农业的进步与手工业产品的增多，相应地促进了贸易的发展。邪马台国及其下属各国都设有贸易集市，即“国国有市，交易有无”。除特定区域的集市贸易外，还有远距离贸易，如对马国“乘船南北市籴”，一支国“差有田地，耕田犹不足食，亦南北市籴”。

当时的邪马台国“尊卑各有差序”。全体居民被划为“大人”“下户”“生口”“奴婢”4个等级。“大人”相当于贵族，女王是其代表人物。女王“居处宫室楼观，城栅严设，常有人持兵守卫”，使役奴仆千余人。“大人”依靠“下户”缴纳的“租赋”和使役奴仆生活。“大人”与“下户”之间存在着森严的等级：两者路途相遇时，“下户”要躲到草丛中，为“大人”让路；如果和“大人”谈话，“下户”要蹲下或跪下，两手据地，非常恭敬。“下户”是平民或自由民，有向国家缴纳“租赋”的义务，他们占人口的大多数，是社会生产的主要劳动者，也是作战时的主要兵员。“生口”和“奴婢”则是最下层的奴隶，来源于战俘或罪犯，他们没有人身自由，甚至被当作殉葬品。例如“卑弥呼以死，大作冢，径百余步，殉葬者奴婢百余人”。

邪马台国作为日本列岛上出现最早的国家，其政治机构还很原始。最高统治者是女王，其下有大率、大倭、大夫等高级官员。大率是中央派到各小属国的检察官，大倭是管理全国集市的官吏，大夫是主持外交事务的官员。地方官员等级有多有少，有些属国还保留着国王。邪马台国有一支维护统治秩序和对外战争的军队，并有不成文的法律和刑罚：“有犯法，轻者没其妻子，重者灭其门户及家族”。

（二）大和国

在邪马台国存在的同时，在近畿地区也有国家兴起。大量考古发掘表明，该地区的国家在政治、经济、军事等方面已达到相当高的水平。公元3世纪末，以大和（今奈良）为中心的畿内地区出现了一个大国，史称大和国。从3世纪到7世纪，大和国流行前方后圆等形式的巨大坟墓，所以这一时期也称为“古坟时代”。

畿内地区有大片冲积平原，灌溉便利，土地肥沃。大和国在农业生产迅速发展的基础上，不断向周边小国发动武力兼并。进入5世纪后，大和

国的最高统治者大王，先后由赞、珍、济、兴、武5人担任，史称“倭五王”。此时，大和国控制了西至九州，东至关东的广大地区。为巩固其政权，“倭五王”先后采取各种措施，建立了比邪马台国更为完善的政治、经济制度。

首先，确立了贵族阶级的氏姓等级制度。根据贵族出身的高低以及他们在大和国统一过程中的功绩，由大王授予不同氏姓。上层贵族授予“臣”“连”“宿弥”“造”等氏姓，地方贵族授予“直”“君”“首”等氏姓。氏姓成为各级贵族在政治、经济上享受世袭特权的依据，只有拥有氏姓者，才能被委任从中央到地方的各级官职。

其次，完善各级统治机构。在中央，由势力较强的葛城、平群、三轮等氏姓组成最高执政机构，并由中臣氏、忌部氏等主持祭祀，由大伴氏、物部氏、久米氏等主持军事，由苏我氏主持财政。在地方上，则“隔河山而分国县，随阡陌以定邑里”，分别设置“造长”“稻置”“村主”等官职。

另外，积极扩大王室直辖土地，借以巩固中央政府的统治地位。当时主要存在两种土地占有形式：一是王室土地，称为屯仓；二是贵族的私有地，称为田庄。组成大和国社会底层的劳动者是部民，他们是王族和贵族的私人财产，来源于中国或朝鲜半岛的移民、被征服者、战俘、罪犯，主要有田部民、部曲（民部）、品部民等。

从大和国兴起到“倭五王”统治时期，大量中国居民移居日本，日本与中国的往来愈加密切。日本不仅从中国引进更为进步的冶炼技术、制陶术、土木建筑术和纺织术，而且还引进中国的文字和儒学，并用儒家学说作为统治人民的理论依据。同时，佛教也经朝鲜传入日本，成为国家统一的思想工具。另外，中国较为成熟的政治制度也为日本统治者所仿效，为确立日本早期国家的统治体制起到重要作用。

（三）推古朝改革

公元4世纪中叶，大和国尚在统一日本列岛的过程中就开始向朝鲜半岛伸展其势力。当时，朝鲜半岛处在高句丽、百济、新罗三国鼎立时期，百济受到其北部高句丽和东部新罗的威胁，想借大和国的势力与之进行对抗。大和国则企图利用这一形势向朝鲜半岛扩展自己的统治区域，于是大和国出兵朝鲜半岛，并占领了东南部的任那地区。此后，大和国不断在朝鲜半岛进行战争，同时与中国不同时期的各个政权频繁进行交往。公元413年至502年，大和国先后13次派使节向中国的东晋、宋、梁等朝朝贡，请求册封。正是在这种频繁的交往过程中，中国的先进文化不断流入日本，不仅提高了列岛的生产力，也形成了从6世纪中叶到7世纪中叶以佛教艺术为主的“飞鸟文化”，该文化因这一时期大和国建都奈良盆地南端的飞鸟而得名。

自公元5世纪后半叶起，大和国在朝鲜半岛的势力逐渐衰退。在高句丽和新罗的强大攻势下，大和国不得不在6世纪中叶撤出朝鲜半岛。在国内，王室为扩大自己的屯仓不断侵占地方贵族的领地，因而引起地方贵族的激烈反抗。更为重要的是，部民制生产关系已不适应生产力的发展，部民纷纷逃亡的现象迫使统治者进行改革。另外，其在朝鲜半岛的失利加剧了统治阶级内部的矛盾，围绕王位继承问题争斗不已。公元592年推古女王即位后，任命圣德太子为摄政，并实施了一系列改革措施，试图建立以天皇（圣德太子在608年遣使节向隋朝递交的国书中称“东天皇敬白西皇帝”，是日本历史上首次出现“天皇”一词）为中心的中央集权制来解决社会危机。其主要改革措施有以下几项。

第一，制定冠位十二阶。冠位是一种头衔，人员既无定数，也无职权，是按照才干和功绩授予个人的荣誉称号，不能世袭。但这种确定贵族身份等级的做法在一定程度上起到抑制氏姓门阀势力和选拔人才的作用，有利于维护天皇的权威与统治。

第二，制定《十七条宪法》。其精神多来自中国的儒家思想，提出“承诏必谨，君则天之，臣则地之”，“国靡而君，民无而主，率士兆民，以王为主”，“农桑之节，不可使民”，等等。试图在维护天皇权力、压制贵族势力的同时，缓和阶级矛盾。

第三，提倡并重视佛教。在兴建佛寺的同时，利用佛教“众生平等、因果报应、生死轮回”等教义，淡化神道与佛教的矛盾，并通过信仰共同宗教的方式维护天皇治下的统一，减弱阶级之间的矛盾。

第四，恢复与中国的交往，积极吸取中国的先进思想与文化。圣德太子执政期间，多次派使节前往中国隋朝，并派遣留学生和留学僧到中国学习。

三　律令时代

（一）社会危机

公元7世纪前半叶，大和国土地兼并盛行，租佃制广泛兴起。贵族们为争夺土地、山林、原野、池塘而相互征战，并将大片土地出租给农户，收取地租。这种新型的生产关系严重地动摇了部民制。不堪忍受压迫的部民不断起来反抗，他们主要的斗争形式是逃亡，有时也会爆发大规模的起义。

阶级矛盾也引发了统治阶级内部新一轮的争斗，但与圣德太子改革之前不同的是，此时争斗的双方为新旧势力。圣德太子在公元608年向中国隋朝派出的留学生陆续回国，他们在中国生活长达二三十年之久，对隋、唐两代的典章制度以及文化思想十分熟悉，其后将中国的佛教思想、建筑艺术带进日本，推动了日本本土文化的发展。同时，这些留学生对东亚地区的国际形势非常清楚。公元618年唐朝兴起以后，中国很快成为东亚地区最为强盛的国家，对日本形成一种强大的压力，特别是日本在朝鲜半岛的失利，使得这些留学生以及国内有志于改革的新政治势力结合起来，仿效中国唐朝的统治方式对日本进行政治变革。

公元622年和628年，圣德太子、推古女皇相继去世后，大贵族苏我虾夷专权，擅自指定两任天皇，并大兴土木，劳役国民，“以西民造宫，东民造寺”。另外，征调“举国之民并百八十部曲”，为其父子建造两座规模宏大的陵墓。公元643年，苏我虾夷患病不起，不经朝廷批准，就向其子苏我入鹿私授紫冠，使其执掌国政。苏我入鹿“为人暴戾”，“威权过父”，篡夺皇权的活动更为放肆。他首先派兵逼死圣德太子的儿子山背大兄，然后征调大量民工为其父子建造宫室。频繁的徭役征调，使民不聊生。大批劳动力不断往返各地，常常“卧死路头”，社会生产力因此受到严重破坏，从而进一步激发了部民或逃亡或反抗的现象，“自托势家求活”，“强盗、窃盗并大起之，不可止”。

苏我父子的专横跋扈，引起其他贵族的强烈不满，同时也给希望进行改革的新势力提供了机会，形成了以中大兄皇子与中臣镰足为首的革新政治集团。中大兄皇子经常求教于从隋、唐归来的留学生和留学僧，立志革新政治，维护并加强天皇的权威。

公元645年6月，中大兄皇子等人利用朝鲜半岛使者向日本朝廷进赠礼品之机，斩杀了苏我入鹿，并迅速争取苏我氏的部属，迫使苏我虾夷自焚而亡。此后革新政治集团拥立了新天皇，组成以中大兄皇子以及留隋、唐学生为中心的新政权，仿中国建年号为大化，派官员到地方维持秩序，没收诸国武器，同时将首都从飞鸟迁往难波（今大阪市）。646年初，颁布《改新之诏》，接着陆续采取了一系列改革措施，史称“大化改新”。

（二）大化改新

大化改新的内容主要有以下四项。

第一，废除世袭氏姓贵族制度，确立中央集权式的官僚政治体制，即“改去旧制，新设百官”，中央机构设置了二官（神祇官、太政官）、八省（掌管诏书的中务、掌管官吏的式部、掌管典礼的治部、掌管户籍的民部、掌管军队的兵部、掌管司法的刑部、掌管财政的大藏、掌管皇室事务的宫内）、一台（掌管监察官纪事务的弹正台）。地方上建立国、郡、里统治机构，国设国司，郡设郡司，里设里长，各级官吏的任命及罢免权属于中央。

第二，废除贵族私有的土地制度和部民制，将全部土地和部民收归国有，使之成为公地和公民。与此同时，国家赐给大夫以上的官僚贵族一定数量的土地及人口，称为“食封”，以其土地上耕作农户缴纳的部分租赋作为他们的俸禄。

第三，实施班田收授法。凡6岁以上公民，由政府班给口分田。男子为两段（约2000平方米），女子为男子的2/3，奴婢为公民的1/3。口分田每6年重新收授一次，不能买卖，受田人死后一律交回。

第四，统一租税，实行“租庸调”制。废除贵族“各置己民，恣情驱使”以及大肆征调徭役的权利，规定得到口分田者每年向政府缴纳田租，每段土地缴租稻2束2把。作为“庸”的徭役，规定21～65岁的男子每年服役10天，如不能服役则缴代纳物，也就是每天纳布2尺6寸。“调”是征收地方特产，分为田调、户调和付调。田调按土地面积征收，户调按户征收，付调随土特产征收。

另外，新政权还颁布改革葬仪（主张薄葬、火葬）及婚姻（明确子女的归属）等旧风俗、完善交通（修官道）等的诏书，并宣布废除品部、名代子代部、部曲以及臣、连、伴造、国造等职称，授予新的官位和官职。647年制定7色13阶的新冠位制，649年又增加到19阶，并将大臣和贵族均纳入官僚体制内。

654年，孝德天皇去世，皇极天皇再次即位，称齐明天皇。因其大兴土木修建宫殿引起社会的不满，孝德天皇之子有间皇子准备趁机举兵，但被中大兄皇子所杀。655年，朝鲜半岛的高句丽和百济联合进攻新罗，新罗向唐朝求援。唐朝在660年出兵，与新罗军队一道攻陷百济都城，并俘虏其国王。百济向大和政权求救，大和政权为恢复自己在朝鲜半岛的影响力，在中大兄皇子的主持下准备出兵朝鲜半岛。661年，齐明天皇去世，忙于出兵事宜的中大兄皇子没有立即继承皇位。662年，大和政权军队渡海，并在朝鲜半岛登陆，663年8月，在白村江与唐朝、新罗联军交战，惨遭失败，不得不败退国内。

（三）制定律令

尽管采取了一系列的改革措施，但在大化改新以后，天皇的统治地位并不稳固，皇室与贵族之间的斗争仍很激烈。守旧势力连续策动其他两位心怀不满的皇子反对掌握实权的中大兄皇子，但两位皇子均失败被杀。尽管如此，中大兄皇子不得不向守旧势力让步，增加官位阶名，赐给支持新政权的豪族氏姓及饰物，允许他们拥有自己的土地劳动者，即私有部民，部分地恢复了部民制。公元668年，中大兄皇子正式接位，称天智天皇，同时责令中臣镰足编制《近江令》和户籍，这是日本最早的成文法典与户籍。

晚年的天智天皇接近守旧势力，对既有革新意识又具备非凡政治才能的法定皇位继承人大海人皇子逐渐疏远，过分宠爱自己的儿子大友皇子，迫使大海人皇子离开朝廷所在地。天智天皇死后，抢先登基的大友皇子与大海人皇子进行了一场短时间的内战。以东日本为根据地的大海人皇子得到多数地方贵族的支持，其军队兵分两路向都城进发，两路军队均打败了大友皇子的军队，后者被迫自缢而死。由于当年为农历壬申年（公元672年），因而这次仅历时一个多月的内战被称为“壬申之乱”。

公元673年，大海人皇子即位，称天武天皇，随即废除私有部民制，并将贵族拥有的山林、池塘等收归国有，同时减轻了农民的田租及徭役负担。在政治方面，为加强天皇的权力，建立了从中央到地方的三级官僚体制，即在天皇之下设太政官和大弁官两个没有实际权力的机构，直接听命于天皇，仅仅起上传下达的作用。太政官负责联络中央六官——大藏官、法官、理官、兵政官、刑官、民官，大弁官负责联络地方官。

天武天皇十分重视加强军事力量，要求政府文武官员都要“习用兵及乘马”，经常进行军事训练，并不断派人到各地督促检查。另外，在京城设立卫府，在地方上建立军团，负责中央和地方的治安。天武天皇还“定律令，改法式”，重视法治，规定凡犯法者，不论是朝廷之人还是地方官吏，都要在犯罪的地方受到谴责和惩罚。681年命令有关官员进行新律令的编制，次年完成，命名为《飞鸟净御原令》。

公元689年，持统天皇正式颁布《飞鸟净御原令》，付诸实施。公元700年，文武天皇任命法学家和曾留学隋、唐的汉学家编制律令，一年后基本编制完成，并很快加以实施。因该法典制定于大宝年间，故称之为《大宝律令》。公元718年，元正天皇下令修改《大宝律令》，时为养老年间，因而新律令称为《养老律令》，但放置近40年才加以实施。从这些律令来看，“律”相当于刑法，大体上是模仿唐律，也吸收了日本原有的惯例；“令”相当于行政法、民法、诉讼法，大体上从日本社会实际出发，参照唐令制定而成。

值得注意的是，当时日本实施的这种政治经济体制在很大程度上是在强盛唐朝的压力及其影响下仿制而成，但列岛的社会生产力以及社会结构尚未达到大陆国家的水平。因此，其内部仍然保留了氏族贵族社会的浓厚特征，影响了其后日本历史的发展方向。

四 庄园社会

（一）奈良时代经济发展

公元710年至794年，天皇朝廷定都近畿地区的奈良，因而这一时期称为“奈良时代”。这一时期的统治者在不断开拓疆界的同时，重视农业及文化的发展，因而出现了前所未有的盛世。进入8世纪，天皇朝廷不断向日本列岛的东北和西南两个方向拓展其疆域，征服那里的虾夷人和隼人，并设立附属政权。到8世纪末，天皇政权基本控制了四国岛、本州岛和九州岛。

天皇朝廷从“食之为本，是民所天，随时设策，治国要政”，“用兵之要，镇无储粮，何堪固守”的观念出发，积极奖励开垦土地、兴修水利。朝廷甚至制定相关条例，以“务课农桑”的好坏来考核地方官吏。凡“劝课农桑，国阜家给”，“繁殖户口，增益调庸”，“敦本弃末，情务农桑”的官吏，给予褒奖、晋升，对那些“田蚕不修，耕织废业”，辖区内“农事荒，奸盗起”的官吏，则予以贬斥、罢官。另外，铁制农具的广泛普及、牛耕及插秧技术的运用，均推动了农业生产力的迅速提高。除此之外，畜牧业和养蚕业也获得较大的发展。

由于铸造钱币，建筑宫殿、官衙、寺院以及锻造军事装备的需要，采矿业在奈良时代也有了较大的发展。中央政府专门设置典铸司、锻冶司、造兵司等相关管理机构，将采矿业置于国家管辖之下。当时被开采的矿业资源主要有美作、备中、备后、近江的铁，周防、长门、丰前的铜，下野、陆奥的金，对马的银，伊势的水银等。

当时的手工业分为官营手工业和家庭手工业。中央政府下属机构——手工业作坊，生产较为高级的手工产品，家庭手工业则生产较为简单的产品。在诸多手工业中，最发达的是纺织业。官营作坊生产锦、绫、罗、绮、缣等高级纺织品，供皇室和贵族享用。家庭纺织业一般生产布、绢之类，其产品多为家庭自用或缴纳庸调。除纺织业外，奈良时代的造纸技术和漆器技术也相当发达。

在农业和手工业发展的基础上，商品交换日趋兴盛，在国衙所在地、水陆交通要道、寺院神社门前，陆续出现较大的集市。当时较为著名的集市有京城的东西两市，大和的轻市、海石榴市，河内的饵香市，另外在摄津、近江、美浓、播磨、备后、纪伊、骏河、越后等地也有较大的集市。除集市贸易外，各地之间的行商贸易也相当活跃，“往来商贾，相继不绝”。中央政府为控制地方以及发展经济而修建道路是贸易发达的原因之一。当时以京城为中心，修建了七条主要干道和许多支道，并在干道上设驿站，供官吏、商贾或旅客食宿，并备有马匹供上述人员乘骑。商业活动的发达，使得新货币应运而生。公元 708 年，奈良朝廷仿照唐朝的“开元通宝”，铸造“和同开珎”上市流通。政府为此专门颁布《蓄钱叙位法》，提倡使用钱币，官吏的俸禄以及近畿地区的农民赋税也一度改为货币。

（二）庄园与武士阶层出现

班田制在实施半个多世纪之后就开始产生动摇，其主要原因有以下四个。第一，人口增加迅速，难以按时如数班田，特别是在畿内及其周边本来就人多地少的地区。为解决这一矛盾，在 723 年将奴婢的受田年龄提高到 12 岁，到 801 年又将班田年限从 6 年改为 12 年。第二，因手续繁琐而不能按时班田。进行班田时需要编制人口账和校田账，然后呈报太政官，太政官核定批准后方能实施。完成这一程序往往需要数年时间，行政能力较为低下的地区需要的时间则更长，因而班田不能如期进行。第三，由于各级贵族拥有不同程度的私田，所以一些有势力的地方官吏便利用职权“多占山野，妨百姓业”，兼并公有土地，将公田公民变成私田私民，严重影响班田制的实施。第四，最为重要的一个原因是为弥补田地的不足，朝廷在 723 年颁布《三世一身法》，鼓励开垦荒地。即规定凡新垦生荒地，可传三代，而后归公；开垦熟荒地，开荒者本人享受一生，死后归公。743 年，进一步规定《垦田永世私财法》，在身份地位规定的限额内开垦的土地可永久私有，结果推动了土地私有化的迅速发展。

贵族、寺院利用权势和钱财，强行圈占荒地，驱使自己所属奴婢、附近班田农民以及逃亡的农民或奴婢进行大规模开垦，并在开垦的土地上修建住宅和仓库。这些建筑物被称为庄家或庄所，管理者称为庄长，他们管理的垦田称为庄或庄园。除垦荒处，各级贵族及寺院还利用买卖或霸占的方式，将附近班田农民的口分田或垦田纳入自己的庄园内。最初，庄园大多委托庄长管理，也有领主直接经营的庄园，庄园的土地大部分出租给邻近班田农民耕种。

从公元9世纪起，庄园主为自己的庄园争取“不输”特权，即利用各种借口向朝廷申请免除庄园的赋税。10世纪以后，庄园主又开始争取“不入”特权，即国家检田使、征税使等不得进入庄园，甚至不承认国家在庄园里拥有司法权和警察权。这种“不输不入”特权将庄园主变成领主，庄园也变成了他的私人领地。实际上，庄园主为获得“不输不入”特权，通常是将自己的庄园进献给中央贵族和大寺院，奉其为“领家”，并缴纳一部分租税。如果“领家”认为自己的权势仍然不足以与国司抗衡，则将庄园进献给更有权势的中央贵族，奉其为“本家”。于是，“本家”成为更高一级的领主，从而形成一种封建领主等级土地所有制。

随着庄园制的不断发展，庄园之间以及庄园与国家政权之间的矛盾和斗争日渐突出。庄园主为保护自己的利益，甚至兼并其他庄园，将一部分庄民武装起来。这些人最初以农为主，以武为辅，平时从农，战时从武。后来逐渐变成以武为主，甚至完全脱离农业，成为保卫庄园和对外争斗的职业军人，被称为“武士”。庄园武装的出现对地方治安以及国司、郡司的权力和利益形成较大的威胁，于是这些朝廷命官也纷纷组织自己的私人武装团体，其成员与国司、郡司结成主从关系。私人武装的出现从政治结构方面瓦解了中央集权体制。

为在不断的争斗中获胜，最初以庄园为单位的武士团相互联合起来。进入10世纪以后，超越庄园范围的地区性武士集团逐渐出现，最终形成了关东地区的源氏和畿内地区的平氏两大武士集团，源氏、平氏均为赐姓降为臣籍、发放地方做官的皇族成员。由于平氏武士集团内部发生分裂，因而源氏武士集团在11世纪中叶成为支配全国的武装力量，源氏首领也以“天下第一武勇之士”的身份出入朝廷，同时因各级权贵纷纷进献庄园而成为最大的领主之一。

（三）摄关政治与院政时代

班田制的动摇不仅直接影响到国家的财政收入，而且也危及中央集权国家的统治，因此，公元781年至806年在位的桓武天皇针对时弊进行了一系列改革。例如，制定国郡司考绩条例16条，考核地方官吏政绩，打击贪官污吏；延长班田时间，并允许良民与贱民之间通婚，所生子女为良民；将征兵制改为募兵制，尽量减轻班田农民的负担；禁止滥建寺院，并限制寺院享有的特权以及兼并农民土地等。794年，桓武天皇在贵族的支持下，将都城迁往平安京（今京都），自此直到1192年镰仓幕府建立的400年间，史称“平安时代”。

桓武天皇加强中央集权的措施使朝廷获得了70年的政治稳定，但从公元9世纪中叶开始，皇权逐渐转移到外戚手中，其中势力最大的是藤原氏。藤原氏的始祖是中臣镰足，因其在大化改新中立有大功，被天皇授予最高官阶，并赐姓藤原，该家族因此受到历代天皇的信赖和重用。

9世纪初，藤原冬嗣将自己的女儿送入宫中，因其女生皇子而获得插手朝政的机会。冬嗣之子藤原良房如法炮制，也将自己的女儿送入宫中，并在842年利用皇子争太子位事件，将两个主要的政敌伴氏和橘氏排挤出朝廷，流放外地，并将自己的亲外甥道康亲王立为皇太子。850年道康亲王即位为文德天皇，藤原良房胁迫其册封诞生仅9个月、良房之女所生的惟仁亲王为皇太子，并任命良房为太政大臣。文德天皇即位8年后突然死亡，年仅9岁的惟仁天皇随即即位为清和天皇，良房以太政大臣和天皇外祖父的身份独揽朝政。866年，良房利用皇宫应天门失火事件，再次将世家贵族源信和伴善男驱逐出权力中心，正式“摄行天下之政”，担任“摄政”之职。

藤原良房死后，清和天皇试图收回权力，不再任命太政大臣，引起良房之子藤原基经的强烈不满。877年，基经胁迫清和天皇退位，另立年仅9岁的皇太子为阳成天皇，之后又废阳成天皇，立55岁的时康亲王为光孝天皇。作为回报，年老的光孝天皇委任基经，“万政领行，入辅朕躬，出总百官”。887年宇多天皇即位后立刻颁布诏书，“万机巨细，百官总己，皆关白于太政大臣”。“关白”本来是“禀报”之意，但后来转化为

官职，即天皇幼年时辅政者称“摄政”，天皇成年后，辅政者称“关白”。

在11世纪前半期，藤原家族专擅朝政，随意废立天皇，管理藤原家族事务的“政所”成为国家的权力中心，朝廷变成了只举行仪式的场所。摄关政治在藤原道长时期达到鼎盛，他有4个女儿被选为后妃，其中3个成为皇后，有3个外孙成为天皇。藤原道长曾赋诗一首表达其专权30年的得意心情，其中一句是“此世即我世，如满月无缺”。

1068年与藤原家族没有姻亲关系的后三条天皇即位，任命自己的亲信担任重要官职，打破了藤原家族对政权的垄断。随后又通过整理庄园契约的方式，使许多寄进在藤原家族名下的庄园与其脱离关系，纷纷投靠皇室，结果使天皇拥有的庄园迅速增加。继后三条天皇之后的白河天皇为彻底摆脱藤原家族的政治影响，即位14年后让位给年仅8岁的堀河天皇，自己成为上皇，并在其居住的宫殿内设立院厅，开始了由上皇“执天下政”的百年“院政时代”。

在外戚藤原家族与天皇相互对抗的过程中，双方都在争取新兴武士集团的支持，结果为武家干预政治提供了条件。12世纪初，源氏家族担任重要官职的人数超过了藤原家族。但进入院政时代后，因政出多门，皇室内部矛盾突出。1156年因皇位继承问题，后白河天皇依靠武士集团在被称为“保元之乱”的冲突中打败了与藤原赖长联合的崇德上皇，巩固了自己的统治地位。但在此役中立有大功的源氏武士集团首领源义朝不满受封官位低于平氏武士集团首领平清盛，转而投靠藤原信赖，并在1159年趁平氏一族离开京城时，拘禁了上皇和天皇，并杀死天皇的亲信。平清盛得知后立刻率兵回京，藤原信赖被杀，源氏家族几乎全遭株连，只有年仅13岁的源赖朝幸免一死，被流放伊豆半岛。因此次政变发生在平治元年，被称为“平治之乱”。

其后平氏势力急剧增强，平清盛由正三位的参谋先后升任纳言、内大臣、太政大臣，获得了显赫的政治地位。平清盛采取各种方式巩固权力，不仅将自己的亲属及亲信安插在中央和地方机构中担任重要官职，而且通过联姻形式控制皇室和以藤原氏为首的中央贵族，另外还不断增加自己所属的庄园，以加强自己的经济实力。但平氏的专权不仅招致了以天皇为中心的中央贵族的不满，也引起广大武士的反对和抗争。1180 年，被流放伊豆半岛的源赖朝举兵讨伐平氏，虽初战失败，但在关东地区武士团的支持下，以镰仓为基地，集结反对平氏势力，打败了前来征讨的平氏大军。此后源赖朝苦心经营关东地区，等待时机，终于在 1185 年彻底打败了平氏。1192 年，源赖朝被天皇任命为“征夷大将军”，其经营多年的镰仓政权也改称为“幕府”，源赖朝建立了日本历史上的第一个武家政权。

（四）奈良文化与平安文化

奈良时代，天皇朝廷继续大力提倡佛教的传播，公元 8 世纪前半叶在位的圣武天皇曾多次下令全国修建寺院和佛像，撰写佛经。在奈良初期，主张“若顺经典，能护国土，如违宪章，不利人民”的法相宗深得朝廷的支持。大唐和尚鉴真东渡日本以后，朝廷赐田地、建寺院予以支持，因而其主导的律宗在日本得到广泛传播。

奈良时代的统治者为巩固其统治，除大力提倡佛教外，还十分重视中国儒家学说在日本的传播，尤其推崇儒家思想中的忠、孝、礼、义，认为这些观念是“治国”“治民”的准则。孝谦女皇再三要求各级官吏“事君致命，移孝为忠”，宣传“治民安国必以孝理，百行之本莫先于兹”，“安土治民莫善于礼”。757 年女皇专门颁布诏书，“令天下，家藏孝经一本”。在大学寮、国学等中央和地方的教育机构中，《论语》《周易》《尚书》《史记》等中国古典书籍为必读之物。

在整个奈良、平安时代，日本朝廷不断派送遣唐使团到唐朝，每次均有数百人的规模。使团中除正式的使节外，还有许多留学生、留学僧。他们在唐朝逗留时间较长，深受中国各种文化的影响，回国后积极加以传播，有力地推动了日本政治、经济、科学、文化、艺术的发展。

奈良时代文学较前一个时代出现长足进步。据日本古籍记载：“（日本）上古之世，未有文字，贵贱老少，口口相传，前言往行，存而不忘”。公元 5 世纪末，日本人开始用汉字表达自己的语言，记录本民族的歌谣和历史传说。这种表示音符的汉字被称为“万叶假名”，奈良时代出现的《古事记》和《万叶集》就是用“万叶假名”写成的作品。《古事记》既是史书又是文学作品，描述了日本远古的神话、传说和历代帝王的事迹。该书虽然有不少伪造文饰的地方，但在一定程度上反映了日本远古时期的历史，书中的歌谣也形象地描绘了当时人们的生产活动和男女之间淳朴的爱情。《万叶集》是一部抒情诗集，收录了公元5世纪至8世纪中叶的歌谣4500首，内容涉及社会各个阶层。除用“万叶假名”写成的书籍外，奈良时代还有用汉文撰写的著作，如《日本书纪》《风土记》等。《日本书纪》是模仿中国正史体裁写成的编年体史书，有较高的史料价值。《风土记》则记载了当时日本各地的气候、物产、地貌及风土人情等。

比起奈良时代，平安时代的文化具有基层化、民族化、艺术化的特点。例如在佛教的传播方面，权门贵族的作用逐渐增强，而且出现了佛神合一的趋向，即用佛教的释迦现身、普济众生的思想来解释日本历来崇拜的神灵，甚至将天照大神看作如来之化身。尽管在平安时代初期，汉文学一度十分兴盛，但因将汉字省略化、简单化而创造出的表音文字——“假名”的出现，具有日本特色的和歌急剧发展，最为著名的作品有《古今和歌集》等。在文学方面，日本出现了世界闻名的《源氏物语》。紫式部撰写的该书以主人公光源氏的恋爱和命运为主题，出色地描写了宫廷贵族的奢侈生活与人物微妙的心理状态，生动地反映了当时的社会变动趋势。

第二节　武人掌权的中近世（1192～1868年）

一　镰仓幕府

（一）幕府的成立

早在幕府成立之前，源赖朝就在镰仓建立了能够控制全日本的统治机构。这一中央政权分为三个部门，即统率军事力量的“侍所”（后改为“政所”）、处理行政事务的“公文所”和相当于司法机构的“问注所”，对地方的控制是通过派遣“守护”和“地头”实施的。1185年，源赖朝迫使天皇承认他拥有在地方各国派遣“守护”以及在全国所有庄园、公家领地设置“地头”的权力。“守护”是镰仓政权派到各地国衙的政治代表，其主要职责为：对辖区内犯有谋反、凶杀的罪犯进行检察、审判、镇压；组织武士定期轮番上京，守卫京都皇宫；兼管辖区内的神社寺院、交通道路等的相关行政事务。“地头”是镰仓政权派驻庄园及公家领地的政治代表。“地头”既有镇压庄民反抗以及追捕强盗的警察权，又拥有征收赋税、军粮的权力，履行原有庄官的职责，而且“地头”不受庄园领主的制约，只听命于镰仓政权。

镰仓幕府的经济基础以将军拥有的封地和直辖领地为中心，即“关东知行国”和“关东御领”。“关东知行国”也称为“关东御分国”，为将军的封地，最多时达到九个。在这些封地上，将军可推荐知行国的长官国司，并获得该国的部分收入。“关东御领”是以源赖朝为本家或领家的庄园和公领以及被没收的平氏家族领地。“关东御领”是将军的直辖领地，由幕府政所统一管理及征收租税，是幕府的主要财政来源。

无论是派往地方的“守护”“地头”，还是将军直属领地或者封地的最高官员，均由“御家人”担任。“御家人”是在源赖朝征讨平氏过程中同其结成主从关系的武士，即将军家臣。本来这些武士是各地的在乡领主、庄官或名主等，源赖朝为得到他们的长期效忠，明确宣布“私领本宅，领掌如故”，即保护他们的既得经济利益。除此之外，源赖朝还授予他们“新恩地”及官职。为此，“御家人”要无条件地服从将军，平时承担守卫京都和镰仓的军役或公役；战时勇敢出阵，甚至为将军奉献生命。

镰仓幕府通过上述方式建立了覆盖全日本的统治机构，形成了与京都朝廷并立的双重政权结构，天皇朝廷的权力也因此受到严重削弱。尽管朝廷对其进行了抵抗，最初地头的设置也仅限于平氏家族或与平氏家族关系密切者被没收的领地，但随着幕府的权力越来越大，地头遍及全日本所有土地，与守护一道成为幕府统治的重要支柱。但是，地头仅拥有土地的监督权和征税权，并没有否定天皇朝廷的土地所有权，正是在这种经济基础上，“公家政权”得以保留。另外，虽然“武家政权”具有压倒性的军事力量，但其统治的合法性仍须借助天皇的精神权威，例如将军职位的继承须得到天皇的任命、在形式上京都政权仍然通过任命国司掌握着全日本的行政机关等。正因如此，在此后的几个世纪中，双方围绕实际的统治权时常发生冲突。

（二）北条专权与蒙元军征日

1199年源赖朝去世，幕府实权落入其妻北条政子及其家族之手。围绕将军继承人选以及守护地头的任命问题，“御家人”之间争斗不已，天皇朝廷趁机发动倒幕运动。1121年双方发生战事，但幕府军队很快攻占京都，打败了倒幕军队，处死多名大臣，废黜并流放天皇和上皇。在这次被称为“承久之乱”的内战之后，幕府在京都设“六波罗府”，由北条家族成员担任其长官，除监督皇室活动外，还兼有负责西日本行政事务的职能。1224年，北条泰时任幕府执权，针对时弊进行了一系列改革。首先，改变独断专横作风，任命11名有政治实力的“御家人”为“评议众”，凡幕府重大事务均由“评议众”组成的会议讨论通过；其次，在1232年制定了被称为《贞永式目》的武士法规，其中要求各级武士严守职责，向公背私，不得越权妄为；严禁“非国司而妨国务，非地头而贪地利”；另外还采取了许多发展经济的措施，其中最主要一项是制订大规模的武藏野开发计划并付诸实施。

1274年和1281年，蒙元大军两次进攻日本，曾在北九州登陆，但均因飓风狂涛，大败而归。尽管蒙元军征服日本的目的没有达到，但激化了镰仓幕府原已面临的社会矛盾，加快了其衰落的进程。此次战后，幕府没有土地赏给那些有战功的“御家人”，破坏了因“奉公”而得到“恩赏”的幕府与“御家人”关系的基础。重要的是，“御家人”为弥补战争给自己造成的经济损失，恢复自己的经济实力，加紧侵占公有领地。那些担任“地头”的“御家人”还拒绝向领主缴纳赋税，并进一步蚕食庄园土地。领主与“地头”均加重了对农民的剥夺，导致许多庄园农民被迫铤而走险，沦为强盗，时称“恶党”运动。除此之外，更多的“御家人”因战争负担而穷困没落，开始将自己拥有的少量土地典当给高利贷者或出卖。幕府为维持其政治军事体制曾禁止“御家人”出卖或典当土地，却难以取得实效。后来幕府又在1297年颁布《德政令》，命令商人归还购买或典当的“御家人”土地，但因引起经济混乱，不得不很快取消。

1268年任幕府执权的北条时宗废除了集体评议制度，独揽大权。不仅中央政权的重要职位均由北条家族担任，而且时宗借口防备元军入侵，大幅度增加了北条家族担任守护的人数。时宗这种任人唯亲的做法使“御家人”发生分裂，在其死后一度发生内讧，削弱了幕府的统治基础。一直等待时机的京都朝廷在后醍醐天皇的组织下秘密倒幕，尽管没有成功，却催生了反北条势力在各地的兴起，甚至幕府派出的征讨大将足利高氏也转向反幕。1333 年 5 月，镰仓陷落，延续一个半世纪的镰仓幕府灭亡。

（三）对外贸易与镰仓文化

尽管从平安时代末期到镰仓时代的日本与中国南宋王朝没有正式的邦交关系，但官方许可下的民间贸易十分盛行，镰仓时代中期以后，幕府也派船到中国进行贸易。日本积极与中国进行贸易的一个主要原因是随着商业的发展，日本缺乏铜钱，需要从中国大量进口。铜钱大量外流甚至使南宋一度出现“钱荒”，南宋朝廷不得不下令加以限制。除铜钱以外，陶瓷器、丝绸、书籍、茶叶、砂糖以及来自东南亚的香料、药品也是日本从南宋进口的物品，日本向南宋出口的主要商品为金、水银、硫黄、木材、漆器、刀剑等。

即使在元军出征日本以后，日本与中国的民间贸易仍然十分频繁，其形式大多是日本船只到元朝指定的港口进行贸易。日本从元朝进口的商品有铜钱、经卷、书籍、佛事用具、茶具及绘画等，其中铜钱仍然是主要商品，“日本遣商人持金来易铜钱”，元朝政府也一度禁止铜钱外流。

在镰仓时代特别值得关注的是两国宗教界人士的交往，南宋时期有 80 多名日本僧侣到中国，20 多名宋朝僧侣到日本列岛，元代双方僧侣的往来就更加频繁，其中日本著名的僧侣有荣西、道元等，中国著名的僧侣有兰溪道隆、一山一宁等。这些僧侣的交往推动了禅宗在日本的兴盛，而且将程朱理学、饮茶风俗等传到日本。

由于平安时代末期社会动乱，而且武士阶层也逐渐兴起，日本社会结构发生了较大的变化。过去以贵族利益为中心的宗教思想已不适应普通民众在“末世”中寻求拯救的心愿，因而日本在镰仓时代形成了六个新的佛教流派。它们分别是法然在 1175 年创立的净土宗、亲鸾在 1224 年创立的净土真宗（一向宗）、一遍在1274年创立的时宗、日莲在1253年创立的日莲宗（法华宗）、荣西在1191年创立的临济宗、道元在1227年创立的曹洞宗。创立临济、曹洞两禅宗的荣西和道元均曾到中国宋朝修学，回国后大力传播佛教。禅宗宣扬“自力本愿”，即通过主观意志便可以“成佛”。

镰仓时代的文学艺术超越宫廷贵族文学的局限性，出现了大量描写武士阶层和民间世俗人情的作品，例如《平家物语》《保元物语》《平治物语》等。特别是讲述平清盛一族兴衰故事的《平家物语》，着重渲染了“诸行无常、盛者必衰”的观念；随笔的代表作有鸭长明的《方丈记》和吉田兼好的《徒然草》，两位作者均为僧侣，他们从佛教思想出发，在其作品中深刻反映了自然灾害、饥荒、病疫以及社会动乱；和歌的代表作有宫廷贵族的《新古今和歌集》以及第三代将军源实朝的《金槐和歌集》，前者感伤，后者威武；游记文学有《东关纪行》《海道记》《十六夜日记》等，主要记录了从京都到镰仓的东海道沿途的风土人情；历史书方面的代表作有慈元著的《愚管抄》和幕府编撰的《吾妻镜》，前者描述了从神武天皇到顺德天皇的历史，后者以日记体的形式记录了幕府的历史。在雕刻、绘画方面，受宋朝影响的写实作品逐渐增加，如东大寺的佛像、世俗肖像的雕刻、水墨画等均以宋朝式样为标准。中国文人咏诗作画的习俗也由禅僧传入日本，在茶室或厅堂里悬挂诗轴画成为上流社会的风俗。在建筑方面，也出现了被称为“和样”的日本式寺院和被称为“武家造”的武士住宅，前者纤细精巧，后者简洁实用。

二　室町幕府

（一）建武中兴与南北朝

镰仓幕府灭亡后，后醍醐天皇重新即位，改元“建武”，实施新政，任命高级贵族任中央各机构的大臣以及地方的国司，并强化天皇的权力。一方面，废除对天皇行使权力构成威胁的幕府、院政、摄政、关白等机构或职务；另一方面，废除知行国制度，土地所有权的证书均由后醍醐天皇亲手写成。中央机构设有处理重要政务的记录所、处理诉讼的杂诉决断所、统率军队的武者所、掌管奖赏的恩赏方等机构。地方机构均设守护、国司，同时设镰仓将军、陆奥将军，由后醍醐天皇的两个儿子成良亲王和义良亲王担任。

后醍醐天皇实施的新政不到三年就失败了，其主要原因首先是权力过于集中，赏赐严重不均。重要的政务完全由天皇本人决定，并亲自签发每份土地所有权证书，难以做到客观公正。其次是讨幕各派之间的矛盾。公卿贵族希望恢复公家政治，武士希望恢复武家政治，传统势力要求复古，新兴势力要求革新，没有强大武力做后盾的后醍醐天皇难以平衡各派的利益。另外，在百废待兴之际，朝廷大兴土木，修建宫殿，为此发行大量货币，增加税收，结果引起社会各界特别是农民的不满。

镰仓幕府灭亡以后，统帅旧御家人的是足利高氏，因倒幕有功，后醍醐天皇将自己名字中的“尊”字赐予足利，称足利尊氏。对新政不满的武士大多集中到足利尊氏旗下，为其恢复武家政治奠定了基础。1335 年，北条高时之子北条时行在信浓（今长野县）起兵，进军关东并打败足利直义军队后占领了镰仓。足利尊氏要求率兵东征，同时要求得到征夷大将军的称号，遭到后醍醐天皇的拒绝。足利擅自率兵进军关东，打败北条时行，夺回镰仓，同时明确表示反对天皇朝廷的新政。后醍醐天皇派遣新田义贞率兵攻打足利尊氏，但在箱根被打败，足利尊氏乘胜追击，进入京都。

1336 年，足利尊氏被从东北地区进军京都的北畠显家打败，流落北九州地区，但各地武士纷纷投奔足利尊氏。足利率领军队返回近畿地区，在凑川打败天皇忠臣楠木正成，重新占领京都。足利尊氏废黜后醍醐天皇，另立持明院系的光明天皇即位。被废黜的后醍醐天皇逃出京都，在京都南部吉野山组成另外一个朝廷，并声称自己是正统天皇，从而形成南北朝对峙局面。与此同时，足利尊氏决定在京都建立幕府。1338 年，足利尊氏从光明天皇那里得到“征夷大将军”的称号。

（二）室町幕府

为巩固新政权，足利尊氏在推翻后醍醐天皇后，首先在 1336 年底颁布了带有施政方针和道德规范双重色彩的《建武式目》。该文书认为，镰

仓幕府倒台的原因在于“禄多权重，极骄恣欲，积恶不改”，“方今诸国干戈未止”，而当务之急是“政在安民，早休万人愁”。为此，《建武式目》制定了17条必须遵守的规则，其中包括禁奢侈，行俭约；镇暴行，止贿赂；戒官员缓怠，选贤者为吏；京中空地归还原主；受理贫弱之辈的诉讼；兴办专营金融借贷的土仓；委任忠于足利尊氏的有军功者、有才干者为“守护”等。

其次，完善幕府的各个统治机构。在中央政权方面，足利氏仿效镰仓幕府设立管理财政的政所，管理军事、刑事、裁判的侍所，管理文书、庄园事务的问注所，由三个机构首长组成的“评定众”是将军的政治咨询组织。室町幕府不设执权，只设执事，辅助将军处理具体事务，但没有实权，一切大小事务均由将军决定。在地方行政机构方面，一些重要地区设置专门管理机构，由足利氏家族成员或其亲属担任首长，另外任命将军的亲信担任各国的“守护”。

第三代将军足利义满执政后，采取措施成功地削弱了称霸一方的“守护”的权力，进一步巩固了幕府的统治基础。1392年，足利义满呼吁南北朝统一，得到南朝的积极响应，南朝后龟山天皇回到京都，并将象征天皇权威的三件神器交给北朝的后小松天皇，长达半个多世纪的南北朝对立基本结束。

进入15世纪后，在庄园制逐渐瓦解造成社会以及阶级关系大变动的背景下，日本政治局面愈发混乱，其主要表现形式是下层人民的反抗和“守护大名”势力的崛起。频繁的战乱和动荡的政局，不仅使社会的主要生产者——农民流离失所，而且“公事课役重叠，年贡难以按约缴纳”。因此，室町幕府时期农民斗争的目标主要是减免称为“年贡”的地租及繁杂的赋税、劳役。农民以村为单位，或集体请愿，或集体逃亡。

室町幕府统治的基础并不是镰仓幕府时期“御家人”那种主从关系很强的家臣，而是各国的“守护”。《建武式目》中明确规定，“委任‘守护’之本意，为治国安民也”。为加强“守护”权力，1346年幕府又规定除镰仓时期“守护”拥有的三项职责外，增加可以调查处理有关领地范围或领地继承以及执行幕府诉讼案件裁决的权力。1352年，幕府又颁布《半济法》，规定“守护”有权以“兵粮米”的名义向公家领地、庄园和寺院领地征收年贡，后来“守护”又获得承包其管辖区域内上缴幕府的年贡以及在其管辖区域内征收土地税、房税及其他赋税的权力。“守护”利用这些权力，拖延甚至侵吞应上缴幕府的年贡，插手庄园事务并将其所有者培养成自己的家臣，收编管辖区域内大大小小的武士，进入15世纪后逐渐成为割据一方的大领主。当时，这种“守护”被称为“守护大名”，其管辖区域被称为“领国”或“分国”。尽管此时幕府曾试图像足利义满那样削弱“守护”的势力，但没有取得实效，幕府内部、幕府与“守护大名”、“守护大名”之间的矛盾日益激化。

1438年幕府的镰仓府首长足利持氏图谋将军职位，秘密策划引起内战的“永享之乱”。1441年将军足利义教因推行抑制强族政策，被播磨国“守护”赤松满祐杀死。1467年围绕将军继承人问题，幕府内部两大对立集团互不相让，终于导致长达10年之久的武装冲突。全日本多数“守护大名”均卷入这场被称为“应仁之乱”的武装冲突之中。尽管冲突未见胜负，但幕府权威一落千丈，沦为只控制京都周边领地的地区性政权，各“守护大名”却发展为拥兵自重、雄霸一方的实力者。因此，从发生“应仁之乱”的1467年开始，日本历史进入战国时代，原来的“守护大名”也变为与幕府对立的“战国大名”。

（三）对外关系

因镰仓时代末期与南北朝时期的社会混乱，日本西南沿海地区许多生活没有着落的武士和农民组成海上武装集团，以对马岛、壹岐岛、北九州的松浦为根据地侵扰中国和朝鲜半岛，掠夺财富，转卖人口，这些海盗史称“倭寇”。1368年中国明朝成立，第二年便因邦交和倭寇问题派使节赴日交涉，当时控制九州地区的是后醍醐天皇之子、征西将军怀良亲王。但因正值南北朝对立时期，怀良亲王对明朝也不了解，不仅态度较为消极，甚至还杀死使节。尽管1372年明太祖派遣的使节见到幕府将军足利义满，也因南北朝尚未统一，没有达到建立邦交的目的。

南北朝统一后，经济上利用对明朝贸易可充实幕府财政，政治上亦可借助明帝国的声望巩固将军地位，因而在1401年，足利义满派使节赴明朝，约定以明朝属国的名义进行朝贡贸易。1406 年，双方签订协议，规定“十年一贡，人止二百，船止三艘，不得携军器，违者以寇论”。当年明成祖派使节赴日本，带去永乐年号“勘合”一百道，并赐足利义满“日本国王”金印一枚。约定双方进行贸易时，须出示各持一半的勘合加以验证，因而称为“勘合贸易”。

1408 年，义满去世后，继任将军的义持反对向明称臣，中断贸易。1248 年足利义教任将军后，迫于财政上的困难，通过琉球国王的斡旋，再次进行勘合贸易。1404～1547 年，日本 17 次派遣贸易船只到明朝。由于在中国的逗留费、搬运费均由明朝承担，并且可以进行贸易，日本获利甚大。

除幕府外，有实力的守护和寺院也参加勘合贸易。本来规定每次朝贡贸易只有 3 艘船只参加，但有时会达到 10 艘。“应仁之乱”后，幕府实力大为衰退，贸易的主导权转移到以堺市商人为基础的细川家族和以博多商人为基础的大内家族手中。双方竞争激烈，1523 年在中国宁波发生冲突，细川家族的人员被杀，船只被焚，史称“宁波之乱”，“勘合贸易”终止。从中日贸易的商品看，日本向明朝出口铜、硫黄、刀剑等，从明朝进口生丝、铜钱、瓷器、书籍、字画等，其结果不仅对室町文化产生了较大的影响，而且铜钱的大量进口，进一步推动了日本国内的货币流通。

在朝鲜半岛，1392 年打击倭寇卓有声望的武将李成桂推翻高丽王朝，建立李氏王朝，同时派遣使节到日本，要求禁止倭寇，恢复邦交。1404 年，两国恢复终止了 600 多年的邦交，同时开展贸易。1419 年，朝鲜为彻底消灭倭寇，曾派大军袭击对马岛，称为“应永外寇”的此次军事行动使日朝贸易一时中断，但很快又恢复。

朝鲜开设富山浦（今釜山）、乃而浦（今齐浦）、盐浦（今蔚山）3 个港口允许日本商人从事两国间贸易，史称“三浦贸易”。朝鲜在三浦和首都设倭馆，接待日本使节及其商人。15 世纪末住在三浦的日本商人达到 3000 余人，1510 年曾因贸易纠纷发生暴动，史称“三浦之乱”，其后日朝贸易逐渐衰落。

日本除向朝鲜出口铜、硫黄外，还有东南亚地区出产的胡椒、药材、香木等商品。日本从朝鲜半岛进口纺织品，其中多为棉制品，棉制品对日本人的生产及生活方式产生了较大的影响。

三 战国时代

（一）战国大名

战国大名为巩固自己的统治，并在战争中获胜，均在其管辖领域内实施了诸多改革政策。在土地制度方面，将领内土地的一部分作为战国大名的直属领地，派官员加以管理，另一部分则以封地的名义授予自己的家臣。获得封地的家臣必须绝对服从自己的主君，负担军役或其他义务。另外，战国大名削弱或剥夺了原有小领主的经济及军事势力，虽然原领地仍被保留下来，但已在形式上变成战国大名恩赏给他们的封地，从而战国大名将其纳入自己的家臣行列，这些小领主同样须对主君保持忠诚，承担相应的军役或其他义务。这样一来，战国大名就成为其管辖领域内的最高土地所有者。

获得封地的家臣与领地变为封地的家臣在身份上有所不同，前者是战国大名的亲信，属上层家臣，在战国大名侧近担任较为重要的行政职务；后者是地方上的下层家臣，较少参与政权。家臣一般集中居住在战国大名所在城镇，形成城下町。为有效控制这些家臣，多数战国大名制定了家法，详细规定君主与家臣之间的关系以及家臣必须遵守的规则。这些家法除强烈的忠君色彩外，其主要内容还包括禁止领有土地的买卖和转移、实行长子继承制、婚姻和财产的继承须得到主君许可、家臣之间不得相争、对违法者根据情节实施不同惩罚等。

战国大名为增加自己的经济实力，十分重视农业的发展。他们采取的主要措施有：积极谋求农业人口的增加，对那些逃亡后又返回乡里的农民“可免除以往的一切债务”，并限制农民自由迁移；尽量不在农忙季节进行较大规模战争，从“应仁之乱”到17世纪初德川幕府成立，数百次大会战多是在农闲时期进行的；整顿包括地租在内的赋税制度，在一定程度上减轻了农民的负担；兴修水利，开垦农田。在整个战国时期，日本土地

面积增加了73%。在农业生产发展的基础上，家臣居住地区城下町的增加，推动了手工业及商业的发展，战国时期出现了商品经济的急速发展。

除城下町外，在寺院的门前和大的寺院内也出现了自由市场“门前町”“寺内町”，并具有免税的特权，甚至出现了堺、博多、平野等自治城市。例如堺的市政运营掌握在36人组成的“会合众”手里，博多的市政运营掌握在12人组成的“年行司”手里。在其他一些较大的城镇中，被称为“町众”的富裕工商业者组成自治性团体，制定有关规则，组织祭祀等集体活动。

随着京都朝廷和幕府的衰败，服务公武两个政权的知识分子流落到地方，战国大名对他们的到来持欢迎态度，并为他们提供讲授儒学、诗歌的条件，由此不同地区都出现了儒学流派。另外，地方的武士或富裕的工商业者也希望自己的子弟接受必要的教育，因而开办学校，聘请教师。武士子弟多在寺院中接受教育，其内容有武家法典、儒学、佛教等，工商业者的子弟除学习儒学外，更多地要掌握读、写、计算等技能。各种学校的出现，提高了地方上的文化水平。

（二）织丰统一日本

当战国大名为争夺地盘混战时，西方人来到了日本。1543年，葡萄牙人乘坐中国走私船漂流到九州南部的种子岛，同时带来了火绳枪，岛主购买了两支火绳枪并加以仿造。火枪随即传到日本各地，人们大量生产火枪对作战方式产生了重大影响。不仅各大名均设立步兵火枪队，而且城堡的建筑方式也发生了变化。城堡被从山上迁移到平地，其规模也大增，并带有高墙、深壕、射击孔等。

与此同时，强有力的战国大名开始积极谋求全日本的统一，其中以地处中部战略要地的尾张、远江的大名最为积极。尾张国（今爱知县）面积不大，但因最早种植棉花以及地处近畿与关东之间的交通要道，农业经济与货币经济较为发达。织田信长的父亲为尾张国守护代的家臣，1555年，织田信长灭掉守护代，成为尾张国的统治者。

距尾张国不远的远江国（今静冈县）的大名今川义元势力比较雄厚。今川首先迫使近邻三河国（今爱知县）的领主德川家康臣服自己，然后与关东地区的武田信玄、北条氏康结成同盟。在1560年他以“上洛”（进京觐见将军）为名率25000人的军队进入尾张国，但因初战告捷而轻敌，在夜宿桶狭间时被织田率领的3000人的军队击败，今川也被杀。织田将今川的领地让给德川家康，并与其结成同盟（清洲盟约），双方约定织田向西发展，德川向东发展。

1567年，织田借口美浓国斋藤家族内乱进军其地，并将美浓国首府稻叶山城改为岐阜，作为自己的大本营。1568年，织田奉天皇和足利义昭之命率兵进入京都，废黜幕府十四代将军足利义荣，扶植义昭为十五代将军，挟天皇和将军号令天下。1569年，织田迫使实施自治半个多世纪的堺市服从其控制，从而掌握了富裕的近畿地区的城市与农村。1570年，织田打败近江国浅井长政和越前国朝仓义景的联合军队，并在第二年攻占寺院武装的重镇延历寺，焚烧该寺。幕府将军足利义昭不满足自己的傀儡地位，联合部分战国大名反抗织田。1573年织田打败其联军，同时将足利义昭驱逐出京都，室町幕府正式灭亡。

1574年，织田镇压越前国、加贺国（今石川县）等地的“一向宗”农民起义，屠杀数万民众。1575年，织田与德川家康联手在三河国长篠城与武田胜赖进行决战，以火枪与栅栏相结合的战术打败武田的强大骑兵，排除了关东地区的劲敌。1576年织田在琵琶湖畔筑安土城，作为控制近畿地区的根据地。1580年织田征服地处大阪的一向宗大本营本愿寺，日本半数地区统一在织田名下。1582年，织田在甲斐（今山梨县）的天目山彻底打败武田胜赖，全日本统一过半。同年，织田派遣部下大将羽柴（丰臣）秀吉进攻备中国（今冈山县）的高松城，但陷入重围。织田率军前往救援，途中停留京都本能寺时，家臣明智光秀叛变，织田经过激战后被迫自焚而死。

“本能寺之变”后，秀吉与作战对手毛利氏讲和，然后率军回京都，打败明智光秀，迫使其自杀，并以织田的后继者自居。1583年，秀吉在近江打败柴田胜家，并迫使与其联合的织田之子信孝自杀。同年，秀吉修建壮观的大阪城，作为自己统一全日本的根据地。

1584年，秀吉与织田之子信雄、德川家康的联军在尾张进行激战，未分胜负，双方讲和。1585年，秀吉进军四国，迫使长宗我部氏投降，天皇授秀吉“关白”职务。1586年，天皇任命秀吉为太政大臣，并赐姓“丰臣”，遂称之为丰臣秀吉。1587年，秀吉南征九州，岛津义久投降。1590年，秀吉率军出征关东地区，包围小田原城，迫使北条氏政自杀，并使东北的伊达政宗臣服，同时平息奥羽地区的叛乱，至此统一大业终于完成。

（三）丰臣政权及其侵略朝鲜

丰臣秀吉大权独握，因而中央政府组织并不完备。最初设“五奉行”，由前田玄以、浅野长政、增田长盛、石田三成、长束正家五位亲信分别掌管行政、司法、财政等事务。五奉行平时各司其职，如有重大事务则“五人合议，妥善裁决”。后来又任命德川家康、前田利家、毛利辉元、小早川隆景、宇喜多秀家、上杉景胜这六位实力最强的大名为“大老”，小早川隆景死后称为“五大老”，共同商定重大事务。

为巩固对全日本的统治，丰臣秀吉政权采取了诸多严厉的措施。第一，在1588年颁布《刀狩令》，以铸造京都方广寺需要铁钉为借口，收缴农民手中的武器。其真正目的是防止“贮藏武器，必使年贡杂赋滞纳，企谋暴动”，因而必须没收“诸国百姓所持刀、腰刀、弓、枪支等武器”。第二，实施“太阁检地”，即通过丈量全日本的土地面积，确定土地耕种者以及年贡（即赋税）的承担者。在1591年全日本检地完成后，命令各个大名提交账册和地图，以总收获量即“石高”核定其提供军役的准确数量。第三，颁布《身份统制令》，规定武士、町人、百姓各守其业，实施兵农分离、农商分离政策，禁止农民流动，武士脱离农业。要求武士居住在主君所在的城下町，并随主君移动。第四，统一度量衡，推动手工业、商业的发展，如废除行业垄断制度、减轻商人的赋税负担、撤销关卡、修建道路等。

丰臣秀吉在征服西南地区各战国大名时，感到天主教在该地区的传播是一种威胁，因而对大名信仰天主教采取了许可制，甚至颁布了《驱逐传教士令》，但为推进对外贸易，并没有采取严厉的禁教措施。丰臣秀吉只是在扫除倭寇等海盗的同时，因葡萄牙人的挑拨，镇压了西班牙的传教士和信徒。

与此同时，丰臣秀吉为继续提高自己的声望，也为满足领主对土地的需求、商人进行海外贸易的需要和武士们的好战心理，以及转移丧失土地者的不满情绪，积极发动对外战争，试图建立以日本为中心的东亚新秩序。1587 年丰臣秀吉派使节到朝鲜，要求其臣服，并作为进攻明朝的向导。在朝鲜明确拒绝其要求后，丰臣秀吉在北九州设立大本营，并在 1592 年派遣 15 万大军入侵朝鲜半岛。

因长期的内战以及火枪的利用，由武士组成的日本军队战斗力较强，战争初期日军进展顺利，很快攻占汉城和平壤，其先头部队甚至沿朝鲜半岛东岸到达最北面的图们江畔会宁，丰臣开始计划迁都北京，但其后日军遭到朝鲜军民的顽强抵抗和明朝援军的打击。首先是朝鲜水军，在李舜臣指挥下，利用龟甲船灵活作战，连连击败日本水军，完全掌握了制海权。接着，明朝援军入朝作战，一番激战后占领平壤，在朝鲜的日军被迫求和。明朝皇帝按照惯例封丰臣为日本国王，允许朝贡，结果引起丰臣极大不满。1597 年 1 月，丰臣再次派遣 14 万大军、数百艘舰船入侵朝鲜。

尽管日军在海上初战告捷，但朝鲜重新起用李舜臣后，日本水军大败，陆上之战日军也因明朝军队与朝鲜军队联合进攻而节节败退，龟缩在朝鲜半岛南端一隅。1598 年，丰臣秀吉病死，“五大老”决定结束侵朝战争，同年底，日军撤回国内。

四 德川幕府

（一）幕藩体制

丰臣秀吉死后，其近臣分裂成两大集团，其中以关东为基地的德川家康势力最大，并在 1600 年的关原之战中打败反对他的势力，1603 年德川家康被天皇任命为征夷大将军，随即宣布成立德川幕府。因其幕府设在江户，所以也被称为江户幕府。1615 年德川家康亲率大军攻入大阪城，彻底消灭了丰臣秀吉势力，从而确立了德川家族在日本全国的统治地位。

在政权建设方面，德川幕府采用的是“幕藩体制”，即中央政权是幕府，地方分为 200 多个半独立的藩。幕府组织分为统治全日本的中央机构和负责幕府直辖领地的地方机构。中央机构在将军之下设大老、老中、若年寄三个职务，其中大老是非常设最高官职，老中是负责日常行政的最高常设官员，若年寄辅助老中管理旗本、御家人等。同时，设置监察大名的大目付，监察一般武士的目付，管理寺院的寺社奉行、大番头、小姓组番头、书院番头等军队首领以及管理幕府直辖领地的勘定奉行等官职。地方机构设京都司代、城代、町奉行、奉行等职，其中京都司代负责与皇室、公卿贵族的交涉并对其进行监督，城代是管理重要城市的官员，町奉行是管理特殊城市的官员，奉行是管理指定城市的官员。

幕府之所以能够号令天下，其背景是强大的经济实力和军事实力。幕府拥有收获量 400 万石的直辖领地，另外还有 300 万石的家臣封地，共 700 万石，约占全日本 3000 万石总收获量的 1/4。任何一个大名也难以与其对抗，例如最大的加贺藩前田氏领地也仅有 102 万石。同时，幕府垄断金银矿山开采和货币铸造，并控制江户、京都、大阪、长崎、堺等大城市的工商税金以及对外贸易。

幕府将直辖领地及家臣封地以外的土地封给 200 多个藩主（大名），按照与幕府的亲疏关系将这些大名分为三类，即亲藩大名、谱代大名和外样大名。亲藩大名与德川家族具有血缘关系，能够继承将军职务。谱代大名是“关原之战”之前臣服德川家族的大名，外样大名则是在其后臣服德川家族的大名。亲藩大名和谱代大名大多配置在重要地区，前者被给予较高的名誉，但没有实权，后者领地虽然较少，但可以担任重要幕府职务。外样大名虽然领地较大，但不仅被置于偏远地区，周边还有谱代大名对其进行监视，而且也不能参与幕政。为有效控制各藩大名，幕府在 1615 年颁布《一国一城令》，即规定一个藩只能修建一座城堡，供大名居住和处理政务。1635 年幕府颁布《武家诸法度》，其中规定大名负有“参觐交代”的义务，即在江户及领地间轮流居住一年。

德川幕府将整个社会划分为士、农、工、商四个等级。士即武士，是统治阶级，连其家属约占总人口的 1/10。农是农民，他们被禁锢在土地上，缴纳沉重的苛捐杂税。工是手工业者，商是商人，他们均居住在城下町中，因而被称为町人。

1612年，幕府颁布禁教法令，禁止直辖领地上的传教活动。1613年，禁教法令在全日本实施，同时强迫天主教徒改变其信仰，其后幕府和各藩陆续对传教士、信徒采取处刑或流放的打击措施。在禁教的同时，幕府逐渐采取禁止私自对外贸易的“锁国政策”。1624年，禁止西班牙商船到日本；1633年规定，除必须具有“朱印状”外，还必须具有幕府颁发的“老中奉书”方可进行海外贸易；1635年，全面禁止日本人去海外，已在海外的日本人也不准回国；1639年，禁止葡萄牙的商船到日本；1641年，将平户的荷兰商馆迁移到长崎的人工小岛——出岛上，并禁止其与日本人自由交往，从而形成“锁国体制”。

（二）社会发展与改革

在整个17世纪，社会经济得到迅速发展，其具体表现为农业进步、手工业兴盛、全国交通发达、城市增加、商业兴旺与豪商的出现等。首先是耕地面积的迅速增加，这主要得益于幕府鼓励开发新田。德川幕府初年，全日本的耕地面积为163万町步，到18世纪初增加到297万町步，增长了82%。其次是农业工具的进步，灌溉用水车、多种肥料的运用、备中锹及千齿机等先进农具的出现均提高了农业生产力。另外，经济作物得到普遍种植，各藩大名甚至幕府为获得更多的货币收入，允许农民在一定范围内种植经济作物。因此，桑、茶、棉花、麻、油菜、染料等被推广到各地，同时日本也出现了有名的特定农作物生产地区。

经济作物的普遍种植，催生了农村家庭手工业以及城镇手工业，在批发商控制下的家庭手工业基础上，甚至出现了手工工场。商品性农业及手工业的发展推动了城市人口的急剧增加和交通的发展，另外，德川幕府实行的参觐交代制和武士居住在城市中的规定也刺激了商品经济的发展和物资的频繁流通。在江户、大阪、京都等大城市，集中了许多大的批发商人和金融商人，并出现了鸿池、三井和住友等著名的商业家族。

进入18世纪以后，幕府财政危机严重，第八代将军吉宗立志改革，其主要改革措施有颁布节俭令、要求各藩大名按照百分之一的比例贡献米给幕府、每年根据收成决定收取地租的方式、鼓励种植经济作物、通过组织流通业的行会来控制米价、命令债权人将抵押过期的土地还给农民等。

1787年，15岁的家齐任11代将军，正值连年天灾、农业歉收、米价暴涨的“天明饥馑”，江户发生了长达6天的市民捣毁米店运动，并迅速波及日本35个城市。幕府老中松平定信决心进行改革，因改革主要是在宽政年间进行的，所以被称为“宽政改革”。首先他颁布严厉的《节俭令》及《弃捐令》，要求节约、免除武士的债务、增加农村人口以及耕地面积、推动开垦荒地和修建水利工程、给予商人专卖权等。

从天保元年即1830年开始，农业连年歉收。1832~1833年，全国的农产品收获量减少一半，饿死者无数，社会动乱不稳，农民起义与市民的捣毁运动接连不断。在大阪地区，富商们趁机囤积居奇，市政官员不仅不救济百姓，反而勾结奸商哄抬物价。信奉阳明学的大盐平八郎在1837年初率其门徒发动武装暴动，横扫五分之一的市区，捣毁富豪住宅及米店等房屋万余间。尽管在幕府大军的镇压下很快失败，但大盐平八郎作为武士在被称为“天下厨房”的大阪发动暴动，同时提出改革幕藩体制的要求，对幕府产生了较大的冲击。

1841年8月，水野邦忠担任幕府首席老中，进行“天保改革”。其内容为精简幕府机构人员，推行节俭政策，严禁买卖高价物品；抑制商业和手工业，促进商品自由流通，以期实现物价的下降；禁止农村人口流入城市，并将短期流入城市的农民送还乡里；削弱各藩的经济实力，将江户、大阪周围的大名及旗本所属土地交换为幕府直辖领地；训练洋式军队，制造大炮，防止外敌入侵。

（三）德川时代思想文化

在德川时代前期的学术思想界，儒学占统治地位，尤其是朱子学作为“官学”达到鼎盛阶段。由于朱子学提倡维护封建等级秩序的“大义名分论”，深受统治阶级的欢迎。例如奠定德川时代朱子学地位的林罗山认为，“世界万物均有上下名分，人间社会也是如此，君臣父子尊卑贵贱各有其位，不得混淆”，积极肯定身份制社会。三代将军家光设立学塾，教育幕府士族子弟，林家世袭儒官。到五代将军纲吉时，建幕府最高学府昌平黉，并任命林家三代孙凤冈为大学头，使林家的私塾成为官学，使朱子学在元禄、天保年间达到全盛。

除朱子学外，同为儒学的还有阳明学和古学。被称为“近江圣人”的中江藤树及其学生熊泽蕃山最初研习朱子学，但逐渐对朱子学产生怀疑，于是将明朝的王阳明学说介绍到日本。他们借用王阳明“知行合一”的观点，批判朱子学的“知先于行”思想，同时批判现实，主张个人的、省悟的儒学。

古学派的多数学者原来也是朱子学的信徒，后来怀疑朱子学与孔子、孟子的原意多有不同，而改提倡古学，呼吁从孔孟的原著中探索儒学的真意，同时他们也反对阳明学。例如山鹿素行在其《圣教要录》中认为朱子学以及阳明学均不是真正的孔孟精神，只有直接研究孔孟经典，才能恢复先秦儒学的本来面目，山鹿因此受到幕府流放的处分。另外在《中朝事实》中，山鹿素行认为比起明清的“中华”，日本是“中朝”。另一位古学派的创始人伊藤仁斋在京都开设私塾，依据《论语》《孟子》等儒学经典，讲述经验性知识的重要性。古学派成员还有荻生徂徕、太宰春台等人。荻生主张政治和道德分开，以科学态度治学，反对朱子学的空谈理性，坚持学习历史或“事实”。

早在元禄时代就出现了实证性研究《万叶集》的学者，例如户田茂睡、契冲等。到 18 世纪后半期，对日本古典的研究扩展到《古事记》《日本书纪》等历史书籍，逐渐形成了从中寻找日本固有文化及其精神的国学。从师于契冲的荷田春满提倡建立国学学校，其学生贺茂真渊撰写《国意考》《万叶考》等书，探讨未受儒学、佛教影响的日本古代思想。国学的集大成者是本居宣长，拥有门徒近 500 人。本居不仅提出《源氏物语》的中心思想是“物哀”，而且通过对《古事记》的详细研究阐明日本固有文化，主张排除外来思想，回归古代精神，同时明确规定国学“乃皇朝之学问也”。

兰学本来称西学或洋学，因德川幕府初期实行锁国政策，欧洲科学技术及其知识只能通过长崎的荷兰人传入日本，因而称为“兰学”。1720 年，将军吉宗提倡实学，宣布不再禁止与天主教无关的西书。1740 年幕府命令青木昆阳、野吕元丈等人学习荷兰语，推动了兰学的发展。1774 年，杉田玄白等人翻译《解体新书》，介绍西方的解剖学，是日本第一部大型西洋医学译著。兰学后来从医学、军事发展到各种学科，在日本全国形成了学习西方知识的知识分子集团。到 19 世纪中期，翻译西方书籍 500 多部，较为著名的兰学者有杉田玄白、大槻玄泽、高野长英、绪方洪庵等人。

第三节　对外侵略扩张的近代（1868～1945 年）

一　明治维新

（一）社会危机

从 18 世纪初开始，随着农业生产力的提高，特别是棉花、蚕桑、茶叶等经济作物的普遍种植，在一些较为发达的地区，农户在很大程度上变成小商品经济生产者，从而不可避免地被卷入市场体系。这些商品生产者各自的生产条件不同，必然引起两极分化。一些条件较好的生产者不断积累财富，收购破产农民的土地，逐渐上升为地主。因为幕藩领主禁止土地买卖，所以土地兼并主要是采取抵押的方式，通过这种方式发展起来的地主一般称为“村方地主”。另外还有一种开发型地主，也就是一些商人、高利贷者、借贷资本家和手工工场主，他们利用积累的资金，通过向领主承包垦荒，成为大量土地的所有者。由于他们是随着商品经济的发展而起家的，与手工业生产、商品贸易有密切关系，或者经营手工业，或者从事商业，成为一身而二任的“豪农豪商”。

与此同时，在一些经济比较发达的地区，开始出现资本主义性质的家庭手工业或手工工场，例如在大阪附近的棉织业中心河内，出现了许多被称为“木棉寄屋”的农村商人，他们收购农村手工业者的棉纺织品，然后转卖给大阪的棉布批发行。接下来，他们以“换棉”和“出机”的方式控制农村的家庭手工业。所谓“换棉”是指商人供给棉花，由农民在家里纺成纱或织成布，商人按成品数量支付酬金。所谓“出机”是指商人不仅提供生产原料，而且提供纺织机，农民在家里织成布匹，按照成品获得酬金。再进一步，商人出资招募贫穷的农村妇女，集中在工场中进行生产。此时的商人已变为资本家，生产者已变为雇佣工人，从而形成了资本主义性质的手工工场。

在商品经济的推动下，商人特别是金融高利贷商人的力量逐渐增强。19 世纪中期，仅在大阪一地经营汇兑业务、资本金在 20 万两以上的钱庄就有 50 多家。这些金融商拥有巨额财富，对社会具有举足轻重的影响力。他们借给各地“大名”的款项高达 6000 多万两，仅每年的利息就达到 300 万石大米；而各地“大名”每年运往京都、大阪和江户的大米也不过 400 万石。在此基础上，形成“幕藩疲敝，权落商人”，“大阪富商一怒而天下诸侯惊”的局面。

与上述新兴阶级逐渐强大的情境相反，传统的统治阶级与被统治阶级却趋于没落。首先是下级武士在商品经济的影响下实际收入减少，幕府或“大名”为转嫁财政危机不断削减他们的禄米，致使其生活日益窘困，被迫转为教师、医生、手工业者和小商贩等职业，有的成为失去士籍的浪人，还有的成为商人的养子，转化为工商业者。这些下级武士希望对幕藩体制进行变革，因而大多成为明治维新的骨干力量。农民则在沉重赋税的压迫下逐渐失去自己的土地，成为一无所有的佃农，生活极为贫困，天灾人祸迫使农民不断起来反抗幕府的封建专制统治。尽管日本国内新型经济的发展及其阶级力量变化的状况尚未达到使封建生产关系崩溃的程度，但西方资本主义扩张势力的入侵加快了日本社会变革的步伐。

（二）民族危机

早在 19 世纪初期，英、俄、美等国不断派使节到日本，要求开港通商，均遭到幕府的拒绝。幕府甚至在 1825 年重申过去颁布的“驱逐令”，炮击靠近日本港口的外国船只。但是，中国在 1840 年至 1842 年的鸦片战争中失败的结局迫使幕府放宽了对外国的政策。1853 年 7 月，美国东印度舰队司令培里准将率 4 艘黑色的军舰闯入东京湾，威逼幕府接受美国总统要求日本开国的亲笔信，并约定第二年春天给予回答。1854 年 2 月，培里再次率 7 艘军舰到达日本，并与日本签订了《日美亲善条约》，规定日本开放下田和箱馆（今函馆）两个港口，向美国舰船供给煤、水、食品及其他必需品，救护遇难船员；美国可在两个港口设领事馆；给予美国最惠国待遇等。随后，英国和俄国同日本签订了类似的条约。

1858 年 6 月，在美国驻日领事哈里斯的压力下，日美双方签订《日美修好通商条约》，其主要内容有：日本追加开放神奈川、长崎、新潟和兵库等港口及江户、大阪两城市；承认美国人在开港地的居住权和公使领事驻在权；通商自由及协定关税等。随后，英、法、俄、荷也相继与幕府签订了类似的条约。

根据上述条约的规定，日本在 1859 年 7 月正式开港，其对外贸易由此迅速增长。1860 年日本的出口为 470 万美元，进口为 160 万美元。到 1867 年，日本的出口为 1200 万美元，进口为 2160 万美元。8 年间进出口总值增加 4 倍多，而且入超情形严重。一方面，生丝、茶叶、棉花等原材料的大量出口，造成其价格飞速上涨，例如生丝价格在开港后不到一年的时间里就上涨了 3 倍多，使日本的丝织业受到严重打击，而且出口商品价格上涨也影响到一般物价，例如米价在 1858 年至 1865 年增加了 3 倍；另一方面，以棉、毛纺织品为主的大量廉价外国工业品充斥日本市场，日本的手工工场无法与之竞争，纷纷倒闭，劳动者大量失业。

开港的另外一个直接后果是黄金外流。当时日本金银比价是 1∶5，而国际市场的比价是 1∶15。西方商人与各国使馆人员利用其差额，以墨西哥银元套购日本黄金，攫取暴利，造成日本黄金大量外流，仅在 1859 年下半年外流黄金就高达 100 万两，引起市场混乱，米、麦、盐等生活必需品价格持续上涨，使农民、城市贫民和下级武士的生活更加困难。

民族危机进一步激化了国内的阶级矛盾。具有否定领主土地所有制性质的农民起义次数剧增，在 1865 年至 1867 年平均每年发生 55 次。以反对粮食投机为中心的城市贫民暴动也显著增加，在 1865 年至 1867 年平均每年发生 16 次。尤其是 1867 年波及全国的“这不很好吗”暴动，为数甚多的下层人民成群结队唱着“这不很好吗”的歌谣，冲击富豪住宅及幕府机关。

（三）戊辰战争

如同前述，德川幕府本来规定天皇不得过问政治，但“黑船”叩关，幕府惊慌失措，破例向天皇报告事态，并向各地“大名”征求意见，结果却为天皇、公卿贵族以及强藩“大名”参政开辟了道路。在强藩的策动下，天皇拒绝批准《日美修好通商条约》。幕府大老井伊直弼采取强硬态度，在没有天皇批准的情况下擅自签订了上述条约，并对反对派进行大肆镇压。以吉田松阴为首的尊王攘夷领袖被处死，其他遭受迫害者近百人，史称“安政大狱”。

制造“安政大狱”的井伊直弼很快就遭反对派袭击而死，受其冲击的天皇朝廷和幕府转向相互联合的“公武合体”，具体措施就是撮合孝明天皇之妹与幕府将军结婚。尽管此后在天皇的要求下，幕府承诺进行“攘夷”，但在公武合体派的操纵下，发动政变，尊王攘夷派受到迫害。得到天皇支持的幕府不仅将尊王攘夷志士赶出京都，还以尊王攘夷派大本营长州藩的军队擅入京都为由讨伐长州藩，迫使长州藩俯首称臣。

开港以后，面对咄咄逼人的西方殖民侵略势力，下级武士主张以武力加以对抗，因而时常有外国的士兵、使馆人员、商人甚至舰船受到攻击的事件发生，其中的“生麦事件”和“下关事件”均引起了与外国的局部战争。1862 年 9 月，萨摩藩武士在神奈川生麦村杀死英国商人。1863 年 7 月，英国七艘军舰炮击萨摩藩鹿儿岛，摧毁了炮台，焚烧了市区，萨摩藩被迫接受“赔偿”“惩凶”等屈辱条件。1863 年 6 月，长州藩炮击通过下关海峡的外国商船和军舰，并封锁了下关海峡。1864 年 9 月，英、美、法、荷四国联合舰队进攻下关，攻陷了所有炮台，长州藩被迫求和。“萨英战争”和“下关战争”使主张尊王攘夷的下级武士意识到，在与外国武力悬殊的状况下进行攘夷是轻率的，必须首先打倒封建幕府，建立一个强有力的、统一的近代民族国家。

正是在上述共同认识的基础上，西南两大强藩逐渐接近。在土佐藩出身的藩士坂本龙马的斡旋下，长州藩代表木户孝允和萨摩藩代表西乡隆盛在 1866 年 3 月签订密约，两藩结成讨幕军事同盟。1867 年 1 月，主张“公武合体”的孝明天皇去世，年仅 15 岁的太子睦仁即位，公卿三条实美、岩仓具视等立即与西南诸藩策划武装讨幕，诸藩也加快了结盟举兵的步伐。1867 年底，新天皇颁布“王政复古大号令”，宣布废除幕府，并命令将军德川庆喜“辞官纳地”，即辞去内大臣等所有职务，交出半数领地给朝廷，此后一切权力重新归于天皇。同时，倒幕派组成了新政府。

德川庆喜并不甘心交出政权，立即率兵从大阪向京都进军。以萨摩藩和长州藩为主力的新政府军与幕府军在京都附近的鸟羽、伏见地区激战三天，结果数量占优势的幕府军被打败，德川庆喜从海路退奔江户。新政府组成东征军，进军关东地区，并迅速兵临江户城下。幕府知道没有取胜的可能，因而献城投降。在东北地区，以会津藩为首组成“奥羽越列藩同盟”，继续反对新政府。由于当地农民纷纷起义，新政府军进展顺利。1868 年 11 月，东北地区的叛乱被平定。幕府海军将领榎本武扬率八艘军舰和幕府残兵逃至北海道，并在 1868 年 12 月建立“虾夷共和国”。1869 年 6 月，在新政府军的进攻下，榎本武扬投降，因发生在农历戊辰年而被称为“戊辰战争”的内战结束。

（四）各项改革

1868 年 3 月新政府颁布五条誓文，即施政纲领。其内容为广兴会议，万机决于公论；上下一心，盛行经纶；公武同心，以至于庶民，须使各遂其志，人心不倦；破旧来之陋习，立基于天地之公道；求知识于世界，大振皇基。随后新政府颁布《政体书》，仿效奈良时代实行太政官制。最高机构为太政官，下面设立法、行政、司法机构，并规定官员的任用制度及责任。1868 年 9 月改年号为“明治”，11 月改江户为“东京”作为新首都，天皇及其政府机构迁至东京。此后，明治政府实施一系列改革措施。

第一，建立中央集权体制。首先在 1869 年 6 月，明治政府强制实行“奉还版籍”政策，命令各藩将领地和人民的统治权上交中央政府，藩主成为中央任命的藩知事，但必须执行中央的政策。两年后，明治政府又宣布“废藩置县”，即旧藩主迁住东京，坐食俸禄；将藩改为县，最初共有 3 府 302 个县，后改为 3 府 72 县，1888 年合并为 3 府 42 县。

第二，改革身份制度，废除封建俸禄。1869～1872 年，政府连续颁布法令，废除封建时代的士、农、工、商身份制度，将过去的公卿诸侯等贵族改称为“华族”，将藩主以下的武士改为“士族”，废除“秽多”“非人”等贱称，与过去的农、工、商统称为平民。准许武士从事工商业，平民也可以担任文武官职。1873 年政府颁布《征兵令》，规定年满 20 岁的男性均有服兵役义务。另外，为减轻财政负担，政府逐步减少士族的俸禄，在1876年颁布《金禄公债条例》，由政府一次性发给士族“金禄公债”，从而废除了封建俸禄制度。为解决领取公债较少的一般士族生活困难的问题，政府优先录用士族充任官吏、教师、军人、警察等公职，同时鼓励士族向地广人稀的北海道移民、内地各府县低价出售土地给士族等。

第三，改革土地制度，实施新地税。1871年10月，明治政府废除过去对农作物栽培品种的限制。1872年3月，允许进行土地买卖，同时向土地所有者颁发地券，同年10月允许农民从事其他职业。1873年7月，政府颁布《地税改革条例》，主要内容为按照地价的3%征收货币地税，征收对象为土地所有者，其他附加税不得超过地税的1/3。

第四，殖产兴业，推动资本主义发展。一方面，废除各藩设立的关卡，撤销工商业界的行会制度和垄断组织，奖励贸易，统一货币，创办银行，设立邮政通信机构，为新型经济的出现创造条件；另一方面，为鼓励民间资本投资近代工商企业，政府进口外国先进设备，建立“模范工厂”，其中包括铁路、矿山、造船、机械、水泥、玻璃、纺织、制丝等领域，共建立了数十家近代工厂企业，同时对民间企业进行重点扶植。后来为减轻政府财政负担，同时鉴于民间资本已逐渐成熟，政府在1880年制定了《出售官营工厂条例》，将许多官营企业低价处理给与政府有关的特权商人。

第五，提倡“文明开化”，移风易俗，推动社会文化和行为的变革。例如在生活习惯上提倡穿西装、理短发、吃西餐、住洋房等。1871年，明治政府设置文部省，次年颁布《学制》，将全国划分为不同的学区，要求普及四年制初小教育。同时政府陆续开设师范学校、大学，并花费巨款派遣学生到国外留学。

二 自由民权运动

（一）精英分裂

1871年11月，明治政府为修改同欧美国家签订的不平等条约，派出了以右大臣岩仓具视为首的大型使节团前往美国与欧洲。该使节团花费一年零九个月的时间，访问了欧美 11 个国家。尽管使节团未能达到修改条约的目的，但欧美先进的生产力使使节团成员大开眼界，痛感日本只有自身迅速富强，才有可能赢得真正的平等独立。在此期间，国内的留守政府成员以西乡隆盛、板垣退助为中心，以朝鲜拒绝接受日本国书为借口，主张对其进行征讨。但岩仓使节团成员岩仓具视、大久保利通等人回国后对此坚决反对，他们认为当务之急应是发展国力。在后者的策动下，天皇下达“整顿国政，富国文明之进步，乃燃眉之课题”的圣旨，西乡隆盛及板垣退助等人被迫辞职下野。

下野后返回故乡鹿儿岛的西乡隆盛，自费建立“私学校”，招集士族子弟入学。“私学校”后来发展到百余所分校，拥有学员 3 万余名，实际上具有军队的性质。在西乡的影响下，鹿儿岛县拒不执行包括俸禄处分及地税改革在内的中央政府的政策。为防不测，政府在 1877 年 1 月命令将鹿儿岛弹药库中的弹药运出该地，但“私学校”的学员闻讯后抢先袭击了弹药库，并将弹药抢走。2 月 15 日，西乡率兵从鹿儿岛出发，向政府“质问”，被称为“西南战争”的内战由此爆发。政府先后出动 6 万军队前往九州地区作战，西乡军队最多时也有 4 万余人，其规模超过“戊辰战争”。长达 8 个月的“西南战争”以西乡兵败自杀而告结束。

与西乡隆盛同时辞去政府官职的板垣退助等人在 1874 年初组成“爱国公党”，提倡天赋人权，要求设立民选议院。“爱国公党”在随后向政府提出的《设立民选议院建议书》中，批评以岩仓具视、大久保利通为中心的政权是“有司专制”，将使国家趋于瓦解；主张只有设立民选议院，给人民以选举权、租税共议权，才是拯救国家之道。尽管“爱国公党”仅存在两个月，但不久板垣退助与片冈健吉等人又在其故乡高知县组成“立志社”，提倡天赋人权，主张“人民尽皆平等，无贵贱尊卑之别”，为伸张人民的权利，必须建立民选议会。1875 年 2 月，以“立志社”为中心，各地的政治团体在大阪集会，并建成“爱国社”。

（二）运动高潮

明治政府实施的土地制度和地税改革没有减轻农民的负担，强制推行义务教育以及征兵制又使农民背上新的沉重负担，因而农民不断以暴动的形式进行反抗。据统计，在1873年至1881年的9年里，共发生了305次农民暴动，其中1873年最为集中，而且当年在福冈县发生的农民暴动规模最大，有30万人参加。暴动的农民冲击政府部门和邮电局，捣毁富豪住宅以及高利贷者的钱庄，要求免除三年地税和停止建立学校，反对投机商人，反对征兵制。面对如火如荼的农民暴动，明治政府不得不在1877年1月将地税下调到地价的2.5%，并规定村税不得超过地税的1/5。

明治初年，受“文明开化”政策的影响，日本社会不仅创办了为数众多的报纸、杂志，也出版了许多介绍西方思想文化的著作。这些著作内容广泛，既有英国的功利主义，也有法国的天赋人权等自由民主思想。在西方思想文化传播的过程中，日本产生了许多宣传西方文明的社会活动家和启蒙思想家，其中最为著名的是福泽谕吉。福泽出身下级武士家庭，年轻时即开始学习西方文化，曾多次随幕府使节团访问欧美各国，痛感日本开国进取之必要。明治维新后，福泽创办庆应义塾，并著书立说，力倡文明开化。其《劝学篇》中提出“天不造人上人，也不造人下人”的平等观，一时成为人人皆知的名言。除福泽谕吉外，加藤弘之、中村正直、中江兆民、植木枝盛都是当时有名的启蒙思想家和社会活动家，他们主张的天赋人权、自由平等思想对自由民权运动产生了很大的影响。

1877年6月，“立志社”再次向政府提交设立民选议院的建议书。建议书在批评明治政府八大弊端的同时，正式提出了开设国会、减轻地税、修改不平等条约等自由民权运动的三大纲领，广泛吸引了社会各个阶层，自由民权运动开始具有群众性。1878年9月，以“立志社”为中心召开重建“爱国社”大会，全国有13个县派代表参加。1880年3月“爱国社”召开第四次全国代表大会时，成立了“国会期成同盟”，并向政府提交请愿书，要求召开国会。此时全日本共有200多个民权团体，由集体或个人起草的日本宪法草案有数十种。在社会各界的压力下，1881年10月，政府罢免了主张尽快颁布宪法、召开国会的大隈重信等激进派官员，同时颁布了关于在1890年开设民选议院以及制定宪法的诏书，并威胁“如仍有故意逞躁急煽事变、为害治安者，将绳以国法”。

为在国会中进行政党活动，自由民权派以板垣退助为中心在1881年

10月组成自由党，1882年4月以大限重信为首组建立宪改进党。但因各自党内的矛盾以及两党之间的互相攻击，基层党员失去耐心，逐渐转向激进道路，领导农民、市民等群众进行了一系列武装抗争，但均被政府镇压下去。尽管在1887年围绕修改不平等条约问题又形成新的运动高潮，但政府在同年底颁布《保安条例》，大肆逮捕或驱逐自由民权派成员，自由民权运动遂告结束。

（三）明治宪法

颁布制定宪法的诏书后，明治政府派伊藤博文前往欧洲考察，准备以实行君主立宪专制政体的《德意志帝国宪法》为蓝本制定宪法，在1885年又将太政官制改为内阁制，由总理大臣及各省大臣组成内阁，并决定通过考试录用文官及评定其晋升。1889年2月，明治天皇亲自颁布了《大日本帝国宪法》，该宪法亦被称为《明治宪法》。

《明治宪法》规定，“大日本帝国由万世一系之天皇统治之”；“天皇神圣不可侵犯”；“天皇为国之元首，总揽统治权”；“天皇以帝国议会之协赞，行使立法权”；“天皇裁可法律，并命其公布及执行”；“天皇决定行政各部之官制及文武官吏之俸给，并任免文武官吏”；“天皇统帅陆海军”；“天皇宣战、媾和及缔结各种条约”等。立法、军事、行政、外交等权力全部集中于天皇手中。司法权亦“以天皇之名，依照法律行之”。

尽管宪法规定日本帝国臣民有“信教之自由”和“言论、著作、刊行、集会及结社之自由”，以及“居住与迁徙之自由”；但又规定，须在“不妨碍安宁秩序及不违背臣民义务之范围内”及在“法律范围内”。

宪法规定，国务大臣的职责是“辅弼天皇”，由天皇任命，对天皇负责。同时规定“枢密顾问依枢密院官制之规定，应天皇之咨询，审议重要国务”。帝国议会采取两院制，贵族院由皇族、华族和“敕选议员”组成，众议院由具有一定财产资格的选民选举产生。

1890年7月，日本进行了第一次众议院议员选举。由于选举法规定只有每年缴纳15日元以上直接国税、年满25岁的男子才有选举权，缴纳同等直接国税、年满30岁的男子才有被选举权，因此，当时具有选举权者仅占全国人口的1%。另外，因地税约占政府财政收入的60%，所以具有选举权以及被选举权者大多是缴纳高额地税者，在第一次选举中当选的300名众议院议员中有半数是地主及从事农业者。

从1890年11月第一次帝国议会成立到1894年6月甲午战争爆发前夕，在不到四年的时间里，共召开过六届议会，其中有三届议会被解散，更迭了两届内阁。第一届到第三届议会的活动主要是以自由党和改进党为中心的“民党”要求减轻地税，削减政府开支，核减官员薪俸，整顿吏治，反对军事部门的积弊，反对政府干涉选举等，结果迫使政府不是答应政党的要求，就是解散议会重新选举。

三 对外侵略扩张

（一）扩张思潮

1874年5月，日本政府借口3年前琉球船民因遇风浪漂至中国台湾而被当地居民杀害的事件，派军队在台湾登陆，结果遭到抗击，中国清朝政府也派军队前往准备参战。进退两难的日本被迫求和，大久保利通亲自来华谈判，并利用中国清朝政府的软弱，以“抚恤”的名义得到50万两白银的赔偿，其结果进一步刺激了日本对外侵略的野心。

明治新政府成立后，日本不断向朝鲜提出正式建交的要求，但均遭到朝鲜方面的拒绝，日本决定以武力相威胁。1875年9月，日本军舰“云扬号”闯入朝鲜西海岸的江华湾，并与朝鲜守军发生冲突，双方互有伤亡。1876年1月，日本政府派陆军中将黑田清隆为全权代表前往朝鲜，并在山口县下关港集结军队伺机而动，迫使朝鲜与之签订《日朝修好条规》，即《江华条约》。该条约规定：朝鲜向日本开放港口，日本商人可自由在朝鲜从事贸易活动，日本在朝鲜具有领事裁判权，并可以任意测量朝鲜海岸等。

1882年7月，朝鲜内部发生政变，具有反日情绪的士兵与市民袭击了亲日官员，杀死日本军事教官，并焚烧了日本使馆。山县有朋下令召集军队，并进行全国规模的战争动员，同时迫使朝鲜赔偿有关损失、承认日本在其京城拥有驻兵权。1884年12月，朝鲜再次发生政变，亲日势力建立新政权，中国清朝政府出兵将其驱逐。尽管日本控制朝鲜的企图没有得逞，但在1885年4月日本诱迫中国与之签订《天津条约》，获得在朝鲜发生重大事件时可派兵干预的权利，从而为日本向朝鲜侵略扩张创造了条件。

在这一时期，日本国内的社会思潮也转向对外扩张，其中最具代表性的人物仍然是福泽谕吉。1885年福泽在《时事新报》上发表《脱亚论》一文，提出“我国不可犹疑，与其坐等邻邦之进步而与之共同复兴东亚，不如脱离其行伍，而与西洋各文明国家共进退。对待支那、朝鲜之办法，不必因其为邻邦而稍有顾虑，只能按西洋人对待此类国家之办法对待之”。不仅如此，福泽还积极参与日本意图染指朝鲜的各种活动。

1888年1月，近代日本军队创始人山县有朋提出《军事意见书》，强调日本必须在西伯利亚铁路修成之前完成侵略朝鲜的准备。1890年，山县在《外交政略论》和《第一次帝国议会上的施政方针演说》中，反复鼓吹所谓“主权线”和“利益线”的侵略扩张理论。“主权线”是指日本本土，“利益线”是指其近邻国家。他宣扬“要维持一国之独立，仅仅守卫主权线是决然不够的，必须进而保卫利益线”，而要“保卫利益线”就必须侵犯邻国主权。山县有朋明确提出当时“利益线的焦点”就是朝鲜。至此，日本对外侵略扩张的“大陆政策”初具雏形。

（二）中日甲午战争

为对朝鲜和中国发动战争，从19世纪80年代中期开始，日本就积极扩军备战，不仅充实了海军舰艇，而且大大扩充了陆军编制，并建立了以战时大本营为主的战争体制。

1894年春，朝鲜南部发生大规模农民起义，其口号为“消灭权贵”“逐倭灭洋”。朝鲜政府无力镇压农民起义，决定请求清朝政府出兵“代为征讨”。得知清朝出兵后，日本援引1885年中日两国签订的《天津条约》，也派大批军队到朝鲜京城“警卫使馆”。但此时朝鲜局势已经基本稳定，于是清朝政府驻朝鲜代表袁世凯与日本驻朝公使达成口头协议，停止增兵，并逐步撤兵。然而，日本政府却蓄意挑起战端，不断增加在朝鲜的兵力，同时指示其公使“促成日中冲突，为今日之急务。为断行此事，可采取任何手段”。6月，日本政府向中国清朝政府提出改革朝鲜内政的方案，遭到拒绝后又向清朝政府连续两次提出“绝交书”。7月23日，日本军队占领朝鲜王宫，扶持傀儡政权，迫令其“请求”日本军队驱逐在朝鲜的清朝军队。

7月25日，日本军舰在靠近朝鲜的丰岛海面袭击清朝军舰，并击沉清朝政府的运兵船“高升号”，800余名清军将士死亡。8月1日，中日同时向对方宣战。当时，日本侵朝军队已达5万，并很快占领平壤，清军退至中国境内。9月17日，双方舰队在黄海激战，清朝北洋舰队被击溃。10月25日，日本军队兵分两路进攻中国，迅速占领辽东半岛及大连、旅顺，并在旅顺进行大屠杀。1895年1月，日军进攻山东半岛的威海卫，将清朝北洋舰队全歼在海港内。3月，日军在辽东不断加强攻势，清朝军队连连败北，日军逼近山海关，清朝政府决意求和。

李鸿章代表清朝政府前往日本山口县马关（原下关）与日本政府谈判，在日方代表的高压威胁下，被迫在1895年4月17日签订极为不平等的《马关条约》。其主要内容为：中国承认朝鲜“独立”，中国割让辽东半岛、台湾及澎湖列岛给日本，赔偿日本军费白银2亿两，追加开放沙市、重庆、苏州、杭州四个城市及长江、吴淞口航运线，日本人可在中国各通商口岸设厂制造产品，免征一切内地税。当时早对中国东北地区抱有野心的俄国极力反对将辽东半岛割让给日本，因而伙同德国、法国进行干预，结果日本不得不接受俄、德、法三国的“劝告”，将辽东半岛归还中国，但由清政府另付3000万两白银的赎辽费，史称“三国干涉还辽”。

（三）日俄战争

由于俄国带头迫使日本将辽东半岛归还中国，在日本朝野引起极大反响，“卧薪尝胆”式的报仇意识迅速蔓延。为此，日本政府制订了10年扩军计划：准备将现役军人从7万人增加到15万人，战时达到60万人；海军舰艇总吨位从6万吨增加到26万吨；同时迅速扩充炮兵和骑兵规模；每年的军备开支约占政府一般会计支出的半数，另外还增征酒税、地税，加征营业税、登记税等，以应付巨额军费。

甲午战争后，日俄两国在朝鲜和中国东北的争夺更为激烈，双方的矛盾与冲突不断加剧。1896年5月，日俄双方签订备忘录，日本被迫承认

俄国在朝鲜与其享有同等地位，结果俄国在朝鲜的势力迅速扩大，逐步掌握了朝鲜的军事、财政大权。与此同时，俄国积极插手中国东北地区事务。1896年6月，俄国与中国清朝政府签订《中俄密约》，攫取了在中国东北修筑中东铁路的权利。1897年11月，俄国出兵强占旅顺和大连。1898年俄国同清朝政府签订《中俄旅大租地条约》，不仅强占包括旅顺、大连在内的辽东半岛，而且还取得修筑中东铁路支线权利。1900年俄国以保护中东铁路和俄国侨民免受义和团事件冲击为名，出动15万大军入侵中国东北，并长期拒不撤军。1901年11月日本前首相伊藤博文访问俄国，就协调两国在远东地区的利益与俄国政府进行谈判，俄国虽然承认日本在朝鲜具有工业、商业上的行动自由，但不允许日本在中国北部扩张其势力。英国为牵制俄国，巩固其在中亚和远东的殖民利益，全面承认日本在朝鲜和中国东北的“特殊利益”。1902年，双方签订《日英同盟条约》。

1904年2月，日本决定与俄国断交，并派海军主力偷袭旅顺港，派陆军前往朝鲜仁川。此后双方正式宣战，日军在付出沉重的代价后，攻陷旅顺要塞和沈阳。在海上，以逸待劳的日本海军几乎全歼远道而来的俄国波罗的海舰队。此后俄国胜利无望，加之其国内爆发1905年革命，而日本也无力将战争继续下去，因而在美国的调停下，双方经过讨价还价，在1905年9月签订《朴茨茅斯和约》。和约规定，俄国承认日本在朝鲜具有政治、经济、军事的优越地位，俄国将从中国攫取的辽东半岛及附属的一切权益转让给日本，并将库页岛南部割让给日本。

四　大正民主运动

（一）工人运动

甲午战争推动了日本资本主义的发展，同时也推动了日本工人阶级的斗争，使之进入一个新的阶段。1897～1899年，日本工人在各地普遍开展了要求增加工资的斗争，其中较大的有横滨造船厂400名木工和东京造船厂的工人罢工、和歌山500名伐木工人以及福冈煤矿工人要求提高工资的斗争等，甚至在佐渡矿山还爆发了工人暴动。正是在工人斗争的基础上，1897 年 12 月诞生了日本历史上第一个工会组织“铁工工会”，著名工人运动家片山潜领导的这个工会组织拥有 1200 名成员。此后，工会组织迅速增长，其会员也越来越多。

在工人运动发展的基础上，社会主义思想研究随之高涨。1897 年 4 月日本成立了以“理论与实际相结合研究社会问题”为目的的社会问题研究会。1898 年 10 月，以该研究会为基础成立了以“研究社会主义原理是否适合日本”为宗旨的学术团体——社会主义研究会，会员有片山潜、幸德秋水等人。1901 年由社会主义研究会的主要成员片山潜、幸德秋水等人发起成立了社会民主党。该党的纲领提出了裁减军备、实行普选、将重要生产资料收归国有、公平分配财富以及废除贵族院等主张。

面对工人运动及社会主义思想在日本的兴起，日本政府采取种种措施进行镇压。1900 年颁布的限制和取缔集会、结社、言论自由的《治安警察法》，明文规定禁止工人组织工会和举行同盟罢工。社会民主党成立当天就被政府禁止，后来该党改称为社会平民党，但仍被禁止。

尽管如此，社会主义者仍然继续开展活动。1903 年 7 月，片山潜和幸德秋水分别出版《我们的社会主义》《社会主义神髓》，引起较大反响。1903 年幸德秋水等人组成“平民社”，出版《平民新闻》，提倡“和平主义”“社会主义”，反对即将到来的日俄战争及一切战争。1905 年 10 月，“平民社”被强行解散，但在日俄战争后开展的工农运动的推动下，社会主义者在 1906 年 2 月成立日本社会党，并积极支持一些群众斗争。1907 年日本社会党被取缔，《平民新闻》也被禁止发行，结果受无政府主义影响的幸德秋水等人转变态度，主张“直接行动”。在 1908 年一次集会上群众与警察发生冲突后，政府加快了镇压社会主义者的步伐。1910 年 5 月，政府捏造所谓“阴谋暗杀天皇”的“大逆罪”，逮捕数百名社会主义者，并将幸德秋水等 24 人判处死刑。

积极采取暴力镇压措施以及扩充军备的第二次桂太郎内阁遭到各界人士的反对，桂太郎被迫在 1911 年 8 月辞职。但桂太郎在军部的支持下，利用扩军问题将继任的西园寺内阁搞垮，在 1912 年 12 月再次上台执政。军部的这种专横行径，不仅使议会内的反对派对桂太郎内阁提出不信任

案，也遭到社会各界群众的强烈反对。“打破阀族，拥护宪政”的呼声响遍全国，数万名市民甚至包围了议会。随后，各地的群众运动演变成大规模的政治暴动，结果第三次桂太郎内阁垮台。该事件被称为“第一次护宪运动”，那时正值大正天皇即位之初，因而也被称为“大正政变”。

（二）参加第一次世界大战

1914 年第一次世界大战爆发，日本政府不仅迅速向德国提出最后通牒并宣战，出兵中国山东省，接管德国在该地区的所有权益，而且随之向中国袁世凯政府提出标榜“根本解决中国问题”、实际上欲灭亡中国的“二十一条要求”。其内容包括继承德国在山东的一切权利，延长日本在满蒙地区的租借权或所有权，汉冶萍公司由中日合办，所有中国沿海港湾岛屿概不租借或割让给他国，中国政府聘用日本人任政治、财政、军事顾问等。尽管在全中国人民的压力下，袁世凯政府没有答应日本提出的全部要求，但还是使日本在中国满蒙和山东的势力得到了巩固和发展，在华中和华南也有所伸展。

日本不仅积极扩大在中国的侵略势力，而且对俄国领土也具有较大的野心。1917 年 11 月俄国十月革命胜利后，沙皇俄国的崩溃为日本向北方扩张提供了可乘之机。1918 年 1 月，日本借口“保护侨民”派两艘军舰驶入海参崴，并趁西方国家相邀之机在同年 8 月出兵西伯利亚，对苏维埃俄国进行武装干涉，派兵数额逐年增加，最多时兵力达到 7.3 万人。

第一次世界大战为日本资本主义经济的发展提供了绝好的机会，因为此时欧洲商品退出亚洲市场，大批军需订货以及生活用品需求使日本产品出口总额迅速增加。从数字上看，1914 年日本的进出口贸易总额不足 12 亿日元，而 1919 年的进出口贸易总额达到 43 亿日元，其中 1915～1918 年的贸易顺差达到 14 亿日元。日本的黄金储备在 1912 年时仅为 3.5 亿日元，到 1919 年底则超过 20 亿日元。一战前日本有外债 12 亿日元，战后一举变成拥有 28 亿日元的债权国。

第一次世界大战极大地推动了日本资本主义工业经济的发展，使日本从农业国迅速转化为工业国。例如 1914 年时，农业产值在各部门生产总额中所占比例为 45.1%，工业为 44.5%，水产业约占 5.1%，矿业约占

5.1%。1918年，工业上升为56.8%，农业则下降到35.1%，矿业为4.2%，水产业为3.8%。在此基础上，资产阶级的队伍不断扩大，其力量也在逐渐增强。例如拥有资金10万日元以上、雇工5人以上的资本家在1914年时不到20万人，到1920年则超过了30万人；到20世纪20年代末，资本家进一步增加到40万，远远超过地主的人数，其中大资本家人数由1914年的2664人增加到1920年的4764人，第一次超过了大地主的4249人。中小资产阶级人数的发展同样迅速，从1914年的330多万增加到1925年的410多万，其中工商业领域的自营者尤为突出，如果以户计算，则从1914年的63.9万户增加到1925年的111.8万户，几乎增加了一倍。

（三）民主化运动

随着资产阶级在经济领域主宰地位的形成及其力量的逐渐壮大，他们要求在政治上具有更大的发言权，要求对明治维新以来一直把持政权的藩阀以及积极干预政权的军部势力进行清算。美浓部达吉的“天皇机关说”和吉野作造的“民本主义”典型地代表了他们的意愿。

美浓部达吉系宪法学者、东京帝国大学教授。他用“国家法人说”的理论解释明治宪法，认为日本的统治权属于国家这一“法人”，而天皇只是作为国家的最高机关行使统治权。他说：“天皇大权非属于天皇个人之私权，乃天皇作为国家元首而行使之权能”。按照这种“天皇机关说”，天皇权力并非神授，而是国家法律所授，从而对明治宪法做出了民主性的解释。

1916年，吉野作造以东京帝国大学副教授的身份，在《中央公论》杂志发表了第一篇系统论述“民本主义”的论文——《论宪政本义及其完全至善至美的有效途径》，他提出“所谓民本主义，就是对主权在法律理论上属于何人姑且不论，只主张当行使主权时，主权者必须尊重一般民众的福利与愿望，以此为方针的主义，就是民本主义”。为实现此目的，日本需完善代议制度，以达到人民能够监督议员、议会能够监督政府的政治效果。同时，吉野认为能将代议政治付诸实际行动的只有政党。

正是在资产阶级民主运动及其理论的推动下，1919年出现了日本历史上第一届真正的政党内阁——原敬内阁。虽然原敬上台带有一定的偶然性，但他作为不拥有爵位的平民宰相，依靠立宪政友会作为议会多数党的地位，不仅成功地保持了各种政治势力的平衡，将殖民地总督武官制改为文武官并用制，而且在降低选举权财产资格、扩大选民人数的同时，将大选区制改为小选区制，进一步增加了执政党在议会中的席位。

虽然1921年11月原敬被暗杀，但工农群众运动和由资产阶级主导的民主运动持续高涨。一方面，在工农群众运动的基础上，日本共产党、社会民众党及日本劳农党等左翼政党在20年代纷纷出现；另一方面，在资产阶级强烈要求民主化的背景下，以加藤高明为首的宪政会和政友会、革新俱乐部三个资产阶级政党提出了"打倒特权内阁""实行普选""改革贵族院和枢密院"等政治纲领。它们自称"护宪三派"，并将其活动称为"第二次护宪运动"。1924年5月，"护宪三派"在大选中获胜，由加藤高明组阁。该届内阁不仅在1925年通过了成年男子均有选举权的法案，而且使由众议院第一大党首脑组阁的政党政治形成惯例，直到1932年法西斯势力控制政权才终止。

五　战争体制及全面战争

（一）经济危机

1929年7月上台的滨口雄幸内阁，为振兴第一次世界大战后始终处在慢性萧条状态的日本经济，采取了实行产业合理化、整顿税制、改善金融关系、减少财政开支、恢复金本位制等紧缩经济的政策。但这些政策启动不久后，10月24日美国纽约股票市场价格猛跌，经济危机迅速席卷美国并扩及世界，延续4年。持续萧条的日本经济在世界经济危机的影响下，遭受更加严重的打击。紧缩财政使社会需求进一步减少，产业合理化使失业队伍更加庞大，恢复金本位制后汇率上升带来的物价下降使危机时期已经出现暴跌的物价更加低落。

在经济危机的打击下，中小企业因无法维持生产纷纷解散、倒闭，结果进一步推动了失业工人的增加。到1930年中期，破产的企业达到830家，减资企业达到311家，破产及减少的资本总额达到58200万日元。据官方统计，1931 年失业工人达到 31 万余人，到 1932 年增加到近 49 万人，连同半失业者，共达到 300 万人，很多人挣扎在饥饿线上。

1930 年日本农业空前大丰收，但在全国范围内出现了“丰收饥馑”的怪现象。当时农业的两大支柱生丝和稻米的价格都暴跌到生产成本以下。1931 年农民所得不足 1926 年的一半，同年工矿业生产比 1926 年下降了 25%，而失业者人数最多时则增加了 70%。1931 年与危机前的 1929 年相比，国民生产总值减少了 18%，出口减少了 47%，个人消费支出减少了 17%，设备投资减少了 31%，民营工厂工人减少了 18%，工人实际工资下降了 13%。1930 年和 1931 年日本对外贸易总额与 1929 年相比，分别减少了 31% 和 45%，其贸易的减退率超过以往最严重的 1921 年，成为日本资本主义历史上破纪录的一次下降。

在对外贸易中受冲击最大的商品是生丝。1934 年，生丝在日本出口总额中所占比例从危机前的 42% 下降到 18%，从而导致生丝价格暴跌。1929 年 9 月每 60 公斤生丝的价格为 1330 日元，到 1930 年 10 月便下降到 540 日元。生丝需求量的锐减以及丝价的暴跌又引起生丝原料蚕茧价格的暴跌，1932 年春茧的价格还不到 1929 年的 1/3。1931 年的蚕茧总产值仅相当于 1929 年的 42%，使占全国农户 40% 的养蚕农户的生计产生了严重困难。1929 年全国农家负债总额约 46 亿日元，1932 年增加到 55 亿日元，每户农家平均负债在 900 日元左右。

广大农民迫于生计，只好逃荒或卖女。军队中来自农村的下级士官生们，面对城市达官贵人灯红酒绿、荒淫无耻的生活，想起自己家乡的悲惨情景，很容易被法西斯势力的“反权门”“反资本”“救济农村”的口号所吸引，因而积极要求实施“改造”与“革新”的“昭和维新”。

（二）形成战争体制

日本法西斯主义分为自下而上革命式的民间法西斯主义和自上而下改造式的军部法西斯主义，前者以北一辉与大川周明为代表人物，后者以近卫文麿与石原莞尔为代表人物。尽管他们建立法西斯体制的途径不同，但所主张的对外政策是相同的，即侵略与殖民扩张。例如北一辉主张建立北至俄国的西伯利亚、南到澳大利亚的大日本帝国；大川周明主张在日本的

领导下，“把日本、满洲、共同化的广阔经济圈加以巩固，以此为基础实现从东南亚开始到印度、中亚的解放”。而近卫文麿与石原莞尔均认为必须通过战争的方式同欧美国家争夺殖民地。

经济危机带来的社会矛盾极大地推动了法西斯运动的发展。一方面，法西斯分子在国内制造了一系列恐怖暴力活动，如1930年11月刺杀滨口首相事件、1932年2月刺杀前大藏大臣井上准之助事件、1932年3月刺杀三井合名公司理事长团琢磨事件、1932年5月刺杀犬养毅首相的“五一五”事件、1935年8月暗杀军务局长永田铁山事件、1936年2月一千多名近卫师团官兵在东京发动暴乱的“二二六”事件等；另一方面，法西斯分子在国外制造一系列侵略扩张行动，迫使政府承认既成事实，并让权给军部法西斯势力。1931年9月18日，在军部的操纵下，关东军炸毁中国沈阳附近铁路，反诬中国军队所为，借机进行军事行动，史称“九一八”事变，导致日本军队不到半年时间就占领了中国东北三省，并在1932年3月炮制出“满洲国”。日本军队接着又于1932年初在上海挑起战争，史称“一·二八”事变，随后不断在中国扩大侵略行动。

“五一五”事件后，海军大将斋藤实组成的内阁不仅在国内结束了政党内阁制，并且在1932年9月宣布承认“满洲国”，并签订《日满议定书》，为此不惜在1933年3月退出“国际联盟”。1934年7月海军大将冈田启介组成内阁，在军部法西斯势力的推动下，发表《国体明征声明》，排斥“天皇机关说”，使国家政权进一步法西斯化。“二二六”事件后组阁的广田弘毅首先恢复了陆海军大臣现役武官制，并在1936年8月制定《国策基准》，确定了发动世界大战、实施北守南进战略的基本方向。1936年11月日本与德国签订《日德反共协定》，12月又与意大利签订《日意协定》，形成了一个国际法西斯主义集团。

1937年6月4日近卫文麿内阁成立，一个月后的7月7日，爆发了日本军队全面侵略中国的卢沟桥事件，即“七七”事变。近卫内阁在事件发生后虽声称“不扩大事态”，但很快就在第四天发表了向中国华北地区增派军队的声明。接着，近卫首相还亲自召集政界、经济界人物，要求他们对战争进行协助。与此同时，为确保全面侵华战争的进行和后方的稳定，近卫内阁一方面实施“国民精神总动员”，另一方面加强对整个国民经济的统制，颁布了《重要工业统制法》《军需工业动员法》《国家总动员法》等统制法令。1940 年 7 月近卫文麿再次组阁时，在国内解散了所有的政党，组织建立了将所有政治势力网罗在一起由首相任总裁的支持战争的御用政治团体“大政翼赞会”，最终确立了军事法西斯政治体制。

（三）全面战争及崩溃

卢沟桥事变后，日本军队很快占领北京和天津，日本全面推进侵华战争。1937 年 8 月 13 日，日本军队在上海发动进攻，一路推进，12 月 13 日攻占当时中国国民政府的首都南京，烧杀淫掠，对手无寸铁的居民和放下武器的士兵进行了长达六周的血腥大屠杀，以惨无人道的手段屠杀中国军民 30 余万之多，犯下了世界历史上罕见的滔天罪行。到 1938 年 10 月，日本军队已占领了中国华北、华中、华南的大片地区，但也陷入了长期作战的泥潭。

1939 年 9 月，随着德国入侵波兰，欧洲大战爆发。荷、英、法等老牌殖民主义国家在东南亚地区的统治出现空白，为急欲夺取该地区资源的日本提供了绝好机会，但日本与也想控制该地区的美国发生了冲突。为限制日本的军事实力，美国对军需物资、石油及废铁等出口实施禁运措施，结果进一步刺激了日本武力南进的决心。1940 年 7 月，第二届近卫内阁通过了武力南进的计划，并提出了“大东亚共荣圈”的口号。

1940 年 9 月，日本与德国、意大利在德国首都柏林签订《德意日三国同盟条约》，其中规定日本承认并尊重德意两国在“欧洲新秩序”中的领导地位，德意两国承认并尊重日本在“大东亚秩序”中的领导地位。1941 年 6 月苏德战争爆发后，日本决定继续实施武力南进计划，并加快了对英、美作战的准备。1941 年 12 月 7 日，日本海军联合舰队偷袭了美国在夏威夷的海军基地珍珠港。

与此同时，日本陆军向马来亚、菲律宾、中国香港和泰缅地区发起四路大规模进攻。1942 年 6 月，日美双方在中途岛附近展开第二次世界大战中最大规模的海战，因美国事先破译了日本海军的密码，结果使日本海军受到严重打击，损失了 4 艘航空母舰和 300 多架飞机以及大批飞行员。

1942年8月，美军进攻地处太平洋战场最南端的瓜达尔卡纳尔岛，双方海军在这一地区共进行了6次大海战，损失都很大。最后日军不得不撤出瓜达尔卡纳尔岛以收缩战线，太平洋战场的形势发生逆转，美军开始转入进攻，日本节节败退。进入1944年以后，美军进攻到其飞机可以直接轰炸日本本土的区域。

从1944年6月起，美军轰炸机持续大规模空袭日本本土，1945年2月美军攻占硫磺岛后对日本本土的空袭更为频繁，平均每月达3000架次。据统计，日本全国共有119座城市被炸，250万户住宅焚毁，30多万居民被炸死。3月25日，美军动用1457艘舰船、18万登陆部队、54万海上支援部队，对冲绳岛发起猛烈攻击，最后占领该岛。

1945年7月，中、美、英三大盟国以宣言的形式发表促使日本投降的《波茨坦公告》。8月6日和9日，美国先后在日本广岛和长崎投下两颗原子弹，死伤者高达30多万。8月8日，苏联对日宣战，并迅速出兵向中国东北、朝鲜及库页岛上的日军发起进攻。在此状况下，日本政府决定接受《波茨坦公告》。8月15日，日本电台播放了裕仁天皇宣读的《投降诏书》。28日美军进驻日本。9月2日，日本代表和盟军代表在美国军舰“密苏里号”上签署日本投降书，第二次世界大战结束。

第三章

政　治

“一流的经济，三流的政治”，这曾是20世纪70~80年代在日本十分流行的话语。持此论调的人或从西方民主标准出发，认为日本的政治民主程度太低；或者认为日本政治中封建残余太多，腐败现象充斥，总之认为日本是个政治上十分落后的国家。也有少数人持相反意见，如某日本学者就认为日本早已是“政治上的超级发达国家”。那么，日本的政治究竟是怎样一种状态呢？本章拟以政治制度为中心，对当代日本政治的现状做简要、客观的阐述。

第一节　国体与政体

当代日本国家政权的性质即“国体”是十分明确的，同其他西方主要资本主义国家一样，资产阶级在日本的国家政治舞台上始终占据着主导地位，掌握着国家的领导权。然而，日本的国家政权的组织形式即“政体”却与其他西方国家不尽相同。这里拟把日本的现行“政体”称作“虚君议院内阁制”，并就其宪法基础、形成过程、基本特点和天皇在当代社会中的地位做简要介绍。

一　当代日本政体的宪法基础及形成过程

“虚君议院内阁制”这一政体的基本结构和形式特点体现于日本国的根本大法《日本国宪法》之中。

1947年5月3日生效并实施至今的《日本国宪法》，是在日本军国主义刚刚战败而其制度受到较深刻批判、日本国内外和平民主势力蓬勃发展并空前强大、东西方冷战尚未完全形成的情况下，由美国占领当局主导制定的。将《日本国宪法》与此前的《大日本帝国宪法》即《明治宪法》进行比较，新宪法的统治原理从“主权在君”改为“主权在民”，加上了体现和平主义思想的第九条和体现地方自治理念的第八章，赋予国民的民主权利也比原来增加了许多，因而可以说它的诞生在日本历史上是具有进步意义的。

《日本国宪法》含天皇、放弃战争、国民的权利和义务、国会、内阁、司法、财政、地方自治、修订、最高法规、补则 11 章，集中体现了日本现行政治制度的框架和基本原则。这里仅就与政体有直接关系的天皇、国会、内阁的地位稍做比较。

先看“天皇”。二战后日本实行的是“象征天皇制”，这是与战前的“近代天皇制”相对而言的。二战结束之前，天皇拥有至高无上的地位。1889 年公布的《明治宪法》在第一章中明确规定：“大日本帝国由万世一系之天皇统治之”“天皇神圣不可侵犯”。这部作为专制天皇制之法理基础的宪法使日本走上了军国主义道路，因而在二战结束以后遭到了批判。二战结束后不久，裕仁天皇发表了《人间宣言》，公开否认了自己的神格地位，即公开承认自己是人而不是神。1946 年制定的《日本国宪法》否定了“主权在君”原则，明确宣布“主权属于国民”，而天皇只是“日本国的象征，是日本国民统合的象征，其地位以主权所在的全体日本国民的意志为依据”，“没有关于国政的权能”。天皇从事接受国书、颁布法律、发表讲话、任命内阁总理大臣等国事行为都是按照内阁规定的程序和内容操作的。新宪法中虽然仍将“天皇”列为第一章，却没有把天皇明确地规定为“国家元首”。将新旧两部宪法的这些条文相比较，可以看出天皇制在二战后发生了很大变化。

再看“议会”和“内阁”。在明治宪法中，内阁只对天皇起“辅弼”作用，总理大臣和其他阁员均由天皇任命，只对天皇负责；当时的国会即“帝国议会”只对天皇起“协赞”作用，只能审议和通过天皇政府或议会提出的预算和法案，对于官员的任免、宣战、媾和、缔结条约等都不能干预，因而可以说议会的地位是很低的，对天皇荫庇之下的内阁没有多大制约作用。而《日本国宪法》规定国会是“国家的最高权力机关”和“唯一的立法机关”，内阁与国会处于相互制衡的关系之中，即内阁首相本人和半数以上阁员必须是国会议员，首相由国会议员选举产生，对国会负责，国会可以通过对内阁的不信任案，但首相拥有解散众议院的权力，这也是将日本的政体称作“议院内阁制”的原因之一。

不过，对于上述新宪法中的进步之处，日本社会上那些保守势力从一开始就表示不满。他们要求修改宪法，如要将天皇“元首化”，特别是要修改主张和平主义的第九条。然而，由于《日本国宪法》是难以修改的“刚性宪法”，修改宪法须得到国会2/3以上议员和全国半数以上选民的同意，因此，尽管战后长期执政的自民党建党伊始就将改宪作为自己的奋斗目标，改宪却一直很难被列入国会的议事日程。不过，21世纪以来这一态势正在发生变化。2000年1月，日本国会设立了“宪法调查会”，就修改宪法问题进行调查研究并准备起草修改法案。这一动向引起人们的广泛关注。

二 日本政体的基本特征

在中国政治学界，有人曾将“虚君议院内阁制”称作“议会制君主立宪制”，也有人把日本的政体称为“议院内阁制”。所谓“虚君”，是指君主在国家政体中不掌握实质性权力。这里把“虚君”和“议院”“内阁”一起并列入政体名称之中，是考虑到“虚君”天皇亦在日本的国家政体中占有着重要的地位。“议院内阁制”的含义则是世界共通的，它不仅指“议院”和“内阁”占有重要地位，而且指二者之间具有明显的互相制衡的关系。在日本，这种制衡关系在制度上主要表现为：①内阁首相由国会议员投票选举产生并对国会负责；②首相和大多数阁员必须具有国会议员资格；③国会众议院有权通过不信任决议或否决信任决议来罢免首相；④首相有权解散众议院。

与其他同样实行“虚君议院内阁制”的英国、荷兰、比利时、卢森堡、瑞典、挪威、丹麦、西班牙等西方国家相比，日本的这一政体具有一些比较突出的特点。

1. 虚君制具有较长的历史

虚君制的前提是有君主的存在。与那些现今仍实行虚君制的欧洲国家不同，日本虽然也是在经过君主立宪制（即明治后的“近代天皇制”，也叫“二元君主制”）后改为虚君制的，但在实行君主立宪制以前早已实际上实行了虚君制。日本的君主即天皇号称“万世一系”，如包括神话传说在内，至今已经传承了120多代。即使从有文字可考的历史算起，公元607年日本致中国隋朝皇帝的国书上开始使用“东天皇”一词，至今也有1400余年。然而，在这1400余年里，天皇真正在前台直接执掌大权的时间却很短，至少在镰仓幕府、室町幕府、德川幕府掌握国家权力的武家政治时代，天皇实际上是处于“虚君”状态，如再加上虽未建立幕府武家政权但天皇实际上已大权旁落的时期，可以说天皇在自有史以来的大部分时间里都是“君临而不亲政”的“虚君”。

2. 三权分立但不平等，内阁实际上居核心地位

从形式上看，当代日本的三权分立是比较彻底的，例如：在宪法的行文上，国会、内阁、法院各占一章，呈分立态势；从其最高首长的工资来看，国会两院议长、内阁首相、最高法院院长的工资额几乎相等；从其所使用的建筑物上看，最高法院主楼也与国会议事堂主楼一样高。而从实际上看，日本的最高法院虽然在审判上具有一定的独立性，却在政治问题上奉行消极主义原则，远离政治中心，更不像有些国家的最高法院那样在发生政治危机时享有决定政府首脑的权力。另外，如果按照宪法原理来看，国会是“最高权力机关”，仅经间接选举产生的内阁理应作为国会的“侍女”执行国会这个最高民意代表机关的意志，但实际上内阁掌握的权力却远远大于国会，甚至连本应由国会行使的立法权也被内阁掌握了大半。

3. 地方自治制度在宪法中被专门列为一章

从作为政体要素之一的国家权力结构形式即中央与地方的关系来看，虽然西方主要发达资本主义国家几乎都主张实行地方自治或地方分权，一些国家还实行联邦制，但把地方自治制度专门作为一章明文写进宪法的国家却很少见到。

4. 和平主义原则作为第九条写进宪法对政体产生了重要影响

如主管国防的大臣等职位不能由职业军人担任，即实行“文官统制”原则等。

第二节 中央政府

在日本，“政府”一词有两种含义：广义的政府包括立法、行政、司法等三权在内的所有中央政治机构，狭义的政府则仅指内阁所代表的中央行政府。这里仅就狭义政府即内阁及其统辖之下的行政部门进行简要阐述。

一 内阁的构成及其运行机制

《日本国宪法》规定：“行政权属于内阁”。关于内阁的构成和运行机制等也在宪法第五章和《内阁法》中做了比较详细的规定。2001年1月，日本政府对中央行政机构进行了较大规模的改革，《内阁法》的相关条款也随之做了变更。

（一）内阁的构成

现行《内阁法》规定，内阁原则上由14名国务大臣组成（最多不得超过17名），其中，内阁总理大臣即首相和半数以上阁员必须是国会议员。首相先由国会议员通过选举“指名”，再由天皇“认证”。其他阁员由首相选任，也要经天皇“认证”。实际上，一般阁员往往是首相根据本党各派及联合执政的各政党的势力对比协商确定的。

内阁是合议制机构，主要通过召开内阁会议的方式决定政府的重大方针政策。内阁会议通常每周二、五各召开一次，有紧急事项时则召开临时内阁会议，有时还用传阅画圈的方式作出决定。

（二）运行机制

内阁在运行机制上实行全体一致原则和分工负责原则。

1. 全体一致原则

如果某位阁员在内阁会议上坚持其与首相不同的意见，该阁员就必须主动辞职或者被首相解除职务，否则内阁必须宣布总辞职。不过，由于内阁会议已经是内阁决策过程的最后阶段，各种分歧意见大体上已经在此前的课级协商、局级协商、执政党审议、事务次官会议等阶段得到解决，很少会在内阁会议上发生首相与阁员意见不一致的情况。

2. 分工负责原则

各个阁员基本上是分别主管一个省或者厅、委员会的工作，对其他阁员主管事务很难干涉，在这一点上首相也不例外，由此便产生了首相的综合协调以及指挥能力不强的问题。近年来，日本在行政改革中已经采取了提高辅佐首相工作的内阁官房和内阁府的规格及职能等措施，试图加强首相的指挥能力。中曾根康弘、小泉纯一郎等人还主张实行“首相直选制”，试图借此使首相成为“总统型首相”。

（三）内阁的职责

许多日本学者把日本称作“行政国家”，理由是日本的行政机构所发挥的职能和作用比立法、司法机构大得多。按照《日本国宪法》的规定，“行政权属于内阁”。行政权力之大具体表现在内阁的职权上。内阁的职能大体可分为三类。

1. 就天皇的国事行为提出建议并对此负责

这些“国事行为”包括任命首相和最高法院院长、公布法律、召集国会、认证条约批准书及其他外交文书和接见外国大使、公使等。

2. 行政权

这里所说的“行政权”是指内阁作为行政权主体所履行的职能，主要有以下几项。

（1）“执行法律，总理国务”。明治初期，曾有日本学者把行政称作“行法”，行政和“执行法律”本来就可以说是同义词。在法治社会里，“执行法律”的涵盖面能有多广是不难想见的。

（2）处理外交关系。

（3）编制预算。

（4）制定和实施政令等行政法规。

（5）决定大赦、特赦、减刑、免除执行刑罚。

（6）可视需要解散众议院，举行众议院议员选举。

（7）召开国会会议。

（8）决定最高法院院长人选，任命最高法院、高等法院、地方法院的法官。

（9）向国会报告国家财政的收支情况。

（10）向国会提交国家决算和会计检察院审查报告。

3. 其他职能

（1）指定最高法院院长人选。

（2）任命最高法院其他法官和下级法院法官。

（3）决定召集国会临时会议等。

二　内阁的下属行政组织

（一）直属机构

1. 内阁官房

内阁官房是内阁的办公机构（相当于我国的办公厅），除了负责内阁会议的筹备等工作以外，还负责策划制定重大政策、对内阁下属机构的工作进行综合协调、调查收集情报等事务。内阁官房长官是内阁的“大管家”和新闻发言人，一般由首相的亲信担任。下设内阁官房副长官（3人）、内阁总理大臣辅佐官（首相助理，不超过5人）、内阁总理大臣秘书官、内阁危机管理监、内阁情报通信政策监、内阁官房副长官助理等官员，还设有内阁人事局、国家安全保障局、内阁总务官室、内阁广报室、内阁情报调查室、内阁网络安全中心等机构。2015年1月，内阁官房的编制定员为1100人。现任官房长官是菅义伟。

2. 内阁法制局

内阁法制局是内阁的法制顾问机构，其主要职责是：审查准备提交内阁会议审议的法律、政令、条约的草案，以避免该法案与其他法规重复或矛盾；调查研究国内外法律的运行情况以及其他事项，就法律问题向内阁提出建议；必要时起草有关法律或政令；等等。法制局长官虽然不是大臣，但其职务也由首相任命，能够出席几乎所有内阁会议。2015年年末，内阁法制局设长官、次长各1人，下设长官总务室和4个职能部，编制为77人。

3. 国家安全保障会议

其前身为国防会议，1986年改为“安全保障会议”，2013年改为现称，是日本安全政策的决策机关，由首相任议长，成员并不完全固定。议长即首相可根据议题分别召集副首相、外务大臣、财务大臣、防卫大臣、国家公安委员会委员长等阁僚，参加“八大臣会议”或“大臣会议”或“紧急大臣会议”，进行决策。它的主要任务是审议确定《国防基本方针》《防卫计划大纲》等文件以及与防卫计划有关的产业调整问题，出动自卫队一般要经过这个会议的批准（详见第五章）。

4. 人事院

人事院成立于1948年，是一个对于内阁具有一定独立性并且具有准立法权和准司法权的人事行政机构，主要负责制定和实施人事院规则，管理与国家公务员有关的制度，审查和裁决对国家公务员所作处分的申诉，组织实施国家公务员的考试、录用、进修等事务。它的最高决策机构是由3名人事官组成的人事院会议，其中1名人事官任总裁。人事官是由内阁任命的，但要得到国会的同意和天皇的认证。人事院的事务机构是事务总局，其负责人为事务总长。2014年7月，其编制定员为618人，下设机构除作为事务总长助手的审议官和总务课、人事课等4个直属课外，还有职员福祉局、人才局、工资局和公平审查局等4个职能局和公务员研修所。人事院还设有由会长和4名委员组成的国家公务员伦理审查会，在地方设有9个派出机构（如北海道事务局等）。

（二）内阁府及其下属机构

内阁府的主要任务是协助内阁官房制定内阁的重要政策并进行有关的综合协调，处理应由总理大臣担当的事务。它是2001年新成立的机构，至2014年7月，本府的编制定员为2265人。内阁府的首长由首相兼任，由内阁官房长官协助首相主持内阁府的工作，内阁府还设有专门处理金融问题、冲绳和北方领土等当前迫切问题的若干名特命担当大臣，即至少要有3名大臣在此主持工作，他们与3名内阁官房副长官、3名内阁府副大臣、3 名大臣政务官、1 名内阁府事务次官、2 名次官级的内阁府审议官共同组成高层领导班子。内阁府的主体是内阁府本府，内设大臣官房、政策统括官（机构名，内含 7 名正局级的政策统括官和约 360 名官员）、赏勋局、男女共同参画局、冲绳振兴局 5 个职能部门。国家公安委员会、公正交易委员会、金融厅、消费者厅以及地位特殊的宫内厅也作为“外局”列在了内阁府的名下。在政府决策过程中起着重要作用的经济财政咨询会议和综合科学技术会议、中央防灾会议、男女共同参画会议等政策咨询机构也设在内阁府之下。

1. 国家公安委员会及警察厅

国家公安委员会是管理警察行政事务的省级机构，由 5 名委员组成，其中 1 名为委员长，由国务大臣担任。其他委员从任职前 5 年中未担任过警察和检察官职务者中选任，经国会同意后由内阁任命。委员会在决策上实行少数服从多数的“合议制”。实行这种制度是为了确保公安执法的公正，但是，仅由这 5 名委员组成的委员会只是在大的原则问题上把握方向，具体警察业务均由职能机构——警察厅执行。警察厅长官是职务最高的警官，由国家公安委员会征得首相承认后任命，负责统一指挥和监督全国警察的工作。2016 年年末，警察厅的编制为 7797 人（绝大多数地方警察不在此编制之内），其本部设长官官房、生活安全局、刑事局、交通局、警备局、情报通信局等职能机构。警察大学校、科学警察研究所和皇宫警察本部是它的附属机构，警察厅在全国 7 个跨府县的“管区”中各设一个“管区警察局”。各个都道府县分别设有警察本部，其中只有东京都的警察机构不叫“警察本部”而称为“警视厅”。警视厅和北海道警察本部由警察厅管辖指挥，其他府县的警察本部则由管区警察局管辖指挥。依照法律，各都道府县的警察由警察厅和各都道府县公安委员会实行双重领导，但“警视正”以上的中高级警官均由国家公安委员会任命。

2. 金融厅

金融厅是 2000 年 7 月由金融监督厅和原大藏省的金融企划局合并而成的机构，而金融监督厅则是 1998 年 6 月从大藏省中分离出来的金融检查监督部门。金融厅的成立标志着百余年来一直统归大藏省管辖的财政行政与金融行政的分离。金融厅既负责国内金融制度的策划、制定与实施，又负责对金融机构的检查和监督，从而实现了金融行政的一元化。金融厅长官不由国务大臣担任，在组织法上不是省级厅，但因为在内阁府专门设有金融担当大臣主管金融厅的工作，可以说金融厅是一个“准省级厅”。它下设总务企划局、检查局、监督局 3 个职能局，证券交易等监视委员会、金融审议会、机动车损害赔偿责任保险审议会、公认会计师·监查审查会、金融机能强化审查会、企业会计审议会等机构也列在其名下。至 2015 年底，金融厅的编制定员为 1373 人。

3. 消费者厅

消费者厅是一个专门掌管保护消费者权益等有关行政业务的机构，2009 年通过立法程序设立。内阁府中设有“特命担当大臣”主管此厅。厅里设长官、次长各 1 人，审议官 4 人，参事官 1 人，下设总务课、消费者政策课、消费者制度课、消费者安全课、消费者调查课、消费者教育及地方协力课、交易对策课、标识对策课、食品标识企划课等职能机构，而不像其他省厅那样设“局”或“部”，由各审议官直接指导各课的工作。设在内阁府本府之下的“消费者委员会”“消费者政策会议”也参与消费者厅的决策和监督工作。消费者厅主管的独立行政法人（相当于中国的事业单位）——“国民生活中心”是其行政业务的核心实施机构。

截至 2016 年 3 月，该厅的编制定员为 301 人。因业务繁重，经常从警察厅、公正交易委员会等部门借调约 100 人参与工作。

4. 宫内厅

宫内厅是掌管关于天皇和皇室国事行为的事务、保管天皇玉玺并负责皇室其他事务的机构。二战前的同类机构是宫内省。二战后，随着近代天皇制转变为象征天皇制，宫内省也降格为宫内厅，其长官也不再是大臣级别，但其任免仍须由天皇认证，这是唯一须由天皇认证其任免的副省级官员。至 2015 年年末，宫内厅的编制为 1009 人，设长官官房、侍从职、东宫职、式部职、书陵部和管理部等职能机构和正仓院事务所、御料牧场、京都事务所等附属机构。

（三）省与厅

“省”相当于中国国务院的“部”，这种称呼仿自中国古代官制。“省”是内阁所属的最正统、最标准的职能部门，其首长均由大臣担任，并且可用其省名作为大臣名的前置词，如“财务大臣”“法务大臣”等。各省均设有 1 名大臣和 1 名由业务官员担任的事务次官。2001 年机构改革之后各省均增设了副大臣（大多设 2 名，只有法务省和环境省设 1 名）和政务官（1～3 名）。这里所说的“厅”指“复兴厅”，是个“省”级机构，与内阁府、各省同样直接列于内阁之下。

1. 总务省

总务省是 2001 年 1 月 6 日由原来的总务厅、自治省、邮政省合并而成的。它的主要任务是负责管理和实施行政基本制度、地方自治制度、电信和广播业务、邮政事务以及其他部门不能管理的事务。至 2014 年 7 月末，总务省本省的编制定员为 4833 人。在领导层中，除全面主管工作的总务大臣之外，还设有由国会议员即所谓“政治家”出任的 2 名副大臣和 3 名政务官、1 名辅佐官，以及由业务官员即所谓“官僚”出任的 1 名事务次官和 2 名总务审议官。下设大臣官房、行政管理局、行政评价局、自治行政局、自治财政局、自治税务局、情报通信国际战略局、综合通信基础局、情报流通行政局、统计局、政策统括官等职能部门。另设有自治大学校、情报通信政策研究所、统计研修所 3 个附属机构和地方财政审议会、中央选举管理会、中央地方纷争处理委员会等审议咨询机构。作为地方派出机构，在全国各地设有 7 个管区行政评价局和 10 个综合通信局及冲绳综合通信事务所。公害等调整委员会、消防厅等作为本省之外的“外局”也设在总务省之下。

2. 法务省

法务省是日本内阁中历史最长的部门之一。它的主要任务是维护和完善基本法制，维持法律秩序，保护国民的基本权利等。2014 年 7 月末，法务省本省的编制定员为 50882 人，是日本中央政府中编制人数最多的部门，但它的省级领导人并不多，除法务大臣外，设有副大臣、大臣政务官、大臣辅佐官、事务次官各 1 人，下设大臣官房和民事局、刑事局、矫正局、保护局、人权维护局、入国管理局6个职能局和检察厅，另设法制审议会等审议咨询机构和法务综合研究所、矫正研修所等附属机构。另外，还在全国各地设有法务局及其下级机构、地方入国管理局及其下级机构、刑务所及其分支机构、少年院、少年鉴别所等地方派出机构。检察厅虽然设在法务省之下，但它是一个与法院系统相对应的庞大的检察系统，由最高检察厅、高等检察厅、地方检察厅和区检察厅四级组成。检察厅最高首长为检事总长，其地位实际上高于法务省事务次官。以防间谍、防动乱为主要任务的公安调查厅也列在法务省之下。

3. 外务省

外务省的历史与法务省同样悠久。按照现行法律的规定，它的主要任务是“维持国际社会的和平秩序，作为主体创造良好的国际环境，在国际社会中追求国家利益，维持和发展协调的对外关系，等等”。随着日本国际地位的提高和国家外交战略的变化，外务省的机构规模也逐渐扩大。至2014年7月末，外务省的编制定员为5780人。在外务大臣、副大臣、大臣政务官、辅佐官、事务次官、外务审议官等省级官员之下，设大臣官房和综合外交政策局、亚洲大洋洲局、北美局、中南美局、欧洲局、中东非洲局、经济局、国际协力局、国际法局、领事局、国际情报统括官等职能部门，在国外设有大使馆、总领事馆、政府代表部等派出机构。

4. 财务省

财务省的前身是大藏省，主要任务是确保财政的健全和通货汇兑的稳定，制定处理金融危机的政策和措施，等等。原大藏省曾被认为是日本中央政府中权力最大的官厅。2001年初改为现称以后，其原有的编制国家预算的权限被内阁府下的“经济财政咨询会议”分去一部分，金融监管权和金融政策制定权交给了新设立的金融厅，职权范围已有所缩小。至2014年7月末，财务省本省的编制定员为15259人。在财务大臣、副大臣、大臣政务官、辅佐官、事务次官、财务官等省级官员之下，设有大臣官房和主计局、主税局、关税局、理财局、国际局等职能局，还设有财务综合政策研究所、会计中心、关税中央分析所、海关研修所等附属机构，在全国各地设有财务局（9个）和海关（9个）等地方派出机构。在本省之外，另设“外局”——次官级的国税厅，它也在全国各地设有各级分支机构，其编制定员达55790人。

5. 文部科学省

文部科学省的前身是文部省和科学技术厅，主要任务是“培养具有创造性的人才，振兴学术文化，综合性地发展科学技术等”。它可以对都道府县和市町村教育委员会进行监督指导。以前，文部科学省曾是规模较大的部门，21世纪初进行行政改革把国立学校和研究机构的编制定员分离出去以后，其规模大大缩小。至2014年7月末，文部科学省本省的编制定员为1859人。在大臣、副大臣、政务官、辅佐官、事务次官、审议官等省级官员之下，设大臣官房和终身学习政策局、初等中等教育局、高等教育局、科学技术·学术政策局、研究振兴局、研究开发局、国际统括官7个职能部门，另设次官级的“外局”——体育厅和文化厅。体育厅的编制定员为121人，负责发展体育事业，增强儿童及全民体质，培养奥运选手等。文化厅的编制定员为233人，负责对语言、艺术、宗教、文物保护等事务进行指导和管理。

6. 厚生劳动省

2001年1月由原厚生省和劳动省合并而成，主要任务是“确保就业，完善劳动条件，提高社会福利、社会保障和公共卫生的水平等”，其编制规模亦因21世纪初将国立医院分离出去而大为缩小。至2014年7月末，厚生劳动省本省的编制定员为31548人。在大臣、副大臣、政务官、辅佐官、事务次官、审议官等省级官员之下，设大臣官房和医政局、健康局、医药食品局、劳动基准局、职业安定局、职业能力开发局、雇用均等·儿童家庭局、社会·援护局、老健局、保险局、年金局、政策统括官等职能部门。其直属业务机构有国立癌症中心等12个医疗科研机构、13个检疫所、5处社会福利设施。该省还在全国各地设有7个地方厚生局、47个都道府县劳动局、321个劳动基准监督署和437个公共职业安定所。

7. 农林水产省

农林水产省也是日本政府中历史悠久的部门之一，原称“农林省”，1978年改为现称。历史上农林省曾是规模较大的机构，后来随着日本农业政策特别是粮食管理政策的变化，其机构规模逐渐缩小。至 2014 年 7 月末，农林水产省本省的编制定员为 16617 人。在大臣、副大臣、政务官、辅佐官、事务次官、审议官等省级官员之下，设有大臣官房和消费·安全局、食料产业局、生产局、经营局、农村振兴局 5 个职能局，另设有农林水产政策研究所、动植物检疫所、研修所等附属机构。在全国各地，设有地方农政局及其下级单位地方农政事务所、统计情报中心等地方派出机构。在本省之外，设有水产厅、林野厅等次官级的“厅”以及农林水产技术会议等机构，它们又在各地设有森林管理局等派出机构。农林水产省的主要任务是确保食物的稳定供应，振兴农村、山区经济，保护和培育森林，等等。

8. 经济产业省

其前身是世界闻名的通商产业省，2001 年 1 月改为现称。20 世纪 60～80 年代，通商产业省曾被视为推进日本高速经济增长的功臣，也曾因其对经济活动进行过多行政干预而受到欧美国家舆论的非议。在其后进行的行政改革中，其职能和机构逐渐缩小。至 2014 年 7 月末，经济产业省本省的编制定员为 4519 人。在大臣、副大臣、政务官、辅佐官、事务次官、审议官等省级官员之下，设大臣官房和经济产业政策局、通商政策局、贸易经济协力局、产业技术环境局、制造产业局、商务情报政策局等职能局，在全国各地设有 8 个经济产业局等地方派出机构。在本省之外，还设了资源能源厅、特许（专利）厅、中小企业厅 3 个次官级的“外局”。按照现行《经济产业省设置法》的规定，其主要任务是“以搞活民间经济和顺利发展对外经济关系为核心发展经济和产业，确保能源的稳定而有效的供给等”。

9. 国土交通省

2001 年 1 月由原建设省、运输省和国土厅合并而成，因而其编制规模比较庞大。至 2014 年 7 月末，仅国土交通省本省的编制定员就达 40399 人。在大臣、副大臣、大臣政务官、大臣辅佐官、事务次官、审议官等省级官员之下，设大臣官房和综合政策局、国土政策局、土地·建设产业局、都市局、水管理·国土保全局、道路局、住宅局、铁道局、汽车局、海事局、港湾局、航空局、北海道局等职能部门及政策统括官、国际统括官，还设有国土交通政策研究所、航空保安大学、国土地理院等7个附属机构，在国内各地设有地方整备局（8个）、地方航空局（2个）、地方运输局（9个）、北海道开发局等地方派出机构。此外，国土交通省还设有观光厅、气象厅、海上保安厅和运输安全委员会4个“外局”。根据《国土交通省设置法》的规定，其主要任务是“综合而系统地开发和利用国土并为此而完善相应的社会基础设施，制定和实施交通政策等等”。

10. 环境省

环境省2001年1月由原来的环境厅升格而成。它的成立表明了日本政府对环境保护工作的重视。其主要任务是“创造和保护良好的环境”。至2014年7月末，环境省的编制定员为1798人。在大臣、副大臣、大臣政务官、大臣辅佐官、事务次官、审议官等省级官员之下，设大臣官房和综合环境政策局、地球环境局、水和大气环境局、自然环境局4个职能局，还设有环境调查研修所和7个地方环境事务所。

11. 防卫省

防卫省2008年由原防卫厅升格而成。鉴于日本在第二次世界大战中犯下侵略罪行，日本宪法规定日本“不得保持战争力量”，日本的军队被称作“自卫队”，负责国防事务的政府部门曾长期被定位为“厅”而不是“省”。根据《防卫省设置法》，防卫省的主要任务是“保卫和平与独立，维护国家安全”。截至2014年7月末，防卫省的编制定员为268490人，其中军人为247212人。防卫省的省级官员有防卫大臣、副大臣、大臣政务官（2名）、大臣辅佐官、事务次官、防卫审议官及秘书官，下设的军政系统机构有大臣官房和防卫政策局、运用企划局、人事教育局、经理装备局、地方协力局5个职能局，还设有防卫大学、防卫医科大学、防卫研究所等附属机构，在国内设有8个派出机构——地方防卫局。协助首相和防卫大臣直接指挥自卫队的军令系统机构是“统合幕僚监部”（相当于美国的“参谋长联席会议”）和“陆上幕僚监部”“海上幕僚监部”“航空幕僚监部”3个军种参谋机构（详见第五章）。

12. 复兴厅

复兴厅是一个专门以复兴东日本大地震受灾地区为目的而设立的政府行政机构。2011 年 3 月 11 日“东日本大地震”发生后，日本于 2011 年 6 月 24 日制定了《东日本大地震复兴基本法》，该法第 24 条规定要设立“复兴厅”。2011 年 12 月 9 日国会通过了《复兴厅设置法》。根据这一法律，复兴厅于 2012 年 2 月 10 日成立，本部设在东京。它虽名为“厅”，却是一个“省”级机构，以首相为最高负责人，还设有复兴大臣、副大臣（2 人）、大臣政务官、大臣辅佐官、事务次官等职位，复兴厅下设统括官、审议官、参事官及总括班、企划班、调整班等职能机构，在地震重灾区盛冈市、仙台市和福岛市设有派出机构——复兴局，另设有 6 个支所、2 个事务所。2014 年 7 月，编制定员为 183 人。

复兴厅除统筹政府的重建政策外，还负责复兴特区的认定及重建补助金的分配工作，是灾区政府和中央政府间的综合性联络窗口。

三　公务员制度

（一）沿革

在历史上，日本的政府官员一直具有较高的社会地位。明治维新以前，日本处于封建贵族及武士的统治之下，相当于政府官员的武士拥有对平民生杀予夺的权力。明治维新以后，虽然政府宣布实行“四民平等”，但经考试录用的政府官员仍然是高居于平民之上的“天皇的官吏”。这些官吏依其与天皇的关系之远近而被划分为亲任官、敕任官、判任官、奏任官等几类，而同样在官厅工作的一般职员则被称作“佣人”“雇员”。也就是说，当时日本的“官”不仅是一种职务，而且是一种身份的象征。为官者不仅可以领取大大高于平民的俸禄，更享有较高的政治地位。

二战以后，日本进行了民主改革，取消了“天皇的官吏”之特权地位及其与“佣人”“雇员”的区别，在政府部门工作者一律被称为“公务员”，减少了官吏制度中的封建色彩。

（二）考试任用制度

除内阁大臣、副大臣、政务官和军人等政务类公务员以外，业务类国家公务员一律要通过由人事院组织的考试统一录用。其录用考试分为“一种”“二种”“三种”三级。参加“三种”考试的多是高中毕业生，被录用后多成为邮局职员等，从事体力性工作；参加“二种”考试的多是大学或短期大学（相当于我国的大专）毕业生，被录用后多在地方派出机构工作；参加“一种”考试的基本上是大学或研究生院毕业生，被录用后多在中央政府部门工作，他们就是日本人一般所说的“官僚”，中央政府部门中绝大多数系长（股长）以上职位都由他们担任。日本行政机构在政府决策过程中作用较大，这些官僚实际上执掌着政府权力，被普通公民视作“御上”（特权阶层），加上他们的工资也不比民间大企业的待遇低多少或基本相等，而且退休后的社会保障又优于在大企业工作者，因而参加国家公务员“一种”考试仍是东京大学等名牌大学多数“尖子生”们的最佳选择。

日本培养公务员实行“入口选择”原则，即在录用时就确定了其今后的发展方向，通过国家公务员“一种”考试者，只要就职后不犯大错误，一般都能当上中央政府的课长，半数以上能当上局长或副局级干部，少数人能升到事务次官。这种办法颇有“一次考试定终身”的味道，近年来日本民众对此已经颇有微词。

（三）进修制度

公务员被录用后一般都要先接受培训，即参加“初任者研修”，在晋升职务之前后也要接受培训。此外，政府还根据工作需要组织各个层次的公务员参加包括到国内外学习在内的各种进修。对于经过“一种”考试录用的高级公务员，政府还通过让其在各个部门轮岗的办法进行培养。

（四）工资制度

公务员的工资基本上实行按工龄确定工资级别的“年功序列制”，一般每年提薪一次。如果未得到特别提拔，同一年通过同一种考试被录用的公务员的工资大体相同。

（五）退休制度

日本政府部门实行60岁退休的制度，但医生、高级外交官等特殊职务最多可延至65岁。这一制度实际上并不适用于高级公务员即所谓“官僚”们，因为日本官场中素有重视辈分的传统，同一年考入官僚队伍者都被视为“同辈人”，而同辈之间是不好互相指挥的。他们大多差不多同时被提升为课长，却不可能同时被提升为局长，因为没有那么多职位。因此，同辈当中一旦有一人被提升为局长或事务次官，其他同辈虽然只有50多岁，但也只好离开官厅“下凡”。

所谓“下凡”，是指政府官员离开官厅到官办或半官办企业、民办企业或地方政府中任职。他们离开官厅时可拿到一笔数目不菲的退职金，如事务次官一级的官员近年可拿七八千万日元甚至上亿日元，局长一级的官员也能拿到三五千万日元。由于企业都想利用这些“下凡”官僚的人际关系建立与官厅沟通的渠道，他们在企业中得到的地位和收入也很高，而且退休时还可再次拿到丰厚的退职金。有些“下凡”官僚还到财界团体或政府咨询机构——审议会中担任重要职务。日本社会对这种“下凡”现象素有批评，近年来反对的呼声更趋高涨，日本政府已采取了一些改革措施，从而使“下凡”的官员数量逐渐减少。

四　行政机构的主要特征

（一）政府机构的框架比较稳定

2001年1月，日本政府实行了较大规模的行政机构改革，原来的“1府24省厅委”改成了“1府10省1委1厅”，简称为“1府12省厅”。从形式上看，这次改革达到了“省级机构减半”的目标，容易给人以日本的行政机构可以轻易进行大幅度变动的错觉。其实不然，毋宁说日本的中央政府机构的基本特征是“比较稳定”。因为，日本中央政府机构在经过了二战后初期的短期动荡之后，到1952年基本稳定下来，形成了新的中央政府机构框架，即所谓“1952年体制”。这个“1952年体制”就是“1府12省厅”体制。与“1952年体制”相比较，2001年改革中被精简掉的多是就专门性业务在基础性机构之间进行综合协调的临时性机构，基础性机构并未发生多大变化。因此，从长期视角来看，日本的中央政府机构仍可以说是比较稳定的。

（二）政府的经济职能较强

在奉行市场经济原理的资本主义国家中，日本无疑是政府经济职能比较强的国家。这并不体现在政府掌握国有企业的多寡上，相反，比起曾经大搞过国有化的英国、法国等国，日本的国有企业所占比例反而是比较低的。日本政府的经济职能更多地体现在它的宏观经济调控和它与企业的关系上。二战后 70 余年来，日本政府一直在制订各种社会经济发展计划：从时间上看，既有长达 5 年甚至 10 年的长期计划，又有短期和年度计划；从领域上看，既有经济发展、国土开发等全国性的宏观计划，又有各个产业或地区的具体计划。这些计划虽然并非指令性的，但对经济的发展无疑起到了导向作用。政府还较多地使用了财政金融杠杆来调节经济运行。更重要的是，政府十分重视“官民协调”，通过行政审批权、行政指导等手段对民间企业进行了“周密”的保护、扶植和指导，以至于日本全国都被西方学者称作政府领导下的“股份公司”。

政府经济职能较强这一特征是在日本的特殊环境条件下形成的。从日本通过明治维新走上资本主义发展道路的那一天起，明治政府为了在列强威胁之下尽快追赶上发达国家，采用了先由国家创办示范工厂再将其转卖给民间企业以发展民营工业的方法，亲手扶植起了三菱、三井等著名大财阀。由于日本资本主义是靠不断发动战争发展起来的，自然要为了保障战争的需要而加强对企业乃至经济的控制，这一点在二战期间建立战时体制时达到了极致，从而形成了“政府全面管制经济”的“1940 年体制”。二战结束以后，日本为了尽快医治战争创伤和追赶欧美发达国家，基本上保留和延续了“1940 年体制”，加上 20 世纪 50 ~ 70 年代包括日本在内的西方国家流行主张扩大政府干预的凯恩斯主义，使政府的经济职能不断得到完善和加强。进入 80 年代以后，在国际上流行的新自由主义思潮的冲击下，日本开始进行旨在减少政府干预的行政改革，政府的经济职能有所减弱，但仍可以说日本是资本主义国家中政府干预较强的国家。

（三）公务员的数量较少

根据日本野村综合研究所的调查报告，2004 ~ 2005 年，日本包括中央政府、地方政府公务员和政府直属企业职工在内的公职人员在全国人口中所占比例为4.22%，而同期美国、英国、法国、德国的同一比例分别为7.39%、7.83%、9.58%、6.96%，相比之下日本的公职人员比例显然要低得多。

日本之所以能够把公职人员比例控制在较低水平，与以下几点有密切关系：一是公务员的定员管理比较成功，其主要做法是先由国会用法律规定公务员数量的上限，再在舆论支持下逐年推行“定员削减计划”，并在政府机构内部调剂人员余缺，从而使公务员的数量基本上做到了只减不增；二是利用政府外围团体协助政府工作来减轻政府人手不够的压力；三是日本的民间企业和家庭在社会福利方面发挥的作用相对较大，减少了政府中从事社会福利工作的人员；四是日本的政府直属企业职工相对较少。

第三节　立法机构

从宪法等法律制度上看，日本显然是个实行“三权分立”原则的国家。关于国会、内阁、法院的规定在宪法中各占一章，而国会的地位尤其受到重视。宪法不仅规定国会是“国家唯一的立法机关”，还规定是“国家的最高权力机关”，这在资本主义国家中是很少见的。

一　国会的组织构成

与英美等欧美国家相同，日本国会亦实行两院制，即由众议院和参议院两院构成。但日本的众议院与参议院在议员的产生办法和议院职能方面却相类似，不像许多欧美国家那样两院之间有明显的差别。

（一）众议院的构成和议员选举办法

众议院议员的现行定员为475人，其中295人从每个选区定员1人的小选区选出，余下的180人用比例代表制从全国11个选区选出。众议员的任期为4年。但是，因为首相有权解散众议院，而首相为了选择对执政党有利的时机进行选举，或者因为在野党提出的内阁不信任案在国会获得通过而被迫使用这一权力，所以众议员经常是任期未满就因国会解散而不得不重新参加竞选。

议长、副议长一般分别由第一、第二大党的议员出任。2015 年 7 月末，众议院议长为大岛理森，副议长为川端达夫。众议院下设内阁、总务、法务、外务、财政金融、文部科学、厚生劳动、农林水产、经济产业、国土交通、环境、安全保障、国家基本政策、预算、决算·行政监视、议院运营、惩罚委员会 17 个常任委员会，灾害对策、冲绳及北方问题、科学技术革新、和平安全法制、东日本大地震复兴特别委员会等 10 个特别委员会，还设有宪法审查会、情报监视审查会和政治伦理审查会。作为附属机构，设有法制局以协助议员及各委员会制定法律，设有事务局以处理各种辅助性事务。

（二）参议院的构成和议员选举办法

参议院议员的现行定员为 242 人。其中，用比例代表制从全国选区选出 96 人，从以都道府县为单位的地方选区选出 146 人。参议员的任期为 6 年，每 3 年改选半数。参议员候选人的年龄限制为年满 30 周岁，比众议员多 5 岁。

参议院的议长、副议长一般分别由第一、第二大党的议员出任。2015 年 8 月，参议院议长为山崎正昭，副议长为舆石东。参议院下设内阁、总务、法务、外交防卫、财政金融、文教科学、厚生劳动、农林水产、经济产业、国土交通、环境、国家基本政策、预算、决算、行政监视、议院运营、惩罚委员会 17 个常任委员会，灾害对策、政府开发援助、冲绳及北方问题、消费者问题、朝鲜绑架问题、确立政治伦理及选举制度、东日本大地震复兴及原子能问题特别委员会 7 个特别委员会，还设有宪法审查会、情报监视审查会和政治伦理审查会 3 个审查会，国际经济外交调查会、国民生活经济与摆脱通缩重建财政调查会和国家统治机构调查会 3 个调查会。

同众议院一样，参议院也设有法制局、事务局等附属机构。

此外，国会还设有一些两院共同参与的机构，如由两院分别出人共同组成的两院协议会，其职责是对两院之间的分歧意见进行协调。两院还共同组成两院法规委员会以对两院关系、国会与内阁关系、立法程序等问题进行研究和审议，共同组成法官起诉委员会和法官弹劾法院以对违法的法官进行起诉和审判。国会还设有全国最大的图书馆——国立国会图书馆，它既负有向国会议员提供资料以协助其立法的责任，又向社会各界开放并提供图书资料方面的多种服务。

二　国会的职能及其运作程序

（一）职能

作为“国家最高权力机关”和“唯一立法机关”，国会具有统合和代表国民意志、组建政府、制定法律和政策、对行政和司法部门进行监督、培养政治家、向国民宣传民主法制等重要职能。具体来说，国会主要行使以下几项权力。

（1）立法，即制定法律和提出修改宪法的议案。作为宪法规定的“唯一立法机关”，立法无疑是国会的首要职能。不过，对于宪法所说的“唯一”，却不能做过于机械的解释。因为，从广义上讲，内阁及其所属省厅制定的“政令”“省令”等行政法规，地方议会制定的“条例”和地方政府首长制定的“要纲”，法院所作判决以及由此形成的判例，在很大程度上都具有“法”的性质和效力。所以，把“唯一立法机关”理解为唯一能够制定可称作法律之“法”的机关才是没有疑义的。

（2）任免首相和组织行政机构。内阁首相由国会议员通过选举产生（日本法律上称作“指名”）。其他阁员人选虽然由首相自己决定，但其中半数以上必须从国会议员中任命，这也体现了国会对内阁的优越地位和统制作用。中央行政部门局以上机构和公务员的总数也是由国会用法律规定的。

（3）在财政方面，政府各部门的预算必须事先得到国会的批准，决算必须经过国会的审查和批准。增减税种和税率也必须事先得到国会的批准。

（4）在外交方面，内阁虽然有处理外交关系的权限，但其与外国签订的条约必须经过国会的审议和通过后才能生效。

（5）对行政部门进行监督。国会可以对行政部门执行国会制定的法律的状况进行经常性的监督，并可以在国会全体会议或各个委员会的会议上向政府官员提出质询。对于行政部门从事的各种工作，国会（主要是两院的各个常任委员会）可以行使“国政调查权”，甚至在必要时将行政官员或其他证人传唤到国会进行讯问。

（6）监督司法部门的工作。对于玩忽职守和违反法律的法官，国会可组织起诉委员会和弹劾法院对其进行起诉和审判。

（二）国会的议事原则

1. 众议院优先的原则

众参两院是各自独立的主体，它们都可以自主履行其立法、国政调查等职能，自主选举议院的领导人和制定工作规则，自主决定对本院议员的惩罚，等等。但是，它们又都是国会这个更大主体的组成部分，为了维持国会这个最高权力机关的统一，宪法规定了众议院优先的原则，即关于制定或修改法律的法案，如果两院的决议不一致并且在两院协议会上不能通过协商解决时，只要众议院以2/3以上多数再次通过本院的议案，该议案即可作为国会的决议发生效力；在通过预算、批准条约和选举内阁首相等问题上，如果众参两院的决议不一致并且不能在两院协议会上通过协商解决，或者参议院在规定时间内未能作出相关决议时，以众议院的决议作为国会的决议。众议院还拥有参议院没有的通过内阁信任案或不信任案的权力。

2. 会议公开的原则

国会审议、决定议案主要通过召开议院全体会议和各委员会的会议进行。这些会议一般都必须公开举行。议院全体会议和主要委员会的会议经常由电视台进行实况转播。只要得到委员会首长的批准，任何人都可以旁听该委员会的审议。

3. 多数决定的原则

众参两院的全体会议进行表决时，须有应到会议员的2/3以上出席，过半数出席者表示赞成才能通过。各委员会表决时，须有过半数成员出席，出席者的半数以上同意才能通过。众议院否决参议院的决议、决定秘密召开议院全体会议和惩罚或开除议员时，须有出席者的2/3以上同意才能通过。国会决定提出修改宪法的议案时，须有众参两院议员应有人数的2/3以上同意才能通过。

（三）国会的决策程序

与其他国家一样，日本国会也主要通过召开会议来行使权力。每年年末，国会都要召开例行会议，俗称“通常国会”，会期约150天，但可根据需要延长，主要议程是审议通过下一年度的预算和法案。在众参两院举行例行的议员换届选举之后30日内或者是内阁或任一议院的1/4以上议员认为必要时可召开“临时国会”，即国会临时会议。在因众议院被解散而举行大选之后必须召开“特别国会”，即国会特别会议，主要任务是选举新的内阁首相。

在国会的各项议程中，选举首相被摆在最优先的位置，而且是不必经过委员会审议就直接交付议院全体会议表决通过的事项。其他议案一般都必须先经过委员会审议通过之后再交付议院全体会议审议。其中，预算案和条约案由内阁提出，法律案既可由内阁或议院的委员会提出，也可由议员提出。国会议员提出法律案时，众议院必须有20名同院议员联名，参议院必须有10名同院议员联名。如果所提法案牵涉财政预算，则在众议院必须有50名议员联名，在参议院必须有20名议员联名。委员会审议法案时，一般是先由提案者的代表就议案作出说明，再由议员提出质询，重要法案还要举行听证会。表决可以采用“发声表决”（由主持人问“有没有不同意见?”与会者回答“有”或“没有”）、起立表决、举手表决、记名投票等方式。近年来参议院全体会议有时也采用摁表决器的方式。发声、起立、举手等表决方式一般用于各委员会的表决，而“记名投票”则多在议院全体会议表决重要议案时采用，届时，议员拿着写有自己名字的蓝色（表示反对）或白色（表示赞成）木牌排着队到主席台前的票箱处投票，前些年在野党就是在此过程中采用踯躅不前的所谓“牛步战术”来与执政党对抗的。一般说来，由于国会的会期很紧张，委员会通过议案后，当天就要把该议案提交议院全体会议审议，获得通过后再立即交给另一议院审议。

三　国会在立法过程中的作用

国会虽然被宪法规定为“最高权力机关”和“唯一立法机关”，但在日本实际立法过程中，国会不仅未能包揽整个立法程序，甚至可以说未能在立法过程中发挥主导作用。那么，国会的实际立法情况又是怎样的呢？下面仅从法案的起草和审议通过两个阶段对此进行简要考察。首先，国会所审议的法案绝大多数是由内阁而不是国会的议员或下属机关提出的。例如，在1947年至1988年的112届国会里，一共审议6738项法案，其中有68%是内阁提出的。而在同期国会通过的法案中，由内阁提出的占85%，由国会议员提出的仅占15%。所谓内阁提出的法案，实际上多是由内阁下属行政部门的中层干部起草，上层干部审阅修改，执政党决策部门审议并经内阁会议通过后确定的。

法律草案提交到国会以后，作为国民代表的国会议员们理应在法案审议过程中发挥重要作用，但日本的实际情况却并非如此。日本国会实行“委员会中心主义”，即法案的审议主要在国会两院下属的20多个委员会进行，国会众议院或参议院的议员全体会议只是对委员会审议通过的法案进行简单质询并付诸表决而已。因为全体会议时间短，不可能进行深入的讨论和实质性的审议。但即使在委员会中，议员们也并不是把大部分时间用来对法案本身进行讨论，而往往是利用这一机会对政敌进行攻讦。日本并不像有些西方国家那样实行“三读审议”制度。因此，内阁提出的法案在国会很少被做出重要修改，经常是未经认真审议便草草通过。

国会在决策过程中不能发挥重要作用的更主要的原因是议员要受党纪的约束。一般说来，日本的保守政党的纪律似乎不是很严格，一般党员的加入和退出比较自由，不需要履行繁杂的手续。但对在决策部门工作的议员（国会或地方议会议员）们来说并非如此。党的纪律或决议对他们还是有很大约束力的。议会在做出一项决策以前，在议会拥有席位的各个政党一般都要对此确定本党的态度，或做出相应的决议。议员在参加表决时只能根据本党的决议投票，不能按照自己的意愿随意投票。如果在议会审议表决时采取与本党相反的立场，就要受到严厉的处分，甚至被开除党

籍。从历史上看，偶尔也出现过某党议员在议会“造反”的情况。如20世纪80年代初，自民党福田派议员出于党内派系斗争的考虑，在国会表决反对党提出的内阁不信任案时集体缺席，致使在野党的议案获得通过，而且自民党事后并未对这些议员进行严厉的处分。但是，应当看到这是极为个别的情况，而且他们又采取了缺席这种隐晦的表达方式而不是公开投反对票，加上“法不责众”和自民党需要竭力避免党的分裂等原因，才未给其处分。一般情况下，日本各政党都不允许本党议员在议会采取与党的决议不同的立场。

二战后，日本政党之间的势力对比使自民党的纪律约束在议会决策中的影响增大。自1955年开始，自民党连续单独执政长达38年，在此期间其在国会一直占有多数甚至稳定多数（不仅在国会全体会议，而且在国会各个委员会里也都占有多数）席位。在这种情况下，只要该党内部意见基本一致，决定通过内阁提出某项法案，大体上均可在国会获得通过。国会只是起到了在形式上履行立法程序的作用。这样一来，国会及其下属各个委员会常常不认真进行审议就很容易理解了，而所谓国会与内阁的相互制衡作用则难以体现。正是在这个意义上，一些日本学者把日本国会称作“橡皮图章”。当然，从二战后日本国会的实际运作情况来看，自民党政府提出的法案并非总能在国会通过。其原因复杂多样，至少有一部分与在野党采用了“牛步战术”等对抗手段有关。

综上所述，国会在立法决策过程中的主要作用是为内阁提出的法案发放“通行证”。在这一过程中，反对党的存在可对执政党起到一定的牵制作用。

第四节　司法制度

在宪法所规定的“三权分立”体制之下，日本的司法机构——法院（日语为“裁判所”）作为行使国家司法权力的机关，具有相对独立的地位。日本的司法制度主要仿自欧美，但也具有一些独有的特点。

一　现代司法制度的形成

日本现代司法制度肇始于明治维新时期。明治政府建立后，很快就以“文明开化”为口号，以欧美国家为蓝本建立本国的政治司法制度。1875年，明治政府制定了《大审院各级法院职制章程》，开始把行政权与司法权分离开来。在1889年制定的明治宪法中，虽然规定“天皇总揽统治权”，但已经对帝国议会、国务大臣（行政）、司法分别设章予以规定，并且规定“法官除因受刑法之宣告或惩戒处分外，不得被免职”，在一定程度上体现了“三权分立”的原则。但是，这部宪法规定：“凡属于特别法院管辖者，另以法律规定之”“凡因行政官厅之违法处分致被伤害权利之诉讼而应属于另以法律规定之行政法院审判者，不在司法法院受理之限”。这些规定限制了司法权的范围，使行政部门及其官僚阶层保留了不受司法部门审判的特权。不仅如此，包括大审院在内的各级法院要接受司法大臣在司法行政方面的监督。在依据明治宪法制定的《裁判所构成法》（1889年公布）中，规定法院分为区法院、地方法院、控诉院、大审院四级，实行四级三审制，从而奠定了战后审级制度的基础。该法还就法院与检察部门的关系、法官和检察官的身份保障等做了规定，规定作为检察机关的“检事局”要接受同级法院的领导。

此后，即在1890～1907年的18年里，明治政府先后制定了《民法》、《商法》、《刑事诉讼法》、《民事诉讼法》和《刑法》等法律，建立了近代资本主义法律体系。这一体系吸收了欧美特别是欧洲大陆法系中的许多先进因素，也存在着不少保护封建势力特权的内容。20世纪30年代日本走上扩大战争的道路并确立军事独裁体制以后，其司法制度也日益走向法西斯化，如日本政府制定了《危险思想法》《思想犯保护观察法》和《战时刑事特别法》，对思想进步人士进行残酷迫害，剥夺了国民的基本权利和自由。

二战结束以后，日本在盟军占领当局主导之下进行了大规模的民主改革。在新宪法体制之下，日本政府对司法体系进行了重大改革，如：仿照美国的法律，赋予法院“违宪立法审查权”，从而使各级法院拥有了审查

判断中央政府、地方政府制定的法律、政令、条例、规则、处分等是否违反宪法的权限，特别是作为终审法院的最高法院更因此而被称作“宪法的卫士”；废除了行政法院，实行单一的法院组织体系；将检察部门从法院系统分离出去，另设立了隶属于内阁法务省的检察厅；于1948年制定了《律师法》，在全国各地设立了律师会及其全国性组织——日本律师联合会；等等。与此同时，对《刑法》《民法》《商法》《民事诉讼法》等也作了较大修改，减少了封建残余因素，使国民的基本人权有所扩大。但在进入冷战时期以后，日本政府又制定了《限制罢工法》《禁止议会周围示威游行法》《防止政治性暴力行为法》等法律，对公民的民主自由权利施加种种限制。

二　当代司法组织

在日本，“司法机构”一词只指法院，不包括检察机构和法务行政机构——法务省（相当于中国的司法部）。这是因为，《日本国宪法》第76条规定：“一切司法权属于最高法院及由法律规定设置的下级法院”，法院以外的机构无“司法权”，自然也不能算作“司法机构”。日本的法院被称作“裁判所”，分为二层四级，即以最高法院（最高裁判所）为一层，将其他各级法院均划为一层，统称为“下级裁判所”。四级法院依次为：最高法院（1所）、高等法院（8所）、地方法院（50所）和家庭法院（50所）、简易法院（438所）。

按照《日本国宪法》的规定，“所有法官依良心独立行使职权，只受本宪法及法律的约束”，因此每个法院都可以独立行使审判权。每个案件最多可以审判三次，下级法院的判决要服从上级法院的判决。各级法院都拥有“违宪审查权”，即有权对国会制定的法律和政府采取的行政措施是否违反宪法做出裁决。

（一）最高法院

最高法院是与国会和内阁并立的机构，依照“三权分立”原则与后二者保持制衡关系。它是国家最高审判机构，即包括刑事审判、民事审判、违宪立法审判在内的所有审判的终审法院。由于宪法规定它“有权对有关诉讼手续、律师、法院内部纪律以及司法事务处理等事项制定规则”，因而还可以说它拥有广义上的“立法权”，掌管着国家的司法制度。因为高等法院以下的各级法院的法官均须由最高法院提名，所以它还掌握着所有下级法院的人事权。它还是全国司法组织的最高管理机构，掌握着司法行政权。

最高法院共设有 15 名法官，其中 1 名任院长（日本称之为“长官”）。院长由内阁提名，天皇任命；其他 14 名法官（日本称之为“裁判官”或“判事”）由最高法院提名，内阁任命并经天皇认证。最高法院设有 1 个大法庭和 3 个小法庭。大法庭由全体即 15 名法官组成，由最高法院长任审判长，每次开庭必须有 9 名以上法官参加，主要负责审理、判决涉及违宪、修改判例等的重要案件。小法庭由 5 名法官组成，其中 1 名任审判长，每次开庭必须有 3 名以上法官参加，主要负责审理一般案件。大、小法庭均实行合议制，即按照少数服从多数的原则作出判决或决定。最高法院制定规则和处理司法行政事务的机构是法官会议。法官会议的构成和议事方式与大法庭基本相同。

最高法院设有事务总局、司法研修所和图书馆等附属机构。事务总局的实际权限很大，各个下级法院法官的任免和制定规则的原始方案都是由事务总局所属机构负责的。司法研修所在日本司法人才培养工作中的作用也很大，因为几乎所有法官、检察官、律师都要先经过它的培训之后才能上岗工作，所以可以说都是它的毕业生。

（二）高等法院

高等法院共有 8 所，分别设于全国八大地区的中心城市——札幌、仙台、东京、名古屋、大阪、广岛、高松、福冈。另在秋田、金泽、松江、冈山、宫崎、那霸设 6 所高等法院分院。从 2005 年 4 月 1 日开始，作为东京高等法院的“特别支部”，又增设了“知识产权高等法院”，专门负责审理知识产权案件。

高等法院的主要职责是：①受理二审案件，即受理对地方法院的一审判决、家庭法院判决、简易法院所作刑事案件判决的上诉；②受理对地方法院和家庭法院所作决定和命令、简易法院就刑事案件所下命令的“抗告”；③受理“内乱罪”“违反选举法罪”等法律规定由高等法院进行一审的案件；④受理对地方法院所做除刑事案件以外的二审判决的“上告”，即审理对由简易法院进行一审、地方法院进行二审的民事案件判决提出上诉的三审案件；⑤受最高法院委托制定部分规则和行使部分司法行政权。

高等法院审理案件亦实行“合议制”，即一般由3名法官组成合议庭进行审判，其中1名法官任审判长。在审理“内乱罪”案件时，由5名法官组成合议庭进行审判。处理司法行政事务和制定规则的权限由全体法官参加的法官会议行使，此时各个分院的法官也要参加会议。

高等法院下设事务总局等辅助机构以处理各种事务。

（三）地方法院

地方法院是高等法院的下一级法院，在日本全国共设有50所，即除了在北海道因地域广阔设有4所以外，其他都、府、县各设1所。此外，在各地还设有地方法院的支部203个。地方法院原则上负责受理一审案件，但也受理一些二审案件，具体如下。

（1）受理诉讼额超过90万日元的民事诉讼一审案件。

（2）受理除了“内乱罪”以外的、罚金在一定金额以下的刑事诉讼一审案件。

（3）受理对简易法院所作民事案件判决提出上诉的二审案件。

（4）受理对简易法院所作决定和命令的“抗告”。

（5）受理其他由特别法律规定的案件。

地方法院的工作量较大。普通案件由1名法官审理，重要案件则由3名法官组成的合议庭进行审理。它也设有法官会议和事务总局以处理司法行政工作。

（四）家庭法院

家庭法院与地方法院同级，其所在地也与地方法院相同，即凡有地方法院的城市都设有家庭法院，因而现在全国共设有50所家庭法院，并且也在各地设有203个支部。

家庭法院的主要职责如下。

（1）受理《家事审判法》中所列家庭纠纷的审判和调解。

（2）受理《少年法》所规定的关于保护少年的案件。

（3）受理少年刑事犯罪案件，作出一审判决。

（4）受理关于户籍等其他法律规定的案件。

家庭法院通常由1名法官审理案件，重要案件由3名法官组成的合议庭负责审理。由于家庭法院受理的多是家庭内部事务，审理方法一般以调解为主，判决为辅，无权判处监禁以上的刑罚。除了法官以外，家庭法院中还设有“家庭法院调查官”协助法官审理案件。关于家庭纠纷的案件还允许“民间调停员”参加审理。

（五）简易法院

简易法院是日本的基层法院，全国共设438所。它的主要权限如下。

（1）审理诉讼额在90万日元以下的民事案件。

（2）审理盗窃、侵占他人财产等刑罚在罚款以下的一审刑事案件。

简易法院一般由1名法官进行审理，一般不能判处监禁以上的刑罚，但对盗窃、侵占他人财产等罪行可判处3年以下徒刑。

三 司法审级制度

日本的司法机构实行“四级三审制”，即在一般情况下保证每个案件能够接受由前述四级法院进行的三次审判。作为这一制度的主干，一审（日语为“第一审”）主要由地方法院进行，重点在弄清案件事实真相；二审（日语为“控诉审”）主要由高等法院进行，重点在对适用法律量刑的审查，也做一些确认事实的工作，即确认当事人新提出的事实并审查一审所确认事实之准确性；三审（日语为“上告审”）主要由最高法院进行，除了向当事人继续提供法律援助以外，三审还有负责对法律做出统一解释的作用，因而又被称作“法律审”。具体实施程序因案件的性质而不同。具体情况如下。

（1）民事案件，由原告当事人起诉，诉讼额在90万日元以下者在简易法院进行一审，诉讼额在90万日元以上者一审主要由地方法院进行，如果对一审、二审的判决不服可以向上一级法院提出上诉，要求进行二审、三审。这样，对于简易法院一审的民事案件则由地方法院进行二审，由高等法院进行三审。如果当事者双方在对事实的认定上已无异议，经双方协商同意后可以越过二审直接进入三审，即进行所谓“飞跃上告”。

（2）刑事案件，案发后由国家司法警察会同检察官进行立案侦查，由检察官起诉，主要由地方法院进行一审，家庭法院乃至简易法院也可进行一审。但不论哪一级法院进行一审，都必须在高等法院进行二审。如果对二审判决不服则可以向最高法院提出上诉，要求进行三审即终审判决。如果当事人对一审所做的认为中央政府或地方政府的法规违法的判决不服，或者检察官对一审所做的认为地方政府的条例规则符合宪法、法律的判决不服，为节省诉讼时间，均可以越过二审直接向最高法院提出上诉，这种上诉被称作“跳跃上告”。

（3）作为刑事案件的特例，关于“内乱罪”和破坏公职人员选举法的案件必须由高等法院进行一审，对此判决不服者可向最高法院提出上诉，但此时最高法院所做判决为终审判决而不是“二审判决”。

（4）审判一般公开进行，但在审判内容涉及个人隐私或公开有碍风化时也可不公开审理。民事案件的诉讼费一般由败诉者负担，刑事案件中如果被告被判刑，诉讼费一般由被告部分或全部承担，经济上无负担能力者例外。

（5）为了节省时间和人力，对那些比较简单的案件，法院可以不做出判决，而用做出决定、处分或下达命令的方式加以处理。当事人如果对此不服，可以在一定条件下向上级法院提出“抗告”，并且可以以“违宪”为理由直接向最高法院提出“特别抗告”。

四　日本司法制度的特点

1. 在政治问题上实行消极主义

从制度上看，日本的各级司法机构对立法、行政部门似乎可以充分起到牵制和监督作用，因为在现行宪法体制下行政诉讼均可作为民事案件纳入它的审判范围，对各级议会制定的法规和行政部门采取的行政措施它都可以行使宪法第81条规定的“违宪立法审查权”，作为违宪立法审查的终审法院的最高法院更被寄予“宪法卫士”之厚望。然而，《日本国宪法》实施70余年来，只有下级法院在20世纪60~70年代做过一些“违宪判决”，判定一些关于安保条约和自卫队的法规或行政措施违反宪法，但被最高法院否决了。最高法院做出的违宪判决仅有6件，其中2件的内容还是相同的，即都是关于选区之间每票权重差别过大的问题。在安保条约和自卫队是否符合宪法、日美关系、战争历史认识等政治问题上，法院特别是最高法院几乎是从不介入的。实际上，最高法院近十几年来每年受理的上告案件仍有几千件。仅以1999年为例，上告到最高法院的民事和行政诉讼案件共3980件，刑事案件共1720件。这些案件中多与宪法或法律有密切关系，而最高法院极少做出“违宪判决”，就是因为它一贯实行所谓“司法消极主义”。

日本法院实行这种“司法消极主义”的原因有三：①国民及各派政治力量在对现行宪法的认识上未达成共识甚至存在尖锐对立，法院企图通过实行“司法消极主义”来维持自己的中立地位；②最高法院的法官基本上是由内阁任命的，下级法院的法官又是经最高法院提名后由内阁任命的，一般不会同政府对着干，赞成反对党观点的人一般不会被任命为法官；③法理的权威不及政治势力的权威大。

2. 司法工作人员较少

据日本官方统计，2012年，日本各级法院共有法官3686人，平均每10万人中有法官2.88人，而美国、英国、德国、法国、韩国同期的同一统计数字则分别是10.43人、6.75人、24.97人、9.08人、5.37人，相比之下日本显然少得多。再就律师来看，日本2012年4月有律师32134人，平均每10万人中有律师25.14人，而美国、英国、德国、法国、韩国同期的同一统计数字则分别为368人、228.09人、190.43人、83.05人、27.63人，美国竟是日本的14.6倍。当然，这并不能说明日本司法人员的工作效率是美国的这么多倍。因为日本的发案率要比美国低得多。美国的人口大约是日本的2倍，而1997年美国法院受理的一审民事诉讼案件达15670573件，是日本（422708件）的约37倍；一审刑事诉讼案件更是日本的近158倍（14124529件比89634件）。仅就这些数字来看，毋宁说日本司法人员的工作更轻松一些。

3. 行政诉讼欠发达

这也可以说是实行司法消极主义的结果。二战后，日本废除了行政法院，行政诉讼被作为民事案件统归司法法院即一般法院审理。这一变革曾被作为加强司法部门权威的措施受到肯定。然而，日本的行政诉讼很不发达。虽然每年要发生行政纠纷约 20 万件，但每年向地方法院提起一审行政诉讼即“民告官”的不足 2000 件。原告的一审胜诉率更是低得可怜，包括部分胜诉的在内也不超过 20%，纯胜诉率甚至远远低于 10%。1999 年上诉到最高法院即终审法院的有 298 件，最终胜诉的不超过 100 件。究其原因，行政诉讼的种种限制无疑是阻碍因素，如：行政诉讼具有公益性质，却与其他民事案件一样要缴纳起诉手续费，诉讼费由败诉者负担；起诉必须到被告官厅所在地的法院进行，比如冲绳县的农民欲告农林水产省，也必须到东京地方法院去起诉；对作为诉讼对象的行政行为界定较窄或十分严格，如称不上“处分”的不能作为诉讼对象；不是直接在所诉事件中“具有法律上的利益者”的第三者不能起诉，而法院对“具有法律上的利益者”的解释又很狭窄；等等。作为司法部门的法院采取消极态度，即认为司法机关不宜介入政策性问题，尊重行政部门的“第一次判断权”，即认为行政业务问题还是由行政部门处理妥当，也是造成这一现象的重要原因。

4. 民事审判费时较长

据日本官方资料，20 世纪 70 年代中期，日本地方法院一审民事案件的平均审理时间为 17.3 个月，后来修改了《民事诉讼法》才有所下降，2011 年为平均 7.5 个月。但那些事实不清楚而需要进行人证调查等的案件费时仍很长，如 2011 年，知识产权方面的一审民事审判约需 14.2 个月，医疗方面的一审民事诉讼的平均审理时间为 25.9 个月，再加上二审、三审所费时间，从案发起诉到终审结束用几年甚至十几年时间的案例并不鲜见。在地方法院每年受理的一审和高等法院受理的二审案件中，只有大约 70% 可以在当年结案。在最高法院受理的民事三审案件中，5 年当中只有 55% 得到处理。由于审判费时太长，人们尽量避免使用诉讼手段解决纠纷。

5. 官僚型法官培养方式

2013 年 5 月，日本司法系统即最高法院和各下级法院中共有工作人员约 25744 人，其中法官有 3718 人，事务系列职员有 22026 人。事务系列职员俗称“司法官僚”，其工作性质、招募培养方式等与内阁领导下的行政部门基本相同，也与其他西方国家大体相同，而法官的招募培养方式则具有日本特色。美国的许多法官是民主选举产生的，欧美许多国家都实行从律师、教师中选任法官的制度。日本虽然在法律上也规定了可以从律师、法学教授中选任法官，但实际上除了最高法院法官中有一些人出身律师、教授（法律对此有严格规定）外，下级法院的法官几乎都是像行政系列业务类公务员那样被培养起来的。下级法院法官分为高等法院长官、判事（法官）、判事补（助理法官）、简易裁判所判事四类。欲当法官者首先必须通过国家统一司法考试，然后作为“司法修习生”在最高法院附属的司法研修所中进修 1 年（法科大学院毕业生）或 16 个月（非法科大学院毕业生），毕业后一般可在地方法院、家庭法院就职“上岗”任“判事补”，大约工作 3 年后可以被提升为简易法院判事，或者工作 10 年以后被提升为“判事”。值得注意的是，在日本的地方法院、家庭法院和高等法院担任法官的都是“判事”，即三者的职称是相同的，而最高法院和简易法院的法官的职称则必须带上所属法院的名称，即分别被称作“最高裁判所判事”和“简易裁判所判事”。担任“判事”10 年后，其中业绩优秀者就具备了被任命为高等法院的长官或最高法院的判事乃至长官即院长的资格。日本人曾为这种法官培养方式感到自豪，认为它是一种“无菌培养方式”，可以使法官避免受到社会阴暗面的侵蚀而走上腐败道路。近年来对这种培养方式的批评日益增多，设在内阁府的政策咨询机构“司法改革审议会”已于 2001 年 6 月提出改革方案即《司法改革意见书》，主张增加从律师中录用法官的比例，让助理法官到监察、辩护机构去进修或兼职，从而实现“法官来源多元化”。

6. 实行民间人士参与刑事审判的“裁判员”制度

这一制度是从 2009 年 5 月 21 日开始实行的。“裁判员”与我国的

"人民陪审员"有相似之处。裁判员的参与程序是：先由地方上的选举委员会用抽签方式从选民中选出"裁判员候补者"，法院在审理恶性刑事案件时再用抽签方式从"裁判员候补者"中选出6名"裁判员"，"裁判员"与3名法官共同组成合议庭，参与决定恶性刑事案件的定罪和量刑。与一些西方国家实行的"陪审制"相比，这种"裁判员"制度中民众参与审判的程度更深一些，实施后在社会上引起了较大反响。

7. 法官的激励机制与监督机制

为了使法官能够安心工作、忠于职守，确保司法权的独立，日本的法官享有比较完善的身份保障。按照《裁判所法》的规定，法官被任命以后，一直到65岁退休（最高法院法官和简易法院法官为70岁）为止，不会受到违背本人意愿的免职、调动、停职和减薪等对本人不利的处分。《日本国宪法》规定："法官除因身心健康上的原因不能执行职务者外，非经正式弹劾不得罢免。法官的惩戒处分不得由行政机关行使"。按照这些规定，日本的法官这个职业可以说是"铁饭碗"。然而，法官在职期间也要受到一些限制，如不能参加议员等职务的竞选，不能参加政党等政治性团体和政治活动，不能在社会上兼职或从事其他有报酬的活动。

由于宪法规定"对法官的惩戒处分不能由行政机关行使"，对司法机构特别是法官的监督主要由国民的代表机构——国会行使。最高法院法官是由内阁任命的，未经过民主程序，因而每当举行众议院议员选举时都要以选民投票的方式对一部分最高法院法官进行国民审查。初次被任命的最高法院法官在就职后举行的首次大选即众议院议员选举时接受"国民审查"，以后每10年接受一次审查，如果在投票中所得不信任票超过所投有效票的半数，该法官就会被免职。对各级法官的弹劾均在国会进行，其中由众参两院各10名议员组成的"裁判官诉追委员会"负责起诉，由众参两院各7名议员组成的"弹劾裁判所"进行审判。如果某个法官有违法或渎职行为，就可能遭到弹劾而被免职。对于法官违反纪律的行为，高等法院和最高法院可以根据《裁判官分限法》对其做出警告和罚款的处分，对有"身心障碍"而难以继续工作者可予以免职。

第五节　地方自治与地方政府

地方自治制度是日本政体的一个重要特色，现就其理论依据，地方自治体的组织、职能，以及中央与地方关系的基本状况分别予以介绍。

一　地方自治的理论依据

一般认为地方自治的思想主要来源于欧美国家，比如大陆法系的自然法思想、托克维尔在《论美国的民主》一书中阐述的自治思想等都对地方自治理论的形成起了很大作用。然而，把地方自治制度明文写进宪法的国家并不多，像日本这样把“地方自治”专门作为一章与国会、内阁、法院等“三权”并列在宪法之中的国家更是世所罕见。《日本国宪法》第92条规定：“关于地方公共团体的组织及运营等事项，根据地方自治的宗旨由法律规定之”。但对所谓“地方自治的宗旨”的内涵，迄今日本学术界并未完全达成共识。一般认为，“地方自治的宗旨”应当包括“团体自治”和“居民自治”两个方面。“团体自治”是指“以一定地域为基础建立在一定程度上独立于国家（中央政府）之外的地方公共团体”；“居民自治”指该“地方公共团体”的事务要基于当地居民的参与和意志来处理。在上文中，“一定程度”一词具有关键意义：因为独立程度如果达到100%，该“地方公共团体”就可以说是一个独立的“国家”，而这是不可能的。因为联邦制国家中的“州”或“加盟共和国”独立于联邦中央政府的程度也远远达不到这个程度，而世人公认“地方自治制”是介于联邦制与中央集权制之间的一种地方制度。如果其独立或分权的程度很低，“居民自治”就失去了存在的前提，即使属于该团体的事务权限全部是由当地居民自己做主决定的，即彻底实现了“居民自治”，但与居民利害相关的大部分事务权限都由中央政府或其他权力机构掌握着，这种“居民自治”又有什么意义呢？“居民自治”是决定地方自治性质的关键概念，因为即使地方团体在很大程度上独立于中央政府，但如果该团体的事务权限均由团体之“长”一个人掌握着，那么，这个“自治”的团体也仅仅是成为类似封建诸侯割据的独裁领地，而不是作为近代议会制民主主义之一环的“地方自治团体”。以上介绍的是日本以及西方流行的“地方自治”的理念。按此理念来看，所谓“团体自治”既然只是“程度”问题，从零到百分之百都是“一定程度”，那么一般的地方政府都可以说它实行了地方自治原则，正是在这个意义上，许多人才把“地方自治体”与“地方政府”混同起来。至于“居民自治”，意为居民对地方政治的参与，实际上也是一个参与的程度和方式的问题，因为在当代已经不可能找到居民没有丝毫参与的地方政府了。不过，现代西方国家都十分重视选举在民主过程中的作用，于是有无民选的议会和行政首长乃至是直接选举还是间接选举便成为人们判断一个国家或地区是否实行了“地方自治”制度的客观尺度。

日本地方自治制度大体上与议会民主制度同时起步，地方议会特别是镇村议会的历史比国会还要长。早在 1880 年，日本明治政府就制定了《区町村会法》，这里所说的“会”就是议会，即町议会被称作“町会”，村议会被称作“村会”。不过，这个法律还只是初步的尝试，还很不系统。1888 年制定的《市制町村制》中关于议会的规定就比较完善了。日本学者多将这个法律视为日本地方自治制度的正式发端。它比明治宪法早一年问世，比规定了府县议会制度的《府县制》则早诞生了两年。加上当时的府县还不像市町村那样是“完全地方自治体”，其行政首长还是中央政府任命的“天皇的官吏”，其议会的权力受到的制约自然也比市町村议会大。如此看来，町村议会在日本议会政治发展史上确曾占有重要地位。然而，二战前的地方议会权力都不很大，而且法律还规定上级行政长官有将下级议会解散的权力。二战期间，特别是 1942 年以后，市町村议会更被改造成法西斯团体“大政翼赞会”的附属物。

二战后，日本对地方制度进行了较大规模的改革，在新宪法中专设了“地方自治”一章，并且专门制定了《地方自治法》，从而在法律上正式确立了地方自治制度。这样，前述地方自治理念在地方自治制度及其实践中得到了较多体现，后来日本又进行了多次改革，特别是 20 世纪 90 年代末进行较大规模的改革，使地方自治体的组织和职能逐渐有所增强。

二 地方自治体的组织

实施地方自治制度的组织在日本法律中被称为“地方公共团体”。“地方公共团体”分“普通地方公共团体”和“特别地方公共团体”两种。“普通地方公共团体”即都道府县和市町村两级地方政府。“特别地方公共团体”大多不是正式行政区划，而是专门履行某种职能的组织或因历史的原因而遗留下来的组织，如“财产区”专门管理某特定区域历史上留下来的财产，“地方公共团体组合”多专门用于共同执行教育、消防、垃圾处理等专项事务，地方开发事业团体专门开发上下水道等事业，只有设在东京都市区的“特别区”是综合性的、职能类似于市町村的组织，因为它与东京都的关系有些特别才被算作“特别地方公共团体”。现在，许多人已经在多种场合使用“市区町村”这一提法了。

截至 2015 年 10 月 5 日，日本共有 47 个都道府县、790 个市、745 个町（镇）、183 个村和 23 个特别区，也就是说共有 1788 个“地方自治体”，每个地方自治体中都设立了拥有一定立法职能的“议决机关”——议会和行政机关——政府。

（一）地方自治体的执行机构及其职能组织

按照《地方自治法》，地方自治体的执行机构是行政首长和行政委员会。

地方自治体实行类似于总统制的“首长负责制”，都道府县的行政首长称作“知事”，市区町村的行政首长分别称作“市长”“区长”“町长”“村长”。这些首长握有很大权力。作为辅佐首长工作的助手，在都道府县一般设有 1 ~ 4 名“副知事”，还设 1 名财务负责人——“会计管理者”；市区町村一般设有 1 ~ 4 名副市长、副町长等副职，还设有 1 名负责财务工作的“会计管理者”。他们与首长一起被称作都道府县和市区町村的“三巨头”。在“三巨头”之下，设有局、部、课等职能机构。

行政委员会是实行合议制的机构，具有专业性和政治中立性较强等特点，拥有准立法和准司法权能，可依据法律和地方议会通过的条例制定规则，还可以独立裁定有关争议事项。目前，各级地方政府普遍设立的行政委员会有教育委员会、选举管理委员会、人事委员会或者公平委员会。此外，都道府县一般还设有公安委员会、地方劳动委员会、土地征用委员会、海区渔业调整委员会、内水面渔场（即淡水渔业）管理委员会；市町村还设有农业委员会和固定资产评价审查委员会。行政委员会虽然与行政首长同属于“执行机构”，但行政首长负有“统一管理和协调各部门事务”之责，即行政委员会要听从行政首长的协调指挥，因而行政首长是地方自治体中权力最大的职务。

隶属于行政首长和行政委员会的局、部、课、系等是执行机构的职能组织。

作为一般的行政业务职能机构，都道府县与市区町村的部门设置由各自治体议会通过制定条例决定，但都道府县的机构设置变动要报告总务大臣，市区町村的职能机构设置变动要报告都道府县知事。

（二）地方自治体的决策机关——议会

如前所述，建立议会是实行“地方自治”特别是“居民自治”的主要特征和方式。二战以后，日本地方议会的地位在某些方面有所提高，比如府县知事或中央主管大臣已无权解散村镇议会等。但由于二战后各级地方行政首长均由居民直接选举产生，他们直接对居民负责而不对议会负责。

按照《地方自治法》的规定，地方议会实行一院制，设议长 1 名、副议长 1 名。议员的定员根据当地的人口比例确定。由于各地方自治体的人口规模差别很大，议会的规模也有很大差别。人口最多的东京都的议会有议员 130 人，人口最少的县——鸟取县只有县议员 40 人。市区町村议会的议员定员为 12 ~ 100 人。议员的候选资格为年满 25 周岁并在当地居住满 3 个月以上，议员由年满 20 周岁的当地居民直接选举产生。

按照《地方自治法》的规定，地方议会由行政首长负责召集，每年必须召开至少 4 次“例行会议”，另外还可以根据需要召集“临时会议”。与国会一样，地方议会的运行方式也分为全体会议和委员会会议两种，以委员会为中心进行活动。每个议员都必须至少参加一个委员会。委员会分为常任委员会和特别委员会两种。常任委员会基本上是与行政部门对口设置的。特别委员会是为审议临时出现的特别重要的事项而专门设立的，俟议会就这一事项的审议结束后，该委员会即宣告解散。

值得注意的是，日本的町村等基层地方议会也与府县地方议会一样，注意在形式上维护议会的权威，使其活动规范化。例如，熊本县宫原町仅有5000余人，町议会议员仅有12人，但其“议事堂”是一幢漂亮的西洋式建筑，里面有一个宽敞的议事厅，其结构布局竟和东京的国会议事堂差不多：正面是高高的主席台，与主席台相对的是议员席位，不过这里的座位不像国会那样一个挨着一个，桌、椅都很大，桌上有话筒，各个座位之间留有很大的空间，因为偌大的房间里只摆着12套桌椅。有趣的是，在主席的讲台上竟有一排“防骚乱按钮”，据说是为了防止议员喧哗闹事而设置的，议长可以随时用此按钮切断议员席位上话筒的线路。可见，即使在基层的町村级议会，也要预防可能发生的激烈的议会斗争。

地方议员的月薪不仅比当地行政首长低许多，甚至不如一般工薪族。据日本雅虎网报道，2012年，在东京地区，东京都议员的月薪为103万日元，秋留野市议员的月薪为43.3万日元，青之岛村议员的月薪为10万日元。2012年日本30人以上企业男职工平均月薪为42万日元，女职工平均月薪为23.7万日元。考虑到地方议员多是具有较高文化水平的成年男性，地方议员特别是町村议员的月薪就更显得低了些。议员们仅靠这点收入，不要说从事政治活动，连养家糊口都不够。因此，地方议员一般都不是专职的，大多同时从事一些如律师、行政书士、教师等比较便于调节自我时间的工作。他们每年在议会开会的时间一般为50~60天。从这个意义上说，地方议员特别是町村议员基本上是一种名誉性职务。

按照法律规定，在当地居住3个月以上、25岁以上的有选举权的居民均可竞选地方议员。一般来说，平均每100~500个选民中可产生1名地方议员。其选举的激烈程度虽然赶不上国会议员，但因为还有许多人对这种低薪职位趋之若鹜，也不是轻而易举就能当选的。其原因主要有以下几个方面。首先，地方议员毕竟掌握一部分权力。按照法律，地方政府的预算和立法都要经议会审议通过，议员还可对政府部门的工作进行质询和调查监督，因而行政官员们对议员是不敢藐视的。议员们可借此权威为其支持者谋取利益。其次，地方议员在当地享有较高荣誉。在山村小镇，当选地方议员是人生成功的重要标志，能够赢得人们的普遍尊敬。一些年轻人更把当选地方议员作为以后竞选上级议员、谋求更大发展的出发点和演练场。再次，当选议员可获得一定收入。地方议员虽然月薪不高，却也是一笔固定收入，在那些人均收入较低的贫困地区更具魅力。

（三）议会与行政机构的关系

二战后，日本地方自治体的行政首长与议员同样由居民直接选举产生，他们都取得了代表居民实行地方自治的地位。在法律上，地方自治体的首长与议会是一种互相平等、互相独立、互相制衡的关系。

首先，首长对于议会的决议拥有否决权。这种否决权可以分为“一般否决权”和“特别否决权”两种。

（1）一般否决权指行政首长对议会做出的制定、修改地方法规即条例或预算的决议持有异议时可以要求议会重新审议，但如果出席议会全体会议的议员以2/3以上多数票赞成维持原决议，该决议即可生效。

（2）特别否决权指行政首长可以议会所做决议或选举存在违法或不当等特定理由要求议会重新审议该决议或进行选举，此时如果议会坚持原案，行政首长有权在10天内解散议会。

其次，议会可以用通过不信任决议的方式迫使行政首长下台。

议会做此种决议时必须有2/3以上的在职议员出席会议，必须获得出席议员的3/4以上多数支持。面对这种决议，行政首长或者立即辞职，或者在10天内解散议会，重新进行议员选举。如果新选议会在第一次会议上就以半数以上多数赞成票再次通过对该首长的不信任案，则该行政首长必须立即辞职。

再次，行政首长可以在特殊情况下代行议会的权限。

这在日本被称作“专决处分”，具体分为“委任专决处分”和“法定专决处分”两种。“委任专决处分”是指议会通过决议将某项事务的处理权限授予行政首长，由其负责监督实施。“法定专决处分”则只能在以下四种情况下进行：①议会尚未成立；②议会因出席者未达到规定人数而无法召开；③因情况紧急而来不及召集会议；④议会未能就某一事项做出相应的决议。行政首长作出此种“专决处分”后，必须在下次议会召开时报告执行结果并得到议会承认。

实际上，在这一制度下，地方政府的主要权力都掌握在行政首长手里，“行政强势”的倾向表现得更为突出。

三 地方自治体的职能

1999年8月，日本国会通过了《地方分权法》，从2000年开始付诸实施。按照这项法律修改的《地方自治法》用排除法规定了地方政府的权限和职能，即先对行政权限即所谓事权进行划分，将中央政府的事权限定为：①关系到国家在国际社会中之存立的事务；②制定最好由国家统一制定的关于国民各项活动和地方自治的基本准则；③采取应以全国规模或全国角度进行的政策措施并实施其事业；④其他应由中央政府发挥的作用。除此以外的权限都是地方自治体的事权。然而，这些规定的提法都很抽象，可以做出多种灵活的解释，而在《地方自治法》以及其他相关法律中具体划分给中央政府的权限还是相当多的。不过，日本《地方自治法》又采取了将属于中央的权限依照法律委托给地方政府实施的办法，根据这种权限处理的事务被称作“法定委托事务”。如果把这种“法定委托事务”和依照前述原则划分给地方政府的“固有事务”加在一起算作地方政府的职能，可以说地方政府拥有非常广泛的权限和职能。从行政经费的使用来看，地方政府每年直接支出的经费长期以来一直占全国财政支出的70%左右，一般也可以据此推断地方政府的行政业务量约占中央和地方政府全部业务量的70%。概略来看，地方自治体具有以下职能。

首先在政治方面，地方政府负责维持地方的社会公共秩序。地方政府管理居民的户籍等居民注册资料并负责在日外国人的登记注册管理工作，组织居民参加国会议员和地方行政首长及议员的选举。日本的警察原则上归都道府县管辖，但中高级警察干部的人事权掌握在中央政府手里，在中央政府的指导下维持社会治安。市区町村政府负责消防。各级地方政府都有责任预防青少年犯罪和道德风俗方面的犯罪，对工会进行指导并组织居民参加职业训练以帮助其就业，保持社会的稳定。

其次在经济方面，负责制订和组织实施本地区的社会经济发展计划；负责大部分河流、港湾、公路、水库、工业用地等社会基础设施的管理和建设，指导和支持企业的建立和发展；制订和监督实施城市规划；经营上下水道、地铁、公共汽车、垃圾处理等公用事业；对工商业企业特别是中小企业进行指导，建设旅游设施，发展旅游事业；对“协同组合”等农林渔业团体进行指导，通过办实验场等办法向农民提供农林渔业技术支持；等等。

再次在社会保障方面，地方政府也承担了相当一部分的工作，如扶贫济困的“生活保护”和残疾人、少年儿童、老年人的保护扶助等是各个地方政府的固定业务，有的地方政府还开办了公益当铺。国民健康保险、国民年金养老保险虽是国家掌管的事业，但由地方政府直接实施。许多地方政府还建设了公营住宅租赁给那些生活水平较低的居民居住。

最后在教育和文化方面，地方政府更是发挥着不可替代的作用。中央政府虽然每年要支出较大数量的教育经费，但它的主要任务是制定和监督实施教育政策并管理一部分大学，而绝大部分中小学和大部分高中都是由地方政府设立和管辖的，一些地方政府还设立了大学。在社会教育方面，地方政府特别是市镇村政府更是功不可没。各地几乎都设有公民馆、图书馆、儿童馆、博物馆、社区中心等公共设施，供居民在这里接受成人教育、学龄前儿童教育和开展文体娱乐活动。在文化方面，地方政府在保护和传承传统文化特别是乡土文化上责无旁贷，许多地方政府出资设立了乡土资料馆或民俗资料馆、名人纪念馆，出资扶助保护传承地方戏的民间艺术团体，在保护或修复文物古迹上也多有建树。有的地方政府还在发展高雅艺术方面崭露头角，如宫城县中新田町政府在20世纪90年代中期就筹资修建了世界一流的能够演奏管风琴的音乐厅；富山县利贺村虽然只是一个仅有千人的偏僻山村，也在村边湖面上修建了水上音乐厅，一时传为美谈。

四　中央政府与地方政府的关系

评判一个国家的地方自治程度如何，关键要对其中央与地方的关系进行考察。按照前述地方自治的理念，中央政府与地方政府、都道府县与市区町村之间都应是“对等合作关系”，而不是上下级关系。总体来说，二战后日本虽然实行了地方自治制度，但几十年来却一直未能实现上述理念并被称作中央集权程度较高的国家。尽管日本政府在20世纪末又进行了较大规模的地方分权改革，但从日本的现状来看还远不能说达到了“对等合作”。

（一）权限划分和业务上的指挥监督

日本地方政府实际处理的行政业务分为“自治事务”（地方政府的固有事务）和“法定委托事务”两种，中央政府对后者的介入程度比前者更高，因为后者的事权拥有者是中央政府。但不管哪种事务，在中央政府部门认为地方政府执行不力时，中央政府都有权进行监督和督促，在认为“法定委托事务”执行不力时，还可以在经过一定手续之后由中央政府领导人直接出面“代执行”。不过，按照1999年通过的《地方分权法》，中央政府对地方政府的包括自治事务在内的所有地方事务进行干预时，要注意实行“法定主义”（各种干预都必须以法律或政令为依据）、“一般法主义”（中央政府的干预只限于法律规定的种类，如建议、劝告、要求提供资料、事前协议、审批、纠偏、代执行等，尽量不用“例外”方式）和“公正、透明原则”（坚持“书面主义”，不能用打电话等非书面方式）等，如能坚持认真落实这些改革措施，确实会减小中央政府部门的干预力度。

在中央政府与地方政府产生矛盾时，可以诉诸“纷争处理制度”，即可以向设在总务省内的“中央地方纷争处理委员会”要求进行审查。这些矛盾包括：①地方政府对中央政府部门运用权力迫使其纠正工作偏差不服；②地方政府认为中央政府部门应予审批而未予审批；③地方政府认为中央政府部门在“事前协议”中没有诚意。当这个委员会认为中央政府部门对自治事务的干预“从尊重地方政府自主性的角度来看‘不当’或‘违法’”、对“法定委托事务”的干预“违法”时，可以“劝告”中央政府部门纠正其做法。如果地方政府对该委员会的处理结果不满意，可以向高等法院提起诉讼。这种“第三者调停纷争处理制度”从2000年开始付诸实施。

（二）财政控制

财政能力是地方政府自治权力的基础，也是衡量自治程度或中央与地方关系的重要客观尺度。如前所述，关系到居民社会经济生活的大部分行政职能是由地方政府承担的，地方政府的行政业务量很大，各级地方政府每年的财政支出在全国财政支出中所占比重也很大，但地方政府自己能够筹措的财源却很少，不足部分要依靠中央政府的地方交付税、地方让与税、国库支出金等转移支付，发行地方债也要得到中央政府的批准，因而可以说地方政府的财源有很大部分是由中央政府控制的，中央政府控制了地方政府的经济命脉，使地方政府不能向中央政府更多地主张自己的独立性。

具体来说，日本是个实行分税制的国家，政府的主要财政收入是税收。2014 年，在全国税收总额中，地方税只占 39.92%，而国税即中央税则占 60.08%；在全国的政府财政支出总额中，地方政府却占 68.8%，二者之间的差额用中央政府的转移支付来填补。这种财政结构集中体现了地方依附中央的特征。不仅如此，地方政府的主要收入——地方税虽然由地方政府官员直接征收，但绝大多数地方税的税目、征收对象、税率等都由国家法律规定。地方政府若想开征新税和提高税率标准，须经过自治大臣批准或同意后方能实施；在收取公用设施使用费、手续费方面也必须接受中央政府部门的指导。转移支付是中央政府用来监督、控制地方政府的重要手段。转移支付主要有地方交付税、地方让与税和国库支出金三种。1999 年度，地方交付税在全国地方财政收入中占 20.1%，国库支出金占 16.0%，其中，国库支出金最明显地体现了中央政府的干预。国库支出金必须用于中央政府指定的用途，其支出过程和结果要受到中央政府部门的严格监督。由于地方政府在使用国库支出金时一般都要同时支出同样数额的自有资金才能完成该工程项目，因而仅此一项便有约 30.0% 的地方政府支出受到了中央政府的控制。国库支出金主要分为国库委托金、国库负担金和奖励性补助金，其中中央政府在奖励性补助金方面对地方政府的干预程度最高。国库委托金、国库负担金的数额和用途相对比较固定，而奖励性补助金的发放则有较大随意性，因而奖励性补助金是地方政府挖空心思向中央政府争取的财源，以至于那些威震一方的知事、市长不得不向中央政府的年轻官员们卑躬屈膝，从而更容易接受中央政客或官僚提出的或公或私的苛刻要求。进入 21 世纪以后，日本在改革中扩大了地方税所占比例，但至今仍在 40% 左右徘徊，上述状况并未发生根本性的变化。

地方交付税是以纠正地方自治体之间的收入差距为目的而进行的财政再分配的制度。其大致做法是：中央政府把其收缴的法人税、酒税、所得税、消费税、烟草税 5 种国税按一定比例（从 2007 年开始为：所得税、酒税的 32%，法人税的 34%，消费税的 29.5%，烟草税的 25.0%）划出作为地方交付税的原资，将其中的 96% 作为普通交付税、4% 作为特别交付税向有财政“缺口”的地方政府发放，而这种“缺口”是按照固定、复杂的方法算出来的。但实际上由于地方交付税的原资有限，不可能堵上各个地方政府的所有“缺口”，于是便需要自治省官员出面指导。结果，普通交付税多是按自治省预定的数额发放的，而特别交付税是用来应付天灾人祸等特殊情况的，更由中央政府部门执掌分配大权。因此，当地方政府不肯听从中央政府部门指挥时，便可能受到减少地方交付税的威胁。

地方政府的另一项重要财政收入是地方债。它虽然不是纯粹的来自中央政府的转移支付，但其受中央政府控制的程度不亚于地方交付税。地方政府每借一笔地方债都要经过自治省的严格审批。地方政府的财政赤字过大、税收征收率过低、地方政府官员的工资或退职金过高等都可能成为中央政府部门拒批借债的理由。

（三）组织控制

在日本现行地方自治制度下，都道府县知事和市町村长等政务官员均由当地选民直接选举产生，他们的身份也都是地方公务员而不是国家公务员。中央政府（行政部门）不能在选举时指定或推荐候选人，一般也不能在选举后推翻选举结果。当然，在中央政府占有重要地位的政党可以对地方政府首长的选举结果施加很大影响，特别是在某一政党长期把持中央政府大权的情况下，这种影响究竟是执政党还是中央政府施加的，就很难说清楚了。它们施加影响的重要手段之一是推举原中央政府官员参加竞选，这一手段的成功率相当高。据日本媒体 2014 年 12 月 16 日报道，在

全国47个都道府县中，有28个知事是中央政府官员出身，即约占60%。

都道府县的副知事、市区町村的“助役”（副职首长）以下的业务官员原则上由地方政府自己通过组织考试或用其他方式录用。但中央政府的人事院和总务省可以对地方公务员的任用、进修、工资标准等进行指导，有时甚至不惜采用强硬手段胁迫地方政府压低地方公务员的工资标准。一个受到更多批评的问题是中央政府经常向几乎所有都道府县和大城市（政令指定市）派遣中央政府官员。这不仅使地方公务员减少了晋升机会，更使中央政府掌握了地方政府的要津。据日本总务省公布的资料，截至2014年10月1日，由中央政府派到地方政府的行政官员（医疗、教育等专业人员除外）共1684人。在派到都道府县的1161人中，有483人担任课长以上职务；在派到市町村的523人中，有402人担任课长以上职务。另据1997年3月16日《读卖新闻》报道，在47个都道府县中，有24个副知事、24个总务部长、26个财政课长、9个地方课长是由这些中央政府官员担任的。

在机构编制方面，中央政府也对地方政府施以诸多干预和控制。都道府县政府的局、部（处）级机构的数量和名称由中央政府用法律规定，地方政府如欲超量设置或改用他名须得到内阁自治大臣批准。市区町村的行政机构虽然可以自主设置，但它们与都道府县一样受到中央行政部门迫其设置“对口单位”和“符合标准的专业人员”的压力。中央政府部门还常用“定员模型”对各地方政府的定员编制进行“行政指导”。

（四）法律控制

在立法方面，日本更谈不到地方政府与中央政府的“对等”。首先，日本现行宪法和法律根本就没有明文规定地方政府有“立法权”，而只规定了“国会是唯一立法机关”，地方议会是“议事机构”。事实上日本现行的所有被称为“法律”的法规都是由国会审议通过制定的，地方议会则只能制定“条例”。日本人一般不把地方议会制定条例称作“立法”，学术界有人称其为“广义的立法”或“立法行为中的一种例外”。其次，中央政府制定了详细的法律来约束地方政府。日本宪法规定：“关于地方公共团体的组织和运作事项，根据地方自治的宗旨由法律规定之”。据此制定的《地方自治法》长达319条，约20万字，加上附则、施行令则约达50万字。此外还有《地方公务员法》《地方公营企业法》等基本法和几百项相关法律，形成了一部厚厚的《自治六法》。在法律做出如此详细的规定之后，留给条例的活动空间已是很有限的了。再次，地方议会在制定条例时还要受到《地方自治法》中“在不违反法令的条件下”这一规定的限制。所谓“法令”，即除法律外还要包括内阁制定的“政令”和各省厅制定的“省令”。这样一来，地方政府制定的条例不但不能违反法律，也不能与中央政府部门制定的规章（省令）相抵触。最后，地方议会的立法条件较差。例如，地方议员特别是市区町村议员基本上是兼职的或荣誉性职务，没有更多时间用于“立法”，也没有给他们配备辅助立法的助手，地方议会中也没有协助立法的强有力的工作班子等，因而在立法过程中不能发挥重要作用。现有的条例多由地方行政部门起草或按中央政府的要求制定，有时甚至是模仿中央省厅提出的“样板条例”“照葫芦画瓢”。据日本学者20世纪70年代末所做调查，在战后各都道府县制定的2300～2800项条例中，只有约1%能够称得上是地方议会自己独立制定的，其中涉及居民权利、义务的重要条例不超过10项。

据上所述，可以看出日本的中央与地方关系还是集权色彩比较浓厚的政府间关系。

第六节　政党与团体

在日本，各种团体数以万计，其中政治团体占相当大的比重，但它们大多并未被认为是“政党”。政治团体与政党的区别并不在于其名称中是否有“党”字。根据国会1994年制定的《政党助成法》，只有在众议院议员选举、参议院议员选举等所谓“国政选举”中派出或拥立10名以上候选人、得票率超过2%的政治团体才能被认定为政党并给予公费补助。政党始终位于政治活动的中心，即实行所谓政党政治。但是，各种团体即使是非政治性的团体，也往往与政党特别是执政党保持着密切的联系，通过向政党施加压力来实现本团体及其所代表的阶层的利益。这种团体在日本一般被称作“压力团体”或利益团体。因篇幅所限，这里只就在国会拥有议席的主要政党和全国性的大型压力团体的基本状况做简单的介绍。

一 政党

截至2017年11月15日，在日本国会拥有席位的政党有11个，它们是：自由民主党，407席；民进党，61席；立宪民主党，56席；公明党，54席；希望党，54席；日本共产党，26席；日本维新会，22席；自由党，6席；社会民主党，4席；日本之心党，1席；冲绳社会大众党，1席。

（一）自由民主党

自由民主党目前是日本第一大党和主要执政党。截至2015年9月，自民党共有国会议员406人（众议员291人、参议员115人），地方议会议员2927人，其中都道府县议员1271人，市议员1301人，特别区议员286人，町村议员69人。

自民党是以议员在议会的活动为中心的政党，党的组织比较松散。按照自民党党章的规定，只要有1名党员介绍并每年缴纳2000日元的党费，就可以入党。只要连续2年缴纳党费，就可以参加总裁选举。据总务省2012年8月30日公布，自民党有缴纳党费的党员党友789348人。实际上，自民党党员颇有流动性。如，2001年自民党总裁选举之前，自民党于3月16日公布有党员2369252人，其中当年入党的新党员592024人，连续缴纳2年以上党费的、有权选举总裁的“继续党员”有1777228人。总裁选举时，实际参加投票的党员约有143万人，由此可以推断其党组织的规模和党员的活动及流动情况，即每年约有1/4的党员脱党和入党，还有约19.5%的有选举权的党员未参加包括邮递投票在内的总裁选举。

1. 简史

自民党的前身可以追溯到二战前的一些资产阶级民主主义政党。由于二战期间日本军国主义政权解散了所有政党并建立了“举国翼赞体制”，因而1940年以后的短时间里，日本已经没有公开的政党。二战结束后不久，一些战前的资产阶级政客就开始组建新的资产阶级政党，其中曾任政友会干事长的鸠山一郎牵头组建了日本自由党，町田忠治牵头组建了日本进步党。在战后初期的近10年时间里，这些资产阶级政党曾经几次改名和分化改组，到1954年11月，保守阵营形成了以鸠山一郎为首的日本民主党和以吉田茂为首的自由党两大政党。1955年，由于处于对立面的左派社会党和右派社会党联合组成了统一的社会党，其势力超过了自由党或民主党任何一党，保守阵营如果不联合起来，很可能会让社会党以国会第一大党的身份上台组阁。面对这一危机，在财界的策划和督励之下，民主党与自由党终于联合起来组成了自由民主党，简称自民党。

自民党成立以后，直到1993年，在长达38年的时期里，一直保持单独执政的优势地位（1983年12月开始曾与新自由俱乐部联合执政约1年，但新自由俱乐部系一时从自民党分裂出来，不久又回归自民党，因而可以忽略不计）。在此期间，日本与美国结成同盟，在美国的扶植之下，实现了经济的恢复和高速增长，加入了联合国和关税贸易总协定以及经济合作与发展组织，成为发达国家首脑会议成员。

冷战结束以后，自诩协助美国获得了冷战胜利的自民党反而遇到了空前的危机。1993年，小泽一郎、羽田孜、细川护熙等人率领几十名国会议员退出自民党另组建新党，从而使自民党建党以来第一次尝到了下野的苦涩滋味。下野两年后，自民党便进入了“联合政权时代”，先后与社会党、先驱新党联合组成了村山内阁和桥本内阁。此后，自民党虽在1998年约有1年时间单独组阁，但后来又先后与自由党、公明党、保守党联合组阁，2003年以后更与公明党联合组阁达6年之久，直至2009年被民主党赶下台。2013年，自民党虽然在大选中获胜并在众议院取得压倒性多数席位，但由于在参议院的席位仍不占绝对多数，又以与公明党联合执政的形式再次上台执政至今。

2. 政治纲领

作为一个资产阶级政党，自民党1955年成立伊始就宣布了《党的纲领》：①以民主信念为基本方针，刷新和改进各种制度和机构，以建立文明的民主国家；②立足于人类希求和平与自由的普遍正义；③以公共福利为规范，制订和实施基于个人创意与企业自由的综合经济计划，以期稳定民主，建设福利国家。

此后，自民党又先后于1995年、2005年、2010年修改了纲领，但其精神实质并未改变，主要是加强了要在国际上发挥更大作用方面的内容，主张要“建设一个可引以为豪的、有活力的日本”。

3. 领导机构

自民党的决策机构是党大会和两院议员总会，总务会和政务调查会也在决策中发挥重要作用。执行机构是总裁和干事长。

总裁是党的最高负责人，其选举方法几经变迁，但自民党的国会议员一直在选举中占据重要地位。目前的选举程序是：如果是总裁任期届满时改选，由党所属国会议员和近三年来缴纳党费、会费的党员、党友（即支持自民党的“党友”——自由国民会议会员和国民政治协会的个人会员）选举产生，国会议员每人1票，党员、党友每1万票计作1票，得票超过半数者当选。如果无人超过半数，则由党所属国会议员对得票居前两位者进行决选，得票多者当选。如果是总裁任期未满时补选，则由“代替党大会的两院议员总会”选举总裁。参加这个会议的除了党所属国会议员外，还有各个都道府县自民党组织的代表（各3人）。

干事长由总裁任命，是自民党党务方面的主要负责人，尤其是自民党总裁近几十年几乎都兼任内阁首相，政务繁忙，党务方面实际上是由干事长主持日常工作。干事长还要负责筹集政治资金、拟定人事安排方案等。2015年9月，自民党总裁为安倍晋三，副总裁为高村正彦，干事长为谷垣祯一。

总务会是仅次于党大会和两院议员总会的决策机构，负责审议决定关于党的运营和国会活动的重要事项。作为执政党，政府向国会提交的法案也必须事先由总务会审议通过。其成员共31人，其中由党所属的众议员推选出14人，参议员推选出6人，总裁指定11人。总务会长由总裁任命，与干事长、政调会长一起被人们称作“自民党三巨头”。

政务调查会（简称政调会）是自民党的主要决策机构，负责研究、决定自民党的政策方针。由于自民党在二战后的大部分时间里都是执政党，党的政策往往就是政府的政策，政府的几乎所有政策都要经过政调会审议通过，因而政调会的责任重大，机构也相应地比较庞大。在会长和副会长之下，不仅设有与政府部门相对应的各个“部会”，还设有专门研究决定某些特殊问题的委员会和审议会。2009 年自民党下野后，政调会下的调查会和特别委员会大大减少。2010 年 6 月，政调会共设部会 13 个，与内阁省厅相对应；设调查会 8 个，特别委员会 14 个。

4. 派系

自民党素以“派系联合体”著称。在二战后日本特定的政治环境下，派系发挥了特有的政治功能，但人们对它带来的弊端如封建性的人身依附关系、党内自相残杀、金权政治等也早有诟病。三木武夫等自民党总裁先后提出过“解散派系”的口号，但总是不了了之。近 20 余年来，日本在政治改革中对企业向派系捐款做了更多限制，特别是日本众议院议员选举改行“小选区比例代表区并立制”以后，派系尤其是中小派系很难在小选区拥立候选人，从而使议员对派系的依赖有所减轻，出现了向主流派和非主流派两大派系发展的苗头，但真正实现还需假以时日。2015 年 5 月，自民党内各派系的势力分野如表 3－1。

表 3－1 自民党各派系在国会的议席数（2015 年 5 月）

派系名	俗称	领袖	众议院	参议院	合计
清和政策研究会	细田派	细田博之	60	33	93
平成研究会	额贺派	额贺福志郎	29	21	50
宏池会	岸田派	岸田文雄	30	13	43
为公会	麻生派	麻生太郎	28	8	36
志帅会	二阶派	二阶俊博	27	7	34
近未来政治研究会	石原派	石原伸晃	13	1	14
番町政策研究所	山东派	山东昭子	8	3	11
（无正式名称）	谷垣集团	谷垣祯一	12	1	13
无派系			81	29	110

资料来源：维基百科日文网站，https：//ja. wikipedia. org. htm. 2015/08/28。

（二）民进党

民进党是日本第二大党，第一大在野党。2016 年 3 月 27 日由民主党与维新党合并及吸收改革集结会等组织的一些国会议员而成立。截至 2017 年 11 月 30 日，该党拥有众议员 15 人，参议员 46 人。现任党首——代表是大塚耕平。

1. 简史

民进党的简史应从民主党和维新党的历史谈起。

（1）民主党的演化

1996 年 9 月 28 日，由原先驱新党代表干事鸠山由纪夫和前社会市民联合代表、厚生大臣菅直人等人牵头，先驱新党以及自民党等保守政党中的左翼国会议员和原社会党以及社会民主联合等革新政党中的右翼国会议员联合参与，创立了民主党。该党以"市民当主角"为口号，反对当时被视作导致日本社会经济停滞之元凶的官僚主导的政治结构，赢得了许多国民的支持。在建党不久后举行的众议院议员选举中，保持了其从原来所属政党带来的 52 个席位，得到了国民的认可。1998 年 4 月，民主党又与前首相羽田孜为首的民政党、原民社党系统的"新党友爱"和"民主改革联合"合并，共同组成了新的民主党。不久，在 1998 年夏天举行的参议院议员选举中，民主党又获得了胜利，从而使自民党在参议院失去了多数党地位。1999 年 9 月，在党首选举中，鸠山由纪夫战胜了菅直人和横路孝弘，成为新的党首。2002 年 9 月菅直人再次当选党首后，民主党于 2003 年 9 月与自由党合并，从而使民主党成为拥有 204 名两院议员（众议员 137 人、参议员 67 人）的大党。在 2003 年 12 月举行的众议院选举中，民主党获得大胜，使众议院议席增加到 177 个。但 2004 年菅直人又因"未缴纳保险费"问题辞职，由冈田克也接任党首。冈田虽然率领民主党在 2004 年 5 月举行的参议院选举中获得了胜利，却在 2005 年 8 月举行的众议院选举中遭到惨败，民主党在众议院的议席降至 113 席。冈田因此引咎辞职后，"少壮派"前原诚司在竞选中获胜成为新党首。前原当选后曾给民主党带来了一些新的气象和生机，但他在 2006 年 2 月因所属国会议员在国会提交伪造证据问题引咎辞职。接着，小泽一郎在与菅直人的竞选中获胜，成为新党首。在小泽一郎的领导下，民主党先后在 2007 年举行的地方统一选举和参议院议员选举中获胜，使民主党在参议院的议席超过了自民党。然而，2009 年 3 月，小泽的首席秘书却因政治献金问题被捕，小泽受此牵连被迫辞职，由在竞选中获胜的鸠山由纪夫继任党首。2009 年 7 月 21 日，日本解散了众议院，开始举行下一届众议院议员选举，民主党一举夺得 308 席，取得压倒性胜利，终于把长期执政的自民党赶下台，实现了两大保守政党之间的政权更迭，民主党与社民党、国民新党携手，成立了鸠山由纪夫内阁。

鸠山内阁上台初期曾取得很高的支持率，但好景不长，很快就因鸠山本人和小泽一郎干事长的政治资金问题及普天间美军基地迁移问题陷入了困境，内阁支持率急剧下降，鸠山不得不于 2010 年 6 月 2 日辞去首相和党代表职务。在随后举行的党首选举中，菅直人获得了压倒性胜利，成为新的党首和内阁首相。

然而，菅直人的首相之路并不平坦，特别是在执政党内遭到了小泽一郎集团的强烈反对和干扰。在 2011 年 3 月 11 日发生东日本大地震以后，更在党内外遭到了“领导抗震救灾不力”的指责，不得不于同年 8 月 26 日提出辞职。在随后举行的民主党党首选举中，野田佳彦战胜海江田万里、前原诚司等人当选，并随之成为新的内阁首相。

野田佳彦的执政之路更是荆棘丛生。特别是在消费税增税、日本加入 TPP 等问题上党内产生了难以调和的矛盾，在一年多时间里竟有包括小泽一郎集团在内的 103 名国会议员宣布退党或被开除出党。2012 年 11 月 16 日，野田不得不宣布解散众议院举行大选，结果民主党只有 57 人当选，沦为在野党，野田因此辞去首相和党首职务。海江田万里在随后举行的党首选举中当选新的党首。然而，尽管海江田万里就任党首后为挽回颓势做了许多努力，却未收到预期效果，相反却有一些参议员宣布退出民主党，民主党在东京都议员选举和参议院选举中相继遭到惨败，在众议员选举中虽然民主党的议席略有增加，海江田万里本人却落选了。于是，海江田万里不得不辞去党首职务，冈田克也在随后举行的党首选举中胜出，于 2015 年 1 月 18 日成为新的党首。冈田上台后虽然采取了与日共等在野党

在国政选举中合作等新举措，却未能在2016年7月举行的参议院选举中获胜，冈田遂于此次选举后引咎辞职。2016年9月，原代理党首莲舫在党首选举中胜出，成为新的民进党代表。

（2）维新党的演化

维新党于2014年9月21日由原大阪维新会与从众人党分裂出来的“联结党”合并组成。“おおさか维新会”分裂出去另立新党之后，“维新党”在松野赖久等人的领导下继续开展活动，并积极推动在野党的重组合并，于2015年12月与民主党结成国会内统一会派。当时，在维新党名下共有26名国会议员，包括21名众议员和5名参议员。党首为松野赖久，干事长为今井雅人。

（3）两党合并的动因

松野赖久等维新党领导人原本就是从民主党分裂出去的，在建党理念和政策主张上与民主党比较接近，早就有重回民主党之念。原大阪维新会成员分裂出去以后，维新党更呈独木难支之势，急欲与民主党再结连理。而民主党在2012年底被赶下台之后也已呈一蹶不振之态，很想在2016年参议院选举之前扩大势力，争取再获与自民党争夺政权的基础。于是，二者在日本劳动组合总联合会的支持下一拍即合，以民主党改名为代价成功合并。

2. 政治纲领

该党2016年3月27日成立后发表的新纲领是：以“自由、共生、对未来负责”为建党理念，站在“生活者、纳税者、消费者、工作者”的立场上，争取建立一个“在公正、公平、透明的规则之下多种价值观、生活方式和人权都得到尊重的自由的社会”“谁都不被排除的互相支撑的共生社会”“对生活在未来的下一代人负责的社会”。在经济政策上，要“实现可持续向人类投资的经济增长”；在对外关系上，要“保卫祖国，为国际社会的和平与繁荣做贡献”。

3. 领导机构

民进党继承了民主党的组织框架。其最高决策机构是党大会。党大会由党所属的国会议员和各都道府县总支部联合会选出的“代议员”组成。党大会由代表根据常任干事会的决定召集，每年至少召开一次。党大会负责审议决定党的年度工作计划、预算、决算、修改党章和其他重要事项。

仅次于党大会的决策机构是两院议员总会。在紧急情况下，可以以两院议员总会的决定代替党大会的决议，但事后须向党大会报告并得到其认可。两院议员总会由总会会长根据代表的要求召集。

总务会是次于两院议员总会的决策机构，负责审议决定党的国会活动以及党的运营方面的重要事项。总务会由会长主持召开。会长由代表选任，但须得到党大会的承认。

民进党最高领导人称作“代表”。代表由党所属的国会议员、党中央确定的国会议员候选人（以下简称“候补议员”）、党员和党的支持者（以下简称“党友”）选举产生。只有得到一定数量本党所属国会议员推荐的国会议员（特殊情况下常任干事会决定并经两院议员总会认可时“候补议员”也可）才能参加“代表”的竞选。选票的计算方法比较特殊，即按“点”计算：国会议员所投每票计作 2 点；候补议员所投每票计作 1 点；党员和党友所投票以都道府县的人口为基础单位计算，每 40 万人口计作 1 点。党的常任干事会可根据该地区的党员和党友在人口中所占比例以及本党在最近一次国政选举中的得票率对其“点”数进行调整，投票后根据各候选人得票数再用“顿特法”按比例瓜分该地区的“点”数，获得“点”数最多者当选。如果有 3 名以上候选人参选而且每个候选人的点都不超过半数，则再由党所属国会议员、候补议员和各都道府县代表人参加的“代表选举集会”对得票居前两名者进行“决选投票”，获多数票者当选。民进党另设有 3 名“代表代行”。党务主要负责人为干事长。党的中央执行机构是常任干事会，其职责是决定党务工作方针，贯彻执行党大会的决定。常任干事会由干事长主持召开，其成员包括代表、副代表、干事长、各中央执行机构的首长以及其他由干事长指定的人员。

（三）立宪民主党

此党由原民进党代表代行枝野幸男于 2017 年 10 月 3 日即众议院议员选举前夕发起创立，得到了原民进党左派众议员的支持。建党之后在日本社会引起很大反响，并在该次众议院选举中大获全胜，一举夺得 55 个席位。现任党首为枝野幸男，代表代行为长妻昭，干事长为福山哲郎。

该党主张实行立宪民主主义、社会自由主义和“草根民主主义”，主张在日本废除核电站，反对以实行集体自卫权为前提修改宪法第九条。

（四）公明党

公明党目前是日本国会第三大党和联合执政党。根据总务省2015年1月25日公布的数字，公明党共有党员、党友441909人，其中有众议院议员35人，参议院议员20人。至2015年7月末，共有都道府县议员209人，市区町村议员2724人。

1. 简史

公明党是1964年11月以宗教性团体创价学会为母体建立起来的。创价学会的前身是1930年由牧口常三郎和户田城圣创立的“创价教育学会”，是个属于佛教日莲正宗的在家信徒团体。1943年，军国主义政府因其对神社“不敬”而对其进行了残酷的镇压。二战结束以后，户田城圣重建了这个团体，并将其改名为“创价学会”。20世纪50~60年代，日本处于开始经济高速增长的动荡变革时期，贫富分化比较明显。创价学会所宣传的主张能够反映城市低收入阶层和中小企业主中对社会不满、思想苦闷者的要求和愿望，因而势力迅速壮大。它虽然是个宗教团体，但以“王佛冥合”为口号介入政治，并从1955年开始参加地方议会议员的选举。1961年，创价学会又正式建立了自己的全国性政治团体——公明政治联盟，并很快将其代表送进了国会。1964年，创价学会决定将公明政治联盟改组为公明党。1970年，因“言论出版问题”被批评为“政教不分”，创价学会宣布与公明党“分离”，但实际上它一直是公明党的主要支持者。

公明党创立时，已经在参议院拥有14个席位（以公明政治联盟名义竞选获得）。1967年1月，公明党第一次参加众议院议员选举，一举获得25个席位。20世纪70年代后期至90年代前期，公明党以“中道政治”为口号，一直保持着国会第三大党的地位。1993年，因自民党在大选中失败，失去在国会中的多数席位，公明党与社会党、新生党、日本新党、民社党等联合上台执政，首次成为执政党。1994年村山内阁成立时，公明党宣布解散，其地方议员和一部分参议员组成了名为“公明”的团体，众议员和另一部分参议员组成了“公明新党”并集体加入新进党。1997年12月新进党解散后，该党中的原公明党集团中有18名参议员加入“公明”，余者成立了“和平新党”。在1998年7月举行的参议院议员选举中，“公明”与“和平新党”合作并取得了胜利。1998年11月7日，“公明”与“和平新党”联合组成了新的“公明党”（英文名为New Komeito，2014年又恢复为1961年建党时的Komeito），一度加入自由党的几名国会议员也顺势回归，从而公明党结束分裂，恢复原貌。1999年10月，公明党与自民党、自由党正式建立了联合政权，成为小渊内阁的执政党之一。在此后的森喜朗和小泉纯一郎内阁中，公明党和从自由党中分裂出来的保守党仍然与自民党联合执政。从2003年至2009年9月自民党下台，公明党一直与自民党联合执政。2012年自民党再次上台后，公明党又继续与自民党联合执政。该党对中国态度友好，在1972年中日两国邦交正常化时发挥了重要的“桥梁”作用。

2. 政治纲领

1970年公明党决定与创价学会“分离”时，党代表大会制定的纲领是建立“尊重人性的中道主义政党”，要“基于人性社会主义，确立负责任的自由经济和保障经济成果能够公正分配的经济体制，建立同时实现社会繁荣和个人幸福的福利社会”。在国内政治方面，公明党主张维护二战后制定的“和平宪法”和国民自由民主权利，否定暴力主义；在外交方面，主张实行自主和平外交。

1998年新公明党成立以后发表了《新宣言》，提出要在日本实现“中道主义政治”，并对原来的纲领进行了修改。修改后的纲领共7条，具体如下。

（1）实行最大限度尊重“生命、生活、生存”的“人类主义”。

（2）建立重视生活者的文化福利国家。

（3）谋求人类与自然的协调。

（4）实行旨在实现人类利益的地球民族主义。

（5）为世界做贡献。

（6）发展基层民主主义，确立地方主权。

（7）做为民众献身的舆论领袖。

与公明党的原纲领相比，新的纲领不再使用“社会主义”和“维护宪法”字样，表述上也有许多变化，基本精神仍然是强调以人为本，重视国民的生活福利和人权，但在坚持和平主义方面向自民党的立场靠拢，逐渐趋于保守化。

3. 领导机构

公明党的最高决策机构是党大会。党大会每两年召集一次，其职责是审议决定党的活动方针、重要政策、中央预算等重要事项，修改党的纲领和党章，选举党首。党大会的成员由党总部的主要负责人和代议员组成。在代议员中，既有按党员人数比例从各个都道府县的党部选出的，也有由中央干事会指定的，而本党所属的国会议员则是当然的代议员。中央干事会是常设的决策机构，还设有中央纪律委员会、中央会计监查委员、顾问、政务调查会、国会对策委员会、选举对策委员会、全国地方议员团会议、综合企划室、组织委员会、总务委员会、宣传委员会、团体涉外委员会、财务委员会、情报通信委员会、女性委员会等机构。而常设的最高执行机构则是由代表、副代表、干事长、中央干事会会长、政务调查会会长等中央机构负责人组成的“常任役员会”。

党首——“代表”是党的最高负责人，权力较大。代表可以指定干事长等中央干事，以及中央纪律委员长、副委员长等中央纪律委员和中央会计检查委员。干事长是党务工作的最高负责人。2015 年 9 月，现任党首——代表为山口那津男，副代表为北侧一雄、古屋范子，另有 1 名干事长和由 25 名中央干事组成的中央干事会。现任干事长为井上义久。

（五）希望党

此党由自民党前众议员、东京都知事小池百合子于 2017 年 9 月 25 日创立，得到了时任民进党党首前原诚司的支持和呼应。前原引领大批民进党右派众议员以“希望党候选人”的名义参加随后举行的众议院议员选举，结果使希望党在众议院取得了 51 个席位，加上该党在参议院占有的 3 个席位，现在该党在国会一共拥有 54 个席位。2017 年 11 月 30 日，现任党首——代表是玉木雄一郎，代表代行是大岛敦，干事长是古川元久。

该党奉行“改革保守”主义，主张实行地方分权、行政改革和停止增加消费税，主张修改宪法第九条，反对修建核电站。在外交方面主张强化日美同盟。

（六）日本共产党

1. 简史

日本共产党是日本历史最长的政党。它于1922年7月由片山潜、德田球一等人创立，首任委员长为堺利彦，1922年12月加入共产国际。成立后的第二年即1923年就受到当局镇压并于1924年春被解散。1925年重建，并于1928年创办了机关报《赤旗》。重建后又连续多次遭到残酷镇压，其领导人多被捕入狱，终于在1933年停止了作为政党的活动。第二次世界大战结束以后，德田球一、志贺义雄等人出狱，重新建立了日本共产党，德田球一当选总书记。1946年，党的负责人之一野坂参三在党代表大会上提出了“被占领下的和平革命论”以后，日共的力量发展很快，在1949年的大选中获得了35个众议员议席。但野坂提出的这一理论在1951年遭到了斯大林领导的共产党和工人党情报局的公开批评，导致日共党内的分裂。1951年5月，美国占领军对日共进行镇压。10月，德田球一等人召集了第五次全国协议会并在会上提出了“暴力革命”方针，采取了在全国组织“山村工作队”等行动，从而遭到了占领当局更严酷的镇压，党的势力损失很大。1955年，分裂的日共两派联合起来并召开了第六次全国协议会，宣布“放弃武装斗争路线”，主张走议会道路，在与他国共产主义政党的关系上奉行“自主独立路线”，陆续对其政策做了一系列调整。在此过程中，日共的势力时起时伏。在2013年举行的参议员选举和东京都议员选举、2014年举行的众议员选举、2015年举行的地方统一选举中，日共都获得预期胜利。

2. 政治纲领

日共在1961年召开的第八次全国代表大会上通过了新的《日本共产党纲领》。在1976年召开的第十三次全国代表大会上，日共又决定把党纲中的“马克思列宁主义”改为“科学社会主义”，把“无产阶级专政”改为“工人阶级的权力”。2000年11月24日修改过的党章规定：“日本共产党是工人阶级的党，同时也是日本国民的党。它向所有致力于民主主义、独立、和平、提高国民生活和日本之进步未来者敞开大门”。作为最低纲领，它“把立足于建党以来一直坚持的‘国民是主人公’的信条，始终为实现国民的切身利益和促进社会进步而斗争，在日本社会中不屈不挠地发挥先锋作用作为自己的责任和任务”。作为最高纲领或最终目标，它“要实现没有人与人之间的剥削和压迫，没有战争，由真正平等而自由的人际关系构成的共同社会”。

关于日本的现状，该党认为日本虽然已是高度发达的资本主义国家，但在军事上仍是美国的“从属国”。因此，该党虽然仍将社会主义、共产主义作为最终目标，但认为现阶段要进行的不是社会主义革命而是民主主义革命，具体主张：①对大企业及垄断资本实行各种民主规制，通过裁军、停止无用的公共事业和修改偏向于大企业及资本家的税制来完善社会保障；②反对日本从属于美国，要求废止《日美安保条约》，实现不结盟和中立的日本；③反对修改宪法，主张彻底实行民主主义；④反对农产品进口自由化，保护农民利益。

3. 领导机构

党的最高机构是由代议员组成的党大会（相当于中国的党代表大会），每两年或三年召开一次，其主要权力是听取和审议中央委员会的报告，审议决定中央委员会提出的议案，修改党的纲领和章程，选举中央委员会。中央委员会是党大会闭会期间的领导机构，负责执行党大会的决定，贯彻、执行和完善党的方针政策以及党中央的外事、财务、人事、理论、宣传等其他领导工作。中央委员会每年召开两次，它可以选举中央委员会的议长和干部会（相当于中国的政治局）的委员、委员长、副委员长和书记局长。中央委员会闭会期间由干部会代行其职责。干部会内设22人组成的常任干部会，常任干部会成员由干部会委员选举产生，日常执行干部会的职责。书记局在干部会以及常任干部会的领导下处理中央的日常工作。

2015年9月，干部会委员长为志位和夫，副委员长为市田忠义、小池晃、绪方靖夫、浜野忠夫、广井畅子，书记局长为山下芳生。现有干部会委员57人，其中常任干部会成员22人。据日共总部2012年5月统计，共有党员党友约31.8万人，其中缴纳党费的党员有25.4万人。

（七）日本维新会

日本维新会的原名叫“おおさか维新会”。“おおさか”是“大阪”的日文假名标识。因为该党是一个全国性政党，为了与作为地方政党的“大阪维新会”区别开来，将其命名为“おおさか维新会”。2016年8月23日改名为“日本维新会”。

1. 简史

大阪维新会是2010年4月19日由时任大阪府知事桥下彻发起成立的地方性政党，其核心政治纲领是将大阪建设成继东京都之后的第二都——“大阪都”，把现行的“府－市－区”管理体制简化成东京都那样的“都－区”体制。2012年9月12日，大阪维新会“代表”桥下彻宣布以大阪维新会为母体成立全国性政党日本维新会。2012年11月17日，“太阳党”共同代表石原慎太郎宣布将太阳党并入日本维新会。石原慎太郎出任日本维新会党首，桥下彻任代理党首。2014年5月29日，石原慎太郎又宣布退出日本维新会。2014年7月31日，日本维新会宣布解散，其中的原大阪维新会成员于同年9月21日与从众人党分裂出来的“联结党”合并组成维新党，成为仅次于民主党的日本第二大在野党，党首——“代表”为松野赖久，干事长为柿泽未途。2015年8月，柿泽未途等维新党领导人与原大阪维新会派产生尖锐矛盾，后者从维新党中分裂出来，于2015年11月2日建立了“おおさか维新会”。为了扩大本党在国政中的影响力，2016年8月23日又将党名改为曾使用2年的“日本维新会”。

2. 组织结构

截至2016年8月26日，日本维新会共有国会议员27人（众议员15人、参议员12人）。党首——代表是松井一郎，共同代表是片山虎之助，干事长是马场伸幸。桥下彻任党的法律政策顾问。在“日本维新会”之下，设有地方性政党——“大阪维新会”和“全国维新联络会”，由这个“全国维新联络会”统率大阪之外各个地区的党的分部。大阪维新会与全国维新联络会地位平等。

3. 政治纲领

该党是一个中右翼组织，其政治主张有修改现行宪法、地方分权、实行“小政府”和“道州制”及“大阪都区制”、改革税制及社会保障制度以实现“受益与负担的公平”等。在外交方面，该党主张“与共有自由主义、民主主义等价值观的国家合作，在安全保障等方面为世界做出贡献”。

（八）自由党

此党的前身是“生活党与山本太郎及其伙伴们”。该党的创建者实际上是曾先后任自民党干事长，新生党、新进党、民主党和国民生活第一党的党首的老牌政治家小泽一郎。小泽一郎曾多年叱咤风云于日本政坛，但在2010年以后已是强弩之末。他为了在即将举行的大选中东山再起，2012年11月28日与由时任县知事的著名女政治家嘉田由纪子率领的势力联合组成了“日本未来党”。在2012年12月举行的大选中，日本未来党遭到惨败，在国会所占议席从61个降至9个。于是，小泽一郎与嘉田由纪子很快于大选后宣布“分党”，小泽一派成立了“生活党”。然而，生活党在2013年7月举行的参议员选举和2014年12月举行的众议员选举中又连吃败仗，在国会众参两院所占议席降至各2席，已不能达到作为国家政党的最低资格条件。在此情况下，生活党吸收原无党派的参议员山本太郎入党，勉强保住了政党资格，党名随之改为“生活党与山本太郎及其伙伴们”。2016年10月12日，该党改名为自由党。自由党由小泽一郎和山本太郎共同担任党首——代表，在众议院拥有2个席位，在参议院拥有4个席位。

（九）社会民主党

1. 简史

社会民主党的前身是日本社会党，简称“社会党”，成立于1945年11月。从20世纪20年代起，日本就存在着主张用议会斗争等合法手段建立社会主义政权的社会民主主义政党。二战结束后不久，这些社会民主主义政党联合组成了社会党，并在1947年新宪法生效后举行的第一次众议院议员选举中获得了147个席位，成为国会第一大党，建立了以社会党党首片山哲为首相的联合政权，但该政权仅维持了8个月就垮台了。1951年，因为在如何对待《日美安全保障条约》（简称《日美安保条约》）这一问题上意见不一致，社会党分裂为左派社会党和右派社会党两部分，1955年两派重新合并为统一的社会党。在此以后，社会党以“日本劳动组合总评议会”（简称“总评”）为后盾，在40年里保持了国会第二大党的地位，作为左翼势力的主力与以自民党为主体的保守势力对抗。在此期间，社会党内部一直存在着激烈的思想、路线斗争，左派一直占主导地位。1959年，西尾末广等右派人士退党并另建民主社会党。1976年、1977年，江田三郎、田英夫等人又先后退党另行组建了社会民主联合。

右派的退出使社会党的队伍更加“纯洁”，其政治主张也越发激进。日本社会党虽然早在建党之初就加入了社会党国际，但在当时却不像该组织其他成员那样反共，在20世纪六七十年代，甚至可以说其政治主张是与共产党比较接近的。如1966年该党第27届党大会通过的题为《日本走向社会主义的道路》的纲领性文件就规定社会党是“领导社会主义革命”的“阶级性群众政党”，指出“社会主义制度正日益显示出优越性”，并且提出在其执政初期“必须实行某种形式的阶级统治”。在国内政坛上，社会党长期采取与自民党对抗的立场。

进入20世纪80年代以后，鉴于国内外形势的变化，特别是社会党在国会的地位呈下降趋势这一严峻局面，社会党开始不断调整政策主张，于1986年发表了“新宣言”，放弃了科学社会主义，声称其主张的社会主义要以尊重人的人道主义为基本理念，宣布社会党是“代表所有国民并向所有人开放的国民政党”，而不再是“阶级性群众政党”。

冷战结束以后，社会党受到了很大冲击，威望日益降低。1989年，“总评”宣布解散，社会党失去了主要的靠山。为了挽回颓势，社会党进行了更大的政策调整，1990年第一次将“社会民主主义”写入其党章前言中，明确自己是社会民主主义政党。在具体政策上，开始采取“现实主义”方针，表示要维持《日美安全保障条约》。1994年，社会党与宿敌自民党联合执政，为此彻底地改变了几十年来一直坚持的立场，如承认安保条约及自卫队是合法的、必要的，承认了“君之代”“日之丸”的国歌、国旗地位，承认了该党曾拼命抵制的《联合国维持和平活动合作法》，等等。这样，除了还剩下“护宪”一项以外，社会党在政策主张上与自民党已经没有多大区别，从而在很大程度上失去了存在的价值，在国民中的威望一落千丈，在国会中的席位不断减少。1996 年，一部分原社会党国会议员分裂出去加入民主党以后，社会党更名为“社会民主党”，简称“社民党”，1998 年与自民党脱离联合执政关系。2009 年自民党下台后，社民党与民主党联合执政，党首福岛瑞穗成为鸠山由纪夫内阁成员。

2. 政治纲领

按照 1998 年 1 月 25 日修改的《社民党党则》，社民党是“由社会民主主义者、自由主义势力等各种人参加的、共同为实现人类幸福而努力的、开放的、劳动者和市民的政党”。其基本理念是：①创造务必尊重人类尊严、公正与公平、自由与民主主义、人的个性和团结的文化和社会；②创造性地发展《日本国宪法》所主张的主权在民、基本人权、国际协调等理念。其政策主张的突出特点是“护宪”、“扶助弱者”和“人类与自然共生”。

3. 领导机构

党的最高决策机构是由代议员和党的主要干部组成的“全国大会”。全国大会负责修改党的基本理念和党章，选举副党首、干事长、选举对策委员长等除党首及其工作班子（政策调查会长等）以外的负责人，等等。党首由党员直接选举产生。党首在必要时可在常任干部会同意后召集由各都道府县党组织代表和党的主要干部参加的“全国代表会议”。党首还可以随时召开“两院议员总会”，决定关于国会活动的紧急重要事项，并可任免政策审议会长和院内总务会长。

党的最高执行机构是由常任干事组成的常任干事会，党首是其代表。常任干事会下设政务委员会和党务委员会执行日常工作。

党首是党的最高负责人，对外代表全党，全面主持政务和党务。社民党另设副党首、干事长、政策审议会长、院内总务会长、选举对策委员长、常任干事协助党首工作。

2016 年 9 月，社民党在众议院拥有 2 个席位，在参议院拥有 2 个席位。社民党现任党首为吉田忠智，副党首为福岛瑞穗，干事长为又市征治。据 2014 年 12 月统计，该党共有党员、党友 16076 人。

二 团体

（一）财界团体

1. 日本经济团体联合会

日本经济团体联合会于 2002 年 5 月 28 日由原来的“日经联”与“经团联”合并而成，简称为“日本经团联”或“经团联”。首任会长是奥田硕，现任会长是榊原定征。原“经团联”的全称是“经济团体联合会”，1946 年 8 月 16 日成立，宗旨是“解决经济界面临的国内外的重要课题，为日本经济和世界经济的健全发展做贡献”。它是日本经济界最重要的经济团体，素被称作经济界的“总司令部”，其会长被称作“财界总理”。它的会员由日本具有代表性的企业和行业团体组成。二战后，它代表日本垄断资产阶级的意志参与政府的决策。在历史发展的关键时刻，它的领导人往往会走到前台亲自指挥。例如，在 20 世纪 60 年代和 80 年代日本进行大规模的行政改革时，经团联的两任会长植村甲午郎和土光敏夫就分别出山担任了第一次和第二次临时行政调查会的会长，专门负责制定改革方案。更多的时候，经团联是作为后台老板给政府出谋划策，监督政府的工作，向执政党（主要是自民党）提供政治资金。据 2015 年 9 月 7 日统计，经团联共有 1335 个企业会员，156 个团体（行业团体和地方经济团体）会员，32 个特别会员（如日本银行、日中经济协会等）。会员代表分别参加研究、审议、制定各项政策的多个委员会。经团联总部设有经济政策、经济实体、总务、劳动法制、劳动政策、产业政策、环境、产业技术、国际合作、教育体育、政治社会等 14 个本部，专门负责制定政策的具体工作。

原“日经联”的全称为“日本经营者团体联盟”，成立于 1948 年 4 月 12 日。当时，日本社会动荡不安，工人运动风起云涌，日经联正是在这种情况下应运而生的。它以“成为正确而强大的经营者”为旗帜，宣称要履行三项使命：“①高扬经营道义；②在企业内树立正常的人际关系；③为社会做贡献”。实际上，日经联主要是财界为对付工人运动而设立的机构，因而被称作“财界别动队”和“经团联的服务部”。它的经常性工作是对劳动条件和劳资关系进行调查研究和分析，与政府有关部门、政党以及工会的负责人进行定期和非定期接触以交换意见，向政府乃至社会提出政策建议和培养高级经营人才等。20 世纪 90 年代中期，日经联会长大槻文平出任行政改革审议会会长，直接领导和推进了行政改革方案的制定和实施。据 2001 年 9 月统计，日经联共有团体会员 107 个，其中 47 个是各都道府县的经营者协会，余下的是各主要行业团体。

合并后的“日本经团联”兼有原“经团联”的参与、影响政府决策功能和原“日经联”的处理工人运动及劳资关系的功能，仍是对全国政界、经济界影响最大的民间团体，政治上主要支持自民党。其会长仍被称作“财界总理”，据说他是全国唯一受到警察贴身护卫的民间人士。

2. 经济同友会

简称“同友会”。1946 年 4 月，同友会由 83 名当时的骨干企业负责人发起成立。此后，同友会一直是一个企业经营者以个人身份参加的团体。正因为如此，它才可以不从事行业内企业之间、全国范围内各行业之间的协调等“实务”而专门“务虚”，即专门以讨论制定政策为己任。同友会会员们认为，在“自由社会”即资本主义国家中，经营者才是经济社会的主体，因而必须要以超越本企业、行业的远见和宽阔视野来思考和讨论国内外经济社会的各种问题，并且要与各政党、政府官员、工会等社会团体的负责人积极对话，还要积极开展国际交流。成立以来，同友会已经提出了许多政策建议，20 世纪 80 年代关于行政改革、90 年代关于地方分权的建议等在政府内部和社会上产生了巨大反响。

2015 年 9 月，同友会的代表干事（会长）是小林喜光，另有副代表干事 12 人。同友会除在本部下设职能机构外，还在全国各地设有 44 个地方性经济同友会。

3. 日本商工会议所

简称“日商”。它的前身是1878年在东京、大阪等地设立的“商法会议所”。1892年，15个商法会议所共同组成了“商法会议所联合会”。1922年，“商法会议所联合会”正式改组为“日本商工会议所”。1954年，根据日本国会通过的《商工会议所法》，“日商”成为特别认可法人。它主要是地方中小企业的代言人和监督者，其宗旨是“谋求地方工商业的综合发展，增进社会福利”，具有地域性、综合性、公共性、国际性四大特征。它还负责在全国组织举行簿记、珠算、电子会计、商业英语等几十种技术资格考试。

截至2015年4月，“日商”在全国共有514个地方商工会议所，下属会员约125万人，现任会头（即会长）是三村明夫。

（二）劳工团体

二战后，日本的工人运动曾经处于政治斗争的中心。1947年的全国总罢工甚至令人看到了体制变革的可能性。此后，工人们集结于“产别”“同盟”两大全国性工会组织之中。后来，经过分化改组，形成了总评、同盟、中立劳联、新产别四大组织。冷战结束以后，日本国内外政治格局发生了重大变化，总评、同盟、中立劳联等相继宣布解散，1989年11月成立了号称全国统一的超党派的工会组织——日本劳动组合总联合会，简称“联合”。就在同一个月，支持日本共产党的工会组织也联合起来组成了“全国劳动组合总联合”（简称“全劳联”）；一个月以后，未参加“联合”和“全劳联”的支持社会党左派的工会组织也联合起来组成了“全国劳动组合联络协议会”（简称“全劳协”）。目前，日本跨行业的全国性工会组织有三个，其基本情况如下。

1. 日本劳动组合总联合会

简称“联合”，是日本最大的工会组织，其规模在加入国际自由劳联的各国工会中居第三位，仅次于美国的劳联－产联和德国的劳动总同盟。2015年9月，“联合”约有会员682万人，他们分别属于“日教组”“自治劳”等53个全国性行业工会（加盟组织）和一些观察员加盟组织、友好加盟组织和特别加盟组织等。“联合”的现任会长是古贺伸明，代理会长是氏家常雄、冈本直美。“联合”在政治上主要支持民主党，与社会民主党也有一定程度的合作关系。

2. 全国劳动组合总联合

简称“全劳联”，1989 年正式成立。“全劳联”主要支持日本共产党，与社民党也保持较好的合作关系。按照“全劳联”总部统计，至 2013 年 6 月，它共有产业工会组织 21 个，按都道府县成立的地方性联合会 47 个，会员 111.3 万人。议长是小田川义和。

3. 全国劳动组合联络协议会

简称“全劳协”，1989 年 12 月 9 日成立。“全劳协”在政治上主要支持社民党和新社会党，目前有地方“劳协”和产业工会 49 个，其中最著名的是“国铁劳动组合”（简称“国劳”）。虽然原来的“国有铁道公社”早在 20 世纪 80 年代中曾根政权进行行政改革时就被民营化为“日本铁道株式会社”（简称“JR”），但“国劳”这个建立于二战后初期的工会组织不仅没有改变自己的名称，而且还在坚持着反对“国铁民营化”的斗争。“全劳协”自称有会员约 30 万人，而厚生劳动省 2012 年 6 月的调查报告称其有会员 11 万人。“全劳协”的现任议长是金泽寿。

（三）其他压力团体

1. 全国农业协同组合中央会

简称“JA 全中”，1954 年成立。“JA”是“日本农业协同组合”（简称“农协”）的英文缩略语，泛指农协组织特别是市町村级的基层农协组织。农协是 1947 年根据当年制定的《农业协同组合法》建立的，很快就在全国普及开来，几乎所有农户都是它的会员，非农户也可以成为农协的“准会员”。到 1985 年，农协的会员已达 806.8 万人，其中正式会员 554.2 万人，“准会员”252.6 万人，农协成为日本人数最多、规模最大的压力团体。农协成立以来，其组织几经改革，日益系列化。具体说来，由农户或个人直接参加的农协是基层农协，即 JA。综合性农协兼具生产、消费、互助、福利、信贷等多种职能，而专业性农协一般不具有信贷职能。以基层农协为会员组成的联合体叫作 JA 联合会。JA 联合会可以以都道府县等地域为单位设立，也可以以全国为单位设立。如许多都道府县设有 JA 经济联合会、JA

信用联合会、JA 厚生（福利）联合会，在全国范围内设有“全国共济农业协同组合联合会”（简称“JA 共济联”）和专门负责为农协会员出售农产品和供应生产、生活资料的“全国农业协同组合联合会”（简称“全农”）。各个都道府县都设有一个农协的联合会组织——都道府县农业协同组合中央会，简称“JA 中央会”，它们都是“JA 全中”的会员组织。JA 中央会是对 JA 农协和 JA 农协联合会进行监督、指导的机构。“JA 全中”则是日本农业合作组织的最高指导机构，其职能是“制定关于全国农业协同组合及其联合会的运营的共同方针并推动其实施，以求使协同组合得到健全发展”。“JA 全中”的决策机构是“总会”，执行机构是理事会和会长。“JA 全中”的现任会长是奥野长卫。作为农协的正式团体会员，基层综合性农协最多时曾达上万个。至 2015 年 9 月，农协在全国共有综合性农协组织即正式团体会员 961 个，准会员 11 个。

2. 日本医师会

简称“日医”，1916 年由著名医学家北里柴三郎等人创立。“日医”1947 年被批准为社团法人组织，主要宗旨是培育、褒扬医德，发展医学教育和医学研究，提高医学水平。“日医”的决策机构是“代议员会”和“总会”，执行机构是“理事会”。“日本医学会”和“日本医师会综合政策研究机构”是它的直属专业学术研究机构。“日医”在各都道府县设有团体会员机构——都道府县医师会，在市区町村一级设有 920 个“郡市区医师会”。据 2014 年 12 月 1 日统计，其共有会员约 16.6 万人，其中开业医生 8.4 万人，薪职医师 8.2 万人。“日医”的现任会长是横仓义武。“日医”虽然自称是学术团体，但实际上兼有向政府施加压力以影响决策的“压力团体”的性质。

3. 右翼团体

所谓“右翼团体”，实际上是对立场偏右的组织的统称。右翼团体以反对共产主义和社会主义，主张狭隘民族主义，强调尊皇甚至要求复活战前的专制天皇制为主要特征。这类组织二战前就已存在，二战后被保留下来并有所扩展。2000 年，全国共有 158 个规模较大的右翼团体，比较著名的有日本国粹会、日本青年社、大日本忠诚同志会、正气塾、日之丸青年队、大日本爱国党、国防挺身队等。有人将右翼团体分为“国士型右翼”和“任侠型右翼”两类，其中，国士型右翼又称作“纯粹右翼”，任侠型右翼又称作“暴力团型右翼”或“行动右翼”。最引人注目的右翼团体当属大日本爱国党，成员约有8000人，总部设在东京大冢，前任总裁是赤尾敏。

三　日本政党政治的主要特征

（一）政党以议会为中心开展活动

在实行议会民主主义制度的日本，政党一切活动的最终目的都是通过在议会占有尽可能多的席位来夺取政权。自民党、民进党等保守政党自不待言，即使是日本共产党，在其确定要走议会主义道路以后，也把包括竞选在内的议会斗争作为自己的中心工作。从组织上看，除日本共产党、公明党等少数政党外，日本的大部分政党所属的国会议员自然而然地参与党的重大决策，成为相当于中央委员的角色；党的地方组织则比较松散，各级组织特别是基层组织几乎都是以议员为中心建立的，该议员自然而然地是该组织的负责人，而该组织的成员自然就是该议员的支持者，同时自然而然地成为该议员所属政党的党员或党友；除了竞选等工作外，作为政党其组织活动相对来说比较薄弱。

（二）党内有派

广义的“党内有派”，即党内存在着因政见差异而形成的不同群体的现象，在其他国家也不罕见。日本政党特别是自民党内的派系（日语称“派阀”）的特点是其派系结成稳定的组织机构并以派系为单位开展活动。这一现象的产生与相关政党多是由诸多小党合并组成的这一背景有一定关系。例如，组成自民党的原自由党、国民协同党、民主党等党的成员在合并后很长一段时间里仍聚集在同一个派系里，作为原社会党之前身的左派社会党和右派社会党的成员中间也存在着类似现象。民进党是由原自民党以及从自民党分裂出去的先驱新党、自由党和原社会党、民社党的成员组成的，在意识形态和政策主张上仍保留着原有的烙印，很容易形成长期存在的派系。派系活动的弊端很多，但也并非一无是处。有人认为，在自民党长期一党执政期间，西方国家常见的通过政党轮流执政来调节各种利益冲突、谋求政治稳定的机能几乎已经丧失，而自民党内的派系恰好发挥了欧美国家里政党的作用，有志从政者可以通过加入某一派系登上权力宝座，利益集团可以通过某一派系谋求自己的利益，各派系之间的轮流执政也给自民党政府增添了一些政策更新的活力。

（三）长期存在一党独大的政党体制

所谓“一党独大”，在日本多被称作“一党优越体制”，是指在多党制条件下某一个政党在国会席位等方面远远优于其他政党的势力格局。如前所述，自民党自1955年成立以后，曾经连续38年在日本单独执政。在二战结束至自民党成立的10年（1945～1955年）里，也大多由自民党的前身——自由党、民主党等政党执政。在尝到1993年8月至1994年7月这不到一年时间的“在野滋味”以后，自民党又以联合执政的方式回到了政权的中心位置。自民党在2009年虽被民主党取而代之，但这种情况也仅仅持续了三年多，之后自民党又恢复了一党独大的状态。这种状态不是宪法或法律的规定，只是政治势力角逐的结果，但却形成了体制性因素，对日本政治的发展和运作产生了很大影响。2009年民主党上台执政时曾让人们看到了日本出现两大政党轮流执政模式的希望，但这种模式今后能否实现还很难说。

（四）逐渐趋于保守化

二战后，以自民党为首的保守阵营与以社会党为首的“革新”阵营相对峙的“1955年体制”曾是日本政党政治的重要特征。这一体制发端于1955年自民党成立和社会党左右两派的合并，终结于20世纪90年代自民党一党执政局面的结束和社会党的易帜，持续了将近40年。在此期间，保守、“革新”两派势力互有消长，中间势力的出现和扩大使其力量对比发生过变化，但总的形势是维持了自民党占一定优势的动态平衡。冷战结束以后，日本的政党政治受到了极大的冲击，政党的分化改组频繁而剧烈，各党的纲领和政策几乎都做了不同程度的趋于保守的修改，社会党的更名和纲领修改尤其具有代表性，可以说日本的政党政治乃至整个日本政坛出现了“总体保守化”的倾向。

第四章

经　济

2010 年，日本的名义国内生产总值（GDP）被中国超过，将 1968 年以来保持了 42 年的名义 GDP“世界第二”的地位让给了中国，日本成为次于美国、中国的世界第三大经济体。根据国际货币基金组织发表的数据，中国和日本的 GDP 在 2010 年分别为 5.949 万亿美元和 5.495 万亿美元，中国的 GDP 略超日本。到了 2014 年，中国和日本的 GDP 分别为 10.355 万亿美元和 4.919 万亿美元，中国的 GDP 已达到日本的 2.11 倍。然而，2013 年日本人均 GDP 为 3.847 万美元，居世界第 24 位；中国为 6958.69 美元，居世界第 83 位，日本为中国的 5.53 倍。

但是，2012～2014 年，日本的人均 GDP 呈现出逐年减少的趋势，而中国则呈现出逐年增加的趋势。

需要注意的是，日本的财政年度从每年 4 月 1 日开始，因此，日本的有关经济增长的统计数字一般采用日本财政年度的数字，但是，由于很多国家将公历年作为财政年度，因此，在进行国家间比较时，宜采用按公历年计算的统计数字。

第一节　经济发展历程

本章简要回顾明治维新以来日本经济发展的历程，这对于了解当今日本经济的全貌具有重要的参考价值。

一　从明治维新到二战结束的日本经济

1868 年明治维新以后，日本建立了强有力的中央集权国家，开始以赶超西方强国、推进经济增长作为国家目标。但是，可被称为“近代经济增长”的过程实际开始于19世纪80年代后期，其标志是：民间企业开始迅速发展；制造业的产值开始迅速增加；近代的财政、金融体制开始形成；明治初期的经济混乱状况开始改观，至少可以从统计上加以把握。

与西方强国相比，日本现代经济增长起始阶段的特点是：开始晚，起点低，开始之后的增长率高。美、英、法、德四国的现代经济增长从1850~1859年开始。日、美、英、法、德五国在上述年份或时期的人均GNP分别为136美元、474美元、227美元、242美元、302美元（按1965年美元价格折算）。五国从现代经济增长起步至1965年的GNP和人均GNP的年均增长率分别为3.6%和2.5%、3.6%和1.6%、2.2%和1.2%、2.0%和1.7%、2.7%和1.7%。

明治政府实施“殖产兴业”的经济政策，自上而下地培育现代产业（例如由政府开办“模范工厂”，然后廉价出售给民间），促使工业化获得迅速进展，对追赶欧美先进国家起到了重要的作用。与此同时，明治政府还推行“富国强兵”政策，将工业化与经济增长带来的“国富”用于“强兵”，而不是用于改善国民生活，最终走上与西方列强为伍、竞相对外侵略扩张的道路。

对外发动侵略战争与进行掠夺成为明治维新以后日本经济获得较快增长的极为重要的原因。例如，在1894~1895年发生的中日甲午战争（日本人称之为“日清战争”）之后，日本获得了“割地”（台湾、澎湖列岛）、“赔款”2.31亿两白银（相当于3.64亿日元，而当时的日本中央政府一般会计岁出为7000万~8000万日元）及在中国使用港口的通商特权。从一定意义上说，获取战争赔款，通过侵占殖民地掠夺国外资源与财富，对日本实现工业化具有决定性的意义，这也是日本资本主义发展的一个特点。

从国内看，明治维新以后日本的经济增长与工业化得益于明治政府积极推行的对外开放政策，明治政府引进了先进的技术和制度；同时，从江户时代以来日本就重视教育，造就了一支质量较高的劳动力队伍，因而，从国外引进的先进技术与制度能够得到很好的消化。

许多后进国家为了追求现代经济增长，采取了积极引进国外先进技术与制度的政策，但未必都像日本那样成功，其主要原因在于教育落后。日本现代化过程的一个特点是，其义务教育的实施早于现代经济增长，而美、英、法各国义务教育的实施晚于现代经济增长。因此，日本能实现较快的经济增长，除去依靠明治维新的政治变革与明治政府的强有力的经济政策（这给日本带来了“现代因素”）以外，也与其重视教育的“传统因素”分不开。

随着工业化的进展，日本在第一次世界大战（1914～1918年）以后，从债务国转变为债权国，在经济结构上则从农业国转变为工业国（1918年工业比重超过50%，达到56.8%），虽然工业结构是以轻工业为中心，但钢铁、造船、机械、化学等重工业和化学工业也有了相当程度的发展。工业化与经济军事化加速推进的同时，社会发展却十分迟缓，三大差距（不同社会阶级或阶层的贫富差距、城市与农村之间的差距、大企业与中小企业之间的“二重结构”）不断扩大，劳动人民的不满情绪日益高涨。1923年发生的关东大地震，给人民的生命财产造成了巨大损失。1929年日本又卷入世界性经济恐慌，其工业、农业及金融业遭到沉重打击。

日本从1937年发动全面侵华战争，到1941年挑起太平洋战争，战争费用扶摇直上，国债余额从1930年的62亿日元增加到1945年底的1439亿日元，经济滑到了崩溃的边缘。1945年日本战败，战争给日本留下的是“大东亚共荣圈”幻梦的破灭，是一片“人工沙漠”（随美国占领军抵达日本的从军记者语）般的废墟，是足以令国民发誓“决不能让战争重演”的深刻教训。

二 战后复兴与经济高速增长

1946年，日本走上了经济复兴之路。由于长期战争的破坏，生产能力锐减，工业设备的30%～60%遭到空袭，未遭破坏的设备也亟须修理与更新。同时，战时大量支出军费，导致恶性通货膨胀，许多生活必需品供应奇缺。1946年国民生产总值仅为战前（1934～1936年）平均值的65%，工矿业生产仅为战前的28%，农林渔业生产仅为战前的78%。全国的失业人口多达1300万，从海外撤退回国的国民多达650万人。大批无家可归的流浪者露宿街头，食品不足导致许多人因营养不良而死亡，可以说战后经济复兴是极为困难的。

在经济复兴的起步阶段，日本在美国占领当局的“间接统治”下，实行了战后民主改革，包括实施非军事化，制定“和平宪法”，同时实施解散财阀、农地改革、劳动立法等三大民主改革，还在1947年制定了《禁止垄断法》和《过度集中经济力排除法》。战后改革使日本在外力的推动之下确立了战后的和平发展道路，并使市场竞争原理在除金融外的大多数产业领域得以发挥作用，为战后日本资本主义市场经济的发展奠定了基础。

1946年采取的“倾斜生产方式”对经济复兴具有重要意义。由于当时的能源中心是煤炭，产业“粮食”是钢铁，为了全面恢复生产，首先需要倾全力于增加煤炭与钢铁的产量。“倾斜生产方式”就是选准煤炭与钢铁作为恢复经济的突破口，首先将依靠美国援助进口的重油优先投入钢铁生产，接着将增产的钢铁优先投入煤炭生产，再将增产的煤炭投向钢铁生产，通过钢铁业与煤炭业的相互促进与共同振兴来带动电力、化肥、交通等其他产业部门的发展。

为了实施“倾斜生产方式”，日本政府还对重点产业部门实施价格补贴（对官定价格低于生产费用的差额部分实施补贴），并于1947年初设立了“复兴金融金库”，给重点产业部门提供低息贷款。这样，到了1948年，日本经济虽然摆脱萎缩状态而走上了扩大再生产的道路，整个经济重建工作走上轨道，但是，大量的价格补贴和巨额的低息贷款加剧了通货膨胀，商品严重不足，出现了所谓“狂乱物价时期”。

为了稳定日本经济，克服通货膨胀，美国政府于1948年底提出了稳定日本经济的九条方针，并委派底特律银行董事长道奇为占领军司令部的财政金融顾问。道奇批评日本经济是依靠美国援助和国内补助金这两条腿走路的“竹马经济”。随着美苏冷战的激化，美国认为促使日本经济自立符合美国的利益。为此，美国推出一系列促进日本经济自立的政策，实施“超均衡预算”，抑制价格调整补助金，废除了价格补贴和低息复兴贷款等，还制定了“肖普税制”和1美元等于360日元的固定汇率制，这形成了战后日本经济政策的总框架。

道奇路线推行的紧缩财政、金融政策，虽然使通货膨胀趋于收敛，却又引起生产萎缩，失业增加，导致日本经济一步步地陷入危机。正在这个关头，朝鲜战争于1950年6月爆发。1950～1952年，朝鲜战争带来了大量的战争“特需”，犹如及时雨润泽了日趋干枯的日本经济，使工矿业生产部门又活跃起来，日本不仅摆脱了道奇路线造成的经济危机，而且带来了空前的“特需景气”，日本经济正式进入了复兴期。

1953年朝鲜停战之后，由于美国不再从日本大量采购战争物资，日本经济一度不景气，但此时日本经济已经度过了最困难的时期，企业得以依靠其资本积累扩大设备投资，实行产业的合理化，提高国际竞争力；城乡居民在收入明显提高的条件下，对耐用消费品等需求不断增大，刺激了生产的发展，因而很快出现了“投资、消费景气”。至1953年，日本的实际GNP超过1944年的水平，而在1946年实际GNP只及1944年的56%。1946～1955年这十年，GNP年均增长率达到9.2%。

1956年发表的《经济白皮书》称日本“已不是战后”，标志着日本经济进入了高速增长时期。特别是1960年池田内阁提出了《国民收入倍增计划》，广大的民间企业受到鼓舞，其低利率政策有力地刺激了民间投资的增长。设备投资与个人消费、商品出口，成为带动经济增长的三大引擎。随着技术革新的迅速进展，主要工业部门的设备投资十分旺盛，出现了《经济白皮书》（1971年版）所形容的“投资唤起投资”的良性循环。这意味着这一时期的经济高速增长是以设备投资为主导的，即迅速增长的民间企业的设备投资成为经济高速增长的主要动力。例如1969年民间固定资产投资率（民间企业的设备投资与国民生产总值之比）高达27.3%，包括政府投资在内的投资率更是高达35.3%。

迅速增长的投资促使生产设备日趋先进化、大型化。在钢铁业，最大高炉容量从1953年不到1000立方米扩大到1964年的3000多立方米，1973年超过4600立方米，在20世纪70年代世界最大的5座高炉中日本占了4座，同时，日本迅速引进氧气顶吹转炉等最先进的炼钢技术；在石油化工业，最大乙烯工厂的规模从1958年的年产2万吨扩大到1966年的年产20万吨、1973年的30万吨，该乙烯工厂建成了以大型联合企业为主的石化生产体系；在电力工业，最大火力发电机容量从20世纪50年代后半期的17.5万千瓦扩大到1967年的60万千瓦，进而向100万千瓦升级。

20世纪五六十年代，无论是在生产方面，还是在消费方面，日本都以美国作为样板，为此所需要的技术，也无须自己从头开发，只要把先进技术引进来，通过模仿、消化与改良，就能迅速使之产业化、商品化。通过设备投资的热潮，在二战期间由发达国家开发的新技术、新产品大量流进日本，使原有的产业设备一举更新。日本涌现了钢铁、合成纤维、石油化学、电子工业等一大批新兴产业。从产业结构的角度看，经济高速增长过程也是战后日本重工业化和化学工业化的过程。

与“大量生产”形成相互促进关系的是“大量消费”，特别是“家用电器热”成为高速增长时代国民消费的一大特征。在20世纪50年代，被称为“三种神器”的黑白电视、洗衣机、冰箱得到普及，其中黑白电视迅速普及是在每台价格相当于人们平均月工资的50年代后半期。到了60年代，彩电、空调、小轿车（由于这三大件的英文词Color - TV、Cooler、Car的第一个字母都是“C”，故又称“3C”）成为国民消费需求的新的中心，其中小轿车的普及率从1955年每千人拥有1.7辆提高到1965年的22.0辆，1973年的133.6辆。

技术引进与革新大大提高了生产力水平，教育事业为工业发展源源不断地提供素质较高的劳动力，日本生产的工业品的性能和质量明显提高，加上1949年设定的日元对美元的固定汇率偏低（1美元等于360日元），使日本出口产业的国际竞争力迅速增强，出口以两倍于GNP增长率的速度增加，其结果是在20世纪60年代后半期开始形成贸易收支的出超趋势。

随着经济实力的增强，日本于1964年加入经济合作与发展组织（OECD），进入了发达国家行列。以美元换算的日本国民生产总值于1967年超过了英国和法国，1968年超过了联邦德国，从而在经济规模上成为西方国家中仅次于美国的第二经济大国。日本的人均国民收入也从1960年的378美元上升到1970年的1515美元，接近了西欧的水平（占世界第20位）。

1969年度的《经济白皮书》以“第2位与第20位”的表述，刻画了当时日本的经济实力，认为导致日本的GNP占第2位与人均GNP占第20位的“不平衡”的因素是农业、服务业、中小制造企业的低生产率。然而，在经济高速增长的背景下，年轻劳动力需求的不断扩大，导致日本出现了劳动力不足的趋势，致使低生产率部门的工资也迅速增加，而劳动力等生产要素成本上升又加速了消费品物价上涨。

如前所述《国民收入倍增计划》的目标是在十年内实际国民生产总值翻一番。为了实现这个目标，要求十年间的年均实际增长率（扣除物价上涨因素的经济增长率）达到7.8%，最初三年的年均实际增长率达到9%。实际上20世纪整个60年代日本经济的年均实际增长率达到了10.0%，超过了计划预定的目标。与此同时其国际竞争力也得到了加强，到了1970年前后国际收支转为黑字，日本摆脱了外汇不足对经济增长的制约。

在1973年，即经济高速增长时期的“终点”年份，日本的实际GNP是1946年的11倍，是战前水平（1934～1936年）的7.7倍。日本的人均GNP从20世纪50年代不及美国的1/10，增长到美国的60%。这样的增长速度在日本历史上是空前的，在世界历史上也是少有的。

经济的高速增长总的来说使蕴藏在日本国民中的“能量”得到了发挥，国民通过自己的努力摆脱了物质生活的贫困，基本上实现了完全就业，在消除经济“二重结构”（例如大企业与中小企业之间的差距问题）方面也做出了成绩，广大企业通过技术革新增强了国际竞争力。但与此同时经济的高速增长也造成了物价上涨、生活环境建设落后及公害问题严重化等弊病。

三 七八十年代的稳定增长

20世纪70年代初日本经济的高速增长进入末期，增长减速实际上已经开始。1970 年的实际增长率为 7.6%，1971 年由于“日元升值”的冲击增长率下降到 5.0%，1972 年度增长率又回升到 9.2%。然而，紧接着在 1973 年发生的石油危机，致使 1974 年实际增长率下降到 -0.4%，这是二战后第一次出现负增长。可以说正是石油危机对日本经济的转折产生了决定性的影响，这一点可从以下数据中看出：1973 年即石油危机发生之年的前十年，日本经济年均增长率为 9.3%；后十年为 3.6%，石油危机给战后日本经济的高速增长画上了句号（见表 4-1）。

表 4-1　1973 年石油危机前后十年的实际增长率

单位：%

国家	前十年平均实际增长率	后十年平均实际增长率
日本	9.3	3.6
美国	3.9	1.8
联邦德国	4.5	1.6
法国	5.5	2.3
英国	3.3	1.0

资料来源：日本经济新闻社编《日本经济入门》，日本经济新闻社，1997，第 104 页。

1970 年由于美国的国际收支恶化，美元大量流出，以美元为中心的国际货币体制大大动摇。1971 年 8 月美国宣布美元与黄金脱钩，并对进口加征 10% 的关税，即发生了所谓“尼克松冲击”。在 1971 年发生了两次“尼克松冲击”，第一次是 7 月 15 日尼克松宣布访华，第二次是 8 月 15 日尼克松宣布停止黄金与美元的兑换等八项紧急经济政策。美国宣布紧急经济政策对外是为了捍卫美元，对内是为了控制通货膨胀。但是，在实质上，这标志着进入 20 世纪 70 年代后，相对于其他西方国家美国的实力地位开始下降。1971 年底十国财政部长在华盛顿开会，对各国通货进行了调整，其中日元对美元汇率从 1 美元兑换 360 日元调整到 1 美元兑换 308 日元，但行情仍不稳定，又于 1973 年 2 月转为浮动汇率制，即日元与各国通货的比价不再固定，而由市场机制来决定。

1973 年 10 月爆发了第四次中东战争，石油输出国将油价从每桶2～3

美元提高到4美元、8美元、12美元，从而引发了所谓“石油危机”。石油价格大幅度上涨对石油消费国的经济造成了很大影响，引起了通货膨胀、经常收支恶化等问题，尤其对依赖进口中东石油、号称“油上楼阁”的日本的经济冲击更大。1973年日本进口原油3亿千升（KL），按照每桶原油价格涨10美元计算，日本进口原油的负担每年增加200亿美元，相当于当时日本GNP的5%。

石油危机对国民经济造成了严重的影响，导致物价暴涨，经常收支出现赤字，投机活动盛行，甚至出现了家庭妇女抢购卫生纸的现象。为此，政府采取了抑制总需求、紧缩金融、控制基础物资物价等政策。这些政策的实施，虽然控制了物价上涨，却导致设备投资停滞，经济增长明显减速，雇用减少和失业增加，1974年度出现了战后第一次负增长。

1975年春日本政府解除金融紧缩，又于1977年底采用了财政刺激政策，同时推进产业结构高级化，促使劳动与资本密集型产业结构向技术、知识密集型产业结构转变。出口持续扩大，填补了国内需求减少的空缺，结果经济开始稳步回升，同时物价保持稳定，失业率趋于下降，经济增长率的上下浮动幅度也不大。

在克服石油危机过程中，努力推行生产与经营合理化的民间企业功不可没。它们依靠市场原理，一方面大力节省资源、能源，并实行“减量经营”以节省各种费用，另一方面通过技术革新实现了产品，特别是出口产品的高附加值化。通过推进生产与经营合理化，企业的素质与效率有了明显的提高。总之，在民间企业和政府的共同努力下，到1975年日本终于走出了石油危机的阴影，其后日本经济走上了稳定增长的道路。

在发生“尼克松冲击”与石油危机以后，人们曾经预计日本经济承受不了这样的双重打击：担心日本进入浮动汇率制以后，日元升值会导致民间企业的国际竞争力下降；担心石油价格上涨会带动物价全面上涨，导致经常收支恶化。总之，人们担心日本会进入“零增长”的经济萧条时代。

但是，到了20世纪70年代后半期，人们逐渐发现，尽管油价上涨，在西方国家中受到打击最大的日本经济却恢复得最快；尽管日本政府实施汇率浮动，民间企业却能在困境中顽强地恢复其活力。整个日本经济由于产业结构的高级化与企业素质的增强而加强了对外部冲击的抵抗力。因此，尽管在1978～1979年爆发了第二次石油危机（石油价格从1978年中期的每桶13美元暴涨到1980～1981年的每桶40美元），1981～1983年又出现了世界性经济危机，日本经济却受影响甚小。总之，日本经济走上了稳定增长的道路，其经济表现在发达国家之中实属上乘。

随着日本的经济、科技水平赶上欧美，日本政府越来越感到必须加强技术自主研究、开发，“从模仿外国技术的时代走向独创的时代”。为此，日本于1980年正式提出了“技术立国”方针。尽管早在20世纪70年代“技术立国”的说法就多次出现在各种研究报告与学者的著作中，但日本政府第一次正式提出“技术立国”方针的官方文件，是1980年通产省发表的《80年代通商产业政策展望》。这个报告的绝大部分内容都与技术政策有紧密的联系，其中，专门阐述产业技术政策的第六章，以“走向技术立国之路”为标题，从而官方文件第一次正式提出了“技术立国”。此外，日本还制定了《创造科学技术推进制度》（科技厅）、《下一代产业基础技术研究开发制度》（通产省）等重要的研究开发计划，采取各种政策措施来推动“产官学”（“产”指民间企业，“官”指政府研究机构，“学”指大学）的科技合作与交流。

相对于其他西方国家良好的经济表现与迅速的技术进步，带来了日本对外经济关系的重大变化。由于国际竞争力的增强，日本的工业品出口持续扩大，1974～1975年的经常收支赤字到1976年转为黑字，此后出超幅度迅速扩大。特别是在日美之间，美国从1982年起实行高汇率政策，使日美贸易不平衡日益加剧，日美贸易摩擦接连不断，日趋激化。1985年五国财政部长会议达成所谓“广场协议”以后，日元大幅度升值，在1985年9月～1988年11月的三年多时间里，从1美元兑换230日元上升到1美元兑换121日元。日元急剧升值导致日本的出口企业乃至一般企业的收益迅速恶化，呈现“日元升值萧条”的现象。

当时，日本政府实施了缓和金融、扩大财政支出等政策，努力实现以内需为中心的景气恢复。为了防止日元进一步升值，1987年2月日本银行将再贴现率调整到空前的低水平，即2.5%。这导致大量游资流向土地、股票市场，引起地价、股价的上升，而在土地、股票的价格会继续上涨的心理作用下，人们争相购入，以期取得增值效益，结果土地、股票的价格越炒越高，大大脱离了真实价值，1989年12月29日日经平均指数（日本最常用的股价指数，它是根据在东京证券交易所第一部上市的有代表性的225种股票的平均价格计算出来的）达到创纪录的38915.87日元。

地价、股价等资产价格暴涨引发产业“资产效应”：其一，刺激了消费的膨胀，因为拥有土地、股票的人们手里的资产大幅增值，以至于人们感到自己顿时“阔”了起来，于是便大把大把地花钱，贵金属、宝石、名画、名牌汽车等高价商品居然成了抢手货；其二，建筑、土地的交易空前活跃，金融机构则积极开展融资活动（因为作为担保的不动产价格上升），向企业、个人提供设备投资资金、住宅投资资金及消费资金；其三，在股票市场十分兴旺的背景下，企业积极开展伴随股票发行的筹资活动，用于设备投资与建设面向职工的福利设施。

随着这种带有泡沫膨胀性质的“大型景气”的发展，企业日益感到人手不足，结果工资上升。为了防止物价跟着攀升，日本银行于1989年5月将再贴现率一下子提高到3.25%，其后股价继续上升了一段时间，终于在1989年12月上涨到顶峰后转为下跌。在股价首先开始下落之后，地价的上涨率也在1990年年中达到顶峰，其后上涨减缓，至1992年转为下跌。

四 20世纪90年代——失去的十年与经济的转折

地价、股价下跌导致资产紧缩效应，工资上升率下降，在泡沫经济膨胀期间人们购入了过多的耐用消费品使家计也出现了“过剩库存”，国民的消费意识由热转冷，个人消费趋于不振，这导致了商品库存的增加，企业不得不减少生产。另外，由于利率上升加上泡沫膨胀时期，企业进行过度投资带来设备过剩而不得不抑制贷款，企业效益趋于下降。然而，受泡沫经济崩溃之害最大的是金融机构。由于贷款企业作为担保的不动产及其所持有的股票价格下降，部分贷款显然已无法回收，通过所谓“非银行”贷出的大量资金也成了坏账。结果，本来应担负经济萧条时向企业提供救济、支持企业再建重任的金融机构自身也陷入了危机状态，对贷款变得十分慎重。金融机构的问题使这次萧条成为“复合萧条”，并使萧条长期化。20 世纪 80 年代后半期发生的泡沫经济景气在进入 90 年代以后逐渐进入后退、萧条局面。为了分析这次景气后退与萧条，日本经济学家宫崎义一写了一本名为《复合萧条》的书，认为这次萧条不仅是有效需求不足引起的景气减速，而且是金融自由化导致的金融资产的调整，并引起了生产增长减缓，从而形成了不良资产（存量）的调整与短期的库存（流量）的调整互相“联动”的局面。所谓“复合萧条”就是指金融方面的存量与实物方面的流量这两者“复合”的景气不振。

1993 年 10 月日本经济走出谷底，其后日本经济虽进入了复苏阶段，但处理不良债权拖了景气的后腿，复苏步伐缓慢、乏力。继 1992 年度增长 0.4% 之后，1993 年、1994 年又接连出现低增长（实际增长率分别为 0.5%、0.7%），这是战后第一次出现连续三年低增长的局面，经济企划厅承认 90 年代的日本经济出现了“令人惊异的低增长”。

由于经济周期的作用，1995 年和 1996 年度日本经济增长率有所回升，分别为 2.4%、3.5%，然而，到了 1997 年度又趋于回落，并在 1998 年度出现了战后第二次负增长。与 1974 年度的负增长主要由外因（石油危机）引起不同，1998 年度的负增长主要由内因即日本经济本身存在的问题所引起。这里所说的“内因”除政府政策的失误（在“内需不足”的情况下采取增税、减少公共投资等紧缩财政的政策）和泡沫经济崩溃的后遗症以外，最根本的原因在于日本的经济体制越来越不能适应经济的发展。

1999 年日本经济主要依靠政府动用财政手段刺激景气而出现缓慢的恢复，2000 年前三个季度日本经济在信息技术（IT）主导的设备投资增长的带动下继续恢复，出现了所谓“IT 景气”，但到了第四季度由于受美国经济减速和 IT 泡沫破灭等因素的影响，日本经济又开始趋于下滑，整个 2001 年日本经济形势仍十分严峻。

20 世纪 90 年代日本经济持续低迷，被称为“失去的十年”。据国际货币基金组织（IMF）测算，1991 ~2000 年，发达国家的 GDP 年均实际增长率为 2.8%，美国更高达 3.3%，而日本只有 1.3%。20 世纪 90 年代日本经济陷入了长期萧条，甚至一时出现了衰退，长期被誉为“西方经济优等生”的日本经济倒退为“西方经济的劣等生”。这不是偶然，而是标志着日本经济进入了一个新的转折时期。

从日本经济发展过程来看，20 世纪 90 年代以来日本经济的转折意味着日本追赶欧美的历史时代的结束，意味着日本经济从“追赶型”经济向“国际协调型”经济转变，不能再享用“后进国利益”。当然，所谓“追赶时代的结束”主要指日本在生产力、国民收入方面已经追上欧美，却并非意味着日本与欧美之间的一切差距都消失了。比如，在国民生活质量、社会基础设施、基础科学研究、综合国力等方面，日本比欧美特别是美国仍然落后。

从国际环境来看，冷战结束以后，给战后日本发展带来好处的“冷战条件”已经逐步消失。尽管日本通过加强同美国的同盟关系，特别是利用布什上台后采取对华强硬政策的机会，力图继续营造一种“新冷战格局”以再度坐收“渔翁之利”，日美经贸摩擦也较过去大为缓和。但是，在经济全球化时代，日本不能不面对日益激烈的“大竞争时代”。特别是美国将原来耗费在对苏联军备竞赛的一部分资源转移到民生产业方面来，实施“军转民”的产业发展战略，使日本在民生领域面临日益严峻的竞争。换句话说，就民生领域的竞争而言，战后日本实际上只是跟美国的“一条胳膊”较劲（美国将其另一条胳膊用来同苏联进行军事竞争了），结果在汽车、半导体等领域一时“名列世界第一”。因此，从一定意义上说，特别是在 20 世纪 80 年代，日本的实力与成就被夸大了。冷战结束以后，日本需要同时跟美国的两条胳膊较劲，这意味着直至现在，才出现了日美双方都全力以赴地投入经济竞争的局面，这样，日本与美国的差距才得到了体现。

从科技发展来看，“追赶时代”的结束意味着日本依靠引进模仿欧美先进技术从而比较轻松地实现高效率技术开发与高速度经济增长的时代已经过去，日本必须亲自开展成功率只有5%的基础性、开拓性的科技研究，而不能按照过去那样仅仅研究开发那些已被证明是可以实用的技术（这种研究开发可达到非常高的成功率），引进模仿时代的那种“追赶效率”将难以再现。同时，美国等技术先进国家与日本竞争的心理增强，极力维护知识产权，这也加大了日本猎取国外先进技术的难度。

从工业化社会向信息化社会的过渡也给日本的科技发展带来深刻的影响。日本尽管在工业化时代实现了对欧美的追赶，却在从工业社会向信息社会的过渡中表现出“不适症”，拉大了同美国的差距，特别是在计算机软件与互联网方面同美国的差距更大。

从产业结构来看，日元升值使战后日本推行的“完全配套主义”的产业结构面临重大变革，日本不得不将那些失去相对优势的产业部门向国外转移，促使产业结构从“国内配套型”向“国际分工型”转变。同时，迄今支撑日本经济的主要产业角色正在被逐步更换。总的来说，与制造业相关的生产部门将趋于缩小，信息通信业与服务业将趋于扩大。随着生产部门的缩小，生产力向国外转移的势头将会持续下去。

从日本与亚洲国家的经济关系来看，随着亚洲各国工业化、现代化不断取得进展，日本在亚洲“一枝独秀”和“日本周围都是落后、弱小国家”的时代正在成为过去。亚洲各国工业化的进展，世界市场“大竞争”态势的形成，日本从“追赶别国的国家”变成“被别国追赶的国家”等，使日本面临着更加严峻的国际竞争。同时，其对外经济贸易的重心也将逐渐从欧美转向亚洲。

从经济体制来看，战后日本实行的是一套适应工业社会的制度，适应追赶时代的制度，适应冷战时代的制度。它的适应性与合理性是暂时的而不是永恒的，是相对的而不是绝对的。正如1996年版《经济白皮书》所指出的：“‘日本式经济体制’曾在战后的经济发展中发挥了相当程度的有效功能，但在近期外部环境的急剧变化中……这一体制正在总体上丧失其有效功能。”长期以来，日本人陶醉于这种制度下所取得的成绩，而对这种在一定程度上继承了战时体制、问题越积越多的制度疏于改革，导致制度“生锈”“疲劳”而束缚经济社会进一步发展的恶果。

从政治体制来看，战后，在政府主导下日本成功地实现了经济增长，使日本人对政府的作用产生了过多的自信，特别是对政府中居于核心地位的官僚体制偏爱有加，未能及时对其加强监督。而在官僚方面，由于他们与政界、财界互相勾结形成了相互利用和进行权钱交易的“铁三角”，在20世纪70年代，日本发生了洛克希德行贿丑闻，80年代发生了“利库路特股票丑闻”，90年代发生了“佐川快件公司贿赂丑闻”和“金丸信巨额偷税丑闻”，引起了国民的强烈不满。20世纪90年代，日本首相频繁更迭，政局持续动荡，也对经济发展造成了严重的干扰。

从经营来看，企业为增强国际竞争力而推行的生产合理化、低成本化等措施虽然取得一定的成效，但产业结构的变换与信息通信革命的进展对现有的企业经营体制提出了根本变革的要求，包括实行更加重视股东利益的企业管理方式，加强劳动力与人才的流动，改变机构层次重叠的经营管理模式。民营企业与主银行之间的特殊关系，组装企业与零部件、原材料企业乃至流通企业之间的系列关系，长期固定的企业间交易关系等也遇到了挑战；在金融领域长期存在的政府“护送舰队”式的保护阻碍了优胜劣汰的市场竞争的开展，因而其也面临着极大的改革压力；在接近零增长的经济环境之下，日本企业继续采取追求数量与市场占有率的经营战略遇到了越来越大的困难；生产据点向国外转移的扩大则要求企业建立能够适应国际生产网络化的新型的管理体制。

从国民生活来看，人们对物质、数量的追求正在日益让位于对服务、质量及精神生活的追求；人们对现有水平的消费品的需求日益趋于饱和，而对能够吸引消费者的新的消费品、新的服务的开发相对落后；名义收入增长趋于缓慢，人们纠正内外价格的差距（降低国内价格水准），使国民生活获得实质改善的倾向增强。

总之，日本经济正处于深刻的变革与改革的关口，要改革就难免引起“阵痛”，包括刺激景气的短期经济政策与促进结构改革的中长期经济政策之间随时可能发生矛盾甚至冲突。正如汽车转弯时需要适当减速一样，日本经济的转折也难免伴随经济增长的减速。

五　21世纪前十年——停滞的十年

在2001和2002财政年度，日本经济增长率分别为-0.8%和1.1%。2002年1月至2008年3月出现了长达73个月的战后时间最长的景气。这次日本经济景气回升的原动力在于处于“投资热”和“住宅热”的中国以及美国出口的增加促进“外需”的增加，刺激了日本国内投资、生产和就业的增加；民间企业坚持改善经营的努力对景气复苏起到了重要作用；在客观经济规律的循环性因素推动下，被长期压抑的个人消费需求有所“反弹”；股价和地价的上升带来一定的资产效果，长期推行的超宽松货币政策也对景气产生刺激效果。

然而，这次经济景气的回升力度很弱。从经济到达谷底后三年的经济实际增长的幅度看，20世纪60年代后半期的伊奘诺景气超过33%，80年代后半期的泡沫景气超过12%，而这次景气在三年内经济实际增长的幅度仅为5.6%，名义增长幅度更小，只有1.9%，在长达69个月的长期景气中，由于收入未能增加，个人消费也基本处于微升和停滞状态，为此，这次日本经济的复苏显然不是什么“高速增长的再现”，而是低增长时代的“没有实感”的景气，这次景气在2007年10月达到峰顶，日本经济又进入新一轮的衰退时期。

从2008年第二季度开始，日本的实际GDP增长率出现负增长，第二、第三季度的实际GDP增长率换算成年率分别为-4.5%、-1.4%。2008年9月源自美国次贷危机的全球金融危机全面爆发，使衰退中的日本经济雪上加霜，第四季度的实际GDP增长率换算成年率为-12.1%，这是自20世纪70年代第一次石油危机以来日本GDP增长率出现的最大的季度降幅。2008年全年日本的实际GDP增长率为-0.6%。继2008年第四季度的负增长之后，2009年第一季度的实际GDP增长率换算成年率为-14.2%，致使2008财政年度的实际GDP增长率跌为-3.5%，日本出现战后最严重的衰退。

全球金融危机对日本金融机构的直接打击有限，但美欧市场的萎缩导致日本出口迅速下降，致使日本的实体经济遭受很大的打击，2009年第一季度出口下降26%，2008年度（2008年4月1日~2009年3月31日）出口同比减少16.4%，贸易顺差下降了90%，这导致2008财政年度的实际GDP增长率为-3.5%，成为战后最大幅度的滑坡，2009年度实际GDP仍为负增长，增长率为-2.0%，这说明此前日本经济之所以能够从20世纪90年代至21世纪初长达十余年的停滞局面中挣脱出来，主要是由出口扩大所带动的。由于政府采取一系列扩张性财政金融政策，以及节能汽车减税及绿色补贴、定额消费补贴金等对策初见成效，从2009年5月起，日本经济的主要指标逐渐回暖，6月政府正式宣布“触底”，日本成为全球性金融危机发生以来在发达国家中第一个宣布“触底”的国家，2010年度日本GDP实现了3.4%的增长，这是1991年以来的最高增长率，意味着日本已从金融危机最困难时期走出，开始进入复苏局面。

纵观21世纪头十年，日本经济在经历了2001年度的负增长后，从2002年年初开始回升，出现了战后最长的景气，但增长幅度很小，在2007年第四季度又进入新一轮的衰退期，从2008年第四季度日本经济又开始遭遇全球金融危机的重创，在2008年度出现了战后最大幅度的负增长，日本景气循环从2007年11月进入衰退期，至2009年6月已持续19个月，超过了此前13次景气循环衰退期的平均长度（17个月）。2010年日本名义国内生产总值为480.344万亿日元，按2010年日元对美元汇率平均中间价87.75换算，为5.474万亿美元。总的来说，21世纪前十年可被称为“停滞的十年”。

六 东日本大地震后的日本经济

2011年3月11日，日本东北和关东地区发生了里氏9.0级的强烈地震，地震海啸造成灾区哀鸿遍野，满目疮痍，地震海啸又引发了福岛第一核电站1~4号机组发生严重的核泄漏事故，对周边生态环境产生了不小影响。3月11日至4月7日，该地区又发生里氏5.0级至里氏6.0级的余震394次，4月7日在宫城县近海再次发生了里氏7.4级地震；3月16日至4月6日，该地区发生非余震的里氏3级以上单独地震193次，均刷新了日本地震史上的纪录。

这次大地震是日本历史上继1854年里氏8.4级“安政东海大地震”、1923年7.9级关东大地震之后的第三次，也是最大的一次；在世界上这是1900年以来继1952年9.0级的俄罗斯勘察加大地震、1960年9.5级的智利大地震、1964年9.2级的美国阿拉斯加大地震、2004年9.2级的印尼大地震之后的第五次特大地震。由于灾难的严重性，它被称为日本有史以来最大的自然灾难。

这次大地震是世界历史上第一次地震海啸又引发核电站危机的复合型灾难。在日本，这次地震引发的核灾难则是继1945年日本战败，广岛、长崎被投了两颗原子弹之后发生的、日本历史上第二次核灾难，当然前一次是战争核灾难，而这次则是“和平核灾难”；这次地震引发的海啸是日本几百年来造成灾难最严重的一次，浪头高度超过23米，大大超过10米高的海堤，海洋深处的水速之快堪与喷气式飞机相比拟，带动海浪如狼似虎地扑向农田、渔港和城市。

东日本大地震的震源区面积在10万平方千米左右，有40.362万栋建筑物遭到毁坏或部分毁坏，日本政府估算直接经济损失16万亿~25万亿日元，世界银行估算此次震灾造成的损失在世界自然灾害造成的经济损失中堪称史上最高。由于当地第一产业比重大，老年人多，很多人将居住房屋兼做工作场所，因此，对于大多数灾民来说，失去房屋意味着失去生活和营生的基础。加之附近又没有大城市，灾民很难找到新的工作岗位，日本政府的灾区复兴政策不力，致使避难人数居高不下，直至地震发生近四年后的2015年2月，避难人数仍有近21万人，形成所谓“避难长期化”现象，给国家财政造成很大负担。

位于本州东北部灾区的GDP大约占全国GDP的7%，灾区经济遭到重创自不待言。作为日本经济的一个有机组成部分，灾区经济受损必将波及全国，包括近邻居民和灾区农业、渔业受害，电力供应减少引起的生产下降，核电站事故引起的不安心理与消费低迷，旅游业的萎缩，商品和服务交易受阻乃至资本流向，金融系统以及商品价格的变化等因素，对整个日本经济都带来了严重的影响。特别是靠近震源地的东北地方（日本本州岛北部）和北关东地区分布着很多生产电子器件和汽车零部件的工厂，灾区工厂受灾，导致使用灾区工厂生产的元器件或零部件来制造产品的工厂也无法维持生产，由此引起的供应链的断裂和停滞不仅影响灾区经济而且影响到日本全国经济，甚至影响到其他国家的经济。不过，震灾引起的供应链断裂和停滞在不到两年就逐渐得到恢复。对日本经济影响更为持久的是福岛核电站事故引起的日本全国50多台核电机组基本停运，而占日本电力生产大约三成的核电的停运，导致国内电力严重不足，全国能源自给率从2010年的19.9%大幅下降到2011年的11.2%、2012年的6.0%（因为核电被视作“准国产能源”，被计入能源自给率中），日本政府不得不增加进口火力发电厂使用的化石燃料（煤炭、石油和天然气），使贸易赤字大幅增加。与此同时，核电事故造成放射性物质污染海水和土壤，某些特定产品（如附近海域的水产品）的出口受到限制，并引起了消费者的恐慌，2015年3月还发生了部分被禁止进口到台湾地区的日本受核辐射污染的福岛、李枥木、茨城、千叶及群马五地生产的泡面、酱油、饮料等食品，涉嫌被更换产地标签后输入台湾的事件。

日本政府新近发表的一份报告称，73.7%的日本人口生活在可能遭遇洪水、泥石流、地震、土地液状化、海啸等自然灾害威胁的地区，这意味着在日本，适合建设核电站的安全场地实属“稀有之物”，而且，即便没有发生地震或核事故，如何处置核废料依然是一个未解决的课题。这说明日本反核民众和政治家的主张不是没有道理的。然而，在2014年2月，主张“零核”的前首相小泉纯一郎支持的前首相细川护熙在东京都知事选举中居然落败，反映了在政界、财界乃至媒体界，“拥核”势力依然占主流，预示日本的核电事业不会因为福岛危机而完全停止发展。安倍内阁已于2014年4月通过新《能源基本计划》，将核电定位为“重要的基荷电源”（“基荷电源”是指能够提供连续、可靠的电力供应的主力电源，如煤电、核电等都适合作为基荷电源），彻底否定了“零核”主张。2014年6月日本政府通过的2013年度《能源白皮书》则指出，随着核电站停运，电力对化石燃料的依赖度达到88%，超过1973年第一次石油危机时的80%。因火力发电使用增加及日元贬值的影响，2013年原油及液化天然气（LNG）等燃料进口费用比东日本大地震前的2010年增加10万亿~

27万亿日元，这是造成日本贸易长期巨额逆差的主要原因，白皮书强调了安倍政府对核电站“若被认定符合管控标准，就将推进重启”的方针。

2015年3月，日本移民官员发布数据称，自2011年3月11日发生强震和大海啸至今，已有近20万外国人离开日本。人口结构呈现少子化和老龄化是20世纪90年代以来日本经济长期低迷的一个根本原因。2005年10月1日，日本总人口在二战后首次下降，比上年减少近2万人，当时日本媒体惊呼2005年日本已进入“人口减少社会”，但是，从总人口看，日本在2006年和2007年分别增加2000人和1000人，在2008年人口再次减少；从日本国内的日本人人口看，2005～2008年则有4个年头持续减少，这说明2006年、2007年总人口之所以又有微增，是流入日本的外国人有所增加，如果限于日本国内的日本人，可以说日本确实进入了“人口减少社会”。2011年3月发生的特大地震和海啸及核泄漏危机，将可能进一步加速日本人口的减少，其原因有以下几个方面。①在灾难中丧生的人绝大多数是日本人，因而使本来就在减少之中的日本人的人口额外减少了近3万。②由于对日本地震多发和核泄漏危机的不安，在日本的外国人可能趋于减少。③在日本的外国人多为仍有生育能力的青壮年，因此如果在日本的外国人数量减少，将加剧日本人口年龄结构的少子化和老龄化，这反过来又会加快日本总人口的减少。④震灾后流出的外国人大多是劳动力人口，而且出于人们对地震和核电站危机的不安，今后流入日本的外国人劳动力人口可能减少，从而导致劳动力不足问题更加严重。⑤15～64岁的生产年龄人口的减少必将从需求和供给两方面影响日本的经济，导致日本国民经济的缩水。可以预见，日本在灾后重建过程中将可能需要引进大量劳动力，换句话说，日本的灾后重建可能成为中国等亚洲国家向日本出口劳务的一个重要机遇。

东日本大地震后，日本经济恢复较快。尽管当时日元急剧升值，加之2011年下半年日本经济还受到欧洲主权债务危机导致的世界经济环境恶化的影响，2011年度的日本经济仍保持了0.3%的增长。2012年度实际GDP增长率仍为1.2%的增长。2010～2012年，日本年均实际经济增长率为1.6%。

七 “安倍经济学”对日本经济的影响

2012 年底再度出任日本首相的安倍晋三为了振兴东日本大地震后的日本经济，提出试图以货币贬值提升日本企业国际竞争力的量化宽松政策，和为摆脱通货紧缩（通货紧缩就是物价持续下降，会导致日本经济缩水，经济增长落空）而设立通货膨胀目标等一系列政策。由于前美国总统罗纳德·里根曾推出以他名字命名的“里根经济学”，所以安倍东施效颦，称其经济政策为“安倍经济学”。

在推行安倍经济学的前期，日本政府接连射出宽松的货币政策与积极的财政政策这“两支箭”，对日本股市起到了积极的刺激作用，日本经济稍显复苏势头，2012 年和 2013 年的实际增长率分别为 1.46% 和 1.52%，但是，“安倍经济学”的前“两支箭”只是产生了一些短期的、局部的效果，其“第一箭”推动日元贬值，使出口大企业获利颇丰；其“第二箭”加大财政开支，讨得建设业和重工业的欢心，受这两支箭“滋润”的大企业得以给员工涨了工资，然而广大中小企业却无力给员工涨工资，而大企业的员工仅占总从业人员的不到 1/10，所以从全国看，年均工资上涨率低于生活必需品的物价上涨率，实际工资是负增长。加之，从 2014 年 4 月开始消费税从 5% 提高到 8%，日元大幅贬值导致进口原料涨价，进而引起食品价格上涨，在此背景下，部分国民感到生活困难，消费低迷导致景气趋于恶化。2014 年日本经济增长率跌至 0.89%。2013 年 3 月日本银行承诺用两年时间使物价指标上升 2%，以利用人们的通胀预期刺激购物消费，然而到了 2015 年 2 月，受关注的物价指标同比持平，被媒体质疑“日版量化宽松政策已经失败”。可以说近年来日本经济仅有的亮点不过是就业率的改善和访日游客的增加而已。

2014 年 6 月安倍政府推出《日本复兴报告》，堪称安倍经济学压轴戏的“第三支箭”，即唤起民间投资的增长战略，推进大胆的结构改革，从根本上扭转投资过少、规制过剩、竞争过度的“三过”倾向，推出鼓励女性就业以便增加劳动力；打破省厅界限以便将政策资源集中投向战略领域；促进信息化以便推动民间主导的技术革新，力争在五年内将日本技术实力的世界排名从第五提升到第一；开放劳动力市场，引进国外人才；改善投资环境，吸引外国企业的投资；支援堪称“日本经济顶梁柱”的中小企业等一系列政策手段。安倍相继打出“三支箭”是要显示这些政策不是凌乱无序的，而是有机统一的“政策组合”。

安倍经济学的愿景就是在“日本经济能够增长的信念”之下，促进企业的投资和国民的消费，开动印钞机多印钞票，利用政府支出作为心理转换期的后盾，找到日本经济真正的增长点。日本政府期待通过“三支箭”齐发，使日本走出十年来一直拖日本经济后腿的通货紧缩，争取今后十年的年均名义增长率达到3%，年均实际增长率达到2%，形成三次良好的经济循环，通过增加税收等措施促使财政健全化。这种以“信念”来促使投资和消费增加的想法堪称安倍经济学的“一绝”或一个“创新”。

然而，安倍经济学存在着明显的问题和缺陷：其一是安倍经济学对日本经济最根本的问题——人口高龄化与人口递减，缺乏有力的对策，缺乏美国对外国移民大胆开放的魄力；其二是安倍考虑到景气恢复遭遇挫折，决定推迟一年半实施原定在2015年10月开始的消费税率上调至10%以充实财政收入的计划，这意味着经济增长与财政重建之间难解难分的矛盾仍然“无解”；其三是为落实结构改革的各项政策措施所需的配套资金来源没有被提及；其四是一些改革措施缺少明确的时间表和实现目标的具体途径。总之，虽然安倍经济学的“第三支箭”表现出强烈的改革意愿，涉及内容也很广泛，但总体而言，这个计划没有从根本上解决日本经济所面临的问题，也缺乏真正的“政策创新”。

以上讨论了十年来日本经济的重要变化，分析这些变化的原因和日本的经济对策，对今后十年日本经济的前景或可以做出如下判断：第一，尽管长期以来日本经济犹如一个“病人”，但今后十年日本依然是不容小觑的世界第三“经济大国”和名列前茅的“科技大国”；第二，能否走出通货紧缩，能否实现经济复苏，能否重建财政，是检验安倍经济学成败的三个关键课题，对此人们将拭目以待；第三，如果日本在对外战略上不犯大错，今后一个时期日本经济可维持1%～2%的年均实际增长率；人均GDP可维持现有水平或稍有增长，日本的GDP不至于很快缩水；第四，日本可望通过适度吸引外国人才和投资等政策，日益融入亚洲的“命运共同体”之中，如果日本积极响应中国的“一带一路”倡议，将可能获得增强日本经济活力的良好机遇；第五，举办2020年奥运会或将给日本带来一段良好的经济景气。

第二节　农　业

日本人常说“农林水产业”。由于篇幅有限，本节主要介绍日本农业的基本状况。

一　农业发展概况

日本国土狭窄，不适合发展农业。明治初期的日本曾是个农业国，农业人口占就业人数的80%。明治政府实施了土地制度和税制的改革以后，来自农村的税收成为日本建设近代国家的主要财源。在20世纪前半期，农业在日本的就业结构中仍占很大比重，在1950年前后农业人口仍接近就业人数的一半。

二战前日本农业的主要特征有：地主、佃耕制度，劳动集约型，以家族劳动为中心的零细经营等。在农民当中，约有70%是佃农或小规模的自耕农，多数农民为缴纳高额的地租而苦苦挣扎。

1946年美国占领当局发布了第一次农地改革指令，从1947年到1950年推行了农地改革，使农业的经营发生了较大的变化。政府从地主手中征购1公顷以上（在北海道为4公顷以上）的出租土地，出售给佃农使之转化为自耕农，从而消灭了地主、佃耕制度。这项改革提高了农民的生产积极性，灌溉设施和农业机械化得到了发展。

日本经过战后经济高速增长，产业结构的重心迅速地向第二、第三产业转移，整个社会趋向城市化。由于农业以外的产业以及城市的收入水平同农业、农村地区的收入水平之间的差距趋于扩大，农业劳动力向其他产业和城市大量流出，农业人口大幅度减少。1950年农业人口占整个就业人数的比例为45%，到了1980年，这个比例减少到10%，2012年进一步减少到4%，农业在国民经济中的地位已经急剧下降。

战后日本的农业生产仍停留在小规模经营的状态，长期以来，耕地面积不足1公顷的农户占农户总数的70%左右。但随着农业机械化的进展以及品种改良等农业生产技术水平的提高，20世纪80年代以来农业经营规模逐渐有所扩大，2007年全国销售农户的平均耕地面积达到1.83公顷，其中北海道为19.34公顷，都府县为1.36公顷。但总的来说日本农业的平均规模仍不够大。直至2008年，耕地面积不足1公顷的销售农户在销售农户总数中所占比例仍高达56.9%，而在除北海道以外的地区，耕地面积超过5公顷的销售农户所占比例仅为3.3%。

值得注意的是，当今日本的农业面临着各种深刻的结构性问题，包括农业就业人数的减少和高龄化、后继乏人、以农业为生的农家在减少等，这些问题导致日本农业在国际上十分缺乏价格竞争力，2012年日本的食品自给率仅为39%，这个比例在主要发达国家中属于最低水平，与1960年日本食品自给率为79%相比，在大约半个世纪中日本的食品自给率减少了一半。其原因除去日本农业发展缓慢之外，还在于日本人“饮食的欧美化”，这导致日本对主要谷物大米的消费降低，对肉类、油脂料理的消费增加，而用于生产肉类、牛奶、鸡蛋等畜产品的饲料大多依赖进口。影响日本农业发展的主要原因在于，同其他产业相比农业的收益较低，加上在农业生产中重体力劳动较多，导致农业人口，特别是年轻农业劳动者日益减少。结果，与其他产业相比农业的老龄化更加显著，2008年65岁以上的农业就业人数在整个农业就业人数中所占比例达到60.4%，与此同时，有后继者的农户仅占农户总数的7%，这说明农业“后继无人”的问题相当严重。另外，兼搞农业或以农业作为“副业”的农户增多，而以农业为主业的农户趋于减少，在2015年，主业农户占销售农户的比例为33.2%。

二　日本农业的“小农结构”

日本每户农家的农地面积仅为欧洲的1/9，美国的1/99，澳大利亚的1/1862（2007年数据），这些数据鲜明地反映了日本农业的“小农结构”。

被誉为日本“农政之神”的战前日本农业官僚石黑忠笃曾主张：“农为国之本，国以农为贵”。那么，如何发展日本的农业？早在明治时期就有人提出“大农论”，主张仿效美国发展大规模农场，但由于这种主张不适合当时日本的国情而未引起重视。

从战前到战后，贯穿日本农政的恰恰是与“大农论”背道而驰的“小农论”。日本战前农户众多，经营规模零细，战后美国占领当局推进“农地改革”，解放了佃户，造就了大批自耕农，形成了较战前更加零散的农业结构。1950 年农户总数由战前的 550 万户左右增加为 617.6 万户。

1952 年日本独立后，日本政府继续推行自耕农主义的农地政策，通过财政、金融、价格等方面对自耕农小规模农业经营予以支持和保护，从而使小规模农户经营作为日本农业最基本的微观经营组织形式得以巩固和维持下来。到了 60 年代，日本政府虽曾采取了一系列政策措施来鼓励农民流动和农业经营规模扩大，但未能从根本上改变日本农业以小规模农户经营为基础和主体的特点。与此同时，伴随经济高速增长与农业现代化的发展，虽有大批农业劳动力转向农外就业，但多采取了兼业的形式，农户总数并未因此而大幅度减少。

“小农论”政策束缚了日本农业经营规模的扩大，影响了日本农业的生产率和国际竞争力，其中最突出的问题有以下三个方面。①与农业社会化大生产发展的矛盾。社会化大生产是现代农业发展的必然趋向，而在社会化大生产中，有许多重大问题是单个小农户根本解决不了的，如流域治理、兴修水利、良种培育、农产品加工储运，等等。②与农业技术进步的矛盾。以大型高效农机具的广泛使用为代表的农业技术的普及和推广，是经营规模狭小的小农户所无力接受的；小农户既无力量单独购买大型农机具，购置后也无法使其充分利用。如日本农户一般都配置了全套农业机械，而据调查其中主要的农业机械年使用量只有 20 天左右。③与农业生产持续增长的矛盾。小规模农业经营给农户增加收入造成了限制，要想进一步增加收入就必须从农外产业寻找机会。这就是战后日本和改革后的中国农户的农外兼业化高度发展的重要原因之一。而伴随农外兼业化的高度

发展，农外兼业收入在农户家庭收入中的比重和地位迅速提高，使农户从事农业的利益判断明显弱化，许多农户的重要劳动力已转向农外就业，这对保证农业生产发展后劲，显然是一重大损害。

还需指出的是，由于日本长期推行“小农论”政策，也伴生了得益于“小农论”并成为“小农论”的坚定维护者的政治集团和利益集团，比如在日本的国会中，就有号称“农林族”的一批国会议员。

在日本，许多有识之士主张“日本农政”应该克服“小农论”，走向“大农论”，至少应改变“保护小农”政策，过渡到“中农论”（每家农户的耕作面积在 2 公顷，即 30 亩以上，这是可能使农户把农耕作为一种独立的职业、采取企业经营方式来运营农业的起码的规模）。但是，从 1961 年日本制定旨在改变零散农业结构的“农业基本法”算起，半个多世纪过去了，日本农业的零散结构依然未能得到真正的改变。

战后初期，美国占领当局对日本实行了农地改革。然而，美国强行推进的改革并没有将美国的“大农论”推广到日本。

美国占领当局使农地改革仅在两年内就草草收兵，其背后的企图在于把日本农村变成保守势力的坚固阵地，以便“对抗共产主义的渗透”。可以说这个企图基本上得到了实现，日本农民在战后农地改革中得到土地后就开始变得保守，不愿出租自己的土地。战后十分高涨的农村社会主义运动很快就消沉了。

为了巩固农地改革的成果，1952 年日本政府制定了《农地法》，以图在农地改革的基础上，改善零散的农业结构，反对将限制土地保有规模作为一种永久性制度，但美国和日本的保守政党为了维护农村的保守化，继续限制土地保有规模。《农地法》解除对土地出租的限制原本是希望保护租种权，却引发了出租人对于耕地无法收回的担忧，从而导致没有人愿意将耕地出租。

在 20 世纪 80 年代以前，日本议会的选区席位反映了二战之后的人口分布，即 1/3 的人口居住在城市，2/3 的人口居住在农村。到了 20 世纪 80 年代，日本已有 3/4 的人口居住在城市，而选区席位的分配没有做出相应改变，其结果是，在选举国会议员时，5 个城市居民的选票相当于 1

个农村居民的选票，农村的政治影响力被放大了。

长期执政的自民党利用手中的权力保护农民利益以赢得农民的支持，使农村地盘成为自民党的重要社会基础，农民的选票成为自民党的重要“票田”。20 世纪 80 年代前，自民党议员有一半以上从农村选区选出。为了自身政治利益，巩固自己的“票田”，执政的自民党使日本农业成为世界上受保护最多的部门，日本农业的低效率分散经营得以“温存”。日本农业走向规模经营的必经之途——土地流转则长期处于停滞状态。

为了促进土地流转，改革农业的零散结构，日本政府在 1961 年制定了《农业基本法》，但由于执政的自民党缺乏对农业结构改革的政治热情和民众支持，该法并未能对原来的《农地法》进行根本修改。1964 年，时任农林大臣赤城宗德表示：“为了扩大经营规模，应该触动一下农地制度。应允许一些团体买卖或租赁农地。”大臣的决心和热情感染了农林省的官员，他们开始认真地讨论培育自立的经营农户的结构改造政策。农林省的两个局还竞相提出各自的政策方案，其主旨就是设事业团管理农地的买卖和租赁，促进农地流动化。然而，当农林省向国会提出《农地管理事业团法案》时，执政的自民党态度消极；在野的社会党则认为该法案有“抛弃贫农”之嫌，表示反对；日本农业协同组合也未采取合作的态度，致使《农地管理事业团法案》在国会两次被提出后均成了废案。由此，农地制度改革遭遇了很大挫折。其后，农林省放弃了通过农地买卖促进农业经营规模扩大的想法，选择了出租的方式。

总之，土地流转的停滞起到了防止自民党“票田”流失的作用，使日本农业的小规模经营状态长期保持不变，日本的农户数、农户人口虽然趋于减少（农户人口从 1985 年的 542 万人减少至 2015 年的 209 万人，平均年龄为 66.3 岁），2015 年每户农家的耕作面积比 5 年前增加 16%，增至 2.5 公顷，但从“大农论”的要求看，其减少速度依然很慢，耕作面积狭小，导致日本农业的生产率低下。

三 日本的农业协同组合

在世界各国的农业协同组合中，日本农业协同组合（简称“农协”）

的规模和组织能力屈指可数，而且富有特色。各国有关学界对日本的农协做过大量的研究。日本农业协同组合从事农产品的销售、农业生产所需的肥料农药、农机器具的采购、金融、技术与经营指导等活动，以“农业者”（包括农户以及小规模农业法人）作为主要“组合员”的组织。从1992年4月开始，农协使用“JA”（Japan Agricultural Co-operatives）作为其“爱称”。

由于“组合员”既是农业者，又是消费者，因此，农协也负责提供日常生活资料。此外，农协还开展存借款等信用事业、共济互助事业以及老人的福利、健康管理、旅行等多种事业。简言之，农协发挥着农户与市场、农户与政府之间的中介和纽带作用。日本的综合农协组织在1950年曾达到13314个，其后经过不断合并、集中、大型化，农协数逐渐减少到1970年的6185个、1990年的3688个、1993年的3073个、2007年的约850个，2014年进一步减少到700个左右。

长期以来，日本农业协同组合（JA）组织划分为3级，即“全国组织—县组织—单位农协”（所谓“单位农协”即基层农协）。进入21世纪以来，农协为改进自身功能，确立“广域营农指导体系”，通过“精兵简政”，将县组织合并到全国组织，逐渐形成“全国组织—单位农协”这样的两级组织（不过，有些地方虽在名义上变成了两级组织，实际上仍有不少县组织保留下来）。

2016年4月1日日本政府开始实施《改正农协法》，这是时隔60年对农协制度实行根本性的改革，其核心内容是对700个地方综合农协组织中具有影响力的全国农业协同组合中央会（“JA全中”）实施“一般社团法人化”，等于是剥夺了“JA全中”的监督和指导权。

（一）战前日本的农协

早在江户时代天保时期，当时的农政学者大原幽学在下总国香取郡长部村一带发起了“先祖股份组合”，这被认为是当今日本农协的起源。明治维新以后，在茶叶、蚕丝等行业中，由农民和手工业者自发组织起所谓的“同业组合”，主要从事产品和生产资料的共同销售、购买以及生产资金的相互融通，被认为是日本农业经济合作组织的雏形。

1900年（明治33年），日本参考德国的“信用组合”等经验，制定了最早的《产业组合法》，这是以地主和富裕农民为主要成员、开展信用（金融）事业的自发性组织。在政府的扶持和鼓励下，以农村为主要对象的“产业组合”发展迅速，特别是从1933年开始“产业组合”经过两次扩充而普及全国。“产业组合”被视作日本近代意义上的农业协同组合的前身。

在二战期间，日本政府为适应侵略战争的需要，将国民经济转入战时体制，依据1943年（昭和18年）颁布的《农业团体法》，将农业领域的各类“产业组合”与其他诸种农业团体合并成国家管理的“农业会”。“农业会”以所有农户为成员，不仅开展信用事业，而且在国家一元化管理之下开展诸如购置农具、销售农产品等事业，实际上成为国家管理农业的代理机关和侵略扩张的工具。

（二）20世纪五六十年代日本的农协

战后初期，美国占领当局对作为“间接统治”工具的日本政府发出了“解放农民”的指令，实行了旨在废除半封建土地制度的“农地改革”，政府从地主手中收买土地，又以低价卖给佃农，使几乎所有的农民都有了属于自己的面积基本相等的土地。农民在自己的土地上自主耕作，收获归己，成了自耕农。为了保护“农地改革”造就的自耕农，美国占领当局又提出要设立民主的农业协同组合。但是，围绕农业协同组合的性质，当时的农林水产省与美国占领当局之间产生了分歧，前者强调为了克服零散农耕制度而推进便于政府“指导”和管理的农业生产“协同化”，而后者则强调建立自主的、独立于政府的、具有自由主义和个人主义色彩的欧美型农业协同组合。在起草有关农业协同组合的法案的过程中，双方经过8次交涉，终于在1947年11月公布了接近美国占领当局设想的《农业协同组合法》。然而，由于战后初期粮食奇缺、通胀严重、黑市猖獗，为此政府必须对食物进行统一管理，促使农户向政府提供大米等农产品。在此背景下，日本于1947年11月颁布、12月实施《农业协同组合法》，于1948年通过改组既有的“农业会”（包括承接战前“农业会”的职员和资产）设立了日本农业协同组织，其实质就是全国性的“粮食提供机构”。从1948年到1949年，全国纷纷设立农协，到了1949年3月，日本农协总数达到30229个，从而形成了以“农民的自发组织”为名义、网罗全国所有农户、承担农业和农村的几乎所有事业的、世上罕见的“官制”的“综合”农协。

由于经济萧条和内部管理不善，成立不久的农协便陷入经营不善、濒临破产的境地。为此，政府又颁布了《重建农林渔业组合法》，由国家拨付补助金，对农协进行了整顿，并加强指导和监督，于1954年11月设立了都、道、府、县级联合会和全国农业协同组合中央会。50年代后半期，日本农业形势开始好转，农业生产连年增长，农业结构也开始发生变化，兼业农户增加，并出现专业化生产。1956年，政府又制定《农业整建措施法》，进一步从法律上加强了对农协的保护和支持，使各级农协在经营上趋于稳定。

随着农产品市场竞争日趋激烈，早期一哄而上的、以几十家甚至十几家农户为单位组织的小规模农协越来越难以适应商品化大生产的需要，小农协向大农协合并、专门农协向综合农协合并成为必然趋势。1961年日本政府在颁布《农业基本法》的同时，公布了《农业协同组合合并助成法》，推动了全国各地农协的大规模合并，农协数很快就由1960年度的28896个，锐减为1964年度的23846个。与此同时，依据法律由基层农协与市、町、村一级政府机关联合成立的农政协议会则确立了农协在农村经济中的领导地位。

经济进入高速增长时期后，农协为适应农业专业化、机械化和市场竞争的需要，在组织机构、农产品流通形式、农业范围等方面不断进行调整，不失时机地发挥自身优势，依循政府的农业政策，采取一系列相应措施，有力地推动了日本农业的发展，为振兴日本经济、改善农民生产和生活做出了重大贡献。

（三）20世纪70年代以来日本的农协

70年代以后，伴随农业的内外部条件的深刻变化，日本农协的发展亦显现了一系列引人注目的趋向。其一是加速合并与大型化。开始于60年代的这一趋势在70年代得到进一步发展。在经营环境趋于恶化，内外竞争愈益激化的条件下，各级农协组织为在新形势下求得生存和发展，不得不采取有效措施来扩大自身规模，以增强其生存和竞争能力。其二是农协经营的企业化和农协组织的脱农化。农协的首要任务是为其成员的生产和生活服务，但在70年代以后农协却开始向以追求利润为目的的企业化方向转变。如许多农协为谋取利润，热衷于经营非农信贷，从事证券投机，甚至动员其成员购买不必要的农业生产资料，以收取更多的手续费。农协组织脱农化的具体表现则来自于非农民成员的比重迅速提高。其三是农协事业的综合化。许多农协越来越着手从事一些本部门或本领域以外的经营活动，从而更加接近乃至转化为综合农协。

80年代中期尤其是90年代以后，日本农业以国际化、自由化为中心，呈现出前所未有的发展势头，给农协的生存与发展带来了新的挑战，使其进入了调整、改革的转折时期。

迄今为止，农协在日本农业与农村中始终居于举足轻重的地位，各种事业活动均离不开各级各类农协组织的参与。许多重要农产品几乎全是依靠农协来加工、存储和运销的，农户所需生产资料和生活资料七成以上是通过农协得到的，农户所需农业资金的绝大部分也靠农协信用部门来提供。此外，农协系统还是执政党不敢小视的“票田”，政府对农业的行政指导与农业政策的贯彻实施，也要通过农协系统。总之，在日本，农协的政治影响力巨大，经济辐射力遍及农村的各个角落。凡有农户居住的地方，一般都有农协组织的活动。日本农协以其独特的、强有力的组织性和整体性及市场抗衡力，受到世人瞩目，以至“农协”（noukyou）这个词就在世界上通用起来。

第三节　工　业

一国产业的发展首先从农、林、水产业开始，继而通过工业的发展，为“第三产业”的发展提供物质基础，从而使产业结构日趋复杂化，日益向纵深发展。日本的情况亦不例外。

日本

一 发展历程

日本近代工业兴起于1868年明治维新以后，当时的英国、法国、德国、美国都基本上完成了第一次产业革命，日本工业的发展比上述国家落后了一大截。为此，明治政府推行所谓“殖产兴业”的国策，通过引进欧美各国的技术建设“官营工厂”（国营工厂），加快推进工业化的步伐。不久，大部分官营工厂被出售给民间。

从19世纪90年代中期到20世纪初，日本进行了两次大规模的对外战争，即1894～1895年的中日甲午战争和1904～1905年的日俄战争。在中日甲午战争前后，日本纺织等轻工业部门开始迅速发展。在日俄战争期间，日本钢铁、造船、煤炭等重化工业部门开始迅速发展。1914～1918年，日本又参加了第一次世界大战，这导致国外工业品的进口大幅度减少，其结果进一步刺激了日本重化学工业的发展。

第一次世界大战之后，日本进一步走上军国主义和对外侵略的道路，并在1931年发动了“九一八”事变。为了侵略战争的需要，日本大力扩充军备，并推动了与军事有关的金属、造船、汽车、光学仪器等产业的发展，可以说在二战以前日本就形成了重化学工业的基础。

战争的消耗与日本在二战中所遭到的惨败，给日本的工业造成了毁灭性的打击。战后，在美国的占领和援助（如“经济复兴援助资金”）之下，日本的工业逐渐恢复，特别是1950年美国介入朝鲜战争引发的“朝鲜特需”，给战后日本的经济复兴和工业恢复注入了活力，工业生产迅速扩大。1955年重化学工业产值超过了轻工业产值。

从20世纪50年代后半期到1970年，日本进入了经济高速增长时期。通过引进国外先进技术和国内市场需求的扩大，日本有力地推动了工业的发展，特别是在钢铁工业、石化工业领域，通过导入现代化、大型化的生产设备，极力追求规模效益，基础材料型的重化学工业获得了巨大的发展，可以说真正实现了重化学工业化，日本的工业品出口随之迅速扩大。

20世纪70年代发生了两次石油危机，使日本工业面临着重大转折。在石油危机前，日本经济处于高速增长期，能源价格低廉且稳定，使大量耗费能源的钢铁、炼铝、石化等基础材料型的重化学工业获得了有利的发展条件，成为经济增长的有力引擎。但在石油危机以后，由于石油和原材料的价格暴涨，这些大量耗费能源的材料型产业受到严重打击，陷入长期停滞状态，转变成为结构性的萧条产业。为此，日本政府在1978年将电炉炼钢、炼铝、合成纤维等产业规定为特定萧条产业，促使这些产业部门加快处理过剩设备。另外，大力促进附加值较高、加工程度和水平较高的技术密集型产业的发展，使工业生产的重点从基础材料型产业向加工组装型产业转移，特别是汽车、机械、电子等加工组装型企业紧紧抓住世界性的节能需要，开发出价格低、性能好且消耗能源少的小型轿车及家电产品，加强了国际竞争力，实现了出口主导型的经济增长。与此同时，对提高产品性能及其附加值、促进产品“轻薄短小”化具有重要作用的半导体集成电路产业获得迅速发展，半导体取代钢铁被称为“产业之粮食”。

在工业化时代，日本曾是成功的追赶者。自从明治维新以来，“日本最初是学习德国，接着学习美国，到了20世纪80年代日本实现了人类社会史上罕见的、比欧美更完善的现代工业体系和大量生产社会，达到了德、美等国都未能达到的高度的工业化水平”。对于当时的情景，日本媒体是这样描述的：“在80年代世界经济中一枝独秀的不是美国，而是日本。在纺织、钢铁、造船、家电、汽车和半导体等制造领域，美国完全输给了日本。”作为工业化的成功者，日本在80年代利用其雄厚的工业技术基础，达到了领先世界的水平，这意味着日本已经拥有迎接信息化时代的物质基础。

进入20世纪80年代，日本的民生工业发展达到世界领先水平，拥有丰田、日产、日立、东芝、松下、新日铁等世界顶级企业，而且这些企业包括许多中小企业掌握着众多的核心技术，形成了许多世界级品牌。日本企业所生产的产品如高端电子芯片、半导体、机器人、家电和汽车等甚至超过欧美。然而，由于加工组装型产业的出口不断增加，日本对外贸易的顺差不断扩大，同美欧各国的贸易摩擦日益激化。1985年9月在纽约广场饭店举行的西方五国财长会议达成诱导美元贬值的协议（广场协议）后，日元迅速升值，日本的出口产业受到很大冲击。为了回避对外贸易摩擦和适应日元升值的新形势，许多民间企业一方面向美欧各国转移生产据点，另一方面向劳动力等生产要素价格比较低廉的亚洲各国或地区拓展，并从国外采购价格比较低廉的零部件，以降低产品成本，提高产品在国际市场上的价格竞争力。与此同时，将经营重点从出口主导转向在日本国内销售。日本政府也采取了降低官定利率、扩大公共投资等提振内需的对策，克服了日元升值引起的萧条，却导致了泡沫经济的膨胀。

20世纪90年代前半期，日元进一步升值，致使制造业的国际竞争力进一步下降。在此背景下，日本制造企业的生产活动日益向国外转移，这种向外转移生产的过程一般是从资金实力比较雄厚的大企业开始，然后带动生产零部件、原材料等的中小企业跟着向国外转移。随着生产活动向外转移，日本国内的一部分工厂被合并甚至关闭，引起了日趋深刻的所谓“产业空心化”问题。然而，向国外转移生产据点起到了推动民间企业国际化、全球化的作用，促进了国际性的资本合作与企业控股。同时，在日本国内，技术密集型、需要高度加工技术的工业部门依然保持发展势头，材料型工业的技术革新有所进展。

由于缺乏创新与开拓精神，20世纪90年代日本在兴起于美国的、以互联网应用为标志的信息技术（IT）革命中落伍了，日本的国际竞争力排名大幅下降。在1999年，日本在个人电脑和互联网的普及率方面，分别排世界第20位和第22位，反映了日本在信息化方面明显滞后的现状，这表明日本在工业化向信息化过渡方面，存在着严重的战略失误。

尽管日本在工业技术方面孜孜不倦地追赶美国，然而作为被日本追赶的对象，美国自身也在发展，并针对日本的追赶进行“反扑”；另外，日本周边的亚洲国家又开始了对日本的追赶，使日本陷入了“前门有虎后门有狼”的境地。

在半导体芯片（主要包括存储器芯片与微处理机芯片）技术领域，尽管1985年日本凭借其存储器的优势，在半导体市场的占有率方面超过美国成为世界第一“半导体生产大国”，然而随着个人计算机的普及，市场对微处理器（MPU）的需求大增，1993年美国凭借其微处理器技术的优势，在半导体市场占有率方面又重新夺魁，特别是美国英特尔公司从日本的电气股份有限公司，即日本电气（NEC）手里夺回了“世界最大半导体芯片企业”的桂冠并保持至今。

20 世纪 90 年代日本在其擅长的汽车产业领域也失去了曾经从美国手中夺得的优势。1979 年日本曾超过美国成为世界第一汽车业生产大国，然而，1993 年美国汽车业总收入重新超过日本，1994 年美国汽车业总产量也重新超过了日本。

美日汽车、半导体产业的地位逆转，固然有各产业发展的具体原因，比如，20 世纪 90 年代由于个人电脑的普及，美国擅长的微处理器芯片的市场需求迅速增加，而微处理器芯片的附加值比日本擅长的存储器芯片要高十多倍（按一枚硅单晶圆片的销售额计算）。然而，根本的原因在于，冷战结束以后，美国实施“军转民”战略，把一部分用于军事产业的研究开发力量调遣到民生产业领域来，从而在冷战时代特定条件下，使日本对不堪军备竞赛重负的美国的暂时性竞争优势的“水分”趋于消失。

总之，如果说 20 世纪 80 年代是日本的全盛时代，那么，在进入 90 年代以后，美国众多企业改善经营（其中也包括向丰田公司等日本优秀企业学习），促进了生产率的大幅提高。加上信息技术开拓了巨大的新市场，使曾在信息化方面领先的美国竞争力得到完全恢复，再次成为世界第一。

二 产业布局

一般来说，工业包括重化学工业和轻工业两大类。重化学工业又可按特点划分为两类，其一是钢铁、石化等材料型的重化学工业，以需要使用大型装置为主要特征；其二是制造品种繁多的机械产品（如汽车、手表等）的机械工业，以组装生产为主要特征。机械工业分为一般机械、电气机械、运输机械、精密机械四类。

日本的工业主要分布在京滨（以东京为中心，包括东京都与神奈川县）、阪神（以大阪为中心，包括大阪府与兵库县）、中京（以名古屋为中心，包括爱知县与三重县）三大工业地带，以及包括这三大工业地带的整个“太平洋沿岸工业地带”。

日本的工业高度集中于太平洋沿岸工业地带有其内在原因。在战后经济高速增长时期，钢铁、石化等重化学工业获得了迅速发展，这些产业需要大量的铁矿石、原油等原材料，而这些原材料几乎都依赖进口，于是就在既便于搬运进口原材料又接近大消费市场的太平洋沿岸，即在从京滨地区经由东海、中京、阪神、濑户内直至北九州的狭长地带，逐渐集聚了众多的工厂群，形成了上述的三大工业地带，并在三大工业地带的周边形成了若干工业区域。在大城市或内陆几乎看不到材料型的工厂。

到了 20 世纪 70 年代，以两次石油危机为契机，工业发展的重点从大规模“装置产业”（需要巨大厂房和设备的产业）转向高水平的组装型产业，促使工业分布向三大工业地带以外的地区扩展，三大工业地带中心部分的工业发展速度有所减缓，但中心部分的开发功能反而增强。

与钢铁、石化工业等相比，电机、集成电路、工业机器人、汽车等组装型产业所需要的原材料的量不太大，加之高速公路、机场等的建设和发展，使工厂同消费地、贸易港之间的货物运输变得比较容易。因此，越来越多的企业开始在地价较低、劳动力供应比较充足的内陆，甚至偏远地区建设工厂，从而使日本工业的分布状况发生了很大变化。

三　金属工业

2006 年日本金属业产品出厂金额达 42.2 万亿日元，占整个制造业产品出厂额的 13.4%，其中钢铁为 18.5 万亿日元，非铁金属为 9.0 万亿日元，金属制品为 14.7 万亿日元。

在金属工业中，最重要的是钢铁工业，长期以来被称为“产业之粮”。钢铁作为建筑及各种工业品的基础材料，是最重要的金属材料。2008 年日本的粗钢产量为 1.187 亿吨，仅次于中国的 5.201 亿吨，居世界第二位，第三位美国为 9149 万吨，第四位俄罗斯为 6851 万吨，第五位印度为 5505 万吨，世界总计为 13.734 亿吨。2007 年日本出口钢材 3685.3 万吨，仅次于中国的 7624.8 万吨，是世界第二大钢铁出口国。2013 年日本出口钢材达 4306.9 万吨。

在二战前，日本的重要钢铁工厂均分布在北九州，因为这里离当时日本钢铁工业的主要原料供给地亚洲大陆比较近。但是，二战后在同中国的关系基本隔绝的背景下，日本钢铁业形成了从全世界进口优质的焦炭和铁矿石，制成钢铁后再向全世界出口的生产体制，太平洋沿岸地区成为一家又一家巨大高炉工厂的理想之地。

在战后日本经济高速增长时期，民间企业积极的设备投资成为推动日本钢铁业发展的重要动力。1960 年、1965 年、1969 年日本的粗钢产量分别突破 2000 万吨、4000 万吨、8000 万吨，1973 年达 1.193 亿吨，成为日本历史上粗钢产量的最高纪录。由于苏联解体，1992 年日本的粗钢产量达到世界首位。到 1996 年中国超过日本成为世界最大的粗钢生产国。1995 ~ 1997 年日本的粗钢产量在 1 亿吨左右，1998 年、1999 年分别降至 9355 万吨和 9420 万吨。2015 年日本粗钢产量达 10515 万吨。

日本钢铁业所使用的原料，铁矿石主要从澳大利亚、巴西、印度进口（以上三国的铁矿石产量分别居世界第 3 位、第 2 位、第 4 位，中国居第 1 位）；煤主要从澳大利亚、加拿大、美国等国进口；铁屑主要从中国台湾、韩国、中国香港等国家或地区进口。

受全球经济衰退影响，2008 年度日本的粗钢产量为 1.05 亿吨，比上年度缩减了 13.2%。然而，钢铁业是耗能大户，2008 年度日本钢厂累计排放二氧化碳（CO_2）达 1.78 亿吨。

长期以来，日本的钢铁企业在推行钢铁生产合理化与技术革新的同时，积极开展多领域经营，向电子、新材料等领域发展，与此同时，日本钢铁业在节能领域做出了巨大的努力，取得了显著的成果。尽管日本的钢铁业已经具有世界最高水平的能源利用效率，但日本仍然为进一步提高能源效率而努力，使 2010 年度的能耗比 1990 年度再削减 10%；通过改进生产过程（包括改进生产过程以外不使用能源的环节），日本 2010 年度削减 CO_2 排放量约 1470 万吨，相当于日本全国 CO_2 排放量的 1% 左右，并使 2013 年度的 CO_2 排放量比 1990 年减少 9%；与社会合作减排，比如日本已建立废弃塑料搜集系统，有效利用废弃塑料 100 万吨，相当于全国减排量的 1.5%；此外，2008 ~ 2012 年，日本钢铁业已购买了 5600 万吨碳补偿（Carbon Offset），通过转移节能技术、执行清洁发展机制等国际合作以及对产品、副产品的利用，达到2240万吨的减排量，相当于日本全国减排量的2%。

四　机械工业

机械工业是日本制造业的骨干产业，2006年日本机械工业的产品出厂额（149万亿日元）占制造业的47%，企业数（11.4万家）占制造业的24%，从业人员（354万人）占制造业的41%，机械工业对日本的出口贡献很大，2008年日本机械工业的出口额占全国出口总额（81万亿日元）的66%。

在战后日本经济高速增长时期，机械工业作为经济增长的主要原动力获得了迅速发展，其市场从国内扩展到国外，并通过不断提高产品质量和价格竞争力迅速扩大出口，成为对急剧扩大的日本外贸顺差做出重要贡献的主要出口产业。进入20世纪90年代，由于泡沫经济的破灭，个人消费不振导致内需不足，日本机械工业的业绩显著恶化。另外，从环境保护、燃料电池等新型动力源的开发到循环技术的确立，机械工业面临众多困难的课题。

以各种零部件的生产及其组装为特征的机械工业的分布，不仅需要一定数量的工厂的集聚，而且要求具有各种功能的加工制造工厂进行合理的配置。正是由于这种要求，日本机械工业绝大部分配置在京滨、中京、阪神这三大工业地带，拥有众多承包企业、关联企业的机械工业的布局还影响到其他工业部门乃至流通部门的发展和分布。

1. 汽车工业

日本于1936年开始批量生产汽车。1938年，当时的军国主义政府发布了禁止生产与军用无关的汽车的命令，这使战前日本的汽车工业主要生产军用卡车。战后，日本汽车工业在生产卡车之外，也开始了轿车的生产。为了回避同擅长生产大型轿车的美国的竞争，战后日本是以小型轿车生产为主发展起来的。

1960年日本的汽车产量只有19万辆，不仅远远比不上年产500万辆的美国，而且也与年产约100万辆的联邦德国、英国、法国等相差很远。但是，其后日本的汽车生产急速增长，日本的汽车出口也不断增加，逐渐成为日本主要的出口产业，对经济增长起到了重要的带动作用。

1973 年发生石油危机以后，日本汽车企业生产的节能型小轿车在全球市场上受到欢迎。同时日本政府为保护环境对汽车废气排放实施了严格管制，促使日本汽车企业通过大力开发技术生产出了能满足最严格排气要求的小型车。以这种既节能又有利于环保的小型车为主导，日本生产的汽车在世界市场上的占有率进一步提高。

1980 年，日本生产的汽车数量超过美国居世界第一，日本汽车出口也在 80 年代达到了鼎盛期。1980 年日本汽车出口 596.7 万辆，向国内市场供应 512.4 万辆，这种出口数量超过向国内供应数量的状况一直持续到 1987 年，其中 1985 年日本汽车出口达 673 万辆，创日本汽车出口的历史纪录。随着日本汽车出口的迅速增长，日本同美欧之间的汽车贸易摩擦不断激化。1981 年日本实施对美汽车出口的“自主限制”，1982 年日本汽车企业为了回避贸易摩擦开始在美国设厂，在当地生产汽车。1990 年日本汽车产量达到 1300 万辆。1993 年日本的世界第一“汽车大国”地位又被美国夺回。

进入 21 世纪，日本又夺回世界第一“汽车生产大国”的地位。2007 年，日本汽车产量达 1159.6 万辆，美国为 1078.1 万辆，中国为 888.2 万辆，德国为 621.3 万辆，韩国为 408.6 万辆。然而，自 2008 年发生全球金融危机以来，日本各汽车厂家大幅减产，致使日本国内汽车产量在 2008 年和 2009 年连续减少，2009 年汽车产量为 793.5 万辆，较上年减少 31.5%，创 1966 年有统计以来的最大降幅，全年产量自 1976 年以来首次跌破 800 万辆大关，被年产量增至 1379.1 万辆的中国超过，降为第二。

日本汽车企业在日本国内的工厂主要分布在中京（丰田、本田、三菱）、京滨（日产、本田、五十铃、日野）、北关东（富士重工、日产、本田）、广岛（马自达）、冈山（三菱）、阪神地区（大发）。汽车零部件工厂主要分布在京滨、中京以及各组装中心工厂的其他周边地区。日本的主要汽车大企业有：丰田（年产量为853.5万辆）、本田（391.2万辆）、日产（343.1万辆）、铃木（259.6万辆）等（以上均为2007年数据，包括在国外生产的）。2009年丰田汽车公司超过美国通用汽车公司成为世界第一位的汽车生产企业。

通过扩大经营规模以确保开发下一代汽车所需的庞大资金和先进技术，世界各国的汽车大企业相继合并、重组形成了富有竞争力的巨大企业集团。从20世纪末到21世纪初，世界汽车业正在形成以戴姆勒－克莱斯勒、丰田、福特、通用、鲁诺、德国大众为中心的大企业集团。日本国内的企业也纷纷同国外企业结成企业集团，例如日产与鲁诺，三菱与戴姆勒－克莱斯勒，五十铃、富士重工、铃木与通用、马自达与福特等均建立了资本合作关系。这样，在日本国内保持资本独立的汽车企业仅剩下两家，一家是丰田，通过兼并国内汽车企业大发与日野形成了“纯日本的”企业集团；另一家是本田，至今仍坚持其单独奋斗的路线。

2011～2014年，丰田汽车公司的新车销量连续三年居世界汽车业首位，以2014年为例，丰田集团销量为1023万辆，大众集团为1014万辆，两家公司年销售量都首次突破1000万辆。

在全球环境问题日趋尖锐、各国纷纷加强环保管制的背景下，开发以燃料电池汽车为代表的下一代清洁型汽车成为摆在各国汽车企业面前的一个紧迫课题。运输部门的能源消费占日本全国能源消费的20%以上，加紧开发和普及有利于节能减排的微型车和下一代汽车（混合动力车和电动汽车），对节能减排具有十分重要的意义。有数据显示，在2005～2015年，日本排气量在0.66升以下的微型车占汽车市场的比例达到37.6%，而美国的这一比例不足3.5%；2006年日本全部汽车平均排量不及美国汽车平均排量（2.8升）的一半；美国高油耗的四轮驱动越野车（SUV）占全部销量的15%以上，而日本这一比例仅为1.8%，上述差异使美国人均汽车燃料消费量是日本的1.87倍以上。

在下一代汽车方面，日本的混合动力车已于1997年前开始投放市场，2008年9月日本开始销售清洁柴油车，2009年下半年电动汽车、可插电式混合动力车正式投放市场。日本最大的汽车公司——丰田公司在2016

年4月累计销售混合动力车达901.4万辆。[①] 日本政府提出“建设低碳社会行动计划”的目标：到2020年售出的新车中每两辆就有一辆是下一代汽车。

为了促进电动汽车（目前充一次电只能行驶一百多千米）的普及，三菱商事与三菱地所两家日本公司与高速公路公司及地方自治体等合作，着手建设全国性的电动汽车（EV）所需的充电设施。在混合动力汽车方面，丰田公司的混合动力车自1997年8月首次发售至2015年，18年间累计销量突破800万辆。尽早实现汽车业的升级换代，有利于节约能源和保护环境。据专家测算，消耗1升原油只能使汽油汽车行驶20千米，然而，用1升原油所发出的电量却可能使电动汽车行驶60千米以上，换句话说，电动汽车的燃料效率是汽油汽车的3倍以上。如果全世界的汽车都升级为电动汽车，可望大大节约能源，还可使二氧化碳的排放量减少22%。日本汽车公司也在国外的生产据点生产混合动力车、电动汽车等下一代汽车，但是，要视当地政府对用户购买下一代汽车的优惠政策及消费者的购买意向，来决定具体的混合动力车等下一代汽车本地化生产的时机。目前，日本的混合动力车在美国（特别是在对混合动力车采取各种优惠措施的加利福尼亚州）的生产和销售呈现较快的上升势头，然而，日本汽车企业在中国仍然热衷于扩大传统汽车的合资生产，这可能对中国汽车制造业的升级造成负担。

2. 半导体、个人电脑工业

日本的半导体产业是从20世纪50年代通过引进美国发明的晶体管技术、制造晶体管收音机开始获得发展的。在60年代日本又引进美国发明的集成电路技术，通过制造电子计算器向集成电路的大规模生产发展。在70年代后期，日本通产省组织主要电子企业共同开发用于制造超大规模集成电路的基础技术，促使日本的集成电路技术获得很大的发展，特别是在存储器集成电路方面优势突出，在整个半导体市场所占份额超过美国，

---

① 《丰田混合动力车型全球累计销量突破700万辆》，http：//auto.people.com.cn/n/2014/1015/c1005－25839637.html。

成为世界最大的半导体生产国。但是，美国在微处理器集成电路领域的优势始终没有动摇，而且微处理器产品的单价或附加值比存储器高得多。随着存储器技术趋向成熟化，韩国等新兴工业国或地区的存储器集成电路产业有所抬头，世界市场上存储器集成电路的价格迅速下降，日本在存储器集成电路领域正在被韩国等亚洲国家所超过。同时，在世界半导体市场的占有率方面，一度超过美国的日本在 1993 年又被美国超过，其原因是半导体器件被应用于个人电脑之后，擅长生产微处理器（MPU）的英特尔等美国半导体企业的市场占有率迅速提高，1993 年美国凭借其微处理器技术的优势，在半导体市场占有率方面又重新夺魁，特别是美国英特尔公司从日本的 NEC 手里夺回了“世界最大半导体芯片企业”的桂冠一直至今。

另外，在 20 世纪 90 年代后韩国半导体企业大力发展动态随机存储器（Dynamic Random Access Memory，DRAM），与日本企业形成了激烈的价格竞争，迫使日本从 DRAM 领域撤退，集中力量发展具有少量多品种特点的系统大规模集成电路（系统 LSI），继续生产 DRAM 的日本半导体企业只剩一家。2008 年日本的半导体市场销售额为 484.98 亿美元，南北美洲为 378.81 亿美元，欧洲为 382.49 亿美元，亚太地区为 2486.03 亿美元。据 2009 年 4 月的统计，世界十大半导体企业中，日本有三家（东芝，居第三位；RENAISSACE TECHNOLOGY，居第七位；NEC，居第十位），美国有三家（分别居第一位、第四位、第八位），韩国有两家（分别居第二位、第九位）。

半导体是计算机的基本元器件。随着计算机的普及，市场对半导体产品的需求不断扩大。而半导体的小型化、高密度化的急速进展又推动了计算机的小型化发展，使个人电脑在 20 世纪 90 年代得到迅速普及。个人电脑的发展又同互联网的普及相互促进，促使市场对微处理器和存储器这两大类集成电路的需求进一步扩大。同时，除个人电脑外，半导体还被用于机械产品与家电产品等，进而被用于个人电脑以外的互联网终端，如移动电话、信息家电等。为了适应半导体不断扩大、不断提高的需求，日本的半导体企业开始加强相互合作与重组，以形成集中程度更高的半导体生产与开发体制。

在20世纪90年代后期，互联网日益普及，个人电脑市场迅猛扩大。由微处理器和存储器等组成的个人电脑属于“模块化”产品，很容易组装。为此，很多企业将装配工序转移到劳动力成本低廉的中国进行，到2013年全世界生产个人电脑最多的五家企业分别是中国联想公司、美国惠普（HP）公司、美国戴尔（Dell）公司、中国台湾地区的宏碁（Acer）公司和华硕（Asus）公司，日本企业的名字已经从个人电脑世界市场的前五名企业名单中消失。

3. 机床工业

机床又称工作母机，机床工业的技术水平是衡量一国工业发展水平的重要标准，也是支撑日本工业发展水平的骨干产业之一，但其产业规模很小。

1982年日本机床工业的年产量达到世界第一位。1998年日本国内制造的机床的87%为数控机床。而数控机床原是由美国首先开发出来的，日本机床工业却后来居上，其所生产的机床的“数控化”程度超过了美国。此外，日本独自开发的“机器中心”（可按不同目的选择多种工具进行各种加工的机床）占日本机床产量的比例也达到了32%。利用具有高精度加工性能的数控机床，有力地促进了生产技术的革新。2008年9月发生的雷曼冲击对世界经济造成了深刻的打击，日本的机床工业也受到很大影响，在2009年日本机床工业的产值从1万多亿日元大幅度跌到4903亿日元，骤减至30年前的水平。2010年由于出口需求趋向恢复，2011年虽然遇到东日本大地震等前所未有的大灾害，整个日本经济遭遇电力不足等困难，但是日本的机床工业产值时隔3年得到恢复，达到1万亿日元的水平，2012年机床工业产值依然维持在1.15万亿日元的水平。

4. 机器人工业

1961年美国Unimation公司与AMF公司成功研制出世界最早的商品化工业机器人。然而，机器人技术虽源于美国，却在日本迅速地实现了产业化发展。20世纪70年代，日本的法努克、富士电机、安川电机、东芝等公司开发出机器人的产业化实用机，自20世纪80年代以来，以制造业工厂应用为主，机器人在日本迅速普及，使日本成为生产和应用工业机器人最多的“机器人强国”；成为世界上对机器人最“友好”、在实现机器人的“人性化”方面最下功夫的国家。日本机器人技术和产业发展的主要特征如下。

（1）机器人的生产量和安装量均达到世界首位，应用范围不断扩大。例如2015年日本的工业机器人产量比上年增长8.7%，达到13.843万台，创历史新高，超过世界产量的60%；产值达6300亿日元，连续两年增长；安装数量约30万台，占世界的23%。

通常，国际上以每万名工人的机器人拥有量（“机器人密度”）来衡量机器人普及水平，2014年日本工业机器人密度高达314台，相当于世界平均水平66台的4.76倍，相当于中国机器人密度36台的8.72倍，相当于美国164台的1.9倍，但低于韩国的478台。

日本的机器人密度大大高于拥有先进机器人技术的美国的一个重要原因是，在美国制造业生产现场，一般蓝领认为“效率的提高会导致工作的减少”，而且“机器人会夺走自己的工作”，因而对导入机器人抱有一种“抵抗感”；而在仍然保留着终身雇用传统的日本，则存在着积极利用机器人提高效率和改进工作的土壤。自20世纪80年代以来，日本的汽车制造业是最早、最积极应用机器人的产业；进入90年代，机器人的应用扩展到最希望排除生产人员带进身体污染的、制造半导体芯片的“超净车间”。90年代前半期日本制造的工业机器人占世界市场的份额一度高达90%。进入21世纪，汽车制造业、电机电子制造业仍是日本两大机器人使用产业，约占日本国内机器人市场的60%，随着可能导入机器人的生产现场的不断增加，机器人的应用范围日渐扩大到金属加工、塑料、化工、建筑、土木、核电站维修等工业制造领域，以及医疗、护理、农业、交通等与人们生活紧密关联的场所，机器人不仅能应用于传统的大批量生产线，而且也能用于多品种小批量生产领域；机器人不仅能帮助人们从单纯作业和重体力劳动中“解放”出来，而且能承担迄今只能依靠人手的精细作业（比如装配钟表），或与工人“共同作业”，还能协助人们从事家务和护理老人等活动。2011 年 3 月日本福岛核电站发生特大事故后，首先进入事故现场的是美国 iRobot 公司制造的军用机器人 PackBot，其后，日本东北大学、千叶大学开发的机器人 Qince 也被应用到救灾作业中。从世界看，2011 年日本制造的工业机器人约占世界机器人市场的 60%，2015 年在世界上服役的大约 130 万台工业机器人中，过半数是日本制造的。近年来，随着日本劳动力不足问题日趋严重，无论大企业还是中小企业，着眼于作业省力化和经营合理化，对机器人的应用继续扩大。

（2）日本拥有十分先进的以研发和制造机器人为主业的企业，同时日本的综合电机大企业也积极从事机器人的研发和生产。在主要的机器人企业中，安川电机、法努克（在国际机器人市场上居重要地位），与总部设于瑞士的 ABB 公司、德国库卡公司并称为“国际四大机器人巨头”，2014 年上述四大企业在全球工业机器人市场所占份额超过五成，在迅速扩大的中国机器人市场所占份额超过 70%。在日本国内，安川电机、法努克、不二越、川崎重工堪称“四大机器人巨头”。与此同时，安川电机、川崎重工、不二越、精工爱普生以及欧洲的 ABB、库卡、柯马等先进机器人制造企业均在中国设立了机器人工厂。日本的一些制造大企业还非公开地参与了美国国防部先进研究项目局（DARPA）的军用机器人研发任务。

（3）日本的机器人相关企业在关键技术、高性能交流伺服电机、高精密减速器、控制器以及高性能驱动器等机器人的核心技术和关键零部件方面居世界领先地位，其中高精密减速器、力传感器等机器人的关键零部件占世界市场份额高达 90%。与之相比，中国机器人的核心零部件大部分从日本、德国等技术先进的国家进口，其中精密减速器 75% 从日本进口，而这些零部件占到机器人整体生产成本的 70% 以上。日本还拥有世界最先进的马达和锂电池技术，由于在现阶段绝大部分机器人使用电池作动力源（也有使用马达的），研制和生产高性能电池成为机器人发展的一个极为重要的课题，日本是全球“二次电池”（可反复充放电和循环使用的电池）的主要供应国，以目前成为市场主流的锂电池为例，日本占全球 65% 的市场份额。

5. 造船业

战后日本的造船工业继承了战争期间的军舰建造技术，达到了很高的技术水平。日本在1956年成为世界第一造船大国，在20世纪80年代日本一国制造的船只（按“总吨”计）曾占世界总产量的一半以上。然而，在1993年，韩国造船业所接订单量首次达世界首位。目前，日本和韩国成为世界两大造船大国，展开了激烈竞争，其后则有西欧各国和中国的追赶。2007年日本造船业共生产船只628艘，1724万总吨。2008年全世界造船业新接订单8629.1万总吨，其中日本造船业接单1449.9万总吨，占世界总接单量的16.8%，韩国接单3494.1万总吨，占40.5%，中国接单2885.9万总吨，占33.4%。

在世界造船市场急速缩小的背景下，2015年1月世界船舶订货量为215.7万总吨（按标准货物船吨数换算，为68艘），比2014年同期减少213%，韩国与中国的接单分别为66.7万总吨（10艘）和37.9万总吨（5.7艘），分别比2014年同期减少173%和678%，日本造船业接单99.1万总吨（14艘），超过韩国和中国，时隔7年达世界首位。

五　化学工业

化学工业一方面生产医药品、化妆品等现代社会不可或缺的消费产品，另一方面又生产塑料、合成橡胶、化纤等其他产业所需的原材料，因此它是关系到国计民生的十分重要的产业。

日本的化学工业是从制造硫酸开始的，1872年大阪造币局开始生产为制造货币所需的硫酸，其后又利用硫酸制造磷酸化肥，出现了化学肥料工业。进入20世纪，日本开始利用水电站的剩余电力生产氮肥的原料，出现了电气化学工业。此外，为了军事需要，有机合成化学工业得到了迅速发展。

二战期间，日本的化学工业遭到严重破坏。在战后初期，为了增加粮食生产，许多化学企业将其生产设备转用于生产化肥。到了20世纪50年代末，由于石油化学工业（简称“石化工业”）的诞生，日本的化学工业迎来了一次大转机，以乙烯为中心的新型化学产品相继投入生产，形成了制造石油化学产品、工业药品、塑料、化学肥料、医药品等的巨大产业群。然而化学工业的迅速发展也导致公害问题日趋严重。日本为了防止公害开发了苏打生产新制法和排烟脱硫等技术，在公害防治技术方面达到了世界领先水平。

1973 年发生的石油危机使日本的石化工业遭到了沉重打击，国际竞争力显著下降。这是因为与主要以天然气为原料的美国石化工业不同，日本的石化工业主要以石油为原料。石油危机以后，日本的一部分石化企业从生产原材料型产品最终转向生产药品等消费品。化学工业的一个重要特征是从业人员比较少，然而其产品的附加值很高，除消费品以外，很难实现产品的差别化，而且需要使用大型装置，其竞争力在很大程度上取决于生产装置和生产规模的大小以及开工率的高低。日本化学企业的平均规模不如美欧化学企业，因而影响了其竞争力的增强。进入 20 世纪 90 年代，美欧化学企业通过跨越国境的合并重组进一步扩大了规模，中国和产油国也接连引进先进的大规模生产设备，加上原油价格的上涨，日本的化学工业面临着激烈的国际竞争。进入 21 世纪，日本的化学工业呈现出总体缩小的趋向。以化学工业为代表性的产品乙烯为例，在 2014 年，日本的乙烯实际生产能力达 760 万吨，但随着三菱化学・鹿岛、住友化学・千叶、旭化成化学・水岛的三座乙烯工厂接连停产，2014 年日本的乙烯实际生产能力从 760 万吨减少到 640 万吨，2020 年将可能进一步减少到 480 万吨。

第四节 金 融

在战后日本经济体制中，金融业占据十分重要的地位。特别是在经济高速增长时期，金融业积极地向企业提供资金，功不可没。然而，在 20 世纪 80 年代后期，金融业成为泡沫经济的主要“制造者”。自 90 年代初泡沫经济崩溃以来，金融业则成为“重灾区”，成为影响整个日本经济恢复的关键环节。金融业的改革成为当今日本最突出、最紧迫的改革课题之一。

日本

一　金融发展与改革

日本的金融系统是在明治维新以后，按照美英市场经济的模式构筑起来的。1872～1873年，日本仿效当时的美国国立银行法制定了《国立银行条例》和《可兑换金币公债发行条例》，设立了东京第一国立银行，其后几年银行数量迅速增多。1882年日本制定了《日本银行条例》，并成立了作为中央银行的日本银行。此后，为了形成完善的银行体系，日本政府制定了有关专业银行的法律，陆续成立了各种专业银行，如横滨正金银行、日本劝业银行、北海道拓殖银行、日本兴业银行等。此外，在当时的朝鲜、中国台湾设立了“外地银行”。从19世纪90年代到20世纪初，普通银行在日本大量出现，同时国立银行也逐渐转为普通银行。

进入20世纪以后，日本一再出现金融危机。为了克服银行过多、货币市场混乱的局面，日本政府多次推行银行改革，鼓励银行合并。1926年日本制定了《银行法》，对经营不善的银行进行整顿合并。从明治维新直到20世纪二三十年代，日本整个金融业的特点是：基本按照市场原理开展自由竞争，利率有伸缩性，直接金融比重较大，股票在企业金融中发挥了重要作用。然而，大股东、经营者的不正当的经营行为甚多，导致金融体系很不稳定，出现不良债权、银行破产等问题，促使金融当局对金融活动进行干预和管制。

到了20世纪三四十年代，由于发动侵略战争的需要，日本政府日益加强对银行的控制。特别是1941年太平洋战争开始后，日本正式进入战时体制，政府实施了一切服从战争需要、禁止企业追求利润的战时统制体制，越来越深地介入资金的分配过程：先是强制合并银行，使普通银行的数量从1941年的186家锐减到1945年的61家（其中地方银行53家，基本上是“一县一行”），储蓄银行合并为4家，专业信托银行合并为7家，同时采取措施将资金集中于大银行，然后由政府直接控制民间银行对企业设备投资的融资，明确规定对哪些产业应优先给予贷款，对哪些产业的贷款应加以抑制，资金分配要严格按照优先顺序进行，特别是对各个军需企业（实际上很多民需企业都已转为军需企业），均指定具体的银行（“指定金融机构”）负责其资金筹措及其他金融服务，这样，企业就不必再依靠从股市筹资。在战时体制下，银行也不能追求利润，而且必须以尽量低的利率向军需企业提供资金，为此又必须以更低的利率从国民那里吸收存款。为了确保获得存款，政府就必须保证银行的信用，绝对不能让一家银行破产，其结果就形成了没有竞争的、不让一家银行掉队的“护送舰队”式金融体制。这种金融体系成为战时统制经济体制的一个中枢部分。另外，财阀企业在战时经济中发挥了重要作用，财阀在金融上自成一体，通过持股公司确立了对所属企业的经营控制。

在战后的民主改革中，财阀被强制解散和分割。根据1948年2月的《过度集中经济力排除法》（简称《排除法》），被指定强行解体的财阀大企业达300多家。但是，在1948年7月又决定《排除法》不适用于银行等金融机构，因此，虽然在金融领域实施了废除特殊银行制度，将半官半民的特殊银行（如日本兴业银行、日本劝业银行、横滨正金银行等）转变为民间银行，关闭中国台湾银行、朝鲜银行等殖民统治下的银行，改革日本银行，引进“政策委员会”等改革措施，但从总体上看，财阀组织中的银行体系得以免于解体，甚至基本未被触动，这意味着从战前延续下来的统制金融得以“逃避”民主改革，被作为“特例”保留了下来。这些银行利用财阀解体后出现的持股分散化、大众化的机会，通过投资股票而成为许多民间企业的大股东，获得了对企业经营的控制权（1948年颁布的《证券交易法》虽明令禁止银行承销有价证券，却并未明确禁止银行投资证券）。与此同时，脱离原财阀母体的工商企业鉴于自身地位的脆弱，也希望以新的方式建立与银行之间的稳定联系。这样，银行与企业之间形成了紧密、长期的交易关系，即所谓“主银行”体制，而这些“主银行”中有很多就是战时的“指定金融机构”。

主银行体制在很大程度上可以看作战时推行的“指定金融机构”制度的延长，这意味着虽然经过战后改革，传统的财阀系企业与银行之间的交易关系仍被维持下来，取代财阀组织的大银行起到了控制、监督企业经营的作用。总之，战后日本的金融体制在很大程度上沿袭了所谓“1940年体制”，与真正的市场经济体制相去甚远。

金融统制得以保留的一个基本理由是，在冷战已经开始的世界形势下，为了防止日本成为资本主义世界的薄弱环节被“共产主义化”，使其发挥“对共产主义的防波堤”的作用，保持日本经济社会的稳定成为美日统治集团至上目标。而金融领域是关系到整个经济与社会稳定的中枢，为此，在使日本经济从统制经济向市场经济转变的过程中，政府精心设置了一些“处于市场经济体制外”的、偏离市场经济原理的“稳定装置”，继承并发展了战时的“护送舰队”式的管制和保护措施，实质上是在金融领域保留了统制经济或“计划经济”的体制，尽管这有悖于整体经济向市场经济过渡的改革方向，但是服从了“对抗共产主义”这个大局的需要。

“护送舰队”式金融行政形成也是同战后初期日本经济发展的具体条件分不开的。在20世纪五六十年代经济高速增长时期，迅速成长的广大民间企业迫切需要资金，当时却不存在发达的证券市场，因而不得不仰仗来自银行的贷款。而日本政府为了追赶欧美，将有限的资金导向对经济增长最重要的产业，在战后很长时期对资金实行了变相的“配给制”，以便将有限的资金重点分配给战略产业和出口部门。

总之，战时经济与战后改革奠定了支撑20世纪五六十年代经济高速增长的日本式的金融体系。这个体系的主要特征是政府在整个金融活动中占有主导地位，主要表现在以下几个方面。

（1）政府对金融界的活动实行了各种管制，包括对利率的限制，对金融机构业务范围的限制，通过实施“外汇法”限制国内外金融业的交流等，其中官定利率成为政府对宏观经济进行调控的重要手段。

（2）政府通过“窗口指导”（1991年废除）对民间金融活动进行干预。

（3）政府金融机构在难以完全依靠民间金融机构发挥作用的政策性金融领域发挥了重要的作用。

与此同时，日本陆续建立了各种专业金融机构，逐渐形成了门类齐全的金融体系。如日本政府设立了专门经营外汇业务的东京银行（1946年）、日本开发银行（1951年）、日本输出入银行（1952年）、日本长期信用银行（1952 年），等等，还设立了面向中小企业、面向农林渔业的金融机构。

二战后日本政府推行“护送舰队”式的金融政策在很大程度上排除了市场竞争的优胜劣汰机制。在 1997 年底以前，许多日本人都坚信“日本的大银行绝不会破产”的神话。的确，在政府的精心呵护下，日本银行业既避免了来自国外银行的竞争，也压抑了国内同业间的竞争。具体来讲，从存贷款利率的变动、新金融产品的开发与推出、银行网点的设置、银行手续费的确定，甚至到银行行长工资的多少，都要由大藏省银行局来决定或报其批准之后方可实施。它虽然起到了为政府产业政策服务和稳定金融的作用，形成了战后日本“银行不倒”的“神话”，却保护了落后的金融制度，阻碍了整个金融系统的发展与进步。

自 20 世纪 70 年代以来，对这个在战后改革中落伍的领域进行改革的必要性逐渐被政府认识到，政府开始逐步减少对金融领域的管制。到了 80 年代中期，大藏省慑于美国的压力不得不开始研究美国所要求的利率自由化、金融业务自由化、国债公开招标、修改银行与证券的业务划分等制度改革问题，使金融自由化的某些措施陆续付诸实施。但是，由于受到既得利益集团的抵抗，改革就像小脚女人走路，步子迈得非常慢。

其实，在 20 世纪 80 年代前半期，日本政府对金融以外的一些领域也曾实行改革，例如中曾根内阁曾对“电电公社”“国铁”等实施民营化改革。可是，唯独对金融业这个深深地关系到经济全局的产业非常保守，总不肯进行大胆的改革，这成为日本金融界乃至整个日本经济的“悲剧”。到了 1987 年，对国际金融改革潮流反应迟钝的日本金融业终于成为泡沫经济膨胀的始作俑者，并成为 90 年代初泡沫经济崩溃后的重灾区，大型金融机构一个接一个陷入绝境，破产倒闭。

在泡沫经济膨胀时期，表面的繁荣使日本人盲目乐观，对金融改革敷衍了事。然而，金融改革拖延造成的恶果先是将日本抬到泡沫经济膨胀的顶峰，而后又使日本跌到泡沫经济崩溃的深渊。可以说泡沫经济的发生和崩溃是与日本金融改革的延误分不开的。

到 1996 年底，当时的桥本内阁终于宣布要实施日本版“金融大爆炸”（与金融大改革方案几乎同时推出的还有行政改革、财政结构改革、社会保障改革、经济结构改革、教育改革方案，总称为“六大改革”），日本的金融变革进程同美欧各国相比，可以说晚了12年。然而，日本金融业的改革仍然缺少紧迫感；阻碍改革的“保护伞”依然在庇护着早该被淘汰出局的金融业中的落后者。

在20世纪八九十年代，国际金融业的面貌发生了巨大的变化。首先，信息通信技术的应用大大加快了金融信息的收集、传递、加工、保管的速度和效率，降低了运营成本，促进了新商品、新服务的开发。其次，为适应投资者对金融商品、服务的高回报、多样化的需求，银行业等金融服务领域的竞争日趋激烈。再次，作为加强竞争的手段，世界银行业重组与合并的浪潮日趋发展。

自20世纪90年代初泡沫经济崩溃以来，日本经济受到积重难返的不良债权问题的拖累，金融机构破产案件不断增多，反映出日本金融体系的脆弱性，不良债权的处理成为日本经济能否恢复的一个焦点。2002年秋，日本银行发布《不良债权处理的基本观点》，与此同时日本政府出台了《金融再生工程表》，强化金融机构的相关政策，日本的企业和金融机构也纷纷致力于处理过剩债务和不良债权，使不良债权处理工作渐有起色，不良债权的比率从2002年3月底的8.4%降至2004年3月底的5.8%，在2005年、2006年、2007年3月底、2008年9月底，不良债权比例分别降至4.0%、2.9%、2.5%、2.4%、2.5%，可以说不良债权问题基本得到解决。正因为如此，由美国次贷危机触发的全球金融危机于2008年9月全面爆发后，日本金融机构遭受的直接损失有限，金融系统始终保持稳定状态。

日本对金融创新和发展金融衍生工具一直持慎重态度，政府对金融机构的监管远比美国严格，这成为日本金融系统在这场全球金融危机中免遭重大直接损失的主要原因。

二　金融机构

在资金拥有者与资金需求者之间从事资金通融的中介机构就是金融机

构，其形态多种多样，主要可区分为政府金融机构和民间金融机构。

政府设立的金融机构主要从事从短期来看或许不上算，从中长期的或公共的或国际的观点来看却是必要的业务。2001 年，日本政府的金融机构主要有：日本政策投资银行、国际协力银行、国民生活金融公库、住宅金融公库、农林渔业金融公库、中小企业金融公库、公营企业金融公库、中小企业综合事业团、冲绳振兴开发金融公库、信用保证协会。

在日本金融体系中，民间金融机构占很大比重，成为金融业的主体。如果信贷资金总量为 100，民间金融机构提供的贷款在 1960 年末为 80.9，在 1970 年末为 82。随着科技革命的发展和社会经济生活的变化，民间金融机构不仅在数量上不断增加，而且在组织形式上也日益复杂和多样化，它包括：从事银行业务的全国性的普通银行（城市银行、地方银行、第二地方银行）、外汇专业银行、长期信用银行、信托银行；作为中小企业金融机构的信用金库、信用组合等；作为农林渔业金融机构的农林中央金库等；作为资本市场主力的证券公司、短期资金公司；等等。还有众多虽不是金融机构但可以提供资金和信用的保险公司、租赁公司、代理包销公司、票据贴现商、赊销商店、信用卡商店、消费信贷商、当铺等。

具体来说，包括政府的、民间的，乃至外国设在日本的金融机构在内，日本的金融机构主要有九类。

（一）日本银行

日本银行是国家的中央银行，它具有三大功能：其一是发券银行的功能；其二是“银行的银行”的功能；其三是“政府的银行”的功能。

日本银行的三大功能是相互联系的。比如，日本银行发行银行券，是通过与一般银行等金融机构开展存、放款交易时提供现金的方式来实现的。

日本政府通过日本银行发挥上述三大功能，来贯彻自己的金融政策，从宏观上控制和调节货币信贷量，以保证整个经济的正常运行。日本银行作为中央银行，一方面具有极强的公共性；另一方面又需要亲自作为金融市场的参与者，最大限度地利用市场机制来贯彻政府的金融政策。因此，日本银行可说是兼具高度的公共性与市场性的金融机构。

（二）商业银行

国家银行是以国内银行法为依据设立的银行。商业银行，也称国内银行，总共包括9家城市银行，64家地方银行，60家第二地方银行协会的加盟银行，33家信托银行，3家长期信用银行。

国内银行或商业银行在日本也被称作“普通银行”，其经营的业务主要是《银行法》规定的“受理存款和定期储蓄”“贷款和票据贴现”“办理汇兑”。此外，普通银行还经营有价证券投资、国内汇兑、外汇及其金融业务。

1. 城市银行

城市银行是日本民间银行的中心。1999年底，日本有9家城市银行。城市银行的特点包括三个方面：①活动中心是大城市。总行都设在大城市，并在全国设有分支行，形成广泛的营业网。②存放款的主要对象是大企业，对个人的存放款较少。正因为如此，它们大多是大垄断企业集团的金融中心。③日本的金融制度原则上是长、短期金融分离的，但城市银行不仅办理短期贷款，而且办理一部分超过一年的长期贷款。

上述特点使城市银行成为日本实力最强、规模最大的银行，在日本金融界处于中心地位。例如在1980年，它们吸收的存款占全国金融机构存款的30%，提供的贷款占全国金融机构贷款的20%以上。1992年底世界最大的20家银行中，第一劝业、富士、住友、三和、樱花、三菱银行依次排在前六位。

从20世纪90年代至21世纪初，上述大银行经过几度重组与合并，日本的银行界已进入“三强鼎立”的新时代，这“三强”是：三菱东京UFJ银行（2005年日本东京－三菱银行与日联控股合并成三菱－日联金融集团，三菱东京UFJ银行为该集团旗下的银行）、瑞穗银行（2000年第一劝业、富士、兴业三家银行合并、2003年正式成立瑞穗金融集团，瑞穗银行为该集团旗下的银行）、三井住友银行（2001年由原住友银行及樱花银行合并而成，该银行又通过股票过户创立三井住友金融集团，SMFG）。

在大银行合并中，原来属于不同财阀的竞争对手走到一起来了，这在过去是不可想象的，可以说是进入21世纪以来日本经济中值得重视的新现象。

2. 地方银行

地方银行是规模较小的民间商业银行。它们与城市银行的主要区别在于城市银行一般是由工商业资本发展起来的，而地方银行多数是依靠地方资本发展起来的；城市银行的总行一般设在大城市，经营范围是全国性的，而地方银行的总行都设在中小城市，经营范围主要在总行所在地周围的一个县或两三个县，资金和影响力远不及城市银行大。1999年日本共有地方银行64家。地方银行业务活动的主要特点表现在以下几个方面。①一般代理当地政府的金融事务，与地方政府和当地的工商企业联系密切。②广泛吸收储蓄性定期存款，个人储蓄（70%以上是定期存款）占其存款的大部分。日本个人储蓄非常发达，因此地方银行的资金状况比城市银行好，从日本银行借入的资金比较少。地方银行通过吸收储蓄性的定期存款，为地方经济的发展提供了大量资金。③由于地区性的限制，其贷款对象主要是地方性中小企业。在64家地方银行中，给中小企业的贷款比例一般都在70%～80%。

3. 第二地方银行

第二地方银行原来是相互银行，自1989年2月以来这些相互银行陆续转化为普通银行，现共有60家（截至1999年底）。这类银行的总部设在地方城市，主要业务是开展面向中小企业和个人的金融交易，与当地保持着比地方银行更为密切的关系。第二地方银行均加入“第二地方银行协会”，即原来的全国相互银行协会，因此，第二地方银行也是加入该协会的银行的总称。

这里提到的“相互银行”指根据1951年6月制定的《相互银行法》，从战前就存在的日本传统的民间金融组织——“无尽会社”（一种民间信用互助组织，加入者按期存款，经过一段时间，用抽签的办法轮流借款）转化、发展而来的金融机构。相互银行作为中小企业的金融机构，政府对其贷款活动规定了各种限制，然而，随着相互银行经营业务的进一步扩大，其性质越来越接近一般的商业银行，相互银行终于在1989年开始向商业银行转化。

4. 信托银行

上述普通银行主要提供短期资金，但也兼营长期金融业务。战后日本以重化学工业为中心的工业现代化发展十分迅猛，企业设备更新的规模很大，速度也快，因而企业对长期金融业务的需求剧增。为此，普通银行除兼营一部分长期金融业务外，又建立和发展了信托银行、长期信用银行等专门从事长期金融业务的金融机构。

日本共有33家信托银行，较大的有三菱信托、住友信托、三井信托、安田信托、东洋信托、中央信托和日本信托。信托银行可以兼营信托业务和银行业务，其主要作用是通过开展上述两种业务把社会上的商业性资金、财产和储蓄资金转为长期资金，为重化学工业等工业部门提供长期贷款（长期设备资金贷款占全部贷款的80%左右）。因此，它既具有长期金融专业机构的作用，又具有大众储蓄机构的作用。信托银行通过信托业务吸收的资金占其吸收的全部资金的80%左右，通过银行业务吸收的资金占20%左右。信托业务，又包括金钱性信托和非金钱性信托两种。

（三）中小企业金融机构

中小企业金融机构包括全国信用金库联合会及其下属的392个信用金库、商工组合中央金库、全国信用协同组合联合会及其下属的298个信用组合、劳动金库联合会及其下属的41个劳动金库。

日本是中小企业众多的国家。中小企业在日本经济发展中发挥着重要的作用。然而，与大企业相比，中小企业在生产设备、经营条件和信用上一般都比较差，几乎不能通过发行股票和公司债券的形式在资本市场上筹措资金，只能从金融机构获得借款。但对金融机构来说，它们给中小企业贷款风险较大且费用较高（借款额小、笔数多），需收取较高利息。而中小企业收益低，付不起过高的利息。为了解决这一矛盾，政府一方面鼓励中小企业同大企业建立承包关系，使中小企业从大企业那里得到金融上的照顾，另一方面扶植面向中小企业的金融机构。在这种情况下，日本不仅发展了政府系统的中小企业金融机构，还发展了民间的中小企业金融机构，主要包括信用金库、信用互助组合、劳动金库和商工组合中央金库。在日本，所谓“金库”是指以合作金融为中心的半官半民的金融机构，如商工组合中央金库、农林中央金库等。金库用于贷款的资金除依靠财政资金外，还依靠发行债券从民间筹集，并吸收地方公共团体的存款。

1. 信用金库

信用金库起源于明治时期的信用合作社。1949 年日本根据《中小企业互助合作法》建立了信用互助组合。1951 年 6 月日本政府制定了《信用金库法》以后，信用互助组合中具有一般金融机构色彩的组合经过改组、扩大，逐步发展成为信用金库，其余部分仍作为信用互助组合生存下来。信用金库的业务活动以存款、贷款为主，在组织上实行会员制度，在业务区域上受限制。凡从业人员在 300 人以下、资本金在 2 亿日元以下的中小企业均有资格成为会员。信用金库从会员和非会员那里接受存款（政府对存款人给予免税优惠），其贷款原则上限定在会员范围内，但对非会员也提供小额贷款。

2. 信用互助组合

与信用金库相比，信用互助组合的互助合作性质更明显，主要吸收会员及其亲属、公共团体及非营利法人的存款，原则上只向会员发放贷款，但 20 世纪 70 年代后其业务范围有所扩大。

3. 劳动金库

这是工会等团体为了促进职工互助福利活动而组织的、带有互助合作性质的金融机构。1953 年公布《劳动金库法》后，劳动金库由上述信用互助组合中的一部分改组而成。

4. 商工组合中央金库

这是以中小企业协同组合与中小企业者团体为对象的特殊法人，面向在本机构中有存款的所属团体和成员，开展存、贷款业务，其资金来源主要依靠发行债券筹集。商工组合中央金库不同于其他民间金融机构的一个特点是，政府对它的干预较多，包括由政府投入一部分资本金，购买部分工商债券，主管大臣有权任免该机构的官员，批准经营个别业务，并派监理官监督其经营业务。

（四）农林水产金融机构

农林水产金融机构包括农林中央金库、信用农业协同组合联合会、全国共济农业协同组合联合会、渔业协同组合联合会等。

农林中央金库是以《农林中央金库法》为依据，以政府的保护、赞助为背景，具有互助合作性质的金融机构，它是以“三个系统、三个层次”为组织结构特征的农林渔业系统金融机构中的最高机构。“三个系统”，即农业系统、林业系统、渔业系统，“三个层次”指作为基层单位的市町村的协同组合、作为中层单位的都道府县的联合会以及作为最高层次的农林中央金库。

农林渔业金融的特点是：每笔贷款数额少，担保和收益能力低，资金需求期限较长，有较强的季节性，因此很难成为一般金融机构的融资对象。因此，以农村为吸收存款基地并专门为农林渔业提供贷款的金融机构就应运而生。

作为农林渔业系统的最高金融机构，农林中央金库的主要业务是经营存贷款、汇兑、发行农林债券、调节各地区之间的资金余缺，此外，农林中央金库还在农林渔业金融系统与政府财政、日本银行及其他民间银行之间发挥资金流通的媒介作用。比如，政府通过农林中央金库支付收购大米的款项，因此，每年秋季都有大量财政资金流入该金库。

（五）保险公司

保险公司主要有生命保险公司和损害保险公司，所开展的保险业务的种类越来越多，2016 年已发展到包括死亡保险、医疗与住院保险，癌保险、女性保险、学资保险、个人养老金保险、汽车保险、火灾保险、家庭财产保险、地震保险、网络保险、海外旅行保险、护理保险、宠物保险等众多险种。

（六）与证券市场有关的金融机构

这类金融机构包括证券公司 224 家、证券金融公司 3 家、证券投资信托委托公司 69 家、投资顾问公司 126 家。

证券公司是在证券交易所内外进行证券买卖的金融机构，在证券市场中占有重要地位。在实施金融自由化以前，日本长期坚持银行与证券相分离的方针，银行等金融机构被禁止经营除国债、地方债、政府保证债以外的有价证券业务。因此，在证券市场发展起来以后，大部分证券业务由证券公司办理，证券公司在日本证券市场上起着核心作用。证券公司的主要业务是：以自有资金买卖有价证券、委托买卖业务、承购业务以及向一般投资者推销有价证券。证券公司开展以上四种业务须经财务省许可，获得营业许可的证券公司可经营股票、国债、地方债、政府保证债、金融债、事业债、证券投资信托收益证券等债券。

（七）与政府有关的金融机构

此类机构包括日本政策投资银行、国际协力银行、国民生活金融公库、住宅金融公库、农林渔业金融公库、中小企业金融公库、公营企业金融公库、中小企业综合事业团、冲绳振兴开发金融公库、信用保证协会。

上述的“公库”是指由政府出资建立的、服务国民经济发展特殊需要的、补充性的金融机构。为了实现特定的政策目的，公库在特定的行业领域（主要是社会所必需的而又难以依靠民间企业积极投资的公共事业领域），向官办、官民合办或民办的企业提供长期低息贷款，有的甚至不收利息。与银行相比，公库的专业性较强，独立自主性较小，不经营存款业务，贷款范围较小，用于贷款的资金全部从国家的财政资金支出。至2008年，除冲绳振兴开发金融公库外，这些公库都被改组合并到日本政策投资银行等股份制的金融机构之中。

（八）财政投资贷款及其相关金融机构

1. 财政投资贷款

财政投资贷款（以下简称“财投”）实际上是政府利用多种资金来源，依靠多种金融手段推进的经济政策的集成，是对中央和地方政府的财政活动的一个重要补充，其主要内容是国家通过邮政储蓄等方式从民间筹集资金，然后在社会基础设施建设等领域进行政策性的融资活动。

“财投”与国家预算之间的最大区别是，国家预算支出的资金是以税收为主，其支出是无偿的，是国家的投资，无须偿还；而“财投”的资金主要是通过国家的信用活动，从民间集聚来的，其贷款的资金也像民间银行的融资一样，必须按期偿还本金和利息。因此，接受“财投”资金的企事业单位必须具有偿还能力，并按时还本付息。

反映“财投”与一般预算的区别的一个比较典型的例子是日本的公路管理体制：由中央政府与地方政府使用财政拨款建设的公路对行驶车辆是不收费的，而由道路公社或道路公团使用“财投”贷款建设的公路却是要收费的。

另外，“财投”的贷款又不同于民间金融机构的贷款。虽然两者都是有偿的，但“财投”作为国家干预经济的一个手段，以低于民间金融机构的利率，向社会基础设施建设、中小企业、国际合作等领域融通资金，既带有服务于整个社会、服务于经济发展全局的政策目的，又不像民间金融机构那样以追求利润为目的。

2. 资金运用部

“财投”的重要财源，全国的邮政储蓄、从全国职工的工资中扣留的养老金、社会抚恤金及保险费等各种基金，统归大藏省资金运用部管理。因此，这些资金又被称为“资金运用部资金”。在整个“财投”资金来源中，资金运用部资金所占比例高达 80.5% 。

3. 邮政储蓄

在资金运用部资金中，邮政储蓄资金占一半左右，成为“财投”的最大的资金来源（例如 1993 年度邮政储蓄额高达 10.4 万亿日元）。

日本是世界上开展邮政储蓄较早的国家，迄今已有一百多年的历史。第二次世界大战后，日本政府为了从民间吸收资金，于 1947 年修订《邮政储金法》，进一步强化了邮政储蓄制度，使邮局成为政府直接吸收民间资金的重要渠道。邮政储蓄在战后日本经济的恢复和发展过程中发挥了重要作用。

日本的邮政局（包括普通邮局、特定邮局、简易邮局）遍布全国城乡，有 24540 家（2007 年度末数据），形成强有力的吸收民间存款的网络。邮政储蓄的业务种类甚多，有普通存款、零存整取存款、定额存款、住宅零存整取存款、升学零存整取存款等。

20 世纪 90 年代中期，邮政储蓄占全国个人储蓄的比重从 70 年代中期的 1/4 扩大到 1/3，这使银行界感受到很大的压力。邮政储蓄给予存款者一些特殊的优惠，从而产生了民间资金向邮政储蓄转移的现象。比如，占邮政储蓄存款额八成以上的“定额存款”的存入期限为十年，存入半年后可自由提取，如果是在利率高的时候存入，其高利率可一直保持到满期。此外，邮政储蓄还可享受免税待遇，又有国家信用作后盾，更令银行界感到这是一种不公平的竞争。然而，邮政省则认为，邮政事业（邮政、邮政储蓄、简易保险，统称为“邮政三事业”）负有向全国范围，包括一部分偏僻地区在内提供普遍服务的义务，考虑到为此付出的代价，邮政储蓄与民间金融机构之间并不存在不公平竞争的问题。但是，人们担心这种市场机制不发挥作用的公共金融的存在，会对金融大改革形成束缚，这是有一定道理的。但如何、按什么步骤以及在多大程度上将市场机制导入邮政事业，成为改革中的一个课题。

4. 简易保险

简易保险是指政府经营的简易人寿保险公司所收取的保险费和厚生养老金、国民养老金。创立于1916年的简易人寿保险（简称“简保”）具有保险金额和费用较低、加入手续较为简便的特点，其服务对象主要是收入较低的社会阶层，保险的种类有养老保险、终身保险、定期保险、家庭保险等。

简易保险与资金运用部资金都是“财投”的重要财源，两项相加约占“财投”资金来源的95%，而“财投”资金的50%左右分配给政府金融机构。此外，接受“财投”资金的还有海外经济合作基金等金融事业团体。

第五节 财 政

在市场经济体制下，财政的意义在于营造一种可保证市场经济机制正常运转的经济条件，对“市场的缺陷”起到一种补充作用。在日本的所谓“政府主导型市场经济”体制中，财政是政府干预经济的最重要、最直接的手段。

日本

一　财政概况

（一）财政结构

日本的行政区划分为三级，即中央、都道府县和市町村，都道府县与市町村又统称为地方公共团体（即地方政府），日本的财政体制基本上是中央（国家）和地方公共团体两级。

二战前，日本是一个高度中央集权的君主立宪国家，地方的自主权很小，地方的财源也主要依赖国家。二战后，日本政府在 1947 年公布新宪法的同时，公布了《地方自治法》，确立了地方自治制度，使地方的权限比战前有所扩大。但是，在日本的两级财政体制中，中央财政仍处于主导地位，不仅财权的大部分集中在中央手里，而且中央对地方自治体有监督指导权。

（二）财政预算

世界各国会计年度的起止时间是不一样的。日本规定每年从 4 月 1 日起到次年的 3 月 31 日止为一个会计年度。

日本中央政府的预算（“中央预算”）包括以下相互联系又相对独立的三个部分。

（1）一般会计预算。这是中央政府预算体系最主要的组成部分，是中央财政活动的核心，也可以说是“狭义的预算”，其收入的大部分是税收及国债，其支出项目是开展一般行政活动，即“政府活动的固有部分”所需的经费，主要有社会保障费、公共事业费、文教及科学振兴费、防卫费、经济合作费等。其中，社会保障费是目前除国债费外的最大支出项目，而在社会保障费中，主要有医疗费、养老金及其他费用等。与社会保障费并列的一个重要支出项目是公共事业费。20 世纪 60 年代，公共事业费曾是日本财政最大的支出项目，同时，增减公共投资是政府调节景气的一个重要的政策手段。

（2）特别会计预算。这是有必要与一般会计分开列出、处理的专项资金的会计预算，它包括国家经营的特定事业的会计（包括造币局、印刷局、邮政事业等营利性事业及公路、港湾建设、治水工程等非营利性事业），国家运用特定的物资及资金的会计（如外汇资金和粮食管理等），国家经营的保险事业的会计（如厚生养老金、国民养老金、森林保险、出口保险等），国家进行投资贷款的会计（如资金运用部、产业投资以及城市开发资金贷款等），国家管理的特定资金的会计（如管理交付税及让与税分配金、国债整理基金以及促进电源开发对策、煤炭及石油对策等）。

（3）政府有关机构预算。这里所说的“政府有关机构”是指依法设立的、政府全额出资的特殊法人。它们虽采取企业经营方式，但所经营的事业具有很强的公共性，也可称为国家的事业，因此其预算也和国家预算一样，须经国会的审议。由于20世纪80年代以来日本对原有的国营企业实行了民营化，现在所称的“政府有关机构”全都是政府金融机构，“政府有关机构预算”也就成了为政府金融机构单独编制的预算。此外，日本国有铁路、日本专卖公社、日本电信电话公社这些关系国计民生的企业在民营化以前也属于政府有关机构，其预算也曾被列入政府有关机构预算中。

以上三部分预算的特点是：三者相互交错，其中有重复计算的部分，因此，要了解整个国家的财政规模，就需除去重复部分；特别会计预算十分庞大，其支出规模相当于一般会计预算的1.6～3倍；该预算将政府金融机构的收支也包括在预算范围之内，还曾将日本国有铁路、电信电话公司等一些国有企业的收支也包括在预算范围之内。但是，“政府有关机构预算”的规模呈缩小趋势，在1950年约为一般会计预算的1.6倍，至20世纪80年代中期约为一般会计预算的一半。

在一般情况下，预算经国会审议、通过，在新会计年度开始以前得以成立，这就是最基本的预算，常被称作“当初预算”（或“原本预算”）。但是，当国会对预算的审议由于在野党的反对而被推迟，以致在新一年度预算尚未成立的情况下，内阁就制定短期预算，亦即“暂定预算”，以解决从新年度开始到“当初预算”得以成立的那段时间所需的经费。由于暂定预算仅仅具有预算通过前的临时预算的性质，因此，其规模总是控制在所必需的最小限度。一旦当初预算得以成立，暂定预算即自行失效，其内容记入当初预算之中。

在当初预算成立之后，还会出现另一种情况，这就是由于经济形势变化或出现灾害等意外事件，而需要追加某些经费，或者出现必须对当初预算的内容加以变更的情况，因而需要做追加性、修正性的预算，这就是“补正预算”。差不多每年都会有种种原因需要做补正预算，有时一年甚至要做2~3次。其金额往往也很大，比如1992年度税收比当初预算减收4.87亿日元，中央财政为促使景气上扬又追加2.5亿日元的公共事业等费用。补正预算当然也要经过国会审议，其金额较大，对经济形势可产生较大影响。

（三）财政规模

从2013年度的决算数据来看，在国家财政岁入方面，一般会计约为106.0万亿日元，特别会计约为422.9万亿日元。在国家财政岁出方面，一般会计约为100.2万亿日元，特别会计约为382.7万亿日元。

（四）中央财政与地方财政的关系

中央与地方在财权的划分上是以中央财政为主导，而财权划分的内容主要是对征税权的划分。日本的税收主要划分为国税与地方税，国税由中央或中央的派出机关直接征收，地方税则由都道府县和市町村直接征收。国税中有法人税、所得税、酒税、专卖收入税等，这些税种征收面广，数量大，约占全国税收的65%。地方税则是一些零星、分散、地区性强的税种，约占全国税收的35%。财权集中于中央，保证了中央财政的主导地位，便于中央从宏观上调节和控制经济的发展。当然，财政费用的大部分还是用于发展地方事业。以1992年度为例，在该年度的“当初预算”中，国家岁出合计为78.25万亿日元，地方岁出合计为74.36万亿日元，两者差别似乎不大，但是，国家预算包括补助金等向地方转移的部分，将这部分除去后的国家的“净岁出”还不到48.70万亿日元，国家岁出与净岁出的差额（约29.55万亿日元，相当于国家岁出的38%）就是国家向地方提供的财源。因此，从除去国家与地方两相重复部分的“净岁出”看，国家约占40%，地方约占60%。这与上述国家与地方所征收的税收的比例（国家65%，地方35%）正好相反。

根据《地方财政法》的规定，地方政府也具有管理财政的责任。但是，地方自主性的财源很有限，只占地方财源的一成到三成，就是说70%以上的财权控制在国家手中。因此，日本经济学家称之为“三成自治”的地方财政。国家由于控制大部分财权，既能够从宏观上有效地引导地方事业按照国家的意图发展，又能限制某些地方的过高要求。

日本财政收入的控制权、所有权和使用权是分离的。由于日本各地区的经济发展不平衡，居民的税收负担能力也有很大差别。例如地方税收最多的东京人均地方税收超过25万日元，而在九州的8个县中，只有两个县的人均税收超过7万日元。造成地方之间经济差距的主要原因是产业、企业的分布密度不同。为此，国家为了防止各地方财力差别的扩大，采取了提高国税比重用以在全国范围进行再分配的办法，其具体的调节方式有以下三种。

1. 地方交付税

这是国家对地方进行财政援助的一项制度。各地方为了发展地方经济要计算标准财政需要额，当地方财政收入满足不了标准财政需要时，将由国家通过地方交付税予以补充。地方交付税来自国税中的所得税、法人税、酒税（其32%用于交付税）、消费税（其24%用于交付税）、烟税（其25%用于交付税）。地方交付税额在一般会计岁出中占21.8%，交付给地方后可由地方作为一般财源或“自主财源”加以使用。日本全国有大约3300个地方自治体（从都道府县到市町村），其中不需要国家援助的富裕的自治体仅占百分之几。

2. 国库支出金

这是针对特定的用途，由国库向地方支付的财政资金，比如修建小学校校舍的补助金、扩建某段道路的补助金等。与之对照，上述的地方交付税则对资金的用途没有具体的规定和限制。

根据《地方财政法》，国库支出金又区分为国库负担金、国库委托金、国库补助金三种。国库负担金是对该地方有义务实施，但其受益范围超出该地方的事业，由国家支援其所需经费的一部分或全部；国库委托金是将本应由国家实施的事业委托给地方实施时，由国家支付部分或全部费用；以上两项支出金都是国家依据法律有义务支出的资金，而第三项支出金——国库补助金则是国家根据其自由意志提供给地方的援助，包括奖励性的补助金和为弥补地方财源不足而提供的补助金。

建立这种中央与地方间的财源结构是针对各地方经济发展水平的差距不得不采取的办法，而对于地方来说，在财源上依赖国家就难免有损地方的自主性，同时，围绕财源的分配，也难免出现政治家介入、不公平、低效率等问题。

3. 地方让与税

这部分税收本来是地方政府的，但为了方便与同种的国税一起征收，然后按照一定的标准转让给地方，如地方公路让与税、石油气让与税、汽车重量让与税等。

总之，地方交付税、国库支出金、地方让与税均是先进入国库然后再拨给地方的资金。但是，它们既非完全作为“国家的财源”提供给地方的援助，又不是全都作为“地方的财源”，而是兼有这两种性质，仅仅在形式上先由国家征收再返回给地方。因此，说它们是国家给予地方的“财政援助”，仅仅具有部分的正确性。

二 战后日本财政的变迁

二战后，在日本重建经济的过程中，财政起到了重要的作用。1947年春政府开始实施“倾斜生产方式”，压低煤炭、钢铁等重要物资的价格，以促进生产的恢复。政府压低重要物资价格的办法就是规定“官定价”，这是被故意压低了的价格，甚至低于实际成本，两者的差额则由政府以“价格调整费”的形式给予补助。鉴于煤炭、钢铁等的实际成本比官定价要高出三四成，为此，“价格调整费”的数额十分庞大，在1947年度占年度预算的比例高达1/4。与此同时，政府还要给复兴金融公库出资，使其承担向重要产业融资的任务。

这种依靠财政手段支持恢复生产的做法，导致财政支出与赤字的迅速扩大，同时，财政支出扩大加上物资不足，又使通货膨胀日益加剧。1947年度的《经济白皮书》的副标题——“财政、企业、家庭经济都是赤字”，正是当时情境的真实写照。1949 年的消费物价比上年上涨 80%。

（一）战后财政基本框架的形成

1949 年 2 月，约瑟夫·道奇来日本，以美国占领军的强大权力作为后盾，对日本财政制度实施了大刀阔斧的改革。道奇曾担任美国底特律银行董事长，战后初期被派到联邦德国推行货币改革，取得一定的成效。道奇来到日本后，要求实施所谓“超均衡财政”，严格削减价格差补助金及其他补助金，停止复兴金融金库的新贷款，制定 1 美元等于 360 日元的单一固定汇率，对政府行政机构实施改革，将各省的部、局数目削减 30%，大幅度减少公务员人数（在第一次行政机构改革中裁减 23 万人）。在一系列改革措施付诸实施的同时，1949 年度财政预算总计实现了“综合预算平衡”。

道奇的财政均衡目标虽然基本上得到实现，但也产生了负面的影响，导致日本出现了严重的通货紧缩局面，造成了企业经营状况恶化与生产停滞。

1949 年，日本还开展了大规模的税制改革。同年 5 月以哥伦比亚大学教授肖普为团长的税制调查团访日，对日本的税制问题进行了彻底的考察和清理，提出了有关日本税制改革的建议方案（即所谓“肖普劝告”）。与道奇改革着眼于财政的“岁出方面”相对照，“肖普劝告”着眼于财政的“岁入方面”。其中心内容是：把征税重点置于所得税等直接税上，实行所谓“所得税中心主义”，并确立累进课税体系；明确划分中央政府与地方政府之间的税源分配；为加强地方自治而废除附加税制，削减国库补助金，加强财源调整功能等。“肖普劝告”从 1950 年度的预算起正式实施。

（二）经济高速增长期的财政

从 1955 年开始，日本进入经济高速增长期，各项经济指标（除对外贸易）恢复并超过战前水准，1956 年度的《经济白皮书》称“已经不是战后了”。这句话似乎在宣称日本已经完成了战后复兴的任务。电机、石油化学、合成纤维等各种新型产业迅速成长，形成了“投资呼唤投资”

的经济建设热潮。由于经济的迅速增长，税金的自然增收大幅度增加，从而带来了巨额的财政收入，这种收入又成为政府增加岁出和实施减税的财源。在财政支出方面日本政府主要扩大了公共事业的投资，以充实产业基础设施，支持民间企业的发展。直至20世纪60年代前半期，尽管财政支出迅速增加，但收入也在大幅度上升，因而财政均衡基本上得以维持，财政政策尚未被用作调整景气的工具。与此同时，日本政府实行所谓的“小政府”政策，以较小的财政支出规模，对经济进行了较有成效的干预。

1965年日本经济转向萧条。尽管在该年度的“当初预算”中仍坚持了不依靠财政手段调节景气的方针，但其后政府发现税收明显不足，不得不在当年7月提出的紧急萧条对策中，决定援用财政特例法来发行2500亿日元的长期国债。这是日本政府自战后以来第一次发行长期国债，从此，国债成为与税收并列的一种财源。国债的发行意味着日本政府开始放弃坚持16年之久的预算均衡原则，也意味着自1949年推行道奇的“均衡预算主义”路线以来的一大转折。然而，在20世纪60年代后半期，虽然财政支出迅速扩大，但在经济高速增长的背景下，税收增加得也快，因而政府对国债的依赖程度不高，国债的发行额也不很大。

（三）石油危机后的财政

1973年第一次石油危机以后，日本的国债发行额急速扩大，并在1975年的补正预算中开始发行“赤字国债”。其后，发行赤字国债成为惯例。尽管日本政府在开始发行赤字国债的第二年，即1976年就提出要从赤字国债中解脱出来，并定下了在1980年度消除赤字国债的目标，但由于日本政府为克服经济萧条大幅度扩大财政支出，不巧又遇到1979年第二次石油危机，致使经济萧条趋于长期化、深刻化，消除赤字国债的目标一时难以实现。

从20世纪70年代后半期至80年代前半期，日本财政赤字持续居高不下的根本原因在于经过两次石油危机以后，日本经济增长的潜力下降，即使采用发行国债的方法来刺激景气，增长率仍然上不去。为此税收也增加不了，而在支出方面，在号称“福利元年”的1973年度改革社会保障制度以后，社会保障费用急速增加，日本财政岁出的内容除去国债费、地方财政关系费（即地方交付税）以外，还有社会保障关系费、公共事业关系费、文教及科学振兴费、防卫关系费这四大经费项目。在五六十年代，公共事业关系费所占的比重最大。进入70年代以来，社会保障费成为最大的经费项目。随着社会的老龄化，社会保障费趋于增加。此外，经济合作费的比重也有所增加。由于长期入不敷出，日本政府不得不依靠增发国债，欠账越来越多。在1979年度高达15.27万亿日元的国债发行额中，赤字国债占一半以上；国债余额在国民生产总值中所占比例则从1970年度的3.7%上升到1979年的25.0%。

1979年9月，日本政府提出要在1984年度摆脱赤字国债的目标，并在编制1980年度的预算时，开始设定“概算要求基准”，硬性规定该年度的一般行政经费对上一年的增长率保持为零。在1983年度政府又开始设定“负概算要求基准”，硬性规定该年度的一般行政经费低于上一年的水准（负增长）。同时，在1983年度制订的新经济计划——《80年代经济社会的展望与指针》中，政府再次提出“在1990年度摆脱对特例国债的依赖并减少对整个国债的依存度”的目标。由于政府采取强制压低岁出的办法，作为国家的政策性经费的一般岁出在1983～1987年度连续五个年度保持零增长，加上在20世纪80年代后半期经济景气大幅度扩大，在累进税率下岁入（税收）的增长超过了所得的增长。这样减支增收的结果，使1990年度不新增发行赤字国债的目标终于得到实现，以摆脱对特例国债（赤字国债）的依赖为目的的财政重建工作取得明显成效。

（四）“失去的二十年”的财政

进入20世纪90年代以来，由于泡沫经济的崩溃，日本经济陷入长期萧条，以致20世纪90年代至21世纪前10年被称为“失去的二十年”。在此背景下，日本政府推出一个又一个大型景气对策，使日本财政再次向不断恶化的方向发展。1997年6月日本财政结构改革会议发表《财政结构改革法案》（同年11月获国会通过），提出了五项“财政健全化目标”：争取在2003年将中央、地方财政的赤字总和与国内生产总值之比控制在3%以内，停止发行赤字国债；日本政府将1997～1999年定为“集中改革期”，在此期间将无例外地对探讨压缩所有财政项目支出的可能性，并制定压缩各项预算幅度的明确目标；在1998年的财政预算中，日本政府将实现财政支出对上年度的负增长；对公共投资基本计划等所有的长期性计划进行大幅度的压缩，停止制订会产生新预算要求的长期投资计划；按照不使国民负担率超过50%的要求制定财政预算。然而，由于日本经济形势不断恶化，这个法案在国会通过不久就被冻结，而财政的实际状况恰恰是朝着该法案所定目标的相反方向发展，更加趋于恶化。2000年度当初预算对公债的依存度高达38.4%，国债费占一般会计的比例高达25.8%，可以说日本财政陷入了危机的局面。

20世纪的日本将不良债权与财政危机留给了21世纪的日本，其中财政危机又是留给21世纪的最大的负面遗产。当然，这里有两点需要说明：其一是日本政府拥有巨额的资产贷款，包括众多的房产和收费道路，以及在诸如日本电信电话公司这样的前垄断企业拥有的巨额股权等，如果将这些资产计算在内，日本政府的净债务占GDP的比例约为65%；其二是日本政府几乎所有债务的债权都属于日本人自己，而不属于外国债主，换句话说，债务者是国家，债主是国民，这种债务问题完全是其国内问题，只能通过推进国内改革来解决。这可能是日本与一些陷入债务困境的发展中国家在债务问题上的根本区别。

从20世纪90年代以来，日本财政持续恶化的状况已经有20多年，成为日本经济的一个顽疾。据国际货币基金组织（IMF）关于中央政府和地方政府的长期债务余额占国内生产总值（GDP）比例的统计（2014年），日本在183个国家中最高，为246.42%，比陷入财政危机的希腊（177.19%）更差。意大利为132.11%，美国为104.77%，英国为89.54%。从历史上看，第二次世界大战后的英国也仅为240%，日本在第二次世界大战末期为204%，可见日本财政困难之严重可谓“史上罕见”。有日本学者认为日本财政重建失败的本质在于其预算制度的缺陷，为了克服财政困境，日本亟须实施预算制度、公务员制度和社会保障制度的改革，而当前日本财政之所以陷入困境，最根本的原因在于从政治家到官僚直到日本国民长期以来一直对改革采取回避的态度。然而，在这种情况下，在 2012 年第二届安倍政府执政以来，曾在 2002 年度达到高峰后转而下降的日本防卫费用，连续三年出现了增长，2016 年度首次超过 5 万亿日元，与此同时，2015 年 9 月安倍政府强推所谓“安保改革法案”获得国会通过，安保法案获得通过后，自卫队的活动范围将扩大，防卫费用也会随之进一步膨胀，日本的财政困难将进一步加剧。

第五章

军　　事

明治维新以后，实现工业化与近代化的日本迅速走上了军国主义道路。自19世纪70年代至第二次世界大战结束，日本一直实施对外殖民扩张政策，侵略范围遍及朝鲜半岛、中国及东南亚国家，其军国主义国家形态与军事力量在二战期间达到巅峰，给亚洲各国人民带来深重灾难。二战结束后，作为战败国和侵略战争责任国的日本被美国军事占领，军国主义军事体制被摧毁，“和平宪法”与日美同盟成为战后日本军事安全政策的两大规制性因素。日本正是在此基础上建立了以“专守防卫”为核心理念的防御性军事原则与制度。日本的国家军事史由此进入了新的篇章。

事实上，日本的军事安全政策此后又发生了重大变化。日本战后初期严格“自我约束”军事能力，后来又拥有较强的军事战略主动性、安全政策自主性，重建起强大军事力量。在近年日本政府推进安保法制改革的背景下，日本重新成为“可以进行战争的国家”。这绝非偶发现象或“短期突变”，而是日本在战后渐进推动军事安全“正常化”，政策量变累积产生质变的结果。日本对“军事正常化”的追求贯穿战后历史，与国际形势及日本国家战略的变化相呼应，在后冷战时期特别是近年明显加速。其军事安全政策的发展与“变革”并非局部性或间断性的，而是系统性、连续性的。

第一节　军事简史

一　冷战初期的日本军事（1950～1969年）

二战结束后，战败的日本接受了“和平宪法”和日美同盟。基于这一历史性背景，一方面，日本自由发展军事力量，作为安全自助手段的权力受到“和平宪法”的限制；另一方面，日本在安全战略与对外政策上的自主性、独立性受到同盟主导者美国的限制。考虑到国际格局与日本“争取生存”的基本目标，在依靠国际社会集体安全的“非武装中立路线”、安全自助的“自主防卫路线”，以及依靠同盟的“日美安保路线”之间，日本最终倾向于“日美安保路线”，即所谓轻军备、安全上依靠美国的“吉田路线”。1951 年，日美签署《日美安保条约》。1960 年，在日本积极要求纠正同盟“不对等性”的背景下，日美签署了新《日美安保条约》，该条约赋予日美形式上平等的安全伙伴关系，成为日美军事同盟的法理基础。

20 世纪 50 年代初，在冷战“热战化”特别是朝鲜战争爆发的情况下，美国对日本政策目标转向将日本作为亚太战略前沿。以此为契机，日本得以重建军事安全体制。1950 年日本组建警察预备队。1952 年建立保安厅，将警察预备队、海上警备队及海上保安厅都收归于“保安厅”的领导之下，此后又将警察预备队改组为“保安队”。1954 年日本颁布“防卫二法”即《自卫队法》和《防卫厅设置法》，整编建立海陆空自卫队，保安厅改组为防卫厅，设立统合幕僚会议。1956 年设立“国防会议”作为国家军事安全政策最高审议机构。当时，日本政府采取这些举措的基本原则是：一方面，“自卫队抵御直接与间接侵略等军事行动必须得到法律的认可”；另一方面，尽量淡化自卫队及防卫部门的军事特性，并确保文官系统对其“绝对控制”。在此过程中，日本保守政党中民族主义倾向强烈的反吉田派强烈要求加强自主防卫，其基本主张为修改宪法，建立“国防军”，安全上摆脱对美依靠，要求撤走驻日美军等。反吉田派虽然影响了“防卫二法”的制定与军事体制重建，但最终吉田派的安全政策主张还是占据了主导地位。当然，吉田派及吉田茂本人从未否认重建军事安全体制的必要性，只是拒绝激进的军力扩张计划。

在政策与法律制度方面，以宪法规定的“放弃战争权”为基准，日本开始建立起“专守防卫”的安全政策体系。除 20 世纪 50 年代制定限制军事机关行动权限的“防卫二法”，树立“文官治军”基本原则外，日本在60年代后期还提出“无核三原则”（不拥有、不制造、不运进核武器）与“武器出口三原则”（不向共产主义国家、联合国禁止的国家以及国际争端当事国出售武器）等。但与此同时，日本也通过各种法律解释途径，为未来的“军事正常化”预留空间。1954年，日本内阁法制局局长发表“自卫权行使三原则”，肯定日本拥有个别自卫权。关于集体自卫权，日本政府的态度也从“无行使可能”逐步转向“国际法允许但宪法不允许”。内阁法制局结合自卫权行使权限的解释，肯定了自卫队符合宪法。围绕何为宪法禁止的“战争力量”概念，日本运用“最低限度的必要武力”等模糊标准进行解释，实质上为日本发展军力，特别是先进武器装备预留了相当大的余地。

1957年，日本政府发表《国防基本方针》，这是日本战后首个安全政策大纲。按照自卫队“平时保持威慑力”和“战时应对局部侵略”的基本要求，日本从20世纪50年代后期到60年代末，实行了三个防卫力量整备计划（所谓“一次防”、“二次防”和“三次防”）。“一次防”提出建设“骨干防御力量”，建设陆海空基础军力；“二次防”强化反潜防空能力，推进陆上自卫队师团化改编；“三次防”则进一步重点加强海上自卫队建设。由于考虑到“财政因素”（大藏省的预算约束）与国内和平主义思潮的影响，日本的军力建设采取渐进积累的方式，但依然取得相当大的成果。50年代自卫队仅能承担国内治安与本土防御，到60年代末已被认为具备与美军展开局部联合作战的能力。进入60年代后，在军工产业界与自民党“国防族”议员的积极推动下，日本武器装备国产化全面推进，军工技术能力迅速发展。

二 冷战中后期的日本军事（1970～1989年）

这一时期，日本国力显著增强，大国意识增长，日益渴求与经济大国身份相适应的政治、军事地位。与此同时，冷战形势变化促使美国加强对日战略影响与控制，特别是20世纪70年代后期美苏“新冷战爆发”之后。这一时期，日本安全政策发展的重大特点是自主防卫与同盟协作的逐渐“合流”，最终将安全自主的追求纳于日美同盟体制中。1970年，时任防卫厅长官中曾根康弘提出了以“防卫自主五原则”为核心的“自主防卫论”。但相比于50年代，中曾根康弘等“自主防卫论”者对日美同盟的批评明显缓和，不再坚持同盟与自主不可并存，而提出“日美任务分担论”。其基本思想是在同盟关系对等、安全责任分担明确的前提下确保日本的独立自主性。维持日美同盟框架，主动利用同盟，以现实性、工具性态度对待同盟，逐步成为日本军事安全政策的主要方向。

在坚持“日美安保体制为主”的原则下，日本开始更积极地与美国合作，公开将日美关系定义为军事同盟。1978年，日美签署首个《日美防卫合作指针》（以下简称“78指针”），以“遏制侵略于未然”为目标，进行具体“防卫分工”。1981年，铃木善幸首相访美时，提出“千里海防论”，将“周边海域数百海里内和海上通道1000海里内”作为日本防御范围。1983年，中曾根康弘首相访美时提出“日美命运共同体论”与“不沉航空母舰论”，愿承担起阻止苏联逆火式轰炸机南下、封锁“三大海峡”，及确保西北太平洋海上通道安全的责任。20世纪80年代，日本以“国际国家”与“西方一员”的姿态，积极参与美国领导的西方集体防卫体制，表现出较强的战略主动性。同时，“78指针”推动了日美具体防务合作的开展，包括联合“有事研究”、武器装备技术交流以及联合军事演练等。美国原产或授权日方生产的战斗机、反潜侦察机、“宙斯盾”舰载反导作战系统等列装自卫队。海、陆、空自卫队与美军的制度化联合演练也在这一时期得到明显加强。

在军力建设方面，日本以“有节制且高质量”的方式发展军力，改革军事安全体制。以20世纪70年代曾任防卫厅次官的久保卓也的“久保构想”为基础，1976年日本出台首部《防卫计划大纲》（“76大纲”），以日本单独应对小规模侵略事态为目标，提出发展“基础防卫力量”。“基础防卫力量”以强化军力质量与弹性为基本目标，旨在实现部队一线化、效率化。在日美战略协调的背景下，日本提出“洋上击破”“前沿遏制”等进攻性战术理念。在政府指示下，防卫厅将自卫队功能发展重点从本土防御转向维持海上优势与海上通道保护，使得军力建设进一步向海、空作战力量以及反潜反导力量倾斜。1985年，防卫厅主导的“中期业务计划”升级为政府主导的《中期防卫力量整备计划》，这表明，日本认定需要以更具战略性的方式来规划军力发展。在“软件建设”方面，20 世纪 80 年代中期，日本政府成立“防卫改革委员会”。1986 年，防卫厅提出 7 类 32 项防卫体制改革方案，其中大多付诸实施。自卫队统合幕僚会议的决策权限得到加强，自卫队各军种后勤系统实现统一化。1986 年，日本还以新的“安全保障会议”取代“国防会议”，以内阁九大臣会议为核心，下设事态应对委员会和事务局，使其决策更具集中性和日常运行性。

这一时期，日本军事安全政策的主要关注焦点从“N 次防”即中长期军力建设计划转向更广泛的政策领域，经济安全、能源安全、海洋安全、自然灾害防范等问题均被纳入政策视野。经济增长带来了日本海外利益的扩张，1973 年石油危机则进一步触发了日本在能源安全上的危机感。从 20 世纪 70 年代末到 80 年代初，日本政府提出“综合安全保障战略”，强调军事与非军事安全手段并重。参与制定该战略的咨询委员会在 1980 年提交报告称，日本应当重视在安全上的“自助努力”，需要为将国际环境改变得更好而努力，需与共同理念与利益的国家保持合作。“综合安全保障战略”尽管涉及诸多非军事安全方面，但其主要结论之一是“日本在军事方面需要增强自卫能力”。在日本看来，安全利益的扩展和手段的多样化，并不意味着军事手段不再适用，相反它将要求以更宽广的视角，重视军事手段的应用，并使之与其他战略手段相匹配。

三　后冷战时代初期的日本军事（1990～1999 年）

冷战结束后国际格局出现重大变化，对日本的安全政策造成“多重冲击”。由于苏联解体，日本的外部安全威胁大幅减退，但亚太地区格局的变化，反而使日本在安全政策上更有危机感。在日本国内，保守势力压倒革新势力，舆论中的民族主义与安全自主意识持续强化，20 世纪 80 年代兴起的“正常国家论”逐步反映在日本国家战略的实践中。日本对“正常化”的战略追求集中在政治安全领域，开始公开寻求突破安全政策，特别是突破在发展与运用自身军事能力上所受到的种种限制。

在安全政策方面，20世纪90年代前期，日本曾尝试优先实行“多边安全合作”，“适度脱美”，增强安全政策自主性。1994年首相咨询机构“防卫问题恳谈会”提出的“樋口报告”称，日本应以多边安全合作为优先路径，而将日美同盟置于次要地位。日本强烈的自立倾向导致日美间摩擦频繁，“同盟漂流”。90年代中后期，在美国施压下，日本放弃了关于国际贡献的试探讨论，以确保现实国家利益为根本出发点，将安全政策的重点回归同盟。1996年日美首脑发表《日美安全保障联合宣言》，1997年《日美防卫合作指针》（“97指针”）签署，日美以平时合作、“日本有事”与“周边有事”为防卫合作框架，具体进行分工，日美由此实现“安保再定义”，并推动同盟向“地区介入型”转变。日本利用同盟的主要方式之一是通过日美联合介入地区安全，促进自卫队“功能转型”；另一方式是有针对性地加强日美武器装备、军事训演等方面的具体协作，将同盟防务合作有效转化为增强自主防卫能力的战略资源。

在20世纪90年代，日本军事安全政策的外向化趋势明显。“国际贡献”与“周边有事”成为其打破传统限制的主要突破口。一方面，日本在海湾战争中的“外交失败”被政府作为加强军事“国际贡献”的理由。1992年，日本出台《联合国维和行动法》（PKO法），先后向柬埔寨、莫桑比克、卢旺达等国派出自卫队员，参与维和行动，以对国际安全环境做出贡献为理由，扩大自卫队行动空间，为军事化的进一步发展与地区行动做准备。另一方面，日本以周边存在所谓“多元化的安全威胁”为由，依托同盟体制推动国内政策转型。“97指针”签署后，日本迅速进行该指针的“配套立法”，出台《周边事态法》《自卫队法修正案》《日美相互提供物资与劳务协定修正案》等，为日美联合应对“周边事态”制造法理依据，为解禁集体自卫权创造了前提。同时，日本大幅提升地区外交中的安全议程比重，与俄、中、韩、澳及东盟国家新建双边安全合作机制，支持“东盟地区论坛”等多边安全机制的建设，为其安全政策争取更有力的外部依托。

在军力建设方面，日本在维持基本军力规模的前提下，结合外部安全环境变化，对发展方针、部署与体制进行了调整。后冷战时期日本首部

《防卫计划大纲》即“95大纲”沿袭了冷战时“基本防卫力量”的提法，强调在有限预算下建设“合理、高效而精干”的军事力量，着重增强反导能力、反潜能力以及情报侦查与信息化能力。在此方针指导下，日本启动对陆上自卫队的大规模改编，削减传统重火力装备，加强部队机动作战能力，对航空自卫队进行了战后规模最大的现代化改装，在统合幕僚会议下设立联合情报本部，集中情报调查分析力量。日本海上保安厅作为准军事力量，在这一时期被列为重点发展对象。在部署调整方面，日本努力确保军力“均衡覆盖国土”并延伸到边境各岛屿，同时，将防御重点由北部转向西部与西南一线，加强这一区域反导体系和海空监控体系建设，构筑针对朝鲜半岛与中国的军事防御体系。

四　21世纪的日本军事（2000年以后）

进入21世纪后，日本的军事安全政策进入前所未有的加速发展期，体现为系统性的、覆盖军事安全政策法制、体制、战略、军力建设、编制部署等各领域的“强军工程”。在财政资源紧张的情况下，日本依然凭借政策和多种手段，力图优化军事资源配置，继续突破原有法制限制，积累与输出军事政策能量。日本新时期军事安全政策公开以“恢复安全主权”与“在安全事务上发挥大国作用”为目标，架空传统的“吉田路线”，进一步强调发挥战略自主性，发展自主防卫力量。2004～2013年的《防卫计划大纲》（“04大纲”、“10大纲”与“13大纲”）均在“安全保障基本方针”部分中，将“日本自身的努力”置于“日美安保体制”之前。2013年底出台的日本首部《国家安全保障战略》指出：“为确保国家安全，（日本）首先应强化自身的能力，打牢基础，并确保自身能力能够适应形势变化。”

这一时期，日本以“法制改造”推进“军事正常化”的力度逐步升级。以支援美国反恐战争为契机，日本在2001年出台了《恐怖对策特别措施法案》、《自卫队法修正案》和《海上保安厅法修正案》，派遣自卫队军舰前往印度洋为盟军军舰补给燃油。2003年，日本出台“有事三法”即《武力攻击事态法案》、《自卫队法修正案》和《安全保障会议设置法

修正案》，以及允许向伊拉克派出自卫队的《伊拉克复兴支援特别措施法》，进一步放宽了对自卫队行动范围及法律权限的约束。2012 年底安倍再次上台后，安倍内阁高举“积极和平主义”旗号，部分解禁集体自卫权，并致力推动安保法制的“系统性重建”，促成日本安保政策的“质变”。2015 年，日本国会通过了《和平安全法制整备法》（由十个旧法修订集成）与《国际和平支援法》（新法）。日本还将武器出口问题作为动摇“专守防卫”原则的另一个突破口。在民主党内阁后期大幅放宽武器出口限制后，安倍内阁进一步提出新的“防卫装备出口三原则”，开展对外武器装备技术合作，试图将法律与政策上的“正当性”迅速转化为现实。

在利用同盟方面，进入 21 世纪以来，美国全球战略重心从伊斯兰世界逐步“重返”亚太，其亚太战略为日本增强安全自主性开启了“机会窗口”。相比过去利用正式军事同盟，美国日益倾向运用“自愿同盟”及灵活的安全伙伴体制，以市场化的、实用主义的方式管理盟友，这促使日本以更现实主义的态度对待美国，对同盟进行“战略性利用”，试图将“日美同盟中的日本战略”转化为“日本战略中的日美同盟”。2015 年《日美防卫合作指针》（“15 指针”）的出台，标志着日美同盟以“扩大同盟体制中日本的作用”为基本方向，向“全球型”、“全天候型”和“全面共享型”的同盟模式发展。一方面，日本继续支援美国的海外军事行动，就地区安全问题展开“同盟协作”，从而为日本在安全政策上“自我解禁”继续创造既成事实，争取美国的支持。另一方面，在日本的积极响应下，日美的防务合作及军事一体化继续加强，日本由此在联合演训、武器装备与技术共享、情报收集、警戒与侦察（ISR）等方面享受到更多利益，并将其转化为战斗力。此外，日本致力于将日美同盟与其地区安全政策结合，充分利用“日美 +1”模式，积极担当美国亚洲盟友网络的战略中枢，借此拓展自己的地区安全伙伴网络。日美韩、日美澳、日美印以及日美与东盟国家之间的“小三边”合作由此成为日本重要的战略资源。在非传统安全问题与国际公域治理方面，日本尤其注重“紧随美国”，其相关的国际协调始终以对美关系为主轴。

军力建设方面，日本立足于“遏制与反应”的指导思想，军力建设目标明显超越“专守防卫”需求。在预算扩容受限的情况下，日本优先强化海空作战力量优势，提升部队快速机动性与跨军种协同作战能力，持续推进军事装备的大型化、尖端化，并强化远程打击能力。以“动态防卫力量”及“统合机动防卫力量”为指导，陆海空自卫队先后进行了二战后以来规模最大的改编，超万吨级的直升机驱逐舰与大型运输舰，新型隐形战斗机、大型运输机、空中加油机、反潜侦察机和无人机等被陆续列装到一线部队。日本还投入巨资重点在太空、网络等“战略新边疆”进行军事技术开发。在决策指挥体制方面，日本将原来的“安全保障会议”改建为新的“国家安全保障会议”，并将其作为国家安全决策核心，将防卫厅升级为防卫省，将“统合幕僚会议”改建为新的“统合幕僚监部”，推进防卫省改革。这一系列改革的主要思路是集中权限，实现指挥体系一元化；打破“文军界限”，提升“制服组”即职业军人的决策影响力；强化防卫部门在武器装备管理、后勤支援、情报信息系统运营、国际交流方面的执行能力。这些改革措施提高了日本军事安全决策效率，为自卫队在将来执行大型、远程化作战，以及参与国际安全合作提供了必要条件。

第二节　国防体制与军事预算

一　军事安全决策与指挥体制

二战后至今，日本已建立起系统性的国防体制，确保军事力量服务于国家战略。日本的防卫力量由决策与指挥机构（统帅部）及作战部队（自卫队）组成。现行的决策与执行主体包括首相（内阁总理大臣）领导下的内阁、国家安全保障会议、防卫省、统合幕僚监部（参谋长联席会议）和陆、海、空自卫队各自的幕僚监部，从而形成以首相领导下的内阁为首，以“文官治军”为基本原则，自上而下的军事安全决策与指挥体制。

（一）首相与内阁会议

根据日本《自卫队法》，首相是国家国防体制的最高领导人，代表内阁对自卫队行使最高指挥权。其领导下的内阁会议是最高决策机构，负责审议和决定提交国会的有关国家安全的各类法案和防卫预算案，并有权运用行政立法权，通过内阁决议等方式，制定安全政策法令或规划。尽管按照议会民主原则，首相与内阁做出重大军事安全决策时，需受国会参众两院节制，对其负责，但在当前日本，优先增强政治决策能力与危机应对能力已经成为某种“政治共识”，在此情况下，首相与内阁在安全政策上的权力有逐渐增强的趋势。

（二）国家安全保障会议

作为日本国家安全政策的最高审议与咨询机构，国家安全保障会议的前身是1956年设立的“国防会议”，以及1986年在“国防会议”基础上设立的“安全保障会议”。近年来，日本政府一直期望仿效美、英等国的国家安全会议体制，强化最高决策部门特别是首相官邸的领导作用，提高应对紧急事态的危机管理能力。2013年11月，日本国会通过《国家安全保障会议设置法》。同年12月初，国家安全保障会议正式开始运转。

在体制上，国家安全保障会议是一个“合议体”（相当于集体负责的“委员会”），下设办事机构——“国家安全保障局”和“国家安全保障助理”（首相辅佐官），直接辅助首相处理安全事务。曾担任外务次官、内阁官房参与的谷内正太郎任国家安全保障局局长。曾任首相辅佐官的矶崎阳辅成为首任国家安全保障助理，2015年10月，曾任自民党财务金融部会长的柴山昌彦继任该职。

作为一个合议体，国家安全保障会议包括四大臣会议（由首相、防卫相、外相和内阁官房长官参加）、九大臣会议（由四大臣会议参加者及总务相、财务相、经产相、国土交通相和国家公安委员会委员长参加）和紧急事态大臣会议（由首相视情况召集参会者）等三种形式。此外，国家安全保障会议还设立由官房长官担任委员长，相关省厅高级官僚参加的“事态应对专门委员会”，提供调查分析与建言。合议体主要讨论《国防基本方针》《防卫计划大纲》《中期防卫力量整备计划》等与国家安全相关的外交政策文件、军事防卫政策的基本方针，并对涉及国家安全的紧急事态做出决策。

作为办事机构的国家安全保障局于 2014 年 1 月正式启动，初期定员 67 人。设 1 名局长、2 名副局长（由分别来自防卫省与外务省的 2 名内阁官房副长官助理兼任）和 3 名审议官，局内设立总括调整班、政策第 1 班（负责美国、欧洲与东盟事务）、政策第 2 班（负责东北亚与俄罗斯事务）、政策第 3 班（负责中东、非洲与中南美事务）、战略企划班、情报班 6 个部门。国家安全保障局为国家安全保障会议提供事务性支持，负责协调相关省厅间行动，提供危机管理建议及中长期安全政策规划方案等，还与美、英等国的安保系统建立了定期会议机制和热线。同时，国家安全保障局还召集民间财界领袖、退役自卫队将官和知名学者等十余人，组成顾问会议，辅助国家安全保障局的具体决策。

（三）防卫省

作为管理日本国家军事安全事务的行政部门，防卫省以中央省厅之一的身份受内阁直接领导，按照“文官治军”原则统一管理陆、海、空自卫队。其前身为 1954 年设立的防卫厅，2007 年升格为防卫省。在现行体制下，防卫省设防卫大臣（防相）1 名、防卫副大臣 1 名、防卫大臣政务官 2 名、防卫大臣辅佐官（非常设）及防卫大臣政策参与官（不超过 3 名）。其下再设事务次官、防卫审议官和防卫大臣秘书官等。防卫事务次官作为官僚最高级职务，统管防卫省日常性事务，为特别职公务员（其他中央省厅事务次官则为一般职公务员）。而次官级的防卫审议官一职于 2014 年新设，主要协助防卫大臣开展安全政策方面的国际合作。

组织体制方面，防卫省下设大臣官房、防卫政策局、整备企划局、人事教育局、地方合作局等职能部门，分别负责防卫省日常运作，防卫政策与军力建设规划，自卫队组织机构的编成、装备与部署的制定，军事装备及其他所需品与劳务的采购、补给与管理等。同时，防卫省还统管着多个审议会、教育研究机构、特别机构、地方支局以及外局等。其中，审议会包括防卫施设中央审议会、自卫队员伦理审查会、独立行政法人评价委员会、防卫人事审议会等，对军事安全部门的工作进行审议与监督；教育研究机构包括防卫大学、防卫医科大学和防卫研究所，负责军事安全方面的调研与人才培养；特别机构包括防卫会议、情报本部、防卫监察本部等，作为自卫队参谋机构的统合幕僚监部，陆、海、空自卫队幕僚监部及其所率部队也属于防卫省下辖的特别机构；地方支局为设在日本8个地方的防卫局（北海道防卫局、东北防卫局、北关东防卫局、南关东防卫局、近畿中部防卫局、中国四国防卫局、九州防卫局与冲绳防卫局），负责管辖各地区内的防卫事务；外局为2015年10月新设的防卫装备厅。新的防卫装备厅整合了原先作为防卫省特别机关的技术研究本部与装备施设本部。

（四）统合幕僚监部与陆海空幕僚监部

作为具体指挥调度管理自卫队的最高参谋机构，统合幕僚监部受防卫大臣管辖，是广义防卫省内的特别机构之一。其前身是1952年建立的统合幕僚会议，2006年改为统合幕僚监部。统合幕僚监部设统合幕僚长（总参谋长）、副幕僚长各1人。同时在陆、海、空自卫队分别设陆上幕僚监部、海上幕僚监部与航空幕僚监部，各幕僚监部分别设幕僚长和副幕僚长各1人。其中，统合幕僚长为现役自卫队军官中军衔及职务最高者，统合幕僚长、陆上幕僚长、海上幕僚长与航空幕僚长军衔均为“将”，但与自卫队普通将一级军官（中将）不同，其实际级别相当于上将。

作为参谋机构，统合幕僚监部与陆、海、空幕僚监部协助防卫大臣管理与指挥自卫队，负责制订部队作战计划（包括各军种及跨军种）、管理日常训练、装备、部署、人事管理及后勤事务。从其内部机构来看，统合幕僚监部设总务部、运用部、防卫计划部、通信情报系统部等，并直接管辖自卫队通信系统队、情报本部与统合幕僚学校（参谋培训学校）等。2016年，统合幕僚监部定员总计为527人，其中自卫官（职业军人）368人、事务官（文职官员）159人。陆海空幕僚监部在内部机构设置上与统合幕僚监部类似。

从职权上看，在原统合幕僚会议体制下，防卫厅分别通过陆、海、空幕僚长对陆、海、空自卫队进行指挥调度。统合幕僚会议虽设议长1名，但这个议长只是在跨军种联合行动时才享有指挥权，在统合幕僚会议中也不享有最终裁决权，而是与陆、海、空幕僚长协商做出决定。为了集中指挥权，实现军令一元化，2006年统合幕僚会议改为统合幕僚监部后，各自卫队的指挥调度权被统一收归统合幕僚监部，由新设的统合幕僚长总负责，而陆、海、空幕僚监部则继续管理部队的训练、人事、防卫力量建设及其他后勤业务。防卫大臣对陆海空自卫队的指挥调度均通过统合幕僚长统一执行，从而形成统合幕僚长协助防卫大臣统一管理陆、海、空自卫队的新体制，但在职权上，统合幕僚长与陆、海、空幕僚长并非上下级关系，而是基于各自分工，均对防卫大臣负责。

二　兵役制度与人事体制

在防卫省所属机构和自卫队中任职者几乎都属于特别职国家公务员，具体又可将其分为军人和文职官员两类。军人通称“自卫官”，既包括自卫队一线部队官兵，也包括任职于防卫省总部职能机构的军官。文职官员包括事务次官、审议官、书记官、事务官、技官、教官和部员等，其中事务官比重最大，是文职官员的主体。2015 年，自卫官定员总数为 246747 人，其中陆上自卫队 150863 人，海上自卫队 45364 人，航空自卫队 46940 人，余者隶属于共同部队、统合幕僚监部、情报本部和防卫省各职能局。文职官员定员为 19788 人，其中防卫省职能局中有 1232 人，陆、海、空自卫队中分别有 7752 人、3012 人、3050 人，余者隶属于其他特别机构和地方防卫局。另外，新设的防卫省防卫装备厅定员为 1780 人（自卫官 407 人，文职官员 1373 人）。基于强化效率、降低人事成本的考虑，日本自卫队和防卫省的定员总体呈逐渐削减的趋势，尤其是文职官员。

现役自卫官中实行军衔制度。自卫官军官以尉官为起点，由低级到高级包括准尉、三尉（少尉）、二尉（中尉）、一尉（上尉）、三佐（少校）、二佐（中校）、一佐（上校）、将补（少将）和将（中、上将）。基层自卫官包括士官与普通士兵两个层级，其中士官被称为“曹”，由低级到高级分别为三曹（下士）、二曹（中士）、一曹（上士）与曹长（军士长）。普通士兵由低级到高级分别为二士（二等兵）、一士（一等兵）和士长（上等兵）。自卫官进入士官（曹）及更高的军官序列后，便成为实际意义上的职业军人，适用于退休制度。现行退休年龄规定是：将与将补 60 岁（担任统合幕僚长和陆海空幕僚长的将为 62 岁），一佐 56 岁，二、三佐55岁，尉官、曹长与一曹54岁，二、三曹53岁。同时，担任医师、牙科医师和药剂师的专业技术士官及尉、佐级军官退休年龄为60岁。普通士兵实行任期制，陆上自卫队为2年，海上自卫队和航空自卫队为3年，任期满时，士兵可选择通过考试成为士官候补生，或者退役再就业。文职官员则作为国家公务员，适用公务员职务级别和待遇标准。一般文职官员退休年龄为60岁，医科等专业技术文职官员退休年龄可推迟到65岁。

日本自卫队实行募兵制。由自卫队分设在全国各都道府县的50个地方协力本部，在地方政府的配合下，具体负责征募兵员，招募和管理预备役人员；协助退役自卫队员再就业等。申请入伍者需接受考试（一般为两轮，包括笔试、小论文、面试、体检及其他技能考试等），考试过关者获得自卫官候补生身份，入伍接受教育并服役。自卫官候补身份主要包括：干部候补生（包括一般干部候补生和医科、齿科和药剂科干部候补生）、士官候补生即“曹”（包括一般曹和技术海曹、技术空曹等）的候补者和自卫官候补生。一般干部候补生至少需有大学学历，一经录用就被任命为曹长，在经历一年入伍教育后升任三尉（研究生学历者升任二尉）。一般曹候补生申请年龄要求在18～27岁，高中毕业，入伍后经历约两年9个月的入伍教育（因军种不同而有差别），通过选拔考试升任三曹，进入士官序列。自卫官候补生申请年龄与学历要求与一般曹候补生相同，在经历3个月教育训练后被任命为二士，进入普通士兵任期。另外，防卫大学、防卫医科大学也对外招募高中毕业生（不超过21岁）和现役自卫官（不超过23岁），毕业生一般按照干部候补生对待。医科、齿科、药剂科以及航空、海上自卫队技术士官岗位的候补生按照特定需求，在申请年龄、学历条件和待遇上另有规定。在文职官员方面，除事务次官等高级官僚外，一般事务官的招募、管理与晋升由防卫省人事局、各军种幕僚监部人事（教育）部、各特别机构及一线部队人事部门分别负责，按国家公务员相关制度实行。

自卫队实行预备役制度。预备役分3种：一般预备役、快速反应

（即应）预备役和预备自卫官补。一般预备役自卫官作为一线部队常规预备军，主要从事基地警卫、后勤支援等工作，战时可直接转为现役。预备级人员来自自卫队退役人员（服役时间超过 1 年，退役时军衔为一尉以下），预备役任期为 3 年，可延长 1 期，快速反应预备役自卫官作为紧急事态下一线部队预备军，人员也主要来自自卫队退役人员，任期为 3 年。“预备自卫官补”是预备自卫官的候补者，从事一般警卫工作或技术类支援工作，分为“一般预备自卫官补”和“技能预备自卫官补”，在接受短期教育训练后可直接转为一般预备役。截至 2014 年，一般预备役自卫官定员为 47900 人，实际服役 32301 人。应急预备役自卫官定员 8175 人，实际服役 5085 人。

三　国防预算

在日本国家总财政预算中，国防预算即所谓“防卫关系费”目前占比在 5% 左右。与公共事业费用、文教与科学振兴费用所占比重大体相当，属于比重较大但并非最大的预算项目（社会保障、国债利息与地方转移支付合计占日本财政支出的约 70%）。从用途上看，日本的国防预算主要分为两大类，第一大类包括人员工资及粮食补给经费，第二大类包括武器装备采购、设施维护、燃料购置、研究开发及培训事业经费等。前者被概称为“人件与粮食费”，后者被概称为“物件费”，以上两项费用分别占整个国防预算的 45% 左右。另外，预算中还包括驻日美军基地相关经费，约占整个国防预算的 10%。该经费在会计统计时常被列入第二大类费用即物件费之中。以 2015 年日本国防预算为例，在总预算（4.980 万亿日元）中，“人件与粮食费”（2.112 万亿日元）占 42.4%，“物件费”（含美军基地费用、SACO 经费及美军整编经费、地方负担削减费和政府公务机采购费，总计 2.868 万亿日元）占 57.6%。其中，基地及设备维护费用（1.181 万亿日元）占总预算的 23.7%，武器装备采购费用（0.740 万亿日元）占总预算的 14.9%，是“物件费”中最主要的支出项目。

战后日本国防预算的增长，与国家经济实力与财力增长基本同步。

1950年日本国防预算仅为1310亿日元左右，1962年突破2000亿日元大关，但此后随着日本国民经济迎来黄金期，国防预算也进入快速增长期，1961~1980年的20年里，日本国防预算年增长率几乎每年都达到两位数（超过10%），唯一不足10%的一年（1965年）增长率也达到9.6%，年增长率最高超过25%，但由于日本经济总量的快速膨胀，国防预算占国内生产总值（GDP）比率反而大幅下降，跌至1%以下并常年保持这一水平（2006~2015年，该比率处于0.9%~0.98%）。1974年，日本国防预算突破1万亿日元大关，1979年突破2万亿日元大关，1985年突破3万亿日元大关，1990年突破4万亿日元大关，1998年达到4.941万亿日元，但随着泡沫经济崩溃导致财政紧张，1999年，日本国防预算在连续增长42年后首次出现下降，此后一直在4.6万亿~4.9万亿日元，2003~2012年更是连续9年小幅度下降。安倍晋三2012年再次执政后，开始重新增加国防预算，2013~2015年，日本国防预算（含美军基地费用、SACO经费、美军整编经费等）分别为4.754万亿日元、4.885亿日元、4.980亿日元，连续3年上涨。2016财年，日本国防预算总额达到5.054亿日元，较前一年增长1.5%。这是日本国防预算首次突破5万亿日元大关。2017年，日本国防预算进一步增长到5.169亿日元。

从当前的情况看，日本用于军力建设的资源受到明显的财政限制，国防预算大幅增长的空间有限。受制于此，自卫队规模难以迅速扩充，武器装备建设仍将以渐进加强、稳定升级换代为特征。但在发展自主防卫力量的强烈政策意志下，日本将继续充分利用财政资源，将其投入重点军力建设领域。日本政府的基本立场是：一方面，维持和发展“与财政等客观情况相适应的防卫预算”，压缩冗余，确保军事费用规模性与连续性，以及其与中期防卫建设计划和国家总体财政的整合一致；另一方面，集中力量应对当前紧要的安全问题，特别是重点遏制“来自西南方面的军事威胁”。目前，日本的国防预算安排体现出警惕中国、重视日美关系的特色。军力建设继续倾向于海空作战力量，投入巨资建设“西南诸岛”区域的“立体防御网络”，强化一线部队两栖作战能力。武器装备采购方面大力引进美式装备如F－35隐形战机、AVV7两栖登陆战车、“鱼鹰”运输机和 KC46A 空中加油机等，加强日美军事一体化，增加驻日美军基地维护及整编的经费预算。

第三节　军事安全政策基本原则

一　作为军事安全政策前提的“和平宪法”

战后日本军事安全政策的基本前提是 1947 年起施行的《日本国宪法》，其核心精神之一是和平主义，因此也被称为“和平宪法”。该宪法第九条规定日本“放弃以国家权力发动的战争、武力威胁和行使武力作为解决国际争端的手段”（第 1 款），以及“为达成前款目的，不保持陆海空军及其他战力，不承认国家之交战权”（第 2 款）。以上宪法第九条内容及其法律解释，成为涉及战后日本军事安全政策的根本问题。

关于宪法第九条，自该宪法生效以来，日本国内出现过的解释有以下几类：其一，第九条明确规定禁止所有武力行为和拥有战争力量，包括为自卫而行使武力或保留军事武装；其二，第九条所禁止的是在对外侵略的情况下行使武力，以及为了侵略而拥有战争力量，因此在自卫前提下对武力行为和战争力量的禁止均不适用；其三，第九条虽然禁止武力行为和拥有战争力量，但自宪法制定至今，“日本所面临的内外形势与国民意识均发生了重大变化”，因此可以“根据形势需要”行使自卫权和保持自卫所需的战争力量；其四，第九条与其说是法律规定，不如说是特定历史条件下表达国民和平意愿的政策宣言，因此不应被视为对军事安全政策的限制。

关于日本政府的态度，战后初期日本领导人曾倾向于第一类解释。如 1946 年时任首相吉田茂曾公开表示，日本将“放弃由行使自卫权而发动的战争和交战权”，原因是“（日本）近年来的战争多以行使自卫权的名义发动”，因此应“主动放弃以任何名义行使的交战权”。但此后为重建军备与配合美国亚太冷战战略，日本政府改变立场，倾向于第二类解释，即允许日本在自卫前提下行使自卫权（但否定行使集体自卫权），以及保持自卫所需的武装力量”。吉田茂首相在1950年初的施政演说中首次表示“放弃战争绝不意味着放弃自卫权”，1954年内阁法制局长发表了“自卫权行使三条件”，“防卫二法”的出台与自卫队的建立正是基于这样的解释。冷战结束后特别是进入21世纪以来，日本政府日益公开倾向于第三类解释，即以“时势变化”为理由重新对第九条进行解释与实践“扩展”，放宽对行使自卫权和发展武装力量的限制。当前日本政府积极推进对行使集体自卫权的解禁，并以“应对日益严峻的周边安全环境”为理由加强军力建设，正是基于这样的逻辑。

由于“和平宪法”相关规定对日本推进“军事正常化”产生了直接的限制，因此支持日本发展自主防卫力量以“恢复安全主权”的右翼保守势力一直致力于修改宪法第九条。20世纪50年代中期，鼓吹“自主防卫论”的保守政党就曾寻求修宪，但因左翼政党与和平主义舆论的反对而未能成功。在冷战时期，修宪势力总体影响力较低，但在冷战结束后，日本社会总体转向保守化，右翼势力纷纷成立所谓“宪法问题调查会”，鼓噪修改宪法。在此情况下，1999年7月日本国会通过《国会法修正案》，并依此法于次年在众参两院分别设立“宪法调查会”，这标志着修宪问题被正式提上政治日程。2005年两院的“宪法调查会”分别提出报告书，基本上肯定了修宪的基本方向。同时，执政党自民党提出《新宪法草案》，并在2005年11月自民党建党50周年纪念大会上通过。该宪法草案要求全面修改第九条内容，将自卫队改称“自卫军”并公开寻求海外派兵合法性。近年来，政府与执政党集团持续推进修宪进程，制造修宪舆论，这在安倍晋三首相的两个执政期（2006～2007年，2012年至今）中体现得尤为明显。

基于宪法政治地位的特殊性以及战后和平主义思潮的长期影响，目前针对宪法特别是第九条的直接条文修改面临民众的反对压力。这促使保守政治势力选择其他途径：一方面，通过寻求降低修宪门槛，特别是修改宪法第96条关于修宪的条件规定（需要国会两院2/3以上议员的赞成，并在国民投票中获得过半数赞成），来渐进地推进修宪目标。2007年5月，日本国会通过了《国民投票法》，为修宪迈出重要一步。目前，控制国会大多数议席的执政党集团正积极考虑在2016年夏季参议院选举后正式向国会提出修宪动议，为举行公民投票铺路。另一方面，当前修宪派更愿意采用的办法是所谓的“解释修宪”，即通过相关法律改订及政府解释，特别是对安保相关法的修订与政策原则的“再解释”，来架空宪法第九条，达到实质上修宪的目标。安倍晋三2012年底重新执政后，在法制、政策与体制方面推动“安保大改革”，通过内阁决议部分解禁集体自卫权，对安保法制进行系统性修订，正是“解释修宪”在军事安全方面的具体体现。

二 行使集体自卫权问题

宪法第九条所衍生出的关键问题，是自卫权（特别是集体自卫权）问题。《联合国宪章》第51条承认其会员国拥有集体自卫权。此外《旧金山和约》第五条C款和《日美安保条约》也确认了日本在国际法上保有自卫权。但和平宪法的条文规定，以及在战后和平主义思潮下日本内外舆论对于日本所谓“国际法和宪法所保护的自卫权”的行使范围及条件的严厉审视，使得集体自卫权能否行使（或在何种情况下可行使）成为日本军事安全政策的焦点问题。同时，在战后日本持续发展自主防卫力量的背景下，宪法所规定的不超越“战争力量”的自卫能力究竟有多大也成为产生争议的问题。

关于集体自卫权问题，日本政府在冷战时期针对宪法第九条做出的基本结论是：不得超出本国自卫的范围行使武力，因而日本不能行使集体自卫权。这一结论在规范战后日本军事安全政策方面占有主导性地位。1954年，在关于“防卫二法”的国会审议中，内阁法制局长佐藤达夫明确定义了“自卫权行使三条件”，即“存在现实侵害，没有其他排除手段，以及为了实行最低必要限度的防御而采取必要措施”。国会由此通过了自卫队不向海外出动的决议。此后日本外务省条约局长下田武三在国会答辩时，以“行使自卫权三原则”为基础，首次明言“宪法不允许行使集体自卫权”。1954年年底，新任内阁法制局长官林修三和防卫厅长官大村清一代表政府对宪法与自卫队、自卫权的关系做出解释，承认日本拥有

“个别自卫权”但否定除此以外的“交战权”，即不承认集体自卫权。20世纪60年代，随着日美签署新安保条约，集体自卫权问题“政治化”，日美同盟可能出现的“武力行使一体化”成为被质疑的焦点。1972年，田中角荣内阁的统一见解称“日本虽拥有集体自卫权，但行使它超出了自卫的界限，因而不被允许”。1981年，日本内阁法制局出台了“（日本）在国际法上拥有集体自卫权，但宪法不允许行使”的正式答辩立场。在国内法优先于国际法的基本规则下，“国际法允许而宪法不允许”的集体自卫权在实践上尚不具备行使可能，是日本政府冷战时期所坚持的立场。

冷战结束后，在政治大国化目标驱动与国际形势变化的推动下，日本开始积极寻求突破禁区，行使集体自卫权。其主要途径有二：一方面，日本借口所谓“周边有事”与“国际贡献”，推动日美同盟军事一体化，间接制造既成事实与所谓法律依据，达到实质上行使集体自卫权的效果。20世纪90年代，日本除通过参与联合国维和行动实现事实上的海外派兵，还通过强化日美同盟，以日美共同维护地区安全为理由，明确自卫队对美军的“后方支援”角色，将个别自卫权与集体自卫权之间的“灰色地带”作为个别自卫权范畴加以充分运用。进入21世纪后，特别是美国实施亚太再平衡战略以来，日本推动日美同盟从“地区介入型”到“全球干预型”发展，从而将集体自卫权行使范围从地区扩大到全球。新的《日美防卫合作指针》（“15指针”）正体现了这一逻辑。另一方面，日本通过修改相关政府解释，特别是修改关于自卫权行使条件的政府见解，并推进相关立法，直接为行使集体自卫权扫清障碍。2014年7月，安倍晋三政权以内阁决议形式通过新的“自卫权行使三条件”，即：①日本直接受到武力攻击，或者“与日本关系密切国家遭到武力攻击，威胁到日本的存亡，从根本上对日本国民的生命、自由和追求幸福的权利构成明确危险”；②为保护国家和国民，没有其他适当手段可以排除上述攻击；③武力行使限于必要最小限度”。此后政府在国会强行通过新安保法案，将通过修改政府解释而部分解禁集体自卫权的“成果”予以法律化、具体化。

三　安全保障法制及其变化

在宪法规定下，日本军事安全政策的基本原则之一体现为法制化，即系统化、专门性的安全保障法制的存在，以及对相关法制的遵守。任何军事安全重大政策及行为，都需要有明确的法律依据，相反超出法律规定的则不被允许。这就是日本军事安全政策方面“法无规定即不可行”的法制教条主义。这也决定了日本在推进“军事正常化”的目标前提下，要实行新的政策，就必须首先诉诸法律上的合法性，通过旧法修订与新法制定等方式，对相关安全保障法律进行“法制改编”。事实上，这也是日本保守政治势力一直所致力推动的。在战后，特别是冷战结束后持续性“法制改编”的推动下，日本安保法制的基本框架虽未发生颠覆性变动，但其内容已经发生了重大变化。

从法律体系上看，日本相关安全保障法制以宪法作为上位法，这意味着理论上任何安保法制内容规定不能与宪法第九条规定相抵触。从法律内容类型上，安保法制可分为安保组织法、安保作用法、安保公务员法与美军驻留相关法等。其中，安保组织法具体规定了军事安全组织、机构的体制编制、职权范围、运作方式等，如《防卫省设置法》、《自卫队法》和《国家安全保障会议法》等。其中《自卫队法》作为基本安保法律，对自卫队的任务与行动权限，特别是“防卫出动”时行使武力的权限做出了严格规定；安保作用法具体规定了在特定军事安全议题下进行政策应对的目标、途径方法、权限范围等。按照日本法学界的观点，安保作用法可分为国家紧急状态下的应对法（如《武力攻击事态法》等“有事法制”）、介入地区安全问题的应对法（如《周边事态相关法》与日美同盟关联法律），以及参与国际安全合作的应对法（如《联合国维和行动法》）等；安保公务员法具体规定了军事安全体制内部人员的权责义务与相关待遇，如《自卫队员伦理法》《防卫省待遇法》等。

战后，特别是冷战结束后，日本政府在积极推进军事安全政策“质变”的过程中，相当注重安保法制层面的具体“改革”，旧法修订、新法制定举措日趋频繁。修订重点集中在放宽自卫队行动范围、出动条件和武器使用的法律限制，以及强化、集中军事安全决策权等方面。如 1992 年日本出台《联合国维和行动法》，1999 年出台《日美防卫合作指针》（“97 指针”）的“相关三法”，包括《周边事态法》、《自卫队法修正案》与《日美相互提供物资与劳务协定修正案》，2000 年出台《船舶搜查法》，2001 年出台《恐怖对策特别措施法案》、《自卫队法修正案》和《海上保安厅法修正案》，2003 年出台“有事三法”即《武力攻击事态法案》、《自卫队法修正案》和《安全保障会议设置法修正案》，以及允许向伊拉克派出自卫队的《伊拉克复兴支援特别措施法》，2009 年制定《反海盗法》等。有统计称，在冷战结束后的 20 年内，日本政府修改、制定的安保相关法超过 20 个。2015 年安倍晋三内阁在国会强行通过《和平安全保障整备法》（包括 10 个旧法修正案）与《国际和平支援法》，将日本在军事安全政策上进行“法制改造”的趋势推向高潮。

当前，日本安保法制的修订与“整编”体现出系统性、全面性。以《和平安全保障整备法》为例，该法所包括的法律修正案有：《自卫队法》修正案、《联合国维和行动法》修正案、《周边事态法》修正案（《重要影响事态法》）、《船舶搜查法》修正案、《武力攻击事态法》修正案（《事态应对法》）、《美军行动关联处置法》修正案、《特定公共设施利用法》修正案、《海上输送规制法》修正案、《俘虏处理法》修正案与《国家安全保障会议设置法》。这些法律的内容要点是：第一，引入新的“事态概念”（如“重要影响事态”“存亡危机事态”等），扩大集体自卫权行使的地域范围，放宽行动条件限制，并以此为基准配套修订相关安保作用法；第二，通过修改《联合国维和行动法》和新制定《国际和平支援法》，促使自卫队海外维和长期化、常态化，拓展自卫队海外活动范围与合作对象（包括在联合国维和体制之外的对象），放宽武器使用限制；第三，扩大安全和军事合作对象，通过修订《美军行动关联处置法》和《国际和平支援法》等，将日美同盟协作模式进行推广，允许日本对包括美国在内的“战略关系密切的国家”进行后方支援；第四，通过相关法律调整，强化日美同盟军事一体化，以及日本直接干预周边“灰色事态”（主要是“离岛夺占”以及针对日本船只的武力袭击等）的能力，等等。

四 防御性原则及其变化

（一）专守防卫

按照“和平宪法”规定，专守防卫是日本军事安全政策的基本原则之一。根据日本政府《防卫白皮书》的解释，专守防卫系指“当受到外敌入侵时方可行使防卫力量，行使防卫力量的方式限于自卫所需要的最小限度之内，为此而保持的防卫力量也限于自卫所需要的最低限度之内”。从法理上看，日本的防御性国防政策应以自我克制和自卫限度内行使武力为底线。目前日本政府依然声称遵守宪法，贯彻专守防卫原则，将专守防卫作为防御性国防原则的基础与“标签”。在目前的环境下，也很难想象日本会（而且有必要）对外主动发起大规模军事侵略。但是，从近年来日本对“军事正常化”的追求轨迹来看，其在军事战略与军力发展方针方面已逐步趋向于“主动先制”，而非被动防御。考虑到日本正在持续扩大集体自卫权行使范围，强化自卫队对外军事行动功能，可以说专守防卫这一原则实际上已经空洞化。

（二）不做军事大国

与专守防卫原则相关，日本强调“不做军事大国”，即只保持宪法所允许的、仅用于自卫的军事力量。1954 年日本内阁法制局长的解释指出：“（日本）保存不足以有战争潜力的能力，或者使用这些能力保护国家不受入侵均不违宪。”其中，被宪法禁止的“战争潜力”后来被日本政府解释为“超出保护日本不受直接攻击的最低限度的必要武力”。“最低限度的必要武力”后来又与“在必要的合适范围内行使”联系起来。显而易见，在国际环境变化的情况下，这些概念都是相对性的、模糊的，被认为是“可以根据时势随时调整的滑尺”。日本也正是利用了这样的模糊性概念，得以“名正言顺”地发展了除大规模杀伤性、超远程攻击性武器（如洲际导弹、远程轰炸机、攻击型航母等）之外的其他先进常规武器。经过累积式发展，现在，日本军事力量虽不具备绝对超大规模，但其质量出色而且潜力巨大，已具备了发展超越宪法规定的自卫范围以外军事力量的技术、物质基础，而且日本还在进一步强化这些基础；自卫队通过对现有装备力量的联合应用与综合配置，足以达到大规模杀伤和部署、实施远程战略性打击的效果。因此，日本目前所拥有的“自卫力量”，实际已经远超宪法所规定的自卫范畴。

（三）武器出口三原则

对武器出口的严格限制是日本防御性国防政策的重要组成部分。1967 年，佐藤荣作内阁正式提出武器出口三原则，即不向共产主义阵营国家出口武器，不向发生或可能发生国际冲突的当事国出售武器，不向联合国禁止的国家出口武器。1974 年，三木武夫内阁在此基础上发表了关于武器出口问题的政府见解，其主旨是：为避免加剧国际冲突，日本不仅贯彻武器出口三原则，而且对于该原则规定以外的武器出口也持慎重态度，即限制对象不仅包括杀伤性武器，也包括用于后勤支援的军工设备。但是，1981 年，为响应美国关于实施日美防卫技术交流的要求，日本政府宣布，为确保日美安保体制有效性向美出口武器技术，这是武器出口三原则的“特例”，从而被允许，但其动摇了这一原则。2011 年 12 月，野田佳彦内阁宣布大幅放宽对外出口武器禁令。2014 年 4 月，安倍晋三内阁宣布了新的“防卫装备转移三原则”，以取代武器出口三原则，在认可日本对外出口武器装备与技术的前提下规定：日本不向明显妨碍维护国际和平与安全的场合出口武器装备；对允许出口的情况进行限定和严格审查；出口对象将防卫装备用于目的之外或向第三国转移时，需获日方事先同意并置于适当管理之下。在新的原则规定下，日本得以积极推动武器装备与技术对外出口。

（四）无核三原则

冷战时期，日本政府要员曾公开宣称，考虑到冷战大国核力量对立的现实，如果是最低限度的自卫，“日本拥有核武器也在宪法允许范围之内”，但此后受和平主义舆论压力影响，日本主动转向军事无核化姿态。1968 年，佐藤荣作首相在国会宣布了“无核三原则”，即“不制造、不保有、不运进核武器”，强调日本将坚持这些原则，前提是依靠美国的核遏制力量，并努力促进核裁军和确保和平利用核能。1972 年日本国会通过决议，将“无核三原则”正式定为基本政策。作为国内法，日本《原子能基本法》也明文禁止以军事目的开发与利用核能。但是早在 20 世纪 60

年代，日美通过密约方式，确认载有核武器的美国舰船可进入日本港口。70年代冲绳回归时，日美首脑也签署密约，确定在日美事先协商的基础上，美军可将核武器运入冲绳并在当地储存。而且，日本一直在积累核原料，始终保持并渐进发展着核军事相关技术，而日本国内，包括执政集团内关于日本有必要核武装的呼声也从未停止。

（五）文官统制原则

基于战时军部统治的历史教训，战后，日本仿效欧美重新建立并巩固了军事安全体制方面的文官统制原则，即军事安全最高决策与军事力量的运用均掌握在文官系统手中。有关自卫队的定员、组织机构和预算等重要事务必须由国会决定，自卫队的出动须获得国会承认，国家安全政策事务的日常决定权归属内阁，由首相代表内阁对自卫队行使最高指挥监督权，防卫大臣领导防卫省，具体管理自卫队，制定有关方针规划。总的来说，日本当前军事安全体制仍贯彻文官统制这一原则，但职业军人的权限逐步扩大，“西服组”即文职官员相对“制服组”即职业军人的绝对主导权正在被削弱，具体的军事指挥权和部队管理权正在向自卫队指挥系统，特别是统合幕僚监部集中。近年来防卫省体制改革的方向之一是打破“文军界限”，实质是促进文职官员与职业军人之间的权力平衡化。2009年，文职参事官辅佐监督军事决策的参事官制度被取消。2015年的《防卫省设置法》修正案确认由文职官员和自卫队将领共同辅佐防卫大臣，取消防卫省运用企划局，由自卫队统合幕僚监部统一负责自卫队运用管理。

第四节 军事安全战略

一 军事安全战略的基本特点与手段

军事安全战略是大战略的核心，与国家总体战略的走向相一致，日本也不例外。战后，日本在“和平宪法”约束和美国战略保护下，曾经选择轻军事、重经济即“吉田主义”的国家战略，其军事安全战略也受制于此。但随着日本成为经济大国，追求与新时期国力相称的政治、军事大国身份成为日本的诉求，新的国家战略共识在日本逐渐形成。“正常国家化”在后冷战时期由理论逐渐成为政策实践。需要指出的是：在日本，军事安全战略不仅涉及国家安全问题，而且很大程度上具有与国家尊严与荣誉相关联的价值取向。日本与其他大国的关系，特别是对美、中关系，构成了日本军事安全战略的基本问题意识，对其发展蜕变产生了直接的牵引。

当前，日本军事安全战略具有以下几个基本特点。

第一，强调所面临安全威胁的多样性、深刻性与紧迫性，进而强调军事安全自主性。

在冷战时期的很长时间里，考虑到内外舆论的压力，日本一直在自主防卫力量发展方面“保持克制”，将重心放在对美依赖上，包括在相关军事编制、概念、术语方面“去军事化”，以其他用语掩盖其军事战略性质。但冷战结束与美国大战略转型促成日本转变思路，强调日本需独立应对周边“日益严峻的安全战略环境”。依据主观认知与固定战略选择，而非真实的情况，对所谓安全威胁进行“建构塑造”，成为日本调整政策、拓展军事战略空间的基本逻辑。特别是，中国崛起与中日在安全问题上的摩擦给予了日本更充分的“理由”，日本将发展自主防卫力量公开化、正当化、战略化，将国家战略乃至对外战略“军事政策化”。

第二，强调军事战略结合外交战略、经济战略、能源战略与社会发展战略，在“全方位式国家安全战略”体系中发挥军事手段作用。

冷战时期日本就曾提出“综合安全保障战略”，强调军事措施与非军事措施结合的安全手段多样化。后冷战时期日本诸多安全政策构想，包括2013年底出台的新《国家安全保障战略》体现出“全方位式国家安全战略”的特色，日本特别强调“以外促内”，通过外交战略与国际经济战略维护国家安全，在安全上加强“国际贡献”，注重法律战、舆论战等手段的应用等。但一直以来，军事因素始终处于日本军事安全政策的核心位置，作为保障国家安全的最终手段和国家尊严的“决定性来源”而被重视。

第三，尽管日本表面上提出诸多时代性新理念，但在军事应用层面，其指导思想仍牢固依托传统现实主义和地缘政治思维。

日本在安全战略中曾提出如经济能源安全、环境安全乃至“人类安全”等具有创见性的理念，在现行安全战略中也强调非传统安全因素与“和平公益”角色，但在涉及国家安全关键问题时，日本的思路依然是“彻底现实主义的”，乃至带有强权主义与竞争性零和思想色彩，日本对于军事战略战术的思考也一直深受所谓“地理决定论”与地缘政治思想影响。

第四，“中国因素”日益成为军事安全战略的重点。

首先，在安全上防范中国方针的指引下，日本军力发展方针和部署重点的调整都更为直接地受到中国因素的牵引，其军事战略中潜伏的假想敌明确地“锁定”中国。其次，日本依托日美同盟，尽可能引导同盟合作议程关注对华战略，不断寻求美国加强对日本的安全承诺与战略支持，开展针对中国的地区安全合作，以安全互助与所谓“维护法制与秩序”为名，拉拢盟友，从而形成“日美 + 周边”联手遏制、威慑中国的态势。另外，日本利用各种舆论平台，大肆渲染“中国威胁论”，将其作为遏制与削弱中国的有效手段，并借此为日本的强军政策寻求“合法性依据”。从 2010 年前后开始，日本实际上将中国公开设定为其最大的假想敌和威胁来源，在世界主要国家中，如此明确地将中国作为军事安全战略所针对的对象，唯有日本一家。

从总体上看，强化自主防卫能力，依靠日美同盟以及开展地区与国际安全合作是日本军事安全战略的基本路径。根据日本新《国家安全保障战略》，日本安全战略有三个基本目标：①维护日本国家安全，强化必要的遏制力，预防直接军事威胁，“万一威胁危及日本，要消除威胁并将损害降到最小限度”；②强化日美同盟，加强与地区内外安全合作伙伴之间的关系，“通过推进实际的安全保障合作，改善亚太地区的安全保障环境”；③积极参与乃至主导国际社会的安全合作，“强化和巩固基于普世价值观和规则的国际秩序，在解决争端上发挥主导作用，改善全球安全保障环境”，构建一个和平、稳定和繁荣的国际社会”。由此可以折射出日本当前军事安全政策的主要“出口”。

二 具体战略举措

根据新《国家安全保障战略》，日本在加强自主防卫力量、强化日美同盟、加强地区安全合作、推进国际安全合作等方面，都采取了许多公开战略举措。

（一）加强自主防卫力量

（1）构建保卫国家的综合防卫体制。将自主防卫力量作为国家安全的最终保障，根据战略环境的变化与国情国力情况，发展实效性强而灵活机动的综合防卫力量。在防卫力量建设方面，完善《防卫计划大纲》及《中期防卫力量整备计划》等计划体系，并立足于综合性视点，优先完善重要防卫机能，强化以自卫队为核心的综合防卫体制。加强政府机构与地方自治体、民间团体的合作，及时应对危机事态。重点针对武器与弹道导弹威胁，在强化同盟协作的基础上加强自主防御体系建设。加强对国内及海外国民的保护。

（2）加强国土防御，维护海洋安全。除构建综合防卫体制外，重点强化领土（包括领海及领空）内执法机构的能力和海洋监视能力。加强各省厅间合作，就国土防御进行研讨和综合应对，特别要重点保卫国境离岛及毗邻专属经济区，对其实施有效管理和开发。在海洋安全方面，坚持“由法律支配国际秩序，维护与发展开放与稳定的海洋”的原则，积极开展国际海洋安全合作。确保海上交通安全，应对各种非传统安全威胁。注意构建国际网络，加强宇宙空间的应用以增强海洋监视能力。努力增加双边和多边海洋安全合作内容，如联合训练等。全力确保中东波斯湾、印度洋到西太平洋的能源航线，支持沿岸国家加强海上保安能力，并与存在战略利益关系的伙伴国家加强合作。

（3）提升非传统安全应对能力，“举全国之力”加强网络安全管理与反恐手段。综合推进跨领域行动，加强对网络空间的保护以及针对网络攻击的应对反制能力。在风险防范机制的系统设计与应用等方面重点加强官民合作。加强安全领域人才的培养、控制系统的防御和供应链风险问题的应对等，与有关国家扩大信息共享，推进网络空间的防卫协作。在日本国内彻底实施针对国际恐怖主义的对策，保证核电设施的安全，完善信息交换和合作体制，使民间机构所掌握的有关危险的信息得以共享和利用，加强针对国际恐怖主义的分析以及海外情报收集能力。

（4）强化军事装备和技术研发与应用体制，推进相关国际合作。一方面，强化本国技术实力，以进口技术带动自主研发，理顺军工产业与政府之间的协作关系，促进军民两用技术的进一步振兴，集中“产学官体制”的力量，在安全保障领域有效利用相关技术；另一方面，基于国际合作主义与“积极和平主义”，更积极地参与军事装备的国际联合研制与生产，以提高装备性能并应对成本上涨。在新的“防卫装备转移三原则”基础上，推动军事装备与技术的海外转让，并对其进行切实的管理，提升日本军工产业的国际竞争力。

（5）集中加强情报机能以支持军事安全决策。从根本上加强情报人员的培养，提升情报机构从多种信息源搜集情报，以及对情报进行综合处理、分析与共享的机能。确保新建的国家安全保障会议等决策机构能够准确及时获得资料和情报，将情报分析适当地反映到政策上。在《特定秘密保护法》的约束下，通过完善横跨政府各部门的情报保护体系，强化反间谍能力。

（二）强化日美同盟

在强化日美同盟方面，日本的公开战略举措包括以下三个方面。

（1）以战略高度推动日美同盟体制战略转型，通过修改《日美防卫合作指针》，以及修订国内相关安全法制等举措，实现日美同盟在权责义务上的“均等化”，突出日本在同盟中的“主体责任”与决策参与地位，并促使同盟体制从“地区介入型”向“全球干预型”转换，从而增强同盟的行动一体化及对外战略威慑力。

（2）推进日美在更广泛领域开展军事安全合作，加强同盟协调，就具体防卫合作、日美 RMC（角色、任务、能力）理念等展开日美协调，结合美方地区战略与政策调整日方政策。在推进日美联合训练、联合 ISR（情报收集、警戒监视与侦察）活动、美军和自卫队共用设施与区域等方面紧密开展各种部队间合作。另外在弹道导弹防卫、海洋、太空空间、网络空间和大规模灾害应对等安全保障领域广泛加强合作，提升日美同盟的遏制力和应对力。

（3）发挥主体性作用，为美军在亚太地区加强前沿部署提供合作。提升日美军事“联防”的遏制力，通过负担驻日美军驻留经费等措施，为美军驻守日本提供稳定支持，同时依据日美协议，落实驻日美军重组计划，包括推进普天间基地搬迁，驻冲绳海军陆战队迁至关岛计划等。注意美军与驻军地区的关系，推进自卫队和美军共用设施及区域，减轻驻日美军基地周边居民的负担（特别是冲绳地区）。

（三）加强地区安全合作

在加强地区安全合作方面，日本的公开战略举措包括五个方面。

（1）重点加强与韩国、澳大利亚、东盟各国、印度等“与日本共享普遍价值观和战略意义的国家”的合作关系。为此，加强日韩安全合作，在同盟体制下加强日美韩三边合作，妥善解决日韩领土争端。全力提升日澳战略合作伙伴关系，以及一揽子安全合作框架，灵活利用日美澳三国合作机制。强化日本与东南亚国家伙伴关系，继续援助东南亚国家发展东盟一体化的努力，协助其进行安全上的“能力建设”，支持相关国家“争取和中国签订南海行为准则等法律和规则，而不是武力解决纷争”。发展日印全球战略伙伴关系，在海洋安全等广泛领域加强日印安全合作。

（2）稳定对华关系，进行危机管控以防范“不测事态”，同时，在安全议题上保持对中国的影响与压力。要求中国“遵守国际社会行动规范，并提升军事开放性和透明度”。“通过继续开展、促进防卫交流，提高中国军事、安全政策的透明度”。“在中国试图通过强力改变与日本等周边各国关系的情况下”，要求中方“保持克制”，“采取冷静且毅然的应对措施”。

（3）为应对地区安全焦点问题，加强与朝鲜、俄罗斯协调。关于朝鲜半岛问题，将依托联合国与六方会谈机制，推进朝鲜无核化，解决日朝人质问题，在此基础上尝试实现日朝邦交正常化。在安全与能源领域加强对俄合作，为解决日俄领土问题和争取签署和平条约积极与俄方开展谈判。

(4) 在地区安全领域积极利用亚太经合组织、东亚峰会、“东盟+3”、东盟地区论坛、东盟国防部长扩大会议、TPP等多边地区合作框架，发挥舆论干预力，影响乃至主导地区安全议程。围绕日美安全合作，利用“日美+1”体制，重点构筑与加强日美韩、日美澳、日美印等三边框架，稳定作为地区安全机制的日中韩框架，并且在适当时机“参与在东亚建立制度性安全保障框架”。

(5) 为确保亚太地区的稳定，与亚太区域的“友好国家加强合作。通过建立和参与多边机制，与沿海国家和岛国重点加强在海洋领域的安全合作。同时，扩大国际安全合作视野，与亚太地区以外的“能够为国际社会和平与稳定发挥重要作用的国家”加强合作关系，保障海洋、能源与经济安全，合作对象包括欧洲、拉美、中东与非洲国家等。

(四) 推进国际安全合作

在推进国际安全合作方面，日本的公开战略举措包括以下四个方面。

(1) 加强联合国外交，促进联合国改革特别是其集体安全保障制度，“提高联合国的实效性和正统性”，努力谋求扩大常任和非常任理事国的席位，推动安理会的改革，力争担任常任理事国。同时积极与联合国其他机构展开合作，在国际安全议题上提升话语权。

(2) “以国际法治的拥护者”姿态，积极参与制定国际规则、国际规范，占据法律体制与话语上的主导权，特别是在海洋秩序、宇宙空间和互联网方面“强化法律和规则主导”，与其他国家进行联合干预，同时展开合作，“帮助发展中国家从事能力建设”。

(3) 在防止核扩散与国际裁军方面发挥积极作用，在反恐、防范非法武器与跨国犯罪方面，与各国特别是“共享普遍价值观国家”进行更密切协调，彰显领导作用。

(4) 更积极地参与国际维和行动。不仅参与联合国维和体制，而且要参与其他国际组织或国家联合的维和行动，通过法律与制度调整，使得自卫队海外维和行动常态化，将国际维和与政府开发援助（ODA）项目联系起来，提高活动效果与影响力。

总的来看，上述日本的公开战略举措以强化自主防卫能力以及充分利用日美同盟为重点，核心是不断增强安全事务上的主导性与“以我为主”的能力，保持和发展军事能力。在加强地区安全合作和“推进国际安全”方面，日本对外宣扬自己的立场是维护国际公益、“普遍价值观”和“公认秩序”，但实际上，其行动是自利性而非公益性的，出发点是现实主义的国家利益，是日本利用同盟以外的“国际资源”，推进军事安全战略，发展“军事正常化”的具体表现。

第五节　武装力量

日本现役武装力量包括自卫队三军即陆上自卫队、海上自卫队与航空自卫队。作为日本实质上的国防军，截至2014年底，日本自卫队兵力定员总数为246747人，实有兵力225712人。战后以来，日本积极发展自主防卫力量，尤其注重一线部队兵员与装备质量建设，挖掘总体国防潜能，使得自卫队这支实质意义上的“国防军”在军事能力上远超“专守防卫”需要，成为世界一流、亚洲顶尖的武装力量。

一　陆上自卫队

陆上自卫队是自卫队的传统骨干军事力量。截至2014年，陆上自卫队实际总兵力137850人，拥有坦克（90式坦克与10式坦克）690辆、装甲车970辆、无后座力炮2710门、迫击炮1100门、野战火炮500门，各类飞机约440架。陆上自卫队的基干作战部队为五大方面队及其下属师（旅）团，另外设有中央快速反应集团、通信团、中央情报队、警务队、干部及各兵种学校、研究本部、补给统制本部等防卫大臣直辖部队。

陆上自卫队脱胎于20世纪50年代初的警察预备队。1954年，陆上自卫队成立，建制模仿美国陆军师旅编制。到1958年底，陆上自卫队基本形成6个管区队加4个混成团的编制体制。1960年，陆上自卫队五大方面队全部建成。1962年，陆上自卫队的管区队全部改编为师团，作为独立作战单位，并按照师团规模和机械化程度分为甲种、乙种和丙种师团。此后，陆上自卫队的编制与部署又经历多次调整，在冷战时期，以加强装甲部队力量、扩充联队兵力为主。后冷战时期特别是90年代中期开始，在高质量建军和应对多种安全威胁的方针下，陆上自卫队启动了历时十多年的大规模“师改旅”整编（2010年基本完成），原第5师团、第11师团、第12师团、第13师团等4个师团和第1混成团、第2混成团陆续改编为旅团。根据部队任务，各师、旅团被区分为快速反应现代化师（旅）团与综合现代化师（旅）团。前者注重新威胁环境与“特种作战”情况下的快速反应能力和机动作战能力，后者则兼顾传统环境下的综合作战能力，其中前者按照部队特色又分为政经中枢型师（旅）团、空中（地面）机动化师（旅）团、离岛防御型师（旅）团等。

进入21世纪以来，在应对非传统非对称威胁，军力部署重点由东北转向西南一线，军事上积极防范中国的思想指导下，陆上自卫队继续推进部队改编，组建新作战单位与体制。主要举措包括：2002年组建专门进行两栖作战与“离岛防御”的西部方面普通科联队（西普联），并于2014年起在此基础上扩建“日本版海军陆战队”，即“水陆机动团”。2004年组建作为陆军特种部队的特殊作战群，2007年组建方面队级别的中央快速反应集团，统辖第1空挺（空降）团、第1直升机团，以及特殊作战群和中央特殊武器防护队等。将来，新建的陆上总队将取代现有的中央快速反应集团，集中统辖陆上自卫队的各个机动部队与特种部队。在部署方面，包括2010年由第1混成团升级的离岛防御性第15旅团在内，陆上自卫队新组建的作战单位集中部署在日本中西部，尤其是九州岛以及冲绳诸岛、先岛诸岛等“西南诸岛”一线。在可预计的时期，继续推进机动化师（旅）团改编，强化一线部队部署投送与作战能力，建设海军陆战队与多军种联合特种部队，将是陆上自卫队军力建设的基本方向。

在部队体制方面，陆上自卫队以五大方面队和中央快速反应集团作为战略单位，各方面队配备一定数量师团与旅团作为战役单位，师团与旅团下设团（相当于旅）、联队（团）、大队或队（营）、中队（连）、小队（排）直至班作为基本作战单位。除即将被撤销的中央快速反应集团外，陆上自卫队的五大方面队按照地区划分，方面队均设总监部作为司令部，设方面总监1名，军衔为将（中将），幕僚长1名（一般兼任总监部所在驻屯地，即基地的司令），军衔为将补（少将）。在方面队以下共有9个师团和6个旅团，作为师一级单位。师团的基本配置为，总兵力为6000~9000人，包括3~4个普通科（步兵）联队、1个特科（野战炮兵）联队或特科队、1个（第7师团为3个）战车（坦克兵）联队或战车大队、1个高射特科（防空炮兵）大队、1个通信（通信兵）大队、1个侦察（侦察兵）队、1个飞行（陆军航空兵）队、1个施设（工兵）大队、1个特殊武器防护队或化学防护（生化武器兵）队、1个后方支援（后勤保障）联队等。旅团配置兵力相对较少，为2000~4000人，兵种配置与师团相似，但普通科联队较少且为轻步兵配置。作为最常见作战单位，1个普通科联队，即步兵团一般包括4~6个中队（步兵连），并设置1个重迫击炮中队，有的还包括1个反坦克中队（如第8师团的普通科联队）。

五大方面队及所编制部队情况如下。

北部方面队，创建于1952年，负责防御北海道地区，总监部位于北海道札幌市的札幌驻屯地内，下辖第2师团（包括第3、25、26普通科联队和第2坦克联队）、第5旅团（包括第4、6、27普通科联队）、第7师团（包括第11普通科联队、第71、72、73坦克联队）和第11旅团（包括第10、18、28普通科联队），另外下辖第1特科团（包括第1、2、3地对舰导弹联队）、第1高射特科团（包括第1、4高射特科群和第101无人侦察机队）、北部方面混成团、北部方面设施队、第1电子队、北部方面通信群、北部方面航空队、北部方面队后方支援队等作为方面队直辖部队。其中，陆上自卫队目前唯一的重型机动装甲师团（第7师团）就属于北部方面队，辖区内共建有28座驻屯地和10座分屯地（分基地）。

东北方面队，创建于1960年，负责防御日本东北地区，总监部位于宫城县仙台市的仙台驻屯地，下辖第6师团（包括第20、22、44普通科联队）与第9师团（包括第5、21、39普通科联队），另外下辖第2施设团、东北方面混成团、第5高射特科群、东北方面通信群、东北方面航空队、东北方面后方支援队等作为方面队直辖部队。辖区内共建有13座驻屯地和1座分屯地。

东部方面队，创建于1960年1月14日，负责防御关东地区、甲信越地区以及静冈县（包括小笠原诸岛），重点警备首都圈，并经常承担和参与国家大型仪式。总监部位于东京都练马区的朝霞驻屯地，下辖第1师团（包括第1、32、34普通科联队）与第12旅团（包括第2、13、30普通科联队），另外下辖第1设施团、东部方面混成团、第2高射特科群、东部方面通信群、东部方面航空队、东部方面后方支援队等作为方面队直辖部队。辖区内共设置34个驻屯地和2个分屯地。

中部方面队，创建于1960年，负责防御日本中部，具体包括除静冈县以外的东海地区、北陆地区、近畿地区、中国地区及四国岛，辖区国土面积是各方面队之首。总监部位于兵库县伊丹市的伊丹驻屯地，下辖第3师团（包括第3、25、26普通科联队）、第10师团（包括第14、33、35普通科联队）、第13旅团（包括第8、17、46普通科联队）和第14旅团（包括第15、50普通科联队）。另外中部方面队下辖第4设施团、中部方面混成团、第8高射特科群、中部方面通信群、中部方面航空队、中部方面后方支援队等作为方面队直辖部队。辖区内共设31个驻屯地和4个分屯地。

西部方面队，创建于1955年，负责防御日本西部，包括九州岛、冲绳诸岛等“西南诸岛”区域。辖区全境内有约2500个离岛，防区内岛屿数量和纬度跨度为各方面队之首。总监部位于熊本县熊本市的健军驻屯地，下辖第4师团（包括第16、40、41普通科联队）、第8师团（包括第12、24、42、43普通科联队）和第15旅团（包括第51普通科联队），另外西部方面队下辖第2高射特科团（包括第3、7特科群）、第5设施团、西部方面混成团、西部方面特科队、西部方面后方支援队、西部方面普通科联队（简称“西普联”）、西部方面通信群、西部方面航空队等作为方面队直辖部队，其中“西普联”是自卫队现役唯一一支专门的两栖作战部队。西部方面队辖区内共设24个驻屯地和8个分屯地。

二 海上自卫队

海上自卫队负责维护日本海上安全，在兵员素质与装备质量上均处于世界先进水平。截至2014年，海上自卫队实际总兵力为41907人，主力作战舰艇136艘，总吨位45.1万吨，支援船只292艘，总吨位2.5万吨。作战舰艇中，驱逐舰（包括航母级别的直升机驱逐舰）及小型护卫舰47艘、潜水艇16艘、扫雷舰艇23艘、警戒艇6艘、运输舰11艘、作战辅助舰艇30艘，作战飞机约170架。海上自卫队的基干作战部队是自卫舰队，另外还包括5个地方队、教育航空集团，以及练习舰队、系统通信队群、学校、补给本部等防卫大臣直辖部队。

海上自卫队的前身是海上保安厅的海上警备队。1952年，日本设立隶属于海上保安厅的海上警备队，与美国签订船只租借协定，从美国租借了18艘1500吨级炮舰和50艘250吨级登陆艇，陆续编成3个舰队群和2个地方队。1954年，海上自卫队成立，并组建作为海军主力的自卫舰队。在军力建设重心逐步转向海空力量的背景下，20世纪60年代海上自卫队大力扩编，组建潜艇队群、航空集团以及教育航空集团，于70年代初基本建成护卫舰队4护卫队群基本框架。80年代，海上自卫队加速推进作战舰艇大型化和装备现代化，组建潜艇舰队，推动驱逐舰更新换代和海军航空兵建设，将护卫舰队体制从60年代末的“8舰6机”（8艘驱逐舰和6架舰载反潜机编为1个护卫群）完善为“8舰8机”体制。冷战结束后，海上自卫队调整编制，缩减地方队、潜艇队和航空队数量，但由于新入列作战舰艇大型化，舰队总吨位反而不断增加。

进入21世纪以来，海上自卫队积极强化核心作战力量，改革编制。2007~2008年，第二代宙斯盾导弹驱逐舰“爱宕”级两舰开始服役。2009~2015年，超万吨级的大型直升机驱逐舰“日向”级（13950吨）2舰和“出云”级（19500吨）1舰陆续开始服役。这些航母平台式的驱逐舰作为舰队核心，为海上自卫队“8舰8机”体制向“8舰N机”体制发展创造了条件。2009年海上自卫队首艘“苍龙”级AIP（不依赖空气动力系统）潜艇开始服役。至2015年，已有6艘“苍龙”级潜艇开始服役，“苍龙”级的7、8号舰也分别于2014年和2015年下水，即将服役。2007年，海上自卫队开始引进P-1新型反潜巡逻机。2008年，海上自卫队进行了战后规模最大的改编，将原属5个地方队的作战舰艇收归自卫舰队旗下的护卫舰队，将护卫队群编组由“旗舰+3个护卫队”改为分别以直升机驱逐舰和导弹驱逐舰为核心的2个护卫队，并整编重组海军航空兵部队。2014～2018年，海上自卫队计划新造作战舰艇15艘，总吨位约5.2万吨，固定翼飞机和舰载直升机55架。

海上自卫队的基干作战部队是自卫舰队。自卫舰队由自卫舰队司令部、护卫舰队、航空集团、潜艇舰队、扫雷队群及其他直辖部队组成。自卫舰队司令部设在横须贺市船越地区。护卫舰队、航空集团、潜艇舰队、扫雷队群是海上自卫队的"四大主力"，其中又以护卫舰队为核心战力。其他自卫舰队直辖部队还包括情报业务群（负责作战情报收集分析）、海洋业务与对潜支援群（负责海洋气象观测）、开发队群（负责武器装备研究开发）等。海上自卫队将远洋机动作战和沿岸区域防御相结合，展开兵力部署。目前，海上自卫队五大基地分别位于神奈川县的横须贺港、广岛县的吴港、长崎县的佐世保港、京都府的舞鹤港和青森县的大凑港。自卫舰队的舰艇与航空兵部队分散部署在这些基地，实行轮换训练、部署与补给。五大地方队各自以五大基地为中心，负责基地维护与后勤支援，以及区域近海的警备防御。地方队平时配备一定数量扫雷艇或小型导弹艇，同时，在紧急事态下，地方总监对自卫舰队中负责地方守备的护卫队（每港常驻1支）拥有指挥权。

以下是对自卫舰队的护卫舰队、航空集团与潜艇舰队的介绍。

作为自卫舰队核心战力，护卫舰队装备主力为驱逐舰（另外还编有少量护卫舰），现总数为47艘，根据2014年《防卫计划大纲》，未来将扩充到54艘。驱逐舰主要分为三类，即直升机驱逐舰（代号DDH）、导弹驱逐舰（包括一般导弹驱逐舰与宙斯盾导弹驱逐舰，代号DDG）和通用驱逐舰（代号DD）。按照部队任务，护卫舰队部队分为机动运用部队、地方守备部队和护卫舰队直辖部队，其中机动运用部队包括4个护卫队群（8个护卫队）。如前所述，2008年大整编后，机动运用部队的每个护卫群均由2个护卫队组成，其中一个护卫队通常由1艘直升机驱逐舰，1艘导弹驱逐舰和2艘通用驱逐舰组成，另一个由1艘导弹护卫舰和3艘通用驱逐舰组成。地方守备部队包括5个独立的护卫队。护卫舰队直辖部队则包括海上训练指导队群、第1海上补给队、第1运输队和第1海上训练支援队等。

护卫舰队的机动运用部队及其舰船编组如下。

第 1 护卫队群，司令部位于横须贺海军基地，下辖第 1 护卫队和第 5 护卫队。第 1 护卫队编有“出云号”直升机母舰驱逐舰、“旗风”号导弹驱逐舰、“村雨”号通用驱逐舰和“雷”号通用驱逐舰。第 5 护卫队包括“金刚”号宙斯盾导弹驱逐舰、“曙”号通用驱逐舰、“有明”号通用驱逐舰和“秋月”号通用驱逐舰。

第 2 护卫队群，司令部位于佐世保海军基地，下辖第 2 护卫队和第 6 护卫队。第 2 护卫队佐世保基地编有“鞍马”号直升机驱逐舰、“足柄”号宙斯盾导弹驱逐舰、“春雨”号通用驱逐舰和“天雾”号通用驱逐舰。第 6 护卫队编有“雾岛”号宙斯盾导弹驱逐舰、“高波”号通用驱逐舰、“大波”号通用驱逐舰和“照月”号通用驱逐舰。

第 3 护卫队群，司令部位于舞鹤海军基地，下辖第 3 护卫队和第 7 护卫队。第 3 护卫队编有“日向”号直升机驱逐舰、“爱宕”号宙斯盾导弹驱逐舰、“卷波”号通用驱逐舰和“铃波”号通用驱逐舰。第 7 护卫队编有“妙高”号宙斯盾导弹驱逐舰、“夕立”号通用驱逐舰、“冬月”号通用驱逐舰和“濑雾号”通用驱逐舰。

第 4 护卫队群，司令部位于吴港海军基地，下辖第 4 护卫队和第 8 护卫队。第 4 护卫队编有“伊势”号直升机驱逐舰、“雷”号通用驱逐舰、“五月雨”号驱逐舰和“涟”号通用驱逐舰。第 8 护卫队编有“岛风”号导弹驱逐舰、“鸟海”号宙斯盾导弹驱逐舰、“雾雨”号通用驱逐舰和“凉月”号通用驱逐舰。

地方守备部队及其舰船编组如下。

第 11 护卫队，司令部位于横须贺海军基地，编有“山雾”号驱逐舰、“山雪”号通用驱逐舰和“夕雾”号通用驱逐舰。

第 12 护卫队，司令部位于吴港海军基地，编有“阿武隈”号护卫舰、“川内”号护卫舰、“海雾”号通用驱逐舰与“利根”号护卫舰。

第 13 护卫队，司令部位于佐世保海军基地，编有“泽雾”号通用驱逐舰、“朝雪”号通用驱逐舰和“神通”号护卫舰。

第 14 护卫队，司令部位于舞鹤海军基地，编有“朝雾”号通用驱逐舰和“松雪”号通用驱逐舰。

第 15 护卫队，司令部位于大凑海军基地，编有“滨雾”号通用驱逐舰、“大淀”号通用护卫舰和“筑摩”号通用护卫舰。

作为隶属自卫舰队的海军航空兵部队，航空集团负责在日本领海及近海定期、紧急监视侦察、反潜巡逻、运输救援等。装备机型包括 P－3C 反潜巡逻侦察机、P－1 反潜巡逻机、SH－60J/K 型舰载反潜直升机、UH－60J 救援直升机、MH－53E 扫雷运输直升机、MCH－101 扫雷运输直升机、C－130R 运输机、LC－90 运输机及多种电子战飞机。航空集团司令部设在神奈川县绫濑市的厚木海军航空基地，下辖 7 个航空群、3 个直辖航空队、1 个航空管制队和 1 个机动施设队，具体如下。

第 1 航空群，司令部位于鹿儿岛县鹿屋航空基地，下辖第 1 航空队、第 1 整备补给队和鹿屋航空基地队，配备约 20 架 P－3C 反潜巡逻机。

第 2 航空群，司令部位于青森县八户航空基地内，下辖第 2 航空队、第 2 整备补给队和八户航空基地队，配备约 10 架 P－3C 反潜巡逻机。

第 4 航空群，司令部位于厚木航空基地，下辖第 3 航空队、第 4 整备补给队、厚木航空基地队和硫磺岛航空基地队，配备约 20 架 P－3C、P－1 反潜巡逻机。

第 5 航空群，司令部位于冲绳县那霸航空基地，下辖第 5 航空队、第 5 整备补给队和那霸航空基地队，配备大约 20 架 P－3C 反潜巡逻机。

第 21 航空群，司令部位于千叶县馆山航空基地，下辖第 21、23、25、73 航空队、第 21 整备补给队和馆山航空基地队，配备约 40 架 SH－60J、SH－60K 舰载反潜直升机及 UH－60J 救援直升机。

第 22 航空群，司令部位于长崎县大村航空基地，下辖第 22、24、72 航空队、第 22 整备补给队和大村基地航空队，配备约 40 架 SH－60J、SH－60K 舰载反潜巡逻直升机及 UH－60J 救援直升机。

第 31 航空群，司令部位于山口县岩国航空基地，下辖第 71、81、91 航空队、第 31 整备补给队、标的机整备队、岩国航空基地队，配备 US－1A、US－2、EP－3、OP－3C、UP－3D、U－36A 等多种救援飞机与电子战飞机。

第51航空队，司令部位于厚木航空基地，下辖2个飞行队和1个整备队，负责固定翼和旋转翼飞机的试验、评估及训练指导工作。

第61航空队，司令部位于厚木航空基地，下辖1个飞行队和1个列线整备队，配备LC－90与C－130R运输机，负责部队与物资运输。

第111航空队，司令部位于岩国航空基地，下辖1个飞行队和1个列线整备队，配备十余架MH－53E和MCH－101扫雷运输直升机，主要负责航道扫雷与部队运输。

第1、2航空维修队，司令部分别位于鹿屋航空基地和八户航空基地，负责海军航空兵飞机的维修保养。

航空管制队，司令部设在厚木航空基地，下辖洋上管制队、教育训练队和计划审查队，负责接受海上、航空自卫队飞机远洋飞行时的位置通报，发送气象信息，审批相关飞行计划等。

机动设施队，司令部设在八户航空基地内，负责基地与设施的维护，下辖4个设施队。

作为隶属自卫舰队的水下作战力量，截至2015年，潜艇舰队共有常规动力潜艇17艘，将来会扩充到22艘。潜艇舰队司令部位于吴港海军基地，下辖2个潜艇队群，1个练习潜艇队和1个潜艇教育训练队，其中，两个潜艇队群各有1艘直辖的潜艇救援舰，总共下辖5个潜艇队和2个潜艇基地队，具体情况如下。

第1潜艇队群，司令部位于吴港基地，直辖舰为“千早”号潜艇救援舰，下辖第1、3、5潜艇队以及吴港潜艇基地队。第1潜艇队编有“满潮”号、“卷潮”号和“矶潮”号潜艇；第3潜艇队编有“剑龙”号、“黑潮”号和“望潮”号潜艇；第5潜艇队编有“苍龙”号、“云龙”号和“白龙”号潜艇。

第2潜艇队群，司令部位于横须贺海军基地楠浦地区，直辖舰为“千代田”号潜艇救援母舰，下辖第2、4潜艇队和横须贺潜艇基地队。第2潜艇队编有“涡潮”号、“鸣潮”号、“高潮”号潜艇，第4潜艇队编有“瑞龙”号、“黑龙”号、“八重潮”号和“濑户潮”号潜艇。

三 航空自卫队

航空自卫队负责维护日本空中安全，拥有亚洲一流空军、陆基雷达监视与防空反导部队。截至 2014 年，航空自卫队实际总兵力 42751 万人，各类作战用飞机 440 架，其中战斗机（F－15/DJ、F－4EJ、F－2A/B）约 350 架。航空自卫队拥有 11 个大型空军基地、17 个防空导弹基地、28 个防空雷达站基地、3 个大型空运基地及大量训练、后勤基地等。航空自卫队的基干作战部队是航空总队，下辖方面队和混成团。另外，航空自卫队还设有航空支援集团（负责航空运输、航空管制、航空气象等支援任务）、航空教育集团（负责部队教育训练，与海上自卫队的教育航空集团不同）、航空开发实验集团（负责飞机及舰载设备、技术研发），以及航空系统通信队、航空安全管理队、干部学校、补给本部等防卫大臣直辖部队。

1954 年，航空自卫队正式成立，由美国提供教练机、运输机等对初建的航空自卫队提供飞行员培训。1955 年，美国批准日本军工企业自行生产美制 F－86 战斗机和 T－33 教练机。1957 年，航空自卫队的核心战力，即航空集团（1958 年改编为航空总队）组建。1959 年，教育训练部队，即飞行教育集团（1989 年改编为航空教育集团）组建。60 年代，航空自卫队形成了 3 个方面队共同承担日本全境防空的格局，首次组建了地对空导弹部队（高射群）。1973 年，新组建的西南航空混成团接管了回归的冲绳防务。80 年代，航空自卫队加速装备更新换代，大量采购 F－15 战斗机，使得航空自卫队最终成为全球保有该型战机第二多的国家（仅次于美国）。同时，航空自卫队又订购 E－2C 预警机和 E－767 大型预警机，组建预警机航空队，以“爱国者－2”地对空导弹取代原来的“奈基－J”地对空导弹，建立由 28 个防空雷达站组成的空中监视网络。80 年代末，航空自卫队进行大规模体制改革，重组成立了航空支援集团、航空教育集团和航空开发实验集团，从而形成了现今的基本指挥体制。90 年代，航空自卫队进一步调整战斗机、预警机飞行队编制与部署，更新装备，削减战机数量，并于 2000 年在原中央航空通信群和各方面移动通信队的基础上组建了航空系统通信队。

进入21世纪以来，航空自卫队加快了现代化建设的步伐。除对现有F-15等主力战机进行升级改造外，2011年，日本正式决定引进美制F-35战斗机，将其列入历年防卫预算。航空自卫队特别重视建设导弹防御网络，从2007年起引进并部署“爱国者-3”导弹系统。2012年。日本航空总队司令部驻地从府中基地搬迁至驻日美国空军司令部所在地横田基地，组建日美空中联合作战中心，共享美方预警卫星与雷达情报。航空自卫队全面装备FPS-5型陆基雷达，推进新一代FPS-7型雷达研发与应用，并于2009年启用新型自动警戒管制系统（JADGE），将其与陆基雷达站、海基（宙斯盾舰）反导系统与大型X波段雷达联结。编制方面，航空自卫队统合飞行教导队、高射教导队和电子作战支援队，组建航空战术指导团，将驻扎横田基地的防空指挥群及基地管理部队等整编为作战系统运用队，并进一步扩编整合预警机部队，在美国协助下增购、技术改造现有预警机。部署方面，为应对所谓“中国威胁”，航空自卫队在维持首都圈等要害地区和北、西侧领空监视和防御力量的基础上，持续地、重点地强化冲绳一线“西南诸岛”范围内的侦察、作战部署和基地建设。

航空自卫队的基干作战部队是航空总队。航空总队是涵盖战斗机部队、高射（防空导弹）部队、航空预警指挥部队、航空救援部队的联合部队。航空总队司令官军衔为将（中将），统管航空总队，兼任日本陆基、海基弹道导弹防御部队的最高指挥官。航空总队总司令部位于东京都横田空军基地，下辖3个航空方面队、1个航空混成团，以及航空救援团、航空战术指导团、侦察航空队、警戒航空队、作战情报队等直辖部队。在方面队及独立混成团之下设有航空团（战斗机团）、航空警戒管制团（雷达部队）和高射群（防空导弹团），作为主力部队。

以下是对航空总队各下属部队的介绍。

作为航空总队主力，三大航空方面队和一个航空混成团如下。

北部航空方面队于1958年组建，负责防御北海道和东北地区北部，司令部位于青森县三泽空军基地，下辖第2、3航空团、北部航空警戒团、第3、6高射群和其他直辖部队。第2航空团下辖第201、203飞行队（配备F-15J/DJ战斗机与T-4教练机）；第3航空团下辖第3、8飞行队（配备F-2战斗机与T-4教练机）；北部航空警戒管制团下辖第18、26、28、29、33、37警戒队、第42、45警戒群（以上均为固定雷达站部队）和第1移动警戒队（移动雷达部队）；第3高射群下辖第9、10、11、24高射队，负责北海道防空；第6高射群下辖第20、21、22、23高射队，负责东北地区防空。

中部航空方面队于1958年组建，负责防御东北地区南部、关东地区、中部地区和近畿地区，司令部位于琦玉县入间空军基地，下辖第6、7航空团、中部航空警戒管制团、第1、4高射群和其他直辖部队。其中，第6航空团下辖第303、306飞行队（配备F-15J/DJ战斗机与T-4教练机）；第7航空团下辖第302、305飞行队（前者配备F-4EJ改进型战斗机与T-4教练机，后者配备F-15J/DJ战斗机与T-4教练机）；中部航空警戒管制团下辖第1、23、27警戒群、第5、35、44、46警戒队以及第2移动警戒队；第1高射群下辖第1、2、3、4高射队，负责关东地区防空；第4高射群下辖第12、13、14、15高射队，负责中部地区防空。

西部航空方面队于1959年组建，负责防御九州地区、中国地区及四国地区，除日本海南部领空外，还重点警戒中国东海方面空域，司令部位于福冈县春日空军基地，下辖第5、8航空团、西部航空警戒管制团、第2高射群和其他直辖部队。其中，第5航空团下辖第301飞行队（配备F-4EJ改进型战斗机与T-4教练机）；第8航空团下辖第304、6飞行队（前者配备F-15J/DJ战斗机与T-4教练机，后者配备F-2战斗机与T-4教练机）；西部防空警戒管制团下辖第13、43警戒群、第7、9、15、17、19警戒队和第3移动警戒队。第2高射群下辖第5、6、7、8高射队，负责九州地区防空。

西南航空混成团，1973年组建，负责防御冲绳诸岛等“西南诸岛”，重点承担中国东海和西太平洋方向的空防，司令部位于冲绳县那霸航空基地，下辖第 83 航空队、西南航空警戒管制团和第 5 高射群等部队。其中，第 83 航空队下辖第 204 飞行队（配备 F－15J/DJ 战斗机与 T－4 教练机）；西南航空警戒管制团下辖第 53、54、55 警戒队、第 56 警戒群，第 4 移动警戒队和第 5 移动通信队；第 5 高射群下辖第 16、17、18、19 高射队，负责冲绳防空。

除以上方面队和混成团外，航空总队还有以下主要直辖部队。

航空救援团，负责紧急状况特别是灾害的搜索救援，司令部位于琦玉县入间空军基地，下设 10 个救援队和 4 个直升机空中运输队，部署 U－125A 搜索飞机、UH－60J 救援直升机和 CH－47J 运输直升机。

航空战术指导团，负责空军、防空导弹、电子战及基地警备部队的综合训练，司令部位于横田基地，下设飞行教导群、高射教导群、电子作战群和基地警备教导队。其中飞行教导群为战斗机教官部队，由航空自卫队战斗机精英飞行员组成“假想敌机队”，巡回指导各一线部队；高射教导群负责训练防空导弹部队；电子作战群负责与空战相关的电子战研究与人员培训。

警戒航空队，为预警机部队，负责领空警戒，司令部位于静冈县滨松空军基地，下辖 3 个预警机中队和 2 个整备群（负责设备维护）。其中，2 个预警机中队即第 601、603 飞行队配备 E－2C 早期预警机，前者部署在东北地区的三泽空军基地，后者部署在冲绳县那霸航空基地。其余的 1 个预警机中队配备 E－767 预警机，部署在滨松基地。

侦察航空队，负责对陆、对海战术侦察任务和灾害、活火山侦察等，司令部位于茨城县百里空军基地，下辖 1 个飞行队（第 501 飞行队），配备 RF－4E 和 RF－4EJ 侦察机。

作战情报队，负责空军作战情报收集、分析和传达，司令部位于横田基地，下辖作战情报处理群、电波情报处理群和情报资料群。

作战系统运用队，2014 年由原防空指挥群、项目管理队等机构整合而成，并随同航空总队司令部一起迁至横田基地，负责原防空指挥群所承担的航空情报收集、转达任务，以及横田基地后勤管理等。该队司令同时兼任横田基地司令。

第六节 国防科技与国防工业

一 战后日本军工产业的发展

二战结束后，作为占领国的美国颁布法令，禁止日本企业生产任何武器装备和军用物资，并采取措施处置日本军事装备、肢解其军工产业。日本军工产业由此经历五年左右空白期。但在冷战开始，美国对日政策转向的背景下，1952 年美国解除对日本的《武器飞机生产禁止令》，日本政府继而公布《飞机制造事业法》（1952 年）和《武器等制造法》（1953 年），开启重建军工产业之路。朝鲜战争中美国对日本的“特需订货”为日本带来巨额收入，刺激了日本产业界与财界重建军事装备生产体系，也促使美国全面承认日本军工关联产业的合法性。1954 年，日美签署《相互安全保障协定》（MSA），据此日本获得美国大量军事援助。1954～1967 年，日本共从美国获得 5760 亿日元军事援助，相当于日本武器与军需品采购总额的 27%。使得军工技术从美国大量流向日本，在美国的授权与协助下，日本企业重新进入高精尖军工领域，这使日本军工产业得以快速重建并实现“跨越发展”。

冷战时期，日本强调“军工自立”，军工产业以国产化为基本战略目标。20 世纪 50 年代至 60 年代末，防卫计划多次提出“整备防卫产业”“装备生产国有化”，逐步自主研发陆军常规武器、坦克和驱逐舰。1970 年防卫厅出台《装备生产与开发基本方针》等纲领性文件，大力促进武器装备研制和军工产业发展。70～80 年代，日本军工技术水平突飞猛进，日本自主研发了一批具有国际先进水平的战机、坦克、战术导弹和作战舰艇。与日本军工技术发展相适应的是，1950～1957 年，日本武器装备国产化率一直未超过 40%，到 1961 年代达到 64.6%，1962～1966 年达到 81.6%，1969 年达到 91.6%，此后一直维持在 90% 左右。同时，1978 年《日美防卫合作指针》签订后，日美武器共同开发得以制度化，美国授权日本许可证的军事设备生产也得到发展。在此情况下，自卫队武器采购和

装备更新换代达到一个高峰。新装备购买费在防卫预算中所占比重在1989年达到28%，为历史最高。

后冷战时期，在安全环境发生变化与国家预算受到限制的情况下，日本强调军工产业效率化，寻求产业战略转型，1995年《防卫计划大纲》强调“要注意通过适当的国产化维持防卫产业和技术的基础，同时建立有效的采购和补给体制”。在国产化装备价格日益高涨的情况下，日本政府试图改变国产化战略，加强国际合作。1992年日美签署了10项共同武器开发合作协议，涉及火箭、高端炼铁、树脂材料、混合动力以及弹道导弹等。整个90年代，日本军工企业与美方合作生产或许可证生产的重要武器装备近30种，日本积极寻求在发动机、火箭技术与制导武器方面与美加强深层合作。

进入21世纪以来，为配合军力转型，日本军工产业自主研发已从重火炮、坦克、传统舰船等彻底转向大型平台舰艇、新一代隐形战机、导弹、多功能直升机、侦察卫星、信息化指挥中枢系统等装备或其核心组件。同时，日本还强化在太空等“新边疆”领域的军事投入，为军工产业寻找新增长点，为此政府合并航天研究机构，成立“宇宙开发战略本部”，提出《宇宙基本计划》并修改《宇宙基本法》，大力推进火箭及卫星技术的军事应用，加速建立日本自主研发的卫星监控网络等。三菱重工、川崎重工、住友重工等大型军工企业为节约成本，改善效率，纷纷寻求合并重组并得到政府的支持。这一时期，日本政府针对军工产业的指导政策发生变化，2004年日本政府曾重申武器装备国产化的重要性。但到2008年，防卫省提出日本防卫体系要“多功能、弹性化并注重实效”，不再单纯以国产化率作为衡量标准，而是致力于确保核心技术与生产能力。近年来，政府更明确地将日本军工产业“推向世界”，通过国际合作，进一步提升日本军事技术能力与产业竞争力。2014年，日本出台“防卫装备转移三原则”，大幅放宽向外输出日本武器装备技术的限制，并确立“防卫装备发展新战略”，在推进国际合作的同时，促进军民两用技术发展。以此为契机，日本在继续参与美国主导的武器联合开发基础上，积极与澳大利亚、印度、东盟各国启动武器装备与技术合作，与英、法等欧洲国家加强军工合作，推动潜艇、救援飞机、巡逻舰船等装备出口海外。2015 年 10 月，防卫装备厅成立，负责统合军事装备研发订购，并承担起向海外推销日本军工产品、与海外军工产业交流的职责。

二 日本军工产业现状

2014 年，日本防卫省委托国内军工企业的生产总值为 2.140 万亿日元，占日本工业生产总值的 0.79%，其中，电子通信设备、武器弹药、飞机和船舶的生产总值分别为 5524 亿日元、4559 亿日元、3324 亿日元和 2472 亿日元。总的来看，日本军工产业在国民与工业经济中所占比例较小，其生产基本用于满足自卫队装备需求。目前，日本国内参与军工关联生产的企业超过 2000 家，但少数传统大型企业占据了压倒性市场份额，包括三菱重工、川崎重工、三菱电机、日本电气（NEC）、东芝、石川岛播磨重工、小松制作所、住友重工、富士重工、日立造船、三井造船等。在美国“防务新闻”网站评出的 2015 年国际军工关联企业百强中，日本企业占据 7 席，分别是三菱重工（第 36 位）、川崎重工（第 46 位）、NEC（第 66 位）、全日空（第 72 位）、三菱电机（第 77 位）、石川岛播磨重工（第 91 位）与富士通（第 98 位）。日本军工企业组成的行业协会包括：日本兵器工业会、经团联防卫生产委员会、日本防卫装备协会、日本航空航天工业协会、日本造船工业协会等。

日本军工企业采取军民复合发展模式，从事军工生产的企业同时兼营民用产品，且军工生产在其总销售额中的比重不高，最高在 15% 左右。日本民用工业中车辆（及发动机）、造船、机械、电子、化学、光学、智能机器人等技术处于世界先进水平，并很大程度上具备军民两用特性，可直接转化为军工生产力，而军工产业的研发又可以带动工业技术，产生“军民互促”的联动效果。日本政府对武器装备技术进行严格管理，对军工生产中进行直接导向干预。手段包括颁布相关法律（如《火药产品取缔法》《武器制造法》等）限制企业准入和产品标准，由防卫省主导向指定企业进行“定向采购”，由专门机构垄断研发（大多由防卫省技术研究本部负责研发）及其费用，以及对军工产业采取其他调控措施。

在军工产品研产过程中，防卫省发挥了领导作用。一方面，防卫省按照采购方案制定预算方案，预算方案被国会批准后，防卫省采用指定“总包企业”的方式进行采购，而承接订单的“总包企业”就是与政府建立常规合作的大型军工企业，这些企业获得订单及资金后，再对其进行分配与转包，由分支部门或其他中小企业承担具体零部件生产，形成层层承办的模式，而在防卫省指定范围之外的企业，则很难进入相关生产领域；另一方面，在研究开发领域，防卫省专门研究机构，即技术研究本部（下辖五个研究所）具备武器装备全面研究能力，同时，大型军工企业也设有武器装备关联研究机构，在进行企业基础与生产应用科研的同时，承接防卫省的委托任务，特别是新装备试制品的制造及试用分析基本上均由防卫省委托民间企业进行。在较高技术门槛限制下，中小企业或难以进入市场，或只能从事个别零部件的代工业务。

在政府干预下，日本军工产业寡头垄断色彩严重，形成以少数大型企业为核心、在具体领域交互配合的垂直一体化生产体制。在产品分工格局方面，战机制造商主要包括三菱重工、富士重工、石川岛播磨重工、川崎重工、新明和工业等；舰艇制造商主要包括三菱重工、石川岛播磨重工、川崎重工、联合造船、三井造船等；坦克制造商主要包括三菱重工、日本制钢、小松制作所、日立制造所等；枪支、火炮制造商主要包括三菱重工、神户制钢所、住友重工、日本制钢所、丰和工业等；弹药制造商主要包括旭精机、小松制作所、大金工业、日本制钢所等；导弹、火箭制造商主要包括三菱重工、川崎重工、东芝、NEC 等；火控装置制造商主要包括三菱电机、NEC 等；军用弹道导弹计算机、雷达与通信设备制造商主要是三菱电机等。在大的产品分类之中，不同企业又各自承担相应组件的主承包商，这些“总包企业”构成了日本军工生产的体系骨干与产能来源。

总体上看，通过长期自主研发和吸纳美国技术，日本军工产业形成了相对成熟的技术基础，技术水平高，研究成果转化率高。但是，日本军工产业也存在核心技术依赖国外进口，技术体系存在关键缺陷乃至“盲点”等问题，集中反映在航空与舰艇发动机等动力装置、战机机体、反导系统、高空预警机、大型加油机等领域。而且从中长期看，日本军工产业面临严重结构性困境。由于劳动力减少，工业基础总体萎缩，基层分包配套的中小企业数量减少，生产成本上涨。固有体制使军工产业高度垄断，缺乏活力，国际竞争力不足。由于财政压力，日本国内军工产品市场容量难以扩大，订货量不足加速生产成本上涨，装备价格的上涨又使防卫省不得不进一步削减订货，从而形成恶性循环。这也正是当前日本政府推进改革，促使军工产业突破原有国内生产格局，扩大出口，参与国际合作的主要原因所在。

三 部队主要武器装备

现有自卫队武器装备按取得途径大体分三类：一是完全自主设计制造的国产化武器；二是引进国外武器原型，并从国外厂商取得生产许可证后，由本国企业进行改造、生产，即许可证生产（包括军售、接受有偿援助及与国外联合生产）；三是从国外直接进口武器原型装备部队。过去，为强化本国军工技术能力，日本多采取完全国产化或许可证生产。在许可证生产成本比直接进口高很多的情况下，也尽量采取许可证生产，以提高国产化水平，吸纳国外先进技术。但近年来，为了节约成本以及尽快引进先进武器，形成部队战斗力，自卫队直接进口武器（特别是从美国进口）的比重有所提升。

陆上自卫队常规武器方面，枪支火炮、坦克与装甲车等基本实现国产化。目前部队装备主要枪支和火炮包括89式手枪（口径5.56毫米）、64式手枪（口径7.62毫米）、62式机关枪（口径7.62毫米）、MINIMI机关枪（口径5.56毫米）、L16迫击炮（口径81毫米）、M2无后坐力炮（口径82毫米）、FH70式榴弹炮（口径155毫米）、RT迫击炮（口径120毫米），以及75式、99式自动榴弹炮（口径155毫米）大型自动榴弹炮（口径203毫米）、M270式多管联装火箭炮（口径227毫米）等自行火炮。坦克装甲车方面，自卫队现装备74式坦克（搭载105毫米口径火炮）、90式坦克（搭载120毫米口径火炮）和10式坦克（搭载120毫米口径火炮），其中10式坦克作为陆上自卫队新一代主战坦克，在动力、

车身与装甲防护方面采取诸多革新性设计，机动性与特种作战能力较以往坦克有明显提升。装甲车方面则以73式装甲车和96式轮式装甲车（均搭载12.7毫米口径重机枪）为主。为提升部队两栖作战能力，日本正积极研制新型机动装甲车，并开始从美国进口AVV7两栖登陆战车。导弹方面，除"霍克"短程地对空导弹（改进2、3型）为日美联合生产外，其余导弹基本上实现国产化，主要包括01式轻型反坦克导弹、79式反舰反坦克导弹、87式反坦克导弹、81式短程地对空导弹、11式短程地对空导弹、03式中程地对空导弹、93式短程地对空导弹、88式地对舰导弹、96式多功能导弹等。陆军航空兵装备方面，LR－1固定翼侦察机、OH－1观测直升机为日本国产装备，其他如UH－1H/J多功能武装直升机、UH－60JA多功能武装直升机、CH－47J/JA运输直升机、AH－1S反坦克武装直升机等均为进口机型改进版（许可证生产）。

海上自卫队常规武器方面，服役的主力舰船型号包括：直升机驱逐舰"白根"级（5200吨）、"日向"级（13950吨）和"出云"级（19500吨）；导弹驱逐舰"旗风"级（4600～4650吨）；宙斯盾导弹驱逐舰"金刚"级（7250吨）和"爱宕"级2艘（7750吨）；通用驱逐舰"初雪"级（3050吨）、"朝雾"级（3500～3550吨）、"村雨"级（4550吨）、"高波"级（4650吨）和秋月级；护卫舰"阿武隈"级（2000吨）；潜水艇"亲潮"级（2750吨）和"苍龙"级（2950吨，采取AIP技术）、运输舰"大隅"级（8900吨）、扫雷舰"八重山"级（1000吨）等。舰艇基本为日方自主设计建造（部分模仿国外舰型设计）。舰载武器装备特别是火炮、防空反导系统多为许可证生产乃至直接进口，如"宙斯盾"防空系统，SM－1、SM－2型防空导弹，SM－3型反弹道导弹，"阿斯洛克"反潜导弹，MK41导弹垂直发射系统，76毫米和122毫米口径舰载速射炮，"鱼叉"导弹火控系统等。日本自主研究的舰载武器系统包括ESSM短距离对空导弹、90式舰对舰导弹、潜艇所装备的各式反潜鱼雷、发射系统及声呐等。海军航空兵装备方面，目前反潜巡逻机主力P－3C为美国引进许可证生产、P－1则为日本自主研制的新一代预警机，航速与作战半径均优于P－3C，正陆续列装一线部队。US－1A、US－2救援机及电子战飞机则均为国产。舰载武装直升机如 MH－53E、MCH－101、SH－60J/K 等均为从美国、欧洲直接进口或许可证生产。目前，日本准备进口新型多功能武装直升机，以充实舰载机实力，现正处于机型选择阶段。

航空自卫队常规武器方面，在服役的主力战斗机，即 F－15J/DJ、F－4EJ/改和 F－2A/B 当中，前两者为从美国引进的改进版（许可证生产），而 F－2 则作为原 F－1 对地支援战机的后继机型，为日美联合研制，实际上该机型日方国产化比重很高。目前，日本已确定将 F－35A 作为下一代战斗机主力，除直接进口外，日本军工企业已参与联合生产主要零件与组装，以吸纳美方技术，实现战机部分国产化。另外日本还在积极推进 ATD－X 技术验证机，即“心神”的研发与试飞，从而为日本自主生产下一代隐身战机奠定基础。目前，日本自主研制生产的服役作战用飞机包括 T－1、T－2、T－4 型教练机以及 C－1 型运输机，新型国产运输机 C－2 也在研产试飞阶段，并且日本已决定引进美制 V－22“鱼鹰”大型运输机。预警机方面，目前作为主力的 E－2C、E－767 大型早期预警机均从美国进口，且目前日本已决定进口美制“全球鹰”大型预警机。另外，作为辅助型作战飞机，KC46A 空中加油机、C－130H 运输机等均为进口，用于救援和运输的武装直升机 UH－60J、CH－47J 等则为进口机型许可证生产。反导系统方面，现在装备航空自卫队高射群的“爱国者”反导系统均为直接进口，雷达系统则基本实现国产化。总体上，相对其他军种，航空自卫队装备进口比重较大，特别是部分机体和高性能航空发动机均需进口或许可证生产。日本自主生产的部分多为机载武器、通信和雷达系统等，特别是导弹，如 90 式空对空导弹、99 式中程空对空导弹、04 式空对空导弹、80 式空对舰导弹、93 式空对舰导弹等。

四 卫星、火箭与核军事潜力

日本拥有先进航天技术，且相当重视发展太空军事能力。后冷战时期，日本以朝鲜核问题和弹道导弹威胁为理由，利用美国的战略与技术支持，大力发展军用航天技术。现在日本每年投入太空军事开发的预算超过

350亿日元。在体制方面，2001年，日本政府整合60年代中后期成立的宇宙科学研究所、航空宇宙技术研究所和宇宙开发事业团，成立统一的太空研究机构，即宇宙航空研究开发机构（JAXA）。日本从20世纪末开始投入巨大力量研发低轨道侦察卫星，构造自己的“准天顶卫星系统”。2003~2007年，日本陆续发射2颗雷达成像侦察卫星与2颗光学侦察卫星，形成4卫星监测的天基侦察体制。2009年，日本开始发射新的雷达与光学卫星，陆续替代原有卫星，并计划进一步扩大卫星群数量，完善“多星组网”体制。根据日本最新《宇宙基本计划》，日本计划在未来10年发射45颗各种卫星。日本卫星装置，特别是光学卫星质量处于世界领先水平，其第三代光学侦察卫星分辨率在0.3~0.6米，雷达成像卫星的分辨率也可达到1米。日本计划利用自主卫星侦察网络，结合日美卫星情报共享体制，加强卫星监控、导航和预警能力，完善自主反导系统，乃至整体强化自卫队自动化指挥系统（C4ISR），促进指挥管理体制现代化。

在火箭技术方面，日本是世界上发射卫星与航天器经验较为丰富的国家之一，其火箭技术也相当发达。先后拥有L、M、N、H等4个型号的火箭。其中2001年首次发射成功的H2A大型主力火箭，以及其升级版H2B火箭是目前世界上最先进的大推力火箭之一。H2B火箭直径超过5米，地球同步转移轨道最大发射能力为8吨左右，空间站转运飞行器轨道的最大发射能力超过16吨。日本的火箭发动机技术先进，各级别火箭序列完整，这些火箭只要加装制导系统，将装载卫星的舱室改装核弹头，便可成为中远程战略核导弹。在航天技术领域，日本集中力量积极研发火箭技术，既有通过发射获取太空技术的意图，也有积累弹道导弹技术的考虑。

在核军事能力方面，尽管目前为止日本声称不会发展核武器，但在过去日本政府内部曾数次有人主张发展核军事力量，最近一次是2006年朝鲜核试验后。而且，日本始终没有停止囤积核原料以及发展相关技术能力的努力。根据国际组织估计，截至2011年，日本通过对国内核电站的核废料进行后期处理，已囤积近45吨钚，可造出5000枚核弹头，且日本国内的核废料处理工厂每年还能生产8吨~9吨钚。在武器级钚储量方面，日本已超越美国成为世界第一大储量国。同时，日本还在核废料中提炼低浓缩铀，经过处理后可用来生产核武器。

在技术方面，除建立在火箭技术基础上的投射工具外，通过长年的民用核能开发，日本还掌握了成熟的增殖反应堆技术，储备了大量实验数据与人才，日本先进的材料、计算机技术也为实施核试验提供了现成的基础。国际专家估计，从目前日本掌握的核技术和其他有关高技术水平看，日本一旦需要，可在短时间（如 3 ~6 个月）研制生产出大量核武器。

第七节　对外军事合作

一　与美国的军事合作

美国是日本军事合作最重要的伙伴。战后以来，美国的全球及地区战略对于日本的国家安全及相关政策施加了结构性影响。日美同盟成为日本军事安全与外交政策的基轴。在战后日本军事安全政策发展的各个历史阶段，基本都涉及日美同盟的转型调整，而如何使同盟关系对等化、双向化，如何适应乃至利用同盟，使其有利于日本自身的安全、利益与尊严，则成为日本军事安全政策所需解决的核心问题之一。冷战结束后，特别是进入 21 世纪以来，与美国的军事合作日益成为日本谋求政治军事大国化，成为“正常国家”的外部战略资源与政策推力。

战后，日美基于军事安全合作的同盟关系经历了以下基本阶段：第一阶段，即战后到 20 世纪 60 年代末，日美在 1951 年签署《日美安保条约》（旧安保条约），1960 年签署新安保条约，美国主导建立了以不平等性与非对称性为特征的日美同盟机制；第二阶段即 70 ~80 年代，在冷战，特别是 70 年代后期美苏“新冷战”爆发的背景下，1978 年日美签署《日美防卫合作指针》，以“遏制侵略于未然”和日美“防卫分工”为核心，规定日美各自防卫任务，并逐步建立起日美具体防务合作的常规体制；第三阶段即冷战结束后的 90 年代，日美同盟经从“同盟漂流”到“安保再定义”，以 1997 年《日美防卫合作指针》的签署为标志，以日美首次“日本有事”与“周边有事”为体系框架，建立起地区介入型同盟体制；第四阶段即进入21世纪以来，日美在全球战略协作（美国主导的两场“反恐战争”）与亚太安全介入两条战线上均加强了协调。2015年出台的最新的《日美防卫合作指针》规定了日美同盟的发展趋势，其方向是同盟协作“无缝连接”，角色权责“相对均衡”，干预范围“走向全球”。战后以来，日本日益认为日本应美国的要求承担更多同盟义务，并不一定是战略负担，相反如恰当加以利用，往往可转化为日本重要的战略资产。

在日美军事安全合作中，日美协同是保持美国在亚太“前沿存在”的支柱之一。目前，在日本驻扎的美军部队约5万人，以海军、空军及两栖作战部队为主，包括美海军第7舰队、第5航空军、海军陆战队第3远征军等，美军在日本拥有基地、机场、兵营等设施130处，美军使用的重要基地包括横须贺海军基地、佐世保海军基地、横田空军基地、三泽空军基地，以及冲绳区域内的众多作战、后勤基地等。目前，一方面日美推动双方军队整编与基地变迁（如冲绳普天间机场搬迁与美海军陆战队移师关岛），另一方面加强双方在军事部署及情报、指挥方面的相互支援乃至协同一体。美国“亚太再平衡”战略强调，2020年前将美国海军60%的舰艇部署在太平洋。为此，美国加紧调整亚太兵力部署，在日本增加部署“宙斯盾”驱逐舰、濒海战斗舰、“全球鹰”大型无人侦察机、P－8A反潜巡逻机、大型运输机、陆基预警雷达和海基X波段雷达等装备，以提升其在西太平洋地区弹道导弹防御与防空一体化能力，以及“第一岛链”的封锁能力。日本出于加强日美同盟对外威慑力的考虑，对美国加强亚太“前沿部署”做了积极的响应与配合。

二　与亚太国家的军事合作

日本重视与亚太国家发展军事合作，以图在地区安全事务中保持和扩大影响，并带动国内安全政策变革。20世纪70年代中后期，以“福田主义”为标志，日本开始以东南亚为重心发展对亚太国家的地区外交。90年代初在日本安全政策尝试转向多边安全合作的背景下，日本开始实质性地参与地区安全事务。1992 年日本出台《联合国维和行动法》并向柬埔寨派遣自卫队，此后又参与了东帝汶、尼泊尔等国的维和行动；90 年代中后期，日本逐步介入朝鲜半岛安全事务，2003 年加入作为东北亚地区安全协商机制的朝核问题六方会谈。90 年代末至 21 世纪初，日本陆续与亚太地区主要国家建立了军事安全合作和对话机制。近年来，日本更以空前力度发展与亚太国家的军事合作，与一些国家强化了安全伙伴关系乃至“准同盟”关系。同时，日本致力于提升自己在亚太多边安全机制中的发言权与影响力，寻求主导和塑造地区秩序。

日本与韩国同作为美国军事盟友，主要在美日韩三边军事体制中开展合作，而朝鲜问题则是其主要战略目标。冷战结束后，日韩两国在美国亚太战略调整以及朝鲜半岛形势变动的背景下，加强了安全合作。1994 年日韩建立了安全对话机制，1995 年两国在美国主导下组建朝鲜半岛能源开发机构（KEDO），联合干预朝核问题，此后又共同参与六方会谈。1998 年日韩发表了伙伴关系宣言，此后又在美国安排下建立三边委员会。2006 年朝鲜核试验后，日本主动加强与韩国的军事合作，日韩两国及美国多次在公开及非公开场合表示将强化三边安全合作，共同应对半岛紧张局势。2012 年日美韩三国举行首次联合军事演习，并持续至今。但是，日韩两国在朝鲜问题上政策立场不同，日韩之间的历史、领土争端使得两国间安全合作在韩国成为敏感问题。这阻碍了日韩双边军事合作。日韩曾接近签署《相互提供物资与劳务协定》和《军事情报保护协定》，但最终韩方否决了此事。目前，韩方也尽量避免与日方单独进行军事演习。

在亚太地区，东南亚国家是日本军事安全的重点。1993 年宫泽喜一首相在访问东盟四国时公开声称将加强与东盟国家合作，借此积极参与亚太多边安全机制，此后，日本倡导并主导了东盟地区论坛的成立。1997 年日本与中、韩同时建立了与东盟的协商机制。1997 ~ 2001 年，日本先后与印尼、泰国和越南等国建立了安全对话机制。进入 21 世纪后，日本借反恐、反海盗与国际维和议题加强了与东南亚国家的安全合作。2009 年，日本与东盟开始举行副防长级会议，2014 年开始举行防长级会谈。近年来，以海洋安全为切入点，日本重点加强了与越南、菲律宾、新加坡、马来西亚、印度尼西亚等国的军事合作，构建了国家间安全与战略伙伴关系，在东盟国家军事能力建设方面日本提供全面协助，包括人员交流与培训、军用装备（如巡逻艇）出口与联合演习等。日本与东盟国家展开“海洋安全合作”，介入南海争端，重点扶持越南、菲律宾等国，以维护海洋安全的“法律支配”为名与一些东盟国家积极呼应活动，以针对、遏制中国。同时，日本在国内武器出口限制政策被打破的背景下，正努力推进与东盟国家在武器装备及技术方面的深度合作。2015 年底，印度尼西亚成为首个与日本建立外交与国防部长级“2 +2”协商机制的东盟国家，这标志着日本正积极与东盟国家强化全方位军事合作，甚至与之建立“准同盟”色彩的关系。

另外，进入 21 世纪以来，日本日益重视在印度洋 - 太平洋区域，即“印太”地区建构安全网络，加强与印度、澳大利亚的军事安全合作，并借助美国的同盟框架，加强日美印、日美澳三边协调。21 世纪以来，日印关系迅速升级，2007 年日印宣布建立“全球战略合作伙伴关系”，在“路线图”中重点约定加强军事安全合作。2008 年日印进一步出台《关于日印安全保障合作的共同宣言》，对两国军事合作体制进行了系统性规划，建立起外交和军事部门从部长到局级的各层级协调渠道、人员交流与联合训练体制。2007 年，日本首次参加美印“马拉巴尔”海上军演。2012，日印海军在日本周边海域首次举行联合军演，日本以海洋安全与“价值观外交”为理由，积极加强与日印安全部门的交流，并向印度出口水上救援飞机等装备。日澳之间则较早建立起类似日美间的“准同盟”军事合作关系。2007 年日澳首次举行两国外交与防卫部门的部长级“2 +2”协商会议，签署《安全保障合作联合宣言》，这是日本首次与美国之外的国家建立该体制。2010 年与 2012 年，日澳又先后签署《相互提供物资与劳务协定》与《军事情报保护协定》。目前，日澳就加强武器装备与技术合作，特别是日方向澳方转让尖端潜艇技术开展密切磋商，另外两国就联合干预地区安全事务，特别是“印太”区域海洋安全问题达成一致。

三　与欧洲国家的军事合作

冷战格局的终结为日本发展与欧洲国家以及北约的军事合作关系创造了契机。1990 年，日本与北约首次在布鲁塞尔举行了安全会议。90 年代初，日本先后与欧盟前身，即欧共体以及欧洲安全与合作组织建立伙伴关系，于 90 年代中期成为欧洲理事会观察员国。同时，日本在参与国际维和行动中与欧洲多国加强了协作。2001 年"9·11"事件及此后的阿富汗战争进一步促使日本与北约加强军事安全合作。日本自卫队通过派遣军舰在印度洋为北约部队加油，并深度参与阿富汗战后重建，与北约加强协调，从而将合作拓展到全球反恐、反核扩散与反海盗方面。2004 年，北约正式将日本作为其在亚洲外交与安全领域的"接触国"。从 2007 年开始，北约向日本提供"定制性"一揽子合作方案（Tailored Cooperation Packages），为日本提供军事能力建设方面的协助。日本与北约建立了安全问题高级磋商机制，2010 年签署了《军事情报保护协定》。2013 年北约秘书长拉斯穆森访日时，日本与之签署《联合政治宣言》，宣布建立"日美欧三极协调"，这是日本首次与国际军事联盟组织发表的政治宣言。2014 年，安倍访问北约总部时，签署了汇总日本和北约重点安全合作领域的《个别伙伴合作计划》，标志着双方安全合作的全面升级。日本 2014 年在亚丁湾首次与北约成员国举行海军联合演习，首次向北约总部派遣自卫队联络官。现在，日本希望进一步加强与北约在具体防务课题及国际重大问题上的协调，构筑日欧安全同盟，并积极考虑加入北约导弹研发联盟（"海麻雀联盟"）。

日本与欧洲主要国家的军事合作也在不断加强。英、法两国是日本在欧洲传统的安全合作伙伴。近年来，日英、日法军事合作发展较为迅速。英国是日本对欧防务合作，特别是武器装备技术合作的最大伙伴。2012 年，英国首相戴维·卡梅伦访日时，日英首脑签署声明确认建立战略合作伙伴关系，并就共同研发武器装备达成协议，这也是日本 2011 年底放宽武器出口三原则后首次与外国签署类似协定。2013 年，日英签署《防卫装备合作协定》和《军事情报保护协定》，2014 年双方首次召开日英外交

与国防部长级“2+2”会议，并签署了《相互提供物资与劳务协定》，同时继续寻求深化武器装备技术合作，特别是在新一代战机及导弹方面的合作。在日法安全合作方面，2013年法国总统奥朗德访日时，日法签署协议建立“特殊伙伴关系”，宣称发展“基于共同价值”的安全合作。2014年初，日法首次召开外交与国防卫部长级“2+2”会议，宣布积极推进武器装备联合开发。2015年，日法正式签署《防卫装备合作协定》，法国也成为继美、澳、英后第四个与日本签署类似协议的国家。目前日法正积极推进无人水下监测设备开发及核能合作，并以非传统安全问题为重点带动安全合作。同时，日本还期望将日英、日法军事合作模式“推广”开来，积极准备与德国、意大利等其他欧洲传统军事强国发展合作，而这些国家也给予了积极的回应。这些回应及合作提议包括深化双边安全政策对话，支持日本“在联合国框架内做出更多国际安全贡献”，同日本在阿富汗问题、中东问题以及亚丁湾反海盗行动中展开更多合作等。

第六章
社　会

第一节　国民生活

一　人口结构与家庭结构的变化

（一）人口结构的变化

第二次世界大战后，日本经过10年的努力，经济基本上恢复到战前的水平。日本经济从1956年开始至1973年实现了高速增长。1973年石油危机后至今，经济进入了低速、稳定增长阶段。在这样的历史条件下，日本的人口也随之发生变化。1945年日本的总人口只有约7215万，此后人口开始增加，1947～1949年出现了生育高峰，到1970年人口突破了1亿。为了减轻人口的压力，从50年代开始，日本政府采取了一些措施鼓励家庭计划生育，但1971～1974年又出现了第二次生育高峰，2008年人口达到1.281亿的历史最高值，但人口老龄化也不期而至。1980年65岁以上的老年人占总人口的比例（以下称老龄化率）为9.1%，2013年上升到25.1%，2014年上升到26.1%。预计2060年将上升到39.9%。老龄化率上升的重要原因是在1949年生育高峰期出生的所谓“团块一代”的年龄都到了65岁以上，老龄人口骤然增加。日本在80年代以前还是世界上老龄化程度较低的国家，但是从90年代开始老龄化程度急速上升，到2000年超过了德国，达到了世界最高水平。

老龄化问题在各个都道府县表现各不相同。据人口问题研究所预测，

2010～2020年，老年（65岁以上）人口和总人口均增加的地区有东京都、爱知县、冲绳县等。其他道府县的老年人口虽然增加，但总人口有减少的趋势。

从80年代开始，日本每个家庭的家庭成员也在减少。1980年平均每个家庭有3.28人，1992年为2.99人，2000年为2.76人，到2014年减至2.49人。

（二）家庭结构和形态的变化

1. 单身家庭逐年增加

随着人口的减少和老龄化的加剧，日本社会出现了由夫妻两人及其未婚子女组成的“核心家庭”和“单身家庭”增加的现象，其中“老龄单身家庭”的增加尤其显著。老龄家庭的“单身化”在不同的地区之间有很大的差距。东京和大阪等大城市圈里老龄单身者所占比例比较大，崎玉县、神奈川县、千叶县等东京周边地区老龄化的增长率比较高。

从家庭构成来看，“三代家庭”在减少，而“核心家庭”和“单身家庭”在增加。据厚生劳动省统计显示，2007年日本有“三代家庭”404.5万户，到2013年减少到346.4万户，在总户数中所占比例从8.4%下降到6.9%；“核心家庭”2007年有1063.6万户，到2013年增加到1174.8万户，所占比例从22.1%增加到23.3%；“单身家庭”2007年有1198.3万户，到2013年增加到1366.2万户，所占比例从25%提升到27.1%。

另据国立社会保障与人口问题研究所统计，从不同类型的家庭所占比例的推移来看，1980年“单身家庭”所占比例为19.8%，到2010年增加到32.4%，预计到2035年将增加到37.2%。65岁以上“老龄单身家庭”所占比例在1980年为2.5%，到2010年上升到9.2%，大约增加了3倍。预计2035年将超过15%。

从对日本家庭未来的推测来看，单身家庭在逐渐增加，主要有三个方面原因。①随着高龄化人口的增加，失去伴侣的老龄者越来越多，这是不可避免的现实。②为了使自己摆脱不利的经济地位，结婚后仍想继续工作并最终选择离婚的女性在不断增加。③晚婚。1975年以后，晚婚者明显增加。20～39岁的男女青年的未婚率有上升的趋势。80年代前半期30～

34 岁青年的未婚率不足 10%，到 2010 年，同一年龄段的女性的未婚率增加到 60.3%，男性增加到 71.8%，这种倾向今后还将继续。④非婚者增加。从“国势调查”的终生未婚率（50 岁时的未婚率）来看，2015 年男性占 24.2%，女性占 14.9%。与 10 年前相比，男性上升 11.63%，女性上升 9.08%。从中可见年轻人的婚姻观也在发生变化。

2. “护理家庭”增加

随着家庭结构的变化，离开子女独居的老年人迅速增加，老年人的养老和护理问题越来越成为重要的社会问题。“老老护理”和“远程护理”正引起人们的高度关注。所谓“老老护理”是指老龄者护理老龄者，护理者与被护理者均为 60 岁以上的老年人。近年来，采用这种护理模式者所占比例有增加的趋势，2010 年比例达到 63%，75 岁以上同伴之间互相护理者所占比例也提升到 25%。因此，关心和照顾“老龄单身家庭”的问题更应引起日本国民的关注，这是不可忽视的社会问题。

最近“远程护理”也在成为社会问题。老龄家庭子女的居住地多离老人较远，往返需要很长时间，距离远的“单程就需要一个小时以上”，因而离开父母居住的子女几乎都不具备护理父母的良好环境，于是就出现了工作与护理老人不能两全的“护理离职”的问题。这也是当前日本政府深感棘手的社会问题。

为了解决“老龄者家庭”的生活困难，政府和相关部门开启了送货上门的服务。以“老龄单身家庭”为目标的这种服务的出现是一种很好的举措，但是还不够充分和完善，特别是“老老护理”和“远程护理”是否十分恰当还很难说。对此，有人主张应创造出更新更好的商业护理服务，为了尽快解决这一社会问题，需要政府进一步放宽限制。

二 家庭收入

（一）家庭年均收入

厚生劳动省调查数据显示，2013 年日本每户家庭的年均收入为 528.9 万日元（其中“劳动收入”占 72.2%，“养老金等”占 21%），比上一年减少了约 8.3 万日元，比达到历史最高值的 1994 年（664.2 万日元）减少了135.3万日元。2013年“老龄者家庭”的年均收入为300.5万日元，比历史最高值的1998年（335.5万日元）减少了35.0万日元；“有未成年子女的家庭”的年均收入为696.3万日元，比1996年的历史最高值（781.6万日元）减少了85.3万日元。

老年人的收入虽然较低，但储蓄比较多。内阁府2015年版，《高龄社会白皮书》数据显示，年龄越大，储蓄额和有房率越高。户主未满30岁的家庭的平均储蓄额为288万日元，有房率为20.8%。户主为60岁的家庭中，平均纯储蓄额为2385万日元，有房率为91.6%；70岁以上老龄者家庭的平均储蓄额为2385万日元，有房率为93.5%。老年人拥有包括房子在内的许多资产。这些资产在维持老年人的生活质量方面发挥了非常重要的作用。

（二）国民对生活的实际感受

2014年厚生劳动省调查数据显示，国民中感到“生活艰苦”的家庭所占比例上升为62.4%，比2013年增加了2.5个百分点，呈上升趋势。这也是自1986年实施该调查后的最高值。具体说来，在此次调查中感到“非常苦”的家庭约占29.7%（较2013年增加2.0个百分点），感到“比较苦”的家庭占32.7%（较2013年增加0.5个百分点），两者总共超过了六成。认为“一般”的家庭约有34.0%，认为“富裕”（包括比较富裕和非常富裕）的家庭占3.6%。从不同类型的家庭来看，认为“非常苦”者在“老龄者家庭”中占58.8%，在“有未成年子女的家庭”中占67.4%。厚生劳动省认为造成这种现象的原因之一是消费税税率上调。

三　国民消费情况

（一）家庭消费与物价的关系

1. 物价对家庭消费的影响

消费者物价指数是根据与居民生活有关的产品及劳务价格统计出来的物价变动指标，与商业经营的成本有很大关系。近年消费者物价指数除受金融危机的影响临时上涨外，整体上处于下降的趋势，特别是2009年以来下降得更为明显。2011年以后消费者物价指数出现了缓慢上升的迹象。

总务省2014年“家庭经济状况调查”显示，从每户家庭平均消费支出来看，居住服务、教育娱乐服务及外卖等用于服务的支出占总消费支出的43.2%，食品及水电费等用于商品的支出占56.8%。

从2014年以后的工资变化来看，与上年相比，名义工资虽然有增加的趋势，但受物价波动的影响，实际工资与上年相比在减少。2014年4月消费税税率上调后，到下半年实际工资下降了3%～4%，但从2014年末开始出现改善的迹象。总务省“家庭经济状况调查”显示，在消费税上调之后，受其影响消费长期陷入萎缩状态。到2014年夏，名义消费支出低于2013年的平均水平，到2014年末，恢复到2013年的平均水平，而实际消费支出则比2013年的平均水平大幅下降。

2014年4月消费税税率上调后，消费者购买的商品及服务等价格均随之上涨，“综合消费指数”从2014年3月的1.6%大幅上升到3.4%，2015年1月回落到2.4%。公共费用如电费及燃气费随着石油价格的高涨而涨价。2012年9月，东京电力公司开始涨价；2013年5月，关西电力及九州电力公司开始涨价；同年9月，东北电力、四国电力及北海道电力公司开始涨价；2014年5月，中部电力公司也开始涨价。

2. 从国际上其他国家比较看日本的家庭消费

在经济社会活动中，消费活动占有非常重要的比重。2014年，日本全国家庭消费支出总额约为288万亿日元，占国内生产总值（GDP）的约六成。从发达国家来看，家庭支出消费总额大体上占国内生产总值的五成，美国约占GDP的七成。消费者的消费活动对日本的整体经济活动有很大的影响。为了经济的持续发展，政府营造使消费者安心的消费市场非常重要。

（二）消费环境的变化对家庭消费的影响

1. 信息化的发展与家庭消费

近年来，面向消费者的电子商务交易的市场规模正在扩大。其交易额从2005年的3.5万亿日元增加到2013年的11.2万亿日元，8年间大约增加了2倍。随着市场规模的扩大，信息通信机器的普及率也得到提高。总务省的“信息利用动向调查”数据显示，电脑、手机、PHS等信息通信

机器从20世纪90年代后半期开始得到迅速普及。2013年，手机和PHS的家庭普及率已达到九成。同时智能手机的普及率也在迅速提高。其普及率从2010年的9.7%提高到2013年的62.6%，比上年增加了约13.1个百分点。此外平板电脑的普及率也比2010年末提高了两倍。随着智能手机和平板电脑的普及，近年固定电话的普及率则在逐步减少，除了60岁以上老人家庭仍在使用外，固定电话已逐步被年轻人淘汰。

总务省的“信息通信利用动向调查”数据显示，个人（包括各个年龄段）互联网的利用率年年提高。不仅年轻人，几乎所有日本国民都在利用互联网，许多老年人也加入了使用互联网的行列。据统计，2014年末，60~69岁老年人利用互联网所占比率已达75.1%，70~79岁的老年人也占50.2%。互联网利用率迅速增高的原因是互联网覆盖了生活的各个领域，非常方便。

2. 家庭利用互联网的支出逐年增加

随着互联网利用率的逐年提高，日本国民在这方面的支出也在增加。总务省“信息利用动向调查”数据显示，在两人以上的家庭中，2014年平均每户月均使用互联网的费用总额为6505日元，与上年相比增加12.1%。从利用互联网支付费用的推移来看，从2002年起该项费用每年都在增加，到2014年为止的12年间增加约5.9倍。

互联网使用费总额最高的地区是关东地区。2014年关东地区每户月均支付互联网使用费为8139日元。其次是近畿地区，每户月均支付6674日元，东海地区为6535日元。除北海道和东北地区外，所有地区的支出均比上年增加10%以上。

从使用互联网的户主的年龄来看，2014年，户主年龄40~49岁的家庭支出最多，支出额为10261日元。其次是户主未满40岁的家庭，支出额为10104日元，户主50~59岁的家庭支出额为9529日元。户主70岁以上的家庭支出额为2477日元，比上年增加24.3%，增加率最高。

3. 利用电子货币和网上购物的家庭逐年增加

总务省“信息通信利用动向调查”数据显示，2014年每个家庭利用电子货币的月均额为11410日元。利用电子货币的家庭所占比例从

2008 年的 18% 增加到 2014 年的 40.4%。利用电子货币最多的领域是交通工具，其次是超市和便利店。2014 年，利用互联网预约及购买商品和服务（以下简称网上购物）的家庭比例为 25.1%，比上年上升了 0.8 个百分点。从网上购物的家庭所占比例的推移来看，从 2002 年（5.3%）起这一比例年年上升，到 2014 年平均每 4 户家庭中就有 1 户利用网络购物。

（三）消费者行动与意识的变化

1. 消费者选择商品和服务意识的变化

日本《消费者基本法》第七项第二条规定了消费者应尽的义务，即“消费者适应经济社会的发展，要自修有关消费生活的知识，同时要努力通过自主的合理的行动，在稳定与提高消费生活方面发挥积极的作用”。通过对《消费者基本法》的学习，消费者对消费生活的主动性和责任感有很大提高，选择商品和服务时的思想意识也发生了很大的变化。

消费者厅在“消费者意识基本调查”中的数据显示，认为“选择商品和服务时首先充分确认商标和说明，在了解商品等内容的基础上进行选择”的消费者 2014 年占 78.1%，2012 年调查时为 66.6%，两年上升了 11.5 个百分点；认为“对发生纠纷要注意事先准备和确认应对方法”的为 37.2%，比 2012 年调查的 28.5% 上升了 8.7 个百分点；主张“发现商品和服务有问题时要投诉”的为 50.9%，比 2012 年调查时的 46.1% 上升了 4.8 个百分点；主张“注意选择环保商品和服务”的消费者占 54.1%，比 2012 年上升了 8.6 个百分点。

2. 消费者对“访问导购”和“电话导购”的意识变化

2014 年，消费者厅就“访问导购”和“电话导购”等现象对消费者进行了调查。调查显示，受访者中有 27.9% 的人近五年有过被“访问导购”的经历，70.2% 的人近五年有过被“电话导购”的经历。使用“电话导购”的商品和服务有互联网线路连接、投资（基金型、公司债券、股票）、健康食品、电话线路连接等。受访者中认为完全不能接受“访问导购”的占 96.2%；完全不能接受“电话导购”的占 96.4%。

四 国民就业状况

（一）近年来日本的就业动向

1. 就业人口的变化受经济形势的影响，日本的就业状况也发生了变化

总务省统计显示，就职率和离职率在2011年以后均有大幅度上升。2014年就职率为17.3%，离职率15.5%。就职率连续两年超过了离职率。特别是20～24岁的男性就职率提高非常明显，60～64岁的老年男性次之，其他年龄层也基本上稳定增加。建筑业、信息通信业、运输业、邮政业、批发业、金融业、保险业、住宿业、饮食服务业、教育与学习支援业的就职率大幅增加。在1000人以上的大企业中就职率及离职率均有下降的趋势。在100～299人的骨干企业中可以看到就职率大幅上升。

厚生劳动省统计显示，2007年全国就业者（包括非正式员工在内）人数为6427万人，之后开始缓慢减少，到2014年全国就业者总数为6351万人，比2007年减少了76万人，但比上年增加了40万人。其中男性为3622万人，比2007年的3763万人减少了141万人；女性为2729万人，比2007年的2665万人增加了64万人。这说明男性就业人数在缓慢减少，而女性就业人数在缓慢增加。从年龄层面来看，年龄在35～44岁的育儿女性和65岁以上的女性就业人数正在增加。

2. 产业结构变化对就业的影响

总务省2014年7月调查显示，日本全国有595.9万个营业所，就业人员为6236.4万，其中民营企业为581.1万个，比2012年增加0.7%，就业人员为5800.3万人，比2012年增加3.9%。在这些营业所中，“批发业及零售业”占的比例最高，为25.3%，其次是“住宿业及饮食服务业”占12.6%，“建筑业”占9.0%，“医疗与福利业”大幅提升，从6.6%提升到7.7%。

从这些企业的从业人数来看，“批发业及零售业”占产业就业总人数的19.9%，“制造业”占14.6%，“医疗与福利业”占13.0%。与2012

年相比，“医疗与福利业”的从业人数从11.1%提高到12.7%，实现了大幅度增加。这说明就业者中从事建筑业、制造业、批发业和零售业的人数正在相对减少，而从事医疗与福利行业的人数正在增加。

3. 就业形态多样化

总务省统计局调查显示，2014年全国除管理、专业技术人员以外的就业人员有5240万人，其中正式的职员比上年减少16万人，为3278万人。非正式职员增加了56万人，为1962万人。

从上述调查来看，正式职员有减少的趋势。但是小时工、合同工及委托职员正在增加。派遣形式的非正式员工2002～2008年处于增加状态，2008年以后基本上保持稳定。在非正式员工中，“钟点工”所占的比例最高，为60.4%。从钟点工所从事的职业来看，住宿业及饮食服务业所占的比例最高，为90.1%；其次是“委托职员”（再雇用者）占49.5%，他们所从事的职业是电力、煤气热力、自来水。“合同职员”（专业职务）占33.3%，他们主要从事教育及学习支援业。在正式职员减少和老龄职员退休的情况下，各个企业为了降低工资成本，雇用非正式职员来补充劳动力不足的现象日趋明显。

厚生劳动省对劳动者进行了“就业形式多样化相关综合调查”，在此次调查中，全国拥有5名以上员工的约1.7万个企业及其雇用的5.3万名劳动者接受了访问调查。调查显示，就职于民营企业等的小时工及派遣形式的非正式员工所占的比例首次达到四成之多。劳动者中非正式员工的比例占40%，比上次调查上升了1.3个百分点。而在非正式员工中，约有六成为小时工。造成这种状况的原因是多方面的。有27.9%的男性认为“没有正式职员的工作”，22.7%的男性认为人们“希望在自己方便的时间工作”；26.3%的女性认为人们“希望在自己方便的时间工作”，25.5%的女性认为人们是“为了补贴家用和挣学费”。

（二）近年的失业状况

日本将失业分为自发性失业、摩擦性失业和非自发性失业三种类型。所谓自发性失业指不是按经济的好坏，而是按自己的意愿选择的失业；摩擦性失业是指企业与求职者之间信息不畅通或求职者进行地区间移动等原因产生的失业；非自发性失业是指完全失业。衡量失业的尺度是失业率。失业率是失业者人数占劳动力人口的比例，一般是指完全失业率。

1. 失业人口的变化

在日本传统的经营模式下，企业特别是大企业在录用员工时非常注重计划性和人员的构成，而且把录用员工作为社会使命之一，尽量避免解雇员工。所以，在第二次世界大战结束后相当长的一段时间内，日本的失业率一直保持在1%～2%。2000年完全失业率提高到3.2%，2009年完全失业率达到了5.1%，刷新了过去的最高纪录。2010年完全失业人数达334万人。总务省统计显示，2014年完全失业者为229万，比上年减少29万人，其中失业时间“不足3个月”的为74万人，比2008年减少2万人；“3～6个月”者为33万人，比2008年减少4万人；“6个月～1年”者为33万人，比2008年减少5万人；“1年以上”者为89万人，比2008年减少15万人。

2. 非劳动力人口就业态度的变化

所谓“非劳动力人口”，是指15岁以上的既没有工作又没有求职愿望的人口，从他们对就业的态度可以看出日本社会潜在的失业状况。总务省调查显示，2014年全国有非劳动力人口4483万，比上年减少了17万人，其中“希望就业者”有419万人，比上年减少了9万人，“不希望就业者”有3965万人，比上年减少了20万人，并且不希望就业者中“65岁以上”的老人增加了61万人；从男女情况来看，“希望就业者”中男性有116万人，比上年增加了3万人，女性有303万人，比上年减少了12万人；“不希望就业者”中男性有1410万人，比上年减少了1万人；女性有2555万人，比上年减少了19万人。女性不希望就业的理由是：①分娩与育儿，属于此类者为101万人，比上年减少4万人；②护理与照料老人，属于此类者为21万人，比上年增加了1万人。

五　国民的社会保障与福利

（一）日本的社会保障制度

日本的社会保障制度发端于20世纪20年代，之后经过战后的复兴、经济增长、人口的急剧增长、产业结构的大转变、国土开发、人口移动、少子高龄化等经济社会及人口结构的变化，经过各个时期朝野官民的共同努力，已经适应各个阶层国民的要求，日本的社会保障制度逐步发展和走向完善。

日本的社会保障制度种类繁多，结构复杂，主要包括五个部分：①国家救助（指向生活困难者提供能够保障他们最低生活收入的制度）；②社会保险［主要包括健康保险、（养老）保险、涝灾保险等］；③社会福利（指向儿童、智障者、老年人提供一定的财力和人力服务，培养和加强他们经营社会生活的能力）；④公共卫生（指预防结核等传染病及改善国民营养状况等）；⑤老年人保健（为了确保国民老后身体健康，提供综合保健的医疗服务）。此外，还有与社会保障相关的制度，如公共住宅建设和失业对策等。

1. 社会保障支出

近年来，随着国民收入的不断增加和人口老龄化问题的日益突出，社会保障费也随之增加。1997 年日本的社会保障费为 69.4 万亿日元，约占国民收入的 17%。2006 年社会保障费为 89.1 万亿日元，占国民收入的 23.9%，其中养老金为 47.3 万亿日元，占社会保障费总金额的 53%，占国民收入的 12.7%；医疗费为 28.1 万亿日元，占社会保障费总金额的 32%，占国民收入的 7.5%；福利及其他费用为 13.7 万亿日元，占总金额的 15%，占国民收入的 3.7%。2013 年社会保障费为 110.6 万亿日元，其中养老金为 53.5 万亿日元，占社会保障费总金额的 48.4%；医疗费为 36 万亿日元，占总金额的 32.6%；福利及其他为 21.1 万亿日元，占总金额的 19.1%。从资金来源来看，被保险者出资 33.7 万亿日元，占 32.7%；业主出资 28.5 万亿日元，占 27.6%；中央政府支付 29.7 万亿日元，占 28.8%；地方政府支付 11.2 万亿日元，占 10.9%。

2. 日本的养老金制度

日本的公共养老金（日本将其称为“年金”）制度由“国民年金”“厚生年金”“共济年金”三个类型构成，它们都是国家运营的公共养老金。据统计，2014 年加入公共养老金的人数为 6721 万人。

第一类型是“国民年金”。“国民年金”是根据《日本国宪法》第25条为改善国民社会福祉、保障公共卫生条件而设立的公立养老金制度，也称为基础年金。主管部门为厚生劳动省直属的“日本年金机构”。《国民年金法》规定20岁以上的自营业者、农民、学生、自由职业者、无业者必须加入“国民年金保险”，全体国民完全平等对待。

“国民年金”按支付种类可分为老龄基础年金（养老支付）、残疾人基础年金（伤残支付）、遗属基础年金（死亡支付）三种。

《国民年金法》规定，生活在日本的20岁以上的人员必须加入国民年金，常驻日本的外国人也被列入保险对象。已加入厚生年金和共济年金的第二类被保险人不需另外缴纳此项保费。从2007年开始，个人缴纳的保费上调到每月14100日元，从2007年4月开始每月上调280日元，到2017年达到每月16900日元，国家财政支付相当于个人所缴纳的金额。

第二类型是“厚生年金”。“厚生年金”指专为企事业员工设置的公共养老保险制度。该制度规定，缴费25年即可享受厚生年金，同时要求拥有5人以上从业人员的企事业及自营业者必须加入厚生年金保险。

与国民年金相同，厚生年金也按支付种类分为老龄厚生年金（养老支付）、残疾人厚生年金（伤残支付）和遗属厚生年金（死亡支付）。

厚生年金的保险费缴纳标准为参保者月收入的14.642%，由劳资双方各承担一半，因此参保者个人实际约承担7.3%。新调整的厚生年金制度规定，今后保险费比率每年9月上调0.354%（劳资各承担一半），到2017年最终提高到收入的18.30%。2014年末统计显示，加入厚生年金人数为4038万人。

第三类型是“共济年金”。“共济年金”是针对公务员、私立学校教职工设立的公立保险制度。按照支付种类，“共济年金”可分为退休共济年金、残疾共济年金和遗属共济年金。根据《国家公务员共济组合法》，中央公务员共济年金组合有21个团体，如众议院共济组合、外务省共济组合、经济产业省共济组合等。根据《地方公务员等共济组合法》，地方公务员共济组合有69个团体，如东京都职员共济组合、市町村职员共济组合、公立学校共济组合等。保险费一般为总收入的11.2%～14.7%。

国家财政和个人各承担一半。2014 年末统计显示，全国加入“共济年金”的人数为 932 万人。

3. 医疗保险制度

日本最初的医疗保险制度是 1922 年建立的。1927 年，对从事采矿等危险劳动的工人实施“职域被用者保险”，后来保险对象逐步扩大，到 1961 年实现了“国民皆保险”。

日本的医疗保险体系由“健康保险”和“国民健康保险”两大部分构成。“健康保险”分国家管理的健康保险和地方管理的健康保险两种类型。国家管理的健康保险的投保对象是中小企业劳动者；地方管理的健康保险的投保人是大企业职工；“国民健康保险”的投保对象是非从业人员、自营业者及退休人员。

日本医疗保险基金的来源主要是保险费和国家补贴。厚生劳动省统计显示，2013 年度国民医疗费总金额为 40.61 万亿日元，比上年（39.21 万亿日元）增加 1.40 万亿日元，增加 3.57%。平均每个国民的医疗费为 31.47 万日元，比上年（30.75 万日元）增加 2.3%。国民医疗费占国民生产总值的 8.29%（上年是 8.26%），占国民收入的 11.06%。

从资金来源来看，公费支付 15.5319 万亿日元（所占比例为 38.8%），其中国库支付 10.3636 万亿日元（所占比例 25.9%），地方政府支付 5.1683 万亿日元（所占比例为 12.9%）；保险费为 19.5218 万亿日元（所占比例为 48.8%），其中雇主为 8.1232 万亿日元（构成比例为 20.3%），被保险者为 11.3986 万亿日元（构成比例为 28.5%）。其他来源为 5.0072 万亿日元（所占比例为 11.8%）。

4. 社会福利制度

日本的社会福利制度是在过去的《生活保护法》（1946 年）、《儿童福利法》（1947 年）、《残疾人福利法》（1949 年）的基础上健全发展起来的。现在除了这些法律，还有《智障者福利法》《老人福利法》《母子及寡妇福利法》《护理保险法》《老人保健法》等，日本有非常健全的福利制度和服务设施。今天随着少子高龄化问题的进一步严峻，家庭功能的变化，残疾人的自立及对社会的进一步参与，人们对福利的认识发生了很大的变化，认为福利制度不能只停留在保护与救济上，应该在稳定国民生活上发挥更大的作用。为适应社会和经济的变化，2000 年日本政府对《社会福利法》进行了修改，修改的重点是：①尊重个人对自立支援和利用者的选择；②使支援服务更具效率化。

为了解决当前社会上存在的社会性孤独、虐待等社会福利制度不能充分解决的生活课题和福利课题，日本政府于 2015 年 4 月开始实施《生活贫困者自立支援制度》。依据该制度可以进行如下支援：①自立咨询支援事业，为生活困难者制订支援计划；②就业准备支援事业；③就业培训事业；④临时生活支援事业，为无家可归者提供衣食住；⑤住房保障给付金，为求职期间租房者支付适当的租房补贴；⑥家计咨询支援事业；⑦扶持家庭困难者的孩子就学。

六 移民情况

所谓移民是指移居到不同国家或不同文化地区的人。下面从移居国外的日本移民和移居日本的外国移民两个方面看一看日本的移民情况。

（一）日本是移民出口国

日本在室町时代就存在作为劳动力移民的动向，到了中世，又出现了把男女奴隶卖到国外的情况。据《后汉书》记载，倭国王帅生将 160 名奴隶献给了汉朝。进入江户时代以后，日本实施锁国政策，至幕府末期没有进行过大规模移民。

日本的海外移民实际上是伴随着明治维新开始的。1868 年住在横滨的美国商人尤金·范·里德将大约 150 名日本劳动者送到夏威夷砂糖种植园工作，此外还把 40 人送到了关岛。因为这些劳动者是在明治元年移民到国外的，所以人们一般把这些人称为“元年者”。“元年者”在国外受到奴隶般的待遇，政府为了保存国家的尊严，把这些人接回了日本。“元年者”移民失败后，明治政府将近 20 年不允许日本人移居国外。1885 年，夏威夷制定了“官约移民”制度，日本人也正式开始到国外定居。“官约移民”制度，是按照日本与夏威夷王国（当时是独立国）的条约，派遣日本劳动者到夏威夷砂糖种植园劳动三年。到 1894

年，九年间日本派往夏威夷的日本人约有2.9万。后来到美国、巴西、秘鲁、巴拉圭等南美各国的移民逐渐增加。也有人被送到了菲律宾的达沃、中国东北地区及帕劳共和国等。当时，人们对移居到日本统治下的海外地区的日本人与在日本国内移居者同等看待，不称为移民。移居到日本的朝鲜人和中国台湾人也同样不被称为移民。1934年，日本东北地区遭受了严重的冰冻灾害，经济受到巨大打击。日本关东军以此为借口制定了向国外大量移民的国策。政府成立了拓务省，拓务省内开设了海外移民事务所。当时正值伪“满洲国”成立，1936年5月，关东军制订“满洲农业移民百万户移居计划”。大批日本农业贫民涌入中国东北，成为“日本开拓团”。到1945年开拓团人数达到20万，为日本侵略和占领中国东北打下了基础。横滨和神户至今还保留着当时移民居住的“移民旅馆”及以他们以出生地命名的“萨摩町”和“加贺町”等町名。

二战结束以后日本很少进行政策性移民，但日本人作为劳动力向亚洲和北美等海外移居一直持续，2007年以后，随着失业和劳动环境的恶化，到世界各地求职的日本青年逐渐增加。据外务省统计，2013年10月，居留在国外的日本人总数约为126万，比上年增加0.7%，是自1978年开始实施该项统计以来人数最多的一年，其中“长期居留者”（在外国居留3个月以上）约为84万，占居留国外日本人总数的67%，“永住者”约为42万。从国别来看，居留美国的日本人约为41万，占总人数的33%，居留在中国的日本人约为14万，居留在这两国的日本人占总人数的四成以上。仅从在外国取得永久居住权的日本人数量来看，近年在美国、澳大利亚、加拿大、英国的日本“永住者”在增加，而在韩国、巴西、法国、荷兰的日本“永住者”在减少。从移民职业来看，“民间企业相关者”约为45万，占总人数的36%，“留学生、研究者、教师”，约为18万，占总人数的14%，“其他（无职业者等）”约为13万，占总人数的10%；“自由职业者”约为4万，约占总人数的3%；“政府相关人员”约占总人数的3%。

（二）移居日本的外国人

1. 日益严格的日本移民政策

日本对外国人入境居留一直控制得十分严格。早在1947年5月日本就发布了《外国人登记令》，将来自原日本殖民统治地区的朝鲜人和中国台湾人均视为外国人。1952年日本制定了《外国人登记法》，将原来拥有日本国籍的在日外国人从日本国籍中分离出来。

20世纪80年代，日本一部分中小企业及农林业等劳动力严重不足，中小企业向政府提出了从国外引进劳动力的要求，于是1990年日本政府对《出入境管理及难民认定法》（以下简称《入管法》）进行了修改，规定日裔第三代可以在日本就业。这样以日裔巴西人、日裔秘鲁人等为中心的劳动人数大大增加。1991年，日本对脱离了日本国籍者实施《出入境管理特例法》，从法律上规定了特别永久居住者的地位；并且对中国残留孤儿和菲律宾的日裔家族等也新设了“定居者”的合法地位。通过这些手段，日本逐渐解决了中小企业人力不足的问题。

进入21世纪后，世界形势发生了巨大变化，国际恐怖活动日益猖獗，为了防患于未然，日本于2006年5月24日对《入管法》进行了修改，从2007年11月20日正式开始实施。该法规定外国人入境日本时必须办理四种手续。①外国人出入境手续。②外国人入境审查手续。审查手续采用入境审查、口头审理和提出异议三审制。如果拒绝提供指纹和头部照片，将不获准进入日本国内并被勒令出境。③入境与事前审查。这项审查包括签证事前协商和居留资格认定证明两项工作。④特例登陆许可，设立这项规定是为了通过简单手续批准船舶、飞机的乘务员及外国乘客临时登陆。

新的入境审查法律规定：已获得日本永久居留资格的人、未满16岁的未成年人、具有“外交”或“公用”居留资格的人员及其他经日本法务省认定的人员可以免除这些手续。

2012年，日本对《入管法》再次进行了修改，同年7月9日正式实施。外国人登录制度被废除，新《入管法》的管理对象为具有合法居留资格者、在日居留三个月以上的外国人（指持有日本人配偶签证者、持定居者签证的日裔、持技术、人文知识和国际业务签证的在日工作人员）及技术实习生、留学生和永久居住者。在日居留三个月以上的外国人入境日本时日本发放“居留卡”作为其在日身份证明，这些人与日本人一样被登录在日本的“居民基本台账”中，具有居留资格者的居留期限为三个月至五年。

2. 在日外国移民的分类

在日本的外国人大致可分为“永久性居住者”（简称“永住者”）和“非永久性居住者”两种类型。“永久性居住者”中包括朝鲜与韩国裔人（他们是殖民统治时期的移民及其后代）。“永住者”与入籍者的最大区别是：①“永住者”保留自己原有国籍；②“永住者”没有选举权和被选举权。非永久性居住者包括日本公民的配偶与父母、日本公民的子女（一般以不满 21 岁为原则）、日本公民在国外收养的年龄不满 14 岁的孤儿、日本公民在国外居住而无人赡养的祖父母、“长期居住者”、学生、研修生、学者或研究人员及赴日工作人员。

1950 年，日本开始对入境的外国人进行统计，当年只有 1.8 万人，之后逐年增加，1953 年达 100 万人，1959 年约 200 万人，1990 年约 300 万人，2007 年突破了 900 万人。据法务省统计，2013 年由于日元贬值，赴日人员大幅度增加，比 2012 年增加了 22.7%，入境总人数约为 1126 万，其中“新入境者”约为 955 万，比 2012 年增加 26.5%。从 2013 年赴日的外国人的国籍与所在地区来看，韩国约为 273 万人，占入境总人数的 24.2%，中国台湾约为 225 万人，占总数的 20.0%，中国大陆约为 161 万人，占总数的 14.3%，美国约为 83 万人，占总数的 7.4%，中国香港约为 72 万人，占总数的 6.4%。

据法务省统计，2013 年在日居留的外国人数（具有《入管法》规定的居留资格或特别永住者地位的在日外国人总数）约为 233 万，其中“永住者”约为 66 万，占总居留人数的 28.3%，“特别永住者”约为 24 万，占总居留人数的 10.3%。“留学者”约为 19 万，占总居留人数的 8.2%。

2013 年日本总人口为 1.273 亿，在日居留外国人占总人口的 1.62%，与 2012 年末相比提高了 0.03 个百分点。

第二节 社会管理

一 社会管理的演变过程

明治维新以后，日本继承了封建社会的慈惠救济，建立了“慈善性济贫制度”。以此为基础，明治政府1874年公布了《恤救规则》。这个只用简单的五个条文构成的规则仍带有封建共同体的救济理念的色彩。《恤救规则》的制定给无依无靠、无劳动能力的贫困者和老弱者提供了最低限度的救济。那时日本国家和政府的性质比较单一，基本上没有承担社会管理的职能。这个面向普通贫民的唯一的公共救贫制度一直存续到1932年。

随着资本主义社会的发展，《恤救规则》存在的意义降低了。在其存在的意义完全丧失之际，日本迎来了第一次世界大战后的“社会事业的时代”。日本的资本主义由于产业革命迅速地发展，开始走向垄断阶段。为了维持和扩大再生产，政府开始注意面向劳动者的社会政策。为此，日本于1911年制定了《工场法》。该法是第一个保护劳动者的立法，从1916年开始实施。在社会政策体系逐渐完善的过程中，慈善事业和社会事业主要是以民间为中心开展的，国家没有承担社会管理职能。

1929年，日本制定了《救护法》。该法制定后不久，由于经济萧条引发了财政紧缩，直到1932年才得以实施。《救护法》是在昭和萧条下的“社会事业的时代”取得巨大发展的时期正式实施的，所以在其内容上也可以看到适应“社会事业的时代”的特征，特别是关于共济义务，虽然在《救护法》的条文中没有明确记载，但承认救贫的责任在国家，从而确认了日本政府的社会管理职能。政府还明确了救护机关和救护负担比例，并确立了住宅保护原则等。该法虽然健全了救护体系，但依然强调家庭制度及“邻保共济”，将保护对象限定在无劳动能力者，并且不承认被保护者的保护请求权，对他们采取劣等待遇。从本质上它还是继承了《恤救规则》。

明治以后，救济事业行政事务曾长期由内务省地方局管辖。随着1917年《军事救护法》的制定，地方局内新设了救护科。1919年救护科又改称社会科，第二年升格为内务省社会局。社会事业有关事务正式形成体系。社会局所承担的业务有：①赈恤及救济；②军事救护；③失业的救济及防止；④儿童保护；⑤其他社会事项。

第二次世界大战后，日本经济受到严重破坏。粮食严重不足，失业率居高不下。日本政府束手无策。当时占领日本的联合国军最高司令官总司令部（简称GHQ）向日本政府发出救济日本国民的命令。1946年日本政府制定并实施了《生活保护法》（以下称旧《生活保护法》）。旧《生活保护法》承认国家的扶助义务，但不承认国民请求保护的权利，并且将有劳动能力者排除在保护对象之外。因此，日本政府后来又对旧《生活保护法》进行了修改，于1949年重新制定了《生活保护法》。

1947年，日本制定了《日本国宪法》。该宪法第25条规定“全体国民都享有健康和文化的最低限度的生活的权利。国家必须在生活的一切方面为提高和增进社会福利、社会保障以及公共卫生而努力。”该法不仅明确了日本政府必须履行社会管理的职责，还使二战后日本的社会管理有了国家大法的依据，使政府的社会管理职能有了突破性的发展。

二战后，日本经历了战后复兴、经济高速增长、泡沫经济崩溃后的长期停滞及少子老龄化等不同时期。日本政府为了保障社会的稳定和提高国民的生活，按照宪法的精神，先后制定了许多法律法规。这些法律法规涵盖社会各个方面，大致可分为以下四类。①医疗方面，如《医疗法》《医师法》《药事法》《药剂师法》《诊疗放射线技师法》等18项法律。②管理福利方面，如《社会福利法》《社会福利士及护理福利士法》《残疾人福利法》《智障者福利法》《儿童福利法》《老人福利法》《禁止未成年人饮酒法》《禁止未成年人吸烟法》《母子及寡妇福利法》等23项法律。③卫生方面，如《食品卫生法》《制药卫生士法》《处理食鸟事业的法规及关于食鸟检查的法律》《毒物及剧毒物取缔法》《兴奋剂取缔法》《关于含有害物质的家庭用品的规制法》《美容师法》《理容师法》《废弃物的处理及清扫法》等18项法律。④劳动方面，如《劳动基准法》《劳动安全卫生法》《工会法》《作业环境测定法》《尘肺法》《职业能力开发促进法》《职业稳定法》《劳动者灾害补偿保险法》等13项法律。这些法律有效地维持了日本社会各个领域的公共秩序。

二 社会管理的模式

（一）通过税收调节国民的贫富差距

日本的《所得税法》是1887年引进的。1988年日本对税制进行了彻底改革。所得税是日本中央和地方政府的重要收入来源。它在国税里被称作“所得税”，在地方税中则被称为“住民税”。所得税是调节收入分配、维护社会公平和调控经济的重要手段。按照《所得税法》规定，日本国民除了固定的工资收入外，出租土地和房屋所得租金、稿费等工资外收入都必须缴税。日本政府还建立了一套严格的征税及稽查制度，对于违反税收政策者予以严厉制裁。

日本还实施“所得税扣除制度”。该制度规定，扣除收入者个人及家庭所需的最低生活费后再按照所规定的税率纳税。国家发放给儿童的补贴及国家发放的最低生活保障费不缴纳个人所得税。

日本税收制度的原则是兼顾公平。日本的税制模式是对不同性质的收入采取不同的税率，承担不同的税负。从2007年开始，所征收的个人所得税最低为5%，最高为40%。对劳动收入（工资等）征收的税率较低，而对非劳动收入（如股息、红利租金等）征收的税率较高。日本政府通过累进课税制度从社会富裕阶层中抽取较高的税金，利用收入再分配的方式来实现社会公平。日本政府还通过对遗产征收高额遗产税等手段来缩小国民间的贫富差距，减少社会矛盾。

（二）社会保障与福利

日本的社会保障制度发端于二战以前，战后经过60多年的建设与发展，日本已经建立了一套比较复杂而且完备的社会保障体系。日本的社会保障体系和福利涵盖全体国民。它包括五大类：①社会保险（医疗保险、养老保险、工伤保险、失业保险及护理保险）；②公共救助与生活保护（只限于生活困难者，国家保障最低限度的生活，帮助其自立的体制）；

③社会福利（老人福利、残疾人福利、儿童福利、母子福利）；④公共卫生及医疗（传染病防治、食品卫生、自来水及废弃物处理）；⑤老人保健（2008 年 4 月 1 日制定的“后期老龄者医疗制度”）。现在不仅日本国民都享受到多种社会福利，在日本的外国人只要符合条件也可以享受一些社会福利。

随着日本少子老龄化问题日渐突出，日本在社会保障制度和社会福利制度方面也不断地进行改革和创新。例如“护理保险制度”已经从以服务使用者为中心的制度转变为使用者和事业者签订合同的契约制度。以护理保险改革为契机，残疾人福利服务和保育服务也正在向契约制过渡。

日本的老龄化是发达国家中发展最快的。老龄者的医疗和护理费年年增加。根据统计，2014 年日本社会保障给付费约为 116.9 万亿日元，占 GDP 的 23.87%，其中老龄者的给付占七成。为了确保给付与负担的平衡，调整世代间的不公平，日本政府除了促进老龄者、女性、青年人及残疾人就业外，还采取了更为重要的措施——改革包括消费税在内的税制。因此可以说，社会保障和社会福利不仅是单纯的慈善和互相救助事业，而且是进一步提高和增进国家和政府社会管理职责的事业。

（三）民间组织协助政府进行社会管理

一个国家进行社会建设只靠政府履行社会管理职责是远远不够的，离开民间组织的参与与协作，就无法建立和完善公共行政和更高层次的公共管理体制。自 20 世纪 90 年代中期以来，随着日本政治和社会环境的变化，日本开始对社会管理职能进行改革，将国家及政府的许多职能逐渐移交给民间非营利组织，使这些组织得到迅速发展。日本有各种各样的民间组织，如社团组织、市民团体、侧重于参与国际合作的非政府组织（NGO）和非营利组织（NPO）等。

NPO 是举行各种对社会有贡献的活动的非营利组织，也称“民间非营利组织”。过去，在日本，不论是政府还是国民对 NPO 的认识都有偏见，甚至有些负面的认识。阪神大地震中其出色表现，逐渐改变了政府和国民对它们的印象，偏见被逐渐消除，特别是 1998 年《非营利法》制定之后，日本从法律上改变了民间非营利组织的运行环境，大大促进了

NPO 的发展。目前参与 NPO 的人越来越多，“特定非营利活动法人及关于市民社会贡献的实际调查”数据显示，截止到 2015 年全国已有特定非营利活动法人（包括临时批准的法人和尚未受到批准的法人）2872 个，而且成分多样化，涵盖各个阶层、年龄段、行业及性别的人。政府的各种政策措施中以 NPO 为对象的内容也在增加，许多地方政府提出了让 NPO 分担公益事业的方针。目前，日本大多数都道府县都与 NPO 合作处理地方行政事务。

NPO 的特点是：①非营利；②非政府；③正式组织；④自主性；⑤自发性；⑥非宗教组织；⑦非政党团体。特定非营利组织的活动大约有 20 种，其内容是：①策划增进保障、医疗及福利的活动；②推进社会教育；③推进城市建设；④振兴观光旅游事业；⑤振兴农村、山村、渔村；⑥振兴学术、文化、艺术及体育；⑦保护环境；⑧救灾；⑨保护地区安全；⑩拥护人权及推进和平；⑪促进国际合作；⑫促进形成男女共同参与的社会；⑬关心孩子们的健康成长；⑭发展信息化社会；⑮振兴科学技术；⑯支援职业能力开发及扩充就业机会；⑰保护消费者等。

非营利组织中既有法人团体，也有未被批准为法人的任意团体。它们的活动资金主要来源于会费、事业收益及补贴等，其中，会费占活动经费的 2.1%，捐款占 10.8%，补贴占 12.80%，事业收益占 72%，其他收益占 2.2%。

三　社会现象与社会热点

近年来，日本的社会环境比过去明显恶化，忧郁症、自杀及犯罪等不断增加。这些社会问题的产生与劳动环境恶劣、生活压力较大及教育上存在的问题有着直接关系。

（一）劳动环境恶劣

据厚生劳动省调查，近几年在日本企业内出现以不正当理由解雇员工，以加班为由延长员工的劳动时间、非正式员工比例增大及劳动分配率降低等社会问题。非正式员工比例逐年增加，目前约占劳动者的 1/3。一遇到经济形势不好，企业就靠解雇非正式员工来渡过难关，造成了国民生活的不稳定。随意增加加班时间，使劳动者日常工作外加班的时间越来越长，与家人团聚的时间越来越少，使不少家庭濒临崩溃。

虽然日本的国内生产总值仍占世界第二位，但日本的个人消费并未达到同等高度，国民人均收入也处于低水平。劳动者的工资及劳动分配率降低。据国税厅统计，1998～2003年年均收入1000万日元以上的高收入者的比例在减少，年均收入200万～300万日元的低收入者的比例在增加。2008年年均收入不足300万日元的低收入者的比例持续增加，其中不足200万日元的低收入者的比例增加尤为显著。

（二）教育上存在的问题

近年来，违反校规、校内暴力、逃学、“欺负弱小”及“学级崩溃”（是指课堂上学生与老师顶嘴、随意讲话、到处乱串、扰乱课堂秩序，使授课无法进行下去）等现象在日本各地愈演愈烈。抑郁症患病率、自杀率及犯罪率均处于增加的趋势。造成这种现象的主要原因：一是学历社会下的过度竞争；二是有些学校实行了严厉的校规和罚则。在这种过度竞争和严厉的罚则之下，对于落后的学生来说，老师每天5个小时的授课简直是一种惩罚，所以这些学生就选择逃学、校内暴力甚至自杀。

据统计，日本目前约有100万人患有抑郁症。与世界各国相比，日本的自杀率也仍处于高位。据经济合作与发展组织（OECD）2014年统计，OECD成员国平均每10万人的自杀者为12.4人，而日本为20.9人。

第三节　医药卫生

一　医疗

（一）医疗保险制度

1922年，日本创建了健康保险制度，并于1927年开始实施。最初，这种保险制度是以从事采矿等危险工作的工人为对象制定的，后来日本政府逐渐将对象扩大，于1938年制定了《国民健康保险法》，开始建立以自营业者、农民为对象的国民健康保险制度。1961年，日本政府规定所

有国民都有义务加入国民健康保险，从而实现了“国民皆保险”的目标。1973 年，日本政府对 70 岁以上的老人实行免费医疗，同时还建立了规定个人负担比例上限的高额疗养费制度。1984 年，日本对健康保险法进行了修改，开始实行个人负担 10% 医疗费等制度。1994 年日本政府又一次对医疗保险制度进行了调整，将一定比例的住院伙食服务费改为由患者负担。1997 年日本政府再次对医疗制度进行了改革，从法律上规定参保者负担 20% 的医疗费和一定比例的门诊药费。2009 年 3 月 25 日日本政府对医疗保险制度进行了新的修改。该制度规定 75 岁以上参保者负担 10% 的医疗费；70 岁以上不满 75 岁的或 65 岁以上被政府认定为残疾的参保者负担 20% 的医疗费；从接受义务教育起至不满 70 岁参保者负担 30% 的医疗费；接受义务教育之前的参保者负担 20% 医疗费。

日本的医疗保险制度根据工作领域、地区、年龄分为“全国健康保险协会掌管的健康保险”“健康保险组合掌管的健康保险”“船员保险”“共济组合”“国民健康保险”和“国民健康保险组合”六种类型。

（1）“全国健康保险协会掌管的健康保险”简称“协会健保”，以未设立“健康保险组合”的中小企业的职工为对象，2008 年 9 月之前由政府“社会保险厅”直接掌管，2008 年 10 月 1 日开始改由“全国健康保险协会”掌管。该保险所规定的被保险者为：①雇用五人以上的国有或法人企业的劳动者及其家属；②《国民健康保险法》适用范围以外的，得到社会保险事务所所长批准和半数以上雇员同意的企业的劳动者；③雇用时间在六个月以内的临时工和不满一个月的日工。

在“协会健保”的业务中，被保险者资格的取得和丧失的确认，每月获得报酬金额和标准奖金额的确定及保险费的征收（可任意继续的被保险者除外）以及这些业务的附带业务由厚生劳动大臣负责实施。协会主要实施以下的义务：①支付保险费；②负责保健事业和福利事业；③向被保险者发放保险证明；④代替厚生劳动大臣在支付保险金时行使的对事业主进行的命令、质询及检查权（事先必须得到厚生劳动大臣的批准）；⑤1～4 项业务的附带业务；⑥根据《船员保险法》规定的船员保险事业的业务（根据同法规定的厚生劳动大臣实施的业务除外）、前期高龄者缴纳金、后期高龄者支援金、退职补助金及护理缴纳金的缴纳业务。

2009 年度"协会健保"参保人数为 1964 万，比上年度减少 16 万。该年度共支付医疗费 36825 亿日元，比上年度减少 2795 亿日元。据统计，2013 年全国健康保险协会的参保人（日工特例被保险者除外）为 1963.1 万，另有被保家属 1524.6 万。

2014 年 3 月，日本对"协会健保"各个都道府县的保险费率进行了统计。北海道普通保险费率为 10.12%，特定保险费率为 4.15%，基本保险费率为 5.97%；东京普通保险费率为 9.97%，特定保险费率为 4.15%，基本保险费率为 5.82%；宫崎县普通保险费率为 10.01%，特定保险费率为 4.15%，基本保险费率为 5.86%；冲绳县普通保险费率为 10.03%，特定保险费率为 4.15%，基本保险费率为 5.88%。

由于后期高龄者医疗制度支援金负担的不断加重，财政陷入困境的医疗保险组合正在增加，它们解散组合，移交至"协会健保"的事情不断发生。"协会健保"的财政状况也非常严峻。用于后期高龄者医疗制度的筹备金占整个支出的四成。并且"协会健保"参保者标准报酬的平均金额 2008 年度为 385 万日元，到 2011 年度减少为 370 万日元，明显低于公务员共济与大企业中心的健保组合。根据 2014 年预测，在保险费为现在的 10%、工资零增加的情况下，需要支付的筹备金到 2018 年可能出现枯竭现象。如果不采取措施，累计赤字预计达到 1700 万日元。"协会健保"方面的措施是将国库补助率从 16.4% 提高到 20%，废除老龄者筹备金的报酬按比例分配的上限（1/3），改为全额按比例分配。

（2）"健康保险组合掌管的健康保险"简称"健保组合"。"健保组合"是根据《健康保险法》设立的负责实施被雇用者医疗保险事业的公法人，其上级组织是健康保险组合联合会。监督机构是厚生劳动省的地方厚生局。"组合健保"的保险对象是未加入"协会健保"的大企业的员工及其家属。"健保"组合分为"单一型组合"、"综合型组合"和"地区型组合"三种类型。

"单一型组合"是企业单独设立的"健保组合"。设立这种组合的重要条件是参保人数必须在 700 人以上。

“综合型组合”是同类种的多个企业共同设立的“健保组合”。设立这种组合的重要条件是参保者必须在3000人以上，其上级组织是综合健康保险组织协议会。

“地区型组合”是将同一都道府县内设立的“健保组合”合并在一起的组合。

设立“健保组合”必须符合厚生劳动省制定的设立标准。并且还必须具备以下条件：①必须拥有一定数量以上的参保者；②必须得到承保者的同意并签署合同；③必须得到厚生劳动大臣的批准。“健保组合”可以自由运营，除了向参保者支付《健康保险法》规定的保险金和履行保健福利事业职责外，还可以在一定范围内附加支付保险金，审查非常严格。组建“健保组合”的企业如果有日工特例投保者，该组合必须向厚生劳动大臣缴纳日工筹备金。缴纳期限是每年的9月30日和3月31日。

“健保组合”设有一名理事长及理事、监事。还设有组合会和理事会。组合会是“健保组合”的决策机构，理事会是执行机构。理事长每年度必须召开一次组合会。组合会必须审议和决策的事项有：①条款的变更（除小事外，必须得到厚生劳动大臣的批准）；②收入与支出预算；③事业报告及决算；④组合的合并、分立与解散（必须是组合会3/4以上的“健保组合”议员审议决定，必须得到厚生劳动大臣的批准）等。

截至2015年3月末，“健保组合”数为1409个，比2014年3月末减少10个。被保险者为1573.7525万人，比2014年增加0.57%。

（3）“船员保险”的参保者是船舶公司的船员。以前，该保险由社会保险厅负责运营，从2010年1月1日开始改由“全国健康保险协会”负责运营。为了反映船员的意见，在该协会内设立了船员保险协议会，负责与船员协商。职业病与符合工伤保险制度的部分由工伤保险支付，其余部分由“船员保险”支付。2013年日本政府又对一些保险条款进行了修改，对于不能作为工伤对象的疾病，一并由“船员保险”进行支付。

（4）“共济组合”是以公务员及私立学校的教职员为对象实施公共社会保障的社会保险组合，负责医疗保险及养老保险。组合必须按照《健康保险法》征收保险费及支付各种费用。“共济组合”分为国家公务员共济组合、各种地方公务员共济组合、私立学校教职员共济组合三种。

国家公务员共济组合是依照《国家公务员共济组合法》成立的，共有20个团体加入，如众议院共济组合、参议院共济组合、内阁共济组合（包括环境省）、总务省共济组合、法务省共济组合、外务省共济组合、财务省共济组合、文部科学省共济组合（包括国立学校教职员及国立大学医院职员）、厚生劳动省共济组合（包括禁毒执法官及劳动标准监督官）、国土交通省共济组合（包括海上保安官员）、防卫省共济组合（包括自卫官）等。加入这些组合的被保险者的证件番号从31开始，由八位数构成。

地方公务员共济组合是依据《各种地方公务员共济组合法》成立的。加入这个组合的有东京都职员共济组合（1个团体、都职员与特别区职员）、地方职员共济组合（1个团体、道府县职员及地方团体相关团体职员）、指定市共济组合（10个团体、政令指定市职员）、市町村职员共济组合（47个团体、全国市町村职员共济组合联合会）、城市职员共济组合（3个团体、全国市町村职员共济组合联合会）、警察共济组合（1个团体、都道府县警察职员、警察厅职员及皇宫护卫官）、公立学校共济组合（1个团体、公立学校教职员、都道府县教育委员会职员及其教育机关的职员）。

私立学校教职员共济组合是根据《私立学校教职员共济组合法》建立的，其目的是振兴私立学校的教育。1998年1月1日，日本政府废除了日本私立振兴财团和私立学校教职员共济组合，改由日本私立学校振兴与共济事业团进行运营。保险对象是私立学校的教职员及其家属。组合员证的番号从34开始，由八位数组成。

国家公务员共济组合和地方公务员共济组合这两个机构具有特殊法人资格，受国家和地方政府的监督。法律规定公务员必须加入共济组合，必须承担缴纳保险费的义务，也有权享有相应的待遇。私立学校振兴共济事业团也具有特殊法人资格，接受日本文部科学省的监督。

（5）“国民健康保险”是适用范围较广的公共医疗保险制度，简称“国保”。该保险创设于1938年，最初是以农村和渔村的居民为保险对

象，1958年将保险对象扩大到政府公务员和企业职工以外的国民。该保险主要有两种形式，即同行业的自营业者（如医师、牙医和药剂师等）组织的国保组合和市町村国保，其中市町村国保是国民健康保险的主体。凡是未参加“国民健康保险”以外各种公共医疗保险，未享受最低生活保障的并且居住在市町村的所有人员均可加入该保险。自1986年4月起，参保对象的范围扩大到居住在日本的外国人，包括根据《外国人登记法》进行登记者和根据《出入境管理及难民认定法》被批准在日本逗留1个月以上者。2014年4月，日本对国民健康保险制度进行了部分修改。修改的内容有：①70～74岁的人需要医生护理所支付的费用中的2成由自己负担；②后期高龄者支援金和护理缴纳金均提高2万日元；③对低收入家庭实施减轻保险费的制度，共分为3个等级。从2014年4月1日起日本政府又将减免的范围进一步扩大。2012年度“市町村国保”的参保人数为3466万人，比2011年减少54万人。保险费收入为3.0634万亿日元，比2011年增加0.7%；支出9.2149万亿日元，比2011年增加1.5%。

医疗保险的资金主要来源于参保企业和个人缴纳的医疗保险费和国家财政的补贴。一般企业雇员和公务员的保险费从其工资中扣除（从其参加工作之日起扣除）。参加国民健康保险的农民和自营业等非工资收入者自己到市町村政府缴纳。

关于医疗费的支付，在各类医疗保险制度中，除国民健康保险支付医疗费70%（本人负担30%），退休人员住院费的80%、门诊费的70%外，其他公共医疗保险制度都规定：只要在指定医院看病，本人只负担医疗费的20%，由医疗保险负担80%；如不在指定的医院看病，个人负担的部分则根据医疗费的多少而定。

此外，还有一种“护理保险制度”，这是一项强制性的保险制度。该保险制度从2000年开始实施，这是在过去老人福利和老人医疗护理制度的基础上建立起来的一种容易利用、公平有效的社会支援体系。该制度的运营主体是市町村。该体系的资金来自两个方面，50%来自国民缴纳的保险费，50%来源于日本政府和地方政府的财政支出。这种保险制度的参保对象有两种，65 岁以上者为一等参保者，他们的保险费直接从养老金中扣除；已加入医疗保险的 40 ~ 64 岁者为二等参保者，他们的个人缴费部分在缴纳医疗保险费的同时缴纳。参保者可以享受以下服务：家访护理；清洁服务；家庭理疗；医务人员定期到家中帮助被保险者进行康复运动等；在护理中心等处进行洗澡及机能训练；把因痴呆、智障、精神障碍等生活不能自理者集中在特殊疗养院进行护理。对其中的低收入者减少护理保险费；出租福利用具及支付器材的购买费。2013 年度参保者总计 583.8 万人，其中一等参保者（65 岁以上）共有 569.1 万人，二等参保者（40 ~ 65 岁）共有 14.7 万人。2013 年支付护理保险服务费 7437 亿日元。

为了更好地发挥医院的自主性和自律性，提高医疗服务的质量和效率，日本不断地对医疗制度进行改革，2004 年，将厚生劳动省直接管辖的 144 个国立医院变成了独立行政法人国立医院。从 2010 年 4 月 1 日起，原由厚生劳动省直接管辖的国立癌症研究中心、国立循环器官（心脏、肾脏等）病研究中心、国立精神与神经医疗研究中心、国立国际医疗研究中心、国立成长发育医疗研究中心、国立长寿医疗研究中心也改为由独立行政法人经营。随着少子高龄化的日趋严重，日本于 2014 年再次对医疗制度进行了改革。当年开始实施的项目有：①推进家庭医疗；②加强高度急性期、急性期、恢复期、慢性期医疗机构间的协作；③根据患者的状况提供恰当的医疗，构筑使之尽早回归社会的体制。2015 年开始实施的项目有：①构筑区域综合保健体系；②推进治疗痴呆症与医疗及护理协作政策；③根据收入情况重新调整保险费等。

综合医院科室设置齐全，主要有管理科、临床科、急救科、药剂科、护理科等，正副院长为 2 ~ 3 人，院长必须是业务人员，其主要职责是决定医院重大事项，每周有一定时间参与门诊。医生与护士比例为 1∶4，1 名医生通常管理 10 ~ 12 张病床。护士除了护理之外，还承担一部分简单的治疗工作。精神医院和结核医院均属专业医院。由于传染病的发病率低，所以传染病医院非常少。

日本医院的制度和规范都比较健全。例如医疗质量的管理，医院对基础质量、环节质量和最终质量各个环节的管理，均有明确的职责、规范和技术要求。医院专门设有医疗质量委员会、感染管理委员会、药品管理委员会等机构，对质量进行监督。为了把好医院的质量关，医院还定期听取有关企业和病人的意见，改善医院的医疗质量。

除了对医院的医疗质量进行监督，国保委员会等监督和审查机构还经常对医院的收费情况进行检查，若发现医院弄虚作假或铺张浪费，审查机关有权吊销医院为被保险者提供医疗服务的资格。厚生劳动省的官员还经常检查医院的卫生状况、服务态度，处理患者的投诉，对不合格者进行处罚。

（二）医疗保险管理机构及医疗设施

厚生劳动省的保险局是医疗保险的管理机构，在 2001 年 1 月 6 日厚生省与劳动省合并时设立，其下设总务课、保险课、国民健康保险课、高龄者医疗课、医疗护理合作政策课、医疗课、医疗指导监察室和调查课。总务课下设社会保险审查调整室，医疗护理合作政策课下设医疗费适当化对策推进室和保险体制高度化推进室，医疗课下设牙科医疗管理官和保险医疗计划调查室，医疗指导监察室下设药剂管理官，调查课下设数理计划官。

保险局主要负责健康保险制度、后期老龄者医疗制度的计划立案业务，管辖根据《健康保险法》设立的全国健康保险协会。

日本的医疗设施有精神医院、结核疗养所、普通医院、地方医疗支援医院、普通诊所、拥有疗养病床的普通诊所、牙科诊所及疗养院等几种类型。据厚生劳动省统计，截至 2013 年 10 月 1 日，全国共有医院等医疗设施 179855 所（包括休诊 1 年以上的设施）。实际运营的设施有 177769 所，比上年增加了 578 所。在这些医疗设施当中，共有“医院” 8540 所，比上年减少了 25 所；“普通诊所”为 100528 所，比上年增加了 376 所；“牙科诊所”为 68701 所，比上年增加 227 所。

根据厚生劳动省统计，截至 2012 年 10 月 1 日，日本全国医务从业人员总数（包括非常勤职员）为 2427273 人。从医务人员的种类来看，“医生”为 303268 人，“牙科医生”为 102551 人，“药剂师”为 280052 人，“护士”（包括“准护士”）为 1373521 人，按摩针灸理疗师等为 367881 人。

（三）疾病与对策

二战后初期，日本人的平均寿命在发达国家中是最低的。后来，在政府和国民的共同努力下，教育经济发展及医疗保健水平得到提高，从而使人们的平均寿命逐渐延长。从 1984 年至今，日本一直是世界上平均寿命最长的国家。寿命迅速延长的背景是感染病等急性疾病急剧减少，而癌症、循环器官的疾病（心脏病）等生活习惯病开始增加，瘫痪和痴呆这样的老龄化障碍也在增加，疾病结构发生了很大的变化。

20 世纪 80 年代以后，癌症、循环器官疾病、脑血管病的死亡率迅速上升到前三位，特别是癌症的死亡率迅速增加，已居死亡率之首。这三类疾病的死亡人数占全国死亡总数的 60%。据厚生劳动省统计，1994 年日本全国因癌症而死亡的人数为 243585 人，占死亡总数的 27.8%；因心脏病而死亡的人数为 159485 人，占死亡总数的 18.2%；因脑血管病而死亡的人数为 120225 人，占死亡总数的 13.7%。2001 年日本全国因癌症而死亡的人数上升到 300658 人，所占比率达 31%；因心脏病而死亡的人数减少为 148292 人，所占比率减少到 15.3%；因脑血管病而死亡的人数上升到 131856 人，占死亡总数的 13.6%。随着时间的推移，恶性肿瘤持续增加，疾病的结构又发生了变化。据厚生劳动省统计，2006 年因恶性肿瘤而死亡者上升为 329198 人，占死亡总数的 30.4%，居第一位；因心脏病而死亡者为 172875 人，占死亡总数的 15.9%，居第二位；因脑血管病而死亡者为 128203 人，占死亡总数的 11.8%，居第三位。

战后以来，日本政府采取了许多对策预防疾病的发生。1978 年日本制定了“实现国民健康对策”。日本政府 1988 年确立了“老人健康诊断体制”，是实现国民健康对策的重要一环，同时，政府在市町村设立了保健中心，由健康运动指导人员对国民进行健康指导。2000 年 3 月 31 日，根据《厚生省发健医第 115 号事务次官通知》，将治疗癌症、心脏病、中风、糖尿病等生活习惯病及研究产生这些疾病的原因作为重要课题，制定了第三次国民健康对策，即“实现 21 世纪的国民健康运动”（简称“健康日本 21”）。政府希望通过这一运动加深国民对健康生活习惯重要性的关心和理解，共同创建健康和丰富多彩的社会，减少青壮年的死亡，延长寿命。为了提高国民的生活质量，政府规定体育馆、医院、剧场、集会场所、展览场所、百货商店、事务所、官公厅设施、餐饮店等公共场所的管理人员，必须采取必要的措施防止吸烟。2003 年 5 月 1 日，政府制定了《健康推进法》，根据该法律确定了综合推进增进国民健康的基本方针，并且以此为基础，对“健康日本 21”进行了修改，将运动时间延长到 2012 年。

鉴于癌症、心脏病、心血管病等疾病的发病率有不断上升的趋势，2008 年 4 月 1 日，根据《厚生劳动省健康局长通知》，政府指定全国 351 所医院作为治疗癌症的专业医院；构筑区域性的癌症治疗合作机制，以便使癌症患者在全国任何地区都能得到高水平治疗；设立谈心支援中心，对癌症患者进行心理疏导和提供信息。

二　卫生

凡是到过日本的人都有一个共同的感受，即日本是一个山清水秀、环境优美的国家。日本在卫生保健方面能取得如此成就，与日本政府重视卫生保健和国民强烈的环保意识分不开。

（一）劳动卫生

在日本经济高速发展的 20 世纪五六十年代，由于一味追求高速度，企业过分追求规模效益，不仅使环境遭到了严重破坏，而且劳动强度过大，劳动时间过长，使许多人患了职业病，如哮喘病、水俣病等，特别是从 70 年代中期起，社会上出现了猝死即“过劳死”现象。80 年代以后，过劳死事件急剧增加，包括重症患者在内达到数万人。与环境污染有关的诉讼案件也迅速增加，到 1970 年超过了 6 万件。为了解决这一问题，日本制定了许多法律法规，如 1967 年制定了《煤矿灾害所致一氧化碳中毒特别措施法》，1972 年制定了《劳动安全卫生法》，1996 年 6 月 29 日重新修订。该法律规定：企业主的职责是创造愉快舒适的工作环境和改善劳动条件，确保劳动者的安全和健康。劳动者除了遵守防止劳动灾害所必要的事项外，必须尽可能地协助企业主和其他有关人员要求实施的有关事项。为了使这些法律顺利地付诸实施，政府还采取了许多相应的措施。

20世纪90年代以后，随着日本经济的萧条，产业结构发生了很大变化，每个工种的工人数量也随之发生了变化，非正规雇用工人数量扩大了，劳动时间出现了两极分化；同时，由于退休年龄的延迟，高龄工人增多，女性劳动者也有增加的趋势；并且，由于先进机械设备和化学物质的导入，工厂内的危险与有害性物质变得复杂而多样。为了更好地确保工人的安全与健康，厚生劳动省制定了《防止劳动灾害计划》。该计划从2008年开始实施，2012年完成，所要达到的目标是：①到2012年使死亡人数比2007年减少20%以上；②到2012年使死伤人数比2007年减少15%以上；③推行确保工人健康的政策，定期对工人进行健康检查和治疗。

厚生劳动省2013年对全国的劳动环境进行了调查。调查显示，在日本全国企业当中，有对劳动者健康有影响的有害作业的企业所占比例为30.4%，其中有“有机溶剂作业”的企业占16.6%，有“粉尘作业”的占13.4%，有“制造或处理特定化学物质作业”的企业占7.4%，有“处理重物作业”的企业占4.6%

从对这些有害物质进行监测的情况来看，“粉尘作业”占80.5%，“有机溶剂作业”占82.3%，“制造或处理特定化学物质作业”占90.2%。在有“粉尘作业”的企业中，对劳动者每3年进行1次“尘肺病健康检查”的占83.1%，每年进行检查的占23.6%，“就业时、定期以外及离职时”进行检查的占8.9%。

按照《劳动安全卫生法》第57条，使用化学物质的企业占19.1%，其中对使用的所有化学物质的容器与包装进行GHS标识的企业占71%。

从劳动者从事有害作业的情况来看，从事有害作业的劳动者所占比例为29.9%（2006年为28.5%）。从事“有机溶剂作业”的劳动者占16.8%，从事“粉尘作业”的劳动者占11.8%，从事“处理重物作业”的劳动者占8%，从事“制造或处理特定化学物质作业”的劳动者占5%。为了减少有害作业给劳动者身体造成的伤害，日本政府采取了各种对策：①规定从事有害作业的企业，在劳动者上岗前对他们进行教育，使他们了解有害物质对人体的危害程度，提高他们识别有害物质的能力；②定期对从事危险有毒作业的劳动者进行健康诊断检查。该项检查包括癌症检查和全面体检两种。厚生劳动省统计显示，2013 年对劳动者实施定期健康诊断的企业为 91.9%，比上年略有增加，其中实施癌症检查的企业占 34.3%。从癌症的种类来看，进行肠癌检查的占 68.8%，数量最多。其次是胃癌占 66%，乳腺癌占 64.3%。实施全面体检的企业占 28.1%。

（二）环境卫生

日本是一个发达的工业国家，经济高速发展带来了环境污染等许多弊端。第二次世界大战后，日本在恢复经济的过程中，由于忽视了环境保护，在 20 世纪 60 ~70 年代经济高速增长时期曾发生过严重的环境污染问题，使国民身体健康受到威胁。日本政府认真地总结了这一教训，从此一直把环保问题列入政府的重要议事日程，把加强国民的环保意识作为解决环保问题的关键。为此，政府首先从青少年入手进行环保教育，把环保作为从小学到高中的必修课，还进行现场教学，带领青少年参观垃圾处理厂和污水处理厂，或组织学生做垃圾问题的社会调查等，使青少年从小不仅学到了环保知识，增强了环保意识，还养成了讲究卫生的良好习惯。

除了从思想上加强国民的环保意识外，日本还制定了许多法律和措施，解决环境污染问题。根据《关于废弃物及清扫的法律》，将废弃物分为“一般废弃物”（工业废弃物以外的废弃物）和“工业废弃物”，分别采取不同的方法进行处理，对于“一般废弃物”，采取燃烧、掩埋和将其变为肥料等方法。以东京为例，市政府将垃圾分为“可燃物”“不可燃物”及玻璃瓶和铁铝罐等几类，并统一发放回收桶，要求居民按不同类型将垃圾放入不同的回收桶内。对于“工业废弃物”，日本多采用经处理后再利用的处理方法。名古屋有 37% 的企业对工业废弃物采用经处理后再利用的方法进行处理，进行掩埋的仅占 17%。日本还采用了新的监控系统，即利用全球定位系统（GPS）跟踪装有传感器的运送废料的卡车，对可疑的工地进行监视，以便查处违法倾倒工业垃圾者。

日本对吸烟有明确的法规，不允许在地铁、电梯、宾馆走廊和商店等公共场所吸烟，有的地方政府甚至禁止在大街上吸烟。为了解决烟灰问题，吸烟者外出时都随身带有烟灰袋，不允许随地丢弃烟蒂。为了减少汽车尾气，日本政府鼓励国民骑自行车，并规定自行车可走人行道。

为了进一步加强环保法制，近年来，日本政府推出了《容器包装循环法》、《家庭电器循环法》、《再生资源利用促进法》和《循环型社会基本法》等一系列法律法规。2007 年 6 月，日本政府又提出了面向 21 世纪的“环境立国”新战略，要在日本建立起“最佳生产、最佳消费和最少废弃”的经济模式，在经济增长的同时提高人类生存的环境质量。这一新战略实施后，将会给日本经济带来新的增长点，创造新的市场。到 2010 年，与环境有关的市场规模增加到 37 万亿日元，就业人数增加到 140 万人。

近年来，随着居民活动范围的加大，二氧化碳、甲烷等温室气体大量排出，尤其是二氧化碳占日本温室气体排出总量的 95%。受温室效应的影响，1898～2013 年日本的年平均气温每 100 年提升 1.14℃。2012 年度日本二氧化硫的排放量约为 13.43 亿吨，其中二氧化碳的排放量为 12.76 亿 t（比基准年增加 11.5%）。若要降低全球温室气体的排放量，在 2050 年前后实现低碳社会，则需要从 2013 年开始更大幅度地减少温室气体的排放量。同时氯氟烃、氢氯氟烃、溴化钾基等化学物质会继续对臭氧层进行破坏。臭氧层被破坏后，其吸收紫外线的能力大大降低，使大量的紫外线到达地球，对人类身体健康造成极大危害，使人类患皮肤癌和白内障的概率大大增加，同时阻碍了植物的生长。为了减少温室气体的排放量，日本政府采取了各种措施，如在国内生产超低硫汽油和柴油；在国际上，从 2013 年 5 月开始实施《在国家间开展低碳技术的资金支援——实现发展中国家“飞跃式”发展》的政策等。

（三）学校卫生

青少年是国家的未来，保护儿童、青少年学生的身心健康，关系到国家和民族的兴旺发达。因此，日本政府非常关心学生的卫生，在学校专门设立了学校保健委员会，负责管理学校的保健知识教育、卫生安全、食品供给、学生营养及卫生环境等。

学校还每年对学生进行健康检查，检查的项目包括霍乱、痢疾、流感、传染性腹泻、开放性结核病、麻风病等，并对患有上述传染病的学生进行治疗。

为了进一步确保学生的身心健康，文部科学省根据《学校安全保健法》对“学校环境卫生标准”进行了修改，并于 2009 年 4 月开始实行。具体标准如下。

1. 关于教室等环境的“学校环境卫生标准”

所谓教室等是指普通教室、音乐室、图工室、计算机室、体育馆、职员室等学生及教员经常使用的场所。

（1）换气

通过打开门窗和机械等方法置换室内的空气，将室内的二氧化碳控制在 1500PPM 以下。教室内的空气如果不与外面空气交换，室内学生呼吸产生的二氧化碳量会增加，其他的污染物质也会增加。并且修改后的《建筑标准法》规定，新建、改建及维修房屋时，教室里必须安装机械换气设备。“学校环境卫生标准”规定每学年定期对换气设备检查两次。具体的检查日期由各个学校自己决定。

（2）温度

考虑到人的生理负担，希望教室等的温度夏季在 30 度以下，冬季在 10 度以上。另外，教室等的温度测定不只是在教室中央部，而且是测定教室等的几个部分的水平温度分布（平面分布）和垂直温度分布。“学校环境卫生标准”规定每学年定期对温度检查两次。具体的检查由各个学校自己制订计划实施。

（3）相对湿度

相对湿度是指空气中的水汽压与饱和水汽压的百分比。根据日本气候夏季湿度高、冬季湿度低的特点，希望教室内的湿度保持在 30% ~80%。“学校环境卫生标准”规定每学年定期对相对湿度检查两次。具体的检查由各个学校制订计划实施。

（4）浮尘

浮尘是直接影响人的呼吸器官的经常游离在空气中的微小物质。浮尘的标准值为 0. 10mg/m^3 以下。“学校环境卫生标准”规定每学年定期对浮尘检查两次。具体的检查由各个学校制订计划实施。

（5）气流

从人体舒适度来看，室内需要适度换气。使用暖气和空调时，室内气流应保持在0.5m/秒以下，特别是教室最好保持在0.2～0.3m/秒。“学校环境卫生标准”规定每学年定期对室内气流检查两次。具体的检查由各个学校制订计划实施。

（6）一氧化碳

一氧化碳在发生不完全燃烧时，在其浓度高的情况下会直接对人体产生影响。考虑到学校是学生生活和学习的场所，一氧化碳的标准值应该在10PPM以下。

（7）二氧化氮

二氧化氮是一种空气污染物质，其浓度高时会给人的呼吸道造成危害。因此，教室内的二氧化氮应控制在0.06PPM以下。“学校环境卫生标准”规定每学年定期对二氧化氮检查两次。具体的检查由各个学校制订计划实施。

（8）挥发性有机化合物

挥发性有机化合物是分子量比较小的有机化合物的总称。室内的建筑材料、教材、涂料等含有各种挥发性有机化合物，会使学生等在学校感到难闻的刺激气味，这种情况会导致新房综合病症。厚生劳动省指示对这类物质设定室内空气浓度指针值。“学校环境卫生标准”规定每学年检查一次。学校每年在教室等温度高的时候进行检查。

（9）采光及照明

关于教室等场所的照明应设定最低限标准。例如下限值应高于300勒克斯，晴天和雨天都需要300勒克斯以上。计算机室等的照明应保持在500～1000勒克斯。对此每年定期检查两次。考虑到地区的特点，何时检查合适，由各学校自行决定实施。

（10）噪音

教室内保持肃静是必要的，但要做到完全没有声音是不可能的。如果声音太大，听不清教师讲课，会影响学习效果。因此，教室内的等价噪音水平应保持在50分贝以下。有关部门每学年定期检查两次。

2. 关于饮用水水质及设施与设备的“学校环境卫生标准”

（1）水道的区分

“学校环境卫生标准”中将饮用水的检查对象分为三种类型：①以自来水（专用水道除外）为水源的饮用水；②以不是专用自来水的井水等为水源的饮用水；③以专用水道（以自来水为水源的除外）及不是专用水道的井水等为水源的饮料水的原水。对这些饮用水的水质有关部门每学年定期检查一次。

因为水道是按照《水道法》进行区分的。根据区分应该管理的内容各不相同，因此，学校的设置者及管理者必须知道该学校的水道是属于哪种类型的。直接供水原则上由饮料水供给者实施水质检查。专用水道根据《水道法》对水质进行检查

对以自来水为水源的饮用水，有关部门每学年定期对其水质进行一次检查。考虑到地区的特点，哪个时期进行检查合适，由学校制订计划实施；对以井水等为水源的饮用水的水质按照《水道法施行规则》第15条规定的次数定期进行检查；对以专用水道（以自来水为水源的除外）及不是专用水道的井水等为水源的饮料水的水质每学年定期检查一次。考虑到地区的特点，哪个时期进行检查合适，由各学校自行决定。

（2）设施、设备

有关行政管理部门必须按照水源的种类，对上水道、简易水道、专用水道、简易专用水道及水井等进行检查。饮料水的设施及设备按照《水道法》进行管理；专用水道按照设施标准进行管理。简易专用水道有义务接受管理者的检查；水井等按照“饮用水井等卫生对策要领”进行管理。

“学校环境卫生标准”还就学校的整洁及日常环境卫生、老鼠、害虫情况、教室等的备品管理和游泳池的卫生管理等做出了专门规定。

（四）食品卫生

随着生活质量的不断提高，如何保持身体健康已成为日本国民一生中最重要的问题。为此，日本政府也很注意改善居民的饮食结构，普及科学

营养知识。2000 年 3 月 31 日，日本政府推出了增进健康的新政策——“健康日本 21”。推出此项政策的宗旨是提高国民的健康意识，通过改善营养结构和加强体育锻炼，预防和治疗与生活习惯相关的疾病。

为了保障食品的安全与卫生，把好病从口入这一关，日本政府首先健全了食品卫生监管机制。其机构由以下几部分构成：中央机关有厚生劳动省、农林水产省、环境省、食品安全委员会、消费者厅；研究机构有国立保健医疗科学院、国立药品食品卫生研究所、国立感染病研究所、国立健康与营养研究所、动物卫生研究所等；隶属于厚生劳动省的检疫机构有成田机场检疫所、东京检疫所等 13 个所、农林水产省动物检疫所、PPM 农林水产省植物检疫所等，此外还有一些地方机构、国际机构和学会等。

1984 年，日本设立了日本健康食品与营养食品协会，负责指导日益壮大的保健食品工业。目前该协会已经认证了 45 项天然的功能性食品配料，可以用于特定的产品上。日本的保健食品工业已经形成比较健全的工业化生产和销售体系，20 世纪 80 年代日本有生产企业 500 多家，到 90 年代已经发展为 3000 多家，产品达 2 万余种，年产值达 60 亿美元。日本保障食品开发具有产品多、应用广、市场潜力大的特点。日本正在开发食用菌类和功能饮料。食用菌类是由各种氨基酸和多种糖构成的，它不仅能降低血糖和血压，还能激活人体免疫功能。

为了确保食品的安全性，保障国民的身体健康，2003 年 5 月 23 日政府制定了《食品安全基本法》。由于该法对残留农药未设定标准，所以食品检测部门即使在食品中检测出农药来，也没办法禁止该食品出售。为此，2009 年政府对该法进行了修改，制定了《特许进口货单制度》。新制度对所有农药都设定了残留标准，食品中残留农药超过标准，一律不得出售。政府还采取了各种各样的政策，如防止食物中毒政策、检验市内流通食品政策和食品业者自行食品卫生管理政策等。在这些政策的指导下，地方政府所属保健所的食品卫生监督员对各种饮食店、超市、处理和销售鱼和肉等生鲜食品的商店和加工厂家进行监督指导。饮食店、食品店等则根据管理经营标准制定卫生保健措施，设立食品卫生负责人，自行进行卫生管理。为了防止食物中毒和提高卫生管理水平，2009 年，日本政府将 8

月定为“食品卫生月”，在全国进一步普及食品卫生知识。

近几年随着经济的发展，饮食生活的丰富，人们每天都在摄取来自世界各地的各种各样的食物，食品的安全问题越来越复杂化。为了确保国民的健康，日本政府采取了一系列应对政策。其主要内容是：①预防食物中毒的对策。当食物中毒发生时，一边向社会各界发布最新情况，一边与相关地方自治体合作防止被害对象扩大，并积极查明中毒原因。②确保进口食品安全。日本是食品进口大国。检疫所（全国32所）要对进口食品进行监视和检查，确保进口食品的安全性。③推进和普及HACCP（食品安全保证体系）。④预防疯牛病的发生，将超48个月龄作为疯牛病检查的标准。⑤对食品残留农药等的限制。⑥对食品中的放射物质采取对策，设定食品中的放射性物质的标准值，超过标准值的食品不得出厂销售。⑦食品中的污染物质的对策。对食品中的污染物质进行各种检查，并设定标准。⑧确保食品添加物的安全。⑨确保健康食品的安全。⑩确保遗传基因食品等的安全。⑪确保器具、容器包装、玩具、洗涤剂的安全。

三　药品

20世纪50年代，药品生产居世界前列的国家是美欧等国，日本的药品生产还相当落后。经过10年的艰苦努力，到20世纪60年代，日本一跃成为世界第二药品生产大国。进入20世纪80年代中期以后，日本的制药业迅速发展，制药企业及其职工人数都大幅增加。现在约有制药企业1600家，最大的制药企业是武田药品工业公司，其次是三共和山之内制药公司。据厚生省统计调查，1994年日本的药品产值为5.7504万亿日元，其中医疗用药品为4.8812万亿日元，占总产值的84.9%；普通用药品为8087亿日元，占14.1%；家庭用药为605亿日元，占总产值的1.1%。

早在第二次世界大战初期，日本就非常重视生物工程的开发研究，其利用微生物生产医用抗生素和制药等技术在世界处于领先地位。1979年世界市场上的11种新抗生素中有7种是日本制造的。目前，日本已开发并获得批准的药品有9大类，即钙拮抗剂、地尔硫、H2受体拮抗剂法莫替丁、HMG－COA还原酶抑制剂普伐他汀、喹诺酮类抗生素左氧氟沙星、激素疗法药亮丙瑞林、免疫抑制剂他克莫司、抗过敏药普仑司特、阿尔茨海默病治疗药多奈培齐。近年来，人们普遍认为未来是生命科学时代，基因和细胞将被用作药品，因此，日本政府和各大制药公司不惜牺牲短期利益，将大量资金投向基因组工程的研究，用于研究开发新的基因疗法与药物。其研究目标是：尽快破译人体的3万个基因和15万个核苷酸多态性碱基对序列，以便发现导致老年痴呆症、癌症、糖尿病、高血压、过敏症等疾病的基因以及与药物反应有关的基因，从而针对不同患者的情况制定出最佳的治疗方案。

2000年，日本政府又制定了“推进基因组战略”，提出要加强对基因多样性、疾病基因以及蛋白质结构与功能的研究，加强对基因信息科学的研究开发。经济产业省、文部科学省、厚生劳动省也在本部管辖范围内积极推进有关的研究开发。2000年初日本政府在横滨建立了全国最大规模的基因组科学综合研究中心，并开始与企业进行多方面合作。各大制药公司也在大幅度增加研究开发经费，采取各种方针加速这方面的研究开发。以3家大制药公司为例，从1999年开始的3年间，研究开发经费增长率分别为3%、15%和6%，不少公司的研究开发经费在销售额中所占的比例高达20%。

日本的制药业正面临着来自国内外的挑战。日本制药企业的数量不少，但规模普遍不大，无法与新崛起的全球性制药巨头如美国辉瑞公司等竞争。辉瑞制药公司的研究开发预算超过了日本前10位制药公司研究开发经费的总和，这使日本企业几乎没有可能开发突破性的新药以保持竞争力。在日本，由于政府实行“扶弱抑强”政策，实力弱的企业也可以生存下来，但实力强的企业却无法将事业扩大到全球市场，因此，日本必须彻底进行医疗改革。1999年政府对“药价标准”进行了全面修改，药价平均下调了9.7%，这是1988年度以来下调幅度最大的一次。

为了集中而有效地管理药品和医疗器械，保障全体国民生命的安全，日本政府于2004年4月1日将国立药品食品卫生研究所、药品医疗器械审查中心、药品副作用被害救济与研究振兴调查机构和医疗器械中心的一部分合并，成立了药品医疗器械综合机构。该机构是厚生劳动省管辖的独立行政法人，主要负责处理因药品副作用引起的损害健康的事件；根据《药事法》审查、分析和批准药品、医疗器械等；制定安全政策以保证药品与医疗器械的安全。2005 年 4 月 1 日，药品医疗器械综合机构将研究振兴业务移交给了独立行政法人医药基盘研究所。

日本制药工业协会（简称制药协，JPMA）是由新药企业、研究开发志向型的制药公司等组成的业界团体。该集团现有 72 家会员，会长是多田正世（大日本住友制药社长）。2013 年 7 月 17 日，日本制药工业协会提出为实现“创药立国”“与世界接轨的日本医疗”而努力。其具体举措是：①将日本的医疗体系引向新兴国家与亚洲等；②创建和完善“国民皆保险制度”“护理保险制度”“药价制度”“健康被害救济制度”“专利制度”；③维持并加强“药价标准制度”；④充实税制；⑤加强药品医疗器械综合机构实力等。

2013 年日本武田药品工业公司的销售额为 15696 亿美元，安斯泰来制药的销售额为 11954 亿美元，第一三共制药公司的销售额为 10985 亿美元，大塚控股公司的销售额为 10625 亿美元，以上药品公司分别居世界药品排行榜第 16、18、20、21 位。

第四节　环境保护与治理

人类文明的发展是以消耗自然资源为代价的。人类利用天然资源做原材料生产工业产品；使用燃料，从原始的狩猎生活逐渐发展成具有高度生产力的便利的文明社会。但是，人类在利用自然环境的过程中，给自然环境造成了很大负担。原材料和能源的使用量随着文明的发展而增加。21 世纪，发达国家能源的使用量与狩猎生活时相比大约增加了 50 倍。再加上人口的急剧增加，原材料与能源的消耗量更是以惊人的速度增加，使自然资源受到严重的破坏，严重地威胁着人类的健康和生存，治理与保护环境是国际社会亟待解决的课题之一。

一 环境问题与环境政策

（一）环境问题

环境问题大致可分为公害、地球环境问题、自然环境问题、生态系问题与生物多样性的问题、复合污染等。这些领域的问题种类繁多，既包括人为因素发生的环境问题，也包括非人为因素发生的问题。根据日本1967年制定的《公害对策基本法》的规定，日本有大气污染、水质污浊、土壤污染、噪音污染、震动、地面下沉和恶臭七大公害。后来由于人们对自然资源的过度开发，使自然环境受到更加严重的破坏，已经从公害、环境污染发展成臭氧层被破坏及地球温暖化等更加广泛更加严重的环境问题。目前环境问题，特别是地球环境问题已经成为与贫困及冲突并列的主要国际政治问题及社会问题之一。日本吸取了经济高速增长时期破坏环境的教训，因此全国上下非常注重对环境的保护和治理，政府先后出台了许多治理环境的法律法规及对策，也取得了较好的成效。

（二）环境政策

日本在明治初期在致力于“殖产兴业”的同时产生了公害的概念。20世纪50～60年代，在经济高速发展的过程中，过度追求生产速度，不仅使环境受到了严重破坏，而且致使许多工人患了“水俣病”“哮喘病”等职业病。

为了解决公害问题，日本政府首先从与地区居民休戚相关的问题入手制定政策。拥有大规模工业区的地方自治体率先采取对策。1949年，东京都制定了《东京都工厂公害防止条例》。紧接着，于第二、第三年大阪府、神奈川县分别制定了各自的公害防止条例。1967年，日本政府制定了《公害对策基本法》。之后，中央政府设立了环境厅，同时制定了《自然环境保全法》（1972年）及其相关法令。根据这些法律法规，又将环境对策扩大到健全生活环境设施、保全自然环境及文化遗产等领域。1993年11月19日，日本政府废除了《公害对策基本法》，公布了《环境基本法》，对《自然环境保全法》也进行了修改。《环境基本法》确立了政府环境政策的基本理念、基本政策和经济措施。对于制订环境基本计划和环境综合计划等也做了具体规定。根据《环境基本法》的精神和原则，1994年12月日本政府制订了《环保基本计划》。该计划根据国内外环保形势，以21世纪初为目标，提出了环保基本方针和具体政策措施。其内容为：①以环境负荷小的资源循环利用为基础，构筑环保型经济社会体系；②实现人与自然的协调和长期共存；③在公平负担环保费用的情况下，由国家、地方自治体、企业和个人共同参与环保；④推进国际环境合作。

《环境基本法》制定之后，环境法制方面出现了一些大的变化。第一，1997年，日本政府制定了《环境影响评价法》。由此，政府对大规模开发事业进行环境评估整理形成了制度。第二，1997年12月在日本召开了京都会议，并在大会上通过了《京都议定书》。以此为契机，1998年日本政府制定了《地球温暖化对策推进法》，并修改了《合理使用能源法》等法律。2000年，日本制定了《推进形成循环型社会基本法》。第三，对关于保护自然的法律进行了修改。如大幅度修改了《关于鸟兽保护和狩猎的法律》，制定了《关于鸟兽保护及狩猎适当化的法律》和《推进自然再生法》。该法规定以保护自然为手段，利用人类的力量去推进自然再生。2008年5月，日本制定了《生物多样性基本法》，并且将"实施战略性环境评估"的内容纳入该法中。第四，2013年5月，日本政府先后对《推进地球温暖化对策法》和《合理利用能源法》进行三部分修改，如追加三氟化氮作为温室气体的种类等。

（三）防止公害的对策

公害一旦发生就会给自然环境和国民身心健康造成非常严重的后果，因此，与公害发生后的治理相比，更重要的是防止公害的发生。对此，日本政府采取了非常严厉的对策。在前述1967年制定的《公害对策基本法》中，不仅具体列出了大气污染、水质污浊、土壤污染、噪音污染、震动、地面下沉和恶臭七大公害，而且还针对这七大公害分别制定了相应的法律，规定了防止这些公害发生的措施。日本政府1968年制定了《大气污染防止法》和《噪音规制法》。在国民的强烈要求下，1971年日本政府除了对《公害对策基本法》《大气污染防止法》《水质污浊防止法》

《噪音规制法》等进行修改外，还新制定了《海洋污染防止法》《关于废弃物处理和清扫的法律》《公害防止事业费事业者负担法》《公害纠纷处理法》等。《公害防止事业费事业者负担法》中明确规定了负担费用的事业者范围、金额及强制征收原则等。如果事业者不按期缴纳防污事业费，政府将对其征收每年 14.5% 的滞纳金。地方政府根据国家的公害政策和环境标准，制定了比国家标准更为严格的地方环境标准。而且各市町村还与辖区内的主要企业签订了《防止公害协议》，以此来约束企业按照环保法律和环境标准去运作经营。由于国家和地方自治体对公害采取了非常严格的预防措施和严厉的社会监督体系，公害在很大程度上得到了控制，从而使一度日趋恶化的环境得到了改善。

二　环境保护

（一）关于环境保护的法律

20 世纪 60 年代，随着日本经济的高速增长，国土开发的规模越来越大。为了强化自然保护政策，日本政府 1972 年制定了《自然环境保全法》。该法确立了保全自然环境的基本方针，并按照这个方针设立了自然环境保护审议会，确定了指定原生自然环境保护区及自然环境保护区的原则等。伤害动植物的行为屡有发生，受到国民的谴责，1990 年，日本政府对《自然环境保全法》进行了修改，增加了禁止伤害动植物的内容。

为了更好地实施国家对各个领域环境的管理、保护和监督，日本以《自然环境保全法》为基础，又先后制定了许多法律、法规及监督机制。为了保护优美的风景地，给国民提供保健、休养及教化的场所，为确保生物的多样性，1957 年日本政府制定了《自然公园法》。该法律规定，由中央政府指定并管理国立公园，由中央政府指定但由都道府县政府管理国定公园，由都道府县政府指定并管理都道府县立公园，推进自然环境的保护。为了防止海洋环境受到工业废水、生活废水及旅游活动的污染，日本政府于 1970 年修改了《自然公园法》，在串本和天草等地设立了十个“海中公园”。2010 年 4 月，政府又对《自然环境保全法》和《自然公园法》进行了部分修改，将“海中公园”改为“海域公园”。

《森林法》是以提高森林生产力为目的的森林行政的基本法。该法是1951年制定的，之后进行了过多次修改，最后一次修改是在2004年12月1日。该法对森林规划的制定、森林的管理及监督、保安设施等做了具体规定。

除了上述法律之外，日本政府还制定了《河川法》《海洋基本法》《海岸法》《港湾法》《生产绿地法》等关于保护环境的法律。

（二）环境保护的对策

1. 全面实行环境影响评价

所谓“环境影响评价”，是指对规划和建设项目实施后可能造成的环境影响进行分析、预测和评估，提出预防或者减轻不良环境影响的对策和措施，对环境影响进行跟踪监测的方法与制度。通俗说就是分析项目建成投产后可能对环境产生的影响，并提出污染防治对策和措施。日本政府对此项工作比较重视，但进展并不十分顺利。早在1983年，政府就向国会提出了环境影响评价法案，但未获通过。于是，1984年，政府决定以执行“内阁会议决定”的方式“实施环境影响评价”。直至1997年6月，《环境影响评价法》终于被正式通过。该法规定，实施开发建设事业时，必须就所实施的事业对环境的影响进行调查、预测和评估，研究该事业在实施过程中如何保护环境，对环境影响进行综合评价。中央政府、地方自治体、事业者及国民要深刻认识环境影响评价的重要性，恰当而顺利地办理环境影响评价的手续，尽量避免和减轻开发建设事业在实施过程中给环境带来的负担。该法规定以公路、水库、铁路、垃圾掩埋、发电厂、河川、飞机场、土地区划整理事业、工业园区工程等13项事业为对象。《环境影响评价法》具体实施方法是：①对象事业者编写准备书和摘要书送相关都道府县知事或相关市町村长审批；②将准备书和摘要书在相关地区公示1个月；③就准备书中记载的事情召开说明会。

2. 推进自然再生事业

2002年12月11日，日本政府制定了《自然再生推进法》。所谓自然再生，是指为了恢复过去被破坏的自然环境，由行政机构、地区居民、志愿者（NPO）等多方参与的保全、恢复及改造自然环境的事业。该法的基本方针是：①以相关各主体为机构成员设立“资源再生协议会”；②由事业主体制订“自然环境再生实施计划”。主管单位为环境省、农林水产省及国土交通大臣。

3. 放宽自然保护法的限制

为了振兴度假村产业，促进国民经济的均衡发展，国家及地方自治体放宽政策，采取税制上支持、政府金融机构融资等方式，支持民间事业者建设娱乐场所，让国民愉快地度过工作之余的闲暇时间。1987 年，日本政府制定了《综合保养地整备法》。在该法实施的过程中，1988 年初，36 个都道府县确定了建设度假村的计划，如“宫崎·日南海岸度假村构想”等。

4. 关于土地利用等的规制

为了综合而有计划地利用作为主要资源的国土，政府需要制定法律进行规制。1974 年 6 月 25 日，日本政府制订了“土地利用基本计划”对“土地交易”进行规制，同时制定了《国土利用计划法》。《国土利用计划》分为全国计划、都道府县计划和市町村计划三个部分。全国在听取计划国土审议会和都道府县知事的意见的基础上由阁僚会议决定。都道府县计划要以全国计划为基本，听取审议会和市町村长的意见的基础上由都道府县议会的审议决定；市町村计划要以都道府县计划为基本，在反映居民意见的基础上，经市町村议会审议决定。

《国土利用计划法》将国土分为规制区、监视区、注视区及其他一般区四种类型。

规制区的土地制度实行批准制。当城市计划区以外的全部或一部分地区出现或可能出现土地投机交易，而且范围广及地价急剧高涨，都道府县知事认为难以确保土地合理使用时，即可指定这样的地区为规制区。规制区内的土地交易需要得到都道府县知事的批准。未得到批准的合同被视为无效。办理这种审批手续从申请到批准需要六周的时间。

监视区实施事前申报制。当都道府县的知事认为其辖区内出现或可能出现地价急剧高涨并很难确保土地合理使用时，可以指定该地区为监视区。在监视区内进行的土地交易如果超过都道府县规定的面积时，必须向都道府县知事进行申报。

注视区也实行事前申报制，但审批的标准要比“监视区”宽松一些。都道府县知事认为其辖区内的地价在一定时间内出现或可能出现超过社会经济变动的上涨，并且可能会影响土地合理利用时，可以将这样的地区指定为注视区。在注视区内缔结土地交易合同超过“一定面积”“获得一组土地的权力”时，必须事先向都道府县知事申报。

三　垃圾处理及其经验

日本环境优美，是世界上实施垃圾分类比较成功的国家之一。其垃圾的分类和回收方法非常详细和严格，几乎达到了极致。

（一）日本的垃圾回收和分类

日本在20世纪60年代经济高速增长时期曾发生过严重的环境污染问题，使国民身体健康受到严重威胁。日本政府认真地总结了过去的教训，一直把环保问题列入政府的重要议事日程，把加强国民的环保意识作为解决环保问题的关键。为此日本政府设立了专门负责环境保护的机构，并着手进行垃圾分类，从70年代开始用了40年的时间逐步将垃圾分类方法细化到目前的程度。日本对垃圾的处理方法是分类收集、分类处理，但各个都道府县的垃圾分类和收集方法各不相同。各个地方政府都根据自身情况制定相应的垃圾分类和回收方法。

1. 垃圾的分类

日本将垃圾大致分为七大类：①一般垃圾，包括厨余类、纸屑类、草木类、包装袋类、皮革制品类、容器类、玻璃类、餐具类、非资源性瓶类、橡胶类、塑料类、衣服毛绒类。②可燃性资源垃圾，包括报纸、纸箱、纸盒、杂志、旧布料、装饮料的纸盒。③不燃性资源垃圾，包括饮料瓶（铝罐、铁罐）、茶色瓶、无色透明瓶及可以直接再利用的瓶类。④可破碎处理的大件垃圾，包括小家电类（电视机、空调、洗衣机等）、金属类、家具类、自行车、陶瓷器类、不规则形状的罐类、被褥、软管、绳索、铁丝电缆等。⑤小型破碎垃圾，指化妆品瓶、碎玻璃瓶、灯泡、伞、CD、DVD和唱片、磁带、游戏机等。⑥电池类，包括干电池、荧光灯及水银体温计等。⑦塑料类，指洗发水瓶、牙刷、塑料管、塑料袋和塑料瓶盖等。

2. 垃圾的回收

日本从儿童时代就开始通过家庭和学校等对国民进行垃圾分类和公德教育，在国民中逐步形成不给他人和社会添麻烦的良好习惯。所以日本人不仅在垃圾分类和回收上做得井井有条、淋漓尽致，在其他方面也十分认真。垃圾回收的具体方法如下。

（1）可燃垃圾的回收

将厨余垃圾（剩菜剩饭、蛋壳等“生垃圾”）沥干水分用报纸包好；将棍棒型的垃圾截成50厘米长的段捆牢；将装有油类的瓶子等先用抹布擦干净，然后用报纸将瓶口封住，牛奶盒尽量送到设在超市门口的回收箱回收。

（2）塑料瓶类的回收

首先拧开饮料瓶（装饮料、果汁、茶、咖啡、水等的塑料瓶）、酒瓶（装日本酒、烧酒、料酒等用的塑料瓶）、装酱油食用油等可回收塑料瓶的瓶盖揭去塑料商标，将瓶冲洗干净，压扁瓶身，然后装入透明或半透明塑料袋内待回收。

（3）其他塑料的回收

将商品的容器（洗头香波、蛋黄酱等塑料瓶）、包装袋（蛋糕、蔬菜、方便面等的口袋）及装橘子等用的网眼口袋洗净，撕下贴在上面的标签，连同瓶盖一起送到设在超市门口的回收箱回收。除了容器、包装以外的塑料、录像带、录音带及其盒子、牙刷、圆珠笔、塑料玩具、海绵、拖鞋等含有金属或陶瓷的物品属于不可燃垃圾。软管类垃圾需要剪成30厘米长回收。

（4）不可燃垃圾的回收

耐热玻璃、化妆品的玻璃瓶为不可燃垃圾，但与其他玻璃的溶解温度不同，故不能一起回收。一次性打火机必须用尽。

（5）资源垃圾的回收

资源垃圾包括可燃性资源垃圾和不可燃性资源垃圾。可燃性资源垃圾如报纸、杂志和书籍必须分别捆装处理，硬纸箱需要折好，纸盒牛奶饮用后将纸盒拆开成纸板状，洗净晾干后方能回收；不可燃性资源垃圾如喷雾器瓶子必须用尽，在无火且通风的地方将瓶身凿开若干小孔，啤酒瓶等尽量返还商铺。

(6) 有害垃圾的回收

荧光棒、干电池、体温计（含有水银的温度计）必须装入与资源垃圾不同的垃圾袋，袋子上必须注明“有害”二字。不含有水银的体温计属于“不可燃垃圾”。

(7) 大型垃圾的回收

处理家电回收法范围内的电器（空调、电视、冰箱、冰柜）、家具、家用电器（电磁炉、炉子等）及自行车、音箱、行李箱等大型垃圾时，必须打电话预约，并须支付一定的处理费。

在日本回收垃圾不仅要按照复杂的程序分类包装，还要按规定的时间将垃圾送到垃圾回收站，同时还缴纳回收费。每年年底，政府给居民发一张“特殊年历”，年历上用黄、绿、蓝等不同颜色标明不同垃圾的回收日期，并配有垃圾的图标。居民可按照年历上的规定日期到指定场所投放垃圾。例如每周一和周五是厨余垃圾投放时间，周三是可燃垃圾投放时间，周四和周五是可回收垃圾（报纸、瓶子）等投放时间。每天上午9点前垃圾清理车准时到居民区各垃圾站收集垃圾，然后运往垃圾处理场。

(二) 垃圾的处理与应用

日本国土狭小，资源稀缺，日本人从小就养成了很强的环保意识，政府和社会各界对垃圾的回收利用非常重视，为此政府制定了一套良好的垃圾回收再利用的机制。日本的垃圾处理大致可分为以下三种方式。

1. 焚烧处理

利用斯托克式焚烧炉（它是日本国内具有悠久历史、最普及的垃圾处理设备，具有高端技术，能安全高效地处理垃圾）、流动床式焚烧炉（从上面喷出流体，使固体颗粒悬浮在流体中，广泛用于各种工业的工程中）、气化溶解炉（焚烧炉的一种，是使气化炉和溶解炉融为一体的设备，也被称为“梦的”垃圾处理设备）、气化改质炉、PDF（日本称之为垃圾固体燃料，将家庭丢弃的“生垃圾”及塑料等变为固体燃料）、废塑料油化装置（采用催化剂催化分解的方式处理旧塑料，每月处理120吨塑料）等对垃圾进行焚烧。

2. 填埋处理

将废弃物、疏浚沙土及建筑渣土堆积在一起人工造地，再将这些人工造地投入湾、湖等水面上建成陆地，即填海造田、填海造岛。日本用这种方法建成的地区有东京都内的东京湾大部分地区如东京湾的新兴综合休闲娱乐区、神奈川县内的东京湾岸的大部分地区、千叶县内的东京湾岸的大部分地区、三和湾及伊势湾的部分地区。

3. 堆肥甲烷回收

用微生物将稻草、树皮、动物的排泄物等有机物完全分解制成肥料（生物降解的方法），用于农业和养殖业，不仅有助于环境保护，还有助于解决日本的资源匮乏问题。

4. 再生资源化（以下称循环再利用）

循环再利用分三种类型。①再生利用（也称再利用），再生利用指对用过的物品或某种物品的零件原封不动地再利用。②再资源化，将废弃的产品再度资源化，作为新产品的原料再利用，也称资源再生。③燃料化，不是单纯地将垃圾焚烧，还要把焚烧时产生的热能进行回收和利用。

日本通过对垃圾的回收再利用，不仅使环境更加清洁美丽，还节约了大量的能源，如利用转炉法和电炉法对社会上积累的12.6亿吨钢铁进行了大规模的再利用；将回收的旧报纸等处理后再作为原料制成卫生纸、纸箱、白板纸等；将废弃的食用油回收处理后，作为肥皂的原料及柴油机的燃料进行再利用；利用回收分解出来的聚对苯二甲酸（合成树脂的一种）制成的塑料瓶约九成用作饮料瓶，剩余部分作为调味料、化妆品及药品的容器等。

（三）垃圾处理的成果与经验

1. 成果

据日本环境省统计，2013年全国垃圾总排出量为4487万吨，全国处理垃圾总量为4237万吨，处理总量约占排出总量的94.43%。通过焚烧、粉碎、分选处理的中间处理量为3968万吨，由再生业者直接处理的垃圾量（直接资源化量）为212万吨，加上市町村等根据《容器包装再利用法》回收的容器包装再商品化量和根据《家电再利用法》回收的家电再商品化量，总资源化量达到970万吨。用这两种方式处理的垃圾量占垃圾总处理量的98.6%。

日本政府投入了大量资金建立和健全垃圾处理设施和服务设施。据日本环境省统计，2013年日本全国有焚烧垃圾设备（焚烧炉等）1162台，每天处理垃圾183511吨，平均每台每天约处理158吨，有供热功能的设施约为772台，占设备总数的66.4%，有发电功能的设备约为326台，占设备总数的28%，总装机容量为1907千瓦。

2. 经验

日本在环保和垃圾处理方面有许多值得我们虚心学习和借鉴之处。

首先，政府高度重视垃圾处理的法制建设。为了处理好垃圾，日本制定了许多严格的法律法规，如《推进形成循环型社会基本法》《资源有效利用促进法》《关于废弃物处理及清扫法》《容器包装再生法》《汽车再生法》《家电再生法》《食品再生法》等。《关于废弃物处理及清扫法》中对20多种行为规定了处罚标准。对于乱弃垃圾者，轻者可处以最高30万日元的罚款，重者可处以最高1000万日元的罚款及5年以下的有期徒刑，最重的除了徒刑外，最高可处以1亿日元的罚款。

其次，日本建立了有效的实施监督体系。为了使上述法律法规真正落到实处，政府不仅通过媒体反复进行宣传，还实施了严格的监督机制。各级政府部门、企事业单位、社会团体等都被编入这个实施监督机制中，成为其中一个有效互动的环节。不按规定分类和投放垃圾者，不仅会受到居民自治会等社会团体和群众的监督，而且有关部门还会登门指导和说服。个别不自觉遵守者还会受到在电视台曝光或予以罚款的处罚等。

再次，日本十分注重关于环保和垃圾处理的宣传教育。日本人从小就学习处理垃圾的方法。老师言传身教，家长身体力行。在社会上，各行政部门、企事业单位、社会团体共同组成了正确处理垃圾的宣传教育网。新买房、租房者刚一入住，就会在醒目位置发现用多种文字印制的关于如何分类处理垃圾的宣传资料。许多旅馆也经常备有关于如何处理垃圾的彩页宣传品。正确的“垃圾观”教育，使全体国民养成了注重卫生和节约资源的良好习惯。

第七章 文　化

第一节　教　育

一　简史

（一）江户时代的教育

早在室町时代，日本就出现了近世学校。到了江户时代，掌握统治大权的武士阶级，为了巩固其政权，十分注重武士子弟的教育，庶民在其影响下也很重视教育，并为此设立了各种教育设施，从而使近世学校得到了进一步的发展，建立了近世学校体制。

其中，作为中央政权的幕府开设的昌平坂学问所居于最重要地位。这个学校是专门讲授儒学的学校，在汤岛建造了规模宏大的圣堂、讲堂和教员室，还建造了宿舍，以规模最大而闻名。许多藩（地方政府）派教员到这里学习儒学，这个学校成为儒学的中心学校。除了昌平坂学问所外，幕府还建立了讲授国学的和学讲谈所、讲授和汉医学的医学馆、讲授西方医学的医学所以及讲授西欧现代学和外语的学校。

从江户中期开始，大藩为了教育武士子弟，在近世武家学校的基础上建立了藩校。江户末期，小藩也建立了学校，从而使藩校的总数达到270所。此外，在藩内的主要城镇建立了乡校，让居住在当地的武士子弟接受教育。

江户时代，庶民为了让其子弟学习技能而建立了与武家子弟学校完全

不同的学校，这种学校被称为“寺子屋”。早期的寺子屋没有教材，而是从日常生活中需要的基本文字学起。除了学习基本文字和读书外，还学习算盘和加减乘除基础知识，也有人学习中国的四书五经。到了江户中期，全国各地都建立了寺子屋，甚至普及到山村和渔村。据推断，当时寺子屋总数已达到几万所。寺子屋的普及为维新后初等教育的发展奠定了重要基础。

（二）近代教育制度的创建

明治维新是对日本政治、经济、社会等进行的全方位大改革。1868年，明治政权建立后，以天皇的名义发表了《御誓文》，并成立了考察学校制度委员会，以委员会的成员为中心，制定了新的学校教育制度。1870年2月，明治政府制定并颁布了《大学规则》《中学规则》《小学规则》，明确建立了大学、中学和小学的三级学校教育体制。1871年7月，文部省成立，立即着手制定近代学校制度，实施开办学校的计划。1871年12月，政府委派12人组成学制调查小组，起草了学制大纲呈报给太政官。1872年6月24日，《学制》得到了太政官的批准，并于8月3日以太政官布告的形式予以公布。《学制》规定，让孩子上学是家长的责任，家长必须履行这一义务。

按照《学制》规定，学校体制分为三个阶段，即小学、中学和大学。小学学制为八年，上等小学和下等小学各为四年。从小学毕业的学生可以进入中学，从中学毕业的学生经过考试后进入大学。

为了设立这些学校，明治政府采用划分学区的方式，把全国划分成若干个小学区、中学区和大学区，然后按照划分好的学区设立小学、中学和大学。文部省首先从建立小学开始，三四年间就建起了2.6万所小学。

这些小学建成之后，摆在明治政府面前的一个紧迫任务是尽快培养教师。为此，1872年5月，明治政府决定首先在东京师范学校进行培养。在这里接受过教育的教师被分配到府县去发展地方的培养教师的机构。从1873年开始，各大学区里都设立了一所官立师范学校，这些学校后来成为地方培养教师的中心学校。

1879年9月，明治政府废除了《学制》，颁布了《教育令》。《教育令》的基本方针是将中央统管的教育行政划给地方一部分，由地方进行管理；还废除了学区制，把学校的经营权委托给府县。其后受社会经济形势恶化的影响，1884 年 8 月，政府再次对《教育令》进行修改，修改的内容包括削减地方教育费、同意设立简易小学等。然而，此次教育令修改后不久，1885 年日本政府便开始对整个学校制度进行大改革，所以修改后的教育令实施不久就被废除了。

（三）近代教育制度的确立和调整

1885 年，日本建立了内阁制度，任命森有礼担任文部大臣。森就任文部大臣后，立即着手对学校制度进行改革，确立了近代学校体制。森有礼推行教育改革的主要目的是：①完成“大众”教育。他把教育改革的重点放在了两头，从小学开始进行改革，制定了《小学令》和《师范学校令》，把小学分为寻常和高等两部分，学制各为四年，把寻常科四年作为义务教育阶段。在各府县设立师范学校，培养高质量的教师。②筹建“精英”教育机构。为了巩固日本在国际社会上的地位，迅速实现现代化，有组织地培养高水平的人才，森有礼将文部省所管辖的东京大学与其他官立高等教育机构合并，按照《帝国大学令》，于 1886 年设立了“帝国大学”。为了向帝国大学输送人才，森有礼还公布了《中学校令》，要求各府县均设立一所公立寻常中学，全国设立五所官立高中，为日本近代学校制度的建立奠定了坚实基础。1897 年，明治政府又重新对这些制度进行完善，延长义务教育年限，明确了小学体制和发展方向；还制定了中学改革方案，确立了专科学校制度，把高中作为进行大学预科教育的机构。1887 ~ 1897 年的教育改革，对日本教育的发展具有划时代的意义。

1889 年 2 月，日本颁布了《大日本帝国宪法》，实行君主立宪政治。《大日本帝国宪法》颁布后不久，明治政府又颁布了《教育敕语》。政府要求把《教育敕语》作为日本教育的总纲领，把“忠君爱国”作为教育的最高宗旨。在这一教育总纲领和最高宗旨的指导下，日本政府开始对从小学到大学的教育体制进行改革，如把过去的以知识教育为主改为以“道德教育”和“国民教育”为主。按照这一法规，日本政府首先于 1890 年 10 月修改并公布了《小学令》，接着于第二年制定了《小学教育大纲》《小学节日祭典规程》，把诵读《教育敕语》和向天皇像礼拜作为仪式固定下来。

1893 年 8 月，明治政府又对《帝国大学令》进行了修改，从法律上确立了讲座制、教授会和评议会制度。1894 年和 1903 年明治政府先后公布了《高等学校令》和《专科学校令》。1899 年 2 月，《中学令》《实业学校令》《高等女子中学令》等也重新公布。至此，日本确立了国家主义教育体制。这一制度一直持续到 1947 年《学校教育法》公布。

（四）近代教育制度的改革

日本近代教育的历史可以说是制度改革的历史。第一次世界大战后，由于日本在战争中大发横财，这不仅刺激了资本主义经济的迅速发展，也助长了其对外扩张的野心。为了适应其对外扩张的需要，迅速培养急需的人才，日本 1918 年 3 月公布了《义务教育费国库负担法》。之后该机构又于 1918 年 12 月公布了《大学令》。为了鼓励国家、地方和私人办学的积极性，该法令规定国民可以多种形式办学，除了原来的综合性大学外，还允许成立公私立大学和单科大学；同年还公布了《高等学校令》，允许成立公私立高中。文部省还于 1919 年制订了《创办和扩充高等学校计划》，由国家出资新建了国立高等学校 10 所、高等工业学校 6 所、高等农林学校 4 所、高等商业学校 7 所、外国语学校 1 所及帝国大学 4 个学部和医科大学 5 个学部，还将东京高等商业学校升格为商科大学，扩充了实业专科学校 2 所、帝国大学 6 个学部。此外，文部省还对特殊教育、社会教育制度做了规定，1923 年 8 月公布了《盲人学校和聋哑学校令》，确立了特殊教育制度。

（五）战时教育

“九一八”事变后，推行侵略战争的需要导致日本对教育进行调整。“卢沟桥事变”后，日本开始实施战时教育。1937 年 12 月，内阁设立了“教育审议会”。该审议会作为内阁总理大臣的咨询机构，负责对教育政策等进行调查和咨询。“教育审议会”于 1941 年 10 月解散后，日本政府又于 1942 年 2 月设立了“大东亚建设审议会”，并发表了该审议会制定的文教政策，按照其制定的基本方针确立了战时教育体制。

战时日本教育调整首先从小学开始。1941 年政府颁布了《国民学校令》，将小学改名为国民学校，国民学校分初等、高等两个阶段。国民学校高等科处于初等科和青年学校中间，大部分青年必须经过这一阶段的学习才能进入青年学校。中等教育制度的调整始于 1939 年 9 月，首先将过去作为中等教育机构发展起来的中学、高等女子中学、实业学校全部归为一个中等学校教育体系。1943 年政府公布了《中学令》，对各类不同学校的目的、种类和设置等均做了明确规定。这一时期学校数和学生数均有明显增加。对高等教育的改革重点是缩短在学年限。1943 年 1 月，政府对《高等学校令》和《大学令》进行了修改，将高等学校高等科和大学预科的修业年限缩短为两年。从 1943 年开始，政府对学生进行总动员，强制学生进行军事训练，强迫学生到兵工厂参加义务劳动，甚至强迫学生“出征”充当炮灰。

社会教育与学校教育一样也建立了战时教育体系。从 1940 年开始，文部省就以邻保组织为基础进行社会教育活动。按照内务省和情报局的方针，成立了町内会和部落会，在全国建立了教化网，进行社会教育。同时，对社会团体进行了合并和强化。1945 年 1 月，日本政府将许多教化团体合并为一个，即“大日本教化报国会”。

1943 年日本军部公布了《战时教育令》，使日本的教育完全与法西斯军国主义联系在一起，成了为侵略战争服务的工具。1944 年 2 月，内阁通过《决战教育措施大纲》，决定自 1944 年 4 月 1 日至 1946 年 3 月 31 日除国民学校初等科外，一律停课。1944 年 5 月 20 日，天皇发布《战时教育敕令》，自此，日本教育陷入全面崩溃。

（六）战后的教育改革

1945 年 8 月 15 日日本宣布投降后，美国占领了日本。在美国占领期间，日本的教育发生了根本性的变化。1945 年 10 月，盟军总部向日本政府发出了《日本教育制度的管理》等四项指示，要求立即对战时教育体制进行彻底改革。其内容有：①罢免积极反对占领政策的教职员，恢复因反对军国主义而被解雇的教职员的教学资格和职务等；②允许暂时使用原来的教学科目、教科书和参考书等，但必须把其中宣扬军国主义和国家主义的内容删除；③在建立新教育体制时，必须优先建立初级学校和师范学校，以培养师资。1946 年 8 月，日本设置了“教育刷新委员会”。该委员会与美国教育使节团共同努力，于 1947 年 3 月制定了《教育基本法》。该法规定的教育指导思想是：“为建设民主和平的国家及社会，教育必须以陶冶人格为目的，培养热爱真理与正义，尊重个人尊严，尊重劳动的身心健康的国民”。这为日本战后教育制度的建立奠定了基础。《教育基本法》的颁布，第一次以法律的形式确立了“教育民主”的原则。同时，日本还公布了《学校教育法》，其宗旨是按照民主主义原则实行教育机会均等的制度；强调男女平等，男女同校；在学制方面，也进行了改革，以“六三三四”制的单轨学制取代了原来的学制。此外，日本实行地方分权制，从而建立了当代日本教育制度的基本框架。

二　现状

（一）教育领导机构

现行教育的最高机构是文部科学省，主要负责教育和文化、科研事务（其机构设置和主要职能详见第三章第二节）。

2015 年度，它掌管的文教及科学振兴费预算为 5.3613 万亿日元，约占国家预算总额的 8.1%。

（二）教育体制

日本现行教育体制，仍采用 1947 年 3 月根据《教育基本法》和《学校教育法》制定的“六三三四”制，即小学 6 年、初中 3 年、高中 3 年、大学 4 年，大专 2 ~ 3 年。《教育基本法》规定义务教育年限为 9 年，从小学到初中为义务教育阶段。对盲校、聋哑学校、养护学校的小学部和初中部也实施义务教育。义务教育根据《学习指导大纲》制定基本教学内容，实施教学。

这种义务教育体制为日本经济发展和国家富强发挥了重要作用。但是，随着社会的迅速发展，该体制的弊端越来越凸显。特别是 20 世纪 80 年代以来，随着日本社会向少子化、老龄化方向发展，日本现行的教育体制已难以满足时代的要求，改革势在必行。

文部科学省决定从2002年4月开始，在全国的中小学全面实施学校每周五日制教育和新学习大纲，并对中小学教学进行大幅度改革。首先将学制减少，如将小学六年级一年的总课时由原先的1015课时减少到945课时，将初中三年级一年的总课时由1050课时减少到980课时。同时削减30%的学习内容，难度也大大降低。文部科学省同时宣布各学校可以从小学三年级起自主开设“综合学习课程”，例如教师可以根据地区和学生情况，讲授一些信息方面的知识等。

关于大学改革，文部科学省于2001年6月拟定了《大学结构改革方针》，其内容是：①促进重组与合并；②引进民间提出的经营办法；③在大学引进由第三者进行评价的竞争机制。其具体措施是：①缩小师范大学的规模，对培养教师的大学进行改组或交由地方管理；将单科大学与其他大学合并；②引进由专家和民间人士参加的第三者评价制度；③全面公开评价结果，根据评价进行资金分配。

为了进一步搞好教育，2008年7月1日，日本政府根据2006年修改的《教育基本法》，又出台了题为《教育振兴基本计划》的中长期教育发展规划，重新确定了“教育立国”的战略。《教育振兴基本计划》中提出的今后10年的发展目标是：①在义务教育阶段，培养所有学生具有在社会上独立生存的基本能力。为此要首先提高公共教育质量，树立社会信任感，在培养学生具有世界一流学力水平的同时，使其德、智、体得到均衡发展；②以全社会的力量共同培养教育下一代，为此要提高家庭教育能力，构建地区支持学校的机制；③培养主导社会、推动社会发展、领导国际社会的人才，为此要确保高中和大学等的教育质量，培养能够为创造、继承和发展“知识”做贡献的人才，其重点是建立世界最高水平的教育研究基地，推进大学国际化进程。

（三）学校教育

1. 初等教育

日本的初等教育包括幼儿教育和小学教育。

日本的学前教育机构依其设立主体可分为国立、公立和私立三种。根据《学前教育法》和《儿童福利法》，又可分为幼儿园和保育所两种类型。幼儿园招收3~5岁的儿童，主要任务是教育；保育所收托0~5岁的儿童，主要任务是保育，并非狭义的“教育机构”。按照1998年日本文部科学省修改的《幼儿园教育大纲》，幼儿园应根据幼儿的身心发育及幼儿园和地区的实际情况编制教育课程，重视培养幼儿丰富的心灵和坚强的意志。大纲还规定幼儿园每学年的教育时间不能低于39周（特殊情况除外），每天的教育时间以4小时为准。

日本幼儿园的学制非常灵活，设有半日制、全日制、钟点制、一周两天制等。幼儿园的规模一般都不大。幼儿人数多半为50~200名。据文部科学省统计，2014年全国共有12905所幼儿园，其中国立49所，公立4714所，私立8142所；在园儿童为1557461人，教员为111059人。

日本的小学学制为6年，实行义务教育。在义务教育中，根据《学习指导大纲》制定教学内容的基本框架，确定各学科的教育目标和各学年的授课内容。

教育课程由学科、道德和特别活动（包括班级活动、学生会活动、小组活动及学校集会）三部分构成。小学每课时45分钟，中学为50分钟。初中的教学科目分为必修课和选修课两种。学生的入学率为100%。进入20世纪90年代以后，随着少子化现象日趋严重，小学学生人数逐年减少，出现了许多“多余教室”，还关闭了一些学校。1999年11月18日，文部科学省对《学习指导大纲》进行了修改，将现行的学习内容减少三成，使学生在“轻松的环境”中培养自我思考能力。为了适应社会的急速变化，2011年文部科学省再次对《学习指导大纲》进行了修改，修改的内容是：①增加课时，将国语、社会、算数、理科和体育的课时增加10%左右；②加强语言能力的培养：③加强理科和数学的教育，如从国际通用性和内容的系统性方面进行指导；④加强传统和文化的教育；⑤加强道德教育；⑥加强体验活动；⑦加强外语教育，小学以听、说为中心进行指导。

据文部科学省统计，2015年，日本共有小学20601所，其中国立72所，公立20302所，私立227所；学生人数为654.3万人，教员人数为417152人。

2. 中等教育

日本的中等教育分为初中和高中两个阶段。初中学制为3年，属义务教育阶段。1998年，日本政府对《学校教育法》进行了修改，新创设了“中等教育学校”，这种学校实施初高中一贯教育，学制为6年，初级中学的学生除特殊原因外几乎都可以升入高中学习。政府根据《学校教育法》对中等教育进行管理，并通过制定《学习指导大纲》对其教育目标乃至学生应掌握的外语词汇量等具体指标进行规制和指导。2014年1月，日本文部科学省对中等教育的《学习指导要领解说》进行了修改，主要是在地理、历史、公民和其他社会学科的教科书中写明韩国的独岛（日本称为竹岛）和中国的钓鱼岛（日本称为尖阁诸岛）以及齿舞、色丹等南千岛群岛（日本称为北方四岛）是日本的固有领土，不存在应解决的领土主权问题等。

初中的教育内容由学科、道德教育和特别活动（包括班级活动、学生会活动、小组活动及学校集会）三部分构成。学科科目有国语、社会、数学、理科、音乐、美术、保健体育、技术、家庭、外语及其他特殊需要的科目，各学科还确立了具体的培养目标、内容和要求。

据文部科学省统计，2015年全国共有10484所初级中学，其中国立73所，公立9637所，私立774所；学生人数为3465215人，教员人数为253704人。

高中学制为3年，分全日制、定时制和函授制三种类型。全日制修业年限为3年，定时制和函授制为3年以上。定时制课程有白天上课和夜校两种形式，夜校占大多数。全日制课程从1993年开始实行学分制。

高中教育分为普通教育和专科教育两种类型。普通教育的对象是准备升入高等学校和准备就业但尚未确定具体行业的学生。普通高中的教学目标和内容是根据文部科学省公布的指导大纲制定的，由各学习科目和特别活动（包括班级活动、学生会活动、小组活动及学校集会）构成，其教育科目包括必修课和选修课。必修课程有国语、地理、历史（世界史和日本史）、公民、数学、理科（物理、化学、生物、地学）、保健体育、艺术（音乐、美术、工艺、书法）、外语、家庭（家庭、生活技术)、信息(通过电脑和信息通信网络学习收集、处理、发送信息的基础知识等)。

专科教育的对象是毕业后在特定领域内选择职业的学生。中等专科教育的科目有农业、工业、商业、水产、家庭、护理、信息、福祉、理数(理数数学、理数物理、理数化学、理数地学)、体育、音乐、美术、英语。从1994年开始设立第三种学科，即综合学科。该种学科可适应学生多种兴趣，提高学生的适应能力和扩大学生择业出路。

2009年日本政府根据“文部科学省咨询机构”的建议，对高中的《学习指导大纲》进行了修改，并于2013年4月正式实施。修改大纲的基本想法与初中相同。修改的基本内容是：①加强语言能力的培养；②加强数学和理科的教育，将有关统计的内容作为必修内容等；③加强传统和文化的教育，充实历史、宗教、古典、武道、传统音乐、美术文化、衣食住的历史等学习内容；④加强道德教育；⑤增加体验活动；⑥加强外语教育，将高中阶段的外语词汇量从1300个增加到1800个，并要求英语课原则上用英语讲授。

据文部科学省统计，2015年日本共有4939所高中，其中国立15所，公立3604所，私立1320所；在校学生人数为3319114人，教员人数为234970人。2015年日本共有52所中等教育学校，其中国立4所，公立31所，私立17所；在校学生人数为32317人，教员人数为2509人。

3. 高等教育

日本的高等教育机构主要有大学、短期大学、高等专科学校、专科学校和广播电视大学等。

(1) 大学

日本的大学有国立、公立和私立三种类型。由国家设置的大学称国立大学，如东京大学、京都大学、横滨国立大学等；由地方政府设置的大学称公立大学，如东京首都大学、横滨市立大学；由学校法人设置的大学称私立大学，如早稻田大学等。2004年实行公立大学法人化以后，公立大学成倍增加，如1989年日本有39所公立大学，学生人数6万人，到2014年已增加到86所，学生人数增加到14万人。

大学的入学者，必须是高中毕业或受过12年正规学校教育者。报考国立、公立和私立大学的考生必须通过各学校的入学考试，接受选拔。根据“学力检查”成绩和高中提供的调查书的内容、小论文、实验技能的成绩，决定其入学资格。“学力检查”是每年1月进行的全国统一考试，即“大学入学中心考试”。2月后，各大学还要进行入学考试。

日本大学的学费比较高，而且每年持续增加，家庭负担越来越重。根据日本政策金融公库“教育费负担实态调查结果”，2013年国立大学的入学费平均为282000日元，第一学年的听课费为535800日元；公立大学的入学费为397721日元，第一学年的听课费为537857日元；私立大学文科的入学费为246749日元，第一学年的听课费为742478日元，设备费为160019日元；私立大学理科的入学费为265595日元，第一学年的听课费为1043212日元，设备费为187236日元。

大学的课程分为必修课、选修课和自由课。大学本科的学制为4年以上（医学、兽医学为6年以上），学生必须取得124个学分方可毕业。大学本科学生毕业时被授予学士学位。短期大学的学制为2年以上，学生必须达到62个学分方可毕业。短期大学的学生毕业时可获得准学士称号，也可以申请进入大学学习。

据日本文部科学省统计，2015年日本共有779所大学，其中国立86所，公立89所，私立604所；在校学生数为2860210人；教员为182723人。

（2）短期大学

短期大学（简称短大）是普及高等教育、进行职业教育及培养学生实际生活所必需的能力的高等教育机构。入学资格与大学相同，学制为2～3年，也有4年制的短大。2000年以后，受日本出生率急剧下降、金融危机和2011年东日本大地震等的影响，越来越多的毕业生报考名牌大学，短大生源数量锐减，迎来了破产的时代。为了改变这种状态，2014年8月，中央教育审议会在大学分科会教育部会提议，短期大学要通过开发有特色的教育课程及学习指导方法，强化教育功能，推进短大学士课程教育的质的转变。为此，日本政府加大了资金等方面的支持力度。

短期大学的教育科目有人文、社会、教养、工业、农业、保健、家政、教育、艺术等。

据日本文部科学省统计，2015 年日本共有 346 所短期大学，其中公立 18 所、私立 328 所，在校学生数为 132681 人；教员为 8266 人。

（3）高等专科学校

高等专科学校是培养有实际创造能力的技术人员的高等教育机构。其特点：一是实行五年一贯制教育；二是重视试验、实习；三是经常举办机器人比赛、程序设计比赛等全国大会；四是毕业生受到产业界的高度评价；五是设有供毕业生接受更高级技术教育的专业课程（2 年）。高等专科学校的入学考试与高中相同。国立学校实行统一的入学考试，公立和私立学校单独举行入学考试。初中毕业后入高等专科学校学习 5 年，达到 167 个学分后可以毕业，获得准学士称号，也可以申请进入大学继续学习。

据文部科学省统计，2015 年日本共有 57 所高等专科学校，其中国立 51 所、公立 3 所，私立 3 所；学生人数为 57611 人；教员人数为 4354 人。

（4）研究生院

研究生院（日本称大学院）制度是根据 1947 年制定的《学校教育法》设置的。研究生院有硕士课程大学院、博士课程大学院及独立大学院（一些专业领域的研究者集中起来进行尖端科学技术的研究教育的大学院，如北陆和奈良的尖端科学技术大学院）三种类型。过去一个大学设立一个研究生院是很困难的，一般是由几个国立大学的相同专业联合起来设立。为适应国际化、信息化、科学化社会的需要，1991 年 6 月，日本修改了《研究生院设置标准》，把充实与改善研究生院作为提高高等教育质量的最重要的课题之一，使研究生院迅速发展起来。为了适应 21 世纪的需要，进一步提高教育和研究水平，文部科学省提出要增设以高等职业教育为目的的大学院。其具体做法：一是增设像美国商学院那样的培养经营管理、法律实务等专业领域人才的硕士课程；二是新设主要培养具有社会实践经验者的 1 年制硕士课程。

硕士课程·博士课程（前期）的入学条件是：①必须是大学毕业生；②由“大学评价·学位授予机构”授予学士学位；③在外国受过16年正规学校教育（报考医学、牙科、药学或兽医学的考生必须是受过18年正规学校教育者）等。

博士课程（后期）的入学条件是：①必须是拥有硕士学位和专业学位；②在国外被授予相当于硕士学位和专业学位；③在日本国内进修外国学校的远程教育并被授予相当于硕士学位或专业学位等。

据文部科学省统计，2015年日本设置硕士课程的大学有1330所，其中国立86所、公立76所、私立1168所，在校学生为158974人；设置博士课程（博士后期、一贯制）的大学有440所，其中国立77所、公立56所、私立307所，在校学生为73877人。

（四）特殊教育

特殊教育是指对盲人、聋哑人、智障者、残疾人及病弱者按照幼儿园、小学、中学、高等学校（高中）的标准实施教育，使其掌握必要的知识和技能以克服学习和生活上的困难。日本从明治至昭和初期开始设立盲哑、智障等学校，对残疾儿童实施特殊教育。日本的特殊学校分为盲人学校、聋哑学校和养护学校三种类型。这些学校根据教育对象的年龄分为幼儿部、小学部、中学部和高中部。因为是残疾人，需要进行细心教育，所以每个班的人数较少，一般为六人（重残班为三人）。在小学中有41%的学校设有特殊班，初中有46%的学校设有特殊班。

从2001年春开始，文部科学省将过去的“特殊教育”改为“特别支援教育”，并从2007年4月开始正式实施。特别支援学校不仅对在本校的幼儿、儿童、学生实施教育，还对在地区的幼儿园、小学、中学、高中学习的有残疾的孩子进行支援，发挥着“中心功能”的作用。支援的范围也越来越大，目前对于患有“发达障碍”（多动症、高度自闭症等）的儿童也实施支援。

日本政府非常重视特殊教育，积极采取各种措施保证特殊教育的顺利实施，如：在各个学校确立了以校长为领导的全校支援体制，在校内设立了特别支援教育委员会，委员会负责掌握残疾儿童的实际情况和研究对策；大力培养从事特殊教育的人才；对到学校接受教育的残疾儿童给予奖励；改善从事特殊教育人员的待遇；资助特殊教育学校等。同时还号召整个社会关注、理解和资助特殊教育事业，因此，在日本几乎所有的残疾孩子都有受教育的机会。

据文部科学省统计，2014 年日本共有特别支援学校 1096 所，其中国立 45 所、公立 1037 所、私立 14 所；在校学生数为 1345617 人；专职教员人数为 79280 人，兼职教员人数为 4802 人。

（五）教育领域的国际交流与合作

日本在教育领域与世界各国的交流与合作不断加强。1994 年 6 月，内阁总理大臣主持召开了“国际文化交流恳谈会”，提出政府全体成员要为推进新时代的国际交流而努力，并制定了推进国际交流与合作的框架。

为了增进日本与世界各国的相互理解，推进与世界各国之间的文化教育交流，日本的大学不仅与海外的大学之间缔结了许多交流与合作的协议，还在海外设立了分校或交流基地。据文部科学省统计，2013 年日本与海外大学共缔结了 22370 个交流协议，其中国立大学为 9515 个，公立大学为 1273 个，私立大学为 11582 个；总共建立交流基地 489 个，其中国立大学 316 个、公立大学 2 个、私立大学 171 个。

随着全球化的加速，为了推进大学的国际化，日本政府于 2009 年制订了扩大接受外国留学生的计划。截至 2015 年 5 月 1 日，在日本大学学习的外国留学生已达到 20.8379 万人，总体呈现增加的趋势。根据《日本再兴战略—JAPAN is BACK—》计划，到 2020 年日本将实现接待 30 万外国留学生的目标，并且在《日本再兴战略——修正 2015—对未来的投资·生产率革命》中更加具体地阐明了接受留学生的方针及促进短期留学和实习等。另据各国的统计，2014 年在海外留学的日本学生为 81219 人，根据“日本再兴战略”计划，到 2020 年赴海外留学的日本学生将倍增到 12 万人。此外，日本还邀请外国从事教育、学术、文化事业并取得优异成绩的领导者访问日本，与日方有关人员进行交流；派遣日本社会教育领导者到国外，与各国社会教育工作者进行交流。

日本接受外国留学生的体制近年也得到进一步完善。2014 年，日本学生支援机构开始在印度、中国及中国台湾等15个国家和地区举办“日本留学展”和“日本留学说明会”，向当地的学生提供赴日留学的信息，甚至还在一些国家设立了“海外大学共同利用事务所”，为希望赴日留学的人提供方便。日本从1989年起，通过“外国人自费留学生统一考试”和“日语能力考试”等方式，招收外国留学生。为了减轻希望赴日留学的外国学生的负担，文部科学省与日本学生支援机构合作，在海外实施“日本留学考试”，使外国学生在赴日前就能得到留学批准。

为了给留学人员营造稳定的生活环境，日本教育部门过去曾采取支付奖学金、减免学费、将成绩优秀的自费生改为公费生、补助80%的医疗费等方式资助自费留学人员。为了更积极地落实支援外国留学生政策，从2012年开始，各都道府县的大学、地方公共团体、经济团体等联合起来建立“留学生交流基地”，以此加强留学生与当地居民的交流，更好地解决奖学金和住宿问题。2013年已建立起10个“留学生交流基地”。

随着国内外形势的变化，日本教育领域与世界的交流近年又出现一些新动向。①与发展中国家之间的交流与合作不断增加和扩大。外国人以“留学”“就读语言学校”“进修”等身份访问日本者迅速增加。2014年，按访日人数多少进行排列，其顺序是中国、越南、韩国、尼泊尔。②与发展中国家交流的方式正在由过去的单向交流向双向交流转变。以中国为例，古代中日两国教育交流方式基本上是日本向中国派遣留学生，学习中国的先进文化。20世纪初至80年代基本上是中国向日本派遣留学生，学习日本的先进科学技术和管理经验。90年代后，日本到中国的留学人员不断增加，开始显现出双向交流的特征。这一特征在21世纪初进一步加强。③与发展中国家在教育领域的合作正在由硬件向软件转变。日本在工学、农学等领域设置了一些开发援助机构，还在筑波大学、东京大学等设置了与国际开发援助有关的研究科，协助发展中国家培养人才。

截至2014年5月1日，在籍的外国留日学生人数为184155人，比上年增加10%。其中高等教育机构的在籍留日学生人数为139185人，日语教育机构的在籍留日学生人数为44970人。

第二节 科学技术

一 二战前科技简况

（一）明治维新后全面吸收西方先进科学技术，促进民营企业发展

明治维新后，日本积极推行“富国强兵”“殖产兴业”和“文明开化”三大政策，效仿欧美工业发达国家，大力发展资本主义，促进社会变革，使日本由闭关自守转为对外开放。为了学习和引进外国的科学技术，明治政府主要采取了以下措施：①大力开办学校、研究所等，聘请外国教师传授先进科学知识。如1853年建立“外国”研究所，1861年建立“西医”学院，1877年成立东京帝国大学，1897年成立京都帝国大学，等等；②全面引进西方先进科学技术。如大藏省引进造币和印刷技术，工部省引进铁路、矿山、钢铁、机械制造和电力技术等。著名的八幡炼铁厂就是在德国工程师和技术人员的指导下建立起来的。到第二次世界大战爆发时，日本的科学技术已基本上达到了欧美发达国家水平，同时也带动了近代民营工业的发展。

这一时期的主要科技成果有丰田佐吉（1867～1931）发明的木制和铁制动力织布机、御木本幸吉（1858～1954）养殖的半圆珍珠和圆珍珠、北里柴三郎（1852～1931）的血清免疫疗法、长井长义（1845～1929）发明的麻黄碱、志贺洁（1870～1957）发现的赤痢菌、仁科芳雄（1890～1951）的“克莱因－仁科公式”、菊池正士（1902～1974）发现的电子衍射现象、樱田一郎（1904～1986）的合成聚乙烯醇纤维“合成一号”、池野成一郎（1866～1943）发现的铁树精子、牧野富太郎（1862～1957）发现的约600个植物新种、北尾次郎（1853～1907）发表的《大气的运动及台风理论》、高木贞治（1875～1960）发表的整数论等。

（二）两次世界大战期间的科学技术

在两次世界大战期间，日本在引进和消化西方先进科学技术的基础上，通过改革、创新，逐步使科学技术产品向国产化方向发展。20年代

末，矿山机械首先实现了国产化，之后三菱长崎造船厂自行设计制造了4000吨以上大型油轮“浅间号”及大型船舶。在电器机械方面，日本已经可以自行设计、制造一些家用电器。在电信方面，日本实现了电报线路的电缆化和载波无线通话方式等。

在两次世界大战期间，日本军事技术得到了迅速发展，在其对外侵略战争中发挥了巨大作用。早在明治时期，日本为了建立强大的海军，不断地从国外购买舰艇和派人出国学习军舰的设计和制造技术。第一次世界大战期间，日本军国主义不断地对外发动侵略战争，把科学技术都用于制造武器和军需用品，特别是在第二次世界大战期间军事科学技术更得到了进一步发展。1939年三菱重工研制出重装备轻型战斗机，该飞机飞行高度为4500米，时速为533千米/小时，能装备二门20毫米口径机关枪，具有高空作战能力。1941年12月，日本制造了世界上最大的军舰“大和丸”和“武藏丸”。

二 二战后大力发展科技产业

（一）20世纪50年代：大量引进先进科学技术，为科学技术研究奠定基础

第二次世界大战后初期，日本的科技水平比欧美发达国家落后20多年。为了尽快缩短这一差距，快速追赶欧美发达国家，日本大量引进科学技术。据统计，在20世纪50年代的10年间，全国共引进外国的先进技术达2300多项，其中绝大部分属于生产技术，如大型火力发电设备、大型轧钢设备、大型电机设备、半导体晶体管生产技术等。这些先进技术的引进不仅填补了日本国内的技术空白，还大大缩短了日本成为“科技强国”的进程。最早引进的是美国的半导体晶体管生产技术，这为日本后来的科技发展发挥了重要作用。该项技术引进之后，经过各方面研究人员的努力，开发出高质量的半导体制造技术和集成电路制造技术，使日本的家用电器和电子计算机等迅速发展起来，彩色电视机、收音机、录像机和电子计算机的产量很快就位居世界首位，洗衣机和电冰箱的产量位居世界第二位。

为了加强对科研工作的领导，日本在引进外国先进科技的同时，还积极建立了相关的科技领导机构，如 1956 年 5 月 19 日在总理府内设立了“科学技术厅”，这是一个综合推进科学技术开发的行政领导机构。1957 年，设立了“日本科学技术情报中心”，其任务是负责收集和提供科学技术情报。1959 年成立“科学技术会议”，其任务是向内阁总理大臣提供咨询，制定科学技术政策，确定综合性研究目标和必要的实施细则。与此同时，日本政府还制定了许多科技政策、计划和法律。例如，为了配合《国民收入倍增计划》，日本于 1960 年制定了《关于今后 10 年振兴科技综合性基本方针》。1957 年制订了研制发电用原子能反应堆长期计划。1958 年制定了关于原子能开发的法律。此外，还设立了“促进特殊研究调剂费”“改善研究人员待遇”和“表彰和奖励科技有功者制度”，等等。

（二）20 世纪 60 年代：逐渐由引进、消化先进技术向科技的自主开发与研究过渡

20 世纪 60 年代，日本经济进入高速增长时期。这一时期虽然继续引进外国先进技术，但在引进结构上发生了变化，“硬技术”即大型设备逐渐减少，“软技术”如数据、信息资料、新材料应用、研究开发方案等逐年增加，其中，家用电器技术在引进技术中占有很大比重。

在继续引进外国先进科学技术的同时，日本对已引进的先进技术则边进行吸收、消化，边逐步向自主开发阶段过渡。在此期间，日本政府对自主开发提供了一些优惠政策和方便条件，如 1960 年科学技术会议提出：“为巩固自主开发体制，日本将全国科学技术研究投资增加到国民收入的 2%”，1966 年又将这一比率提至 2.5%。科学技术厅为了促进民间科学技术的研究，从 1961 年开始实施向试验研究类法人捐款的优惠税制；同年还成立了“新技术开发事业团”，以推进新技术的开发与普及。1962 年，日本政府开始筹建筑波科学城等。

在这些优惠政策的保障下，日本开始进入全面开发研究阶段。这一阶段的研究重点是核能技术、宇宙开发技术和海洋开发技术等，并取得了很大成就，如日本原子能研究所等首次对核动力反应堆进行了试验，结果成功发电，对浓缩铀的试验与开发也获得了成功。到 1980 年，日本的原子能发电量仅次于美国，居世界第二位。天然铀的供给、浓缩铀、燃料加工及再处理等也在不断发展。在宇宙开发方面，1970 年人造卫星发射成功。此后，又相继发射了实验卫星、科学卫星、技术实验卫星、试验用广播卫星等。海洋开发方面，从 60 年代起海洋开发事业迅速发展。1968 年建造了“深海”号潜水考察船。

（三）20 世纪 70 年代：科技开发政策逐渐由引进转为本土开发

20 世纪 70 年代，日本经济激烈动荡。受美元冲击和石油危机的影响，日本经济基础受到破坏。因科研经费不足，新技术的开发也逐渐减少，而适应社会经济变化的科学技术却得到了较大发展。如对开发和有效利用能源的技术研究就是一个明显的例子。1974 年，日本政府投资超过一万亿日元实施“阳光计划”，其内容是开发太阳能、地热能、合成天然气及氢能等新能源。按照这一计划，1975 年在四国岛濑户内海仁尾町建造了一座大型太阳能试验发电站，于 1981 年正式并网发电。1985 年建成装机容量为 10 万千瓦的小型太阳能发电站，2000 年建成装机容量为 200 万千瓦的大型太阳能发电站。

在开发新能源的同时，为了有效地利用现有能源，日本于 1978 年开始实施“月光计划”，该计划主要开发项目有新型电池电力贮藏系统、燃料电池发电技术、废气利用技术、高效燃气涡轮机、超导应用技术、陶瓷汽轮机等。日本政府非常重视这一项目，不仅投入了大量资金，还动员国立研究所、产业界及大学的研究力量广泛进行研究和开发。

在这一时期，日本政府已开始重视环境保护，积极开展环保技术的开发与研究。首先，加紧制定防止公害和污染的各项法规。如 1970 年 10 月，北海道、神奈川县和香川县首先制定了《自然保护条例》。1971 年环境厅成立后，自然保护问题引起广泛关注，其他各县也纷纷制定《自然保护条例》。1970 年 12 月，国会通过了《海洋污染防止法》《农业用地污染防止法》《关于废物处理和清扫的法律》《公害罪法》。1970 年 12 月，还修改了《公害对策基本法》《大气污染防止法》《水质污浊防止法》《噪音限制法》《农药取缔法》，1971 年 6 月开始实施《恶臭防止法》，1972 年 6 月通过《自然环境保全法》等。

日本政府、企业和民间都非常重视环保技术和设备的研究与开发，据统计，1975 年企业对防治公害的研究和设备的投资达到一万亿日元左右。

（四）20 世纪 80 年代：政策重点由应用技术转向“基础研究”和“国际化”

第二次世界大战后，为了尽快恢复和发展经济，日本政府主要采取了引进、模仿的“重应用轻基础研究”的科学发展战略，使日本一跃而成为世界经济强国。但随着与西方发达国家距离的缩短，日本认为追赶其他国家的过程已经完成，于是，开始对科技政策进行调整，将科技政策的重点转向“基础研究”和“国际化”。根据科学技术会议的规划，日本 80 年代的目标是：①开拓面向 21 世纪的新科技领域，重点开展独立性基础研究；②科技研究国际化。研究领域包括：新材料、电子、软件、生物技术和电子材料的公用技术等。为了实现上述目标，日本政府制订了几十项大型科研计划，如“第五代计算机开发计划”“新型工业材料计划”“生物工程和基因工程计划”等。

（五）20 世纪 90 年代：构筑以科学立国为目标的战略，从根本上加强基础研究

日本政府一直想把日本建设成以技术为基础的国家，但是在制定政策时却偏离了这一目标，长期以来，政府对科学技术基础研究的投资一直低于欧美发达国家。1998 年度，日本的科技研究开发经费总额为 16.1 万亿日元，占 GDP 的 3.25%，居世界第一位。其中自然科学部分为 14.8 万亿日元，占 GDP 的 2.98%，超过美国（2.67%）和欧洲（1.88%）。1998 年度研究开发经费总额比 1990 年度增加了 19%，这表明，90 年代日本经济虽然不景气，但对科学技术的投入并未因此而大减。然而，在日本的科学技术研究经费中，只有 13.9% 用于基础研究，24.6% 用于应用研究，61.4% 投向发展研究。自 80 年代以来，日本一再强调加强基础研究，但投入到基础研究中的经费却没有明显增加，因而，日本长期在科学技术领域未取得突破性进展。

为了改变这种现状，适应世界形势的发展，日本必须改变现有的科技政策。1995 年，日本制定了《科学技术基本法》，该法从 1996 年开始实施。同年 6 月，按照基本法制订了《科学技术基本计划》，其内容是实现“科教立国”的战略目标，从根本上加强基础研究，向蕴藏着极大可能性的未知领域发起挑战，通过揭示生命现象和分子、原子等微观世界的种种未知现象，取得能对未来科学技术产生很大影响，并能获得国际社会高度评价的成果，以扩大知识资产的积累，创造出新技术。这一计划的重点研究领域是生命科学、生物科学、材料科学技术和环境保护科学技术等，这说明日本的科技战略已从根本上转向基础研究。这些研究课题若能获得成功，必将对日本乃至世界产生巨大影响。

《科学技术基本法》实施之后，日本政府不仅将科技战略从根本上转向基础研究，而且在政策上进行了改革和调整，如政府用于研究开发（包括基础研究、应用研究及开发研究）的预算，从 1996 年开始每年增长 10% 以上。在改善环境研究方面也采取了许多措施：其一，使招募式的资助费实现倍增和引进间接经费（间接经费是指从各种研究费中拿出 30% 左右用于其下属的研究机构和其他研究）；其二，为了培养青年研究人员的独立性，重新修改研究助手和副教授制度；其三，确保评价研究成果制度的透明度等。

第二次世界大战结束以来，日本的科技取得了令人瞩目的成就。截至 2016 年底，有 20 位科学家获得了诺贝尔奖，如汤川秀树、朝永振一郎、江崎玲於奈等。还有一些学者取得了重大科研成果，如小田稔发现了 X 射线星体，岩崎俊一提出了“垂直磁化”的概念，福井谦一提出了“前沿电子轨道理论”，江桥节郎发现了肌肉收缩和生物体钙，利根川进发表了《产生抗体多样性的遗传原理》，等等。

（六）当代科学技术水平与开发研究情况

据日本《科学技术指标 2016》“调查资料—251”统计，日本的科学技术水平仅次于美国位居世界第二。科技研究经费和研究者人数是反映一国科技规模的主要指标。从这两项指标来看，2014 年日本的研究经费总额（名义额）为 18.9713 万亿日元，比上年度增加 4.6%，占国内生产总值的 3.87%，平均每个研究人员的研究经费为 24.2 万美元（2013 年的统计）；美国 2013 年为 46.9 万亿日元，占国内生产总值的 2.79%，平均每个研究人员的研究经费为 28.7 万美元；中国 2014 年的研究经费为 38.6 万亿日元，占国内生产总值的 2.01%，平均每个研究人员的研究经费为 22.7 万美元（2013 年的统计数据）。日本仅次于美国位居第二。从研究者人数来看，2013 年度日本共有研究人员 84.2 万人，其中，企业等约占 57.7%、公共机构约占 3.7%。大学等为 3.4 万人。平均每万名劳动者中有 547 名研究者，非制造业中平均每万名劳动者中有 53 名研究者。由此可以看出日本在研究者人数上处于优势。

从发表的论文数来看，日本被引用率高的论文数从 2000 年以后急剧减少。2005 年日本论文的被引用率为 7.1%，到 2014 年下降到 5.4%。中国则大幅上升，到 2014 年已上升为 18%。中国在化学、材料科学及工学领域居第一位，在计算机、数学领域上升为第二位。美国的论文被引用率虽然下降，但依然比其他国家突出。美国在世界研究开发及国际共同研究中仍然发挥中心作用。

从申请的专利数来看，美国、日本、中国居前三位。据日本《专利行政年次报告书 2014 年版》统计，2013 年 PCT（专利合作协定）国际申请件数 205300 件，其中美国为 57239 件，日本为 43918 件，中国为 21516 件。日本仅次于美国居世界第二。2010 年，日本根岸英一博士荣获诺贝尔化学奖；2012 年，山中伸弥博士荣获诺贝尔医学生理学奖；2014 年，赤崎勇和天野浩博士荣获诺贝尔物理学奖。

从科技的开发研究方面来看，2011 年 8 月 19 日，日本政府开始实施《第四期科学技术基本计划（2011～2015 年）》。政府在五年期间投资 25 万亿日元进行开发研究，研发经费在该计划期内以政府研究开发投资对国内生产总值的 1% 及 GDP 名义成长率平均 2.8% 为前提进行试算。该计划以东日本大震灾的复兴和重建、推进未来经济的持续增长和面向社会发展的科技创新为基本方针。目前国家应该解决的课题有“震灾的复兴和重建”“推进绿色创新”“推进生命创新”以及信息通信领域和纳米技术的课题。在材料领域推进将量子科学技术和数理科学等结合的跨学科的科学技术的研究作为课题。由于 2015 年是《第四期科学技术基本计划（2011～

2015年)》的最后一年，所以日本政府于2016年1月22日在内阁会议上确立了《第五期科学技术基本计划（2016~2020年度)》。政府计划投资26万亿日元进行开发研究。

三 当代日本的科学技术管理体制与研究机构

（一）日本的科技管理体制

日本把科学技术研究分为基础研究、应用研究和开发研究。根据《科学技术基本法》和《科学技术基本计划》，政府通过政策咨询审议机构制定具体政策，再由各行政机构根据各自掌握的权限，将研究和开发项目分别委托给国立试验研究机构、特殊法人、独立行政法人、大学和大学共同利用机构等具体实施，按照各种研究制度推进研究，改善研发环境。

日本科技管理体制的理念是以集中协调为中心。内阁和国会是科技政策的最高决策机构。主要策划、管理和咨询机构有内阁府综合科学技术与创新会议、文部科学省科学技术与学术审议会。

1. 综合科学技术·创新会议

"综合科学技术会议"是2001年1月6日根据《内阁府设置法》设立的，2014年5月19日改名为"综合科学技术·创新会议"，从而进一步强化了其作为科学技术政策司令部的功能。该会议由14名议员组成，其中阁僚6人，议长为内阁总理大臣。其主要任务是负责制定和统一调整科学技术基本方针政策，制定发展科技的综合战略、财政预算、人才资源等分配方案及对国家重要项目进行评价等。

2. 文部科学省科学技术与学术审议会

文部科学省负责教育、科技、学术、文化和体育政策的制定和实施。该省下设若干个行政机构和7个审议会，其中科学技术与学术审议会负责为科技政策的制定和实施提供智力支持。该审议会由30名委员构成，任期为两年（可以连任)。该审议会根据文部科学大臣的咨询，调查审议有关综合振兴科学技术的重要事项，如有关海洋开发的基本事项、有关测地学及政府机关的测地事业计划、技师法所规定的有关事项。该审议会下设研究计划与评价分科会、资源调查分科会、学术分科会、海洋开发分科会、测

地学分科会、技术士分科会等6个分科会，分别负责各个领域的技术应用、研究开发计划和方针等。此外还设有技术研究小组、生命伦理与安全小组。

3. 研究机构

文部科学省主管的独立行政法人有国立特别支援教育综合研究所、大学考试中心、国立青少年教育振兴机构、国立女性教育会馆、国立科学博物馆、物质与材料研究机构、防灾科学技术研究所、国立美术馆、国立文化财机构、教员研修中心、科学技术振兴机构、日本学术振兴会、理化学研究所、宇宙航空研究开发机构、日本体育振兴中心、日本艺术文化振兴会、日本学生支援机构、海洋研究开发机构、国立高等专科学校机构、大学改革支援与学位授予机构及日本原子力研究开发机构，共22个。

此外还有国立大学法人全国86个及大学共同利用机构法人，如人间文化研究机构、自然科学研究机构、高能加速器研究机构和信息系统研究机构。大学研究机构除了大学院的研究科之外，还有设在大学内的研究所、特定学部，如东北大学金属材料研究所、东京大学物性研究所、京都大学基础物理学研究所、东京外国语大学亚非语言文化研究所、大阪大学蛋白质研究所、九州大学应用力学研究所。大学共同研究机构有综合地球环境学研究所、基础生物学研究所、核融合科学研究所、物质结构科学研究所、国立极地研究所、国立遗传研究所等。

作为特殊法人的研究机构有日本私立学校振兴与共济事业团和广播大学学园。广播大学学园原来是政府全额出资（一亿日元）的特殊法人，2002年《广播大学学园法》修改后变成了“特别学校法人”。广播大学学园与一般的学校法人不同，国家每年给该学园的财政补贴占到经常费用的一半以上，2014年度国家给该学园的预算为1.4亿日元，支出率为52.3%。

此外，许多私营企业也设立了自己的研究开发机构，它们和公立研究机构合作，取得了很多优秀的研究成果。例如，2002年荣获诺贝尔化学奖的岛津制作所的田中耕一开发了用于早期疾病诊断及能够进行药物开发的次生代质量分析系统，现担任东京大学医科学研究所客座教授；东京大学大学院工学系研究科与医学系研究科教授片冈一则开发了应用纳米技术的革新医疗技术等。

另外，利用“自然科技”研发新产品在日本产业界已形成一股新潮流。如日本夏普公司研发的一款空气净化器所采用的风扇模仿了蜻蜓翅膀的形状，与空气摩擦较少。厚度虽然只有原来的1/3却不会降低风量，整个净化机的厚度可以因此减少一半。三菱丽阳公司利用“自然科技”研发出了防反射透明薄膜“蛾眼薄膜”。日东电工利用壁虎足底长满绵密细毛的特点开发了不用黏合材料只用本身产生的黏性的特殊胶带。

四 科学技术领域的国际交流与合作

日本历来重视科学技术领域的交流与合作。早在明治维新时期，日本就开始全面引进欧美的先进科学技术，邀请外国的教授、专家来日传授知识和指导技术，同时派人到国外留学、参观考察、参加学术会议、合作研究等。这些交流与合作对促进科学技术的发展发挥了积极作用。20世纪80年代以后，日本虽然已成为世界上屈指可数的技术强国之一，但最新科学技术的研究开发仍在美国之后，为此，日本十分注重加强与世界各国的合作。同时，随着地球环境的恶化和世界性的资源枯竭，能源、资源、生命科学等问题已成为世界性的课题，需要世界各国联手进行研究和解决，所以日本更加强了与世界各国在科学技术领域的交流与合作。

在推进国际性的科学技术交流与合作方面，日本采取了灵活多样的交流方式，主要有两国政府间的双边合作、多国政府间的双边合作、大学·研究机构间的合作及研究者间的合作四种方式。

（一）双边交流与合作

国际合作大致可分为政府间合作、研究机构与大学间合作及研究者间合作三个层面。截至2014年，日本已经与世界上47个国家签订了32项协定（因为签协议的国家中包括苏联和南斯拉夫等国，所以协定数与国家数不一致）。

为了增进和加深与世界各国的友好关系，日本根据发达国家、新兴国家、发展中国家的科学技术现状，战略性地推进科学技术合作。

积极推进与欧美各国的科学技术合作。日本与发达国家的科技合作课

题主要集中在生命科学、纳米技术和材料、环境、原子能及宇宙开发等尖端研究领域。各国根据两国间的科学技术协定，召开科学技术合作联合事务级委员会，进行信息交换、研究者交流和共同研究。在发达国家中，美国是日本主要的交流与合作对象。1988 年 6 月，双方缔结了《日美科学技术合作协定》；1999 年 4 月，在小渊与克林顿的首脑会谈中，双方决定 21 世纪进一步促进两国间的科学技术合作。2013 年 4 月，日美在华盛顿召开了第 12 次日美科学技术合作联合事务级委员会，就双方科学技术领域的议题进行了讨论，文部科学省和美国能源部在关于能源领域等的研究开发执行书上签字。席间还第一次召开了学术界及产业界的高级知识分子参加的开放论坛，就官民合作和今后日美合作方式进行了讨论。2011 年 3 月，日本与欧盟缔结了科学技术合作协定。根据协定，2012 年 10 月，双方就 ICT（信息、通信和技术）共同研究进行了第一次公开招聘，2013 年开始进行共同研究。2013 年 6 月，日本和欧盟召开了第二次科学技术合作联合事务级委员会，2014 年 1 月开始了第二次共同公开招聘。2013 年日本还与加拿大、德国、法国、捷克、斯洛文尼亚召开了科学技术合作联合事务级委员会。2013 年 5 月，日美欧三国负责人及材料等方面的专家齐聚布鲁塞尔召开工作会议，专门就稀土供给问题进行了深入讨论。

中日科学技术合作始于 20 世纪 60 年代，最初是民间科学技术交流。1972 年中日邦交正常化后，1978 年日本国际协力事业团（JICA）开始与中国建立联系。1980 年 5 月，中日两国政府签订了《中日科技合作协定》。从此，两国间的科学技术合作不断发展，目前已成为中日两国友好合作关系中不可缺少的一部分。合作的项目从最初的几个发展为现在的 100 多个，内容涉及信息、生物、材料、能源、农业、生态、环境、遥感、医疗、天文、海洋、大气等许多基础及应用研究领域。为了进一步加强两国的科技合作，2000 年，中日双方开展了“关于风送沙尘的形成、移动机制及其对气候与环境影响”的研究，中日拉开了双方关于沙尘合作研究的序幕。此外，中日双方还签订了 89 个科技合作协议，其内容涉及生物、核能、农业、医药、资源和环境保护领域，如空间太阳望远镜的研制、中日宽频带地震台阵、与生长发育相关的蛋白质组织研究、用白鳍豚和河豚的分布监测长江环境的变化等。2014 年 4 月 28 日在北京召开了中日第 15 次科学技术合作委员会，双方就合作的现状和今后在高科技、产业技术、防灾、减灾等重点领域进行合作等问题进行了讨论，探讨了深化层次开展科技合作的可能性。

当前日本对外科技合作的重点是构建亚洲新型科技合作关系。2003 年 10 月，温家宝总理出席中日韩领导人第五次会晤时三国共同发表了《中日韩推进三方合作联合宣言》，以此为基础加强三国科技合作。目前，中日韩科技合作的主要领域为基础科学、航空航天、信息技术、生物科学、环境、专利等。2012 年 3 月，中日韩三国在日本东京召开了“绿色技术论坛”。2012 年 4 月 28 日，在上海顺利举行了第三次中日韩科技部长会议，三国科技部长签署了会议联合声明，联合声明确定新一轮联合研究计划项目重点领域为水循环、灾害防治、环境，且将根据项目需要，鼓励企业积极参与联合研究计划。

日本拟通过科学技术合作促进与发展中国家的外交关系。根据发展中国家的需求，日本外务省、文部科学省、JICA、科学技术振兴会联手实施日本与发展中国家的大学、研究机构等在环境、能源、生物资源、防灾、传染病对策等领域进行共同研究。日本还通过与 ODA 合作的国际共同研究增进与发展中国家的关系。2013 年日本派遣防灾领域的著名科学家等赴中南美、大洋洲的五个国家构筑研究者间的网络，通过介绍尖端的研究，推进公共外交。

（二）多边交流与合作

日本主要通过联合国的各种机构开展多边交流与合作，积极参加各类组织举行的各种学术会议、研究计划等，站在全球的角度对亟须解决的天然资源、能源、粮食、气候、环境及自然灾害等问题进行研究与开发。

日本积极参加八国集团首脑峰会框架下的科技交流合作。如 2013 年 6 月在英国北爱尔兰西部厄恩湖举行八国集团首脑峰会（G8）时，日本参与了同时召开的科学技术部长和奥斯卡会长会议，与会者就世界规模课题、国际研究基础设施、科学研究数据的透明化进行了讨论，并发表了共同声明。同年 7 月，低碳社会国际研究网络在日本举行了第五次年会，来自日本等七个国家的 17 个研究机构出席了会议。

日本积极参加联合国教科文组织的科学领域的事业活动。联合国教科文组织设有政府间海洋学委员会（IOC）、国际水文学计划（IHP）、人与生物圈计划（MAB）、国际生命伦理委员会（IBC）等，负责确立解决地球规模的课题及制定国际规则。日本通过向教科文组织捐献信托基金，培养亚太地区科学技术领域的人才，并且还向各个委员会派遣专业委员，参与讨论各项计划。例如，2006 年 3 月在日本设立了“水灾与风险管理国际中心”，进行关于水灾及其风险管理的研究、研修及信息网络活动，并且在政府间海洋学委员会（IOC）构筑关于地球规模气候变化的海洋观测和海啸预警系统。2008 年 12 月 2 日，联合国教科文组织与日本宇宙航空研究开发所签署了关于开发利用先进空间技术监测世界遗产的协议。根据这项协议，日本宇宙航空研究开发所支持教科文组织欧洲太空中心（ESA）进行一项“公开倡议关于利用空间技术造福世界遗产”的计划。

联合国大学是唯一总部设在日本的联合国机构。世界各国的优秀学者汇聚在这里，共同解决国际社会面临的各种课题。联合国大学在联合国整个体系中发挥了智囊团的作用。该大学与教科文组织之间签署了多项重要合作协议，其中包括 2004 年 4 月签署的教科文组织和联合国大学工作关系备忘录。最近几年，该大学通过教科文组织各部门开展了一些重要的活动和项目，其领域包括地球科学、人与生物圈计划、水文和水资源开发、对泛加勒比地区沿海生态系统持久性有机污染物的评估、监测和管理，全球海洋治理及可持续发展教育等。2003 ~ 2008 年联合国大学和教科文组织还联合举办了与全球化问题有关的系列重要国际会议，如 2008 年 3 月 24 ~ 25 日与外务省共同举办了“以亚洲的经验和智慧构筑世界和平”研讨会。2015 年 3 月 16 日与外务省共同举办了纪念联合国成立 70 周年研讨会，题目为“站在十字路口的联合国：面向改革与创新之年”。

日本还参与经济合作与发展组织举行的各种科技合作交流活动，通过科学技术政策委员会（CSTP）、计算机及通信政策委员会（ICCP）、产业委员会（IND）、农业委员会（AGR）、环境政策委员会（EPOC）、原子能委员会（NEA）、国际能源组织（IEA），与各成员交换意见，交流经验，制作统计资料及进行共同研究等。

日本也积极参加亚太经合组织（APEC）的科技合作交流活动。APEC产业科学技术工作会议（ISTWG）是通过共同项目等提高亚太地区的产业科技水平而召开的。2012年东道国俄罗斯提议将ISTWG改组为科技创新政策合作伙伴（PPSTI），这一提议在同年召开的第20次APEC首脑会议上得到了通过。2013年6月PPSTI举行了第二次会议，会上就PPSTI的活动计划进行了讨论，还召开了主席顾问会，日本综合技术会议议员原山优子出席了会议。

日本还积极参与多国间的研究开发计划。如与美国、欧洲、加拿大和俄罗斯共同实施的“国际宇宙站计划”，宇宙站最初的构成要素“基本功能系数”于1998年11月提出。从2006年11月开始，日本与欧盟、俄罗斯、美国、中国、韩国和印度共同实施“国际热核聚变实验反应堆计划”（简称“ITER”）。

第三节　文学艺术

一　文学

在长期的历史发展和演变过程中，日本逐步形成了独自的文化传统和文学，自成一体，独具特色。同时，日本文学在历史上深受中国文化及中国文学的熏陶和影响，近代以来也受到西方文学的影响。日本文学在东方乃至世界文学史上均占有重要地位，成为东方文学的重要组成部分，丰富了世界文学宝库。

（一）古代文学

日本古代文学，一般划分是从原始社会到公元12世纪初，即至1192年平安时代结束，其中，又分为前期和后期。前期通常指原始时期至奈良时代794年结束。也有的分法是将有文字记载的3世纪或大化改新的646年作为前期的开始时期。后期指794～1192年的整个平安时代。

1. 古代前期文学

公元3世纪以前，日本还是新石器时代的原始社会，经济上正从原始狩猎向农耕时代过渡，在文化上是绳纹文化和弥生文化时期。在这一漫长的历史过程中，日本没有文字，也尚未借用中国文字。这一时期的文学系口头文学，通过口头传承来延续和发展，主要内容和题材是民间故事、神话传说、民歌等。

其中，神话故事在古代文学中占有极其重要的位置。随着社会和文化的发展，社会上民间神话故事和传说日臻丰富。随着以天皇为中心的大和国家的建立，神话传说又日益被神化，为国家政治服务。例如“素盏鸣尊斩大蛇”的传说，被传为天皇出世的典故，流传后世，对后来的政治、文学均产生影响。

公元3世纪以后，日本历经大和、飞鸟、奈良至平安时代。这一时期是日本政治走向封建社会，文化出现重大发展的历史时期，也是日本文学发展的兴盛时期。

在这一时期，为实现国家的统一，出现征战兼并，是建立统一伟业的时代。这一时期的文学也表现出颂扬英雄的时代特征。公元1世纪以后，中国汉字及汉文典籍、著作逐渐传入日本，使日本文学进入了新的发展时期。日本开始用汉字进行文学创作，并使文学广为传播。

这一时期的文学作品主要是传记体裁，系受《史记》等中国传记文学的影响。主要作品有《古事记》《日本书纪》。初期的文字文学，均照搬汉文。这两部著作也均是用汉文著述的。在此影响下，各地也修撰地方志和传记，《风土记》就是其代表作。

大化改新后，日本政治稳定、经济发展，文学也迎来新的发展时期，被称为抒情诗时代，诗歌创作活跃。8世纪末的《万叶集》是日本文学史上第一部诗集，也是第一部借用汉文拼写日文的诗集。它收录了4600余首各类和歌，在日本文学和诗歌史上占有极其重要的地位。和歌是按五句，各句分别为5、7、5、7、7音的固定格式撰写的诗歌。同时，受中国文化和文学的影响，模仿、创作汉诗之风在日本特别是上层社会颇为流行。《怀风藻》就是当时著名的汉诗集。

2. 古代后期文学

794～1192 年的平安时代长达近 400 年，是日本贵族文学兴衰的时代。9 世纪时，日本参照汉字发明了日本字——假名，从此开始出现了汉字与假名并用的文字文学，使日本文学进入了新的发展阶段。在此期间，受中国唐代文学的影响，日本的汉诗文学也进入了极盛时期，从王公贵族到下层知识分子，均大兴汉诗。

到了平安时代中期，日本文学进入了全盛时期，文学创作活跃，各个领域均有很大发展和丰硕成果。和歌在这一时期再度复兴，主要作品有《古今和歌集》，其作者之一纪贯之是当时的著名歌人。但这一时期的和歌主要是上层社会的王朝和歌。这一时期，被称为物语的小说文学迅速兴起，内容较广泛，既有上层宫廷故事，又有民间故事等。最早的物语小说有《竹取物语》，最著名的物语小说有《源氏物语》《伊势物语》等。

这一时期，随着日文假名的出现，涌现出不少用假名著述的日记、随笔等体裁的文学作品。如《土佐日记》《蜻蛉日记》《和泉式部日记》《枕草子》等，均为女性作家所著。著名的女作家有紫式部、和泉式部、清少纳言、小野小町等。她们多为中层贵族出身，或为皇宫后宫教习文化艺术和文学的女官，文化和文学素养很深。

10 世纪中期到 11 世纪初期，上层贵族诗歌文学与民谣相结合，形成一种新的文学体裁，称为歌谣，如神乐歌、催马乐等。这种歌谣主要用于上层社会社交、举行仪式等场合吟咏，到了 11 世纪便逐渐走向衰落。

11 世纪至 12 世纪初，日本古代封建社会走向没落，律令制与庄园制并行，上层统治阶级矛盾激化，导致社会动荡，贵族文化走向衰败；文学也受到影响，走向衰退。在散文尚且兴旺时，和歌已走向衰退，继《古今和歌集》之后，没有出现优秀的和歌集，亦无优秀的歌人。这一时期的物语文学，也随着贵族文化的衰落走下坡路，除历史题材的《今昔物语》之外，亦无其他力作。

（二）中世纪文学

12 世纪初至 19 世纪明治维新前，日本经历了镰仓、南北朝、室町、安土桃山和江户时代。日本社会发生很大变化，疆域和行政范围逐渐扩大，武士、平民阶层出现，商业日趋发展。这一时期的文学由复古文学逐步向战争文学、隐士文学、平民文学方向发展。这一时期的日本文学先受到中国宋、元文化和文学的影响；到末期，随着西方宗教和文化的传入，又开始受到西方文学的影响。在日本文学史上，一般将这一时期的文学称为中世纪文学，也有人把16世纪的安土桃山和江户时代的文学称为近世文学。

1. 中世纪前期文学

整个镰仓时代为中世纪前期文学时期。在中世纪前期文学的初期，上层贵族社会充满怀旧情绪，在文学上出现复古倾向，因而使古代文学后期的贵族文学得到了延续和继承。在文学领域居于重要地位的诗歌呈现新的发展。和歌创作颇有成就。

1205年，《新古今集》问世。这是一部和歌集，共收录新创作的和歌1980首，与《万叶集》《古今集》同为日本歌坛上最著名的和歌集。此外，还有《小仓百人一首》等和歌集。和歌集的主要作家和作品有藤原俊成的《千载集》，藤原定家的《拾遗愚草》《近代秀歌》《咏歌大观》《每月抄》等。这一时期的和歌创作有唯美和艺术至上倾向。同时，传统的和歌又派生出新的诗歌体裁——连歌，因其颇具平民倾向，受到民众欢迎，在武士、僧侣和平民中流行。

在镰仓时代，武士阶级的势力不断发展壮大，并建立了武士政权。在此政治背景下，这一时期的文学也进入了“英雄叙事诗时代”。战争题材文学兴起，涌现出英雄史诗文学，主要是战记文学和物语文学，著名的作品有《保元物语》《平家物语》《源平盛衰记》《平治物语》等，反映了平氏和源氏之战，颂扬尚武精神，对后来的武士道精神的形成和文学的发展均有很大影响。《太平记》则是战记文学的一部长篇巨著，反映南北朝时代的军事对峙和斗争，但其思想性与文学性均逊色于《平家物语》。《太平记》问世后，中世纪的这种英雄叙事诗文学便告尾声。

在社会动荡、战乱的时代里，许多下层贵族和文人趋于逃避现实，“隐逸文学”应运而生，主要文学体裁有随笔、日记等。隐逸文学的主要作品有西行的《山家集》、鸭长明的《方丈记》、吉田兼好的《徒然草》、弁内侍的《弁内侍日记》、中务内侍的《中务内侍日记》等。一些达官贵人也消遣于隐逸文学。在此消极的文学气氛中，僧侣阶层中出现了怀古情绪和仿古文学创作，如一些物语故事等，但并无有影响的作品。

2. 中世纪中后期文学

室町时代至江户时代为日本的中世纪中后期文学时期。室町时代，各地守护大名割据，地方势力增强，社会进入新的兴盛时期，文化日益向社会深层渗透。在文学上，戏剧文学蓬勃兴起，进入鼎盛时期。

在室町时代，连歌在宫廷和社会上广为流传，其影响已胜于和歌。在此期间，民谣亦十分流行。其中一种叫作小歌的民谣，极为盛行。这种小歌又分为谣曲小歌和狂言小歌。

在同一时代，一种叫作“御加草子”的大众短篇小说取得了迅猛发展。这种文学形式反映了当时贵族、武士、僧侣和平民的生活。

中世纪文学后期即近世的江户时代。一方面，封建国家进入了新的发展时期；同时，日本政治、经济、文化中心由关西移向关东，关西文化开始走向衰落。另一方面，随着经济的发展，大都市周围又出现许多城下町，“町人”即工商阶层扩大，町人文化、町人文学即市民文学也随之发展起来，在当时的日本文学中占有重要位置。

继御加草子之后，在江户时期又产生新的文学形式“假名草子”，就是用假名创作的文学作品，体裁有散文、游记、各类小说等。其后，又盛行“浮世草子”，即反映市民现实生活的风俗小说，主要作品有井原西鹤的《好色一代男》《好色一代女》《日本永代藏》《浮世物语》等。

江户时代之前，已有一种诗体称俳谐，即数人作短诗，各首首尾相连，诙谐幽默，深受民众欢迎。至江户时代，人们将俳谐的第一首取出，单独作为一种定型的诗体，就形成了俳句。俳句是由 3 句、17 音组成的短诗，精练明快，深受欢迎，久传不衰。著名俳句家芭蕉被尊为俳圣，自成俳风，寻求清寂、幽雅，多吟咏自然，代表作为《俳谐七部集》。江户时期的著名俳句诗人还有与谢芜村、小林一茶等。此后，还由俳句派生出另一种体裁的诗歌——川柳。这一时期的和歌仍以仿古为主，著名的歌人有良宽等。

（三）近代与昭和前期文学

一般将明治维新后至明治末期称近代文学时期，也有人将大正时期甚至二战时期的文学包括在近代文学中。

1. 近代前期文学

1868 年明治维新以后，日本进入近代历史时期。日本在大量吸收西方文化的同时，也不断引进西方文学，给日本文学带来新的影响，使之进入了新的历史转折时期。首先，大量的西方文学作品被译介到日本。其中包括诗歌、小说、传记、文学理论等，雨果、巴尔扎克、莎士比亚、大仲马等诸多名家作品皆列其中。

明治维新以后，自由民权运动等政治斗争也风起云涌，促使文学领域也出现了改良运动，超越传统的物语小说、推进革新的政治小说随之应运而生。作为新时代启蒙性的文学理论，坪内逍遥发表了《小说神髓》，提倡写实主义，具有重要影响。

在日本文坛上出现改良旧文学的潮流中，新现实主义文学形成，二叶亭四迷的《浮云》就是此类作品。继二叶亭四迷、坪内逍遥之后，又出现尾崎红叶、幸田露伴、森鸥外等有影响的作家和派别，因而此时亦被称为红露逍鸥时代。其后，北村透谷等人创办了《文学界》杂志，掀起新浪漫主义文学运动。此时还出现了模仿西方现代新体诗的诗人和作品，如岛崎藤村及其《嫩菜集》，还有石川啄木等。

中日甲午战争后，日本文坛出现观念小说、社会小说等，其特点是着力揭露社会的黑暗面。至明治 30 年代，受左拉主义的影响，日本出现自然主义文学，对近代文学起到了主导性影响。岛崎藤村、国木田独步、田山花袋、德田秋声等均是这一派的有影响的作家。石川啄木也属于自然主义口语化短歌作家。森鸥外和夏目漱石则是站在与自然主义文学相对立的立场上的最著名的作家。他们极具文学才华和影响。夏目漱石的《我是猫》《明暗》，森鸥外的《舞姬》等是近代文学中最优秀的作品。

2. 近代后期及二战时期文学

1915～1945 年的大正和昭和前半期，是军国主义猖獗的黑暗时期。

在这一时期里，日本文学虽然前期尚很活跃，后期则陷入崩溃和窒息。在这一时期的初期，自然主义文学中已出现具有唯美主义倾向的新浪漫主义文学。其代表性作家有永井荷风、谷崎润一郎等。谷崎以强调艺术至上而著称。

1910年创刊的文学刊物《白桦》及由此所形成的白桦派，追求人道主义和理想主义文学，是当时有影响的文学派别。其有影响的作家是武者小路实笃、有岛武郎、志贺直哉等。另一有影响的派别是新感觉派，他们受西方文学思潮影响，凭感性、直观进行创作。横光利一、川端康成是该派的代表性作家。此外，当时还出现了新兴艺术派等文学流派。

大正中期至昭和初期，又出现理性主义文学派，反对自然主义，主张新现实主义。其代表是以文学刊物《新思潮》为核心的新思潮派。该派取代白桦派主导了日本文坛。其主要作家有芥川龙之介、菊池宽等。这时无论自然主义还是新现实主义派别，都出现一些作家热衷于写个人琐事的"私小说"的倾向。

昭和初期开始至二战期间，日本更加强化军国主义，政治与社会矛盾激化。文学界出现无产阶级文学和反战文学，但一直受到镇压。无产阶级文学杂志《播种》于1921年创刊，但不久即被镇压。后来成立的无产阶级文艺联盟、日本无产阶级艺术联盟、日本无产者艺术联盟（简称"纳普"）、无产阶级作家同盟、无产阶级文化联盟等组织，均被解散。这一时期参与斗争的主要作家有林房雄、中野重治、藏原惟人、佐多稻子、鹿地亘、小林多喜二、宫本百合子等。小林多喜二的《蟹工船》是无产阶级文学和反战文学的代表作。德永直的《没有太阳的街》也是很有影响的作品。

1931年日军侵占中国东北后，在国内疯狂推行法西斯专政。无产阶级文学被镇压下去，小林多喜二于1933年被杀害。德永直、宫本百合子等创办的《文学评论》被取缔。日本文学面临空前的危机。此后的日本文学界出现三种状况。一是出现国策文学，即军国主义文学，其特征是：鼓吹国粹主义、军国主义和侵略战争；多采用战争小说、战地报道等体裁；成立了文学报国会等组织，不少作家被迫从军。二是转为艺术派文学和转向变节。不少作家回避现实，从事超脱现实的纯艺术性文学创作，谷崎润一郎、川端康成等即如此。同时，一些作家转向变节，其文学亦称转向文学。林房雄则彻底投向军国主义。三是出现抵抗文学，尽管遭到残酷的法西斯镇压，但有些作家仍顽强斗争，如宫本百合子等。

（四）当代文学

1945 年 8 月日本投降后，日本文学也进入了战后时期。战后以来的日本文学被称为现代文学，也有人称之为当代文学。

1. 50 年代文学

战后初期，日本文学从军国主义的专制统治下解放出来，开始走向复苏，文学刊物纷纷复刊，文学组织也开始恢复。一些老作家又重返文坛，开始创作，出现了一些传统派的有影响的作品，如志贺直哉的《灰色的月亮》、谷崎润一郎的《细雪》等。

战后，新一代作家步入文坛。被称为第一代战后派作家的有野间宏、椎名麟三等。继之又出现第二代战后派作家，如中村真一郎、加藤周一、三岛由纪夫等。第三代战后派作家的代表人物有小岛信夫、三浦朱门、远藤周作等。

在此期间，随着社会上对战争的反省，文学界也出现战争文学或反战文学。许多作家根据自己在战争期间的切身体验，反思、揭露日本军国主义的侵略战争罪行，追究其战争责任。其代表性的作家和作品有梅崎春生的《樱岛》、大冈升平的《俘虏记》和《野火》、野间宏的《真空地带》等。在 50 年代初期，反战文学十分活跃。

另外，战前和战争时期的无产阶级文学，在战后又恢复起来，形成民主主义文学。在美军占领下，日本政治与文学都受到压抑，更促进民主主义文学运动的发展。当时起到骨干和带头作用的作家有宫本百合子、中野重治、佐多稻子等。在此期间，曾出现政治与文学、国民文学论等文学争论。

战后，受西方存在主义影响，日本文坛曾出现存在主义流派。同时还出现无赖派，是战后有代表性的文学流派，亦称新戏作派。该派追求创作自由，反近代文学传统，主要作家有太宰治、石川淳、坂口安吾等。40

年代末和50年代，流行的文学体裁有私小说、心境小说、风俗小说，还有介于纯文学和大众文学之间的中间小说。

50年代，日本大众文学发展迅速，如历史小说、经济小说、推理小说、科幻小说等。历史小说方面的知名作家有五味川纯平、井上靖。井上发表了《天平之甍》《冰壁》等一批有影响的作品，并分别获文部大臣奖和艺术院奖。经济小说作家有城山三郎等。推理小说系战后的侦探小说，有影响的作家是松本清张。他1957年出版的短篇集《面孔》获日本推理作家协会奖，1958年发表的长篇小说《点和线》成为畅销书。

2. 20世纪后期的当代文学

进入60年代以后的20世纪后半期，是日本经济高速发展和繁荣时期，同时社会问题日渐增多，积重难返。日本文学走上新的发展时期，也展现出混沌、迷茫状态。

60年代前期，日本社会大众化意识发展，文学上也出现传统文化西化、纯文学不纯的倾向。文学界围绕纯文学展开争论，并出现批判现实主义文学的社会派，如石川达三、山崎丰子等。这一时期较有影响的作品有安部公房的《砂女》、水上勉的《雁寺》、三岛由纪夫的《丰饶之海》等。

60年代日本文坛最有影响的两件事，一是1967年建立日本近代文学馆；二是1969年川端康成获诺贝尔文学奖。川端曾发表《伊豆舞女》《雪国》《千羽鹤》《古都》等著名作品，其特点是描写日本的传统美，在日本和国际上享有盛誉。

70年代，日本文坛又出现“作为人派”，如小田实、开高健等。该派的特点是对现实不满，又无能为力，于苦闷、彷徨之中顽强地表现自我。接着又出现内向派，核心人物是古井由吉、黑井千次等。他们的文学倾向是不信任社会，不关心和逃避现实，思想和文学内向化。古井的《杳子》就是这类代表作。70年代后期出现一种颓废文学和流派，如村上龙及其《近乎无限透明的蓝色》等。

60年代至70年代初期，日本文坛出现为军国主义翻案的文学思潮，如三岛由纪夫的《忧国》、林房雄的《大东亚战争肯定论》等。三岛因陷入崇尚皇国史观、军国主义的泥潭不能自拔而自杀。反之，直至80年代，文学界的反战、反核文学及其运动也时有开展，其代表性作品如井伏鳟二的《黑雨》、林京子的《广岛》、森村诚一的《恶魔的饱食》等。日本文学界继70年代初之后，80年代初又掀起大规模的反核运动。井上靖、大江健三郎、井伏鳟二、小田实等是这次运动的主导者。

70年代日本纯文学不景气。较有影响的揭露社会问题的作品是有吉佐和子的《恍惚的人》、山崎丰子的《浮华世家》，其他作品并无太大影响。特别是80年代，日本成为世界第二经济大国，社会上“中流意识”较为普遍，经济富裕导致精神贫困，出现了文学商品化的倾向，纯文学依旧不景气。例如，80年代20届芥川奖中，有将近一半评不出优秀作品。70~80年代的科幻小说，如小松佐京的《日本沉没》、井上厦的《吉里吉里人》等，较有影响。

90年代，日本文学进入世纪的尾声。与政治和经济形势一样，日本文学也不景气。泡沫经济、奥姆真理教、阪神地震、老龄化、犯罪等社会问题，在文学中均有反映。例如，在2000年的芥川奖评选中，有许多部作品是反映经济不景气和社会问题的。另外，处在世纪之末，也引起文学家对整个20世纪的社会和文学的回顾与反思。文学界存在不安和闭塞感；同时，随着世代的更替，人们对社会和事物也产生新的认识，导致了价值观念和文学观念的变化。

进入新千年后，不仅经济全球化已成为不可阻挡之势，各国各地区之间的文化交往也空前高涨。受其影响，日本文学家的国际化意识也大大增强。并且，由于经济萧条，恐怖事件频出，对人的生命安全构成巨大的威胁，严重轻视生命的现实迫使日本文学家更加直面社会现实。荣获第140届芥川奖的津村记久子的《绿萝之舟》、荣获直木奖的天童荒太的《哀悼人》和山本兼一的《找找利休吧》，均以不同的文学样式直面当下的现实生活。《朝日新闻》在评价这些获奖作品时称，在经济萧条、杀人事件频出、个人价值与生命被严重轻视的过于残酷的现实面前，本届获奖作品彰显了文学在现实生活面前应有的姿态。

1994年大江健三郎获诺贝尔文学奖。2007年村上春树也成为诺贝尔文学奖的热门入围人选。2009年8月1日由远藤周作撰写的《沉默》一书在世界引起巨大轰动，被誉为一部为千百万人打开心灵纠结的、诺贝尔文学奖错失的不朽名著，代表了20世纪日本文学的高峰。除大江外，还有藤泽周平、井上厦、河野多惠子、津岛佑子、村上龙、藤田宜永、小池真理子、川上未映子、樱庭一树等一批中青年作家活跃在21世纪文坛。同时，诗歌、和歌、俳句等的创作者也在发扬传统的同时探索变革。如年轻歌人俵万智80年代发表的《沙拉纪念日》，使和歌口语化、生活化，颇有积极影响。2013年高野睦的俳句集《万之翅》荣获《读卖新闻》的第65届读卖俳句奖；2014年高野公彦的诗歌集《流木》荣获《读卖新闻》的第66届读卖诗歌奖。

战后以来至当前的日本文学奖有50余种，其中最著名的是芥川奖（芥川龙之介）和直木奖（直木三十五）。其他还有纯文学、大众文学、诗歌、女性文学、儿童文学等方面的奖项，种类繁多。2010年乾绿郎的小说《忍者外传》荣获第二届"朝日时代小说大奖"，同年他的小说《长颈龙的完美一天》荣获第九届"这本推理真厉害!"的大奖，2015年羽田圭介的《废钢与建造》和又吉直树的《火花》荣获第153届芥川奖；东山彰良的《流》荣获第153届直木奖；2008年大江健三郎创设了大江健三郎奖，他竭尽全力将长嶋有、中村文则、星野智幸等新秀介绍到国外，并且吉田修一、长嶋有、丝山秋子等作家的作品被改编成电影，其中吉田的《恶人》颇受观众欢迎。在出版业不景气的情况下，纯文学的商业低迷持续，村上龙等除了创作纯文学的作品外，还有其他展露才华的舞台，村上春树、小川洋子、川上弘美等的作品在商业上取得了成功。2013年本谷有希子的作品《野餐风暴》荣获第七届大江健三郎奖，2014年岩城景的《再见橘子》荣获第八届大江健三郎奖；2014年佐伯一麦的小说《渡良濑》和黑川创的评论《国境（完全版）》获得了第25届伊藤整文学奖。

二　戏剧与电影

（一）戏剧

1. 古代戏剧

日本的古代戏剧有三种主要表现形式，即"能""歌舞伎"和"文乐”（人偶净琉璃）。“能”是一种最古老的戏剧，它源于中国的“散乐”，在14世纪的“猿乐”基础上发展起来，最初不叫“能”，而是被称作“猿乐能”或“能乐”。它在平安时代、镰仓时代的杂艺猿乐、歌谣的基础上，由民间艺术大师观阿弥、世阿弥进行文艺创新发展起来的，为民众所喜闻乐见。能的脚本为谣曲、诗歌体裁，内容广泛，有些取材于物语故事。

江户时代初期，又出现了新的戏剧——歌舞伎。歌舞伎屡经坎坷，不断取得发展，成为日本最有影响的代表性戏剧，一直流传至今。此期间的著名剧作家有近松门左卫门等。歌舞伎是17世纪发展起来的一个剧种，其创始者是出云国的一位女性，所以最初被称为女歌舞伎。它具有数百年的历史，代表了日本的传统艺术。该剧需要复杂的舞台布景和精致的道具，表演接近群众，深受群众喜爱。

文乐起源于室町时代，以京都、大阪为中心逐渐发展起来，也称人偶净琉璃，是一种木偶剧。其代表演员有杉山丹后掾和萨摩净云等。

2. 近代戏剧

日本近代戏剧可分为歌舞伎、新派剧和新剧三大系统。明治维新以前，歌舞伎几乎垄断整个剧坛。明治维新以后，歌舞伎艺人的社会地位逐步提高，特别是与上流社会人士结交的歌舞伎演员被当作“名士”。1872年，为适应社会新形势的需要，展开了对歌舞伎的“演剧改良运动”，主张改革的代表人物是市川团十郎。他把历史搬上了戏剧舞台，演出了《重盛谏言》《天草骚动》等历史剧。随着社会形势的不断变化，歌舞伎界内部也发生了动荡，主张变革的歌舞伎演员，先后组织了“演剧改良会”“演剧矫风会”等组织，开始进行戏剧改革。市川团十郎和尾上菊五郎两大名演员先后逝世，此后歌舞伎便逐渐衰落，后继者多保持古典传统。

1887年，受文明开化运动的影响，角藤定宪等人创建了“大日本艺剧矫风会”，编演了《忍耐的书生与贞操的佳人》等剧，试图使歌舞伎的写实主义与社会现实结合起来，这在当时被称作“壮士剧”的新派剧。角藤逝世之后，川上音二郎继续致力于发展新派剧，为新派剧奠定了坚实的基础。1894 年前后，新派剧被称为“新派”，原来的歌舞伎被称为“旧派”。日俄战争期间，新派剧大演战争戏，后又转向家庭戏、新闻戏。1912 年以后，由于新剧的兴起，新派剧渐趋衰落。

1902 年，东京音乐学校等开始移植西洋歌剧。1906 年，《早稻田文学》杂志将易卜生的作品介绍到日本。其《幽灵》和《鸭》等作品在日本剧作家中产生了很大的影响。在西方戏剧的影响下，新剧于 20 世纪初问世。新剧注重写实，特别强调剧本的重要性。著名的新剧作家有小山内熏和坪内逍遥。小山内熏和土方与志等于 1924 年在东京创办了“筑地小剧场”，为新剧的发展做出了杰出贡献。日本新剧从此迅速发展，从这一时期到 1945 年日本战败，是日本新剧史上的发展期。从 1945 年开始新剧进入成熟期。坪内等为新剧创作的《大极殿》等剧目在日本产生了巨大的影响。为了培养新剧人才，以岛村抱月和坪内逍遥为中心的文艺协会研究所也做出了很大贡献。历史最悠久的新剧剧团是 1937 年成立的“文学座”。

3. 战后戏剧

战后日本，古典戏剧和现代戏剧同时并存，其特点如下：其一，代表日本古典戏剧的能乐、歌舞伎、文乐等至今还在吸引着众多的观众。在东京、大阪、京都、名古屋等主要城市上演的节目中，大约 1/3 是人偶净琉璃，1/3 是舞剧，1/3 是歌舞伎。随着时代的不断变化，虽然古代的能乐、歌舞伎和文乐在表演和表现上发生了很大变化，但依旧保持了原貌，这一点与被称为西方戏剧源头的希腊戏剧大不相同。其二，能乐、歌舞伎、文乐都各自拥有自己的专用剧场，在能乐剧场上演歌舞伎或在文乐剧场上演能乐都是不可能的。其三，战后上述古典戏剧和现代戏剧之间没有交流，各树一帜，分别保持各自的传统。新剧导演和演员不会涉足古典戏剧，古典戏剧的导演和演员也不会涉足新剧。但是，古典戏剧和新剧也有相同之处，那就是二者均从未受到过国家的保护。这一点与西方的皇室保护戏剧的传统大相径庭。可以说无论是古典戏剧还是新剧，都是靠民间的力量培育和发展起来的。现在依然如此。战后，歌舞伎和文乐依然被私营企业松竹公司所垄断。后来，由于文乐观众锐减，经营难以为继，自 1963 年开始交由国家和地方自治团体出资设立的财团法人经营。

二战后，日本戏剧演出条件有了很大改善。1966 年建造了歌舞伎专用剧场。此后，文乐、能乐、相声等传统艺术也都有了自己的剧场。1997 年，专为现代戏剧建造的国立剧场也诞生了。但是，与其他国家不同的是，日本的所有国立剧场均没有专属于剧场的剧团（文乐有所不同），这是国家没有保护戏剧所产生的结果。日本也没有国立的戏剧学校，演员的培养和教育全部由民间承担。

随着社会的不断变化，20 世纪 60 年代后在日本戏剧界出现了一些新动向：其一，地方政府开始筹建戏剧专用剧场，并建立其附属剧团。如水户市的水户艺术馆、兵库县的皮科罗剧场、静冈县的舞台艺术中心等，但还没有形成风气。国家也开始关心戏剧事业，1990 年，在政府的主导下，成立了特殊法人日本艺术文化振兴会，创建了以政府出资的 500 亿日元和由民间筹资的 100 亿日元为基金的文化艺术振兴基金会，开始用基金的利息赞助戏剧、音乐、舞蹈等演出。国家出资对舞台艺术进行赞助，这在日本还是第一次。其二，从 70 年代开始出现商业戏剧公司和与戏剧无关的民间企业共同建设并经营剧场的现象。如松竹和东宝等商业戏剧公司在自营剧场，或借用民间剧场演出。此类演出，通常由公司的制作人全权负责舞台制作，其演出目的是获利。与戏剧没有任何关系的百货店等企业也开始建设并经营剧场。这类演出不是为了赢利，而是为了提高企业的形象，艺术文化振兴基金可以对此类演出提供补助。

近现代日本戏剧除了能、狂言、文乐、歌舞伎、落语五种古典戏剧外，还有新派剧、浅草歌剧、大众戏剧、商业戏剧、新剧、现代木偶剧及儿童剧等各种戏剧。2000 年以后，音乐剧发展势头很迅猛，在新建成的音乐剧专用剧场，一部音乐剧可以进行长期公演，观众可达几十万人次。但这些作品不是日本原创音乐剧，而是百老汇或伦敦音乐剧的翻版。商业戏剧也很受欢迎，主要在松竹和东宝等大的娱乐公司上映，一个月公演一次，剧场设有一等席、二等席、三等席等，一等席的票价为 12000 ~ 15000 日元，三等席为 4000 ~ 5000 日元。商业戏剧的主要演员有森光子、松平健、大地真央、田村正和、松隆子等。

东宝公司和四季剧团对音乐剧的发展起了巨大作用。东宝公司成立于1963年，是进行电影、戏剧制作发行、娱乐和不动产租赁等的日本企业，也叫电影公司，现有帝国剧场和新馆剧院创作两个直营戏剧剧场。1990年以后，主要发行电视局和外部制作的电影，并取得了成功。2003年收购了维珍院线日本有限公司，集团企业的企业数居日本第一，至今该公司在日本电影界和娱乐界仍保持着优势地位。2013年新设立了“动画事业室”，还成立了自己的音乐唱片公司。四季剧团是代表日本商业戏剧的剧团，1967年改组为四季株式会社。该剧团设立了东京、名古屋、大阪、札幌四个剧场，每年演出3000多场戏剧，观众达300万人。自1963年东宝公司上演了《我可爱的姑娘》和四季剧团上演了《西区故事》以来，日本不断引进百老汇及伦敦的音乐剧，该剧团也迅速发展起来。1970年以后，由于该团长期演出海外音乐剧，在外国音乐剧落地日本方面发挥了巨大作用。如今，四季剧团演出收入超过松竹和东宝，剧团演职人员已达800多人，作为一个剧团，其规模之大在世界上也是比较罕见的。

近几年还涌现出了不少以导演和制作人为中心的制作班子，他们不靠剧团这一组织形式而是独立制作戏剧并进行演出，其代表组织有“地人会”“流山儿事务所”等。“流山儿事务所”前身成立于1970年，是日本当今最知名的戏剧团体之一，也是当今流行的自创自演方式的先驱，不仅上演了现代实力剧作家撰写的作品，还将古典作品用现代手法改编重新搬上舞台。近年上演的剧目有《玩偶之家》《狂恋武士》《宁静的歌声》《高级生活》《无赖汉》《蓝胡子公爵的城堡》等。2009年流山剧团创作的《死于田园》《高级生活》荣获了第44届纪伊国屋戏剧团体奖。为纪念流山儿事务所成立30周年，从2014年秋天开始，公演了《碗底》《格斗》《寺山歌剧——胡桃夹子》《新杀人狂时代》《麦克白》五部作品。2015年创作并上演了《鼠小僧劫富济贫》。剧团导演流山儿祥是日本第一代地下小剧场运动的先驱，是日本戏剧界当之无愧的“泰斗”。截至2015年，他亲自参与创作的作品有300部，演出作品已经超过250部。他的代表作《狂人教育》和最新作《鼠小僧劫富济贫》的充满活力的演出美学及其具有的社会性赢得国际好评，被评价为“世界戏剧的地平线”，他本人也被称为“亚细亚的戏剧大师”。流山儿祥2015年已经68岁，但仍然是活跃在一线的戏剧大师。

（二）电影

日本的电影业至今已有100余年历史，逐渐形成具有日本独自特色的电影事业。

1. 早期电影

1896年，西方电影传入日本。在神户、京都、大阪、东京等地，首次放映了法国、美国等国制作的无声电影，当时被称为“活动照片”，在社会上引起很大反响。

在引进外国电影的基础上，日本开始模仿制作电影。早期的日本电影均是无声纪录片，如《大相扑》《京都祇园祭》等。1899年，东京的小西照相馆拍摄了《闪电强盗》，据说这是日本电影史上的第一部故事片。

1900年，日本的吉泽商店开始出售国产的电影放映机，并拍摄、放映国产电影。1908年，又成立了日本第一个电影制片厂——目黑制作所，并创办了演员训练所。从此，日本的电影事业正式发展起来。日本电影事业诞生不久，即被用来宣扬军国主义，为日本军国主义的对外侵略扩张服务，当时具有代表性的纪录片有《北清事变》《日俄战争实录》，故事片有《五个侦察兵》等。1916年，日本创办了电影杂志《电影的世界》。

20世纪初期，日本有影响的电影作品有《赏红叶》《生的光辉》等；著名导演归山教正、牧野省三等人被誉为日本电影界的先驱。

20世纪20年代初，欧美电影继续大量进入日本，同时，日本自身的文学、戏剧和文化也取得了很大发展，受到这两方面因素的影响，日本电影事业和电影艺术也有了深入的发展。1924年，日本设立了“电影旬报奖”。这一时期的著名电影作品有《灵与血》《疯狂的一页》等。

进入30年代，日本更加疯狂地推行军国主义军事扩张政策，1931年发动侵华战争后，紧接着又全面投入侵略亚洲和太平洋地区的战争。日本军国主义利用电影大肆为其侵略扩张政策服务，1939年制定了《电影法》，拍摄了大量宣扬军国主义、鼓吹侵略战争的影片，如1942年拍摄的《夏威夷马来大海战》等。而进步的电影事业和电影工作者则受到扼杀和迫害。在这样的形势下，日本电影事业一方面呈现出新的发展，另一方面受到军国主义的扼杀和利用。1931 年，日本创立了有声电影制片厂——松竹蒲田电影公司。该公司制作了日本第一部有声电影——故事片《夫人与老婆》。这一时期有影响的电影作品有《青楼姐妹》《浪华悲歌》《小岛之春》等，著名导演有沟口健二、小津安二郎等。较著名的东宝、大映电影公司也创建于 30 年代。

2. 战后电影事业

战后初期，日本废除了《电影法》，军国主义影片被禁止。在美军占领时期，美国式“民主”“自由”文化充斥日本，也给日本电影业带来影响。这一时期，木下惠介导演的《大曾根家的早晨》、黑泽明导演的《无愧于我们的青春》是日本影坛的力作。在“电影民主化”的过程中，出现了一些反映日本遭受原子弹轰炸等情景的进步的电影作品，并出现东宝电影公司的电影工作者大罢工。

20 世纪 50 年代，日本电影进入了创作的黄金时期。其创作特点是：①从事电影事业的队伍和力量不断壮大，电影创作非常活跃；②电影题材多样化；③电影作品颇丰。这一时期以每周两部影片的速度进行制作，出现了许多杰出人物和优秀作品。杰出导演有沟口健二、黑泽明等，优秀电影作品《真空地带》《二十四只眼睛》《太阳季节》均很有影响。《罗生门》《西鹤一代女》《雨月物语》《缅甸的竖琴》等获得了国际大奖。这个时代的电影作品几乎都是松竹、大映、东宝、东映等几大电影公司制作的。

20 世纪 60 年代，随着日本经济的高速增长，日本的电影业也发生了很大变化。这一时期电影的特点是：①通过电影透视社会现象，代表作《少年》《绞刑》在国际上产生了很大反响；②将歌舞伎的美融入电影，代表作有《情死天网岛》；③掀起了电影史上的第二次独立制片运动。新藤兼人等成立了“近代映协”，树立了独立制片的大旗，在极端艰苦的情况下，拍摄了无对白探索片《裸岛》，轰动世界影坛，从而确立了独立制片的地位。这一时期的独立制片运动，亦被称为日本电影的“新浪潮”。但这一时期也产生了《啊，海军》《山本五十六》《军阀》等宣扬军国主义的影片。这一时期的著名导演有今村昌平、大岛渚、筱田正浩、新藤兼人等，大岛渚是“新浪潮”的旗手，著名演员有三船敏郎等。

进入 20 世纪 70 年代后，日本电影业受到电视业的冲击。为扭转不景气局面，日本电影界尽力拼搏，涌现出了一些有影响的影片，如《战争和人》《华丽家族》《望乡》《追捕》《人证》《官能的王国》，等等。其中，有一些影片揭露了资本主义社会的腐败，有一些则是推理、侦探及色情、暴力题材影片。

20 世纪 80 年代，日本进入经济繁荣的顶峰期，但高度工业化也给人们的精神带来一些冲击，令人感到郁闷。受当时社会的影响，电影业处于日本电影史上最不景气的时期，不仅缺乏有影响的力作，而且电影观众数量大幅减少，经费不足。这一时期的著名影片有《楢山节考》《泥之河》等，还出现了以《女税官》等为代表的被称为“情报电影”的新流派。

20 世纪 90 年代，老一代电影巨匠黑泽明、著名演员三船敏郎等相继去世，日本电影业步入了世代交替时期。这一时期，除了大岛渚、新藤兼人、今村昌平、熊井启、筱田正浩等老一辈导演继续活跃在影坛之外，还涌现出一批新一代导演和演员，如北野武、岩井俊二、周防正行、竹中直人等，其中岩井俊二堪称日本年轻一代导演中的佼佼者。他们在电影艺术上呈现出超越传统的新的时代特征，使日本电影不断走向世界，又一次在国际影坛上再现辉煌。自 1995 年《情书》一片在柏林电影节荣获最佳亚洲影片奖之后，日本电影人如雨后春笋般地出现在世界影坛的领奖台上。如《幻之光》荣获威尼斯电影节新人导演奖和第 31 届芝加哥电影节金奖。《深河》获蒙特利尔世界教会奖。1996 年《图画中的美丽村庄》荣获柏林电影节银熊特别奖和比利时国际电影节金奖。《野餐》获柏林电影节新闻记者奖。《回家》在柏林、法国、南特三大洲、蒙特利尔、希腊等电影节分别获奖。《睡美男》分别在柏林、蒙特利尔获奖。《作家・乱步》在意大利、俄罗斯、葡萄牙等电影节上分别获奖。1997 年这一势头达到了最高潮，日本电影在世界最著名的三大电影节上荣获两个金奖，即今村昌平的《鳗鱼》获戛纳电影节金棕榈奖，北野武的《花火》获威尼斯电影节金狮奖。战后以来日本影坛不仅出现了黑泽明、大岛渚等世界上著名的导演，也涌现出了石原裕次郎、高仓健、吉永小百合、山口百惠、役所广司、是枝裕和、西村美和、中岛哲也、黑木明纱等许多深受观众喜爱的优秀演员。

随着电视多频道、多媒体等影视高科技的出现，日本电影业再一次受到冲击。20 世纪 90 年代以后，在真人电影方面，占据票房排行榜首的热门影片大多是电视剧的电影版，其中动画电影仍占据主导地位。TV 动画的剧场版成为动画片的主打，如《燃烧》《蜡笔小新》《大决战！超奥特曼八兄》《生死危机：恶化》《伊藤的故事》《悬崖上的金鱼姬》《花样男子最终章》《我的女友是机器人》《少男少女》《蛇少女》《剧场版宠物小精灵：冥》《死神剧场版：呼唤你的名字》《菜鸟总动员：毕业》《漆黑的追迹者》等。在这种情况下，日本电影界不得不对制片、放映、影院设施等不断地进行改革，以刺激电影业的景气和发展。

进入 21 世纪以后，日本电影业界发生了很大的变化。2005 年以前，欧美电影在日本很受欢迎，票房收入高于日本电影，这种现象从 2008 年开始发生逆转，日本电影的票房收入超过了西方电影的约 1.5 倍。这期间许多热销的日本电视剧、动漫和小说等被改编成了电影，其中一些被预测票房率高的电影成为主流，涌现出了山下敦弘、石井裕也、入江悠、松江哲明、内田贤治、黑泽清、山崎贵等优秀导演，还涌现出了二宫和也、樱井翔、三浦春马、玉森裕太、山崎贤人、有村架纯、北川景子、前田敦子、长泽真美、芦田爱菜等深受观众欢迎的优秀演员。2013 年内田贤治执导的《盗钥匙的方法》荣获第 36 届日本电影学院最佳编剧奖和 2012 年上海第 15 届国际电影节金爵奖，2014 年石井裕也执导的影片《编舟记》在第 37 届日本电影学院奖中荣获最佳影片奖、最佳导演奖和最佳男主角奖，2015 年山崎贵执导的影片《永远的零》在日本电影学院奖中荣获包括最佳影片奖在内的八项大奖。泷田洋二郎执导的《入殓师》在蒙特利尔国际电影节上荣获金奖，还在中国金鸡百花电影节上荣获作品奖、导演奖，本木雅弘还荣获了亚太电影大奖最佳男主角奖。在喜剧方面，世界各国对日本电影的评价也很高。

纵观百余年来的日本电影，既深受好莱坞等欧美电影的影响，也深受日本独自的民族文化的影响。日本电影的主要体裁有历史剧等古装片、现代故事片、科幻片、动画片、纪录片。其中，既有大量的具有较高艺术水平的作品，也有不少粗制滥造或表现低俗的色情、武打、凶杀的影片。松竹、东映、东宝、大映、日活等几大电影厂，为日本电影事业的发展发挥了重要作用。

三 音乐与舞蹈

（一）音乐

1. 传统音乐

日本代表性的传统音乐主要有雅乐、能乐和三弦音乐。“雅乐”起源于中国和朝鲜，是日本古代宫廷音乐舞蹈的一种，具有优雅的含义。日本的雅乐承袭了中国和朝鲜雅乐的基本形式。大宝元年（公元 701 年），日本建立了雅乐寮，用来培养雅乐人才。奈良时代的雅乐仍保持着其原形，到了平安时代，其内容发生了相当大的变化。在仁明天皇时，将雅乐演奏者分为左方乐人、右方乐人等，分别居住在奈良、京都和大阪。1870 年，将这些乐人合并为宫内廷乐部。这一时期，雅乐已脱离了中国雅乐的规范，不再用于祭祀，而是作为宴会的助兴舞曲。雅乐分为三类：①以神乐、倭乐、久米舞、东游为主的日本固有歌舞；②以唐乐、林邑乐、高丽乐等外来乐为主的歌舞；③朗咏、催马乐等歌舞。雅乐由管乐、弦乐和敲击乐合奏而成，乐器包括横笛、笙、筝、琵琶及太鼓（鼓）。雅乐可分为乐器、舞蹈及朗诵三部分。

“能乐”是室町时代初期出现的一种音乐，是一种音乐、舞蹈和戏剧的综合艺术。能乐古代被称为“猿乐能”或“猿乐”，1881 年建立能乐社时改名为“能乐”。“能”的音乐是以声乐谣曲和器乐伴奏组成的。

“三弦”是日本具有代表性的乐器，1562 年从琉球传入日本，从江户时代起被广泛应用。“三弦音乐”不仅作为歌舞伎、人偶净琉璃等剧场音乐，而且还作为许多歌谣音乐的伴奏，至今仍被广泛使用。

2. 近代音乐

德川时代，西洋乐随着天主教传入日本，那时的西洋乐是教会音乐。

1853 年，美国舰队司令佩里来日时，将美国的军乐传入日本。这种军乐不是吹奏乐，而是鼓笛。明治维新时，大藩几乎都采用鼓笛乐器，至1869 年才将鼓笛乐队改编为吹奏乐队。基督教使用的赞美歌对西洋乐在日本的普及也起了很大作用。1872 年，文部省颁布了《学制令》，开始在小学和中学增设音乐课。东京女子师范学校是最早进行音乐教育的学校。1879 年，在文部省内设置音乐调查课。1880 年音乐调查课开始正式招收传习生，学习西洋乐和邦乐。1886 年，日本设立了大日本音乐会，出现了作曲家陇廉太郎、山田耕筰、上原六四郎等，声乐家柴田环，钢琴家泽田柳吉等。以后大众歌曲流行，出现了陇廉太郎创作的《荒城之月》等名曲。在音乐研究方面也取得了很大成果。

明治后的近代日本音乐，主要是西洋乐的移植。明治政府为了军事和政治的需要，开始从欧美引进音乐。西洋乐传入日本后，必然与国乐产生矛盾，日本近代音乐史就是国乐与西洋乐相互融合和斗争的历史。

3. 战后音乐

第二次世界大战后，日本的文化和广播事业得到了迅速发展。每年在各地举行的艺术节、国际现代音乐节等，在某种程度上促进了战后音乐的发展，同时为作曲家提供了实际演奏和检验自己作品的机会。因此，这一时期，不仅创作的影片的数量居世界首位，而且从事电影音乐创作的作曲家也非常之多。如松平赖则，他为国际现代音乐节创作的乐曲，每次都获奖。先锋派作曲家黛敏郎也以同样的方法，得到海外一部分音乐人的承认。由此可以看出，战后日本的音乐已经由模仿与过渡时期转入了创作时期。

4. 当代音乐

当代日本音乐比欧美各国的音乐更为复杂。今天的日本乐坛，既有邦乐等古代民族音乐，也有西洋乐、电子音乐等，各种各样的音乐并存，因此很难把握当代音乐的主体。但从作曲界来看，大体上可以分为几个流派：①日本传统的邦乐；②用欧洲手法创作，以日本形式表演的音乐，这种流派的作曲家有山田耕筰、中山晋平、清水修、团伊玖磨等；③欧洲式的邦乐，这种流派的作曲家有中能岛欣一、宫城道雄等。

从歌曲来看，20 世纪 60 年代最受群众欢迎的歌曲是演歌。1962 年，著名演歌歌唱家北岛三郎演唱的《泪船》获日本唱片大奖的新人奖。1965 年，他的《兄弟仁义》《函馆之女》等歌曲也获得民众的好评。特别是 70 年代他演唱的《北国之春》，更是轰动了国内外，至今还在国内外广为传唱。

从 70 年代中期起，“卡拉 OK”在日本流行。这种音乐形式的创始人是著名曲作家远藤实。“卡拉 OK”至今在日本仍很盛行，而且名扬海外。

90 年代中后期，黑人音乐风格开始在日本兴起，1998 年下半年开始形成潮流。这种潮流使许多演唱黑人音乐的歌手在 1999 年脱颖而出。如 17 岁开始跟随黑人歌唱家学习声乐的米希亚，她 1998 年正式出道乐坛，同年就发行了第一张专辑，销量将近 300 万张，成为日本 R&B 音乐界的著名歌手。2004 年她作为首位女性在日本“五大巨蛋”（札幌、东京、名古屋、大阪、福冈）举办巡回演唱会，每次均吸引数十万人次观赏。截止到 2007 年，其个人 CD 及 DVD 总销售量已突破 2000 万张。由日本音乐教父小室哲哉一手打造的女歌手宇多田光，以其一口地道的美式英语成为文化上亲美的日本超级偶像，其唱片专辑突破了 736 万张的销售纪录。

20 世纪 70 年代诞生了一种介于古典乐和轻音乐之间的音乐，这就是新世纪音乐。到了 90 年代，这种音乐呈现出多样化的风貌。日本新世纪音乐界最璀璨夺目的四颗明星是喜多郎、神思者、姬神和久石让。喜多郎与中国有颇深的渊源，他是中国最早正式介绍的日本音乐家之一，也是第一位在中国举行音乐会的日本音乐家。他制作的电影原声经典作品有《宋家皇朝》和《天与地》。神思者（S. E. N. S）是由胜木由利加（女）和深浦昭彦（男）两位音乐家组成的团体。其主要作品一是为 NHK 的纪录片《海上丝绸之路》和《故宫》配乐，二是为电视剧配乐。其代表作有《爱情白皮书》《两千年之恋》等。姬神原名星吉昭，这一艺名出自他家乡的姬神山。他注重乐曲的可听性，旋律带有一定的民俗味。他从其 1994 年创作的《东日流》开始引入绳文音乐，《诸神之诗》就是这种新绳文音乐的代表作。久石让是日本最多产、最具影响力的现代音乐艺人之一。他为动画、电影及广告配乐 40 余部，出版个人专辑 20 余张。他曾四次赢得日本电影金像奖最佳电影配乐奖，还从 1992 年起连续三年获得日本最高电影音乐大奖，1999 年又第四次获得此奖。其代表作有《宁静的海》《花火》《菊次郎的夏天》等。

从 90 年代中期开始在日本出现了“小室狂热”的社会现象。小室哲哉是有名的音乐家、作曲家、音乐制作人和键盘手，他将电子舞曲发展为日本流行音乐的主流。从 1994 年开始，他兼任观月亚里沙、安室奈美惠、华原朋美、篠原凉子、内田有纪等名歌手的作词、作曲、编曲和音乐制作。安室奈美惠在小室的精心打造下一炮走红，她录制的专辑都创下了超过百万张销量的纪录，成为当时日本第一个世界级的女明星。截至 2001 年，小室哲哉制作的唱片总销量已超过 1.75 亿张。1995 年 4 月他与安室奈美惠首次合作制作的单曲《追逐机会》荣获第 32 届日本金剑奖。1995 ~1998 年，小室哲哉连续获得日本年度唱片大奖，90 年代他对日本音乐界产生了巨大的影响。2010 年 5 月他以作曲家的身份复出后推出的由 AAA 演唱的双 A 单曲《想见你的理由/惊醒梦境的梦想》获得了周销量冠军。同年 6 月推出了纪念森进一出道 45 周年双 A 面单曲《彻夜不眠的情歌/路标》，还为滨崎步等各阶层的艺人提供歌曲，受欢迎的程度经久不衰。

2005 年，日本 TBS 电视节目《电视早晨》通过向观众调查选出了“日本乐坛史上歌姬”。第一名是滨崎步。根据 2015 年调查，滨崎步仍是女歌星排行榜的第一名。她的第 40 张单曲《青鸟》发行后，已经成为日本乐坛史上单曲销量最多的女歌手，总销量超过 2000 万张。

世界的音乐业务正在向数字化过渡，下载和流媒体成为音乐消费的支柱，而日本的音乐消费仍然以唱片为主，并且向数字化音乐过渡是极其困难的，世界上接触日本音乐的媒体极其稀少，所以在过去的十年日本的音乐销量在减少。

（二）舞蹈

1. 早期舞蹈

日本舞蹈受中国影响很深。早在 8 世纪时，“舞乐”“散乐”就从中国传入日本。后来，舞乐发展为日本宫廷舞蹈，流传至今。舞乐是一种贵族艺术，其种类大致分为仪式舞乐、军事舞乐、“奔跑”舞乐及孩童舞乐4种类型。这种舞蹈通常是在举行庆典时和特定日子演出，而散乐却发展为表演艺术。

散乐是一种民间艺术，在中国隋唐时期是重要的艺术表演形式之一。散乐与百戏为同义词，其内容包括杂技、武术、幻术、滑稽表演、歌舞戏、参军戏等，较大程度概括了民间表演艺术的所有形式。到了12世纪末，散乐在日本演变为有台词的舞蹈（猿乐能），简称为“能”。演出能乐时，一般只有两三个演员，除主角和配角外，有时还会有一两个人物，但基本上没多少戏。所有演员都是男性，如扮演女角则需要戴假面具。14世纪初，许多演“能”的剧团相继成立，在京都一带出现了“大和四座”，其中“结崎座”势力最大。“能”的创作者大都是演“能”的艺人，主要有观阿弥、世阿弥、观世十一郎元雅、金春禅竹、观世小次郎信光等。其代表剧目有《自然居士》《高砂》《隅田川》《游行柳》《小督》等。17世纪以后，“能”形成5个流派，即观世流、宝生流、金春流、金刚流、喜多流。

10世纪后期到12世纪，出现了“念佛舞”。“念佛舞”是一种安魂的宗教舞蹈。15世纪出现的“风流舞”亦属此类，这是一种独出心裁的、服饰华丽的舞蹈。后来日本舞蹈分化为两种，一种是如“盂兰盆”似的大众舞蹈，另一种是观赏性舞蹈，即综合性舞剧。18世纪后半叶，第一代剧情舞蹈诞生。中村富十郎是第一代剧情舞蹈演员，其首演的剧目为《京鹿子娘道成寺》。19世纪后半期，西方的交际舞传入日本。到了20世纪20年代，交际舞普及成为一种大众娱乐活动。

2. 战后舞蹈

20世纪五六十年代，日本出现并盛行一种名叫“YOSAKOI”的舞蹈。它起源于日本高知县高知市，是以当地自古流传的民谣为基础，配上舞蹈动作和服饰形成的一种快乐歌舞。除了传统舞蹈外，舞踏（现代舞的一种形式）也深受不少日本人喜爱。舞踏是日本舞蹈家土方巽和大野一雄于二战后创立的。六七十年代，舞踏传入欧洲，对欧洲现代舞产生了革命性的影响。1983年前后，舞踏由欧洲再回日本，就在那时，田中泯拜土方巽为师，在第一代宗师土方巽去世和102岁高龄的大野一雄退隐后，田中泯成为舞踏的第二代宗师。1980年以后，天儿朱大领导的山海塾将舞踏推广到欧洲日本舞踏逐渐受到欧美舞蹈界的欢迎和重视，舞踏经常出现在国际性的艺术节、舞蹈节上。日本现代舞著名的演员有大野一雄、山海塾、大骆驼舰、三浦宏之、赤松美智代、丸山阳子、室伏鸿等。世界上最高龄的舞踏家大野一雄不仅坐着轮椅继续跳舞，而且每两年在巴黎市立剧场发表一次新作。

七八十年代，出现了“竹笋舞”和“摇摆舞”等深受年轻人欢迎的舞蹈。每逢节假日，在东京的原宿，身穿红、黄、蓝三色服装或身穿T恤衫、牛仔裤和皮外衣的青年，围着放在路边的录音机，踏着各自的舞步翩翩起舞。如今这两种舞蹈都已销声匿迹。

进入90年代后，在政府的大力扶植和民间团体的大力支持下，日本出现了“歌舞伎热”。在观众中，年轻人特别是年轻女性居多，经常出现入场券供不应求、剧场爆满等现象，有些年轻女观众甚至在演出结束后仍不愿离开剧场。

进入21世纪后，理解和观赏歌舞伎的年轻观众越来越少。为了适应新时代的发展，歌舞伎必须进行改革和培养新人。为此，歌舞伎的名角市川猿之助成立了“21世纪歌舞伎组”，在古典歌舞伎舞蹈的基础上进行改革和创新，吸收欧美芭蕾舞和歌剧的精华，脱开歌舞伎舞蹈的框架，采用西洋乐器进行伴奏，在演出内容上也进行了新的尝试，经过多年的努力，目前各种各样的新作不断问世，如市村竹松、市村橘太郎、中村梅枝、中村万太郎出演的《暴风雨之夜》，坂东三津五郎出演的《田能久》，还有初中一年级学生河藤由美香出演的《樱花》《花相比》《武田信玄》《宫本武藏》等，很受观众喜爱。

为了弘扬、继承和发展传统的舞蹈事业，日本从1955年开始就设立了日本舞蹈协会，2008年该协会由社团法人改为公益社团法人。全国有120个流派的5000多名舞蹈艺术家参加了这个协会，日本舞蹈协会每年除了举办协会公演、各流派联合新春舞蹈大赛和新作公演外，还举办面向儿童的公演及以普通群众为对象的讲习会等。为了培养和鼓励立志献身舞蹈事业的年轻人，该协会还设立了各流派联合新春舞蹈大赛奖、花柳寿应荣获新人奖和永续舞蹈家表彰奖三种奖项，2013 年泉秀树的《玉屋》荣获 2013 年最佳优秀奖，花柳幸舞音的《梅之春》荣获 2014 年最佳优秀奖，花柳智寿彦的《傀儡师》荣获 2015 年最优秀奖。

四　美术与传统艺术

（一）美术

1. 早期美术

日本早期的美术作品见之于绳纹时代的陶器、土偶等。当时的陶器上刻画有简单的图案。到了弥生文化时期，日本的陶艺有了很大发展。随着铜器时代的到来，日本美术进入了新的发展时期。

在弥生时代中期（公元 1 世纪前后），日本的绘画艺术已具有较高水平，从画在陶瓮上的图案和铜铎上的浮雕可以看出，绘画的内容和题材的艺术性不断提高，开始由鸟兽鱼虫发展到人物及农牧渔猎生活，已具有一定的艺术价值。在公元 3 世纪末以后的古坟文化时期，随着祭葬文化的盛行，墓葬美术逐渐出现。在公元 5 ~ 6 世纪的墓葬中，葬有绘画和浮雕作品。

从弥生时代中期至大和、奈良时代，即中国的隋唐时期，日本与中国的往来日益增多，不断受到中国文化的熏陶和影响。特别是佛教文化的传入，对日本美术产生了划时代的影响。日本大兴佛教寺庙建筑，建筑上的雕刻与绘画，佛像的雕塑，极大地丰富和发展了日本美术水平。奈良的法隆寺和东大寺集中地体现了当时日本的佛教美术。当时的壁画、绣画等主要介绍和表现佛学经典故事及中国文化，后来发展为表现日本本国和本民族的自然景观、文化和生活，逐渐形成后来的日本画。特别是在平安时代，日本的世俗画逐渐发展起来，如装饰墙壁的“大和绘”和“屏风绘”、表现文学故事等的“绘卷”等。

中国的宋元时期，水墨画不断传入日本，再次给日本的绘画带来了新的重大影响。特别是在 15 世纪前后的室町时代，中国风格的水墨画盛行于日本画坛，当时的著名画家是雪舟。16 世纪后期，水墨画逐渐日本化。

到了 17 世纪，水墨画发展成为日本风格的日本画，亦称“南画”。受中国明代版画的影响，17 世纪日本还开始流行版画“浮世绘”，一直流传至今。著名的“浮世绘”画家有葛饰北斋等。

2. 近代美术

从 17 世纪开始，西洋画从荷兰等国传入日本。明治维新后，西洋美术及绘画随西方文化一同传入日本，给日本绘画艺术带来划时代的影响，使日本的绘画和美术进入了新的历史发展时期。此后，日本的绘画大体上分为日本画和西洋画两种形式。

（1）日本画

日本画是把铜绿、辰砂等岩石色彩和墨溶解在水里，用毛笔画在纸、绢上的美术作品，分单色画和彩色画两种。明治维新时，一度十分兴盛的日本画各派面临衰亡，只剩下文人画（南画）一派。后来，日本画坛又掀起一股传统美术复兴的思潮，文人画家逐渐活跃起来，在东京、京都两地开展活动，并于 1879 年成立了“龙池会”。该会 1880 年举办“观古美术会”，展览传统美术作品，1883～1884 年在巴黎举办“日本美术纵览会”，向海外介绍日本的新旧美术作品。1882～1884 年，日本政府组织全国各派日本画画家，召开“国内绘画共进会”。这一时期，日本涌现了许多杰出的日本画画家。明治中期，日本国粹主义抬头，日本画也随之发展。1887 年，龙池会改称“日本美术协会”，并扩大组织，设立东京美术学校，专门培养传统美术人才。接着，美术界又出现了日本画革新运动。日本美术协会的青年画家也扬弃保守作风，创立新日本画，组成日本绘画协会。1898 年，冈仓天心领导桥本雅邦、横山大观、菱田春草、下村观山等人，创立日本美术院，并开展新日本画运动。该院主将横山大观等将欧美印象派的空间表现法引进日本画中，树立了浪漫主义新风。与激进的日本美术院相对，保守的日本美术协会也展开活动，使即将衰落的南画复兴起来。

至 1907 年前后，日本美术院渐衰，出现了日本画会、无声会等新团体。新旧两派仍处于对立状态。1914 年横山大观等新派创办了“再兴日本美术院”，并在此发表作品。同时，京都的日本绘画也取得了很大发

展。画家竹内栖凤结合西方绘画的表现手法，使其艺术更加精湛。京都的竹内栖凤与东京的横山大观齐名，素有“东大观，西栖凤”之称。竹内的代表作有《古都之秋》《河口》《潮来小暑》《青蛙和蜻蜓》等。横山的代表作有《无我》《屈原》《老子》《山路》《生的流转》《飞泉》《野花》等。

（2）西洋画

西洋画传入日本后，至江户时代末期已经有了一定的基础。明治维新以后，由于政府大力提倡，西洋画在日本很快发展起来。明治政府从意大利招聘著名画家来日创办了工部美术学校（1876 年）。同时，政府还派遣画家留学西欧，如黑田清辉留法，川村清雄留意。1877 年，日本举行第一次国内劝业博览会，首次由国家展出西洋画作品。

1877 年以后，由于国粹保存论的高涨，西洋画在日本的发展受到影响，如不许展出西洋画，关闭工部美术学校等。后来，从海外留学回国的西洋画画家团结一致，创立了明治美术会（1889 年），开展西洋画运动。1889～1901 年，几乎每年都举办西洋画展览会，普及西洋画。1893 年留法的黑田清辉和久米桂一郎回国，带来了法国外光派（印象派之一）的技法，对日本西洋画界影响很大。1896 年黑田牵头成立“白马会”，每年秋季在上野公园举行西洋画展览会。同年，东京美术学校设立西洋画科；同时，普通教育也进行了图画课改革，编纂了《新定图画教科书》。展览会对西洋画的发展起了很大作用。明治末年至大正初年，展览会展出了山下新太郎的《读书之后》等法国印象派作品，美术评论界也介绍了这种新倾向。许多青年由此得到启发，摸索创作出了反自然主义的作品。

20 世纪初，留学法国的黑田清辉回到日本后，担任东京美术学校西洋画科的首任主任教授，组建了艺术团体白马会。他在日本传播流行于西方的最新美术样式，而且试图从根本上对日本美术界进行“洗脑”。黑田清辉被称为“日本西洋画之父”。

3. 战后美术

二战后，日本美术迎来新的历史发展时期。由于美国占领，西方价值观、艺术观及文化艺术充斥日本，给日本美术带来新的影响。日本美术在顺应国际美术发展潮流的同时，积极吸收西洋美术艺术。法国的折中主义、非定型抽象画，美国的“新达达主义”流行艺术流入日本，对日本美术的发展产生了直接影响。在此影响下，日本美术界形成国际派和国内派两派。在西洋画流行的同时，传统的日本画依然保存了下来。

战后半个世纪，亦是日本美术大发展的时期。在此期间，日本画坛无论在日本画还是在西洋画领域，均涌现出不少优秀作品和画家。东山魁夷、平山郁夫、加山又造等是这一时期最负盛名的画家。这一时期的日本画既超越了传统的日本绘画艺术特色，又进一步发展了日本绘画中淡雅、清寂的特点，把日本画艺术推向了新的境界。

在战后日本绘画中，漫画赢得了最辉煌的发展和最广泛的影响。日本漫画最早见之于平安时代的《鸟兽戏画》图，江户时代的幽默画、幽默浮世绘等亦是日本漫画的前身。明治维新后，法国漫画传入日本，结合日本画的技巧，形成了现代日本漫画。30 年代日本曾出现新漫画运动。战后不少漫画家从事漫画创作，漫画家组织和各类漫画奖应运而生。

战后几十年里，日本漫画久盛不衰。不但有少年漫画，还有成人漫画。70 年代以来，成人“上班族”阅读的漫画杂志大量流行。漫画的内容有神话、武打、爱情、科幻等，包罗万象，亦不乏庸俗、色情内容。漫画书和杂志充斥书店和社会各个角落，出版发行额目前占日本全部出版发行额的 40% 左右，已从绘画艺术转为大众通俗读物。

在雕塑领域，早在绳纹时代，日本就有陶器、陶俑。到古坟时代，已出现大量被称为“埴轮”的各类偶物。飞鸟时代以后，随着佛教的传入，日本兴起佛像雕刻艺术，先为木雕、泥塑，其后出现了铜制模压佛、金铜佛。平安时代以后，佛神像雕刻工艺日趋复杂、精湛。到了镰仓时代，雕刻出现了复古倾向。

明治维新以后，在继续进行传统的佛艺雕塑的同时，大量传入和兴起西方雕塑艺术，主要是现代人体艺术，法国艺术家罗丹对日本现代雕塑有很大影响。战后，日本雕刻艺术获得广泛发展，不仅有艺术家的许多经典之作，也有大量装点环境、公园的雕塑品。现代雕塑多采用抽象派艺术手法和造型。

日本的工艺美术也独具民族特色和东方艺术风韵。如传统的漆器、瓷器、印染、人偶等，在国内外享有盛名。

20世纪90年代以来，受泡沫经济崩溃的影响，日本美术界也受到很大的冲击。一些私立美术馆被迫关闭，个别名牌画廊停止了活动，国立美术馆变成了独立行政法人等，日本美术进入了文化艺术的历史转型期。日本美术界重新审视日本美术的地位和艺术价值，寻找克服美术“空洞化”、不景气的途径及今后的发展方向，这些成为艺术家面临的严峻课题。为此，许多艺术家不仅开始关注亚洲的美术，还将目光投向欧美。特别是进入21世纪以来，全球经济一体化导致文化艺术商业化的程度进一步扩大，使得当代美术的概念日益泛化，开始向其他领域扩张与渗透，与设计、时装、建筑、音乐、漫画等领域发生日益密切的互动与整合。过去作为日本经典文化象征的佛像、浮世绘和歌舞伎等传统艺术已经被卡通形象所取代，以动画、漫画、电子游戏等为代表的卡通文化成为影响全球消费市场的重要文化产品。其代表人物有村上隆、奈良美智等。村上隆是极具影响力的日本艺术家。在日本，他不仅是一位受到广泛喜爱的艺术家，也是日本新一代年轻人的偶像。他的作品既融合了东方传统与西方文明、高雅艺术与通俗文化之间的对立元素，同时又保留了其作品的娱乐性和观赏性。2016年3月他的《五百罗汉图展》在“艺术选奖”（文化厅主办的奖项）中荣获文部科学大学奖。他的作品不仅深受日本大众喜爱，也引起世界的关注。他的许多作品被东京国立近代美术馆购入，成为日本近代美术的典藏品。

日本美术展览会是公募美术展览会的一个名称，通称日展。每年的美术展览由公益社团法人日展主办。2006年以前每年的展览均在上野的东京都美术馆举行，从2007年开始改在六本木的国立新美术馆举行。2014年在国立新美术馆举行了第一次日展。日本画获奖作品有桑野睦子的《想花》、佐藤纯的《界》等；西洋画的获奖作品有伊藤寿雄的《母之像》、河本昭政的《女》等；雕刻的获奖作品有井上周一郎的《羽化》、中口一也的《清流》等；工艺美术的获奖作品有青木洋介的《守箱－胡蜂》、西本直人的《玄生“翔”》等；图书的获奖作品有石坂雅彦的《杜甫诗七言二句》、森上光月的《梅之花》等。

（二）传统艺术

1. 茶道

茶道是日本民族特有的文化艺术之一，在世界上享有盛誉。

茶道，顾名思义，就是品茶之道。日本的茶道既以品茶为手段进行社交，同时也用来陶冶人的情操。茶道使用的是一种粉状的绿茶，称为抹茶。品茶时，敬客人以清香可口的抹茶、香甜可口的点心，待客人以训练有素的礼节，使客人在宁静的气氛中欣赏绘画、工艺品或茶具。

日本的茶是从中国唐代传去的。据史书记载，公元805年，日本的最澄禅师在中国留学时带回茶籽，种于近江国台麓（现滋贺县），是日本种茶之始。

茶道的流派很多，最大的流派是千利休嫡传的“三千家”。千利休原是商人，后致力于茶道的改革和普及工作，被称为“千家流茶道的开祖”。茶道的“三千家”是指“表千家”“里千家”和“武者小路千家”。

2. 花道

花道即插花艺术。日本的花道始于15世纪。花道有多种流派，而每一种流派都有自己的哲学思想。而且，各流派所遵循的艺术准则以及这些准则所蕴含的人生观、自然观和宇宙观基本上是一致的，特别强调“事理一体”。因此，尽管日本的插花艺术千姿百态，但象征天、地、人的三条线是最基本的格局。在插花的造型上，“天”线是主线，它是整组花卉的基础，必须相当牢固。“人”线是象征人的枝干，高度大约为主线的2/3，并和主线向同一方向倾斜。“地”线象征土地，是最短的一条线，长度约为人线的2/3，在造型上，人们可以根据自己的喜爱和需要增添各种绿叶草茎。但是，天、地、人“三线一致”的原则不容改变。

第四节　体　育

一　简史

（一）古代体育

“体育”一词起源于1876年，明治政府的文部与司法官僚近藤镇三第一次在文部省《教育杂志》中使用。当时是用于“身体之教育”，之后经过“身教”转为为“体育”。在学校教育中使用“体育”一词，是1947年在《学校体育指导大纲》中确定的。根据该大纲将以前的体练科改名为体育科。日本古代的体育项目主要有相扑、柔道、剑道等。相扑起源于远古时代，《古事记》和《日本书纪》中均有记载。开始时主要用于祭祀神，后来演变为表演体育，至江户时代出现了职业力士。1909年初建国技馆，1925年成立日本相扑协会。

（二）近代体育

明治维新初期，随着西方文明的大量涌入，欧洲的体育制度、方法和运动项目被不断介绍到日本，然后通过学校传播到社会，逐步被日本国民所接受。到了大正时代，日本的近代体育制度逐渐健全起来，相继成立了各项体育协会。1911年创建了大日本体育协会。进入20年代后，日本的体育迅速发展起来。日本曾派代表团参加了1928年、1932年和1936年召开的第8、9、10届奥运会，并获得了不少奖牌，展现了日本的体育水平。后来受日本军国主义对外发动侵略战争的影响，日本放弃了第12届奥运会的主办权，并被取消了国际奥委会成员国的资格。

（三）战后体育

1961年，日本国会颁布了《体育振兴法》。1964年成功地举办了第17届奥运会。以此为契机，日本的体育事业迅速发展起来。特别是进入80年代后，随着日本经济的高速发展和国民生活水平的提高，国民对生活质量和健康的追求也越来越高。为此，日本对国家体育政策进行了调整，提出了“终生体育”的新概念，体育体制也逐渐由竞技体育向大众体育过渡。现在，大众体育已经在日本初具规模，体育人口的比例、国民的体育状况及体育消费额均居亚洲和世界前列，从事体育活动的人口正稳步增长。从总理府关于体育的调查报告可以看出，1997 年，日本 20 岁以上人口中从事各种体育运动者占 70%，通过电视和广播收看和收听体育报道的爱好者占日本人口的 90% 以上。体育项目也大大增加，包括新兴体育运动在内的运动项目有 400 多种，有组织开展的体育项目有田径、游泳、体操、棒球、网球、足球、排球、篮球、乒乓球、羽毛球、摔跤、举重、拳击、射击、冬季项目及传统民族体育项目。为了进一步振兴体育，日本于 1987 年专门成立了首相私人咨询机构“日本体育振兴恳谈会”。同年 5 月，日本体育协会建立了“强化特定选手制度”，规定对有可能在奥运会和亚运会上夺奖牌的运动员每月补贴 30 万日元的“强化费”。

二 现状

（一）体育管理体制

日本政府体育管理的最高机构是文部科学省体育厅。2014 年 4 月 1 日，该厅新增设了“奥运会与残奥会室”和“残疾人体育振兴室”。体育厅的主要职责是振兴体育、加强学校健康教育和促进青少年的健康成长。体育厅所管辖的法人是独立行政法人日本体育振兴中心，它是日本“振兴体育”和“保持和增进儿童学生健康”的核心专业机构。公益财团法人日本体育协会是日本的体育比赛联盟、协会及统合各都道府县体育协会的全国性体育团体，简称 JASA 或日体协。为了支持和发展国民体育，该协会离不开中央竞技组织和 47 个都道府县体育协会等的协作。据 2015 年 4 月 1 日统计，日体协全国共有 110 个加盟组织，其中中央竞技组织 58 个、都道府县体育协会 47 个、相关体育组织 5 个，还有 3 个准加盟组织。在这些加盟团体中有许多团体同时加盟日本奥林匹克委员会。日体协的主要业务是举办体育赛事，如召开国民体育大会、举办国民体育大会干部恳谈会、表彰为国民体育大会做出贡献者、在“体育之日”举办纪念活动等；促进国际体育交流；培养体育少年团，如培养青少年体育指导员、举办青少年体育交流大会、登记体育少年团、组织体育少年团进行国际交流等；培训和支援社区体育俱乐部等。日体协的资金来自文部科学省、企业和捐赠三个渠道，这些资金对日体协实施的国民体育事业发挥了重要作用。如2013年文部科学省共向日体协提供补贴393740千日元，其中向培训体育指导员事业提供146256千日元，向亚洲地区体育交流事业提供242276千日元，向振兴海外青少年体育事业提供5208千日元。

除了日本体育协会外，还有多个公益财团法人，如日本残疾人体育协会、日本体育设施协会、日本中学体育联盟、日本体育艺术协会、日本女子体育联盟及高等学校体育联盟等体育组织。

（二）社区体育机构与管理体制

日本的社区体育机构从性质上也分为政府机构、社会团体和民间组织三种类型。

主管社区体育的政府机构是市区町村的教育委员会，其主要工作内容有：①负责执行上级部门的体育政策；②制定并实施适合本地区的体育政策；③向上一级部门申请年度预算，并具体使用上级发放的体育振兴基金。市区町村教委下设体育课，其主要任务是对社区体育的发展进行宏观管理；对具体的体育工作进行指导和监督，如监督体育振兴基金的使用情况。

社会团体是指市区町村级的体育协会和其他各类与体育发展有关的协会，如体育指导员协会、休闲协会等。这类协会与政府机构有所不同：必须广泛地筹措社会资金，吸纳社会人才；在工作中有很大的主动性；具有较高的社会可靠性和地位。因此，这类协会在社区体育发展中发挥着重要作用。

社区体育的民间组织是指由大财团、大企业、私人企业主等自发筹建的体育中心等。此类组织在建立之前必须在本地区的教委和体协登记，办理各种合法手续，取得相应的资格。由于此类体育组织有自己的设施，并且自负盈亏，所以工作主动性更大。由于民间组织具有很多优越性，因而政府一直鼓励民间办体育。

（三）体育实力与水平

日本是世界体育强国之一，具有雄厚的体育实力，其传统的民族体育项目、职业体育项目和新开发的项目加在一起有400多项。体育活动领域非常广泛，各种陆上、海上和空中运动项目几乎均有所开展。

1. 传统的民族体育项目

日本是非常喜欢体育运动的民族，早在远古时代就有许多竞技项目在国民中流传，其中代表性的项目有相扑、柔道、剑道、弓道等。柔道起源于古代的武术，可追溯到“柔术”。1964年被列为奥运会比赛项目。剑道是由日本传统剑术发展而来的，进入20世纪后改称为剑道，战后变为格斗技术型体育项目。现在不仅被列为中学、高中的教育课程，还在各地建立了许多训练场所。1970年剑道被列为世界性体育项目。日本剑道正在向世界推广，至2008年已有47个国家加入了国际剑道联盟。2014年11月1日，日本厚木剑道联盟为纪念其成立60周年，举办了“厚木国际剑道节”，中国等13个国家和地区的69名选手出席了会议。弓道也是古代流传下来的武道之一，也是至今仍保留古风的少数传统武道之一。

2. 职业体育项目

相扑、职业棒球、职业摔跤、职业足球、高尔夫等是深受日本广大群众喜爱的职业体育项目，尤其是相扑和职业棒球。相扑为日本的国技，分为业余和职业两种。现代职业相扑在日本相扑协会的领导下制定了级别制度，每年按级别分两组共进行五场淘汰赛和地方赛。业余相扑基本上在学校进行，每年举行大学生、初中、高中的全国比赛。这项体育项目近年也颇受外国人欢迎。棒球是日本最有名的职业体育，从1921年开始至今一直深受广大群众喜爱。进入21世纪，职业棒球发生了结构性的变化，由在电视上观看逐步向在现场观战转变，以诞生联赛的足球界为开端，篮球、排球等相继变成职业化，棒球也不例外，观众观看比赛要买票入场，以此作为给球队和选手的报酬。现在不论哪个国家的职业棒球都由许多个球队组成联赛。日本分为中央职业棒球联赛和太平洋职业棒球联赛两个系列，每年各联赛都进行循环赛，现已成为观众最多、电视收视率最高的体育项目之一。

3. 有组织开展的体育项目

除了上述传统民族体育项目外，还有许多有组织开展的体育项目，如田径、游泳、体操、棒球、网球、足球、篮球、排球、乒乓球、羽毛球、摔跤、举重、拳击、射击、冬季项目等。日本成绩较好的体育项目有田径、游泳、排球、体操、摔跤、射击、马拉松、乒乓球等，其中田径、游泳、排球成绩更好。

日本田径运动发展很快，田径运动员在国际比赛中取得了优异成绩，曾多年来保持亚洲第一的地位。1986 年日本田径队在汉城亚运会上失去亚洲盟主地位后，连续多年出现了大滑坡。但是，他们励精图治，采取各种有力措施，终于取得了初步成效，在第二届东亚运动会上夺得 16 枚金牌，显示了强劲的上升之势。在 1998 年的曼谷亚运会上日本又获得了 13 枚田径金牌，充分显示出日本田径运动的优势。近几年日本又涌现出了许多优秀田径运动员，如笛木靖宏在 2013 年亚运会上荣获男子 400 米金牌，久保仓里美荣获女子 400 米金牌；桝见咲智子荣获跳远金牌。在 2015 年第 21 届亚运会上小西勇太荣获男子 400 米金牌，魏藤昴荣获男子跳远金牌，福岛千里荣获女子 100 米金牌。田径是日本体育的支柱之一，对日本近代以来体育的发展发挥了很大作用。

游泳也是日本体育运动的强项之一，不仅在亚洲处于领先的地位，在国际比赛中的表现也不逊色。在单项比赛中，日本运动员不仅创造了世界纪录，而且不断地刷新自己的纪录。在 2008 年北京奥运会上，铃木聪美荣获女子 200 米蛙泳银牌，入江陵介荣获男子仰泳 200 米银牌，萩野公介荣获男子游泳 400 米个人混合泳金牌。2012 年伦敦奥运会上，入江陵介荣获男子 400 米混合泳银牌。在日本，排球运动相当普及，而且深受日本群众的喜爱。日本排球队是亚洲的劲旅。女子排球队从 1961 年开始获 24 连冠，被世界排球界称为“东洋魔女”，近年来其实力有所减弱。

从历届奥运会的成绩来看，二战前日本就已进入奥运 8 强。在第 22 届奥运会之前日本一直位居亚洲第一，而且在第 18、19 届奥运会上日本连续排名第三。此后成绩一度下降，第 27 届奥运会后成绩有所回升。在 2004 年的雅典奥运会上日本取得了 16 金、9 银、12 铜的好成绩。在 2008

年的北京奥运会上日本以 9 金、6 银和 10 铜的成绩获团体总分第八名。在 2012 年的伦敦奥运会上日本以 7 金、14 银和 17 铜的成绩获团体总分第十一名。在 2016 年的巴西里约奥运会上日本以 12 金、8 银和 21 铜的成绩获团体总分第六名。

从日本在亚运会上的成绩来看，在 1951 年召开的首届亚运会上，日本以 24 金、21 银和 17 铜获团体总分第一名。此后日本在亚洲体坛称霸 30 年，在第 1 ~8 届亚运会上连续保持金牌总数第一。从第 9 届开始日本的成绩逐渐下滑，基本上位居奖牌榜第三名，而中国则取代日本连续 10 年位居奖牌榜榜首。

（四）体育设施

为了满足日本国民多样化的体育运动需要，完善的体育设施必不可少。为此，从 1969 年起，日本体育主管部门几乎每五年进行一次体育设施现状调查。据“体育与运动设施现状调查”统计，2008 年全国共有体育与运动设施 222533 个，比 2002 年减少 17127 个。其中，学校体育与运动设施为 136276 个，大学和高等专科与运动设施为 8375 个，公共与运动设施为 53732 个，职场运动设施为 6827 个，民间运动设施为 17323 个。

日本的公共体育设施是由政府出资建设的，主要用来举行大型比赛活动及满足当地体育活动的需要。这类设施多半带有观众席、浴室、快餐店、商店和信息中心，是综合型设施。此外，还有一类半公共性的体育设施，如“国民年金健康设施”“厚生年金福利设施”“青少年之家”等可供住宿的体育休闲设施。公共体育设施的管理有两种类型：体育馆、游泳池及综合体育设施多半由建设部门直接管理，另一种是委托式管理（包括部分和全部委托）。

学校体育设施用于补充社区体育设施的不足，为社区居民参加体育锻炼创造有利条件。按照文部科学省的规定，全国公立学校的体育设施于每天下午 5 时放学后对市民开放。据统计，99% 的公立中、小学对外开放体育设施。学校体育设施对外开放时，一般以社区体育俱乐部的形式进行管理。其中，40% 由教委负责，25% 由校长进行管理，15% 由专门的经营委员会负责，还有一部分委托给当地民间组织进行管理。

企业体育设施约占日本体育设施总数的10%，多半是受人欢迎的足球、篮球、排球等球类运动场。这类设施是企业为职工现设的福利事业，但由于大多数日本人下班后不愿意在工作单位锻炼，因而利用率不高。

民间体育设施以营利性设施为主，利用率相对较高，约有23.8%的人进行体育锻炼时利用这类设施。此类设施是由专门经营体育设施的公司进行管理，采用成立俱乐部、对居民开放等经营形式。为确保参加者的人身安全和设施的经营责任，此类设施一般均有体育指导员。

除了上述体育设施之外，日本国内还设有城市公园体育设施、郊外体育设施。日本各级政府对体育设施进行合理、细致、严格的管理，目的是促进体育人口和体育消费的增加，逐渐实现“任何时间、任何地点、任何人都能方便地进行体育活动”的目标。

（五）国民体育大会

国民体育大会是日本国内最高水平的全国性体育盛会，是选拔和培养优秀运动员的平台。从1946年起每年举行一届，以都道府县为单位组团参加比赛。比赛项目以奥运会比赛项目为主，适当增加了一些传统民族体育项目，共40多项。从2006年第61届开始夏季和秋季大会合并在一起，这样就变成了三大会制，即1月举行滑冰和冰球比赛大会，2月举行滑雪比赛大会，9~10月举行国民体育大会。国民体育大会比赛分正式比赛、公开比赛、表演比赛和特殊比赛四种。正式比赛项目有田径、游泳、足球、羽毛球、划船、曲棍球、拳击、排球、篮球、体操、摔跤、乒乓球、相扑、空手道、柔道、马术等41项；公开比赛有拔河、举重、门球和地面高尔夫4项；表演比赛是不属于正式比赛和公开比赛的竞技团体比赛；特殊比赛是高中棒球比赛。国民体育大会设有天皇杯、皇后杯、会长杯等大奖。天皇杯和皇后杯分别由天皇和皇后亲自颁发给获得男子团体总分第一和女子团体总分第一的代表团。会长杯授予取得单项比赛男女综合成绩第一名的都道府县。此外还设有集体奖状，授予名列各单项男子总分前8名及各单项女子总分前8名的都道府县。国民体育大会的最大特点是将竞技与娱乐融为一体。

第五节 新闻出版

目前世界已经进入全球化、信息化时代，及时掌握政治、经济、文化、科学、技术等各方面的信息，已成为人类生存与发展的关键性问题。在日本，信息的来源和渠道主要有报纸、广播、电视、图书期刊、互联网等五大媒体。

一 报纸

（一）简史

日本的报纸起源于德川幕府末期。最初的官方报纸为1862年由德川幕府的学校“洋书调所”出版发行的不定期刊物《官版纸》。这是用活字（汉字、假名）印刷的最初的刊物。1865年在横滨创办了《海外新闻》，这是日本最早的民间报纸。该报系根据英国轮船带来的报纸翻译编辑而成。1868年，在江户、大阪、京都、长崎等地出现了由日本人自己出版发行的以报道国内消息为主的报纸，其中最具有代表性的报纸是柳河春三发行的《中外新闻》，这是日本最早的正规的报纸。1870年，日本发行了最初的日报《横滨每日新闻》。该报已具有了当代日本报纸的基本特征。1871年，《大阪日报》《京都新闻》《开化新闻》《新闻杂志》等许多地方报纸创刊。

目前，报界的主要行业团体是日本报业协会和日本专业报协会。

（二）当代报纸

日本报业相当发达，类别多种多样，按发行时间可分日刊、周刊、旬刊、月刊和季刊五中类型；按发行地区分可分为全国性报纸、跨多个地区发行的报纸和地方报纸三种类型；按内容分可分为普通报纸、经济报、体育报和预测报四种类型；按发行形式分可分为机关报、商业报、业界报和学生报四种类型；按读者的社会地位分可分为高级报和大众报两种类型；按媒体形态分，可分为墙报、瓦版和回览版三种；按语言分类可分为自然语言和盲文两种类型。日本的全国性报纸有《读卖新闻》（1874年创刊)、《朝日新闻》(1879年创刊)、《每日新闻》、《产经新闻》和《日本经济新闻》(是日本最有影响的经济报纸)。全国性报纸分别与广播公司的主要电视台有密切的资本关系或合作关系,如《读卖新闻》与日本电视台广播网和体育新闻;《朝日新闻》与朝日电视和日刊体育;《每日新闻》与TBS电视和体育日本;《日本经济新闻》与东京电视;《产经新闻》与富士电视网络公司、产经体育和富士晚报。全国五大城市(札幌市、东京都、名古屋市、大阪市、静冈市或北九州市)基本上都有这五家报社的地区发行本社与分社。《产经新闻》的主要发行领域是以东京都为主的关东地区和以大阪为主的近畿地区。冲绳县几乎买不到全国性报纸。《读卖新闻》是世界上发行量最多的报纸,据日本ABC协会调查,2015年上半年《读卖新闻》晨报的销售量约为910万份,晚报的销售量为295万份。2015年上半年《朝日新闻》晨报的销售量约为680万份,晚报的销售量约为220万份。《日本经济新闻》晨报的销售量约为275万份,晚报的销售量约为140万份。

地方性报纸有《东京新闻》《北海道新闻》《中日新闻》《西日本新闻》等。全国47个都道府县都有1~2家地方报社。

日本全国的报社、通讯社和电台为了提高伦理和业界的利益于1946年7月23日成立了日本新闻协会。协会设有各报社代表者组成的总会、理事会、各种委员会和专业部会。会长、副会长和专务理事下设事务局。协会的主要活动包括提高新闻伦理、调查研究、宣传报道、教育与交流、企划与活动等。

日本报社的经费主要来自两个渠道:一是报纸的征订费;二是广告费。广告费的计算标准是根据报纸的发行量确定的,发行约80万部以上,销售收入占59.1%,广告收入占21.6%;发行约40万部以上,销售收入约占59%,广告收入约占27.1%;发行约20万部以上,销售收入占57.8%,广告收入占28.7%.

日本有共同通讯社、时事通讯社、亚洲通讯社、东京新闻通讯社和RP通讯社5家通讯社,最大的通讯社是共同通讯社,简称共同社。第二大通讯社是时事通讯社,简称时事社。两社均创立于1945年。

（三）报纸的发行

日本是世界报业大国之一。据调查，近几年欧美国家的报纸发行量多有所下降，唯有日本报业市场依然保持相当的活力。在过去10年间，日本报纸发行量上升了1.7个百分点，每天购买报纸者与10年前相比增加123.8万人。日本的报纸主要是通过各地区的报纸专卖店、铁路车站专卖店和便利店发行。晨报和晚报多半是利用便利店发行。近几年只订阅晨报的家庭在不断增加，也有一些报社像《产经新闻》（东京本社）一样停止发行晚报。普通报纸通过快递发行普及率高，通过电视、广播、电车内、车站内各种媒体的广告、设置阅读申请窗口和推销员等进行营业。由于销售人员的恫吓等强制性地访问销售正在形成常态化，因此被嘲弄为“知识分子制作报纸流氓卖”。

二 广播

日本的广播事业始于1925年3月，创建初期建立了东京、大阪、名古屋三个广播局。1950年颁布《广播法》之后，1952年将过去的东京广播局改组为日本广播协会（NHK），该协会具有半官方性质。1951年，在名古屋和大阪设立了日本广播局和新日本广播局。继这两个广播局之后，日本各地陆续设立了民间广播局。

从1935年起，日本利用短波以日语和英语两种语言对海外进行广播，时间为1小时。1988年，对外广播发展到28种语言。播音时间由原来的每天1小时增加到43个小时。对外广播的节目由日本广播协会负责制作，其设备由国际电讯电话公司或其他国家提供。1969年，日本正式利用立体声进行广播，在全国设立了170个调频广播局。在东京、大阪等地设立了民间广播公司的调频无线电局。1970年后半期，以中东战争和石油危机为契机，在日本掀起了以初中和高中生为中心的BCL（接受海外国际广播的电台）热，当时国外面向日本的许多日语广播局也应运而生，这对加深日本人对外国文化的理解起了一定的作用。1992年，社区广播制度化，比都道府县更偏僻的地区也开始有了无线电广播，并开始实施AM立体声广播。2000~2009年，网络广播登场，再加上卫星和地面数字广

播，与原来的模拟广播一起推进了无线电的多元化。2010 年在播放 MBS 广播和 HBC 广播 2 月 28 日深夜（3 月 1 日凌晨）、ABC 广播 3 月 14 日深夜（3 月 15 日凌晨）和 STV 广播 3 月 28 日深夜（3 月 29 日凌晨）后，AM 立体声广播随即结束。2011 年 1 月 30 日深夜（1 月 31 日凌晨）TBS 也停播了。从 2010 年 12 月 18 日至 2011 年 3 月 31 日进行网络广播试验。2016 年开始在全国各地实施“FM 完善转播”。

日本广播协会担负日本公共广播事业，是基于日本《广播法》成立的进行广播事业的特殊法人，由日本总务省管辖，简称“NHK”。NHK 的事业预算与经营委员的任命必须得到国会的批准，经营与节目编辑方针要间接地反映国会和执政党的意向。NHK 的最高组织是经营委员会和监察委员会，其次是会长职务。经营委员会委员长是最高经营责任者，会长是最高执行责任者。理事会由会长、副会长（1 人）、专务理事及理事（7～10 人）组成。会长是由经营委员会选举产生的，任期为三年。会长是协会的代表和业务的经理，年薪 3000 万日元左右。根据日本《广播法》第 83 条规定，禁止 NHK 播放宣传与广告。

作为公共广播，NHK 事业规模与英国广播协会（BBC）等相当。NHK 在国内拥有 NHK 企业、NHK 环球媒体服务和 NHK 出版等 13 个子公司，在国外设有 NHK 科斯莫美国媒体、NHK 科斯莫欧洲媒体。日本在国内设有 68 个地方广播局，其中北海道地区有 7 家，东北地区有 11 家，关东甲信越地区有 11 家，中部地区有 10 家，近畿地区有 7 家，中国地区有 8 家，四国地区有 4 家，九州与冲绳地区有 10 家。在国外设有 31 个总支局，其中在中国就有 5 家。

NHK 是亚洲最大规模的公共广播事业体，是亚太广播联合常任理事局，因此，特别节目多半采用亚洲的话题。应 JICA 日本国际合作组织的邀请，NHK 有时派遣职员援助发展中国家的广播技术。除了广播事业之外，NHK 还主办名为“日本奖”（从世界各地广播机构募集教育与教养节目，对这些节目的内容和教育性进行审查从中选出优秀作品的国际节目比赛）的教育节目的国际比赛和 NHK 亚洲电影节，在海外享有广泛的知名度。

三 电视

日本电视至今已经走过了60余年的历程。20世纪50年代后期到20世纪60年代初期，在电视节目中进口节目占有很大的比重，60年代初期达到顶峰，其中进口数量最大的是美国的电视节目，这些节目深受日本观众的欢迎。但是在此后10年中，随着日本经济技术的发展和电视节目制作水平的提高，日本国民逐渐失去对进口电视节目的兴趣，国产节目的收视率逐步提高。

日本的电视广播机构由两部分构成。其一是全国统一的电视台，即日本广播协会（NHK）。它是世界最有名的电视机构之一，创建于1952年，是基于《广播法》成立的进行广播事业的特殊法人。日本广播协会由日本总务省管辖，属于半官方性质的机构。其最高领导机构是日本广播协会经营委员会，该会的会长由经营委员会选出，副会长和理事由会长任命，但须得到经营委员会同意。NHK有一部分电视节目是通过电视广播卫星转播的，吸引了1300万注册观众，约占日本家庭的1/3。其二是民间电视广播网，属于商业广播性质，其经费来源主要是广告费。主要电视台有日本电视广播网、富士电视（拥有国内707个广播局和30个国外支局）、东京电视等。据2016年统计，电视普及率单个家庭为92.2%，二人以上家庭为98.1%。

为了进一步提高电视的清晰度，日本早在60年代就着手进行电视图像和声音质量的研究。1983年，日本提出MUSE（多重亚抽样编码）的HDTV方案，并通过广播卫星进行了高清晰度电视的试播。1988年，日本广播协会在日本各地81个商店、火车站等公共场所，安装了205台约93厘米的扫描线达1125条的高清晰度电视机，并对汉城（首尔）奥运会的开幕式和闭幕式进行转播，首次在公开场所展示了这项新技术。2000年12月1日，日本全国的10个频道开始通过卫星转播高质量的数字电视节目，这标志着日本的电视节目已经进入数字化时代。日本将这一年定为电视元年。到2006年，日本境内的电视台全部播出高质量的数字电视节目。2011年7月24日，日本地面数字化全面完成，模拟电视频道宣布停播。

2012年3月29日，日本宣布建立控股公司体制，同年9月28日总务大臣批准成立控股公司，10月1日将原来的公司更名为“日本电视控股公司”，电视广播业务由“日本电视广播网公司”继承。2013年8月28日，日本电视台迎来了开播60周年，同年12月9日开始启用新台标“0テレ”，新台标的含义是“再一次，从0起航，迈向下一个60年”，0图案隐喻一个汉字“日”。2014年12月29日，日本电视控股公司获得年度收视率“三冠王”。2015年4月27日，实现了连续13周收视率的“三冠王”（1月26日~4月26日），同年6月15日实现了收视率连续20周的“三冠王”（1月26日~6月14日）。

为了扩大世界各国对日本的了解，日本政府加强对国外信息的传播。据2014年6月统计，日本政府的广播协会（NHK）发放国际广播预算150.7亿日元，比上年增加12.2亿日元，这种预算逐年增加。NHK每天24小时用18种语言向国外播放日本、亚洲及世界的最新信息，能够收听的国家和地区已达150个，家庭达1540万户。

四　图书期刊

日本是世界上的图书出版大国，每年书籍和杂志的销售额为180亿美元。20世纪70年代，日本图书出版业发展很快，可以说达到了高峰。一走进日本的书店，各种各样的书籍目不暇接。

进入80年代后，随着世界各国文化交流活动的进一步扩大，人们对资讯重要性的认识日益增强。于是，各出版商便抓住时机适时地推出了许多资讯类杂志。在这一时期，专业书店逐渐减少，取而代之的是规模越来越大的漫画店。同时还出现了日本历史上最大的杂志出版潮，每年新创刊的杂志达200多种，杂志成了出版业盈利的支柱。

80年代后期，特别是进入90年代以后，杂志的销售开始萧条，退货现象急剧增加。而实际应用图书、与计算机有关的图书和杂志、漫画及带有CD-ROM的中间（图书与杂志之间的）刊物均呈现出增长趋势，根据商业统计，1996年中间刊物的点数和部数均增加了30%，竞争十分激烈。

书店开始减少，取而代之的是大型的连锁店大大增加。大型书店也向多样化方向转变，并且出现了“网络书店”，成为90年代日本出版的一大趋势，日益受到人们的青睐。如纪伊国屋书店开设的“网络书店”有国内图书150万种，欧美图书200万种，其数据库已达到相当大规模。

进入21世纪后，日本国内的出版市场逐步缩小，图书、杂志均面临着严峻的环境，特别是杂志销售部数、广告收入均非常不景气。1997年，日本出版行业有出版社4612家，其后年年减少，到2012年减少到3676家，这些出版社绝大多数集中在东京都，从东京的23个区来看，千代田区是出版社最集中的地区。据2015年2月20日发表，2013年出版业界的销售总额约为5.997万亿日元（比2008年减少19.7%），其中图书约为1.34万亿日元（比2008年减少18.3%）。2012年销售额前十位的出版社有集英社、讲谈社、小学馆、角川书店、日经BP、宝岛社、文艺春秋、东京书店、光文社和行政出版社。排行第一的集英社的销售额约为1261亿日元。2012年是新书发行点数增长最多的一年。出版新书最多的出版社是讲谈社，为2200个品种。新书的平均单价为2278日元。

日本的图书杂志除了通过出版社发行外，还通过批发公司、书店和零售的方式进行发行和流通。日本全国有图书批发公司约212家，销售额位居前八的公司中有六家“减收”，其中东贩公司、大阪屋等四家“连续两期减收”，2012年度“减收企业”有133家，超过了总体的六成。

日本全国共有书店经营业者301家。2012年度，包括纪伊国屋书店在内的销售额十强公司中有六家公司“减收”。纪伊国屋书店、二叶图书、文教堂三家书店“连续两期减收”，销售额前30家公司中有12家“连续两期减收”，占总体的四成。

大型出版社和书店正在推行出版物的数字化和流通过程的数字化，日本书籍出版协会公布了能够在互联网上进行搜索的53万余个图书网址，利用这些网址不仅可以通过每个出版社查找图书，而且可以通过标题、作者等查找到所需要的图书。

五 互联网

日本大众传播媒体正式启用互联网始于1995年。1995年3月，朝日新闻社出版局推出了自己的网站，5 个月后，朝日新闻社网站正式成立（URL：http：//www. asahi. com）。1995 年 6 月，读卖新闻社的网站正式成立（URL：http：//www. yomiuri. co. jp）。1999 年 4 月每日新闻社也建立了自己的网站（URL：http：//www. mainichi. co. jp）。据“日本新闻协会”统计，截至 2001 年 3 月 6 日，加盟新闻协会的 110 家报社和通讯社中有 89 家建立了网站。

1995 ~2001 年，日本的互联网环境发生了巨大变化，截至 2000 年 12 月，日本的互联网使用人数已达 4708 万，超过日本总人口的 1/3。到 2005 年，利用通信速度在 64Kbps 以上的 ISDN、有线电视、XDSL 以及 FTTH 等上网的日本家庭比例达到 30% 左右。这意味着在日本总数约 4600 万户家庭中，有近 1400 万户家庭享有 64Kbps 以上的高速互联网接入环境。如今，日本人用手机做各种各样的事情，如用手机看日历、看时间、订火车票等，现在还出现了视频手机，利用手机举行视频电话会议等。

2011 年日本发射“超高速互联网卫星”，该卫星是日本为打造 21 世纪智能化信息网络而提出的战略计划的核心项目，这一项目已于 2001 年启动。现在互联网的应用范围正逐渐扩大，如搜索引擎、门户网站、远程医疗、IP 电话、电子商务交易、网上银行、电子政府等。据总务省 2014 年调查，2014 年全年日本全国利用互联网的人数为 1. 018 亿人，利用互联网的比例与上年相同，为 82. 8%。从男女比例来看，男性占 86. 3%，女性占 79. 4%。企业利用互联网的比例为 99. 6%。

第八章

外　　交

冷战后，日本在坚持“正常国家化”既定战略目标的基础上，从国家战略原则、战略重点及国家利益出发，围绕日美同盟、联合国外交、亚洲外交及全球气候变化问题等战略重点，力求以“全方位外交”实现日本政治大国化目标及外交战略意图。

日本战后的对外关系经历了“经济中心主义”“正常国家论”和基于大国化政治诉求的战略性外交三个阶段的演进历程。“经济中心主义”的外交战略理念开创了20世纪50至60年代冷战时期“吉田主义”经济外交的黄金时代，为20世纪70年代日本以“世界经济大国”身份开展“多元化”的自主外交奠定了雄厚的物质及国力基础。在冷战结束前后的20世纪80至90年代，日本关于“政治大国”理念与“正常国家论”的“国际国家”诉求，反映出日本力求改变“战后体制”的强烈意愿。进入21世纪，日本开展的战略性外交与价值观外交，是基于“大国化”政治诉求而进行的“自我实现”，完全是从维护自身国家利益出发的。可以预见的是，“正常国家论”关于大国化的政治诉求，逐渐显露出日本“传统的国家主义”面目，并将成为日本主流的对外关系理念和实践目标。

第一节　外交简史

关于日本外交战略及对外关系的发展轨迹，要将战后以来国际格局及变动与日本国内政治经济等因素结合起来加以考察，尤其是要注重日本作为战败国与战后国际秩序的相关性分析。当然，外交是内政的延续，日本外交同样深受内政及其外交决策机制的影响。正如日本学者五百旗头真在《战后日本外交史》一书中所言：主导战后日本的主要基本路线有社会民主主义、经济中心主义和传统的国家主义三条政治外交路线。足见外交必然是日本国内政治需要的产物。战后日本外交有着自身特有的发展路径和特征，经历了以经济外交改变战败国形象，通过“亲美入亚”力求摆脱“战后体制”，实现“正常国家论”的“大国化”政治诉求等发展阶段。

一　冷战时期的“经济中心主义”外交

（一）占领期的外交准备

日本二战战败投降后，由盟军最高司令官总司令部（GHQ，SCAP）对日本实施占领，确定了日美关系成为战后日本的“外交基轴”。因战败主权被剥夺的日本丧失了外交权，在日本政府的请求下，GHQ 决定通过日本政府进行间接统治的方针，并停止了日本的外交职能和国外的外交活动，但是，日本外务省被保留下来，进行媾和的前期准备工作。这一时期，日本进行了日后恢复外交活动的前期准备，虽然这种“外交准备”有很多是 GHQ 主导日本政府进行的，但是，占领期关于外交方面的相关原则和精神的确立，却对未来日本外交产生了深刻而久远的影响。

占领期的日本虽因战败丧失外交权，但围绕不可避免的“外交”相关问题开展了积极交涉与磋商。首先，参与由 GHQ 主导制定的“和平宪法”相关提议。其中“宪法 9 条”规定“放弃战争、战争力量及不承认国家的交战权”等条款，“据说这个第九条是在新宪法制定过程中经币原首相主张而加入的，他就其意图做了如下说明：‘今天我们高举宣布放弃战争的大旗，在国际局势的辽阔原野中虽然是特立独行，但是，全世界早晚会从战争的惨祸中觉醒过来，终将同我们共树一帜。’丸山真男在介绍币原的这个发言并且探讨其历史意义时说：‘它预见到第九条在核武器时代的新意义，毋宁说是把国际社会中的先锋使命托付给了日本’。”这说明出自日本决策者本意的外交战略意图得以实行。关于第九条涉及自卫权的问题，吉田内阁时期，“政府的官方见解就归结为，根据法律原理虽然有自卫权，但按照宪法第九条规定，‘不能进行自卫战争’”。这也是吉田茂提出“重经济、轻军备”，形成基于“经济中心主义”的外交战略理念的起始点。其次，作为战败国的日本，为了实现自主的外交权，力求同战胜国缔结和平条约，以图获得国际社会的认可。然而，美国 1951 年 9 月 8 日主导的“旧金山片面媾和”，不仅苏联等国家拒绝签字，而且作为主要战胜国的中华人民共和国政府也被排除在外，这也导致了日后的日苏关系、日中关系的复杂化。上述两方面的“外交准备”，深刻地影响了战后日本外交的发展走向。

可以说，盟军最高司令官总司令部单独占领日本期间，尽管“日本内阁对盟国的要求绝不敢有丝毫怠慢，却将宪法第九条视为束缚手脚的镣铐”。日本大致确立了依托美国庇护，回归国际社会，发展壮大国力的“重建日本”外交战略意图。历史事实证明，这一外交战略得到了充分展现与发挥。战后日本积极主动发展日美关系，得到美国的宽大媾和条件和安全保障措施，日方从日美基轴路线中得到的“外交便利”是显而易见的。

（二）“吉田主义”经济外交

在旧金山片面媾和“生效”（1952 年 4 月 28 日）之后，日本获得了国际社会对于其“主体性”的承认。基于二战发动军国主义侵略战争惨败的历史教训，以吉田茂为首的日本政府确立了“重经济、轻军备”，与美国结盟的国家发展战略，即用部分国家主权换取美国的军事保护，将主要精力投入经济建设的发展路线，这就是“吉田主义”，亦即“经济中心主义”。吉田主义不仅使日本经济在 1952 年就恢复到战前水平，而且在 1968 年超过联邦德国成为西方阵营中仅次于美国的第二经济大国。

在占领结束之后，吉田内阁从复兴经济、主导亚洲的战略目标出发，视东南亚为日本经济复兴的关键，重点开展对东南亚、南亚的“赔偿外交”，积极开拓海外市场，修复被战争破坏的外交关系，加强对该地区的笼络和掌控。这一时期日本外交的基本特征是以经济外交为主，通过经济

外交手段，消除东南亚国家对于日本军国主义侵略罪行的怨恨和疑虑。首先，日本开展针对东南亚国家带有战争赔偿性质的经济外交。可以说，日本的战争赔偿是日本恢复与东南亚国家关系的起点。《旧金山和约》签署后，日本开始了同亚洲各国的“战后处理”问题谈判。日本与东南亚的印度尼西亚、菲律宾、缅甸、南越进行了基于《旧金山和约》所规定“战争赔偿”的外交谈判。尽管赔偿数额远远低于东南亚国家的初衷，但日本因此“建立了向东南亚进行经济扩张的立足点”。其次，日本积极开展贸易、投资和援助三位一体的经济外交。在日本经济得到高速发展后，日本同东南亚邻国的经济外交，由原来的劳务赔偿模式转变为以政府开发援助（ODA）的“准赔偿”方式进行，日本于1954年加入了由英联邦国家发起的，旨在通过以资金和技术援助、教育及培训计划等形式加强南亚和东南亚地区经济发展的“科伦坡计划”（Colombo Plan）国际合作项目，并于1958年开始援助印度等国。1967年借东盟成立之契机，日本继续加强同东南亚各国的经济联系，并且在1969年开始对东南亚国家进行“政府开发援助”（ODA）项目。由于这一时期日本的对外援助是将对外贸易和投资捆绑在一起进行的，因此东南亚成为日本最大的贸易顺差地。通过赔偿与开发相结合的经济外交手段确立了日本对东南亚经济政治的影响。“赔偿外交”取得了很好的政治效果，不仅改善了日本与东南亚国家因战争而遭到破坏的相互关系，而且促进了日本经济的迅速发展，“互惠互利”的方式，开拓了针对东南亚国家的产品销售渠道，为日本以经济外交手段参与主导地区事务找到了突破口。

另外，日本的“经济中心主义”不排斥加强国际交往的外交互动。日本“回归国际社会”加入联合国相关组织的愿望，还必须获得作为常任理事国的苏联的最终同意。为了减少吉田内阁时期对美一边倒政策给日本安全带来的负面影响，鸠山一郎内阁于1956年恢复了日苏邦交，并顺利加入联合国。日本外务省于1957年首次发布《外交蓝皮书》，其中确认了“外交三原则”，即联合国中心主义、与自由主义各国协调、坚持作为亚洲一员的立场。其中，“以联合国为中心”的目的在于借联合国提高自己的国际地位，改变战败国形象；而“与自由主义各国协调”实际上是与美国协调，1960年新《日美安保条约》的签订，进一步巩固了日美同盟关系；至于坚持“作为亚洲一员的立场”，目的在于改变日本二战侵略者形象、参与亚洲事务、谋求资源和市场的现实需要。联合国、日美同盟、亚洲是战后日本外交的“三大要素”。可以说日本外交长期以来为调整这三大“原则”，付出了巨大努力。

（三）开展“多元化”的自主外交

20世纪70年代，随着日本国际经济地位的提高及经济大国地位的确立，其外交战略从服务于经济大国变为加强自主外交，并力争参与主导亚洲乃至国际事务。鉴于国际环境和国际格局的重大变化，日本在坚持日美同盟的前提下进入自主外交的探索期，这一时期日本外交的基本特点是追求自主性和外交渠道“多元化”。

日本谋求的主体外交是通过“多元化”的对外关系表现出来的。首先，1972年，以日中恢复邦交为标志，日本的外交战略开始由从属型向自主型方向努力。尽管日本恢复与中国的邦交，是美苏冷战格局及国际形势变化的体现，也系中日两国民间友好的推动和中国“反对苏联霸权主义的立场”使然，但是，若没有基辛格和尼克松的先后访华，日本不可能率先与中国实现邦交正常化。与此同时，日本借此表达一定的外交自主性，也是日本对于美国及国际社会释放的政治诉求。其次，中东石油危机成为日本加强对中东外交的重要契机。第四次中东战争爆发，石油输出国组织（OPEC）为打击以色列及其西方支持者大幅提升石油价格。日本转而放弃追随美国支持以色列的外交政策，以此换取石油输出国组织对日本放松石油出口限制。作为能源贫乏的日本对中东石油进口依赖严重，所以从维护本国的“经济安全保障”利益出发，日本公然与美国的亲以色列立场划清界限。这反映了在中东外交上，与日本国家利益密切相关的“能源外交”和日美基轴外交发生了严重冲突，表现出日本基于国家利益的自主外交姿态。这在一定程度上也反映出日本谋求日美关系“对等化”的政治诉求。再次，通过加入西方七国集团峰会（G7），体现日本的经济大国地位。日本于1975年参加了首次西方七国集团峰会（G7），其经济大国地位获得西方国家的认可。作为亚洲唯一的发达国家，日本在各种国际场合自诩代表亚洲国家，力图展现出日本自主外交的强烈愿望。最后，通过民间外交、公共外交等体现日本外交渠道的多样性。1971 年日本外务省建立“国际交流基金”（Japan Foundation），加强日本与国际社会的文化及学术交流，以增强日本的国际影响力。1979 年大平正芳内阁提出的“综合安全保障战略”，指出日本外交应发挥在经济、文化、安全、教育、科技、能源、粮食等多方面的积极作用。

可以说，20 世纪 70 代日本的“主体性”外交主要表现为外交形式的多样性和“多元化”。日本在保持日美同盟关系的前提下，加强自主外交，以取得战略主动及扩大在国际社会上的影响力，并在参与国际事务时争取话语权和主导权。这突出表现在同中国实现邦交正常化并签署和平友好条约，通过提出“福田主义”加强同东南亚国家的交往，等等。20 世纪 70 年代日本的经济外交成为缓解本国能源危机的主要手段，也是其随后提出“综合安全保障战略”理念的动因。

二　冷战结束前后的“国际国家”外交

（一）作为“国际国家”的日本外交

20 世纪 80 年代日本外交战略的目标确立为做“国际国家”，提出“政治大国”构想，并力求在建立国际新秩序中发挥主导作用。也就是说，日本希望成为与“经济大国”相称的、能够参与国际事务的“国际国家”。尤其是中曾根康弘的“政治大国”战略理念的提出，标志着日本外交决策者已实现从经济优先向经济、政治并重的观念转变。这一时期的日本外交主要呈现如下几方面的特征。

第一，正式确定“日美同盟关系”概念，强调日美“两国都负有世界性的责任”。1981 年铃木善幸首相在访美期间，进一步明确“日美同盟”关系。自新《日美安保条约》签署以来，美日“保护和被保护”关系向着同盟关系不断深化的方向发展。事实上，日美同盟的军事合作关系得到了进一步强化，只是日本已改变了过去一味依赖、顺从美国的方式，强调所谓日美“两国都负有世界性的责任”的重要性而已。1982 年 11 月出任首相的中曾根康弘在任职的五年中，与里根和撒切尔夫人密切联系，被称为推行世界新保守主义运动的“三驾马车”。1983 年 5 月，在威廉斯堡举行的西方首脑会议上，中曾根康弘支持了关于全球安全保障问题的讨论，并提出日本作为成熟的经济国家应担负起国际安全保障的责任。但是，1983 年 7 月中曾根康弘首相表示，今后日本作为国际国家应同经济力量相称地在政治方面也积极发言并履行义务，“要在世界政治中加强日本的发言权”。这反映了他希望日本成为“政治大国”的战略诉求。

第二，以“战后总决算”为口号，谋求使日本成为政治大国。在中曾根康弘看来，日本作为世界经济大国，应该积极参与国际事务，主动承担起相应的“国际责任”，扩大国际开发援助，要努力成为政治大国。中曾根执政时期，在对华、对美、对俄等国家关系上均取得较好成效。1983 年 7 月，中曾根康弘第一次明确提出日本要从经济大国走向政治大国。1985 年，中曾根康弘提出“战后政治总决算”“政治大国化论”“不沉航空母舰论”“从战后解脱出来”等新保守主义理念，谋求对日本二战后历史的彻底清算。可以说，中曾根康弘提出“战后政治总决算”的政策主张，充分迎合了日本民族主义者追求“政治军事大国”梦想的心理渴求。同时，“为了消除日本人在遭到战败、占领和国际谴责之后呈现负面形象，中曾根试图用培养民族自尊和理解他国传统之间的平衡以转变民族意识”。他主张大力培养日本国民的“国防意识”“爱国心”和民族意识，重新确立国家权威，不断增强日本作为政治大国参与国际事务的分量。可以说，中曾根以公职身份参拜靖国神社的实质就是力求通过否认殖民及军国主义侵略历史来重塑日本的所谓“民族精神”。但是，中曾根参拜靖国神社以及出现的历史教科书问题影响了日本同中韩等亚洲国家的双边关系。

第三，日本积极推进区域经济合作和“政府开发援助”（ODA）。基于欧洲一体化的发展榜样，20 世纪 80 年代的日本在区域经济合作上也表现了积极的姿态，同澳大利亚等国提出亚太经济合作组织（APEC）构想，表达了日本积极参与区域经济合作的意愿。“政府开发援助”一直被日本自诩为承担大国道义和责任的重要表现方式，20 世纪 80 年代日本加大了对外援助的力度，对于日本的“国际国家”形象有一定的帮助。

可以说，20 世纪 80 年代日本已把外交触角伸向世界各地，尤其是重点发展与东南亚各国的关系，力图成为东南亚地区的主导者。同时还积极发展与欧洲各国的关系，突出自己已是日美欧三极中的一极，并寻求欧洲对日本走“大国化”道路的支持。同时，日本的经济大国地位使战后长期受到压抑的民族主义复苏，首相参拜靖国神社及否认军国主义侵略历史的言行屡屡出现。因战败而形成的和平主义意识日渐淡化，并逐渐认可了以日美同盟“借船出海”的现实存在。日本不再甘心安于只是经济大国的现状，渴望成为与自身经济实力相当的政治大国，力图重新登上参与国际事务的国际政治舞台。

（二）后冷战时期日本外交战略理念的变化

冷战结束后的一系列国际局势变化，为日本迎来所谓“第三次开国”机会。在日本一些学者看来，“开国”的含义带有一定的“革命性”，这无疑是日本对外战略“调整”的极好契机。冷战后的“吉田主义”开始分化为两种立场：一是继续以和平的国际协调的经济国家为中心的立场；二是重视日美同盟，致力于修改宪法和行使集体自卫权，与美国共同维持秩序的立场。前者是站在自由主义国际政治观上的和平发展主义，主张冷战后的日本必须发挥作为“全球性民生大国”的作用；后者是坚持现实主义观点，主张为保护日本的安全和维持国际秩序，应该在安全保障方面发挥积极作用。历史事实表明，后者已经成为冷战后日本对外战略理念的主流：日本应以日美同盟为中心，扩大日本在参与国际事务方面的作用，彻底摆脱和平主义的束缚，成为所谓“正常国家”。冷战后，“1955 年体制”的崩溃，导致革新政党的衰落和保守政党的不断壮大，日本政坛的“正常国家论”和“总体保守化”导致日本对外关系及外交政策发生质的变化。

其一，冷战后产生“否认军国主义侵略历史”的民族主义思潮，严重影响日本与中韩等周边国家间关系。日本学者毛里和子认为：“‘总体保守化’后所表现出来的新民族主义，与（20 世纪）80 年代的‘新保守主义’有很大不同。第一，新民族主义尝试通过回归民族和传统来重建日本的认同感，为此就需要‘对历史加以修正’，把正视日本侵略事实的历史观斥之为‘自虐史观’；第二，对和平宪法、民主主义教育等一系列‘战后’进行改写。他们公然提出要修改宪法第九条”。上述观点表明了日本“新民族主义”的内涵扩大为在否认殖民及军国主义侵略罪行的基础上，试图修改“战后体制”赋予日本的“和平宪法”及其第九条。“新民族主义”持“自由主义史观”，主张强化国家观念。“它直接作用于政治家的思想和行动，不仅左右国内社会政治生活，对外交政策也产生重大影响。”随之，日本保守主义执政理念在国家发展目标等重大战略层面，表现出具有民族主义色彩的对外关系特征。1995 年 8 月 15 日，“村山谈话”承认日本进行了殖民和军国主义侵略并道歉，尚属坚持和平主义的范畴，但这种官方立场在其后历届内阁还是发生了不能信守承诺的一些反复，导致与周边国家关系的不确定性。

其二，提出摆脱“战后体制”的“正常国家论”，明确关于国际新秩序的政治诉求。以小泽一郎为代表的“新保守势力”认为，自民党主流派在战后所奉行的、以发展经济为中心的“吉田路线”，已不适应时代发展变化的要求，日本要实现从经济大国向政治大国的迈进，需要强有力的政府和政治领导人。小泽一郎在 1993 年出版的《日本改造计划》中全面阐述了“正常国家论”。他主张修改日本和平宪法。首先在宪法第 9 条的两项中附加第三项，确定为“前两项不妨碍为了创造和平而进行活动的自卫队”派赴海外；其次“保持宪法现状，制定一部‘和平安全保障基本法’，规定作为一切主权国家固有的权利，让日本拥有个别自卫权，为此，确保自卫队为最小限度的军事力量，拥有作为联合国一员积极协助联合国维和行动的权利”。在对外关系层面，小泽一郎认为，日本“同美国、欧洲并列构成世界三极中的一极”，“日本已经成为世界大国”，“逃避不了作为大国的作用”。“日本的一举一动已经影响到世界的各个地方”，日本有义务对世界“做贡献”。小泽主张要摆脱战败国地位，使日本成为与其他发达国家平起平坐的“正常国家”，在国际上发挥与自己国家实力相称的政治和军事作用。“正常国家论”是一种谋求改变二战以来日本国家性质的战略理念。“正常国家论”主张把在军事上自我约束的日本变成与别国毫无二致的日本。“正常国家论”的实质，就在于以“为国际安全做贡献”为由，提倡突破“和平宪法”束缚和国内外舆论牵制，重获对外动用军事手段的权利。

可以说，“正常国家论”潜移默化地影响着日本的外交政策及主张，已内化到现在日本的外交战略理念及对外关系之中，这种对内力求修改“和平宪法”、对外实现“正常国家”的理念就是日本保守政党的共同政治目标。“这样，冷战后日本外交的轴心，由经济外交朝着更加政治性的、包括安全保障在内的方向不断演变进化。”要求在国际上拥有与经济大国相称的政治地位，成为这一时期日本外交及对外关系的重点。

三　21世纪初期的“战略性外交”与“价值观外交”

从根本上来说，国家对外目标是国家意志的体现，是各国为实现自己的国家利益所做的选择。随着全球化和区域经济一体化时代的到来，日本从维护自身的国家利益出发，强化21世纪日本国际战略的定位及对外战略诉求。

（一）21世纪初外交战略的定位及政治诉求

在当代日本政治“总体保守化”的形势下，在对外关系方面，以摆脱“战后体制”、承担“国际责任”“价值观外交”等方式追求日本国家对外目标，力求实现与日本经济实力相对应的政治大国地位。中曾根康弘在《21世纪日本的国家战略》一书中提出，“作为国家的长远目标，应该追求实现自我。这是以更为理想的方式生存，实现独立，维护安全和追求基于国际责任意识的自我实现。日本必须清楚地认识到，若日本没有更加强烈地意识到实现自我应明确国际责任，就不能在国际上实现自身的安全、独立和生存”。基于上述思路就会涉及对于国际政治经济环境的评判与展望、安保战略及危机管理体制、强化日美同盟和开展亚太地区外交等一系列课题。其中，将“国际责任”作为日本“自身的安全、独立和生存”的要件，反思“吉田主义”，进行“战后政治总决算”，提出了确立未来日本国家战略或基本构想，明确了21世纪日本外交战略的长远目标的重要性和紧迫性。

2002年小泉纯一郎首相咨询机构“对外关系调研小组”发表的题为《21世纪日本外交基本战略——新时代、新视野、新外交》的战略报告明确指出，战略的基础是国家利益，日本必须基于国家利益制定长远战略。“今后开展日本外交，有必要制定作为国家应有的明确的战略。”该战略报告还提出所谓“开放的国家利益”，具体体现在如下几个方面：第一，维护日本的和平与安全；第二，维护自由贸易体系；第三，维护自由、民主主义、人权等价值以及推动国际人际文化交往；第四，积极推动以学术、文化和教育为主的国际民间交流。可以说，这些内容不仅反映出日本渴望参与国际事务，确立与其世界经济大国地位相符的政治大国地位，还表现出其刻意以意识形态划线的对外战略理念。虽然该战略报告指出，只顾本国的狭隘国家利益必然导致与他国的对立，只有与他国的国家利益长久共存才能实现真正的国家利益，但其中的“价值观理念”势必与不同社会制度国家形成对立与摩擦。这虽然是一个智库报告，但已经提出了国家利益的问题，明确提到日本应基于国家利益制定外交战略。事实证明，这种“国家利益”已经成为21世纪初日本追求对外战略目标的指导思想，并贯彻于日本的外交战略之中。在2005年出台的《东亚共同体构想的现状、背景与日本国家战略》的智库报告书中，再次强调和确认了日本的“国家利益”，特别是突出了“维护日本的和平与安全”和“维护自由、民主主义、人权等价值”两大“国益”要件，表明日本在树立对外战略目标的同时，进一步确认了其坚持“价值观”取向的外交方针。该报告对于日本对外战略侧重点主要强调了两个方面：一是在安全保障方面，要在拓展日本防卫能力的同时，通过与以日美同盟为主导的国际合作，向改善国际安全保障环境的方向发展；二是在日本周边推动和平繁荣、自由与民主价值理念，并在此基础上实现“东亚共同体”的战略构想。可以说，冷战后日本对外战略原则是突出强调“国家利益”，对外战略的侧重点是以日美同盟为主导的安全保障机制和战略性亚洲外交。

（二）21世纪初的外交战略及其对外关系

进入21世纪后，日本各派政治势力从国家战略原则、战略重点及国家利益出发，以政治、外交及安全领域的一系列重要变动为象征，摆脱战后体制，以“正常国家”为诉求，实质谋求全面大国化。这样的战略共识外化为强化日美同盟、联合国外交、亚洲外交等战略重点，并以“战略性外交”和价值观外交的形式加以落实。

第一，追求“对等”的对美外交。日本历来把能否维护日美安保体制视为日本外交成败的关键。日本强调“日美同盟是亚洲和平与繁荣的基础”，并将之定位为“亚太地区的稳定装置”。日本的“正常国家化”与美国全球战略调整的利益交汇点，是日美同盟强化的原动力。21 世纪初，日美同盟已经演化成为美国全球战略的需要和日本大国化战略相结合的产物。

21 世纪初期，美日基于各自的安全战略需要，进一步扩大日美同盟的发展空间。美国发生“9・11”事件后，日本制定《恐怖对策特别措施法案》《自卫队法修正案》和《海上保安厅法修正案》一系列新的法案以配合美国“反恐”，进一步扩大自卫队的活动范围。2003 年 7 月，日本国会通过向伊拉克派遣自卫队的《伊拉克复兴特别措施法案》。这是日本应美国要求首次向战斗发生区出兵，是二战结束以来日本在海外派兵问题上的重大突破，也是日美同盟关系的重大突破。2004 年 2 月，日美通过签署新的《日美相互提供物资劳务协定》进一步扩大了日本后勤支援的范围。3 月，日本内阁又出台“有事立法”相关联的《支援美军法案》《国民保护法案》等 7 项法案，“日美同盟全球化”趋势日渐明朗。2005 年 10 月，“日美安全磋商委员会（‘2 + 2’会议）”发表了《日美同盟：为了未来的改革与重组》中期报告，提出了日美军事一体化的具体措施。2009 年 5 月，“日美安全磋商委员会”签署《军事情报保护协定》并发表联合声明，表示将制定一份共享系统情报的日程表，鲜明地反映出将加强日美同盟和扩大自卫队的作用。2015 年 4 月，“日美安全磋商委员会”重新修订了《日美防卫合作指针》，其中规定日美可以行使集体自卫权。可以说，“9・11”事件以来，日本加快“借船出海”的步伐，积极构建日美对外干预型军事体系，借助美国在亚太地区的军事存在，不断扩大日本在该地区安全秩序建构中的作用。

第二，旨在主导地区事务的战略性外交。日本通过改善亚洲外交，就东亚经济一体化、地区安全和国际问题与亚洲国家进行多边战略对话，提升日本在亚洲事务中的发言权和主导权。同时，日本力图建立有共同价值观的“民主国家”联盟，增强在东亚地区的支配力。

安倍晋三在2006年曾提出“战略性亚洲外交”的外交方针。这种“战略性亚洲外交”的具体内容是探讨创设有关机构和基金以在环境等领域推进日中共同研究，还包括“扩大接收来自中国和其他亚洲各国的留学生”“加速缔结经济伙伴协定（EPA）的磋商”等内容。但日本在亚太地区安全问题上日益借助“价值观外交”的力量。麻生太郎曾在日本第166届国会上提出“自由与繁荣之弧”的外交方针，表示：“现在，在位于欧亚大陆外圈形成弧形的地带，分布着沿自由、民主主义的道路前进的国家，或现在将要起步走这样道路的诸多国家。在这里，我国想扩大自由之环。”其目的在于联合有共同价值观的“民主国家”，组成“排他性”战略联盟，共同对付所谓“异己势力”。在地区经济合作方面，小泉纯一郎首相于2002年提出东亚共同体的构想，其后自民党历任政府均主张以“10+6”模式削弱中国的影响力，争夺东亚合作的主导权。民主党的鸠山由纪夫出任首相后，重提东亚共同体的构想，但菅直人上台后缄口不提东亚共同体，反而提出加入美国为主体的环太平洋伙伴关系协定（TPP）谈判。安倍晋三2012年底再次上台后也将加入TPP谈判作为日本经济增长战略之一。

第三，着眼“遏制”的对华外交。进入21世纪以来，日本既期望从中国经济的快速增长中受益，又担心中国与其争夺地区主导权，认为中国未来有可能在军事上对日构成威胁。因而，日本对华战略具有“不确定性”。日本这样的对华矛盾心态，导致日本在对华政策上保持两手准备。为了改变小泉当政期间日中关系的“经热政冷”局面，安倍内阁提议发展日中战略互惠关系。这体现了安倍内阁务实的一面，但在外交上采取的“价值观外交”，表现出中日关系的不确定性和不稳定性。福田出任首相后明确表示，要继续推动日中战略对话与合作，巩固和加深日中“战略互惠关系”，并与中国签署了《中日关于全面推进战略互惠关系的联合声明》。但是，日本政府对华政策是从日本国家利益出发的，并以价值观外交遏制中国，这就决定了日本对华政策的摇摆性、不确定性和不稳定性。2005年2月的“日美安全磋商委员会”后发表共同声明，确定了12项关于亚太地区的战略目标，首次将所谓“鼓励和平解决有关台湾海峡的问题”列为日美共同战略目标之一，大有插手中国内部事务的意图。2009年5月1日召开的“日美安全磋商委员会”签署《军事情报保护协定》并发表联合声明，强调“针对经济和军事实力不断提高的中国，双方在敦促中国作为负责任的国际‘利益相关者’发挥积极作用的同时，也要求其提高军事透明度”。2012年9月10日，日本政府宣布“购买”钓鱼岛及其附属的南小岛和北小岛，实施所谓“国有化”，中日关系再次陷入屡屡恶化的怪圈。麻生太郎曾表示，发展中日关系的所谓“友好”只是获利益的手段而已。2012年底自民党重新上台执政以后，仍然在背离“中日四个政治文件”的轨道上前行，这已经明确表达了日本对华战略的本质。未来10年，日本决策者对华政策理念仍然具有或然性。

综上所述，战后日本外交可以概括为两个方面：一是战后日本外交是以“日美基轴”为基础展开的，在考察日本外交的诸多问题时都不能不考虑日美同盟这一决定性因素；二是日本实现经济大国战略目标后，在外交战略上必然谋求成为政治大国的战略构想，这也是未来日本外交的重中之重。在日本看来，“作为全球性角色，日本已在世界上得到承认。在通货、经济、高新技术等方面，日本获得了举世公认。这本应与日本在世界上的政治地位也是相辅相成的”。“只有作为全球性角色发挥作用，日本外交才有出路。”

2013年12月出台的《日本国家安全保障战略》，以及2015年日本国会通过的关于解禁集体自卫权的安保法案，用安倍首相的话来说都是具有“历史性”意义的，尤其是在《日本国家安全保障战略》中首次明确在官方文件里提到“战略”概念，其内容涉及加强日美同盟关系，提升自身的防卫实力，还提到“爱国心”，这是《日本国家安全保障战略》的三点要件。这是完全基于“国家利益”而制定的国家战略，是日本外交战略的重大变化。基于这样的战略，现在的日本外交强化日美同盟关系和“战略性外交”，总体特点表现在“价值观外交”之中。

总结起来，日本的战后外交经历了经济中心主义，关于“政治大国”理念与“正常国家论”的“国际国家”诉求，基于大国化政治诉求的战略性外交三个阶段。这三个阶段逐渐演变到现在的外交战略路径，可以预见的是，“正常国家论”关于大国化的政治诉求，逐渐显露出日本“传统的国家主义”面目，并将成为日本主流的对外关系理念和实践目标。

第二节　日本的对外战略及安倍内阁的外交政策调整

对外战略是国家对较长时期的国际格局、国家利益、国家发展目标及实现路径的认识和谋划。在当代日本政治“总体保守化”的形势下，日本以摆脱战后体制、承担所谓“国际责任”“价值观外交”等方式追求日本国家对外目标和国家利益，谋求实现与日本经济实力相对应的政治军事大国地位。

安倍上台执政后，走保守主义外交路线，注重日美同盟关系和战略性亚洲外交，不断恶化钓鱼岛问题，构建对华民主海洋联盟，以“价值观外交”遏制中国的和平发展。日本向来强调日美同盟是日本外交的基轴，日本政府已于2015年完成规定自卫队和美军合作方式的《日美防卫合作指针》的修订工作。安倍政府修改的日本《防卫计划大纲》充分体现“与美国的新国防战略相配合，强化自卫队职能，提高防御能力”等内容，体现强化应对钓鱼岛问题的对策与措施，以此对付中国的正当维权活动。日本有悖于世界区域经济一体化的潮流，不断制造事端，恶化中日关系，既不利于东亚区域经济合作，更损害了亚太地区的和平与安全。

一　安倍关于日本对外战略及外交政策的构想

关于构筑21世纪日本的对外战略，安倍在其“新世纪首相宣言”、著作《致美丽的祖国》及“政策构想”中，展现出其执政理念及对外战略取向。

在国家发展战略方面，安倍力求要建设“一个有自信的国家”，继续坚持走“正常国家化”道路。安倍曾在“新世纪首相宣言”中说：“安倍内阁一旦成立，将要向国民直率地阐明要建设一个什么样的国家，我所追求的是‘一个有自信心的国家’”。他还表示，要让日本人“对自己的国家充满自信和骄傲”，“对日本历史、文化有一种骄傲感”。

安倍的“政策构想”倡导的“教育改革目标”，其核心是要摆脱“自虐性的历史教育”，以便使日本下一代从小“对国家感到自豪”。为了恢复“民族自信”，日本保守势力认为，承认殖民统治和侵略历史并向亚洲国家谢罪是“自虐”行为，会影响日本的“国际形象”，妨碍日本成为“政治大国”。因此，日本政府屡次审定通过篡改历史的教科书，导致日本国内淡化、否认侵略历史的思潮不断蔓延滋长。为了摆脱战败国的国际形象，成为所谓“正常国家”，否认侵略历史、谋求修改和平宪法等就成为安倍等保守政要的政治主题。

执政的自民党的建党宗旨之一就是“制定自主宪法”，自主制定宪法可以说是“自民党存在的价值之一”。为了实现“自主制定宪法”目标，“修宪”已经成为自民党的宿命。安倍上台后，主张修改和平宪法，力求摆脱战败国形象，使日本成为“真正自立”“自信的国家”，立志要在任内确立“新宪法”。具体来说，安倍“修宪”主要采取两个步骤：一是重新解释宪法，使日本能够行使“集体自卫权”；二是在渲染“中国威胁论”的基础上着手具体修改和平宪法。在安倍看来，“修改宪法是恢复独立的象征，也是具体手段”。也就是说，“修宪”是日本成为“普通国家”，实现政治与军事大国的关键所在。安倍想要制定一部“新宪法”，是要完成其首任日本首相时未能完成的“改革”使命，通过继续修宪等相关立法，实现日本成为“正常国家”的战略愿望。

在对外战略及政策方面，要使日本“起到领头作用”，实现政治军事大国既定目标。具体来说，日本要通过强化日美军事同盟关系、推动“战略性亚洲外交”，谋求发挥地区乃至世界大国的主导作用。这是安倍不同于过去民主党政权外交政策的最大“亮点”，也是安倍对于民主党执政时期的外交理念的“反思”和调整。安倍在“新世纪首相宣言”中表明：“外交的目标就是要保护国家利益”，“迄今为止，我们的外交不敢明确阐述这个观点，只是很模糊地表述一下慈善意义上的国际和平。但是我认为我们应该保护日本的国家利益，这是理所当然的”。这说明安倍明确了其“现实主义”的外交理念和战略构想。安倍希望通过全新的外交战略实现日本的“正常国家”目标，并加快日本实现政治军事大国化的步伐。具体来说：

其一，日本要继续强化日美军事同盟关系。安倍曾经在“政策构想”中提出“为了世界和亚洲的日美同盟”，表明他力求在坚持和强化日美同盟的过程中，实现“正常国家”战略目标的愿望。坚持日美同盟是安倍“政策构想”的核心内容。安倍在“新世纪首相宣言”中还指出，一方面，在国防上要继续坚持日美安保条约，另一方面，“应该增强日美关系的对等性，要使日本也能平等地对美国发言”。安倍设想通过继续强化日美同盟，提升日本在亚洲乃至国际事务中的发言权和主导权，借此实现日本在日美同盟中的对等性地位。

其二，在战略上重视对华遏制的“亚洲外交”。从安倍的“政策构想”来看，在日中、日韩关系困难的情况下，倡导日本“对东盟外交的五项原则”是实现战略性亚洲外交的关键，也是日本取得亚洲主导权和主动权的突破口。日本在坚持日美同盟的基础上，积极参与东盟与中日韩合作对话，试图通过加入“跨太平洋战略经济伙伴关系协定”（TPP），抵消东亚区域一体化过程中的“中国因素”和“东盟因素”，确立日本在美国主导的 TPP 中的重要地位。安倍提出“战略性亚洲外交”的理念，希望通过加强日本与东盟及印度等国家的经济、安全及军事合作，实现遏制中国和平发展的进程。

基于上述日本对外战略调整意图，2013 年 9 月 5 日，民间智库东京财团向日本政府提交的《给安倍外交的 15 个建议：从民族主义向现实主义转变》政策建议书强调，日本要“灵活利用一切手段，确实实现国家利益”。这表现出，日本的现实主义外交政策应该以实现“国家利益”为核心。根据国家利益而调整外交政策是现实主义学派的基础。现实主义代表摩根索曾就“国家利益”明确表示，国家利益应当包括领土完整、国家主权和文化完整三个重要方面。《给安倍外交的 15 个建议》特别就属于“文化完整”范畴的“尊重自由、人权、民主主义及法律统治的外交”

做了重点阐述："对于那些与日本的民主社会有着共同的价值观的伙伴国家及国际组织，应与之灵活合作。在世界范围内为共同价值观的提升做出贡献，使其在国民层面得到重新共享，从而奠定强有力的外交基础"。这样看来，日本的国家利益主要包括"正常国家"追求和基于"普世价值"的价值观外交。

二　日本"战略性亚洲外交"对地区格局构建的影响

安倍一贯奉行实用主义和现实主义对华政策，并以"价值观外交"为手段，在中日双边关系及区域合作层面采取"零和博弈"，围堵遏制中国。2006 年首次上台执政时，安倍之所以选择首先访华，是因为当时小泉参拜靖国神社导致中日关系跌入冰点，特别是其"慰安妇问题"言论也招致国际社会一致谴责，对日本的国际形象影响很大。安倍所面临的是如何修补日本国际形象受损的问题。他当时访华主要是为了日本的"国家利益"和"国际形象"，尽管确定了中日战略互惠关系，但本质上是为了落实其"战略性亚洲外交"的长远目标。安倍 2012 年底再次上台后秉持"战略性外交"的内容有很大变化，他宣称：日本"外交的基本方针，不是只关注与周边各国的双边关系，而是要像注视地球仪那样俯瞰整个世界，立足于自由、民主主义、基本人权、法制支配等基本价值观，开展战略性外交"。特别是"在高度增长的亚太地区，日本不仅在经济领域，还在安全保障、文化和人员交流等各种领域，作为先导者继续做出贡献"。在安倍个人看来，同周边国家的"岛争"与"历史问题"不一样，国际社会不会谴责日本，恶化中日关系对自身"国际形象"没有多少损害。因此，他以"价值观外交"为手段，无视中日关系大局，在中国周边国家采取"离间"策略，大搞"战略性外交"活动。譬如在东北亚，派特使前往韩国会见新当选总统朴槿惠。在东南亚，率先让麻生副首相访问变革中的缅甸，宣布减免巨额欠债，离间中缅关系。同时，日本新政府还注意到东南亚经济圈日益增大的需求，力求实现推动日本经济发展的国际战略蓝图，重点加强与除中国之外亚洲各国的关系，制约中国的和平发展。从其再次上台后的言行可以看出安倍"战略性外交"的真实目的。

首先，安倍发表对东盟外交的五项原则，突出“价值观外交”“战略性外交”等的对华针对性。安倍于2013年1月16至18日首访越南、印度尼西亚、泰国。对此，安倍称：“今年恰逢日本与东盟友好合作40周年。我日前访问了越南、泰国、印度尼西亚三个国家，切身感受到他们对日本的期望之高。为了在2015年建立共同体，加强与作为经济增长中心继续发展的东盟各国之间的关系，对于地区的和平和繁荣而言是不可或缺的，也是日本的国家利益。以此次访问为开端，今后仍将广泛关注世界形势，开展战略性外交。”安倍在访问印度尼西亚时，发表了对东盟外交的五项原则。其内容包括：第一，日本与东盟各国一起努力创造并扩大自由、民主主义和基本人权等普遍价值。第二，自由开放的海洋是公共财产，日本愿与东盟国家一起全力维护海洋权益和航行自由。欢迎美国重视亚洲的政策。第三，积极推进日本与东盟国家的经济贸易合作，建设各种网络，促进投资，拉动日本经济的复苏，与东盟共繁荣。第四，日本与东盟共同发展与守护亚洲多样的传统与文化。第五，促进日本与东盟各国年轻人的交流，增进相互理解。安倍希望这五项原则，能够得到东盟各国的积极回应。他强调：“战略性外交、重视普遍价值的外交以及维护国家利益的‘主张型外交’是我的外交基本原则。我将重建受损的日本外交，明确日本在世界上坚定不移的立场。”当然，安倍对于中国在东海、南海正当维权活动耿耿于怀，时刻不忘割裂东亚的根本意图，他上台后的一系列外交动作均表现为重拾“自由繁荣之弧”策略、孤立包围中国的态势。

安倍上任后首次外访都选择了东盟成员国。日本希望同与中国存在南海问题的菲律宾、越南等东盟国家加强合作关系，以形成对华对抗联盟集团。安倍政府希望在强化日美同盟的大背景下形成对华包围圈，提升日本的外交实力。由于钓鱼岛问题及安倍政府阁僚参拜靖国神社，日本与中韩关系持续恶化，日本为重振国内经济和稳定亚洲经济，力求加强同经济持续增长的东盟国家间的联系。东盟10国总人口约为6.2亿，大大超过约为5亿人口的欧盟。由于东盟不断壮大的中产阶级有旺盛的消费需求，该地区今后也有望维持经济高速增长。日本政府判断东盟作为日企出口市场的重要性与日俱增，已经将强化同东南亚的关系纳入日本经济增长战略之中。2013 年 5 月 3 日，日本与东盟 10 个成员国财长和央行行长在印度新德里举行首次会议。这是不包括中韩两国在内的新的合作框架，各方就 2013 年年内签署和扩充双边货币互换协议达成一致。日方与泰国、马来西亚、新加坡、印度尼西亚、菲律宾 5 个主要成员国决定签署并扩充货币互换协议，即在本国货币出现暴跌的情况下可以互相借用所需外币以支撑汇率。同时还决定让在东盟国家开展业务的日企更容易获得当地融资的机制。对于 5 个主要成员国之外的越南和缅甸，日本承诺在构筑金融制度和规制改革方面提供支持。与会的日本副首相兼财务相麻生太郎称："东盟是日本必须加以重视的地区"，表示今后将定期举行日本同东盟的相关会议。日本和东盟 10 个成员国达成了金融合作协议，此举旨在分享该地区经济增长的成果，带动日本国内经济复苏。再加上同中韩之间关系恶化，日本经济外交开始大转向，从优先维持同中韩的合作关系变为重视东南亚。

在地区安全格局构建方面，日本加强与美国及其盟友联合遏制中国的政策。日本、美国和澳大利亚三国国防部长于 2013 年 6 月 1 日在新加坡举行会谈，三方就钓鱼岛及南海问题一致表示"反对任何试图强行改变现状的单方面行为"。防卫大臣小野寺与美国国防部长哈格尔、澳大利亚国防部长史密斯一致认为，朝鲜的核和导弹问题是对地区安全"重大的不稳定因素"。三方在会谈后发表了联合声明，主要内容为共享信息和通过联合训练加强警戒监视。联合声明主张根据国际法解决纷争和确保海上航行自由。为加强防务合作，声明还提出制订三国行动计划。2013 年 10 月 4 日，日本外相岸田文雄、美国国务卿克里和澳大利亚外交部部长毕晓普在印度尼西亚巴厘岛举行战略对话并发表了联合声明。鉴于钓鱼岛问题上的动向，声明宣称，"反对任何有可能改变东海现状的强制性、单方面的行动"。声明还就中国与东盟部分成员国存在南海问题表示应保证"航行自由"、遵守国际规范。5 日，岸田文雄在印度尼西亚巴厘岛出席亚太经合组织（APEC）外长会议时，再次提及了所谓确保区域内航行自由的重要性，并表示为了实现亚太地区的经济发展，"人员与物品的自由流动不可或缺，继续保证航行自由符合全体成员的利益"。他还表示日本将为

“创造和平稳定的环境做贡献”。在2013年10月6日至10日亚太经合组织（APEC）峰会及东盟相关峰会期间，安倍与俄罗斯、越南和印尼等国领导人举行了双边会谈，加大“战略性外交”力度。上述种种外交举措表现出安倍政府正在亚太地区加紧构筑针对中国的“包围圈”，欲加强同有着所谓民主主义等共同“价值观”的东盟各国及印度的合作以牵制中国。

三 日本对外关系的历史修正主义路线

“侵略未定论”是安倍2015年“8.14谈话”的核心。这是日本历史修正主义的“国际宣言”，既针对不明侵略历史真相的世人，更针对饱受军国主义侵略伤害的亚洲民众。“安倍谈话”的历史修正主义已经严重恶化了日中关系和日韩关系。可以说，安倍颠覆历史问题的“8.14”谈话，是中日关系的“大变局”，实质上是逼迫中韩等受害国接受其历史修正主义。

在2015年中国人民抗日战争暨世界反法西斯战争胜利70周年之际，对于二战加害国日本而言，本是日本正视历史、反省历史的机遇之年。但是，安倍在“8.14”谈话中将“事变、侵略、战争”并列在没有面向中韩等战争受害国的语境下，淡化军国主义侵略罪行的非正义性，而且在关于日本殖民侵略台湾的话语中，严重违背《中日联合声明》关于遵守《波茨坦公告》第8条的承诺，表现出否定“村山谈话”的“历史性大倒退”。“村山谈话”及“河野谈话”构成了日本战后对军国主义侵略战争反省的根基，是历届日本内阁“历史认识”的试金石。但“安倍谈话”对于日本殖民主义和军国主义侵略历史避而不谈，对此，中国外交部发言人华春莹答记者问时指出，“在国际社会共同纪念二战胜利70周年的今天，日本理应对那场军国主义侵略战争的性质和战争责任做出清晰明确的交代，向受害国人民做出诚挚道歉，干净彻底地与军国主义侵略历史切割，而不应在这个重大原则问题上作任何遮掩”。她说，日本军国主义发动的侵略战争给中国和亚洲受害国人民带来了深重灾难。正确认识和对待过去那段历史，是铭记历史、捍卫正义的要求，是日本与亚洲邻国改善关系的重要基础，也是开创未来的前提。

中日关系在曲折中发展的历程表明，由于中日两国之间存在着历史、领土和东海海洋权益等问题，中日政治互信仍具不稳定性和不确定性，还需要两国坚持“四个政治文件”维护中日关系大局。为此，国家主席习近平于2015年4月22日在雅加达应约会见日本首相安倍晋三时说：“处理中日关系的大原则，就是要严格遵循中日四个政治文件的精神，确保两国关系沿着正确方向发展。”“历史问题是事关中日关系政治基础的重大原则问题。希望日方认真对待亚洲邻国的关切，对外发出正视历史的积极信息。”否则，日本的所作所为将可能影响未来中日关系的正常发展。

可以说，中方强调中日“四个政治文件”的原则性，目的是避免历史、领土、海洋权益等因素形成中日在政治和安全层面的摩擦和冲突，降低中日及亚太地区政治和经济不稳定的风险。目前日本对华政策存在着一定变数和不确定性。日本政要不能“以史为鉴”“正视历史”，“克服影响两国关系政治障碍”依然任重道远。日本保守派政要能否抛弃历史修正主义，通过中日对话与磋商，缓和分歧与矛盾，累积政治互信，仍将是考验日方能否维护中日两国关系和平、稳定与发展的试金石。

随着自民党保守政权的进一步巩固和延续，日本政治右倾化的历史修正主义特质将会愈加凸显。“安倍谈话”表明日本政府从迎合极端民族主义思潮发展到走向否认殖民及军国主义侵略历史的前台。安倍以首相身份参拜供奉甲级战犯的靖国神社，更是从极端民族主义的“依靠者”变成直接参与者。安倍上台执政以来在安全保障、外交和历史认识问题等方面加快右倾化步伐，修改反省日本殖民及军国主义侵略历史的“河野谈话”和“村山谈话”，成为日本挑战世界反法西斯战争胜利成果的主要议题。在安倍的政治右倾化言行带动下，部分内阁成员已经从过去的“失言”变成现在的“直言”，甚至是直接行动，把否认日本殖民及军国主义侵略历史作为谋取“政绩”的“卖点”，表现出历史修正主义的政治右倾化趋向。

“安倍谈话”这样的历史修正主义“政治诉求”，目的是恢复因二战侵略他国“丧失”的部分国家对外职能，最终成为所谓的“正常国家”。因而，否认殖民及军国主义侵略罪行、修宪、“争常”并谋求废除联合国宪章中的“敌国条款”，实现政治军事大国化构想，就成为日本右翼和一些保守势力的政治主题。如果安倍等保守派政要延续在历史认识和靖国神社问题上的错误言行，必然会进一步影响到未来日本的对外关系。如果在强调“日本的历史和文化传统”的同时，对于日本殖民及军国主义侵略罪行不加反省地“肯定”和美化，就会进一步失信于中国和韩国等亚洲邻国乃至国际社会。

由此可见，安倍等保守派政要否认殖民及军国主义侵略历史、摆脱“战后体制”、挑战世界反法西斯战争胜利成果、制造与邻国领土纠纷等历史修正主义行为将会愈演愈烈，安倍上台后就在亚太地区展开密集的外交攻势，试图构筑“对华包围圈”，其“离间”外交手段是全方位的多管齐下，四面出击。安倍迫不及待地将其保守主义外交理念付诸实践，派出各路人马围着中国搞“离间”公关，在东南亚与个别国家已形成所谓对华“共识”。近期来看，其遏制中国的战略意图不会改变。日本一直很重视与东南亚国家的关系，这里面既涉及区域合作中的经济利益，也有牵制中国正当南海维权的因素。譬如日本许诺给予菲律宾经济援助，提供海洋巡逻艇，进行海岸警备队人才培训，帮助菲律宾完善海上通信系统，强化双方海洋安全合作，牵制中国的意图明显。日本的设想是在东南亚的中南半岛继续打造所谓“东西经济走廊”和“南部经济走廊”，加大拉拢湄公河流域5国的力度，试图遏制中国的“南北走廊”计划，并在中日贸易受损后加强与这些国家的经贸关系，一举两得。

安倍多次表示“将与拥有自由、民主、基本人权、法治等共同价值观的国家加强合作”，并重申将把日美同盟置于安保政策的核心。日美还力图将个别第三国纳入“美日+1”模式，通过日美两国与韩国、菲律宾、越南、印度等三边方式配合美国亚太战略再平衡，扩大日本的地缘战略影响力。譬如日美印三边磋商机制就涉及如何确保印度洋、太平洋的海上通道安全、相关国家安全合作等议题。日本还考虑与美国共同将“美日+1”合作模式扩大到整个亚太地区，旨在主导地区安全事务。另外，日本力求通过改善亚洲外交，就东亚区域经济一体化、地区安全和国际问题与亚洲国家进行多边战略对话，提升日本在亚洲事务中的发言权和主导权。同时，日本力图建立有共同价值观的“民主国家”联盟，增强在东亚地区的支配力。日本的亚洲外交战略的核心内容是以日美同盟为建构亚太地区安全机制的基础，通过支持强化东盟地区论坛等合作安全机制，积极开展多边安全对话。日本力图在开展多边安全对话方面发挥主导作用，增加在国际社会尤其是东亚地区的支配力和发言权。同时，日本也希望通过发展多边安全对话来淡化对美依赖程度。

总之，钓鱼岛及东海问题持续恶化表明，日本政府对华政策完全是从日本国家利益出发的，完全符合日本整体的国家发展战略意图。特别是在东亚区域合作过程中，日本一方面最大限度地发挥日本作为经济大国的强项，与中国在经济领域抢夺制高点，掌握东亚区域合作主导权；另一方面，日本力图引导亚太安全机制构建进程，依托日美同盟，与日本的“同质性”国家共同抗衡中国。从长远来看，日本仍会以所谓共同价值理念作为东亚安全合作的基础，谋求通过发展与中国周边国家的关系来抵消中国和平发展的国际影响力。

日本在坚持“正常国家化”既定战略目标的基础上，从国家利益出发，围绕日美同盟、价值观外交及地区安全问题等战略重点，已经严重危及亚太及世界的和平与发展，值得亚太地区及国际社会高度关注和警惕。

第三节　日美同盟关系

日本对美外交战略主要是借助日美同盟来积蓄力量，为最终摆脱美国的控制创造条件。日美同盟关系经历了冷战时期同盟关系的确立、冷战后日美同盟的“漂流”及调整、“9·11”事件后日美同盟强化的阶段性演化过程。由于日美同盟各个时期核心现实利益的变化、发展，一方面，日美同盟正在发生结构性嬗变，“美主日从”关系正在向“对等性”和“平等化”的方向演变；另一方面，随着日美同盟功能的扩展，日美同盟在广度和深度上进一步走向全球化和军事一体化。美国全球战略的需要和日本的大国化追求，使日美同盟对亚太乃至全球安全环境的影响日益深化。进入 21 世纪以来，日美同盟随着世界形势的变化有新的发展趋势。从日本的角度来看，日美同盟是日本安全战略的主要支柱，因而要强化日美同盟，“借船出海”，不断提高日本在同盟中的地位和作用，力求实现日本的“正常国家化”战略。

一 冷战时期日美同盟关系的确立

二战后，日美两国之所以签署《日美安全保障条约》，确立日美同盟关系，有着深刻的国际背景和日美双边关系发展的原因。第二次世界大战结束后，以美国和苏联为首的东西方冷战开始，在全世界范围内形成以意识形态为主导的东西对立格局，并一直持续到苏东剧变，战后的日本的对外关系轨迹，同这个历史时期的发展过程基本一致。

以美苏冷战和两大阵营对峙为特征的两极格局也在日本的对外关系中得到体现。1945 年，日本作为战败国被美国单独占领，在政治上完全丧失发言权。经济上由于受到战争的荼毒，整个国家经济陷入瘫痪，民不聊生，如何促进日本经济发展，摆脱战败国的厄运，成为日本当时最大的问题。日本的决策层在美国的压力和对自身利益的判断之下，选择了与美国签署安全条约的方式。1951 年美日片面签署的《旧金山和约》规定：缔约国可在日本驻军，日本可以自愿加入集体安全协定等。这就为日美结盟提供了法律依据。同年，日本与美国还签订《日美安全保障条约》，并根据这一条约，于 1952 年 2 月签订了《日美行政协定》。根据这些条约和协定，承认美军驻扎日本国内及其周围地区，规定日本向美军提供基地，并分担驻扎费用。这些“美主日从”的规定为确立日美事实上的同盟关系奠定了法律基础，并构成了日美同盟的基本框架。当时，日本首相吉田茂的基本思路是：在安全上以向美军提供军事基地换取美军的保护，采取“重经济轻军备”路线，腾出主要资源来专心致志地搞经济建设，使日本尽快地强大起来。为此，日本保守势力处处顺应美国的意愿，换取美国的军事保护和安全保障，集中精力发展经济。正是基于政治上的被迫性和经济上的主动性，日本接受了“美主日从”的同盟关系，确立了“以日美

关系为基轴”的外交与安全政策。

日美两国于1960年1月又签署了《日美相互合作及安全保障条约》等相关协定。该新安保条约规定不经美同意不得将基地权利给予第三国，写明了美国对日本负有防卫义务，规定了要加强相互防卫的力量和促进日美经济合作等内容，这体现了同盟当事国的协作关系及其法律地位。其中，新条约删去旧条约中关于美军帮助日本政府镇压内乱和暴动等条款，多少改变了日美同盟关系的不对等性。

随着冷战的加剧，1978年11月，日美又制定了《日美防务合作指导方针》，赋予了日美在东亚防卫行动原则，使日本成为美国在亚洲反苏反共的生力军。1981年5月，铃木善幸首相访美时与里根总统发表联合声明，双方首次共同使用了“美日同盟”的表述。这一表述使日美同盟关系得到进一步确认。日本首相中曾根1983年初访美时对里根总统说，“日美两国是命运的共同体”，还对《华盛顿邮报》社长表示，“日本列岛可以起到不沉的航空母舰的作用”，积极支持和配合美国在亚洲的战略政策。美日的同盟关系得到实质性的发展。1990年，美国负责东亚太平洋事务的助理国务卿公开表示，支持日本成为联合国安理会常任理事国，鼓励日本作为西方一员参与北约的活动。总之，冷战后期美苏争霸的态势，客观上使日美同盟关系得到实质性的发展。

二　冷战后日美同盟的“漂流”、调整及“再定义”

冷战结束后，日美两国把自己的国家利益放在对外战略的首位，过去被隐藏在共同安全利益背后的日美经贸摩擦日益表面化、公开化。但日美同盟走出短暂“漂流期”和两国各自的探讨期之后，日美继续把日美安保体制作为其亚太安全战略的基础，并通过对日美同盟的再定义，扩大了同盟的内涵与外延，使其得到实质性加强。

（1）“海湾战争”对日美同盟的影响。“1990～1991年在波斯湾爆发的战争对美日关系的发展来说是一个关键性的时刻。而日本所面临的挑战是，这个国家能否超越‘吉田主义’政策的思维定式，在冷战后的世界上参与制定处理国际安全事务的规则。”战后以来，日本历届政府均把日美同盟关系作为日本外交的基轴。所以，能否支持美国在“海湾战争”的行动，对日本的保守势力是一个考验。美国“积极利用同盟国分担体制的政策以及威胁源的变化对（日本）政府和自民党的安全防卫政策带来了很大的影响”。美国认为日本作为同盟国家，就应该“理所当然”地承担相应的责任。但日本作为二战的战败国，日本宪法是不允许这样做的。美国之所以这样要求日本，就是要让日本承担美国“军事化费用的负担”，让日本积极发挥其所谓的“国际作用”。正是美国这样的要求，顺应了日本新保守势力的“国际贡献论”，并且给日本保守政府突破“和平宪法”提供了一个绝好的机会。

（2）日美两国平稳度过短暂的“漂流期”。冷战后初期，日美经济摩擦愈演愈烈，政治关系明显松弛，并大有危及美日同盟关系的可能性。从日本来说，冷战结束对日本的国内政治及国际战略产生很大影响，促使日本的对外关系进行重新定位。日本前首相中曾根在《政治与哲学》一书中指出，在美苏两大势力争霸的时代，各个国家都分属不同的阵营而无法决定本国的事情，在国内因“1955 年体制”的观点对立，也使国民存在选择的困难，而现在这样的局势已经消失，可以说我们进入了“多元化”的时代。20 世纪 90 年代上半期，日本表达了重构世界战略格局的构想，日本国内也出现了对美国说“不”的声音。但是，日本经过各界精英的一番战略论争后确认：尽管冷战后世界形势趋缓，但亚洲地区仍存在地区冲突，日本在安全上仍需要得到美国的保护，美军继续驻扎可以使日本节省大量的军费开支，集中精力发展日本自己的高科技军事力量。1993 年 4 月 16 ~ 18 日宫泽喜一首相访美期间，日美以政经不可分原则为两国的伙伴关系下了定义。这充分说明协调美日同盟关系对维护美国的亚太战略具有极为重要的现实意义。

（3）日美同盟经过冷战后短暂的“漂流期”后，进入“再定义”时期。“再定义”的调整进程分为两个阶段：第一阶段是 1994 ~ 1996 年，主要回答了“要不要”日美同盟的问题。在日本看来，尽管冷战后的世界形势相对稳定，但亚洲地区仍存在地区冲突的可能，日本在安全上仍需要美国的保护。1995 年 11 月，日本内阁会议通过的新《防卫计划大纲》

也称，日美安保体制对于确保日本及周边地区的“和平与稳定、建立更稳定的安全保障”不可或缺，对美国的东亚战略调整进行了积极回应。第二阶段主要回答了日美同盟“如何做”的问题。1996 年 4 月《日美安全保障联合宣言》的发表，标志着“再定义”的全面启动，其掣肘中国，控制朝鲜，防范俄罗斯，维护日美两国在亚太地区“共同利益”的目的性十分明显。1997 年新《日美防务合作指针》的制定，是日美同盟继 1960 年的新《日美安保条约》、1978 年的《日美防卫合作指针》之后的第三次调整。它进一步扩大了日美同盟的活动范围和职能，为日本的军事行动扫清了道路，确定了新时期日美安全保障体制的战略目标。这为日本面向 21 世纪发展军事力量和包括在国际军事领域发挥其作用提供了条件。

三 “9·11”事件后日美同盟关系的强化

21 世纪初期，美日基于各自的安全战略需要，进一步扩大日美同盟的发展空间。在美国看来，日本根据 1999 年的《周边事态法》在战时对美实施后勤支援还不能满足其战略需要，日本有必要从行使单独自卫权走向行使集体自卫权。因而，美国鼓励日本突破“和平宪法”，参加“集体防卫”。2001 年 4 月上台执政的日本首相小泉纯一郎对于行使集体自卫权态度积极。美国发生“9·11”事件后，日本制定一系列新的法案以配合美国“反恐”，借“反恐”强化日美军事同盟关系。2001 年 10 月，日本国会众参两院通过的《恐怖对策特别措施法案》《自卫队法修正案》《海上保安厅法修正案》三法案，突破了《周边事态法》中自卫队对美支援的区域在“周边地区”的限制，进一步扩大自卫队的活动范围。

2002 年小泉纯一郎首相咨询机构“对外关系调研小组”提交的《21 世纪日本外交的基本战略》指出：“日本作为一个国家的最重要的目的是确保独立与国土、国民的安全。在可预见的未来，其现实的手段只有日美安保体制。”基于这样的外交战略，小泉保守政府出台了包括《武力攻击事态法案》《自卫队法修正案》和《安全保障会议设置法修正案》在内的所谓“有事立法”三大相关法案。在伊拉克主要战事结束后不久，向伊拉克派遣自卫队的《伊拉克复兴特别措施法案》也于 2003 年 7 月在日本国会通过，日本先后在2003年底到2004年初向伊拉克派遣了自卫队。这是日本应美国要求首次向战斗发生区出兵，是二战结束以来日本在海外派兵问题上的重大突破，也是日美同盟关系的重大突破。2004年2月，日美通过签署新的《日美相互提供物资劳务协定》进一步扩大了日本后勤支援的范围。3月，日本内阁又通过"有事立法"相关联的《支援美军法案》《国民保护法案》等7项法案。"有事立法"等一系列相关法案的出台，凸显了日美同盟的强化，表现出日本配合美国全球"反恐"、应对紧急事态的战略倾向，"日美同盟全球化"趋势日渐明朗。

进入21世纪后，日美同盟加大针对中朝的倾向。伊拉克战争后，美国调整全球军事部署，将战略重心东移亚太地区。日本借机在新防卫大纲中渲染朝鲜核问题及台海危机，为新的日美防务合作营造气氛、寻找借口。2005年2月的"日美安全磋商委员会（2+2会议）"后发表共同声明，确定了12项关于亚太地区的战略目标，还首次将"鼓励和平解决有关台湾海峡的问题"列为日美共同战略目标之一。2005年10月，"日美安全磋商委员会（2+2会议）"发表了《美日同盟：为了未来的改革与重组》中期报告，提出了美日军事一体化、调整驻日美军军事部署的具体措施。日美在2006年初还两度举行针对钓鱼岛的联合军事演习。同时，在朝鲜导弹和核问题上，日美于2006年7月、10月两度合作在联合国推动制裁朝鲜的1695号和1718号决议。2009年初，麻生首相在施政演说中强调要以日美同盟为基础，进一步强化同盟关系，计划同美国在反恐战争、核裁军与核不扩散、气候变化等全球规模课题上展开合作。2009年5月，"日美安全磋商委员会（2+2会议）"签署《军事情报保护协定》（GSOMIA）并发表联合声明，表示将制定一份共享系统运用情报的日程表，鲜明地反映出将加强日美同盟和扩大自卫队的作用。在共同战略目标中，两国将日美同盟和北约（NATO）定位为"互补"关系，表示为维护世界和平与稳定，日本将与北约"达成广泛合作"。可以说，"9·11"事件以来，日本加快"借船出海"的步伐，积极构建日美对外干预型军事体系，借助美国在亚太地区的军事存在，不断扩大日本在该地区安全秩序建构中的作用。

四 21世纪日美同盟的走向

进入21世纪以来，日美同盟随着世界形势的变化有新的发展趋势，即“由依赖美国体制向可以行使集体自卫权的双向义务体制”转换；日美安保体制深化“涵盖亚太，多维渗透，攻防兼备”功能；引入战区导弹防御系统（TMD），深化日美军事合作。从日本的角度来看，日美同盟是日本安全战略的主要支柱，因而要强化日美同盟，“借船出海”，不断提高日本在同盟中的地位和作用，实现日本的“正常国家化”。日本的“正常国家化”和美国全球战略调整过程中的“战略共识”，使日美同盟关系中的摩擦和冲突因素逐步减少，合作因素日益增多。正如安倍2007年4月26日访美前表示的那样：“日美同盟是日本外交、安全保障的基础。为了使日美成为不可动摇的坚固同盟，必须构筑起彼此之间的信赖关系。”安倍力图结合具有共同价值观的民主国家形成全球性战略伙伴联盟，不断提高日本在联盟中的地位和作用，使得日本能够在新的国际新秩序中体现大国作用。

一直以来，日本将美国作为其外交的根本基轴，奥巴马政府也将日本作为其落实亚洲再平衡战略的主要盟友。2014年4月24日，安倍晋三首相在与到访的美国总统奥巴马的首脑会谈中再次确认了日美同盟的重要性，展现了日美关系在遭受靖国神社问题冲击后的“全面修复”。通过本次日美首脑会谈，日本阐明以日美同盟关系和共同价值观为基础主导亚太地区事务的战略方针。安倍在日美首脑会谈上表示：“日美同盟关系拥有自由、民主主义和基本人权等共同价值观，以及共同的战略利益，是和平和繁荣的基石。”“希望在亚太地区发挥日美同盟的主导作用。”安倍在日美首脑会谈后宣称：“对于两国来说，这是一份划时代的声明。这份声明向海内外表明了日美同盟为了确保亚太地区的和平与稳定，将发挥主导作用的决心。”奥巴马也再次强调在安全与经济两个层面“重视亚洲地区”的亚洲再平衡战略意向。因此，日美共同声明宣称，日本的“积极和平主义”与美国的亚洲“再平衡”战略将有助确保亚太地区的和平与繁荣。“日美两国，通过紧密合作与协调在共筑亚太及超越亚太的未来的基础上，再次确认两国间长年存在的无可替代的伙伴关系。”这完全是基于日美两国国家利益的战略需求。

总之，日本的“正常国家化”与美国全球战略调整的利益交汇点，是日美同盟强化的原动力。尽管两国在联合国安理会改革、东亚共同体及“慰安妇问题”上有所分歧，但并不影响深化日美同盟关系的大局。决定“借船出海”仍是日本成为所谓“正常国家”的最佳战略选择。21 世纪初，日美同盟已经演化成为美国的全球战略需要和日本全面大国化战略相结合的产物。展望未来，日美同盟的进一步全球化和军事一体化，将是该同盟体在广度和深度上的发展趋势。

第四节 日俄关系

日俄关系是在冷战时期日苏关系的基础上发展起来的，历史遗留问题影响两国关系的现实发展。虽然冷战时期的意识形态对立消失，但领土及安全问题仍然是两国之间存在的主要问题。

一 领土问题取代冷战思维成为日俄关系的主题

从 20 世纪 80 年代末开始，日苏（俄）两国逐步走出冷战形成的意识形态困境，却又陷入领土纠纷的泥潭。为此，1991 年 4 月，苏联的戈尔巴乔夫总统访日，与日本首相海部俊树发表了《日苏联合声明》，其中就两国领土问题有如下表述：“第一，苏联正式承认存在领土问题；第二，领土问题具体指齿舞、色丹、国后和择捉四个岛屿的名字被明确记载；第三，领土问题没有解决，到缔结和平条约时，包括这些领土问题必须得到解决。”但是，1991 年 12 月苏联解体，日苏领土争端被日俄关系所继承。随后日俄间的“领土争端”代替冷战鸿沟上升为主要矛盾。

新生的俄罗斯在“重返欧洲”受挫后，开始重视东方外交，逐渐调整对日关系。日本也投其所好，积极谋求改善日俄关系，并乘机将“北方四岛”（俄称“南千岛群岛”）问题提上发展两国关系的议事日程，谋求加快解决日俄领土之争。1992 年 7 月，宫泽喜一首相在七国首脑会议的政治宣言中塞入如下内容："希望日俄两国基于法和正义的原则解决北方领土问题，实现两国关系的完全正常化"。叶利钦对俄日领土问题的"国际化"表示了强烈不满。1993 年 10 月 13 日，俄罗斯总统叶利钦访日，并与细川首相签署了《东京宣言》，其中指出：两国首脑就四岛归属问题进行了谈判，一致同意以"两国间的诸文件"及"法和正义"为基础继续进行缔约谈判。《东京宣言》为日俄领土问题谈判提供了新的立足点。1994 年 11 月底村山富市首相与到访的索斯科韦茨副总理会谈时，双方同意《东京宣言》是"两国关系前进的基础"。但日方偏重于解决领土问题、俄方偏重于扩大经济合作的基调并未发生变化。

20 世纪 90 年代后期，日本放弃了初期的"政经不可分"的简单做法，对俄采取多层次接触政策，试图通过加深日俄全面合作关系，为解决北方领土问题创造条件，以达到尽早收回"北方四岛"的政策目的。1996 年至 1997 年初，日本把领土与经济领域"扩大均衡"方针调整为领土、经济、政治、安全、国际合作齐头并进的"多层次接触"方针。1997 年 3 月，桥本龙太郎首相表示赞同俄罗斯正式参加七国首脑会议。1997 年 6 月 20 日，日俄首脑举行会谈后，叶利钦表示将不再把核弹头对准日本，两国首脑间开通了热线，俄方表示支持日本成为联合国安理会常任理事国。1997 年 7 月 18 日，双方就日本渔船在"北方领土"周围水域捕鱼问题达成一致，朝向"搁置争议，共同开发"迈出了第一步。在上述日俄外交互动的基础上，桥本首相在 1997 年 7 月 24 日演讲中提出了"相互信赖""互惠互利""着眼于未来"等对俄关系三原则，其核心是以"互利"和"没有胜者和败者之分"为原则，打破因领土问题而形成的僵局，以经济合作为突破口改善日俄关系。他表达了把领土问题和经济合作、军事交流并举的更灵活的对俄政策思路。桥本提出："改善（日俄）双边关系，是两国政府面向 21 世纪首先应认真解决的课题。"1997 年 11 月 1 ~2 日，日俄首脑在东西伯利亚的克拉斯诺亚尔斯克举行了非正式会谈。该会谈在如下几点上取得了新的突破：双方决定，根据 1993 年的《东京宣言》争取在 2000 年前缔结和约；双方达成了"日俄两国都是世界大国，应该互相合作"的共识；双方在政治、经济、军事合作等领域达成八项协议。日本之所以进一步调整对俄政策，主要出于两方面考虑：其一，战略考虑。面对美俄、中俄、中美关系的进展，日本急欲改变日俄关系的落后状况。日本在争当联合国安理会常任理事国问题上也需得到俄方支持。其二，经济考虑。日本从“能源外交”和“欧亚大陆外交”战略出发，提高了对日俄关系的重视程度。日本已参加了一些开发俄罗斯能源资源的项目，俄罗斯也对日本参与西伯利亚及远东地区开发寄予厚望。

20 世纪末期，日本不断调整对俄政策，使两国关系得到很大改善。叶利钦总统与桥本龙太郎首相于 1998 年 4 月 18～19 日在日本举行非正式会晤，经过两轮会谈，双方一致同意：把根据 1993 年《东京宣言》第二条解决四岛归属问题以及面向 21 世纪的日俄友好合作原则等写入和平条约。1998 年 11 月小渊惠三首相访俄会晤了叶利钦总统。两国发表了题为《关于俄罗斯联邦和日本国之间建立建设性伙伴关系》的宣言，使两国关系取得了进一步发展。尽管日俄关系在 1998 年进一步改善，但还不能说是质的突破。因为日俄关系的关键因素领土争端仍然没有取得实质性进展。

二 日俄两国就缔结和平条约的互动与磋商

由来已久的“领土问题”已成为日俄两国缔结和平条约的瓶颈，进入 21 世纪，国际社会高度关注两国如何处理这个棘手的问题。2000 年 4 月底，森喜朗首相对俄罗斯进行了为期 3 天的非正式访问。9 月 3～5 日，普京总统对日本做正式访问，同森喜朗重点讨论了签署日俄和平条约、开展经济合作等双边关系问题。双方签署在国际事务中相互协作联合声明和在经贸领域加强合作纲要，以及在经济、科技、安全、执法等方面开展合作的若干文件。但在解决领土争端和签署和约等问题上未能取得突破。最终，森喜朗和普京签署并发表了包括六项内容的《关于和平条约问题的联合声明》。对于领土争端问题，声明指出：“双方同意，依据迄今达成的所有协议，包括 1993 年关于日俄关系的东京宣言以及 1998 年日俄莫斯科宣言，为通过解决择捉岛、国后岛、色丹岛和齿舞群岛的归属问题而签订和平条约继续谈判。”双方的联合声明中再次具体写明了四个岛屿的名称，双方同意就四岛归属问题继续谈判。在森喜朗和普京签署的联合声明的第一项中就写明“日本和俄罗斯构筑符合其战略性的、地缘政治学利益的创造性伙伴关系的志向”的内容。从具体成果来看，以能源开发为中心的“森喜朗－普京计划”、关于核裁军方面的合作等，都是互有所求，都出于现实和长远的政治、经济利益考虑。森喜朗首相与普京总统的东京会谈，是两国在解决领土问题上的新起点。2001 年 3 月，普京和森喜朗在俄罗斯西伯利亚城市伊尔库茨克举行会谈。双方发表的《联合声明》称：两国领导人一致同意在过去签订的文件基础上就缔结和平条约继续举行谈判，日苏 1956 年《日苏共同宣言》应成为谈判的基础性法律文件；两国将积极寻找相互可以接受的解决方案，尽快确定缔结和约的具体方针，解决“北方领土”的归属问题，从而使两国关系完全正常化。2001 年日俄签署《伊尔库茨克声明》重申了 1956 年《日苏共同宣言》中齿舞与色丹两岛要在两国签署和平条约后归还日方这一条款的有效性，应遵循该声明解决领土争端。

小泉纯一郎内阁时期，加强日俄经贸领域的合作是两国在建立战略伙伴关系时优先考虑的方面，是两国首脑历次会晤讨论的重点。2003 年 1 月，小泉首相访俄并与普京总统签署了旨在深化两国关系的《联合声明》和《联合行动计划》。《联合声明》强调：俄日两国将争取彻底解决历史遗留问题，决心通过积极的谈判尽快解决“北方四岛”的归属问题并签署俄日和平条约，以便实现双边关系正常化，开创两国广泛合作的新局面，建立符合两国战略和地缘利益的建设性伙伴关系。在此次访问中，小泉重点就能源领域合作问题同普京进行了磋商，日俄之间就安加尔斯克—纳霍德卡（安纳线）输油管达成重要协议。从小泉首相访俄结果看，双方在领土问题上的僵局没有打破，但都希望通过加强两国在其他领域的合作，为领土问题的解决创造良好的环境。小泉政府实际着眼于通过多领域的合作改善两国关系，以便今后争取在领土问题上有所突破。

在“北方领土”问题上，日俄的分歧不是是否归还，而是何时、以何方式、在多大范围内归还的问题。2004 年 11 月，俄外长拉夫罗夫声称，遵守《日苏共同宣言》，把齿舞、色丹两岛交给日本。但是，小泉在东京发表谈话称，日本不会接受只归还两岛的领土解决方案。“如果不明确北方四岛的归属问题，就不与俄签署和约，这一方针不会改变。”俄多名政府高官即还以颜色，表示将以“二战结果无法改变”为由拒绝日本归还“北方四岛”的要求。虽然此后俄方仍愿实施1956年的《日苏共同宣言》，把齿舞岛和色丹岛归还日本，但是日方的立场未变，认为只要明确“北方四岛”的归属，即可缔结和平条约，至于何时归还领土，则可从长计议。鉴于1956年《日苏共同宣言》已解决了两岛的归属问题，现在的课题是明确另外两岛，即国后岛和择捉岛的归属问题。日俄的上述分歧表明，双方还在领土问题上兜圈子。面对日本政府在领土问题上的强硬态度，俄方是丝毫不让步，2005年5月21日，俄罗斯外交部部长拉夫罗夫在接受共同社的书面采访时明确表示，日本所提出的归还四个岛屿的要求缺乏国际法上的依据。日俄在领土问题上唇枪舌剑，导致两国之间频繁发生纠纷和摩擦，并间接影响了日本的对俄能源外交。

随着东北亚国际环境的改善，朝核问题有所进展，日俄关系转暖。2007年初，安倍首相认为，欲解决朝核问题日本必须与俄罗斯和中国加强合作。2007年9月8日，日俄首脑利用出席悉尼亚太经合组织（APEC）首脑会议的机会举行了会晤。日本首相安倍晋三与俄罗斯总统普京举行了会谈，双方就敦促各自的实际负责人加快谈判以解决北方领土问题并缔结和平条约一事达成了一致。安倍强调，“为将日俄关系提升到一个新的层次，和平条约的缔结是不可或缺的”。普京则回应，“我对找出双方都能接受的解决办法有兴趣”。但在关键的北方领土问题上仍然是各持己见，日方强调为了新的日俄关系、缔结和约，早日解决领土问题必不可少；俄方则指出应找出双方都接受的解决办法。双方的距离仍然很大。

三 日俄两国探索促进双边关系的“创新方式”

日俄两国缔结和平条约的主要障碍来自领土争端问题。俄罗斯将1993年发表的《东京宣言》和1956年签订的《日苏共同宣言》一同定位为领土谈判的基础。其中，《东京宣言》中明确表示日俄将解决包括国后岛和择捉岛在内的“北方四岛”归属问题并缔结和平条约。2009 年 2 月，麻生太郎首相与梅德韦杰夫总统在俄罗斯远东就日俄间最大悬案的“北方领土问题”举行了会谈，双方一致认为，“为了在我们这一代加以解决，将通过不拘形式的创新方式加速（领土谈判）工作”。然而，随后日本众院通过“北方四岛”为“固有领土”的法案。6 月 11 日，日本众议院全票通过《促进解决北方领土问题特别措施法》修正案，明确写入“北方四岛”为日本固有领土。日方称该法案旨在通过在法律上定位“北方领土”以提高日本民众对归还问题的关心程度，这引起了俄罗斯的强烈不满和抗议。俄罗斯国家杜马也通过一项声明称，对日俄和平条约谈判丧失了希望，并警告日方如不撤回该法案谈判将无法取得进展。7 月 9 日，在意大利拉奎拉参加八国集团首脑会议的麻生太郎首相与俄罗斯总统梅德韦杰夫举行了会谈。麻生强调了“俄罗斯不法占据北方四岛”这一日方立场。但是，就北方领土这一焦点问题，俄方并未提出日方期待的新解决方案，梅德韦杰夫对此表示：“在这一代人活着期间解决问题很重要。俄方准备用独创的方式研究各种选择。”他对日本通过规定北方领土为“固有领土”的《促进解决北方领土问题特别措施法》表示忧虑，并对麻生 5 月在日本国会称“俄方的不法占据行为仍在继续”一事表达了不满。梅德韦杰夫还是相对灵活的姿态，在意大利拉奎拉八国集团（G8）峰会闭幕后的记者会上就北方领土问题表示，1956 年发表的《日苏共同宣言》是“唯一的法律文件”，将在此基础上继续进行谈判。该宣言规定苏联和日本缔结和平条约后将归还齿舞、色丹两岛。日俄双方仅确认了将以 2 月两国首脑达成共识的“通过不拘形式的创新方式”加速谈判以解决问题。这表明，对于优先本国利益的俄罗斯而言，几乎不可能做出把四岛全部归还日本的决断。

在 2009 年日本刚实现政权更迭时，基于鸠山由纪夫首相的祖父、日本前首相鸠山一郎在 1956 年签署了《日苏共同宣言》，引导两国邦交正常化的前提，俄罗斯对重视日俄关系的鸠山政权表示欢迎。2009 年上台执政的日本民主党将改善日俄关系作为对外关系的突破口，力求“以坚决的态度加快北方四岛归属问题的谈判进程”，并“通过促进经济文化交流及资源开发的相互协作，巩固日俄关系”。2009 年 11 月，鸠山首相在出席 APEC 峰会时对梅德韦杰夫总统表示，“只归还两岛无法获得国民的理解，期待有超越这一构想的创新解决方法”。然而，民主党内部存在关于“北方领土”的强硬言论，时任日本外长的冈田克强调，“日本要求的是归还四岛。两岛的话不行”。日本固守“北方四岛”返还的方针使俄方大失所望，导致日俄两国就“北方领土”的谈判陷入僵局。

为了彻底解决“北方领土”问题，重新执政的自民党迫切希望改善日俄关系。日本首相安倍晋三于 2013 年 4 月 29 日与俄罗斯总统普京在莫斯科举行会谈，双方就重启并加快北方领土谈判达成共识，显示出了解决这一悬而未决的问题的决心。日本政府 8 月 15 日在首相官邸设立了探讨日俄经济合作方式的“日俄经济交流促进会议”机制，确认了加强日俄两国在经济领域的关系以推进北方领土相关谈判的方针。2013 年 9 月 5 日，安倍晋三在二十国集团（G20）峰会举办地俄罗斯圣彼得堡与普京总统举行会谈，双方就 11 月在东京举行首次两国外长和防长级磋商（2 +2 磋商）达成了共识。关于领土问题成为最大难题的日俄和平条约缔结一事，双方确认了彼此“期待在友好、平和的气氛下进行对话，并取得进展”。俄罗斯总统新闻发言人佩斯科夫称，普京总统和安倍晋三首相就以“平局”精神解决“北方四岛”问题达成了一致。2013 年 11 月 2 日，日俄两国的首次外长防长磋商（2 +2 磋商）在东京举行。双方同意为建立互信而推进在有关亚太地区安全问题的多边会议上的合作，并就日本海上自卫队与俄罗斯海军开展反海盗合作及联合训练达成了一致。双方还就定期举行 2 +2 磋商达成共识。日俄两国将在东盟地区论坛（ARF）等国际会议上的有关安全和救灾的讨论中进行合作。两国还将就应对网络攻击建立高级别磋商机制，并就联合国维和行动开展信息共享。日方希望通过定期举行 2 +2 磋商为推动北方领土问题谈判创造条件。为此，日本首相安倍晋三于 11 月 2 日下午在公邸会见了俄罗斯的外交部部长拉夫罗夫和国防部长绍伊古。安倍在会见中表达了解决北方领土问题、缔结日俄和平条约的强烈意愿，称将通过强化经济及安全领域的合作“使谈判取得进展”。他还表示，当天举行的首次日俄外长防长磋商（2+2磋商）“有了具体的成果，大大促进了两国的合作和互信”。

2015年9月25日，日俄举行副外长级非正式磋商，继续商讨领土问题，就旨在解决“北方四岛”问题的和平条约缔结事宜交换了意见。日本和俄罗斯分别派外务省外务审议官杉山晋辅和副外长莫尔古洛夫出席。随后，在9月下旬美国纽约举行日俄首脑会谈时，安倍演绎了在会议室一路小跑避免普京久候的情景，全身心地展现了对俄重视姿态。该情景也通过视频传递到了俄罗斯。日本政府消息人士断言，“首相所定位的外交领域目前最重要课题，无疑是日俄关系”。有分析认为，为了解决有关“北方四岛”问题，安倍采取“温和路线”，希望通过建立互信关系摸索解决办法而非采取强硬态度。然而俄罗斯未打破固有的立场，认为“北方四岛群岛是在二战中合法获得的领土”，与要求确认“北方四岛”属于日本的日本政府之间存在很大分歧。预测俄罗斯不会做出多少让步，通向最终解决的道路依然曲折。

总之，日俄关系最大的发展障碍依然是“北方四岛”的领土之争，这也是俄日之间迄今仍未签署和平条约的根本原因。日本要求归还国后、择捉、齿舞、色丹四个岛屿作为同俄罗斯签订和平条约的条件。而俄罗斯的立场是按照二战结果占有“北方四岛”，且有着相应的国际法依据。对于如何解决长期以来悬而未决的俄日领土问题，普京总统曾经在2012年3月借用柔道术语，说愿意以“平手”方式缓解俄日领土争端。“普京的主张其实是想搁置领土问题，先行发展日俄经济关系。”与之相呼应，安倍首相也采取不同以往的对俄“温和路线”，力求加强日俄经贸关系推进领土问题的解决。通过这样的“创新方式”，俄日希望共同探索解决“北方四岛”问题的全新路径。尽管俄罗斯现在仍然坚持“‘北方四岛’是在二战中合法获得的领土”的一贯原则，与日本政府要求确认“北方四岛”权属的原则立场存在很大分歧，但是，俄日两国新任领导人以新思路谋求解决两国领土问题的努力已经显现。无论是归还“四岛中两岛”还是归还“四岛面积二分之一”作为可能的解决方式，都是俄日双方为解决领土问题所进行的创新性和建设性探索。至于日俄“2+2”会谈机制，是两国基于双边及地区安全局势加强磋商与合作的方式，可以为推进解决领土问题的谈判创造良好氛围。尽管2013年日俄“2+2”会谈对于亚太地区问题的各自关注点不同，俄方建议与日方额外磋商日美同盟的导弹防御系统问题，而日方竭力希望俄方认同日本所言的“中国威胁论”，但若日俄两国求同存异，巩固政治基础，加强经济和国际领域的合作，双边关系有可能得到一定程度的进展。为此，日本政府成立了俄日交流委员会，谋求加快俄日双边、地区层面的商业及经贸方面的交流。但日俄领土问题涉及敏感的国家主权和民族感情，绝非一朝一夕能够解决，未来日俄两国有关领土问题的磋商与谈判任重而道远。

第五节　日本的联合国外交

日本的联合国外交就是通过加入联合国常任理事国的行列，力求以此改变“战后体制”。因而，日本渴望成为联合国安理会常任理事国可谓日本外交的最大夙愿。冷战后，随着联合国的作用进一步提升，日本把成为安理会常任理事国作为外交战略的重要目标。当安理会常任理事国“扩容”问题被提上联合国改革日程时，日本就不断要求加入常任理事国，理由是日本承担了较多联合国会费，希望在国际事务中拥有更多决策权。事实上，日本迫切要求成为安理会常任理事国，有着明确的战略目的，即日本成为联合国安理会常任理事国之日，就是取得政治大国地位之时。日本对联合国外交战略的目标有二：一是从《联合国宪章》中删除“敌国”条款，彻底摘掉战败国的帽子；二是成为联合国安理会常任理事国。基于这样的战略目的，日本向联合国安理会常任理事国目标发起了外交攻势。

一　以“联合国中心主义”为名，行力图改革联合国之实

日本政府借在海湾战争中被美国等国家批评为“只出钱，不流汗、不流血”的时机，1991年1月，海部俊树内阁做出使用自卫队运输机运送海湾地区难民的决定，随后又决定派遣自卫队扫雷舰赴波斯湾水域清雷，开创了自卫队海外派兵的先例。随后，日本打着“联合国中心主义”

的旗号，积极参与联合国集体安全保障的合作与行动。打着协助联合国进行维和行动的旗号，日本国会于1992年6月通过了《关于联合国维持和平活动合作法》（简称“PKO合作法”），突破了“和平宪法”的羁绊，实现了以联合国名义向海外派兵的战略目的。该法案设立后，日本从1992年9月起先后向柬埔寨、莫桑比克、卢旺达和东帝汶等多处的联合国维和行动派出了自卫队员，参与全球范围内的联合国维持和平行动和国际救援活动。日本通过致力于海外派兵的“联合国维持和平行动”，反映了日本争取“入常”与海外派兵的双重战略意图。

进入21世纪，随着国际局势的发展变化，日本等国家要求联合国安理会改革等问题被提上议事日程。2003年，联合国秘书长安南任命了一个由16人组成的联合国改革问题小组。2004年，该小组提交了一份关于联合国的改革报告。就安理会改革提出A、B两套方案，主张将安理会成员从现在的15个扩大到24个。A方案是增加6个常任理事国和3个非常任理事国，B方案是新增8个可连选连任常任理事国和1个非常任理事国。两方案均规定新增常任理事国没有否决权。2004年8月，日本外务省设立“联合国改革对策本部”，负责向联合国表达日本关于联合国改革的建议。9月21日，小泉首相在联合国大会上明确了日本“入常”的意愿。2004年12月1日，日本、德国、巴西、印度组成“四国集团”发表“入常”联合声明，主张就联合国改革问题小组的A方案进行表决。2005年3月，随着联合国安理会常任理事国“扩容”计划报告提交，日本表示出强烈的“入常”姿态。其理由就是，日本承担了很大一部分联合国会费，因此希望在战争、制裁以及维和等国际事务中拥有更多决策权。可是，日本在寻求美国等西方国家支持的过程中，毫不顾及亚洲国家的态度，全无“负责任大国”的气度。对此，韩国认为，日本在领土和历史问题上的态度，显然不能胜任世界领导者的责任。韩国等亚洲战争受害国坚决反对把“联合国安理会常任理事国”的位置交给一直否认侵略历史的日本。韩国报刊称，日本在处理与邻国的领土主权争端问题上，仍然没有摆脱帝国时期的思想。日本不但不对过去的侵略行为反省，反而企图美化丑恶的历史。日本首相小泉纯一郎公开参拜靖国神社，引起韩中两国民众的强烈不满。如果日本成为联合国安理会常任理事国，它能否遵循联合国精神为国际社会做出积极贡献值得怀疑。3 月底，韩国民众走上街头，开展签名抗议日本“入常”的活动。韩国一些民间团体甚至把支持右翼组织编纂新历史教科书的日本公司列入了抵制日货的“黑名单”。韩国还以“咖啡俱乐部”对抗日本“入常”。韩国常驻联合国大使金三勋 4 月初在纽约宣布，韩国将努力阻止日本成为安理会常任理事国。主要策略是参与以发展中国家为主组织的“咖啡俱乐部”，共同抵制日本的“入常”计划。韩国执政的开放国民党于 4 月 7 日誓言，要发起一场针对日本歪曲历史行径的全面斗争，联合其他曾遭受日本侵略的国家，阻止日本成为安理会常任理事国的图谋。亚洲外交的失败，成为日本“入常”的历史教训。

2005 年 3 月 31 日，日本、德国、印度和巴西 4 个国家的领导人在纽约举行会晤后发表联合声明：4 国将在今后的联合国安理会改革中，相互支持竞争安理会常任理事国的席位。4 月 1 日，日本联合德国、印度、巴西首次提出了联合国改革的 3 个步骤：首先在当年夏天以前，促使安理会通过安理会扩大框架决议；然后在联合国大会上选出新常任理事国；最后通过《联合国宪章》修改决议，首次公开了“入常程序”。4 月 11 日，反对日本、德国、印度、巴西成为安理会常任理事国的国家在美国纽约曼哈顿罗斯福酒店召开“团结一致大会”。韩国、巴基斯坦、阿根廷、意大利和墨西哥等“咖啡俱乐部”成员国呼吁以协商的方式推进安理会扩大进程，并坚决表示，要准备打一场持久战，不惜时间和精力。同时，由于包括美、中、俄等安理会常任理事国在内的大多数国家反对在未达成广泛共识的情况下为联合国改革设定时限，日本在 2005 年内“入常”的希望化为泡影。“事情并不是很顺利，这是事实。”小泉首相于 4 月 12 日不得不承认，日本谋求成为联合国安理会成员的努力并不顺利。5 月 9 日，卢武铉与安南在参加纪念苏联卫国战争胜利 60 周年庆典期间会晤时说：“我们应该考虑申请成为安理会常任理事国的国家是否为世界和平做出牺牲，是否具有道义上的合法性。”“如果一个国家代表亚洲，那么这个国家必须得到亚洲的支持。”韩国以此表示反对日本成为安理会常任理事国的态度。但是，日本并没有完全放弃“入常”的强烈企望。日本就韩国在国际活动中牵制日本加入联合国安理会常任理事国一事表示了强烈不满。9月16日，小泉首相在联合国特别首脑会议上甚至表示，有决心在今后一年内，推进联合国安理会进行改革，并使日本成为安理会常任理事国。

二　不断调整“入常”策略，寻求发展中国家的支持

2005年日本“入常”受阻，显然是没有得到邻国的信任和支持，说明日本想要在国际社会中担任领导角色是有局限性的。尽管日本和德、印、巴结盟扩大反对面是“入常”失败的直接原因，但是，根本原因在于日本不合时宜的对外政策。也就是说，日本失信于亚洲邻国和过分强调美国因素使日本“入常”屡战屡败。日本在“历史问题”上的强硬态度，使中韩等亚洲战争受害国认识到日本缺乏“入常”的资格，还引发一场声势浩大的反对日本“入常”的“全球百万人签名”活动。2005年下半年，当日本决定脱离“四国联盟”，就单独“入常”与美国寻求“共识”的时候，美国常驻联合国代表博尔顿明确表示，现在美国不支持任何国家、集团提出的改革安理会的方案。这使日本的“入常”信心再次受挫，使日本拓展外交空间、增强国际声望的努力大打折扣。2006年9月小泉下台以后，日本对东北亚外交政策发生了一定变化。新任首相安倍晋三开始改变过去忽视“对亚洲外交”的失误，一改新任首相首访美国的常规，通过首访中韩两国缓和了与邻国的关系。他还提出“战略性亚洲外交”、东亚经济合作协定等新的外交理念，取得了一定的外交效果。2006年初日本又单独提出一项方案，建议把安理会成员国增至21个，但因未得到广泛支持而遭遇挫折。2007年9月，美国总统布什在联合国大会上发表演说时称，“日本充分具有成为常任理事国的资格”，对日本“入常”表示了积极态度，但美国反对大幅增加常任理事国席位。日本的“入常”之路并非坦途。为达成“入常”夙愿，日本要找出一个满足所有条件的方案并非易事。2008年6月，日本联合德国向联大提交安理会改革决议草案，草案建议同时扩充常任与非常任理事国，并赋予新常任理事国否决

权。该草案还要求联大主席考虑地理因素公平地选择新理事国，重视发展中国家，大有拉拢非洲国家的意味。日本2005年“入常”失败原因之一就是未能赢得非洲国家的大力支持。日本吸取以往与非洲国家交往不够的教训，表示“不应急功近利，而要获得长期的信赖”，切实推进与非洲建立密切关系的工作。2008年5月借召开第四次非洲开发会议之际，福田首相和非洲首脑们举行了“马拉松式会谈”，“约占一半”的与会国家明确表示支持日本“入常”。日本政府还借主办北海道洞爷湖八国峰会之机，重新构建非洲外交。日本政府有关人士表示：“扩大支持日本入常的国家，需要从巩固基础开始”，希望在“入常”问题上获得非洲各国支持。日本在峰会首日安排与南非、尼日利亚等7个“亲日派”非洲国家举行扩大会议，突出重视、援助非洲的姿态，希望非洲国家支持日本成为联合国安理会常任理事国。

三　日本联合国外交的“工具主义”态度

2015年是联合国成立70周年，抱着“入常”夙愿力促联合国改革的日本如何在安理会展示存在感成为各国关注的焦点。借2015年联合国成立70周年之机，日本首相安倍晋三表明推进安理会改革的决心。围绕联合国改革，安倍力求与同样争取入常的德国、印度、巴西保持步调一致，并与非洲各国加强合作。在2015年9月30日联合国大会一般性辩论发言中，安倍呼吁为实现反映国际社会现状的改革，应确保安理会的实效性及透明性等。10月15日，在对联合国安理会（15国构成）中本年年底任期结束的5个非常任理事国实施改选的联合国大会上，亚太地区唯一的候选国日本成功当选。这是日本继2009～2010年之后第11次当选，超过了10次当选的巴西，成为联合国历史上当选次数最多的国家。任期将从次年1月开始，为期两年。日本自1956年加入联合国以来，这是第11次当选安理会非常任理事国。日本常驻联合国代表吉川元伟在联合国总部向媒体记者强调称：“希望让大家明白日本是比谁都认真致力于解决国际问题的国家，以这种形式做出贡献。”他表示将在任期内通过外交努力展现影响力，为实现“入常”夙愿争取获得更多的支持。联合国秘书长副发言人哈克在例行记者会上表示赞赏称："日本是联合国中很重要的成员国。这也在被其他成员国选中的次数上得到证明。"

安倍首相曾在政策构想中表示，日本应该通过"入常"发挥领导作用，还应该参与规则制定、机制创建等事务。日本甚至还有将缴纳联合国会费多少与"国家利益"相提并论的言论。这种想通过"入常"取得"国家利益"的工具主义态度，有悖于日本国际协调主义的外交原则。这导致日本的联合国改革主张常常事与愿违，不仅没有得到亚洲邻国的支持，也没有得到盟友美国的实质性支持。过去日本"入常"屡战屡败，部分原因在于日美联合国安理会改革方案不同及意见相左。2006 年年初当日本决定脱离"四国联盟"，就单独"入常"与美国寻求共识时，没能得到美国积极回应，从而使原定向安理会提交新的改革决议案的计划受挫。今后日本重提安理会改革方案，仍然需要美国的支持和合作。"入常"的失败，对于日本的影响是巨大的。日本联合国外交的失败，不仅表明日本亚洲外交的失败，也反映出日本盲目追随美国，缺乏外交自主性的致命弱点。

第六节　中日关系

从中日关系发展的角度看，通过双边高层对话形成原则共识，有利于维护两国关系乃至东亚地区和平稳定大局。2014 年 11 月 7 日，国务委员杨洁篪与到访的日本国家安全保障局长谷内正太郎举行会谈时指出，中方一贯主张在中日"四个政治文件"基础上，本着"以史为鉴、面向未来"的精神发展中日关系。谷内表示，日方高度重视日中战略互惠关系。双方就改善中日关系达成四点原则共识：第一，双方确认将遵守中日"四个政治文件"的各项原则和精神，继续发展中日战略互惠关系。第二，双方本着"正视历史、面向未来"的精神，就克服影响两国关系政治障碍达成一些共识。第三，双方认识到围绕钓鱼岛等东海海域近年来出现的紧张局势存在不同主张，同意通过对话磋商防止局势恶化，建立危机管控机制，避免发生不测事态。第四，双方同意利用各种多双边渠道逐步重启政治、外交和安全对话，努力构建政治互信。上述四点共识是在中日“四个政治文件”精神下处理两国关系的具体化指针，是中日关系发展历程的经验及教训总结，凸显明确的原则性特征，均事关当前中日关系的核心问题，同时其鲜明的“共识性”亦体现出对于改善中日关系的建设性思路。

一 二战后中日关系的发展历程

中日邦交正常化是中日关系史上的重大转折，具有划时代的意义。中日关系取得了突破性的进展，中日关系正常化开创了两国关系史的新纪元。它消除了二战后中日两国的隔绝状态，揭开了当代中日关系的新篇章。它不仅恢复了中日两国的历史传统友谊，为两国的友好交流重新拉开序幕，同时也为东亚区域合作创造了和平与发展的良好环境。中日邦交正常化创建的睦邻友好关系新局面，具有不可低估的历史意义和现实意义。

中日两国政府基于《中日联合声明》（1972 年 9 月 29 日）建立了外交关系，但作为曾经交战的双方，从立法程序上说，政府间联合声明的内容还必须通过签订和平条约的形式加以确定。周恩来总理就曾对日本友人说，中日双方要缔结的和平条约，不是单纯宣布战争状态结束，而主要在于使中日两国世世代代友好下去，并建议称之为“和平友好条约”。《中日和平友好条约》（1978 年 8 月 12 日）签订后，两国领导人相继互访，形成官民并举、多渠道、多领域、多形式、多层次交流的局面。中日双方领导人在互访和会谈中不仅涉及中日双边关系，对于共同关心的亚太地区的形势及其他国际问题亦予以高度关注。彼此均认识到，为了各自的和平与安定，进而为亚洲和世界的和平与稳定，两国必须加强友好合作；要按照《中日联合声明》和《中日和平友好条约》所规定的原则和精神，发展和平友好关系。这些富有建设性的“共识”，反映了中日之间经济、政治、文化交流的紧密联系。

冷战结束凸显中日关系的结构性变化，两国在钓鱼岛及历史认识等问题上的摩擦表面化。尽管 20 世纪 90 年代中期两国关系出现了一些不和谐因素，摩擦逐渐增多，但中日双方都意识到，作为正式成为世界经济增长最快的亚太地区的成员，两国对亚太及世界的和平与发展负有重大责任，有广泛的合作前景。基于这样的认识，两国领导人对双边关系的发展都采取了向前看的姿态。中日两国都注意到保持良好关系的重要性。在双方的共同努力下，中日两国逐渐从冷战结束时的政治摩擦中摆脱出来。为了加强两国的相互理解与信赖，避免双边关系的恶化，在新的国际形势下构筑更为成熟的双边关系成为历史必然。为了维护冷战后的中日关系的正常发展，1998 年，中日两国在总结过去的基础上发表了继《中日联合声明》《中日和平友好条约》后的《中日关于建立致力于和平与发展的友好合作伙伴的联合宣言》。该《宣言》指出，冷战结束后，和平与发展仍是人类社会面临的首要课题。中日两国将致力于和平友好交流，加强在高科技、环保等领域的前瞻性合作。两国努力增进政治互信，以构建“致力于和平与发展的友好合作伙伴关系”，力求中日关系克服和适应国际格局变动的冲击。

进入 21 世纪的中日关系出现起伏和波折。小泉纯一郎首相当政期间六次参拜供奉甲级战犯的靖国神社，严重恶化日中及周边国家间关系，使日本争取联合国常任理事国的改革愿望受挫。为了改变日中关系的“经热政冷”状况，扭转小泉内阁时期亚洲外交失败的局面，2006 年初次执政的安倍晋三提出构筑日中两国“战略互惠关系”的倡议。至此，日本方面的战略天平从“中国威胁论”倾向于“战略互惠论”。这样的对华政策理念，在福田康夫内阁时期得到进一步的政策实施和实际贯彻。福田内阁有意回避安倍内阁时期提出的“自由与繁荣之弧”“价值观外交”等被视为“遏制中国”的对华政策理念。他明确表示，要继续加强日中战略对话与合作，推动构建日中“战略互惠关系”。2008 年 5 月 7 日，中国国家主席胡锦涛访日期间与福田康夫首相签署联合声明——《中日关于全面推进战略互惠关系的联合声明》，成为两国“第四个政治文件”。该《联合声明》维护和巩固了中日关系的政治基础，为构建中日“战略互惠关系”创造了有利条件。《中日关于全面推进战略互惠关系的联合声明》指出：“中国自改革开放以来取得的发展给包括日本在内的国际社会带来了巨大机遇，日方对此表示积极评价。中国愿为构建持久和平、共同繁荣的世界做出贡献，日方对此表示支持。”这表明日方已经意识到：对华“两面下注”的外交策略，不仅无益于改善日中关系，也会对东亚区域经济合作产生消极影响。这体现了日本决策者务实的一面，客观上为中日关系的改善与发展带来了新的契机。该《声明》宣布，中日“双方相互视为合作伙伴，不是威胁。”可以说，中日第四个政治文件的确立，进一步巩固和完善了两国关系的政治基础，为新时期两国关系的发展提出与时俱进的新构想。

进入21世纪以来，中日两国努力“建立基于共同战略基础上的互惠关系”，力求通过全方位对话磋商消解彼此业已存在的困局，最终以缔结“第四个政治文件”的形式，实现了中日关系的建设性发展，为扩大双方的、地区的乃至全球的共同利益创造了有利条件。随着中日两国在各领域交流合作的日益扩大，双方在地区及国际事务中基本保持着良好沟通与协调，体现出中日战略互惠关系的基本精神和内涵。

二 正确处理历史认识问题是发展中日关系的基础

中日两国“以史为鉴、面向未来”，是维护双边正常国家间关系的正确路线。“日本发动的侵华战争，使中国人民遭受了深重灾难，人员伤亡惨重，财产损失巨大，给中国人民心灵造成的创伤难以用语言来形容”。中国政府和人民历来坚持向前看，一贯主张“以史为鉴、面向未来”。温家宝总理于2007年赴日进行“融冰之旅”时，在日本国会演讲时阐述了上述中日关系的历史、教训和未来。2014年中日达成“四点原则共识”中的第二点也再次明确：“双方本着‘正视历史、面向未来’的精神，就克服影响两国关系政治障碍达成一些共识。”也就是说，改善中日关系的出路在于日方能够“正视历史”，中日关系才能“以史为鉴”。

历史事实证明，只要日方能够“正视历史”，吸取历史的教训，中日关系就能够顺利发展，反之两国关系就会出现倒退甚至恶化。1995年，在中国抗日战争和世界反法西斯战争胜利50周年之际，日本一些保守势力和右翼分子不但不认真反省侵略历史，反而出现否认军国主义侵略罪行的言行。当社会党提出以国会形式通过“不战决议”向亚洲国家谢罪时，

遭到大多数保守派议员的反对。对此，日本首相村山富市在8月15日日本战败投降50周年之际指出："我国在过去不久的一个时期，国策有错误，走了战争的道路，使国家陷入存亡的危机，殖民统治和侵略给许多国家，特别是亚洲各国人民带来了巨大的损害和痛苦。为了避免未来有错误，我就谦虚地对待毫无疑问的这一历史事实，谨此再次表示深刻的反省和由衷的歉意。同时谨向在这段历史中受到灾难的所有国内外人士表示沉痛的哀悼。"正是发表了著名的"村山谈话"，这才平息了中国和韩国等亚洲国家对于日本国内否认军国主义侵略历史言行的强烈反弹。

在1997年中日邦交正常化25周年之际，桥本龙太郎首相在日本第140次国会例会上发表施政方针演说时指出："要努力发展以相互信任为基础的日中关系，以便我国同中国两国的国民能够衷心祝福邦交正常化25周年。"桥本首相访华期间，向人民英雄纪念碑敬献了花圈，并作为战后首相首次访问了中国东北地区，在沈阳参观了"九一八"事变博物馆。江泽民主席在会见桥本首相时指出："正确认识和对待这段历史是两国面向未来的重要前提。否认历史、干扰中日关系正常发展的势力在日本国内虽然只是极少数，但他们的错误思潮影响很坏，我们应该'见微知著'，'防微杜渐'。日本在历史问题上采取正确的态度，特别是用正确的历史观教育和引导年轻一代十分重要，这有利于中日关系的长远发展，也有利于日本自身的发展。"桥本首相表示，1995年8月15日，日本村山内阁就历史问题发表的谈话，是日本政府的正式立场。日本今后会继续走和平发展道路，决不会走军国主义道路或成为军事大国，这是日本全体国民的共同意志。

在《中日和平友好条约》缔结20周年的1998年，中国国家主席江泽民应邀对日本进行了一次"以史为鉴，开拓未来"的国事访问。在同小渊惠三首相的会谈中，江泽民主席全面阐述了中国在历史问题上的立场。他指出，近年来，日本国内有人歪曲历史事实的言行，严重干扰了中日关系的正常发展。小渊表示，为发展面向未来的两国关系，有必要正视过去的历史，对日本过去的殖民统治和侵略，再次向中国表示反省和道歉，并重申日本继续坚持和平发展，不走军事大国道路。在双方发表的

《中日关于建立致力于和平与发展的友好合作伙伴的联合宣言》中，日方表示，遵守1972年的《中日联合声明》和1995年8月15日内阁总理大臣的谈话，痛感由于过去对中国的侵略给中国人民带来巨大灾难和损害的责任，对此表示深刻反省。这是日本首次以书面形式承认过去对中国的侵略，并在会谈中首次就侵华战争向中国人民道歉。江泽民主席在这次访问中强调了历史认识问题的重要性，明确了中日关系恶化的历史根源所在。

然而，进入21世纪以来，随着日本政治右倾化加剧，历史修正主义日盛，中日两国关系就此进入了历史认识问题纷争时期。内阁成员不断出现为军国主义侵略战争翻案的言行。特别是小泉首相六次参拜供奉甲级战犯的靖国神社，使得中日关系严重恶化。小泉首相的政治目的是企图通过首相参拜靖国神社常态化，否认日本军国主义侵略战争罪行，践踏受害国家及其民众的民族感情。

安倍晋三就任首相以来一贯坚持“历史修正主义”观点，屡屡否认殖民及军国主义侵略罪行。安倍在《致美丽的祖国》一书中质疑“东京审判”的法理依据，认为所谓“‘甲级战犯’存在着误解”，称“那场战争无罪人”。这是对“东京审判”正义性的严重挑战，是对二战后国际秩序的公然挑衅。安倍等人力求通过否认军国主义侵略历史，“重建”日本因战败受挫的“自信心”。因此，日本官方屡次通过篡改历史的教科书的审定，导致日本国内“历史修正主义”社会思潮日盛。日本政要频频参拜供奉甲级战犯的靖国神社，借右翼势力的“新日本历史教科书”，否认强征从军慰安妇和美化军国主义侵略罪行等行为，成为日本政治右倾化的突出表现形式。这种对于日本二战侵略历史不加反省的“肯定”，恶化了中日关系，是与中日“四个政治文件”精神相悖的。

中日两国唯有以史为鉴，才能发展良性的双边关系。在2015年中国人民抗日战争暨世界反法西斯战争胜利70周年之际，对于二战加害国日本而言，是正视历史、反省历史的机遇之年。但是，在纪念万隆会议60周年的会议上，安倍在发言中提到了“反省”，但未提及“侵略”。他访美期间在哈佛大学发表的演讲中，虽就第二次世界期间日本所造成的伤害表示“懊悔”，但拒绝就慰安妇问题明确道歉。安倍在美国国会发表演讲时，仅声称日本在二战结束后怀着对战争“深切的自责”重新起步，却刻意回避提及“道歉”二字。另外，日本文部省审定的篡改历史教科书的问题、安倍内阁成员及政客参拜靖国神社等问题，都是在用行动否认“村山谈话”及“河野谈话”。而“村山谈话”及“河野谈话”构成了日本战后对军国主义侵略战争反省的根基，是历届日本内阁历史认识的试金石。2007 年福田康夫首相访华时曾表示，日方认真反省那段令人痛苦的历史，坚持走和平发展道路，希望建立面向未来的日中关系。但安倍在历史问题上的含糊其辞，实质上就是历史修正主义的具体表现。时至今日，能否以“正视历史、面向未来”的精神，“克服影响两国关系政治障碍”，成为考验安倍等人是否遵守中日“四点原则共识”的关键。

三　解决钓鱼岛、东海问题是发展中日关系的关键

进入 21 世纪后，日本不断挑起东海权益纠纷事端，行攫取中国钓鱼岛之实效。《联合国海洋法公约》第 47 条第 5 款规定“群岛国不应采用一种基线制度，致使另一国的领海同公海或专属经济区隔断”。日本以其基线划出的专属经济区割断了中国钓鱼岛的领海与中国的专属经济区的联系，已经严重侵害到中国的领土主权，“东海问题”的性质已经发生根本改变。日本企图通过挑起东海权益纠纷，逼迫中国接受其单方面划定的所谓“中间线”，企图将中国的钓鱼岛最终变成日本的“囊中之物”。

在日本方面看来，从冲绳列岛、台湾岛和南海一线的海上通道是日本海洋战略的“生命线”。进入 21 世纪后，日本国内“从岛国到海洋国家”的“海洋国家日本论”日盛，以保护海路及海洋航线安全为由，不断加大对周边海域的海洋调查和军事控制力度，进而遏制和围堵中国的海洋正当维权。“而这不免令人怀疑其中是否隐含着‘一石数鸟’的作用——除了囊括本土海域大陆架、远海外大陆架的矿藏、渔产外，夹带、包裹着钓鱼岛的主权。”同时，日本自卫队加强“西南岛屿有事”的应对，日本西南方向防卫力量的准备提前完成。据日本防卫厅内部资料表明，2004 年 11 月，日本防卫厅编撰了题为《日本西南岛屿防御计划》的文件，最引人注目的是该文件中所说的“西南岛屿”涉及中国的钓鱼岛。日本海上

保安厅也在2005年以后将中国钓鱼岛列为警备重点，并在中国钓鱼岛海域增配飞机加强警戒，不断强化钓鱼岛周围的“警备和监视活动”，并非法将中国钓鱼岛记载为日本“固有领土”。这些不当行为进一步反映了日本以“保护海洋权益”为幌子，企图攫取钓鱼岛的战略意图。

为了缓和中日在钓鱼岛及东海问题的继续恶化，2006年以后，随着中日政治关系的缓和，中日共同推进两国防卫安全领域的对话与交流。2006年10月，安倍首相访华，中日双方确认将促进包括安全领域在内的交流与合作，共同构筑两国战略互惠关系。同年11月29日，中国人民解放军总参谋长助理章沁生中将与日本防卫厅事务次官守屋武昌在东京举行了第七次中日防务安全磋商。双方磋商成果有三：一是双方就两国防卫安全高层互访达成一致；二是增加军事交流，并为启动中日军舰互访而努力；三是启动中日防务热线，防止发生海上不测事态。此次磋商对于增进双方在防卫安全领域的理解和互信及交流起到一定的推动作用。2007年4月11日，温家宝总理访日时，双方在《中日联合新闻公报》中就加强防务对话与交流、共同致力于维护地区稳定、中国国防部长访日和尽早实现中日双方舰艇互访等防务问题达成了共识，并就“建立两国防务当局联络机制以防止发生海上不测事态等达成了共识”。该《公报》的发表，促进了两国的防卫安全交流，反映出两国共同构筑战略互惠关系的意愿。曹刚川国防部长应邀于2007年8月底的成功访日，对促进中日在安全领域的理解、互信和交流意义重大。中日就双方舰艇互访及防务部门间开设热线等防卫交流事项达成许多共识，并一致同意继续加强两国防卫交流，增进两国防务当局间的相互信任。中国人民解放军海军“深圳号”导弹驱逐舰于2007年11月底的成功访日，实现了中国军舰二战后对日本的首次访问，开创了中日关系在安全和防卫领域增进互信的先例。

2007年底福田首相访华时，中日两国领导人还就东海问题交换意见，达成了原则性共识和“决断”，增进了两国之间的互信和理解。2008年5月7日，胡锦涛主席和福田首相在东京发表了《中日两国政府关于加强交流与合作的联合新闻公报》。中日双方达成“将继续举行高级别防务安全磋商，为防止海上发生不测事态，建立中日防务部门海上联络机制首轮专家组磋商，为早日建立该机制而努力”等共识。

然而，以2010年中日“钓鱼岛撞船事件”为借口，日本在钓鱼岛及东海问题上制造事端，再次恶化中日关系。2012年9月11日，日本政府宣布“购买”钓鱼岛及其附属的南小岛和北小岛，实施所谓“国有化”。之后明确深化钓鱼岛“国有化”的政治过程仍在持续，日本政府和右翼分子在钓鱼岛问题上频频升级，严重损害了中日关系大局，使得两国关系不断恶化。日本政府将钓鱼岛“国有化”后，日本老牌保守政党自民党更是强调日中两国没有领土问题的强硬立场。安倍晋三、石破茂及町村信孝等保守派政要均主张日本政府无须撤销钓鱼岛的“国有化”，并主张强化自卫队和海上保安厅的防卫装备。自民党还扩充自卫队及海上保安厅的人员预算，制定有关领海警备的相关法律。日本2013年《防卫白皮书》妄言中国“依靠海上和空中战力从质和量两个层面迅速扩大海洋活动”，为日本扩大军力部署、调整防卫政策和行使集体自卫权寻找借口。该白皮书强调，日本解禁集体自卫权的内阁决议“使日本的和平和安全更加确定，具有历史性重要意义”，并突出2013年12月制定的今后10年安保政策基本理念的“国家安全保障战略”，以及新修订的《防卫计划大纲》和《中期防卫力整备计划》中提出的“统合机动防卫力”概念，表示将强化在日本西南诸岛及“离岛”的防卫措施。该白皮书还指出中国的军事动向受到“地区和国际社会的高度关切”，为此将增强日本西南诸岛防卫力量，力图以此达到增加防卫预算投入，扩大军力部署之目的。

另外，在安倍力主出台的“国家安全保障战略”中夸大中国的军力和海洋活动“扩大和活跃化”，把中国说成“地区平衡的破坏者”，说成“世界和平的威胁”，煽动将与日美同盟“安全相关的”国家行使集体自卫权以牵制中国的和平发展，竭力扩大南海事态，不断恶化亚太安全环境。这加剧了中国与南海问题声索国之间的矛盾与冲突，并导致东亚安全局势进一步复杂化，加大了东亚各国涉及海洋权益、领土主权问题的解决难度。

中日“东海问题”不仅是海洋权益纠纷，而且涉及领土主权问题。尽管日本不断渲染“中国威胁论”，扩大“东海问题”危机事态，中国仍然从维护亚太地区和平稳定的大局出发，重申在中日“第四个政治文件”中双方确认的“使东海成为和平、合作、友好之海”的文件精神，并于2014年11月与日方达成缓和中日关系的“四点原则共识”。其中确认，“双方认识到围绕钓鱼岛等东海海域近年来出现的紧张局势存在不同主张，同意通过对话磋商防止局势恶化，建立危机管控机制，避免发生不测事态”。基于这样的共识，中日两国防务部门于2015年1月12日在东京举行了海上联络机制第四轮专家组磋商，双方就防务部门海空联络机制相关内容及有关技术性问题进行了协商与沟通。1月22日，中日海洋事务高级别磋商第三轮磋商全体会议及工作组会议就中日关系、东海有关问题及海上合作等内容达成一致。正如中国外交部部长助理刘建超在第十三次中日安全对话（2015年3月19日）会议上所言：中方针对日方近年来在军事安全领域的一系列动向表明了关切，希望日方树立客观、理性的对华认识，坚持“专守防卫”政策，继续走和平发展道路，为地区和平稳定发挥建设性作用。

大事纪年

10 万年至 1 万年前	旧石器时代，日本列岛出现人工打制石器。
1 万年前至公元前 3 世纪	新石器时代，出现磨制石器和陶器及原始农业。
公元前 3 世纪至公元 2 世纪	水稻种植普及，使用铁制工具。
公元 57 年	倭奴国王遣使东汉。
239 年	邪马台女王卑弥呼遣使于魏。
266 年	邪马台女王壹与遣使于西晋。
593 年	圣德太子摄政。
607 年	派遣小野妹子于隋。
630 年	派遣第一次遣唐使。
645 年	中大兄皇子杀苏我入鹿掌政，孝德天皇即位。
646 年	天皇发布《改新之诏》。
663 年	白村江战役唐军打败日军。
701 年	完成《大宝律令》。
710 年	迁都平城京（奈良）。
753 年	鉴真抵达日本，传律宗。
794 年	迁都平安京。
894 年	决定停派遣唐使。
1192 年	源赖朝任征夷大将军。

1274 年	元军侵日（文永之役）。
1281 年	元军再次侵日（弘安之役）。
1331 年	南北朝开始。
1338 年	足利尊氏在京都建立室町幕府。
1369 年	倭寇侵扰中国山东。
1392 年	南北朝统一。
1404 年	与明朝签订《永乐勘合贸易条约》。
1573 年	室町幕府灭亡。
1591 年	丰臣秀吉出兵侵略朝鲜。
1603 年	德川幕府建立。
1633 年	发布第一次锁国令。
1716 年	享保改革。
1837 年	大盐平八郎起义。
1853 年	佩里率 4 舰到浦贺。
1858 年	签订《日美修好通商条约》，与荷、俄、英、法签订《修好通商条约》。
1863 年	萨摩藩与英国舰队开战。
1866 年	萨长军事同盟成立，第二次征讨长州藩战争。
1867 年	萨、长、艺三藩讨幕联盟成立；12 月朝廷颁布《王政复古大号令》。
1868 年	1 月鸟羽伏见之战；4 月江户开城；5 月颁布《政体书》；9 月改元明治。
1871 年	废藩置县，签订《中日友好条规》；岩仓使团赴欧美考察。
1872 年	颁布学制，改用太阳历。
1874 年	日军侵略中国台湾。
1877 年	2 月西南战争爆发；9 月西乡隆盛兵败自杀。

1879年	废除琉球藩，设冲绳县。
1885年	4月日清签订《天津条约》；12月设立内阁制度，第一届伊藤博文内阁成立。
1889年	颁布《大日本帝国宪法》。
1890年	第一次举行众议院议员选举，第一届国会开幕；颁布《教育敕语》。
1894年	8月中日甲午战争开始；11月日军侵占旅顺口。
1895年	2月日军侵占威海卫；4月签订《马关条约》，德俄法三国干涉还辽。
1904年	日俄战争开始。
1906年	南满洲铁道株式会社（满铁）成立。
1910年	7月第二次日俄协定签订；8月签订日本吞并朝鲜的《日韩条约》。
1911年	明治天皇死，改元“大正”。
1914年	对德宣战并参加第一次世界大战，日军占领青岛。
1915年	向中国政府提出21条要求。
1916年	宪政会成立。
1918年	8月宣布出兵西伯利亚，米骚动达到高潮；9月原敬内阁成立。
1921年	11月原敬首相遇刺身亡；12月在华盛顿签订英美法日四国协约。
1923年	9月关东大地震。
1926年	12月大正天皇死，摄政裕仁即位，改元昭和。
1927年	4月田中义一内阁成立；5月第一次入侵山东。
1928年	4月第二次入侵山东；5月第三次入侵山

	东；6月皇姑屯事件。
1930年	4月日英美三国签订伦敦海军条约；10月台湾抗日起义；11月滨口雄幸首相遇刺。
1931年	制造“九一八”事变，日本侵略中国东北。
1932年	1月日本军队进攻上海；3月血盟团事件；5月犬养毅首相被枪杀。
1933年	3月退出国际联盟；4月日军侵入华北；5月中日签订《塘沽停战协定》。
1936年	爆发“二二六”事件。
1937年	7月制造卢沟桥事变，发动全面侵华战争；8月日本军队第二次进攻上海；11月日军侵占上海；12月日本侵占南京，实行大屠杀。
1940年	9月签订日德意三国同盟；10月大政翼赞会成立。
1941年	4月签订《日苏中立条约》；7月日军侵入印度支那南部；12月偷袭珍珠港，对英美宣战。
1942年	1月签订日德新军事协定；2月日军侵占新加坡；3月登陆爪哇岛；6月中途岛海战。
1944年	9月关岛、特尼安岛日军被全歼。
1945年	3月硫磺岛日军被全歼；6月美军占领冲绳；8月美军在广岛、长崎投原子弹，苏联对日宣战，日本天皇裕仁发表“诏书”，宣布无条件投降；9月日本正式签署向盟国投降书，驻日盟军总部下令解

散日本军队；10 月驻日盟军总部下令废除日本《治安维持法》和《国防保安法》，币原喜重郎内阁成立。

1946 年 1 月天皇发表《人间宣言》；4 月举行战后第一次大选；5 月第 1 届吉田茂内阁成立；11 月《日本国宪法》颁布。

1947 年 4 月举行战后第一次参议院议员选举；5 月片山内阁成立。

1948 年 3 月由民主党、社会党、国民协同党三党联合组成的芦田均内阁成立；10 月芦田内阁总辞职；11 月远东国际军事法庭判处甲级战犯东条英机等 7 人绞刑、木户幸一等 16 人无期徒刑。

1949 年 11 月汤川秀树获得诺贝尔物理学奖。

1950 年 1 月社会党分裂为左派社会党和右派社会党，4 月社会党左右两派重新合并；6 月麦克阿瑟指令日本政府开除 26 名日本共产党中央委员的公职；7 月麦克阿瑟指令日本政府创建 7.5 万人的警察预备队和扩充海上警备队；10 月麦克阿瑟批准解除对日本军国主义分子 10090 人的整肃，美国政府发表对日媾和七原则。

1951 年 9 月旧金山对日媾和会议签订《对日和约》，日美签订《安全条约》。

1952 年 2 月日美签署《日美行政协定》；4 月远东委员会、对日理事会和驻日盟军总部撤销，日本政府与台湾当局签订所谓“和约”；8 月日本正式加入国际货币基金组织（IMF）和世界银行；12 月日美签署归还日本奄美群岛的协定。

1954年　3月日美在东京签订《日美相互防御援助协定》，7月成立陆海空自卫队；12月吉田内阁总辞职，第1届鸠山内阁成立。

1955年　9月日本加入关税及贸易总协定；10月日本社会党召开统一大会；11月自由党与民主党合并，成立自由民主党。

1956年　5月日本与菲律宾签订赔偿协定；10月鸠山首相访问苏联，日苏双方签署了《日苏关于恢复邦交的联合宣言》；12月日本加入联合国，石桥湛山内阁成立。

1957年　2月石桥内阁总辞职，第1届岸信介内阁成立。

1958年　2月驻日美军地面部队全部撤离；5月在长崎中国邮票展览会上发生侮辱中国国旗事件。

1960年　1月日美在华盛顿签署《日美相互合作与安全保障条约》即新《日美安保条约》；5月爆发日本国民阻止修改日美安保条约的大规模游行示威；7月第1届池田勇人内阁成立；10月社会党委员长浅沼稻次郎在日比谷公会堂进行演说时被右翼分子山口二矢刺死；12月内阁会议通过《国民收入倍增计划》。

1961年　7月国防会议制订第一个防卫力量整备5年计划。

1962年　11月廖承志同高埼达之助在北京签订《中日综合贸易备忘录》；12月日中贸易促进会等与中国国际贸易促进委员会签

署《中日友好贸易议定书》。

1964年 4月中日双方一致同意交换新闻记者并设立LT贸易办事处，日本正式加入经济合作与发展组织；10月第18届奥林匹克运动会在日本东京开幕；11月第1届佐藤内阁成立，公明党召开成立大会。

1965年 6月日本与韩国签署《日韩基本关系条约》和四项有关协定；12月双方在汉城互换批准书，并宣布建立“正常外交关系”。

1966年 4月日本政府在东京召开首次东南亚开发部长会议；12月内阁确定2月11日为日本建国纪念日。

1968年 4月日美两国签订归还小笠原群岛协定；6月小笠原群岛正式归还日本。

1971年 6月《美日归还冲绳协定》在东京、华盛顿同时签署；12月中国外交部发表声明指出，《美日归还冲绳协定》中的归还区域包括钓鱼岛等岛屿是侵犯中国主权。

1972年 5月冲绳行政权归还日本；7月第一届田中内阁成立；9月田中首相访华，中日两国政府发表《中日联合声明》，决定从即日起恢复外交关系，日本政府同台湾断绝外交关系。

1973年 《文艺春秋》11月号刊登《田中首相政治资金来源》一文，田中被迫辞职；12月三木武夫内阁成立。

1976年 2月田中角荣涉嫌接受洛克希德公司政

治资金事件被揭露；7 月东京地方检察厅逮捕田中，田中退出自民党；11 月国防会议和内阁会议制定今后每年度的防卫费不超过国民生产总值 1% 的方针；12 月福田赳夫内阁成立。

1977 年　8 月福田首相访问马来西亚等东南亚 6 国，在马尼拉发表对东南亚外交三原则（“福田主义”）。

1978 年　8 月中日和平友好条约在北京签订；12 月第 1 届大平正芳内阁成立。

1979 年　7 月日本政府发表“综合安全保障政策”；12 月大平首相访问中国，签订日元贷款和文化交流协定。

1980 年　5 月华国锋总理访问日本，签订中日科技合作协定；7 月铃木善幸内阁成立。

1981 年　5 月铃木首相出访美国，首次提出保卫 1000 海里航道方针，并在联合声明中写明日美是“同盟关系”。

1982 年　4 月阁僚会议决定把 8 月 15 日作为“追悼战亡者、祈念和平之日”。

1983 年　7 月中曾根首相在群马县发表书面讲话，宣称日本要做世界“政治大国”；8 月中曾根及内阁成员参拜靖国神社；11 月中共中央总书记访问日本，双方同意设立中日友好 21 世纪委员会。

1984 年　9 月 3000 名日本青年分四路陆续访华，参加中日青年友好联欢活动。

1985 年　8 月 15 日中曾根首相以公职身份正式参拜靖国神社；12 月日本政府决定撤销防

卫费不突破国民生产总值1%的限额。

1987年　7月日本决定参加美国的“星球大战”计划；9月中曾根首相在纪念日中邦交正常化15周年的招待会上宣布向中国提供1000亿日元特别贷款；11月中曾根内阁宣布总辞职，竹下登内阁成立。

1988年　3月日本青函隧道（全长53.85千米）通车；9月东京地方检察院开始对利库路特事件正式立案侦查。

1989年　1月昭和天皇裕仁逝世，明仁皇太子继任天皇，改年号为“平成”；2月日本东京检察当局以行贿罪逮捕了利库路特集团前董事长江副浩正，竹下政权因此下台；6月宇野宗佑内阁成立；8月第一届海部俊树内阁成立。

1991年　8月海部首相访问中国；11月宫泽内阁成立。

1992年　4月江泽民总书记访问日本；6月《协助联合国维持和平活动法》通过；10月明仁天皇夫妇访华。

1993年　6月以武村正义为首的10名议员脱离自民党，成立“先驱新党”；6月羽田派所属44名议员退出自民党，成立“新生党”；8月由社会、新生、公明等八党派支持的细川护熙联合内阁成立。

1994年　1月众参两院分别通过《政治改革四法案》；4月羽田孜内阁正式成立；6月由社会党委员长村山富市担任首相的自民、社会、先驱新党三党联合内阁成立；12

	月由新生党、公明党、日本新党等九党派组成的新进党举行成立大会。
1995 年	1 月发生阪神大地震，造成 5480 人死亡；8 月 15 日，村山首相就日本战败投降 50 周年发表谈话，对侵略历史表示反省。
1996 年	1 月村山内阁总辞职，由自民、社会、先驱新党组成的第 1 届桥本龙太郎内阁成立，社会党更名为社会民主党；9 月冲绳县就美军基地问题举行公民投票，90% 以上的投票人要求修改驻日美军地位协定。
1997 年	3 月桥本首相与美国副总统戈尔举行会谈时表示要保障驻冲绳美军基地的土地使用权；4 月众议院以压倒多数票通过可使驻日美军继续使用冲绳基地的特别措施法案；12 月新进党宣布解散。
1998 年	7 月小渊内阁成立；11 月江泽民主席访问日本，中日发表了《联合宣言》。
1999 年	1 月自由党与自民党联合内阁成立；4 月国会通过《新日美防卫合作指针》的三个相关法案和《国旗国歌法》；11 月内阁会议通过联合国维持和平活动法（PKO）修正案。
2002 年	5 月经团联与日经联合并为日本经团联。
2003 年	6 月参议院通过《应对武力攻击事态法案》《安全保障会议设置法修正案》《自卫队法修正案》；9 月民主党与自由党合并为新的“民主党”；12 月日本政府决

定向伊拉克派遣自卫队，从 2004 年度开始建立导弹防御系统。

2004 年　1 月日本共产党第 23 届代表大会对党纲进行了全面修改，开始承认天皇制和自卫队；3 月参议院通过《三位一体改革法案》；6 月参议院通过了《道路公团民营化四法案》。

2005 年　4 月中日两国确认日本将在 2008 年度停止提供对华日元贷款；8 月参议院否决邮政民营化法律草案，小泉首相解散众议院；8 月小泉首相首次就历史问题发表谈话，向亚洲各国人民表示“反省”和“道歉”；10 月参议院通过《邮政民营化法案》；11 月自民党在纪念建党 50 周年大会上正式公布《宪法修改草案》。

2006 年　3 月日本银行决定结束数量宽松货币政策；6 月国会通过《医疗制度改革法案》，增加老年人医疗费负担比率；9 月安倍晋三当选日本首相。

2007 年　1 月日本正式把“防卫厅”升格为“防卫省”；6 月国会通过《学校教育法修正案》等教育改革相关三法案；9 月安倍首相宣布辞职，福田康夫随即组成新内阁。

2008 年　5 月胡锦涛主席访问日本，两国签署了《中日关于全面推进战略互惠关系的联合声明》；6 月国会通过《国家公务员制度改革基本法》《金融商品交易法修正案》和阿伊努族为“原住民族”决议案；6月中日两国政府就共同开发东海油气田达成共识。

2009年 4月日本文部科学省审定由“新历史教科书编撰会”编写的歪曲历史的教科书合格；4月麻生首相开始访问中国；9月日本发射首个太空货运飞船“H2B”；9月民主党党首鸠山由纪夫就任首相。

2010年 6月鸠山内阁总辞职，菅直人继任党首和第94任首相；9月一艘中国渔船在钓鱼岛附近海域捕捞时被日本海上保安厅船只冲撞并抓走船长，17天后经中国政府交涉释放。

2011年 3月11日日本东北部海域发生大地震及海啸灾害，并导致核电站爆炸泄漏事故，死亡和失踪者约18500人；8月菅直人内阁总辞职，野田佳彦继任民主党党首和内阁首相。

2012年 6月众议院通过了增加消费税的法案；9月内阁相关阁僚会议决定收购钓鱼即将其“国有化”；12月举行众议院议员选举，自民党取得多达294席的压倒性胜利，野田内阁总辞职，自民党党首安倍晋三当选第96任内阁首相。

2013年 3月内阁会议正式决定将1952年《旧金山和约》生效日——4月28日定为“恢复主权日”；10月内阁制定对泄密公务员加大惩罚力度的“特定秘密保护法案”，并于年内在众、参两院获得通过。

2014年 4月内阁会议通过了“防卫装备转移三

原则”，放弃了已实施多年的“武器出口三原则”，大幅放宽了向外输出日本武器装备和军事技术的条件；7 月内阁和国家安全保障会议通过了关于修改宪法解释以行使集体自卫权的内阁决议案；11 月前那霸市长翁长雄志在知事换届选举中击败现任知事仲井真弘多当选新知事；12 月举行第 47 届众议院议员选举，自民党获得 291 席绝对多数，10 天后安倍晋三再次当选内阁首相。

2015 年　2 月内阁将“政府开发援助大纲”修改为“开发合作大纲”，新增了政府开发援助资金可用于支持外国军队的非作战行动等内容；9 月国会通过了旨在使日本能够合法行使集体自卫权的《新安保法案》。

参考文献

一　中文图书

中国社会科学院日本研究所编《日本概览》，国际文化出版公司，1989。

《简明日本百科全书》，中国社会科学出版社，1994。

〔日〕坂本太郎：《日本史》，汪向荣、武寅、韩铁英译，中国社会科学出版社，2008。

〔美〕康德拉·托特曼：《日本史》，王毅译，上海人民出版社，2008。

吴廷璆主编《日本史》，南开出版社，1994。

冯玮：《日本通史》，上海社会科学院出版社，2008。

武寅：《近代日本政治体制研究》，中国社会科学出版社，1997。

蒋立峰主编《日本政治概论》，东方出版社，1995。

〔日〕山口定：《政治体制》，韩铁英译，经济日报出版社，1991。

〔美〕熊彼特：《资本主义、社会主义和民主》，绛枫译，商务印书馆，1979。

〔美〕罗伯特·M. 索洛：《经济增长理论：一种解说》，三联书店上海分店，上海人民出版社，1994。

〔美〕库茨涅兹：《现代经济增长》，戴睿、易诚译，北京经济学院出版社，1989。

〔美〕萨缪尔森：《经济学》，高鸿业译，商务印书馆，1979。

〔美〕斯蒂格利茨：《经济学》，姚开建等译，中国人民大学出版社，1997。

〔日〕宫崎义一：《泡沫经济的经济对策——复合萧条论》，陆华生译，中国人民大学出版社，2000。

〔日〕大塚久雄：《股份公司发展史论》，胡企林等译，中国人民大学出版社，2002。

〔日〕菊地悠二：《日元国际化——进程与展望》，陈建译，中国人民大学出版社，2002。

〔日〕南亮进：《日本的经济发展》，毕志恒、关权译，经济管理出版社，1992。

〔日〕铃木淑夫：《日本的金融制度》，李言赋等译，中国金融出版社，1987。

金明善等：《战后日本经济发展史》，航空工业出版社，1988。

任文侠、吕有晨主编《日本的宏观经济管理》，航空工业出版社，1988。

孙执中主编《战后日本财政》，航空工业出版社，1988。

冯昭奎编著《日本经济》（第三版），中国社会科学出版社，2015。

冯昭奎：《21世纪的日本：战略的贫困》，中国城市出版社，2002。

吕耀东：《中国和平发展与日本外交战略》，社会科学文献出版社，2010。

吕耀东：《冷战后日本的总体保守化》，中国社会科学出版社，2004。

刘江永主编《跨世纪的日本——政治、经济、外交新趋势》，时事出版社，1995。

刘世龙：《美日关系（1791～2001）》，世界知识出版社，2003。

李凡：《日苏关系史（1917～1991）》人民出版社，2005。

刘清才主编《俄罗斯东北亚政策研究——地缘政治与国家关系》，吉林人民出版社，2006。

李建民：《冷战后的中日关系史（1989～2006）》，中国经济出版社，2007。

王斯德、钱洪主编《世界当代史（1945～1988）》，高等教育出版社，1989。

〔日〕浅井基文：《日本新保守主义》，刘建平译，新华出版社，1999。

〔日〕后藤田正晴：《世纪之交的回顾与展望》，世界知识出版社，2000。

〔日〕依田熹家：《简明日本通史》，卞立强等译，北京大学出版社，1989。

〔日〕中曾根康弘：《日本二十一世纪的国家战略》，联慧译，海南出版社，三环出版社，2004。

〔日〕毛里和子：《中日关系——从战后走向新时代》，徐显芬译，社会科学文献出版社，2009。

〔日〕五百旗头真主编《战后日本外交史（1945～2010）》，吴万虹译，世界知识出版社，2013。

〔日〕信夫清三郎：《日本外交史》（下册），天津社会科学院日本问题研究所译，商务印书馆，1980。

〔澳〕加文·麦考马克：《附庸国：美国怀抱中的日本》，于占杰等译，社会科学文献出版社，2008。

〔美〕罗伯特·A. 帕斯特编《世纪之旅》，胡利平、杨韵琴译，上海人民出版社，2001。

〔美〕肯尼思·派尔：《日本的问题——新时代的国力与目标》，傅曾仁译，金禾出版社，1996。

〔美〕迈克尔·H. 阿马科斯特：《朋友还是对手——前美驻日大使说日本》，于铁军、孙博红译，新华出版社，1998。

〔日〕武田康裕、神谷万丈主编，〔日〕防卫大学安全保障学研究会编著，《日本安全保障学概论》，刘华译，世界知识出版社，2012。

〔日〕藤原彰：《日本军事史》，张冬等译，解放军出版社，2015。

〔美〕理查德·塞缪尔斯：《日本大战略与东亚的未来》，刘铁娃译，上海人民出版社，2010。

李秀石:《日本国家安全保障战略研究》，时事出版社，2015。

王志坚:《战后日本军事战略研究》，时事出版社，2014。

二　外文图书

総務省統計局『日本の統計』2015年版、2015年3月。

人事院『公務員白書』2015年版、2015年7月。

国土交通省『平成26年度国土交通白書』、2014年7月。

総務省『地方財政白書』2015年版、2015年3月。

厚生労働省『厚生労働白書』、2014年。

厚生労働省『国民生活基礎調査』、2014年。

文部科学省『文部科学白書』、2014年。

自由国民社『現代用語の基礎知識』、2015年。

佐藤信等編『詳説日本史』、山川出版社、2008年。

東京大学教養学部日本史研究室編『日本史』、2000年。

青木和夫等編『日本史』、学陽書房、1999年。

佐々木潤之介等編『日本歴史』、吉川弘文館、2001年。

阿部斉・新藤宗幸・川人貞史『概説現代日本の政治』、東京大学出版会、1994年。

西尾勝『行政学』、有斐閣、2010年。

新藤宗幸『現代日本の行政』、東京大学出版会、2001年。

井出嘉憲『日本官僚制と行政文化』、東京大学出版会、1982年。

柴田晃芳『冷戦後日本の防衛政策－日米同盟深化の起源』、北海道大学出版会、2011年。

大嶽秀夫『再軍備とナショナリズム』、中央公論社、1988年。

田中明彦『安全保障—戦後50年の模索』、読売新聞社、1997年。

佐道明広『戦後日本の防衛と政治』、吉川弘文館、2003年。

丸茂雄一『概説：防衛法制（その政策的展開）』、内外出版株式会社、2007年。

田村重信『日本の防衛政策』、内外出版株式会社、2012年。

『自衛隊装備年鑑 2015 ~ 2016』、朝雲新聞社出版業務部、2015 年。

『防衛ハンドブック〈平成 27 年版〉』、朝雲新聞社出版業務部、2015 年。

松本健一『日本のナショナリズム』、筑摩新書、2010 年。

小沢一郎『日本改造計画』、講談社、1993 年。

赤尾信敏『地球は訴える：体験的環境外交論』、世界の動き社、1993 年。

内田雅敏『戦後の思考』、れんが書房新社、1994 年。

安倍晋三『美しい国へ』、文藝春秋、2006 年。

渡辺真純『中国市場へのァプローチ』、サイマル出版会、1994 年。

佐藤英夫『対外政策』、東京大学出版会、1989 年。

久江雅彦『9・11と日本外交』、講談社、2002 年。

信田智人『冷戦後の日本外交—安全保障政策の国内政治過程』、ミネルヴァ書房、2006 年。

薬師寺克行『外務省——外交力強化への道』、岩波書店、2003 年。

茂木敏充『日本外交の構想力』、徳間書店、2003 年。

五百旗頭真『秩序変革期の日本の選択』、PHP 研究所、1991 年。

鈴木宗男、佐藤優『北方領土「特命交渉」』、講談社、2006 年。

大江博『外交と国益——包括的安全保障とは何か』、日本放送出版協会、2007 年。

森本敏『イラク戦争と自衛隊派遣』、東洋経済新報社、2004 年。

小原雅博『国益と外交——世界システムと日本の戦略』、日本経済新聞出版社、2007 年。

小野耕二『日本政治の転換点』（第 3 版）、青木書店、2006 年。

御厨貴『歴代首相物語』、新書館、2003 年。

星浩『安倍政権の日本』、朝日新聞社、2006 年。

石井明『日中国交正常化・日中平和友好条約締結交渉：記録と考証』、岩波書店、2003 年。

猪口孝『国際政治の見方：9・11 後の日本外交』、筑摩書房、2005

年。

田中秀臣編著『日本経済は復活するか』、藤原書店、2013 年。

Hugh Patrick / Henry Rosovsky, eds. , *Asia's New Giant*, *How Japanese Economy Works*, The Brookings Institution, 1976.

James C. Abegglen, *The Japanese Factory*: *Aspects of Its Social Organization*, Glencoe, Ⅲ. Free Press, 1958.

Ryutaro komiya, *The Japanese Economy*: *Trade*, *Industry*, *and Government*, University of Tokyo Press, 1990.

索　引

A

B

C

D

F

G

H

J

K

L

M

N

P

Q

R

S

T

W

X

Y

Z

新版《列国志》总书目

亚洲

阿富汗
阿拉伯联合酋长国
阿曼
阿塞拜疆
巴基斯坦
巴勒斯坦
巴林
不丹
朝鲜
东帝汶
菲律宾
格鲁吉亚
哈萨克斯坦
韩国
吉尔吉斯斯坦
柬埔寨
卡塔尔
科威特
老挝
黎巴嫩
马尔代夫
马来西亚
蒙古国
孟加拉国
缅甸
尼泊尔
日本
沙特阿拉伯
斯里兰卡
塔吉克斯坦
泰国
土耳其
土库曼斯坦
文莱
乌兹别克斯坦
新加坡
叙利亚
亚美尼亚
也门
伊拉克
伊朗
以色列
印度
印度尼西亚
约旦
越南

非洲

阿尔及利亚
埃及
埃塞俄比亚
安哥拉
贝宁
博茨瓦纳
布基纳法索
布隆迪
赤道几内亚
多哥
厄立特里亚
佛得角
冈比亚
刚果
刚果民主共和国
吉布提
几内亚
几内亚比绍
加纳
加蓬
津巴布韦
喀麦隆
科摩罗
科特迪瓦
肯尼亚
莱索托
利比里亚
利比亚
卢旺达
马达加斯加
马拉维
马里
毛里求斯
毛里塔尼亚
摩洛哥
莫桑比克
纳米比亚
南非
南苏丹
尼日尔
尼日利亚
塞拉利昂
塞内加尔
塞舌尔
圣多美和普林西比
斯威士兰
苏丹
索马里
坦桑尼亚
突尼斯
乌干达
赞比亚
乍得
中非

欧洲

阿尔巴尼亚
爱尔兰
爱沙尼亚
安道尔

奥地利
白俄罗斯
保加利亚
北马其顿
比利时
冰岛
波兰
波斯尼亚和黑塞哥维那
丹麦
德国
俄罗斯
法国
梵蒂冈
芬兰
荷兰
黑山
捷克
克罗地亚
拉脱维亚
立陶宛
列支敦士登
卢森堡
罗马尼亚
马耳他
摩尔多瓦
摩纳哥
挪威
葡萄牙
瑞典
瑞士
塞尔维亚
塞浦路斯
圣马力诺
斯洛伐克
斯洛文尼亚
乌克兰
西班牙
希腊
匈牙利
意大利
英国

美洲

阿根廷
安提瓜和巴布达
巴巴多斯
巴哈马
巴拉圭
巴拿马
巴西
秘鲁
玻利维亚
伯利兹
多米尼加
多米尼克
厄瓜多尔
哥伦比亚
哥斯达黎加
格林纳达
古巴
圭亚那
海地
洪都拉斯
加拿大
美国
墨西哥

尼加拉瓜
萨尔瓦多
圣基茨和尼维斯
圣卢西亚
圣文森特和格林纳丁斯
苏里南
特立尼达和多巴哥
危地马拉
委内瑞拉
乌拉圭
牙买加
智利

大洋洲

澳大利亚
巴布亚新几内亚
斐济
基里巴斯
库克群岛
马绍尔群岛
密克罗尼西亚
瑙鲁
纽埃
帕劳
萨摩亚
所罗门群岛
汤加
图瓦卢
瓦努阿图
新西兰

国别区域与全球治理数据平台

www.crggcn.com

"国别区域与全球治理数据平台"（Countries，Regions and Global Governance，CRGG）是社会科学文献出版社重点打造的学术型数字产品，对接国别区域这一重点新兴学科，围绕国别研究、区域研究、国际组织、全球智库等领域，全方位整合基础信息、一手资料、科研成果，文献量达30余万篇。该产品已建设成为国别区域与全球治理数据资源与研究成果整合发布平台，可提供包括资源获取、科研技术服务、成果发布与传播等在内的多层次、全方位的学术服务。

从国别区域和全球治理研究角度出发，"国别区域与全球治理数据平台"下设国别研究数据库、区域研究数据库、国际组织数据库、全球智库数据库、学术专题数据库和学术资讯数据库6大数据库。在资源类型方面，除专题图书、智库报告和学术论文外，平台还包括数据图表、档案文件和学术资讯。在文献检索方面，平台支持全文检索、高级检索，并可按照相关度和出版时间进行排序。

"国别区域与全球治理数据平台"应用广泛。针对高校及国别区域科研机构，平台可提供专业的知识服务，通过丰富的研究参考资料和学术服务推动国别区域研究的学科建设与发展，提升智库学术科研及政策建言能力；针对政府及外事机构，平台可提供资政参考，为相关国际事务决策提供理论依据与资讯支持，切实服务国家对外战略。

数据库体验卡服务指南

※100元数据库体验卡，可在"国别区域与全球治理数据平台"充值和使用

充值卡使用说明：

第1步 刮开附赠充值卡的涂层；

第2步 登录国别区域与全球治理数据平台（www.crggcn.com），注册账号；

第3步 登录并进入"会员中心"→"在线充值"→"充值卡充值"，充值成功后即可使用。

声明

最终解释权归社会科学文献出版社所有

客服QQ：671079496

客服邮箱：crgg@ssap.cn

欢迎登录社会科学文献出版社官网（www.ssap.com.cn）和国别区域与全球治理数据平台（www.crggcn.com）了解更多信息

图书在版编目(CIP)数据

日本 / 韩铁英等编著. --3 版. --北京: 社会科学文献出版社, 2017.12 (2022.3 重印)
(列国志: 新版)
ISBN 978-7-5201-0033-5

Ⅰ.①日… Ⅱ.①韩… Ⅲ.①日本-概况 Ⅳ.①K931.3

中国版本图书馆 CIP 数据核字 (2016) 第 299198 号

·列国志(新版)·
日本(Japan)

编　　著 / 韩铁英 等

出 版 人 / 王利民
项目统筹 / 张晓莉
责任编辑 / 孙以年　俞孟令　王丽影　崔　鹏
责任印制 / 王京美

出　　版 / 社会科学文献出版社·国别区域分社 (010) 59367078
地址: 北京市北三环中路甲 29 号院华龙大厦　邮编: 100029
网址: www.ssap.com.cn
发　　行 / 社会科学文献出版社 (010) 59367028
印　　装 / 三河市尚艺印装有限公司

规　　格 / 开 本: 787mm×1092mm 1/16
印 张: 36　插 页: 1　字 数: 538 千字
版　　次 / 2017 年 12 月第 3 版　2022 年 3 月第 3 次印刷
书　　号 / ISBN 978-7-5201-0033-5
定　　价 / 99.00 元

读者服务电话: 4008918866